Über die Autorin:
Dr. Martha Schad, geboren 1939 in München, ist freie Historikerin in Augsburg. Studium der Geschichte und Kunstgeschichte in Augsburg. Ausgewählte Veröffentlichungen: Die Frauen des Hauses Fugger von der Lilie (1989); Bayerns Königinnen (1992); Dreihundert Jahre Fürstliches Haus Thurn und Taxis (1996); Cosima Wagner u. Ludwig II., Briefwechsel (Hg. 1996); Frauen, die die Welt bewegten (2000); Kaiserin Elisabeth und ihre Töchter (1997); Kaiserin Elisabeth von Österreich (1998); Frauen gegen Hitler (2001); Meine erste und einzige Liebe – Richard Wagner und Mathilde Wesendonck (2002); Hitlers Spionin – Das Leben der Stephanie von Hohenlohe (2002).

MARTHA SCHAD
STALINS TOCHTER
Das Leben der Swetlana Allilujewa

BASTEI LÜBBE TASCHENBUCH
Band 61577

1. Auflage: Dezember 2005

Bastei Lübbe Taschenbücher in der Verlagsgruppe Lübbe

Copyright © 2005 by Verlagsgruppe Lübbe GmbH & Co. KG,
Bergisch Gladbach
Umschlaggestaltung: Bianca Sebastian
nach einem Entwurf von HildenDesign, München
Titelbild: Bettmann/CORBIS, Düsseldorf
Satz: Dörlemann Satz, Lemförde
Druck und Verarbeitung: Ebner & Spiegel, Ulm
Printed in Germany
ISBN 3-404-61577-8

Sie finden uns im Internet
unter www.luebbe.de

Der Preis dieses Bandes versteht sich einschließlich
der gesetzlichen Mehrwertsteuer.

Inhalt

1	Das Sterben des Vaters	7
2	Swetlanas Mutter Nadjeschda Allilujewa	16
3	Der Tod der Mutter	40
4	Ein Kind im Zentrum der Macht	58
5	Die erste und tragische Liebe – Aleksej Jakowlewitsch Kapler	84
6	Swetlanas Ehemänner in Russland	97
7	Swetlana und ihre Beziehung zu Sergo Berija	114
8	Stalins Terror gegen die eigene Familie	125
9	Swetlanas Brüder	142
10	Swetlanas Interesse an der russischen Literatur	160
11	1953 bis 1967 – Jahre der Selbstbefreiung	174
12	Der Lebensgefährte Brajesh Singh	198
13	Die Reise nach Indien	213
14	Die Flucht aus Delhi	225
15	Warum sollte Mutter uns verlassen?	231
16	Der geheime Aufenthalt in Rom	243
17	Die erzwungene Ruhepause in der Schweiz	250
18	Stalins Tochter in der Neuen Welt	269
19	Der amerikanische Ehemann Wesley W. Peters	297
20	Olga, das amerikanische Kind – USA und England	318
21	Stalins Tochter kehrt in ihr Vaterland zurück	342
22	Die Suche nach dem rechten Glauben in klösterlicher Stille in London und Rom	371
23	Swetlana Allilujewa, die Weltbürgerin	387
	Nachwort	395

Vor der Vergangenheit kann man nicht fliehen,
aber auch nicht zu ihr zurückkehren,

der Exildichter Aleksander Sinowjew an Swetlana.

I
Das Sterben des Vaters

Siebenundzwanzig Jahre lang war ich Zeuge der geistigen Zerstörung meines eigenen Vaters und beobachtete Tag für Tag, wie ihn alles Menschliche verließ und er immer mehr zu einem finsteren Monument seiner selbst wurde.*

»Das Sterben des Vaters war furchtbar und schwer, und es war das erste und einzige, das ich miterlebte.« Es ist sicher bezeichnend, wenn eine Tochter das erste Kapitel ihres ersten Buches »Zwanzig Briefe an einen Freund« ganz ihrem Vater widmet, nicht dem lebenden Vater, sondern dem sterbenden. Zehn Jahre nach dem einschneidenden Erlebnis schaute Stalins Tochter zurück auf jene Märztage des Jahres 1953. Sie hatte seit langem gewusst, dass ihr Vater durch eine Arteriosklerose gefährlich geschwächt war. Im Dezember 1952 sprach die ganze Stadt Moskau schon von einer ernsthaften Erkrankung Stalins.

Swetlana versuchte verzweifelt, wenigstens telefonisch aus der Datscha in Kunzewo etwas über seinen Gesundheitszustand zu erfahren. Aber alle Anrufe wurden von der Geheimpolizei unterbrochen. Offiziell verlautete, dass Stalin in der Nacht vom 1. auf den 2. März »eine Gehirnblutung erlitten« hätte. Swetlana wurde tatsächlich wochenlang von ihrem erkrankten Vater fern gehalten, was schwer zu verstehen ist, denn wer sollte ihr einen Besuch bei ihrem kranken Vater verwehren?

Stalins Entourage entschloss sich endlich am 2. März, sie zum sterbenden Vater nach Kunzewo kommen zu lassen. Man holte sie aus dem Französischunterricht in der Akademie. In Kunzewo angekommen, traf sie Bulganin[1], Malenkow[2] und den weinenden Chruschtschow[3]. Sie wurde zu ihrem Vater gebracht, der auf dem Diwan lag, auf dem er für gewöhnlich schlief. Einer der Dienst habenden Mitarbeiter hatte ihren Vater um drei Uhr in der Frühe ohnmächtig am Boden liegend gefunden. Als Swetlana ankam, herrschte im Sterbezimmer eine schreckliche Betriebsamkeit von Ärzten und

Krankenschwestern, die sich um ihren Vater bemühten, doch die Tochter fühlte längst, dass für ihn nichts mehr getan werden konnte. Selbst ein rasch herbeigebrachtes Beatmungsgerät wurde nicht mehr gebraucht. Stalins Schlaganfall war zu schwer gewesen, sein Sprachvermögen war zerstört und die rechte Körperhälfte gelähmt.

Swetlana stand an seinem Bett und hielt seine Hand. Ob der Vater sie erkannte? Sie hoffte es, denn seine Augen waren noch lebendig. Sie schrieb über diesen Moment: »Und zugleich blickte ich auf dieses schöne, ruhige, ja sogar traurige Gesicht ... und es zerriss mir das Herz vor Leid. Ich fühlte, dass ich eine ganz und gar untaugliche Tochter, dass ich nie eine gute Tochter gewesen war, dass ich zu Hause wie ein fremder Mensch gelebt und dieser einsamen Seele, diesem alten, kranken, von allen abgelehnten, einsam auf seinem Olymp lebenden Manne nie die geringste Hilfe geschenkt hatte, der doch immerhin mein Vater war und mich geliebt hatte, so gut er es vermochte, dem ich nicht nur und ausschließlich Böses, sondern auch Gutes zu verdanken hatte ... «[4]

In den vorangegangenen zwölf Stunden war das Atmen Stalin bereits immer schwerer gefallen. Sein Gesicht hatte sich verfärbt, seine Züge waren verzerrt. In den letzten zwei Stunden seines Lebens kämpfte er mit dem Ersticken. In Swetlanas Worten: »Die Agonie war entsetzlich, sie erwürgte ihn vor aller Augen. In einem dieser Augenblicke – ich weiß nicht, ob es wirklich so war, aber mir schien es jedenfalls so –, offenbar in der letzten Minute, öffnete er plötzlich die Augen und ließ seinen Blick über alle Umstehenden schweifen. Es war ein furchtbarer Blick, halb wahnsinnig, halb zornig, voll Entsetzen vor dem Tode und den unbekannten Gesichtern der Ärzte, die sich über ihn beugten – dieser Blick ging im Bruchteil einer Sekunde über alle hin, und da – es war unfasslich und entsetzlich ... da hob er plötzlich die linke Hand (die noch beweglich war) und wies mit ihr nach oben, drohte uns allen. Die Geste war unverständlich, aber drohend, und es blieb unbekannt, worauf oder auf wen sie sich bezog ... Im nächsten Augenblick riss sich die Seele nach einer letzten Anstrengung vom Körper los.«[5] Es war 21.50 Uhr am Abend des 5. März 1953.

Kurz vorher war auch Stalins Sohn Wassilij geholt worden. Er setzte sich erst einmal in die große Halle, dann ging er in die Diensträume des Vaters, soff sich weiter zu und schrie betrunken, dass man den Vater töten wolle. Irgendwann fiel er auf ein Sofa und schlief ein. Das Sterben des Vaters erschütterte ihn. Er verstand, dass die Welt, ohne die er nicht existieren konnte, gerade unterging.[6]

In den letzten Minuten des Sterbens war erneut Berija[7] ins Zimmer gekommen. Er wagte es, auf Stalins Tochter zu deuten und anzuordnen: »Führt Swetlana hinaus!« Doch wer sollte dies tun und warum sollte sie hinausgeführt werden? Dieser »entsetzliche Mann« trieb Swetlana die Wut ins Gesicht. Sie nannte ihn »ein modernes Prachtstück von einem verschlagenen Höfling, die Verkörperung östlicher Hinterlist, Schmeichelei, Heuchelei, die sogar meinen Vater betörte, den man sonst nur sehr schwer täuschen konnte«[8]. Berija führte sich auf wie der Kronprinz eines gigantischen Imperiums, der nun über das Leben der anderen allein zu bestimmen hatte. Er konnte den letzten Atemzug Stalins kaum erwarten, als er frohlockte: »Ich habe ihn beseitigt! Das größte Genie der Wissenschaft, ha!«[9] Dann sprang er als Erster auf den Korridor hinaus und rief nach seinem Fahrer. Dmitri Wolkogonow vermutet, dass Berija deshalb auf dem schnellsten Weg zum Kreml fuhr, damit er die Dokumente aus Stalins Safe beseitigen konnte, die irgendetwas Negatives über ihn enthielten.[10]

Allmählich lösten sich die anderen Regierungsmitglieder vom Sterbebett in der Datscha. Sie mussten zum Zentralkomitee, wo alle auf Nachricht warteten und die Nachfolgerfrage zu lösen war. Die Sitzung des ZK – von 1952 bis 1966 hieß es Politbüro – leitete Malenkow, der Vorsitzender des Ministerrats wurde. Seine Stellvertreter wurden Berija, Molotow[11], Bulganin und Kaganowitsch[12]. Molotow, der dieses Amt 1949 hatte abgeben müssen, wurde von neuem Außenminister und Bulganin Verteidigungsminister.

Swetlana wollte bei ihrem toten Vater bleiben. Sie erlebte, wie die Dienerschaft zum letzten Gruß kam und um den »Vodsch« weinte. Die ebenfalls weinende Krankenschwester verabreichte auf Wunsch Baldriantropfen. Nur eine konnte nicht weinen, das war Swetlana. Sie war wie versteinert, starrte vor sich hin, hatte aber nicht die Kraft, aus dem Zimmer zu gehen. Als Nächste wurde die Haushälterin Valentina Wassiljewna Istomina an Stalins Sterbebett vorgelassen. Sie hatte ihm 18 Jahre gedient und kannte ihn besser als alle anderen. Sie brach zusammen, ließ den Kopf auf die Brust des Toten sinken und weinte und klagte laut, wie dies die Bäuerinnen auf dem Land tun.

Gegen Morgen wurde der Leichnam zur Obduktion und Einbalsamierung abgeholt.[13] Nun befielen Swetlana ein nervöses Zittern und ein Schüttelfrost. Die Leichenträger legten Stalin auf die Bahre. Zum ersten Mal sah sie ihren Vater nackt. Sie fand den Körper schön, gar nicht greisenhaft. Als man den Leichnam zu einem weißen Auto brachte, stand Swetlana zitternd vor Kälte an der Tür. Bulganin legte ihr einen Mantel um. Sie barg ihr Gesicht an Nikolaj Aleksandrowitschs Brust, und nun endlich konnte sie weinen.

Gegen fünf Uhr morgens gab es in der Küche der Datscha etwas zu essen, und man zwang die Trauernde, ein paar Bissen zu sich zu nehmen, denn sie hatte seit ihrem Eintreffen in Kunzewo nichts mehr gegessen.

»Eines Morgens«, erinnerte sich Swetlanas Sohn Josef, »sagte mir meine Mutter, dass mein Großvater sehr krank sei. Ihr Gesicht war weiß, sie wirkte bestürzt, müde, und sie war die nächsten zwei Tage ganz weg und wir sahen sie überhaupt nicht. Als sie wiederkam, sagte sie nur, dass alles vorbei sei und Großvater nicht mehr lebe. Sie sprach oft mit uns über den Großvater, über ihre ganz persönlichen Erinnerungen und ihre Gefühle.«[14]

Die Öffentlichkeit erfuhr vom Tod des Diktators erst nach mehreren Stunden. Um 4.03 Uhr in der Frühe meldete nach einem Trommelwirbel die Stimme des Nachrichtensprechers: »Das Herz des Waffengefährten und genialen Fortführers von Lenins Werk, des weisen Leiters und Lehrers der Kommunistischen Partei und der Sowjetunion, hat den letzten Schlag getan.« Etwas später wurde der Text des ärztlichen Bulletins verlesen. In der Zwischenzeit einigten sich die Diadochen auf ein vorläufiges Machtarrangement. Und um 23.30 Uhr desselben Tages erfuhren die Menschen in der Sowjetunion, wer das Rennen um die neue Regierung gewonnen hatte.

Elf Stunden nach der ersten Meldung von Stalins Tod, um 15.00 Uhr nachmittags, verließ ein möbelwagenähnliches blaues Vehikel, das dem Moskauer Gesundheitsamt gehörte, den Kreml durch das Spasskij-Tor und fuhr zur Säulenhalle des Moskauer Gewerkschaftshauses, die bereits schwarz verhüllt war. Dorthin begaben sich ein paar Minuten später auch die neuen Herrscher, um den Mann, dem sie ihre Machtstellung verdankten, die letzte Ehre zu erweisen. In einem mit Satin ausgeschlagenen Sarg, halb verborgen unter Bergen von wächsernen Blumen, lag Stalin in seiner Generalissimus-Uniform mit Orden und Auszeichnungen geschmückt. Swetlana und ihr 34 Jahre alter betrunkener und krakeelender Bruder Wassilij traten an die Bahre. Swetlana beugte sich über den Sarg und küsste den toten Vater, Wassilij dagegen schaffte es lediglich, sich zu einer kurzen Habachtstellung durchzuringen, um dann unüberhörbar lallend zu schimpfen, dass man seinen Vater vergiftet habe.

Der Leichnam blieb drei Tage aufgebahrt, damit das Volk sich von seinem geliebten Führer verabschieden konnte. Eine unübersehbare Menge defilierte am Sarg vorbei, die Menschen weinten und legten Blumen nieder. Mehr als ein flüchtiger Blick war nicht gestattet, denn es hatten sich kilometerlange Schlangen vor der Säulenhalle gebildet.

Am 9. März fand die Trauerfeier statt. Chruschtschow war zum Präsidenten des Bestattungskomitees gewählt worden. Drei Ansprachen wurden gehalten, die Filmkameras surrten, ein Streichorchester spielte Trauermusik. Der Sarg wurde auf den Schultern von neun Männern aus der Säulenhalle getragen. Es waren die acht neuen Machthaber und Wassilij Stalin, dem man einen kurzen Auftritt bei der Leichenfeier gestattet hatte. Swetlana hatte ihren Sohn Josef und ihre Nichte Galja an ihrer Seite. Um 11.45 Uhr feuerte die Artillerie 30 Salutschüsse, und die 9 Männer trugen den mit schwarzer und roter Seide bedeckten Sarg ins Mausoleum. Gleich darauf, um Punkt zwölf Uhr, brach im ganzen russischen Reich, von Wladiwostok bis Ost-Berlin, ein ohrenbetäubender Lärm los. Geschütze, Fabriksirenen, Dampflokomotiven, Schiffspfeifen vereinigten sich zu einem höllischen Konzert, und Menschen hielten sich die Ohren zu.[15]

Nicht nur Stalins 60. und 70. Geburtstag, sondern auch sein Begräbnis wurde zu einer Orgie der ungeheuerlichsten Huldigungen in Prosa und Versen, Musiken und Bildern. Stalin war von allen gefürchtet worden. Hatten sie sich gegen ihn verschworen? Indirekt war Stalins Tod die Ursache einer weiteren Tragödie. Während er aufgebahrt lag, drängten Millionen Sowjetbürger nach Moskau hinein, um diesen Mann, von dem sie so wenig wussten und dem sie so lange vertraut hatten, die letzte Ehre zu erweisen. Wegen fehlender Anweisungen vonseiten der Behörden kam es zu einem furchtbaren Durcheinander, und Hunderte, vielleicht auch Tausende Sowjetbürger wurden zu Tode getrampelt. Gleichzeitig verhaftete das NKWD[16] allein in Moskau Hunderte aufgrund des »Mobilmachungsplanes«, der vorsah, im Fall eines Krieges sowie innerer oder äußerer Wirren bestimmte Personen »vorbeugend« in Haft zu nehmen. Das aber waren die letzten, unmittelbar mit Stalins Namen verbundenen Tragödien.

Nachdem Swetlanas Vater im Mausoleum ruhte, lud man sie als eine der Ersten ein, es zu besuchen. Swetlana nannte dieses Mausoleum in ihrem 1967 erschienenen Buch »Das erste Jahr« ein »barbarisches altägyptisches Pharaonenheiligtum des Weltkommunismus«[17]. Noch lange nachher stand sie unter dem »entsetzlichen Eindruck dieses aller Natur zuwiderlaufenden ›Hinabschauens‹ ins Grab«. Swetlana wusste, dass Nadjeschda Krupskaja, Lenins Witwe, sich ebenfalls weigerte, das »Heiligtum« mit dem Leichnam ihres Mannes zu besuchen. Auch sie empfand diesen Ort als absurd, denn die Zeit der »heiligen Reliquien« war längst vorüber. Acht Jahre lang konnten Menschenmassen den mumifizierten »Führer« besichtigen. Swetlana ging nie mehr zum Mausoleum, da es sie zu sehr aufwühlte. Ihr Sohn Josef erzählte, dass die Familie des Großvaters an seinem Todestag jedoch stets besonders gedachte.

Als Stalin 1961 seinen Glorienschein verlor, wurde er in einer Nacht- und Nebelaktion umgebettet. Am 31. Oktober 1961 musste seine Mumie aus dem Mausoleum entfernt und an der Kreml-Mauer beigesetzt werden. Mitgewirkt an dieser Umbettung hat eine zerbrechliche alte Frau mit schneeweißem Haar und riesengroßen leuchtenden Augen, Dora Abramowna Lasurkina, eine Bolschewistin der alten Garde, Parteimitglied seit 1902, eine persönliche Freundin Lenins. 1937 war sie verhaftet worden und hatte 17 Jahre in Gefängnissen und Konzentrationslagern verbringen müssen. Sie hatte nie aufgehört, Lenin, den Mann, der die Revolution zum Sieg geführt hatte, zu verehren. Jetzt war ihr die Aufgabe zuteil geworden, die endgültige »Verwünschung« über Stalin auszusprechen.

Die Filmkamera der »Wochenschau« hat den Augenblick festgehalten, einen fantastischen Augenblick – als Dora Lasurkina in ihrem bescheidenen schwarzen Kleid mit dem weißen Spitzenkrägelchen vor dem Parteitag aufstand und ruhig erzählte, wie sie sich erst am Vortag mit dem toten Lenin unterhalten und von ihm die Worte vernommen habe, die sie zu vernehmen wünschte. In atemloser Stille lauschten die Delegierten der dünnen Stimme der alten Dame, die ihr gespenstisches Rendezvous mit Lenin schilderte: »Mein Herz ist immer von Lenin erfüllt«, sprach sie. »Genossen, ich habe die furchtbarsten Augenblicke überlebt, nur weil ich Lenin immer im Herzen trage und mich mit ihm berate, was ich tun soll. Gestern habe ich ihn wieder um Rat gefragt. Er stand vor mir, als ob er lebte, und sagte: ›Es ist unangenehm, neben Stalin zu liegen, der der Partei so viel Böses angetan hat.‹«[18] Ihre Worte waren offenkundig einstudiert, aber darum nicht minder wirkungsvoll. Chruschtschow führte den donnernden Applaus an, und hierauf verlas er das Dekret, demzufolge Stalins Umbettung vorzunehmen war.

Die Tochter fand es ganz in Ordnung, dass die Leiche ihres Vaters »nach langem Hin und Her der Erde übergeben wurde«[19]. Am 25. Januar 1994 konnte man in der »Moscow Times« lesen: »Tochter: Verlegt Stalin – Swetlana Allilujewa, Stalins Tochter, möchte, dass ihr Vater in seiner Geburtsstadt Gori erneut beigesetzt wird. Die jetzige Lana Peters sagte dies in einem Interview in London der ›Commonwealth Television‹.« An offizieller Stelle hätte man sich über diesen Wunsch noch keine Gedanken gemacht, wurde gemeldet. Sollte die Kreml-Mauer immer noch nicht die letzte Ruhestätte des am längsten regierenden Führers gewesen sein? Das Grab zeigt sich stets in reichem Blumenschmuck, niedergelegt von den Menschen, die ihn nach wie vor für einen großen Staatsmann halten.

DAS STERBEN DES VATERS

1967, 14 Jahre nach Stalins Tod, wurde Swetlana in New York über Gerüchte befragt, die über den Tod ihres Vaters weltweit in Umlauf waren. Sie erwiderte, dass ihr Vater nicht durch Mörderhand, sondern erwiesenermaßen eines natürlichen Todes gestorben sei. Er sei ein kranker Mann gewesen, zeitweise sogar verwirrt, der in selbst gewählter Isolation gelebt habe. Selbstverständlich hätte die Kreml-Clique Grund genug gehabt, den Diktator ins Jenseits zu wünschen. Die Behauptung, dass der Tod ihres Vaters ein natürlicher war, begründete sie mit ihrer Anwesenheit am Krankenbett. Man könnte dagegenhalten, dass die tatsächlich relevante Zeitspanne für eine Ermordung Stalins die Wochen vor seinem Tod gewesen sein können.

Die in New York gestellte Frage zielte auf die angebliche »Ärzteverschwörung« ab im Zusammenhang mit dem als mysteriös bezeichneten Tod des Politbüro-Mitglieds Andrej Aleksandrowitsch Schdanow, der 1948 im Alter von 52 Jahren plötzlich gestorben war. Die »Mörderärzte« wurden beschuldigt, sie hätten eine terroristische Vereinigung gebildet mit dem Ziel, durch den Einsatz medizinischer Mittel führende Politiker der Sowjetunion zu ermorden.

Ende 1952 war die angebliche Verschwörung gegen Stalin organisiert worden. Lidija Fedossejewna Timaschuk, Radiologin im Kreml-Hospital und Beauftragte des MGB[20], schilderte – offensichtlich auf höhere Weisung – Stalin in einem Brief, wie sie mit angesehen habe, dass hervorragende Ärzte in vielen Fällen falsche Behandlungsmethoden anwandten. Für diese »heldenhafte Tat« der Denunziation wurde sie am 20. Januar 1953 mit dem Lenin-Orden ausgezeichnet, der ihr aber bereits Anfang April desselben Jahres wieder aberkannt wurde. Nach Stalins Tod und dann nach dem XX. Parteitag setzte sie ihre Arbeit als Radiologin am Kreml-Hospital fort. Als einige alte Bolschewisten davon hörten, weigerten sie sich, sich dort bestrahlen zu lassen.

Interessant ist die Tatsache, dass sich Stalin für den Stand der Untersuchung über die »Mörderärzte« noch am Abend vor seinem Schlaganfall besonders interessierte. Er wollte vor allem wissen, wie es Dr. Wladimir Nikititsch Winogradow ging, seinem langjährigen Leibarzt. Swetlana konnte nicht glauben, dass ihr Vater zuließ, dass dieser loyale und angesehene Wissenschaftler mitangeklagt war. Er wurde nach Stalins Tod denn auch rehabilitiert. Doch damals bestand Stalin auf einem »Geständnis«, sonst würde er zu geeigneten Maßnahmen greifen. Berija beruhigte ihn: »Sie werden gestehen. Mithilfe von Timaschuk und anderen Patrioten führen wir die Untersuchung durch und werden Sie bitten, einen öffentlichen Prozess zu erlauben.«[21] Das war am Morgen des 1. März, und Stalins Antwort lautete: »Bereiten Sie alles vor.« Vier Tage später war er selbst nicht mehr unter den Lebenden.

Viele Menschen weinten um den großen Führer, auch solche, die unter ihm gelitten hatten. Der Kult um seine Persönlichkeit hatte ihn als den unersetzlichen weisen Vater aller Völker etabliert, von dem alles abhing. Die Massen fühlten sich orientierungslos und in einen Zustand tiefer Hoffnungslosigkeit gestoßen. Noch wurden Lobeshymnen auf den »genialen Führer« gehalten. Kaum einer konnte ahnen, was der xx. Parteitag 1956 ans Licht bringen würde: Stalin, einer der größten Massenmörder. Swetlana hatte schwer daran zu tragen. Sie glaubte nicht, dass ihr Vater »jemals Gewissensbisse verspürte, dass er jemals unter Schuldgefühlen litt«. Die Tochter wusste, dass er »auch nicht glücklich [war], als er den höchsten Gipfel all seiner Wünsche erreicht hatte – durch Hinrichtung der einen, Versklavung und Demütigung der anderen«[22].

Nun hoffte Stalins Tochter, dass diesem Tod die Befreiung folgen würde – für das Land und für sie selbst. Und sie fügte noch hinzu: »Und sie alle kannten auch mich und wussten, dass ich eine schlechte Tochter und mein Vater ein schlechter Vater gewesen war. Sie wussten aber auch, dass mein Vater mich und dass ich ihn geliebt hatte.«[23]

DAS STERBEN DES VATERS

2
Swetlanas Mutter Nadjeschda Allilujewa

Nur meine ersten sechseinhalb Lebensjahre
waren von der Liebe einer Mutter umgeben.*

Der junge Stalin und die Familie Allilujew

In Moskau heiratete am 24. März 1919, völlig unbeachtet von den hohen Funktionären, ein Revolutionär eine Revolutionärin. Der Bräutigam war der verwitwete[24] 37-jährige Josef Wissarionowitsch Dschugaschwili, die Braut die erst 18-jährige Nadjeschda Allilujewa. Die aus Georgien stammende Familie Allilujew kannte den Bräutigam seit dessen Jugendzeit. Denn die politische Laufbahn des Josef Dschugaschwili, der sich ab 1913 »Stalin«, der »Stählerne, nannte, begann im Frühjahr 1898.

Der Vater der Braut, Sergej Jakowljewitsch Allilujew, stammte aus einer Bauernfamilie im südrussischen Gouvernement Woronesch. Durch seine Großmutter hatte er einen starken Einschlag von Zigeunerblut: Er war hoch gewachsen, mit schwarzen Augen, blendend weißen Zähnen und einer dunklen Haut, was sich besonders auf seinen ältesten Sohn Pawel und seine jüngste Tochter Nadjeschda vererbte. Da er technisch sehr geschickt war, blieb er nicht Bauer wie sein Vater, sondern wurde Schlosser und fand Arbeit in den Eisenbahnwerkstätten von Transkaukasien. Dort begegnete er den Sozialdemokraten Michail Iwanowitsch Kalinin[25] und Iwan Fioletow[26]. 1898 wurde er Mitglied der Sozialdemokratischen Arbeiterpartei Russlands (SDAPR). Allilujew führte Josef Dschugaschwili, den künftigen Herrn Russlands, in die »Kunst des revolutionären Kampfes« ein und überzeugte ihn, ebenfalls der SDAPR beizutreten.

Josef Dschugaschwili, am 21. Dezember 1879 (6. Dezember 1878 nach dem damals gültigen Julianischen Kalender) in Gori[27] in Georgien geboren, verlor mit fünf Jahren seinen oft betrunkenen und ihn prügelnden Vater, einen Schuhmacher. Seine Mutter Jekaterina Georgjewna Dschugaschwili, eine streng religiöse Frau, die als Dienstbotin arbeitete und ihren Sohn ein Leben lang »Sosso« nannte, hatte den inständigen Wunsch, er möge Geistlicher werden. So trat dieser zur großen Freude seiner Mutter in das Theologische Seminar im georgischen Tbilisi (russ. Tiflis)[28] ein.

Jedoch es kam anders. Dieses Seminar galt als Brutstätte für Rebellen. Stalin, im September 1894 aufgenommen, wurde am 27. Mai 1899 zusammen mit weiteren 87 Theologiestudenten wegen »politischer Unzuverlässigkeit« hinausgeworfen. Er war allzu oft des Nachts mit anderen Seminaristen in ein kleines Haus am Abhang des Mtazminda-Berges geschlichen, das dem Eisenbahner Sergej Allilujew gehörte, der einmal sein Schwiegervater werden sollte. Zusammen mit Studenten und Arbeitern plante dieser die ersten sozialistischen Streiks. Allilujew war aufgefallen, dass der Student Josef äußerst methodisch agierte. Gemeinsam mit Allilujew nahm dieser Ende April 1901 in Tbilisi an der »Majowka«, der Maidemonstration, teil und wurde von der zaristischen Polizei niedergeknüppelt.

Doch wann auch immer nach dem jungen und sehr ehrgeizigen Untergrundkämpfer Stalin von der Ochrana, des Zaren gefürchteter Geheimpolizei, gefahndet wurde, Allilujew versteckte ihn bei Freunden oder in seiner eigenen Wohnung in Bakı (russisch: Baku)[29]. Seine Frau Olga Jewgenjewna kümmerte sich um den untergetauchten Josef. Sie stammte ebenfalls aus Georgien. Ihre Mutter war eine Deutsche, die evangelische Magdalena Aichholz, Enkelin der Maria Margaretha Aichholz, die im Jahr 1816 von Wolfsölden nach Tbilisi ausgewandert war.[29a] Magdalena führte eine Bierschenke, bekam neun Kinder und sprach sowohl Deutsch als auch Georgisch. Russisch lernte Olga erst sehr viel später, und es mischten sich dabei deutsche Ausrufe wie »Jesus Maria« und das unvermeidliche »Mein Gott« hinein.

Sie war noch keine 14 Jahre alt, als sie ihre Habseligkeiten zusammenpackte und mit Sergej Allilujew verschwand. Als die bildschöne Olga 16 Jahre alt war, heirateten sie. Sie war so verführerisch, dass sie sich ihrer Verehrer kaum zu erwehren vermochte, und sie stürzte sich nicht nur einmal in Liebesbeziehungen. Erst war es ein Pole, dann ein Ungar, ein Türke und ein Bulgare. »Sie liebte die Menschen des Südens und behauptete manchmal im Ärger, ›die russischen Männer sind Gesindel‹.«[30]

Dem aus dem Seminar verwiesenen Josef Dschugaschwili genügten die Erkenntnisse seines bisherigen Lebens, um sich der kaukasischen Untergrundbewegung anzuschließen. Dort wählte er den Decknamen »Koba«, nach der Hauptfigur eines Abenteuerromans aus dem 19. Jahrhundert. Weil er im georgischen Batumi[31] eine Arbeiterdemonstration organisiert hatte, wurde er 1902 erstmals verhaftet. Als sich die SDAPR 1903 spaltete, trat er während eines anschließenden Gefängnisaufenthaltes dem bolschewistischen Flügel unter Wladimir Iljitsch Lenin[32] bei, den er 1905 als Delegierter auf einer Allrussischen Konferenz der Bolschewiki im finnischen Tammerfors kennen lernte.

Ab 1907 erfolgten mehrere Verurteilungen, sechs Gefängnisaufenthalte und eine Verbannung nach Sibirien wegen Raubüberfällen, die er zur Geldbeschaffung für die Bolschewiki beging. Stalin gelang es fast jedes Mal, nach kurzer Zeit freizukommen oder zu fliehen.

Und immer wieder tauchte Stalin bei den Allilujews auf, die zunächst in Tbilisi, dann in Bakı und Batumi wohnten und schließlich 1914 nach Petrograd[33] übersiedelten in das Elendsviertel auf der Wyborger Seite. Olga kümmerte sich aber nicht nur um »Koba«, sondern auch um Lenin und Grigorij Jewsejewitsch Sinowjew[34]. Stalin bat seinen Freund Allilujew, ihn in einem Zimmerchen seiner Wohnung aufzunehmen. So konnte er seine Aktivitäten von der kaukasischen Parteiorganisation in die KP-Zentrale in Petrograd verlagern. In der Allilujew-Wohnung tagte nicht selten das Zentralkomitee der Bolschewiki, dem auch Stalin seit 1912 angehörte. Als den Bolschewiki im Juli 1917 der erste Griff nach der Macht misslang, flüchtete sich Lenin zu den Allilujews. Der dortige Untermieter Stalin kümmerte sich um ihn und trichterte ihm ein, sich nur nicht der Polizei zu stellen. Dann verhalf er Lenin zur Flucht. Doch vorher rasierte er dem steckbrieflich Gesuchten noch den Bart ab und schmuggelte ihn zusammen mit Allilujew zum Petrograder Primorski-Bahnhof, von wo ihn ein Zug nach Finnland brachte.

Zur Jahreswende 1916/17 war Stalin aus der Verbannung freigekommen und wurde sogleich zur Armee einberufen, doch von der Einberufungskommission als für den Kriegsdienst untauglich freigestellt. Stalin zog wieder bei den Allilujews ein. Die 1901 geborene Nadjeschda, die jüngste Tochter des Hauses, die er als Zweijährige beim Baden am Strand vor dem Ertrinken gerettet hatte, gefiel ihm.

Aus dieser Zeit sind noch einige Briefe des Schulmädchens Nadjeschda erhalten, die sie an Alissa Iwanowna Radtschenkowa, die Ehefrau von Iwan Iwanowitsch Radtschenkow, über Prüfungen und Benotungen in der Schule geschrieben hat. Deutsch nannte sie ihr »schwerstes Fach«. Am Vorabend der Revolution, am 25. Februar 1917, berichtete Nadjeschda von einer äußerst gespannten Situation in Petrograd, und sieben Monate später, am 19. Oktober 1917, schrieb sie: »In Piter [Petrograd] geht das Gerücht um, dass am 20. Oktober eine Aktion der Bolschewiki erwartet wird, aber mir scheint, das ist Unsinn.«[35]

In ihrem Brief vom 11. Dezember 1917 an die gleiche Empfängerin erzählte Nadja, sie habe in der Schule kein Geld für Beamte gespendet und werde nun als »Bolschewikin« bezeichnet, aber eher freundschaftlich als bösartig. Im Februar 1918 schrieb Nadjeschda sehr traurig an Alissa, dass ihre Mutter aus Überdruss das Haus verlassen habe und sie nun allein die ganze Hauswirtschaft versorgen müsse. Außerdem herrsche eine schreckliche Hungersnot in Piter, pro Tag bekäme man pro Person nur 50 Gramm Brot. Sie habe schon 20 Pfund abgenommen, alle Kleider seien ihr zu weit geworden. »Man neckt mich sogar, ob ich mich etwa verliebt hätte, weil ich so abgemagert sei.«[36] Nadjeschda hatte sich wirklich verliebt.

In der kleinen Wohnung in Petrograd spielte sich die alte Geschichte ab: Othello, längst nicht mehr jung, erzählte der jugendlichen Desdemona Geschichten von seinen Heldentaten. Und die junge Nadjeschda war fasziniert. Sie verliebte sich in den schnauzbärtigen Agitator, der mit seiner schwarzen Haarmähne, der zerzausten Stirnlocke und den brennenden Augen etwas Mephistophelisches ausstrahlte. Nadjeschda, klein und wohlgeformt, sah mit ihrem dunklen Teint und ihren weichen braunen Augen georgisch aus. Der erfahrene Mann machte ihr einen Heiratsantrag, und sie war glücklich darüber. Stalin wollte sofort heiraten, doch Nadjeschda war noch keine 16 Jahre alt. Swetlana hat sich als erwachsene Frau oft gefragt, warum ihre Mutter ihren Vater geliebt hat. »Ich denke, sie hat ihn bedauert. Und wenn eine Frau Mitleid hat, ist das schon alles. Das kann man schon nicht vergessen.«[37]

Die Eheschließung von Swetlanas Eltern

Da es im März 1918 so aussah, als würden die Deutschen Petrograd einnehmen, wurde nach 200-jähriger Unterbrechung Moskau wieder zur Hauptstadt Russlands.[38] Am 6. Juni 1918 verließ die Regierung deshalb die Stadt an der Newa. Stalin traf mit einer Leibgarde von 400 Rotarmisten und Nadjeschda als seiner Sekretärin in Zarizyn[39] ein, dem heutigen Wolgograd, das von 1925 bis 1961 Stalingrad hieß. Er ließ sich immer mehr Vollmachten vom Rat der Volkskommissare geben. Diese betrafen vor allem die Bereitstellung von Lebensmitteln. Stalin »reinigte« mithilfe des Tscheka-Vertreters[40] Tscherwrjakow die Kommandoebene der Roten Armee. Er verhaftete fast den gesamten Stab des Militärkreises Zarizyn und hielt ihn auf einem Schleppkahn gefangen, der dann »zufällig« sank. Und mitten in diesem revolutionären Geschehen die 17-jährige verliebte Nadja! Sie hatte zwar den Bolschewismus mit der Muttermilch eingesogen, doch die politischen Ideen in ihrem Elternhaus und die grausame Realität des Sommers 1918 waren keineswegs identisch.

Zurückgekehrt nach Moskau, wurde Nadjeschda Stalins Ehefrau. Das Fest fand am 24. März 1919 statt, einen Tag nach Beendigung des VIII. Parteitages der Kommunistischen Partei. Stalins Trauzeuge war sein bester Freund Awel Jenukidse[41], damals Sekretär des Zentralen Exekutivkomitees. Der Trauzeuge der Braut war ihr Schwager Stanislaw Redens[42], der Ehemann ihrer Schwester Anna Allilujewa, ein Mitglied der Tscheka. Das Brautpaar betrat im Kreml eines dieser kleinen leicht baufälligen Dienstgebäude. Dort fand in einer kurzen Zeremonie die Unterzeichnung des Heiratsdokuments statt.[43] Nadja war damals im vierten Monat schwanger. Das dürfte der Grund für die standesamtliche Eintragung gewesen sein. Ansonsten spielte eine solche Formalität in den ersten Jahren beziehungsweise Jahrzehnten nach der Oktoberrevolution bei den Bolschewiki wie auch bei deren Führern keine große Rolle. Eine Eintragung beim Standesamt wurde als kleinbürgerlich, spießig und als Überbleibsel der Bourgeoisie abgetan. Die Idee der »freien Liebe« galt als zeitgemäß, ohne freilich zur allgemeinen Norm zu werden.

Von der Familie Allelujew hatte wie gesagt lediglich Nadjeschdas Schwester Anna an der Trauung teilgenommen. Sie war es, die später behauptete, dass Nadja lange nicht einverstanden gewesen sei, den »ungeliebten« Mann zu heiraten. Mehrere Familienmitglieder hätten die junge Frau vor dem wilden Temperament Stalins gewarnt. Und Nadjas Mutter Olga Allilujewa? Sie mochte Stalin zwar sehr, aber diese Eheschließung hatte sie sich nicht gewünscht. Swetlana bemerkt in späteren Jahren dazu: »Doch über die Ehe ihrer Tochter zeigte sie sich dann nicht sehr erfreut. Sie versuchte lange, meiner Mutter davon abzuraten, und schalt sie deswegen einen Dummkopf. Olga Jewgenijewna hatte schon genügend Erfahrung mit dem Familienleben der Revolutionäre und betrachtete ihr eigenes Leben als ›zerstört‹. Sie konnte sich innerlich nie mit Mamas Ehe zufrieden geben, betrachtete Mama immer als tief unglücklich und sah ihren Selbstmord als Resultat dieser ganzen Dummheit.«[44]

Fünf Monate nach der Heirat kam das erste Kind zur Welt, der Sohn Wassilij Jossifowitsch. Ein Sohn als Erstgeborener, das ließ Stalins Herz höher schlagen!

Die junge Familie wohnte im Kreml. Das Senatsgebäude mitten im Moskauer Kreml ist ein Kleinod der Architektur. Zwar wurde es viel später erbaut als die berühmten Kathedralen mit ihren Glockentürmen, dafür aber von Matwej F. Kasakow, dem großen Meister des frühen 19. Jahrhunderts. Zu der Zeit, da Moskau nicht mehr Hauptstadt war, sondern nur noch als die »Zarin-Witwe« des Russischen Reiches galt, befand sich hier der Sitz des Senats, verschiedener Gerichtsinstanzen und weiterer Behörden. Als jedoch die junge Sowjetregierung unter Wladimir Lenin im Frühsommer 1918 aus dem bedrohten Petrograd überstürzt nach Moskau umzog, musste man für sie rasch Arbeitsräume und für ihre Mitglieder Wohnungen finden. Der Kreml bot sich dafür an. In den früheren Poteschny Dwor, ein Lustschloss, zog Lenin ein. Später wechselte er ins Senatsgebäude hinüber, wo der Rat der Volkskommissare seinen Sitz hatte.

In den anderen Gebäuden wohnten die Volkskommissare (Minister), darunter auch der von Lenin als Mitglied der ersten Sowjetregierung an 15. und letzter Stelle ernannte Volkskommissar für Nationalitätenfragen, Josef Stalin, mit seiner Familie. Sie bezogen mehrere Zimmer im so genannten Offiziersblock.[45] Als Stalin seinen Dienst antrat, hatte er gerade mal fünf Rubel in der Tasche, besaß lediglich einen Tisch und zwei Stühle. Doch nun bekam er ein Büro mit dem Glanz vergangener Tage und einem wunderbaren großen Wandspiegel. Da er der Meinung war, dass die Parteimitglieder ein solch feudales Büro missbilligen würden, stieß er mit dem Fuß gegen den teuren Spiegel, und dieser zerbarst in tausend Scherben.

Seiner Frau verschaffte Stalin eine Stellung bei der »Rewolutsia i Kultura«, einer Zeitschrift des von ihm mitgegründeten Parteiorgans »Prawda«. Nadjeschda hatte auch schon vorher für ihren Mann Sekretariatsarbeiten erledigt.

Während des Tauziehens zwischen Lenin und Stalin war Nadja Stalina eine Art Halbtagssekretärin bei Lenin. Man hat von jeher angenommen, dass Stalin in Lenins Sekretariat einen Spitzel sitzen hatte. Es erschien völlig unerklärlich, dass Stalin in der Lage war, jede Bewegung des damals schon kranken Lenin erfolgreich zu durchkreuzen. Im Jahr 1964 wurde erstmals Lenins Tagebuch mit Eintragungen vom 21. November 1922 bis 6. März 1923 veröffentlicht, und nun erfuhr man endlich den Namen der geheimnisvollen Agentin. »Stalins Spitzel war niemand anders als Nadjeschda Allilujewa, seine eigene Frau.«[46]

Im Jahr 1921, während einer der Säuberungsaktionen, wurde Nadja als »totes Gewicht mit keinerlei Interesse an der Partei« aus der KPR (B)[47] ausgeschlossen. Wie dies geschehen konnte, ohne dass es als persönlicher Angriff auf Stalin verstanden wurde, ist rätselhaft. Es war schließlich Lenin, der es mit Hinweis auf die Verdienste der Familie Allilujew für die Partei fertig brachte, Nadja als Kandidatin für eine Mitgliedschaft zu rehabilitieren. Der eigentliche Grund für ihren Ausschluss wurde erst 1989 bekannt: Man hatte Nadjeschda Passivität, also mangelnde Parteiaktivität, vorgeworfen. Die Kommission scheint von ihrer Ehe mit Stalin nichts gewusst zu haben und hatte sich wohl auch über Nadjeschdas Jugend gewundert.

Lenins Sekretärin Lidija Fotijewa bezeichnete die junge Frau als »recht nett, aber manchmal ziemlich langweilig«[48]. Andere sahen in Nadjeschda »eine bemerkenswerte Persönlichkeit«, die sich besonders durch ihr bescheidenes Auftreten auszeichnete, ganz im Gegensatz zu anderen Frauen der aufstrebenden neuen Klasse. Eine Intellektuelle war sie sicher nicht. Stalin bezeichnete solche Frauen höhnisch als »Heringe mit Ideen«, eine Vorstellung, die sehr an das Klischee der dürren, altjüngferlichen Suffragetten erinnert.

Ein anderer Zeitzeuge nannte Nadjeschda schön zu manchen Zeiten und sehr hässlich zu anderen Zeiten – es hinge ganz von ihrer Stimmung ab. Boris Baschanow, Stalins damaliger Sekretär, empfand die junge Frau nicht als Schönheit, »aber sie hatte ein süßes und attraktives Gesicht«[49].

Am Anfang ihrer Ehe war Nadjeschda völlig von ihrem Ehemann dominiert, sie merkte allerdings bald, dass sie doch wesentlich unabhängiger sein wollte. Die junge Frau musste sich in Moskau schnell an jene Atmosphäre der endlosen Beratungen, Treffen, Kämpfe und Reisen gewöhnen, in der ihr Mann lebte. Es fiel ihr schwer zu begreifen, wie wenig Platz er ihr in seinem Leben einräumte. In gewissem Maße kompensierte Nadja daher die fehlende Beziehung zu ihrem Mann mit Arbeit, Studium und häufigen Treffen mit den Frauen der Mitarbeiter ihres Mannes: mit Polina Semjonowna Schemtschuschina (Molotows Frau), Dara Moissejewna Chasan (Andrejews[50] Frau), Maria Markowna Kaganowitsch und mit Esfirija Issajewna Gurwitsch (Bucharins[51] zweiter Frau).

Zu Hause entpuppte sich Stalin als rechter Tyrann. Manchmal sprach er drei Tage lang nichts mit seiner Frau, aber auch mit niemand anderem. Dann wiederum hatte er Freude am Familienleben, denn sein Vagabundenleben hatte er viel zu viele Jahre ertragen müssen. Zum ersten Mal besaß er ein schönes eigenes Heim. »Ein fröhliches, sonniges, erfüllt von Kinderstimmen, von lebenslustigen, freundlichen Menschen, ein Haus voll Leben«, so sah Swetlana ihr Elternhaus in ihrer 1963 geschriebenen Autobiografie.[52]

Während die Karriere ihres Mannes große Fortschritte machte, lebte Nadjeschda mit ihrem kleinen Sohn wie in einer Einsiedelei. Ihren Mann sah sie selten. Er kam meist sehr spät nach Hause, trank dann noch Tee und ging zu Bett. Untertags lebte er in einer Männerwelt. Seine junge Frau fing wieder an, als Sekretärin zu arbeiten, dieses Mal im Büro von Grigorij Ordschonikidse[53], mit dessen Ehefrau Sinaida Gawrilowna sie eng befreundet war.

Am 2. April 1924 schaffte Stalin den Sprung in eine der Schlüsselpositionen. Im Zuge des XI. Parteitages wurde er auf Lenins Empfehlung hin in Nachfolge Molotows zum Generalsekretär des Zentralkomitees ernannt, einen Posten, den er fast 30 Jahre lang bis 1952 innehatte.

Die Machtkonzentration Stalins war in den zwanziger Jahren mit einer radikalen Veränderung der Partei verbunden, deren Mitglieder nicht länger den leninistischen Idealen ergeben waren, sondern sich einer (das heißt seiner, Stalins) Person unterwarfen. Im Jahr 1924 kämpfte Lenin einen einsamen Kampf, den schwersten und hoffnungslosesten, den er jemals gekämpft hatte. Durch mehrere Schlaganfälle ans Bett gebunden, konnte er sich gegen Stalins Willen zur Macht nicht mehr wehren. Obwohl Lenin und Trotzkij[54] einen mächtigen Bund gegen ihn geschlossen hatten, ging Stalins Weg weiter steil nach oben, was allerdings mit dem frühen Tod Lenins am 21. Januar 1924 zusammenhing.

1924 gab es in der Partei noch zwei Generationen – Revolutionäre der ersten Stunde und Sowjetfunktionäre. Bis 1938 gelang es dann Stalin, die alten Bolschewiki völlig zu beseitigen und sich eine Partei getreuer Gefolgsleute aufzubauen. Der Kampf gegen die »linke Opposition«, also Trotzkij, Sinowjew und Kamenew[55], hatte zwar bereits 1925 begonnen, fand aber erst 1927 mit dem Ausschluss dieser drei aus dem Zentralkomitee der KPdSU seinen Höhepunkt.

Swetlana erblickt das Licht der Welt

Nadjeschda hatte am 11. Januar 1926 ihrer Tante Marusja Swanidse[56] geschrieben, dass sie sich erneut familiäre Sorgen aufgeladen habe. »In unserer Zeit ist das beschwerlich, denn es gibt schrecklich viel neue Vorurteile in dieser Hinsicht. Wenn man nicht arbeitet, dann ist man eben einfach nur ein ›Frauenzimmer‹. Aber eine unqualifizierte Arbeit ist wenig attraktiv. Ich fühle mich wohl, obwohl die Entbindung kurz bevorsteht. Ich warte ungeduldig darauf, denn mir fällt schon jede Bewegung schwer, und ich kann mich nicht mehr ansehen. Ich teile Ihnen bestimmt mit, was es geworden ist. Ich hoffe, dass alles glücklich verläuft.«[57]

Es verlief alles gut, und am 28. Februar 1926 kam die Tochter Swetlana – »die Lichtgestalt« – zur Welt. Das war damals eigentlich ein seltener Name, der von einem russischen romantischen Gedicht herrührte und Inbegriff für ein einsames, träumerisch veranlagtes Mädchen war, das still umherging, eine Art Ophelia. Es war kein Name, der im Verzeichnis der russischen christlichen Taufnamen vorkommt; er ist eher von dem griechischen Namen Photini beziehungsweise Photina abgeleitet, und bei der poetischen Übersetzung von Photina ins Russische wurde daraus »Swetlana«. Es hatte schon Verwunderung erregt, dass das kleine Mädchen einen altslawischen Märchennamen erhielt. Damals hießen die sowjetischen Funktionärskinder »Oktjabr« – nach der Oktoberrevolution, »Maja« – nach dem 1. Mai, oder gar »Mael« – nach den Anfangsbuchstaben der KP-Heiligen Marx, Engels, Lenin.

Swetlana hatte rote Haare wie Stalins Mutter. Er selbst fand, dass das Kind später beim Heranwachsen seiner Mutter immer ähnlicher wurde. Und er liebte seine Tochter sehr! Es klingt schon traurig, wenn Swetlana in ihren Erinnerungen schreibt, dass sie als kleines Mädchen nicht ihrer Mutter, sondern ihrem Vater am nächsten gestanden habe. Selbst in der Zeit, als Swetlana noch gestillt wurde, überließ Nadjeschda den Säugling der Kinderfrau und »der Milch der Ziege Njuska«. Denn: Die Mutter hatte erfahren, dass der Vater, der damals in Sotschi weilte, leicht erkrankt war, und so fuhr sie zu ihm.

Ganz allgemein hatten Kinderfrauen in Russland einen anderen, viel höheren Stellenwert als im übrigen Europa. In ihrem Buch »Zwanzig Briefe an einen Freund« setzte Swetlana ihrer Kinderfrau ein literarisches Denkmal. Sie hieß Aleksandra Andrejewna Bytschkowa und war 30 Jahre[58] an ihrer Seite. In liebevollen Worten fasste Swetlana die Bedeutung dieser Frau für ihr Leben zusammen: »Hätte mich dieser mächtige, warme, gute Ofen nicht mit seiner gleichmäßigen beständigen Wärme erwärmt, ich weiß nicht, ob ich nicht längst in irgendeinem Krankenhaus an Neurasthenie zugrunde gegangen wäre.«[59] Die Kinderfrau kam aus dem Gouvernement Rjasan, wo sie als 13-Jährige bei einer Gutsbesitzerin in Dienst trat. Aus dem Stubenmädchen wurde eine Köchin, dann eine Haushälterin und schließlich eine Kinderfrau. Sie war klug, bildhübsch und ließ sich von ihren »Herrinnen« sagen, wie man sich anständig kleidete, gut frisierte und sich höflich benahm.

Aleksandra kam 1926 zur Geburt von Swetlana in die Familie Stalin. Nadjeschda war damals 25, die Kinderfrau bereits 41 Jahre alt. Aleksandra oder Babusja (»Großmütterchen«), wie sie später liebevoll genannt wurde, avancierte schnell zur Vertrauten von Swetlanas Mutter, und diese ermunterte sie, in ihrer kargen Freizeit mit dem Lesen von guten Büchern zu beginnen. So las Aleksandra »Die armen Leute«, den ersten Roman von Fjodor M. Dostojewskij aus dem Jahr 1846. Und sie lebte förmlich mit diesen für sie realen Romanfiguren. Als Aleksej Maksimowitsch Gorkij[60] 1930 zu Stalin und dessen Frau nach Subalowo kam, wünschte sie sich sehr, ihn zu sehen. Lawrentij Pawlowitsch Berija holte sie ins Zimmer. Gorkij fragte sie interessiert, welche Bücher von ihm sie schon gelesen habe. Da zählte sie ihm fast alle auf. Nach ihrem Lieblingsbuch befragt, antwortete sie, das wäre die Erzählung »Die Geburt des Menschen«. Gorkij war von ihr sehr beeindruckt und schüttelte ihr die Hand, was sie natürlich immer wieder gerne erzählte.

Nach dem tragischen Selbstmord von Swetlanas Mutter durfte vom gesamten Personal einzig und allein Babusja bleiben. Ohne sie wäre das Leben für die damals gerade sechs Jahre alte Swetlana eine Katastrophe geworden. Es war Babusja, die mit ihrer Liebe weiterhin dem kleinen Mädchen Lieder vorsang, Märchen erzählte und sie tröstete. Die Kinderfrau sprach ein sehr gepflegtes Russisch, wurde Swetlanas erste Grammatiklehrerin und später auch die von deren Kindern Katja und Osja. Babusja brachte Swetlana die Grundbegriffe im Rechnen bei und wollte, dass sie auch in die »Rhythmikschule«, eine private Vorbereitungsschule im Haus der Lomows, ging.

Sie weckte Swetlana am Morgen, bereitete das Frühstück und brachte sie zur Schule. Wenn das Schulkind nach Hause kam, kümmerte sie sich um die Schulaufgaben. Am Abend bekam das »Goldkindchen« oder das »Vögelchen« von ihr einen Gutenachtkuss, und so war der Verlust der Mutter nicht zugleich der Verlust jeglicher liebevoller Zuwendung.

Babusja war sogar sportlich, sie schwamm gern und ging zum Fischen. Sie fuhr mit der heranwachsenden Swetlana ins Theater nach Sotschi, und sie sahen sich gemeinsam Operetten, Filme und den Zirkus an; und wenn sie zusammen zum Essen ausgingen, entpuppte sich die Kinderfrau als wahrer Gourmet. Kochbücher las sie wie einen Roman, und sie probierte immer wieder köstliche Rezepte aus.

Ihre Eltern warfen Nadjeschda vor, dass sie eine ausgesprochene Vorliebe für Kinderfrauen habe, die angeblich die Kinder plagten und sie nicht in Freiheit aufwachsen ließen. Doch das kümmerte die junge Frau wenig. Sie war zwar sehr um ihre Kinder besorgt, das hieß aber nicht, dass sie den ganzen Tag mit ihnen zusammen sein wollte. Es galt für eine Frau als ungehörig, ihre Zeit ausschließlich mit den Kindern zu verbringen. Ihr war wichtig, dass Wassilij und Swetlana von früh auf mit der Natur vertraut waren. Swetlana hatte ein eigenes Gärtchen, in der Nähe der Datscha wurden Fasane, Perlhühner und Truthähne gezüchtet, es gab Anpflanzungen von Obstbäumen und Beerensträucher. Die Kinder durften Pilze sammeln, aus ihren Bienenhäusern den eigenen Honig holen. Auch das Geistige kam in Swetlanas ersten Lebensjahren nicht zu kurz, denn mit sechs Jahren schrieb und las sie bereits Russisch und Deutsch, zeichnete, modellierte, machte Flecht- und Klebearbeiten und schrieb Noten nach Diktat.

Die Sommer verbrachte die ganze Familie Stalin in dem ehemaligen Landhaus der Familie Subalow; daher nannten sie das Ferienhaus »Subalowo«[61]. Die Vorbesitzer waren reiche Eigentümer von Ölraffinerien in Baku, der Stadt, in der einst Stalin zu Streiks aufgerufen hatte. Die Revolutionäre – neben Stalin auch Mikojan[62] – hatten nun die Häuser der Ölbarone übernommen. Die Familie Subalow war emigriert und hatte alles für die neuen »Besitzer« zurückgelassen – Gobelins, Marmorstatuen, einen Park, einen Tennisplatz und einen Wintergarten. Nadjeschda gestaltete dort ein Familienleben wie aus einem bürgerlichen Bilderbuch. Es kamen sowohl viele Verwandte wie auch befreundete Familien wie die Kirows[63], Bucharins und Molotows zu Besuch.

Manchmal wimmelte es nur so von Ammen, Kinderfrauen und Privatlehrern für die Kinder; Picknicks und Ausflüge wurden organisiert, es gab Musikabende und Feste. Dabei floss stets reichlich Alkohol. Stalin gelang es trotz großer Mengen davon, nie betrunken zu wirken. Wer dachte schon in dieser Idylle darüber nach, was auf Anweisung des Hausherrn täglich geschah: Liquidierung des Kulakentums[64], Zwangskollektivierung, Industrialisierung, GULAG[65], Säuberungen, Terror.[66]

Die Jahre 1927 bis 1935 waren in der Sowjetunion in innenpolitischer Hinsicht geprägt von der Konzentration der Macht in der Hand einer kleinen Führungsgruppe, an deren Spitze der Generalsekretär der Kommunistischen Partei Josef Stalin stand. Der Protest gegen Stalin am 7. November 1927, dem 10. Jahrestag der Revolution, war absolut wirkungslos. Oppositionelle Gruppen demonstrierten in den Straßen von Moskau und Leningrad mit roten Fahnen und Spruchbändern: »Lasst uns Lenins Testament ausführen!« – »Gegen den Opportunismus, gegen Spaltung, für die Einheit von Lenins Partei«. Doch wer sollte sich durch ein paar Spruchbänder aufputschen lassen? Außerdem löste die Polizei immer in kürzester Zeit die Demonstrationen auf.

Zu einer großen Erschütterung kam es, als sich am 17. November 1927 Adolf Joffe[67] eine Kugel in den Kopf schoss. Er nahm sich das Leben, weil er glaubte, durch diese Tat der Öffentlichkeit die verzweifelte Lage bewusst machen zu können. Zuvor schrieb er noch einen Brief an Trotzkij, ein tief ergreifendes menschliches Dokument.

Er brachte darin zum Ausdruck, dass er hoffe, sein Freitod werde auf »mystische Weise« Trotzkij neue Kraft schenken, um Stalin zu vernichten. »Die Gewissheit, dass Ihre Wahrheit siegen wird«, hatte Joffe geschrieben, »beruht eben auf der strikten Intransigenz, der unerbittlichen Strenge, der Ablehnung jeglichen Kompromisses...«[68] Genau diese Eigenschaften waren aber nicht Trotzkijs, sondern Stalins Stärke.

Adolf Joffe war ein treuer Trotzkist, doch damals bereits ein todkranker Mann. Er hatte am 3. März 1918 für Trotzkij den Friedensvertrag von Brest-Litowsk[69] unterzeichnet.

Wie sehr Stalins Frau ihm zugetan war, zeigte sich an ihrer Teilnahme an seinem Begräbnis am 19. November 1927. Bei einem heftigen Schneesturm wurde Joffes Sarg durch die Straßen von Moskau zum Friedhof des Nowodewitschi-Klosters getragen. Nadjeschda Stalina gab Joffe das Geleit, denn sie hatte ihn sehr geachtet, diesen verehrungswürdigen Veteranen der Revolution. Auf dem Friedhof hielten Trotzkij, Kamenew und Sinowjew Reden. Sinowjews Rede war eher eine Anklage gegen die Verbrechen Stalins, der die Interessen der Partei verrate. Nadjeschda hörte zu, doch was mag in ihr vorgegangen sein?

Im Jahr 1929 begann die Ausschaltung der »Rechten Opposition« mit Nikolaj Bucharin, Aleksej Rykow[70] und Michail Tomskij[71], die bisher Stalin unterstützt hatten, nun aber die radikale Kursänderung in der Wirtschaftspolitik kritisierten. Mit ihrer Entmachtung hatte Stalin die führenden Köpfe der Partei, die zusammen mit ihm bis zur Erweiterung 1925 das Politbüro gebildet hatten, verdrängt. Alle sechs (und viele weitere herausragende Persönlichkeiten) fanden wenig später einen gewaltsamen Tod.

Die Eltern leben sich auseinander

Während die politische Erfolgskurve des Diktators nach oben zeigte, gestaltete sich das Eheleben konfliktreich. Nach einem heftigen Streit nahm Nadjeschda sogar einmal ihre Kinder und verließ ihren

Mann, um wieder bei ihrer Familie in Leningrad zu leben. Doch dann schlossen die Eheleute von neuem Frieden, und die junge Frau bemühte sich, ihr Leben zu ändern. Von nun an wollte sie nicht mehr länger nur eine »baba« sein – das war Stalins verächtlicher Ausdruck für Hausfrauen und Mütter. Sie schrieb sich unter einem Pseudonym an der Industrie-Akademie in der Nowaja Bassmannaja ein und studierte an der Fakultät für Kunstfasern.

In der Zeit, als Nadjeschda 1929 ihre Aufnahmeprüfung für die Akademie zu schreiben hatte, verbrachte Stalin wie häufig die Herbstferien im Kaukasus. Aus dieser Zeit ist ein aufschlussreicher Briefwechsel vorhanden.[72]

Nadjeschda teilte am 28. August 1929 ihrem Mann mit, dass sie Anfang September die ersten schriftlichen Prüfungen in Mathematik, Geografie und der russischen Sprache habe und sehr aufgeregt sei. Es war ihr bekannt, dass Maksim Gorkij ihren Mann besuchen würde, und sie bedauerte, bei dessen Besuch nicht dabei sein zu können; sie würde ihm so gerne zuhören. Ihren Brief schloss sie mit den Worten: »Ich bitte dich sehr, pass auf dich auf. Ich küsse dich innig, wie du mich beim Abschied geküsst hast. Deine Nadja.«[73]

Am gleichen Tag hatte Stalin an seine Frau geschrieben. Er war vor seinem Aufenthalt in Sotschi zunächst in Naltschik gewesen und hatte sich dort eine Lungenentzündung zugezogen, jetzt musste er ständig husten und fand das zum Verzweifeln. Er wollte genau wissen, wie es seiner »Tatka« mit den Prüfungen ergehe. Sie berichtete ihm dann von der ersten bestandenen Prüfung in Mathematik, aber auch von ihrem Pech. Sie sollte um 9.00 Uhr in der Akademie sein und ging um 8.30 Uhr aus dem Haus zur Straßenbahn, die aber ausfiel. Der Autobus, auf den sie dann wartete, kam nicht. So nahm sie ein Taxi, um rechtzeitig die Universität zu erreichen. Doch das Taxi fuhr nur wenige Meter und blieb dann mit einem Motorschaden stehen. Daher traf sie in der Industrie-Akademie zu spät ein und musste zwei Stunden warten, bis sie doch noch zur Prüfung vorgelassen wurde.

Über Moskau berichtete sie ihrem Mann, dass man dort überall nach Milch und vor allem nach Fleisch Schlange stehen müsse. Sie empfand dies als deprimierend, zumal sie der Meinung war, das wäre gewiss durch richtige Organisation abzustellen.

Weitere Post erhielt Stalin zwischen dem 16. und 22. September 1929:

»Lieber Josef!...Ich war heute in der Parteizelle der ›Prawda‹, um mich abzumelden, und Kowaljow[74] hat mir alle seine traurigen Erlebnisse berichtet. Es geht um die Artikel über Leningrad. Du bist zweifellos darüber informiert und weißt auch, dass die ›Prawda‹ dieses Material ohne vorherige Abstimmung mit dem ZK gebracht hat. Allerdings haben Nikolaj Popow[75] und Jaroslawskij[76] es gesehen, und keiner von ihnen hielt es für notwendig, die Redaktion für Parteiarbeit der ›Prawda‹ darauf hinzuweisen, dass eine Abstimmung mit dem ZK [das heißt mit Molotow] erforderlich war. Jetzt, wo das Kind in den Brunnen gefallen ist, wird die ganze Schuld auf Kowaljow abgewälzt, der alles mit dem Büro des Redaktionskollegiums abgestimmt hat.«[77]

Am 1. September 1929 hatte die »Prawda« in der Rubrik »Wirksame Selbstkritik gegen die Entstellungen der proletarischen Linie der Partei und gegen konkrete Erscheinungen der rechten Abweichung« Beiträge veröffentlicht unter der Überschrift »Kommunarden Leningrads, übt rücksichtslose Selbstkritik, kämpft gegen die konkreten Anzeichen des Rechtsopportunismus«[78]. In einem dieser Artikel wurden die Namen von Parteimitgliedern genannt, die dieser Kritik zum Opfer fielen und sich das Leben nahmen.

Es ging also darum, dass ein sehr guter Redakteur auf Vorschlag von Krumin[79] »wegen Disziplinlosigkeit von der Leitung der Redaktion für Parteiarbeit zu entbinden« sei. Stalins Frau fand dies ungeheuerlich. Auch dass man Kowaljow fehlendes Organisationstalent vorwarf, empfand sie als »reinste Lüge...Ich weiß, dass du es gar nicht gern hast, wenn ich mich einmische, doch mir scheint, dass du gegen diese Intrige etwas unternehmen musst.«[80]

Nachdem Stalin am 22. September diesen Brief seiner Frau erhalten hatte, schickte er am Abend des gleichen Tages ein verschlüsseltes Telegramm mit folgendem Inhalt an Molotow: »Die Angelegenheit

Kowaljow in der ›Prawda‹ muss unverzüglich geklärt werden. Kowaljow darf nicht zum Sündenbock gemacht werden…Kowaljow darf nicht aus der Redaktion für Parteiarbeit ausgeschlossen werden. Er hat sie trotz Krumins Trägheit und des Widerstands der Uljanowa[81] nicht schlecht geleitet. Stalin. 22. September, 22.30 Uhr. Sotschi.«[82] Nadjeschda freute sich sehr, dass ihr Mann Kowaljow betreffend eingeschritten war.

Ende September bat sie ihn eindringlich, bald zur ihr und den Kindern nach Hause zu kommen. Sie fühle sich sehr einsam, studiere fleißig unter der Woche und am Wochenende besuche sie ihre Kinder auf der Datscha, wo die Kleine immer nach dem Verbleib des »Papi« frage. Zwischendurch musste sie ihren Mann um Geld bitten. Sie wünschte sich 50 Rubel, er sandte ihr 120 Rubel.

1930 begab sich Nadjeschda von Juni bis August auf Reisen. Sie unterzog sich einer Kur in Karlsbad und besuchte ihren Bruder Pawel[83] in Berlin. Dort konsultierte sie auch einen Neurologen, da es in ihrer Familie eine erbliche Veranlagung für Depressionen gab.

Stalin schrieb ihr nach Berlin am 21. Juni 1930 einen rührenden Brief:

»Tatka! Schreibe mir. Schreibe mir unbedingt, und schicke die Post mit dem Kurierdienst des NKWD an Towstucha (im ZK)[84]. Wie bist du angekommen, was hast du gesehen, warst du bereits bei Ärzten, welcher Meinung sind die Ärzte über deinen Gesundheitszustand usw., alles das möchte ich wissen. Der Parteitag wird am 25. eröffnet.[85] Bei uns ist alles in Ordnung. Hier ist es langweilig, Tatotschka. Ich sitze allein zu Hause wie ein Kauz…Ich will morgen oder übermorgen zu den Kindern auf die Datscha fahren.

Bis zum Wiedersehen! Halte dich nicht zu lange auf und komme möglichst bald wieder.

Ich küsse dich. Dein Josef.«[86]

Am 2. Juli 1930 bestätigte Stalin seiner Frau den Erhalt von drei Briefen. In seiner Antwort berichtete er von den Kindern, denen es gut gehe und die auf der Datscha seien. Nur die Lehrerin gefalle ihm nicht besonders. Er sei sicher, dass Wassja bei ihr nichts lerne. Besonders in der deutschen Sprache habe er keinerlei Fortschritte gemacht. Stalin nannte die Lehrerin eine seltsame Frau; es war die Erzieherin Natalija Konstantinowna, die Swetlana besonders gern hatte.

Am 30. August kam Stalins Frau wieder nach Moskau zurück, während er selbst zur Erholung in Sotschi weilte. Er bat Nadjeschda von dort aus einmal um ein Englischlehrbuch, ein anderes Mal um ein deutsches Lesebuch, dann um Bücher über Elektronik. Er berichtete von seinen qualvollen Zahnbehandlungen und erkundigte sich immer wieder nach den Kindern.

In Moskau schneite es schon am 6. Oktober 1930 heftig, und es war ungewöhnlich kalt. »Die armen Moskauer«, schrieb Nadjeschda an ihren Mann, »klappern mit den Zähnen, weil MOSKWOTOP[87] angewiesen hat, bis zum 15. Oktober nicht zu heizen. Der Krankenstand ist entsprechend hoch. Während des Unterrichts behalten wir den Mantel an, weil wir sonst wie Espenlaub zittern... Entschuldige den törichten Brief, doch ich weiß nicht recht, ob es sich lohnt, dir nach Sotschi über diese traurigen Dinge zu schreiben, die es leider zur Genüge im Moskauer Leben gibt.«[88]

Das Aussehen einiger Moskauer Stadtteile erregte ihren Unmut. An vielen Stellen ähnelten die Häuser einer Frau, die ihre Schönheitsfehler mit Puder kaschiert, und wenn es dann regnet, fließt die ganze Fassadenfarbe ab. »Damit Moskau so schön wird, wie wir es uns wünschen, reichen natürlich diese Maßnahmen und diese Möglichkeiten nicht aus, doch gegenwärtig ist auch das schon ein Fortschritt.«[89]

Unterwegs hatte sie sich über die gleichen Dreckhaufen geärgert, die ihr und ihrem Mann schon auf dem Weg nach Sotschi über Dutzende von Werst aufgefallen waren... Die Straßen Moskaus würden jetzt etwas ausgebessert. Als sehr schön erwähnte sie den Blick von der Twerskaja auf den Roten Platz. Der Abriss der Kirche[90] gehe langsam vonstatten, doch die Kuppeln seien bereits abgetragen. Auf dem Kreml-Gelände sei es sauber, auf dem Garagenhof herrsche allerdings unglaubliche Unordnung; dort habe sich nichts getan, nicht einmal der Schutt von der Instandsetzung sei weggeräumt.

In den meisten Briefen fragte Stalin nach den »Kindern und Setanka«. Die »Kinder« waren seine Söhne Jakow aus der ersten Ehe und Wassja aus der zweiten, Swetlana erwähnte er mit ihrem Kosenamen »Teufelchen« immer gesondert. Am 14. September 1931 beschwerte er sich im Brief an seine Frau: »Setanka kann mir ruhig mal etwas schreiben. Wassja ebenso.«[91] Ihrem Antwortbrief an ihren Mann fügte Nadjeschda die »Familienkorrespondenz« bei, nämlich Swetlanas Brief mit ihren eigenen Erläuterungen, »weil du dir wahrscheinlich auf all die wichtigen Dinge, die sie dir mitzuteilen hat, keinen Reim machen kannst«[92]. Am Ende des Briefes hat Swetlana dazu geschrieben:

»GUTEN TAG PAPO

GUTER, KOMM SCHNELL NACH HAUSE

KESTERN HAT RITKA MIT TOKA PLÖTSINN
GEMACHT

SIE IST EINE WILDE

ICH KÜSSE DICH DEINE

SETANKA.«

Stalin freute sich sehr über die Post von Wassja und Setanka und bat seine Frau, sie zu küssen, diese lieben Kinder.

Allmählich musste Stalin erkennen, dass es aus seiner Sicht ein großer Fehler gewesen war, seiner Frau ein Studium zu gestatten. Ihr immer stärker werdendes Interesse an Land und Leuten war nicht mehr zu übersehen. Bis dahin wusste sie nämlich über die Politik der Sowjetregierung nur aus den Zeitungen und aus den offiziellen Verlautbarungen der Parteikongresse Bescheid. Es leuchtete ihr zunächst ein, dass das Volk zur Durchführung der Industrialisierung des Landes gewisse Opfer bringen und sich manche Dinge versagen musste, doch glaubte sie an die Versicherungen der Regierung, dass die Lebensbedingungen der Arbeiterschaft sich mit jedem Jahr besserten.

An der Hochschule entdeckte Nadjeschda nun tagtäglich, dass diese Behauptung nicht der Wahrheit entsprach. Sie musste erfahren, dass die Kinder und die Frauen der Arbeiter und der Sowjetangestellten ihre Lebensmittelrationen nicht erhielten. Außerdem vernahm sie, dass Tausende von sowjetischen Mädchen, Stenotypistinnen und Angestellten sich verkaufen mussten, um nicht Hungers zu sterben und um ihre Eltern zu unterstützen. Von den Studentinnen hörte sie, dass man diese zur Mitwirkung an der Kollektivierung aufs Land geschickt hatte, wo sie Zeugen von Massenhinrichtungen an Bauern geworden waren. Bei der Entkulakisierung wurden zwei Millionen Bauern verschleppt, Hunderttausende starben während der Deportation. Stalins Frau erfuhr die entsetzliche Wahrheit über Banden heimatloser Kinder, die die Landstraßen entlangwanderten und um Brot bettelten. Die allgemeine Versorgungslage wurde immer schlechter und gipfelte in der schrecklichen Hungersnot von 1932/33, bei der mindestens sechs Millionen Menschen starben, davon allein vier Millionen in der Ukraine, im Süden Russlands und in Kasachstan.

Doch die Frau des Führers war, wie so viele Menschen, der Meinung, dass Stalin über diese Tatsachen gar nicht informiert sei. So berichtete Nadjeschda ihm und seinem Freund Awel Jenukidse ausführlich und immer wieder, was sie alles an der Universität erfahren hatte. Der Diktator wich den bohrenden Fragen seiner Frau aus und machte ihr Vorwürfe, dass sie »trotzkistische Gerüchte sammle«. Die Presse durfte nicht über den Hunger berichten. Wer es dennoch tat, bekam fünf Jahre Arbeitslager. Trotzdem wurde bekannt, dass Mütter ihre Kinder vor die Türen der Parteikomitees legten in der Hoffnung, dass sie gerettet würden. Die GPU hob Schlachthöfe aus, die sich auf Kinderfleisch spezialisiert hatten. Die Sowjetregierung ließ ein Plakat drucken mit der Aufschrift: »Sein Kind zu verspeisen ist ein Akt der Barbarei!«[93]

Als Nadja mit Hinweisen auf Kannibalismus zu ihrem Mann und K. W. Pauker[94], dem Chef seiner Leibwache, kam, wurde es Stalin zu viel. Er beschloss, der Rebellion im eigenen Hause ein Ende zu machen. Er überschüttete seine Frau mit übelsten Beschimpfungen und erklärte ihr seinen Entschluss, sie nicht länger die Akademie besuchen zu lassen. Er wies die GPU[95] und die Kontrollkommission der

Partei an, eine Säuberung in allen höheren Schulen und in den Universitäten durchzuführen. Selbstverständlich ließ er auch seine Frau bespitzeln.

Dass Nadja nach zweimonatiger Pause ihre Studien wieder aufnehmen durfte, verdankte sie der Intervention ihres »Schutzengels« Awel Jenukidse. Dieser war unverheiratet, schien aber für die Rolle des Familienvaters wie geschaffen. Er überhäufte die Kinder seiner Freunde mit teuren Geschenken. In den Augen der Stalin-Kinder war »Onkel Awel« der große Held, der Schlittschuh laufen und schwimmen konnte und so spannende Geschichten von den Bergriesen von Swanetien und andere kaukasische Legenden zu erzählen wusste. Awel war nicht nur ein Idol für Stalins Kinder, sondern auch ein enger Freund von Nadja, die er von Kind auf kannte. In vielen Fällen betätigte er sich als »Friedensstifter« zwischen dem streitsüchtigen Stalin und seiner jungen Frau, wie dies Alexander Orlow, ehemals Sowjetdiplomat und Leiter der Gegenspionage, zu berichten weiß.[96]

Die Spannungen zwischen den Eheleuten nahmen derart zu, dass Nadja darüber nachdachte, ihren Mann endgültig zu verlassen. Bei ihren Auseinandersetzungen kam es immer häufiger vor, dass Stalin in Wut geriet. So warf er einmal ein gebratenes Hähnchen aus dem Fenster, weil es ihm nicht schmeckte. Ein anderes Mal riss er die Telefonleitung aus der Wand, weil kein Freizeichen kam, oder er erschlug einen Papagei mit seiner Pfeife.

Dann spielte Stalin wieder eine neue Rolle, die des absoluten Schürzenjägers. Das schmeichelte seiner Eitelkeit. Seine Frau »revanchierte« sich damit, dass sie ihm immer öfter davon erzählte, was man in der Akademie über ihn redete. Da Stalin langsam an der Loyalität seiner Ehefrau zweifelte, begann er sie zu hassen und behandelte sie entsprechend.

Alexander Orlow erzählte von dem entwürdigenden Benehmen Stalins seiner Frau gegenüber. Im Sommer 1931, am Vorabend ihrer bereits festgesetzten Urlaubsreise in den Kaukasus, wurde Stalin aus irgendeinem Grund auf sie böse und bedachte sie mit seinen beleidigenden Ausdrücken. Am nächsten Tag bereitete sich Nadja eifrig auf die Abreise vor. Nach dem Essen brachten die Wachen für Stalin einen kleinen Koffer und seine Aktentasche zum Auto. Das große Gepäck war wenige Tage zuvor schon in den Sonderzug verladen worden. Nadja nahm ihre Hutschachtel und zeigte den Wachen eine Anzahl Koffer, die sie eigens für sich gepackt hatte. »Du wirst nicht mit mir gehen!«, sagte Stalin zu ihr. »Du bleibst hier!« Danach stieg Stalin mit seinem Leibwächter Pauker in den Wagen und fuhr davon. Nadja war so betroffen, dass sie mit der Hutschachtel in der Hand lange stehen blieb, bevor sie wieder ins Haus ging.

Die Erfahrungen, die Nadjeschda in den Stunden außerhalb des Kreml machen musste, ließen sie nicht mehr los. Es kam ihr immer mehr zu Bewusstsein, wie hart und freudlos seit der bolschewistischen Revolution das Leben für die große Masse der Bevölkerung geworden war. Sie begann an der »klassenlosen Gesellschaft« zu zweifeln, besonders, wenn sie den großen Unterschied zwischen dem Leben, das die »Sowjetaristokratie«, wie die Moskauer Arbeiterschaft sie nannte, führte, und dem der Arbeiterklasse sah.

Selbstverständlich musste Nadja als Stalins Frau nie in einem Geschäft anstehen, auch nicht ihre Köchinnen oder Haushälterinnen. Wenn Haushälterinnen der Prominenz einkaufen gingen, brauchten sie kein Bargeld. Sie mussten lediglich drei verschiedene Büchlein zum Einkauf mitnehmen: eines für das staatliche Molkereigeschäft, ein zweites für das staatliche Fleischgeschäft und ein drittes für den staatlichen Fischladen. Hohe Beamte konnten von den eingelagerten Lebensmitteln so viel verlangen, wie sie wünschten. Und bezahlen mussten sie, ganz im Gegensatz zu Komintern-Angestellten von niedrigerem Rang, keine Kopeke. Für die »Sowjetaristokraten« zahlte die »klassenlose Gesellschaft«. Die Durchschnittshausfrau konnte nie kaufen, wie sie wollte. Alle Lebensmittel waren rationiert, es gab davon nur kleine Mengen. Üblich waren etwa 100 Gramm Butter, es sei denn, man stellte sich immer wieder an; dann konnte man es auf 200 Gramm bringen. Jeden Tag bildeten sich lange Schlangen vor den Lebensmittelgeschäften, was Stalins Frau natürlich unmöglich entgangen sein konnte.

Swetlana schreibt in ihrem zweiten Buch »Das erste Jahr«, dass es zu Lebzeiten ihrer Mutter bei den im Kreml lebenden Familien noch keinen überwältigenden Luxus gegeben habe. Erst mit dem Tod der Mutter, als das Haus auf Staatskosten geführt wurde, da haben sich alle bestens bedient.

Während dieses unendliche Leid über die Menschen hereinbrach, exportierte die Sowjetunion 0,8 Millionen Tonnen Getreide, das heißt, die Staatsreserven wurden nicht angegriffen, der Export nicht gestoppt.

Nadjeschda widmete längst nicht mehr ihre freie Zeit ihrem Mann, was diesem sehr missfiel. Auch machte sich der Altersunterschied von 22 Jahren zwischen den beiden allmählich deutlich bemerkbar. Galina Sergejewna Krawtschenko[97], Kamenews Schwiegertochter, meinte, es habe Stalin nicht gepasst, dass »die Allilujewa sehr gläubig war ... sie ging sogar in die Kirche ... Ihr wurde offensichtlich erlaubt, was anderen Parteimitgliedern verboten war: Sie war immerhin seit ihrem 18. Lebensjahr Mitglied der Partei. Überhaupt war ihr anzumerken, dass sie ein wenig sonderlich war. Sie hatte – wie man heute sagen würde – Flausen im Kopf.«[98]

Während Nadjeschda studierte und sich mehr und mehr um politische Belange kümmerte, hatte sie immer weniger Zeit für ihre Kinder. Swetlana besaß nur einen einzigen Brief aus dem Jahr 1931, den sie von ihrer Mutter erhalten hatte und der für ein sechsjähriges Mädchen doch sehr streng klingt:

»Ich grüße dich, Swetlanotschka!
Wassja hat mir geschrieben, dass das Mädchen irgendwie Unfug treibt. Es ist schrecklich peinlich, solche Briefe über das Mädchen zu erhalten. Ich dachte, dass ich ein großes, vernünftiges Mädchen zurückgelassen hätte, aber es zeigt sich, dass sie doch noch ganz klein ist und dass sie – was die Hauptsache ist – sich noch nicht wie eine Erwachsene zu benehmen weiß. Ich bitte dich, Swetlanotschka, besprich dich mit Natalija Konstantinowna, wie du alle deine Angelegenheiten in Ordnung bringen sollst, sodass ich in Hinkunft nicht mehr solche Briefe empfangen muss. Besprich dich unbedingt mit ihr und schreibe mir, gemeinsam mit Wassja oder Natalija Konstanti-

nowna, einen Brief darüber, wie ihr euch über alles ausgesprochen habt. Als Mama abreiste, versprach das Mädchen sehr, sehr viel; es zeigt sich jedoch, dass sie wenig davon zu halten vermag.

Antworte mir also unbedingt, wie du dich weiter betragen willst, ob du es ernst nehmen willst oder nicht.

Denke gehörig darüber nach; das Mädchen ist schon groß und kann auch denken. Liest du irgendetwas in russischer Sprache? Ich erwarte Antwort von dem Mädchen.

Deine Mama.«[99]

Die erwähnte Erzieherin Natalija Konstantinowna verließ 1932, kurz nach dem Tod von Swetlanas Mutter, den Kreml. Ob sie von sich aus gegangen ist oder ob Stalin ihr das nahe legte, erfuhr das kleine Mädchen nicht. Sie empfand lediglich, dass der ganze Rhythmus des Unterrichts gestört wurde, und sie vermisste die Erzieherin sehr, deren Unterricht in Deutsch, Literatur und Zeichnen ihr so sehr gefallen hatte.

Als Kind führte Swetlana ein umhegtes, privilegiertes, aber strenges Leben. »Nur meine ersten sechseinhalb Lebensjahre waren von der Liebe einer Mutter umgeben, sie sind mir als sonnige Kindheit in Erinnerung geblieben. Ich erinnere mich meiner Mutter als einer sehr schönen Frau, ihres schwebenden Gangs und ihres Parfüms.«[100] Dieses Bild und die Idylle von Subalowo bewahrte die 1926 geborene Swetlana in ihrem Herzen – zusammen mit den von der Mutter vermittelten Werten »Ehrlichkeit, Fleiß und Wahrhaftigkeit«. Und einen von der Mutter geerbten rebellischen Geist, den Stalin an seinem Teufelchen früh bemerkte, aber nicht brechen konnte!

Ihre Mutter nahm sich 1932 das Leben.

3 Der Tod der Mutter

>*»Du quälst deine Frau, du peinigst das ganze russische*
>*Volk.« Nadjeschda zu ihrem Mann Josef Stalin.**

Eine Tragödie

Der 8. November 1932 wurde der Tag einer mysteriösen Tragödie:[101]
Nadjeschda Stalina erschoss sich. Wenn man versucht, an Akten über
den Selbstmord der zweiten Ehefrau Stalins zu kommen, etwa über
den KGB[102], so lautet die Auskunft: »Es gibt keine Akte Allilujewa.
Stalin hat befohlen, keinerlei strafrechtliche Maßnahmen in dieser
Richtung zu initiieren.«[103]

Aus den letzten eineinhalb Lebensjahren der Nadjeschda Allilujewa existiert lediglich ein Brief, den sie am 12. März 1931 an Stalins
Mutter, ihre Schwiegermutter, schrieb:

»Ich grüße Sie, liebe Mama Keke!
Sie sind sicher böse, weil ich Ihnen so lange nicht geschrieben habe.
Der Grund dafür ist nicht, wie Sie vielleicht annehmen, dass ich mich
über etwas geärgert hätte. Nein, ich schreibe einfach nicht gerne
Briefe. Meine Verwandten erhalten nie Briefe von mir (nicht etwa,
weil ich sie nicht liebe, sondern weil ich nicht gerne schreibe) und
sind, wie auch Sie, sehr böse auf mich wegen dieser Ungezogenheit.

Doch was soll ich machen. Ich stehe in Ihrer Schuld. Wie ich
weiß, sind Sie eine sehr gütige Frau und werden mir nicht lange böse
sein. Uns geht es allen gut, alle sind gesund. Die Kinder sind groß
geworden. Wassja ist schon zehn Jahre. Swetlanotschka wird am
28. Februar 1931 fünf. Vater und Tochter sind ein Herz und eine Seele,
noch ist die Kleine sehr lieb, und was weiter wird, werden wir sehen.

Übrigens haben Josef und auch ich nur wenig Freizeit. Sie haben wahrscheinlich gehört, dass ich (auf meine alten Tage) noch einmal studiere, ich habe noch ein Jahr vor mir. Das Studium selbst fällt mir nicht schwer, doch es ist sehr kompliziert, alle meine täglichen Pflichten damit in Einklang zu bringen. Aber generell beklage ich mich nicht, noch schaffe ich alles erfolgreich – ich habe alles im Griff, muss allerdings auf meine Gesundheit achten.

Josef hat versprochen, Ihnen selbst zu schreiben, deshalb schreibe ich nichts weiter über ihn. Zu seiner Gesundheit muss ich sagen, dass mich seine Kraft und Energie in Erstaunen versetzen. Nur wer wirklich gesund ist, kann das leisten, was er schafft.

An[na] Ser[gejewna] hat mir erzählt, dass Sie in letzter Zeit über Ihre Gesundheit klagen, das dürfen Sie nicht. Sie sind doch noch gut auf dem Posten.

In all diesen Jahren hatten wir uns jeden Sommer vorgenommen, in den Kaukasus zu fahren und Sie zu besuchen, doch jedes Mal hinderten uns unvorhergesehene Umstände an diesen Reisen. Doch bis zum Sommer ist es nicht mehr weit, und vielleicht sehen wir uns in diesem Jahr. Aber wollen Sie nicht einmal zu uns kommen?

Natürlich ist es uns sehr peinlich, dass Sie uns stets mit Päckchen verwöhnen, während wir uns dafür wenig erkenntlich zeigen. Doch hier rechne ich ebenfalls auf Ihre Güte und hoffe, dass Sie uns deshalb nicht allzu böse sind.

Das wäre alles, was ich zu schreiben hätte. Liebe Grüße von den Kindern, die leider ihre gute Großmutter noch nicht kennen, doch das werden wir irgendwie ändern.

Ich wünsche Ihnen alles Gute und küsse Sie vielmals. Ich wünsche Ihnen ein langes, langes Leben und grüße Sie

Ihre Nadja.

PS. Ich schicke Ihnen zwei Amateuraufnahmen und bitte um Ihre Nachsicht, dass sie nicht sehr gut geworden sind.«[104]

Dieser freundliche Brief zeigt, dass weder der kleine Josef noch Swetlana zu Lebzeiten ihrer Mutter je bei der Großmutter väterlicherseits zu Besuch waren.

Swetlana erinnerte sich besonders gut an ihren sechsten Geburtstag im Jahr 1932, den letzten, den sie mit ihrer Mutter erleben durfte. Es waren alle Kreml-Kinder dazu eingeladen. Zur Vorbereitung des Festes hatte Swetlana mit Aleksander Iwanowitsch Murawjow, einem Freund ihres Bruders, und der sehr amüsanten Natalija Konstantinowna, ihrer Erzieherin, Kostüme aus Buntpapier »geschneidert«. Es wurde auch ein Kinderkonzert veranstaltet. Da die Geschwister schon sehr gut Deutsch sprachen, konnten sie neben russischen sogar deutsche Gedichte vortragen. Wassilijs Freund hüllte sich in einen Bettvorleger aus Bärenfell und war so der Bär aus einer Fabel von Krylow[105]. Die Erwachsenen durften die Flecht- und Klebearbeiten und die Zeichnungen des Geburtstagskindes bewundern. Bei solchen Festen war es der Vater, und nicht die Mutter, der die Kleine besonders liebkoste. Die Mama war streng und anspruchsvoll, und Swetlana erinnerte sich kaum an eine liebevolle Berührung von ihr. Möglicherweise wollte sie das kleine Mädchen nicht zu sehr verwöhnen, da der Vater es mit Zuneigung überschüttete.

1932 war auch das Jahr, in dem Swetlana zum ersten Mal zur Parade auf den Roten Platz mitgehen durfte. Dort erlebte sie ihre Mutter als Teilnehmerin an der Parade, das erste und zugleich das letzte Mal. Jedes Jahr am 7. und 8. November bemühte sich die ganze kommunistische Welt, den kapitalistischen Staaten eine Machtdemonstration zu geben. Am 7. November 1932 galt es, den 15. Jahrestag der Großen Sozialistischen Oktoberrevolution zu feiern. Zuerst fand eine Parade statt, danach die Demonstration der Werktätigen auf dem Roten Platz. Auf der Tribüne des Lenin-Mausoleums hatte die Regierung mit dem Genossen Stalin an der Spitze Platz genommen.

Unter den eingeladenen Persönlichkeiten befand sich auch Jekaterina Lebedewa, die Ehefrau des stellvertretenden Abteilungsleiters der Militärabteilung im ZK der KPdSU (B) und Helden des Bürgerkriegs, Aleksej Sacharowitsch Lebedew. Voll Enthusiasmus beschrieb sie die folgende Szene: »Die Allilujewa, die Allilujewa, Stalins Frau«, ging plötzlich ein Flüstern die Tribüne entlang. Jekaterina schaute auf die Marschkolonnen der Werktätigen. »Nadjeschda Allilujewa marschierte mit ihrer Industrie-Akademie in der ersten Reihe, gleich unter der Fahne. Sie fiel sofort auf: hoch gewachsen, mit aufgeschlagenem Mantel, obwohl es doch kalt war. Sie lächelte und lachte, sagte etwas zu ihren Begleitern, sah zum Mausoleum hinauf und winkte mit der Hand; ihr weißes, marmorfarbenes Gesicht sah blendend aus. Ihr Winken mit der Hand war einer Zarin würdig. Überhaupt erstrahlte sie in vollem Glanze.«[106] Unter lauten Jubelrufen auf den Genossen Stalin überquerte seine Frau den Roten Platz, drehte ab, trennte sich von ihren Kollegen, ging auf das Spasskij-Tor zu und trat, begleitet von Wachsoldaten, hinaus auf die untere Tribüne, wo ein Platz neben Nikita Chruschtschow für sie reserviert war. Dort herrschte eisiges Schweigen, und Stalins Frau wirkte nun, als ob sie frösteln würde. Sie konnte von der Tribüne aus ihren Mann sehen, der »nicht warm genug angezogen war«, wie sie Chruschtschow zuflüsterte.

Swetlana war beeindruckt von diesem martialischen Spektakel, wie es eben ein Kind in diesem Alter sein kann. Wieder zu Hause, erzählte sie, dass ihr am besten Onkel Woroschilow auf einem Pferd sitzend gefallen habe. Ihr elfjähriger Bruder belehrte sie, dass es heißen müsse: »Genosse Woroschilow galoppierte hoch zu Ross.« Die Kleine begann wegen der ständigen Verbesserungen ihres Bruders zu weinen, während ihre Mama herzlich lachte. Die Mutter trug bei dieser Gelegenheit einen bunten, mit Fransen besetzten Schlafrock. Swetlana vergaß diese Szene nie.

Am 8. November 1932 traf sich die Führungsspitze zu einer Party in der Wohnung von Kliment Woroschilow[107].

Stalins Ehefrau hatte sich für die Party besonders schön gemacht. Im Alltag trug sie normalerweise ihre Haare streng zurückgekämmt in einem Dutt. Doch an diesem Abend frisierte sie sich modisch und trug ein elegantes Kleid, ein Geschenk ihres Bruders Pawel aus Deutschland, das sie mit einer Rose verzierte. Eine weitere Rose steckte sie sich ins Haar. Als ihr auf der Party, wie Stalin meinte, zu viel Aufmerksamkeit zuteil wurde, begann ihr Mann sich unmöglich aufzuführen.

Molotow war sicher, dass der Grund für Nadjas Tod Stalins »Eifersucht« war. Er berichtet, dass Stalin aus Brot Kügelchen drehte und diese der Ehefrau von Marschall Aleksander Jegorow[108] in den Ausschnitt warf, nicht diskret, sondern so, dass es die Anwesenden sehr wohl sehen konnten. Als Jegorows Frau, die für ihre zahlreichen Amouren bekannt war, anfing, mit Stalin zu flirten, spürte Nadjeschda Zorn in sich aufsteigen. Dann fühlte sie sich von ihrem eigenen Mann richtiggehend angepöbelt. Nadja versuchte zu seriösen Gesprächen zurückzukehren und habe dabei einige »kritische Bemerkungen über die Landwirtschaftspolitik, die Ursache der in den Dörfern herrschenden Hungersnot« fallen lassen. Da brüllte der angetrunkene Stalin in einem Ton los, wie man es noch nicht einmal mit einem Straßenmädchen machen würde: »Hallo, du, trink!« Er tunkte seine Zigarette in ein Weinglas und schmiss diese quer über den Tisch zu seiner Frau hinüber. Nadjeschda schrie nur noch, er solle sie nicht mit »Hallo, du« titulieren, sprang auf und verließ die Tafel.

Molotow, Stalins engster Mitarbeiter, ließ von dem Dichter Felix Tschujew seine Beobachtungen zum Geschehen in der Woroschilow-Wohnung aufschreiben: »Die Allilujewa war damals meines Erachtens ein bisschen eine Psychopathin. Sie hatte sich nicht mehr selbst in der Hand ... Sie war sehr eifersüchtig auf Stalin ... Zigeunerblut in den Adern!«[109] Molotow nahm Stalin in Schutz, da dieser doch einiges getrunken hatte und Scherze machte. Nach seiner Aussage habe auch seine Frau Polina das Verhalten ihrer Freundin verurteilt.

Außerdem habe Nadja ihren Mann in einer sehr schwierigen Situation im Stich gelassen.

Das klingt höchst unglaubwürdig, denn Polina hat mit Nadjeschda zusammen die Woroschilow-Wohnung verlassen. Die beiden Freundinnen liefen danach aufgeregt im Kreml-Hof auf und ab, und Nadjeschda beschwerte sich darüber, dass ihr Mann so auffällig geflirtet hatte. Sie wusste, dass er betrunken war, und es ärgerte sie, dass er sich derart zum Narren machte. Nachdem sich Nadjeschda, wie Polina zu spüren meinte, wieder einigermaßen beruhigt hatte, verabschiedeten sie sich voneinander. Nadjeschda ging nach Hause, schloss die Tür hinter sich zu und erschoss sich. Sie tat es mit einer kleinen Walther-Pistole, die sie von ihrem Bruder Pawel einmal aus Deutschland mitgebracht bekommen hatte. Ob er sie ihr zu ihrer eigenen Sicherheit gegeben hatte oder ob sie ihn darum gebeten hatte, ist nicht bekannt.

Am folgenden Morgen wollte die Haushälterin Nadja wie immer wecken. Da fand sie die junge Frau in einer Blutlache am Boden liegend. Die Rose, die sie im Haar getragen hatte, lag neben ihr. Die erschrockene Haushälterin rief die Kinderfrau. Gemeinsam hoben sie den schon kalten Leichnam aufs Bett, wagten aber lange Zeit nicht, in Stalins Schlafzimmer zu gehen. Stattdessen riefen sie Awel Jenukidse und Polina Schemtschuschina herbei. Als diese eintrafen, weckte ein Diensthabender Stalin.

Die junge Frau hatte ihrem Mann einen Brief, angeblich voller politischer Anschuldigungen, hinterlassen. Wer das Schreiben gelesen hat, ist nicht bekannt. Es ist anzunehmen, dass nur Stalin den Inhalt kannte und dann den Brief verschwinden ließ. Trotz aller Aufregung und Verwirrung hatte Stalin in dieser Situation erst einmal nur eine Sorge, nämlich das Geschehen möglichst lange geheim zu halten. Es durfte niemand ins Haus außer einem Arzt, der den Totenschein zu unterschreiben hatte. Ob Zufall oder nicht, es war der gleiche Arzt, Dr. B. S. Weisbrod, der auch Lenins Totenschein ausgestellt hatte. Eine Einbalsamierung der Leiche wurde von Stalin verboten, ein großes Begräbnis war sein Wunsch.

Die sechsjährige Swetlana und ihr Bruder waren am Tag der Entdeckung der toten Mutter schon nach dem Frühstück zu einem besonders langen Spaziergang abgeholt worden. Anschließend wurden sie nicht ins geliebte Subalowo, sondern in die Datscha in Sokolowka[110] gebracht, wo sie nie gerne waren. Gegen Abend kam Kliment Woroschilow, spielte mit ihnen, weinte aber die ganze Zeit dabei. Nun erfuhren die Kinder vom Tod der Mutter, doch die kleine Swetlana konnte sich unter »Tod« nichts vorstellen. Als man sie zum offenen Sarg der Mutter brachte, nahm Sina Ordschonikidse das Mädchen auf den Arm und hielt es ganz nahe an das Gesicht der Mutter, damit es Abschied nehmen konnte. Die völlig verstörte Kleine fing an zu schluchzen, und ihr Onkel Awel Jenukidse setzte sie auf seine Knie und steckte ihr Süßigkeiten in den Mund, bis sie sich beruhigt hatte. Swetlana war damals knapp sieben, ihr Bruder elf

Jahre alt. Den Kindern wurde gesagt, die Mutter sei an einer Bauch-fellentzündung als Folge einer akuten Blinddarmentzündung gestor-ben. Die offizielle Version, die sich die Partei zurechtgelegt hatte, hieß, Stalins Ehefrau sei »nervenkrank« gewesen.

Nikolaj Bucharin erinnerte sich, dass Stalin vor dem Verschließen des Sarges den Kopf seiner Frau hochgehoben und sie lange geküsst habe. Doch er bemerkte auch bitter, dass die Küsse nun nichts mehr wert gewesen seien. Es wird aber auch berichtet, dass Stalin mit einer verächtlichen Geste den Sarg mit der Frau, die ihn seiner Meinung nach so schmählich verlassen hatte, von sich schieben wollte.

Erst in einem Fernsehinterview im Jahr 1994[111] berichtet Alek-sander Allilujew, ein Cousin Swetlanas und Sohn von Pawel Allilu-jew, von dieser Tragödie. Man hatte ihm erzählt, dass Nadja mit dem Ausruf »Dann bringe ich mich um« sehr schnell bei der Hand gewe-sen sei. Außerdem hätte Nadja einen Brief an ihren Bruder Pawel hinterlassen. Darin habe sie geschrieben, dass sie keinen Ausweg mehr sehe. Auch wenn sie Stalin verlasse, er würde sie überall finden. Er sei nicht der Mensch, als der er sich zeige, sondern vielmehr sehr hinterhältig. Er sei zu allem bereit und würde jede Grenze über-schreiten. Sie bat darum, dass man ganz besonders auf ihren Sohn Wassilij aufpassen solle, denn Swetlana sei ein liebes Kind und viel leichter zu führen. Pawels Frau wollte Stalin den Brief zeigen, doch ihr Mann war strikt dagegen.

Reaktionen

Die Beerdigung ging schnell vonstatten. Stalins Nichte Kira Polit-kowskaja hörte, was Stalin zu Awel Jenukidse vor der Beerdigung ge-sagt hatte: Dieser habe Nadja (als Trauzeuge) verheiratet, jetzt solle er sie auch begraben. Tatsächlich hat Jenukidse die Organisation für Nadjeschdas Begräbnis übernommen. Für Swetlana war er ein sehr liebevoller Onkel, was in Stalins Augen später ein Vergehen gewesen zu sein scheint.[112]

Schon am 9. November wurde der Sarg von der Wohnung im

Kreml zur Großen Halle im Gebäude des Zentralen Exekutiv-Komitees (heute ist dort das Kaufhaus GUM) am Roten Platz gebracht. Von dort aus setzte sich noch am gleichen Tag der Trauerzug in Bewegung. Pferde zogen den in Schwarz und Silber reich verzierten, mit rotem Tuch drapierten Leichenwagen, der einem Relikt aus der Zeit der Zaren glich. Der Weg führte zu dem sieben Kilometer entfernten ehemaligen Nowodewitschi-Kloster.

Am nächsten Tag erzählte man sich in Moskau von den Tausenden von Menschen, welche die Straßen säumten, und wie anrührend es gewesen sei, den gebrochenen Stalin ohne Hut und mit nicht zugeknöpftem Mantel neben dem Konvoi einhergehen zu sehen. Stalins Tochter Swetlana behauptete, dass ihr Vater an der Beerdigung überhaupt nicht teilgenommen habe. Er war tatsächlich lediglich die ersten zehn Minuten dabei, verschwand aber dann unauffällig aus Furcht vor Terroristen, die wussten, wie leicht man in einem solchen Menschenauflauf ein Attentat verüben konnte. Stalin hatte schon vorsorglich Aljoscha Swanidse, den Bruder seiner ersten Frau, gebeten, ihn zu vertreten. Aljoscha, ebenfalls leicht untersetzt, mit einem schwarzen Schnurrbart und der gleichen Art Mantel wie Stalin, entsprach dieser Bitte gern. Die Menge war der Meinung, es sei Stalin selbst. Außer ihm schritten Nadjeschdas Schwester Anna und ihr Mann Stanislaw Redens hinter dem Leichenwagen sowie Awel Jenukidse, der Nadjeschda besonders nahe gestanden hatte. Swetlana durfte nicht mit zur Beerdigung, aber ihr Bruder Wassilij war dabei.

Der Sowjetdiplomat Alexander Orlow bestätigte Stalins anfängliche Anwesenheit beim Trauerzug. Dann habe er zusammen mit seinem Leibwächter Pauker einen bereits wartenden Wagen bestiegen, der ihn auf einem Umweg zum Nowodewitschi-Kloster brachte.[113]

Die »Prawda« veröffentlichte folgende offizielle Todesnachricht: »Das Zentralkomitee der Kommunistischen Partei (Bolschewiki) bringt den Genossen zur Kenntnis, dass ein aktives und getreues Mitglied der Partei, Genossin Nadjeschda Sergejewna Allilujewa, in der Nacht zum 9. November verschieden ist.«

In anderen sowjetischen Zeitungen erschien die Bekanntmachung am 10. November 1932. In Großbuchstaben konnte man lesen: »DEM GEDENKEN DER FREUNDIN UND GENOSSIN NADJESCHDA SERGEJEWNA ALLILUJEWA«. Dann folgte ein längerer Nachruf auf eine »nahe Genossin, ein Mensch mit einer großen Seele«. Der Artikel endete: »Das Andenken an Nadjeschda Sergejewna als einer treu ergebenen Bolschewikin, als Ehefrau, naher Freundin und treuer Helferin von Gen. Stalin wird uns ewig teuer sein.« Unterzeichnet war dieser Nachruf von den führenden Genossen, aber auch, und dies sogar an erster Stelle, von deren Ehefrauen:[114]

Jekaterina Woroschilowa, Polina Schemtschuschina
Sinaida Ordschonikidse, Dora Chasan
Maria Kaganowitsch, Tatjana Postyschewa
Aschden Mikojan.

Nur in diesem Nachruf wurde die Tote als Ehefrau des Genossen Stalin genannt. In einer weiteren Todesanzeige, die am 11. November in der »Prawda« abgedruckt war, ist beim besten Willen nicht zu erkennen, dass es sich bei der zu Betrauernden um Stalins Ehefrau handelt. Die ehernen Worte lauten: »Es starb ein junger, bescheidener und ergebener Kämpfer der großen bolschewistischen Armee. Er starb unterwegs, im Kampf, im Studium.« Es findet sich darin auch nicht der geringste Hinweis auf die Todesursache. Und damit standen Tür und Tor offen für Gerüchte bis zu legendenhaften Aussagen von Personen, die die Tote überhaupt nicht gekannt hatten.

Am 16. November war in der »Prawda«, deutlich hervorgehoben, zu lesen:

»Werter Josef Wissarionowitsch,

dieser Tage denke ich immer wieder an Sie und möchte Ihnen die Hand drücken. Schwer ist es, einen nahen Menschen zu verlieren. Ich erinnere mich an ein paar Gespräche im Arbeitszimmer von Iljitsch während seiner Krankheit. Sie haben mir damals Mut gemacht.

Ich drücke Ihnen nochmals die Hand.

Nadjeschda Krupskaja.«[115]

Diese Beileidsadresse zeigt die Größe von Lenins Witwe. Bei den genannten Gesprächen hatte Nadjeschda Krupskaja viele Grobheiten Stalins zu ertragen, genau genommen hatte er einen kaltblütigen Versuch unternommen, sie zum Schweigen zu bringen und durch sie Lenin unschädlich zu machen. Doch das schien sie ihm verziehen zu haben. Und sie erinnerte mit ihren wenigen Worten auch an den Mann, der die Idee der Revolution verkörperte und der nicht vergessen war.

Der offiziellen Bekanntgabe folgte eine Trauerkarte an Familienmitglieder und engste Freunde, in der es hieß, Nadjeschda sei »plötzlich gestorben«. So herzlos die offizielle Todesanzeige für seine Frau war, so unpersönlich waren auch Stalins Dankesworte an die Kondolierenden.

Stalin beantwortete alle Kondolenzbriefe mit einer kurzen Danksagung, die am 18. November auf der Titelseite der »Prawda« erschien:

»Ich übermittle allen Organisationen, Institutionen, Genossen und allen anderen, die mir anlässlich des Hinscheidens meiner treuen Freundin und Genossin Nadjeschda Sergejewna Allilujewa-Stalina ihr Beileid ausgedrückt haben, meinen tief empfundenen Dank.

J. Stalin.«

Als der Tod von Stalins Frau bekannt wurde, sandte der sowjetische Schriftstellerverband das übliche Kondolenzschreiben, während Boris Pasternak[116] einen eigenartigen Brief verfasste, in dem es unter anderem hieß:

»Am gestrigen Abend beobachtete ich mich, wie ich zum ersten Mal unter dem Blickwinkel eines Künstlers über Stalin nachgrübelte. Am Morgen las ich dann die Nachricht. Ich war so erschüttert, als wäre ich selbst zugegen gewesen, als hätte ich die Szene miterlebt und alles mit angesehen.«

Spekulationen

Auch die ausländische Presse hat auf den Tod von Stalins junger Frau reagiert. Die Finnin Aino Kuusinen, Ehefrau des hohen Funktionärs Otto Wilgeljm Kuusinen[117], die von 1924 bis 1933 für die Kommunistische Internationale, die »Komintern«, arbeitete und damals für den Spionageabwehrdienst in New York weilte, las Anfang November 1932 auf der Titelseite der »New York Times« als dicke Überschrift »Stalin hat seine Frau, Nadja Allilujewa, ermordet!«[118] Aino Kuusinen konnte sich nichts anderes vorstellen, als dass es sich um böswillige Propaganda sensationslüsterner bürgerlicher Zeitungen handelte.

Offiziell wurde in den USA bekannt gegeben, dass der Tod als Folge einer Operation eingetreten sei, die wegen einer akuten Erkrankung notwendig geworden wäre. Aino Kuusinen, die seit 1922 zur Sowjetaristokratie im Moskau gehörte und Mitarbeiterin des berühmten »Meisterspions« Dr. Richard Sorge[119] war, sprach von Nadja als einer Frau »von großer Schönheit und Seelentiefe«[120]. Sie war ihr mehrere Male im Kreml begegnet, zuletzt bei einem Frauenkongress. Nadja Allilujewa hatte ihr damals erzählt, dass sie das Studium der Textiltechnik aufgenommen habe, um sich eine eigene berufliche Existenz aufzubauen und auf diese Weise unabhängig zu werden. Sie machte auf Aino Kuusinen einen intelligenten, aber sehr nervösen Eindruck.

Als die Finnin Ende Juli 1933 von New York nach Moskau zurückgerufen wurde, traf sie die Ärztin Dr. Muromzewa, eine alte Freundin, wieder, die an der Medizinischen Akademie in Moskau arbeitete. Diese interessierte sich sehr dafür, was die amerikanische Presse über den Tod von Stalins Frau geschrieben hatte. Die Ärztin war damals direkt in das Geschehen mit einbezogen worden. Am Morgen nach dem schrecklichen Geschehen war sie zu Hause angerufen worden, und eine ihre unbekannte Männerstimme hatte ihr befohlen, sich sofort zur Kommandantur am Eingang des Kreml zu begeben und dort ihr Parteibuch vorzuzeigen.[121] Die Ärztin war außer sich vor Angst, wie es jeder gewesen wäre, der in Moskau einen solchen Befehl bekommen hätte. Als sie am Kreml ankam, warteten schon zwei ihrer Kolleginnen und der Kommandant des Kreml auf sie. Über verschiedene Korridore wurden die drei Ärztinnen in das Zimmer von Stalins Frau geführt. Sie lag regungslos auf dem Bett. Die Medizinerinnen stellten schnell fest, dass die junge Frau schon seit längerer Zeit tot war. Frau Muromzewa berichtet, dass sie und ihre Kolleginnen allein bei der Toten weilten, bis zwei Männer einen Sarg brachten. Ein Kreml-Beamter gab den Befehl, die Tote in den Sarg zu legen. Die drei Frauen suchten in den Schränken nach einem geeigneten Kleid, um die Tote für die Aufbahrung würdig anzukleiden. Sie entschieden sich schließlich für ein schwarzes Seidenkleid. Eine der Ärztinnen, Frau Dr. N., bemerkte einen großen schwarzen Fleck am Hals der Toten. Die Medizinerinnen sagten kein Wort, sondern gaben mit stummen Blicken einander zu verstehen, dass alle denselben Gedanken hatten: Nadja Allilujewa war erwürgt worden. Damit niemand an der aufgebahrten Toten diesen Fleck bemerkte, legten sie ihr einen Verband um den Hals. Frau Muromzewa versicherte ihrer Freundin Aino, dass alle drei Ärztinnen seitdem viele schlaflose Nächte gehabt hätten, denn »sie wussten zu viel«. Und das durfte Stalin nie erfahren!

Nach dem Tode Stalins befragte man Nikolaj Wlassik, den langjährigen, von Swetlana gehassten Chef seiner Leibwache, zu den damaligen Vorgängen. Er behauptete, dass Nadjeschda, nachdem sie zu Hause angekommen war, bei ihm angerufen habe und sich nach ihrem Mann erkundigen wollte. Der Dienst habende Offizier, den Wlassik aus verständlichen Gründen als »Hornochsen« bezeichnete, hatte ihr gesagt, dass er zusammen mit »Gusjows Frau« zur Datscha gefahren sei. Ein Mann dieses Namens wurde nicht gefunden, aber dafür jede Menge anderer Namen von Damen in diesem Zusammenhang. Nadjeschda wusste, dass ihr Mann immer wieder mal fremdging. Aber an jenem Abend, nach dieser Szene bei den Woroschilows, fühlte sie sich besonders gedemütigt.[122]

Auch Nikita Chruschtschow, der ein Kollege von Nadjeschda im Moskauer Stadtparteikomitee war und damals noch keinen Zugang zu den höchsten Korridoren der Macht hatte, traf Nadjas mysteriöses Sterben zutiefst. »Wie immer sie gestorben sein mag, eines steht fest: Sie starb wegen etwas, das Stalin getan hat, und Swetlanka muss davon gewusst haben. Es ging sogar das Gerücht, Stalin habe Nadja erschossen. Nach einer anderen Version, die mir plausibler erscheint, hat Nadja sich selbst erschossen, weil sie sich in ihrer Ehre als Frau gekränkt fühlte. Sicherlich wusste auch Swetlanka etwas über den Tod der Mutter und litt sehr darunter.«[123]

Karl Pauker, der Leiter der Operativen Abteilung der OGPU, äußerte sich drei Monate nach dem Ableben von Stalins Frau bei einem Essen über die allgemein als sehr bescheiden und sanft bekannte Nadja: »Sanft?«, sagte Pauker sarkastisch. »Dann habt ihr sie nicht gekannt. Sie war eine hitzige Frau! Ich wünschte, ihr hättet einmal zugesehen, wie sie aufbrauste und *ihm* direkt ins Gesicht schrie: ›Du bist ein Folterknecht, jawohl, das bist du! Du folterst deinen eigenen Sohn…du quälst deine Frau…du peinigst das ganze russische Volk!‹«[124] Außerdem blieb nicht verborgen, dass Nadja »ständig an ihrem Mann herumkritisierte und ihn demütigte«.

Pauker, ein redegewandter Mann, führte für Stalin die intimsten Aufträge aus und wurde dadurch fast zu einem Mitglied seiner Familie. Nur Stalins Frau gegenüber verhielt er sich zurückhaltend; ihre Kinder Wassilij und Swetlana waren ihm zugetan. Und doch war auch Paukers Schicksal unabwendbar. Er, der 15 Jahre ständig in Stalins Nähe war und dessen Leben schützte, mit ihm aufs engste durch Freundschaft und Laster verbunden schien, wurde 1937 seines Amtes als Chef der Leibwache enthoben und im März 1938 als »deutscher Spion« hingerichtet.

Die Version, dass Stalin selbst seine Frau getötet habe, schien und scheint immer noch vielen Menschen wahrscheinlicher als die Wahrheit. Von einem bestimmten Moment an konnte Nadjeschda das Leben an der Seite dieses Despoten einfach nicht mehr ertragen. Hätte sie diesen Augenblick äußerster Anspannung durchgestanden, vielleicht hätte sie die Kraft gefunden, ihren Mann zu verlassen. Da Stalin sie gewissermaßen zum Selbstmord getrieben hat, ist er im Grunde ihr Mörder. Wollte Nadjeschda ihren Mann für seine Rohheit, seine Grobheit, seine Besäufnisse und seine Ausschweifungen bestrafen?

Swetlana wurde es erst als Heranwachsender bewusst, dass ihr Vater allzu oft »indirekt« mordete, indem er Millionen Menschen durch ausführende Organe in den Tod schickte. »Dann aber wandte er sich von ihnen ab, vergaß sie und dachte gar nicht mehr daran, wie sie zugrunde gegangen waren.«[125]

Als Swetlana älter wurde, erzählten ihr immer mehr Verwandte von den Ereignissen nach dem Tod der Mutter. Ihr Vater sei in den ersten Tagen wirklich gebrochen gewesen. Er habe sogar erklärt, dass er nicht mehr weiterleben wolle. Der erschütterte Stalin fragte sich immer wieder, warum ihn seine Frau auf diese Weise verlassen hatte. Seine Hilflosigkeit wechselte ab mit Wutanfällen, denn er glaubte, seine Frau habe zwar neben ihm gelebt, sei aber politisch auf der Seite der Opposition gestanden.

Anna Larina, die Ehefrau Nikolaj Bucharins, erinnerte sich an ein Zusammentreffen mit Stalin in der Regierungsloge des Theaters in Moskau. Mit ihrem Mann sprach er über seine Frau Nadjeschda. Er klagte, wie sehr sie ihm fehle, wie sehr er sich nach ihr sehne und wie viel sie ihm bedeutet hätte. Anna Larina fand dies aus Stalins Mund ungewöhnlich, »wo es nichts gab, was ihm teuer war!«[126].

General Aleksander Barmine[127], ehemaliger Erster Sekretär des Sowjetbotschafters in Athen, gab folgenden Kommentar: »Stalins Verachtung hatte Nadja zutiefst verletzt. Manchmal verschwand er für einige Tage in Gesellschaft Kliment Woroschilows. Genrich Jagoda[128], sein GPU-Chef, hatte für entsprechende Unterhaltung gesorgt. Manchmal platzte Nadja in diese Feste hinein und wurde von dem Diktator auf ordinärste Weise beschimpft.«

Nadjas frühes Sterben betrauerte der Diplomat mit edlen Worten: »Sie war eine reine Frau. Tief in ihrem Innersten war eine Stimme, die sie aufforderte, etwas zu tun, um alles Böse, das dieser Mann angerichtet hatte, gutzumachen. Sie wusste von den schrecklichen Dingen, die geschahen, zwar nicht in Einzelheiten, aber zumindest im Wesentlichen. Und so, mit einer symbolischen Geste, ein wenig wie Jesus Christus, gab sie ihr Leben für die Sünden eines anderen hin. Es war ihr äußerster Versuch, ungeschehen zu machen, was nicht ungeschehen zu machen war. Sie warf ihr Leben in die Waagschale in dem verzweifelten Bemühen, damit all die anderen Leben aufzuwiegen.«[129]

SPEKULATIONEN

Stalins Suche nach einem Schuldigen

Swetlana erfuhr erst zehn Jahre später, dass ihre Mutter keines natürlichen Todes gestorben war. In einer englischen Illustrierten, »Illustrated London News«, die Swetlana gerne las, um ihre Englischkenntnisse zu vervollkommnen, war sie auf einen Artikel über ihren Vater gestoßen. Dem war zu entnehmen, dass ihre Mutter Selbstmord verübt hatte, weil sie das Leben an der Seite dieses Mannes nicht mehr ertragen konnte. Welch unglaublich leidvolle Erfahrung für die Tochter. Von jenem Tag an stand Swetlana ihrem Vater äußerst kritisch gegenüber, was – wie sie später zugab – damals einer Art Blasphemie gleichkam; doch auf einmal zeigte sich vor ihren Augen ein anderer Vater als der, den sie bisher gekannt hatte: ein rücksichtsloser, eiskalter, teuflischer Despot.

Anlässlich eines ihrer letzten Besuche beim Vater im November 1952 sprach dieser ausführlich mit ihr über den Tod der Mutter. Eigenartigerweise bedrückte Swetlana dieses plötzliche Vertrauen. »Und dabei so ein scheußliches Pistölchen«, sagte er plötzlich wütend und deutete mit den Fingern an, wie klein die Pistole gewesen sei. Er machte seinen Schwager Pawel dafür verantwortlich, weil er sie Nadjeschda gegeben hatte. Die Frage, ob Nadjeschda diesen darum gebeten hatte, stellte er sich nicht. Erstaunt hört man, was Swetlana 1994 in einem Fernsehinterview über ihre Mutter sagt: »Meine Mutter schoss überhaupt sehr gut. Sie übte sich im Zielschießen. Ich weiß nicht, ob sie zur Jagd ging oder nicht, aber es gibt Fotos aus ihrer Jugend, wo sie mit der Büchse auf ein Ziel schießt, sie hatte gute scharfe Augen. Deshalb war es überhaupt nichts Außergewöhnliches, dass Onkel Pawel ihr eine Pistole gab.«[130]

Stalin suchte eben einen Schuldigen am Tod seiner Frau, denn die Last dieser Schuld drückte ihn immer mehr. Plötzlich behauptete er, seine Frau habe unter dem schlechten Einfluss der Polina Semjonowna, Molotows Frau, gestanden. Er wusste auf einmal wieder, welches Buch seine Frau als letztes gelesen habe, den Moderoman »Der grüne Hut«. Dieses Werk war 1924 erschienen und das meistgefragte englische Buch jener Jahre. Der Autor war Michael Arlen, von Geburt Armenier, später englischer Staatsbürger, der in New York lebte.[131] Der Roman behandelt das tragische Liebesschicksal einer Frau, das mit Greta Garbo sehr erfolgreich verfilmt wurde. Stalin nahm an, dieses Buch habe eine sehr starke, den Selbstmord fördernde Wirkung auf seine Frau gehabt. Es fiel Swetlana schwer, sich vorzustellen, dass er 20 Jahre nach dem Tod ihrer Mutter deren Handlung besser verstehen konnte als vorher. »Das einzig Gute war«, folgerte Swetlana, »dass er später immerhin milder über sie sprach; er bedauerte sie sogar irgendwie, auf seine Art eben, und machte ihr wegen ihrer Tat keine Vorwürfe mehr.«[132] Sie konnte spüren, wie stark ihr Vater psychisch durch den Selbstmord seiner jungen Frau getroffen war, und wie er nach diesem schrecklichen Geschehen jede Kontrolle über seine Rachsucht verlor.

In ihrem 1984 erschienenen dritten Buch »The Faraway Music« brachte Swetlana zum Ausdruck, sie finde es »lächerlich und untragbar«, dass der größte Teil der Öffentlichkeit nur an Details aus dem Leben ihres Vaters interessiert sei. Swetlana polemisierte gegen die Historiker, die ihre persönlichen Schilderungen nicht ernst zu nehmen und ihre »eigenen« Quellen zu haben schienen.

Die Tochter nannte ihre Mutter eine außergewöhnliche Frau mit einer viel höheren Moral als ihr Vater. Mit ihrem ersten, der Mutter gewidmeten Buch »Zwanzig Briefe an einen Freund« wollte sie dieser ein literarisches Denkmal setzen, um Nadjeschdas Namen und deren Wesen einer weltweiten Leserschaft bekannt zu machen. Doch Swetlana musste erfahren, dass die Kritiker diese feine, junge Frau missachteten, nicht weil sie sich das Leben nahm, sondern weil sie nicht mit ihrem Mann konform ging. Swetlana konnte es nicht fassen, dass ihr Verleger trotz ihrer Intervention »vergaß«, ein Foto Nadjeschdas ins Buch aufzunehmen. Der Name Stalin überlagerte alles. Es war aber die Mutter, die Swetlana dazu inspirierte, nach ihrem Herzen und nicht nach der Indoktrination zu leben, denn eine glückliche Kindheit bringt Licht und Harmonie für ein ganzes Leben. Swetlana wünschte, sie hätte ein Buch ausschließlich über ihre Mutter geschrieben, beginnend mit ihren deutschen Vorfahren.

Wenn man heute zum Friedhof am ehemaligen Nowodewitschi-Kloster fährt, ist man erstaunt, welch friedliche Stille dort herrscht, obwohl das Stadtzentrum nahe ist. Die herrliche Smolensker Kathedrale, die von Zar Wassilij III., dem Vater von Iwan dem Schrecklichen, erbaut wurde, blickt auf die Gräber herab. Der gepflegte Friedhof zeigt viele Gesichter: der verwachsene Teil mit seinen vielen zerbrochenen Marmorkreuzen, abbröckelnden Grabgewölben und rostigen Eisenketten, kleinen eingezäunten Grabstätten mit einer Sitzgelegenheit, der andere Teil mit meist überlebensgroßen Marmor- und Steinbüsten von Politikern, hohen Militärs und Wissenschaftlern, aber auch der Darstellung der berühmten Tänzerin Uljanowa auf ihrer Grabstätte. Im alten Teil ruht Eudoxia Feodorowna Lopuchina, die erste Gemahlin von Peter dem Großen. Und es finden sich hier die Grabstätten von Gogol, Tschechow, Skrjabin, Rimskij-Korsakow, Solowjow und Pissemskij. Beim Umherwandern entdeckt man die Grabstelle von Nadjeschda Allilujewa-Stalina, Swetlanas Mutter. An ihrem Grab bleiben immer wieder Besucher stehen oder suchen es gezielt auf. So gab am 20. April 1996 die Presseagentur Reuters einen Bericht über den Besuch des amerikanischen Präsidenten Bill Clinton in Moskau heraus.[133] Nach dem offiziellen Teil einer internationalen Tagung machte er einen Spaziergang durch die Stadt und besuchte in den Abendstunden den Nowodewitschi-Friedhof, den er schon 1970 während seines Studiums in Moskau aufgesucht hatte. Er ging zum Grab von Nikita Chruschtschow, dem einzigen sowjetischen Führer, der nicht an der Kreml-Mauer begraben liegt, dann zum Grab von Andrej Gromyko, dem früheren Außenminister. Besonders gerne verweilte er am Grab von Nadjeschda Allilujewa, der Frau des Diktators Stalin. Bill Clinton hatte durch das Buch ihrer Tochter Swetlana »Zwanzig Briefe an einen Freund« vom tragischen Tod der Mutter erfahren.

Stalin hatte seiner Frau eine Marmorsäule von klassischer Einfachheit errichten lassen. Die Grabstätte ziert eine eindrucksvolle weiße Marmorsäule, deren oberer Teil in die Porträtbüste Nadjeschdas übergeht.[134] Sie ist dargestellt, wie sie als junges Mädchen ausgesehen hatte, mit schlicht zurückgekämmtem Haar, das Kinn nachdenklich auf die Hand gestützt. Zu ihren Füßen liegt eine Rose, wie sie eine am Tag ihres Selbstmordes im Haar trug. Dieses beeindruckende Grabdenkmal trägt die Inschrift:

Nadjeschda Sergejewna
ALLILUJEWA-
STALINA
1901–1932
Mitglied der Bolschewistischen Partei
Von
J. W. Stalin

Ein Kind im Zentrum der Macht

»Vater und Tochter sind ein Herz und eine Seele.« Swetlanas Mutter an Stalins
Mutter Keke.*
Ich achtete und liebte ihn, solange ich noch nicht erwachsen war.**

Ein fürsorglicher Vater

Beim Tod seiner Frau war Stalin bereits Generalsekretär des Zentralkomitees der Kommunistischen Partei der Sowjetunion (Bolschewiki) – KPdSU (B). In seiner Wohnung im Kreml fühlte er sich nicht
mehr wohl. Daher hielt er sich lieber in Subalowo auf und ließ sich
täglich abholen und nach Moskau fahren. Nach kurzer Zeit ordnete
er den Bau eines neuen Landhauses in Kunzewo, etwa zehn Kilometer entfernt von Moskau an der Straße nach Leningrad, an. Das
wurde sein Zuhause bis zu seinem Tod. Die bisherige Wohnung im
Kreml tauschte er mit der von Nikolaj Bucharin, die im Hochparterre
des Senatsgebäudes lag. Dort zogen die Kinder ein, er selbst übernachtete da nur selten.

Die Regelung des Tagesablaufes, auch desjenigen der Kinder,
übernahm – auf Stalins Geheiß – die Sicherheitspolizei. Die Kinder fühlten sich wie in Gefangenschaft. Herr im Haus war, stellvertretend für den Vater, Nikolaj Wlassik, ein ehemaliger Leibwächter aus Bürgerkriegstagen, damals Major, später Generalleutnant im
NKWD.[135]

Der Vater gab Anweisung, dass die bisherigen Lehrerinnen aus
dem Haus gejagt wurden. Der Kinderspielplatz bei der Datscha wurde
zerstört. Alle persönlichen Sachen der Mutter wurden irgendwo eingeschlossen, und die Hausangestellten waren nun bezahlte Mitarbeiter des Staatssicherheitsdienstes.

Maria Anissimowna Swanidse, Swetlanas geliebte Tante Marusja,
beschrieb die eigenartige Familiensituation nach Nadjas Tod. Die

kleine Swetlana wurde von ihrem Vater zur »Dame des Hauses« ernannt. Von ihr bekam er uneingeschränkte Bewunderung. Er wünschte sich von ihr, dass sie ihm geschriebene Anweisungen erteilte, ein Spiel, das er tatsächlich ernst nahm. Maria bezeichnete Stalin als einen aufrichtig liebenden Vater. Sie erzählte, Swetlana habe ständig an ihrem Vater gehangen. Er streichelte sie, küsste sie, bewunderte sie und steckte ihr beim gemeinsamen Mahl die besten Stücke zu. Swetlana weiß noch, dass der Vater vor Beginn des Krieges in Europa fast jeden Tag nach Hause gekommen sei. Zum Mittagessen brachte er oft Freunde mit, oder sie fuhren zusammen nach Subalowo. Diese Jahre prägten sich Swetlana ins Gedächtnis ein. Sie erinnerte sich an die Liebe ihres Vaters, an seine Versuche, ein guter Vater und Erzieher zu sein.

In ihrem ersten Buch »Zwanzig Briefe an einen Freund« hat Swetlana einige Briefe an den Vater aus ihrer Schulzeit veröffentlicht. Im Jahr 1994 erschien im Rahmen einer Edition der nicht sehr umfangreiche, aber dafür aussagekräftige Briefwechsel zwischen Vater und Tochter.[136]

Einige dieser Briefe sind hier wiedergegeben. Da Stalin im Sommer gewöhnlich ohne seine Tochter verreiste, gingen sehnsüchtige Schreiben zwischen den Urlaubsorten Sotschi[137], der Krim und Mucholatka hin und her.

So schrieb Swetlana am 5. August 1933:

»Ich grüße dich, mein lieber Papi!
Wie geht es dir und was macht deine Gesundheit? Ich habe deinen Brief erhalten und mich sehr gefreut, dass du mir erlaubt hast, hier zu bleiben und auf dich zu warten. Ich hatte schon Angst, dass ich nach Moskau fahre und du nach Sotschi kommst und ich dich wieder nicht sehe.

Lieber Papa, wenn du kommst, wirst du mich nicht erkennen, ich bin von der Sonne ganz braun gebrannt. Ich höre jeden Abend den Schrei der Schakale, ich warte auf dich in Sotschi.

Ich küsse dich,
deine Setanka.«

Und nach ihrer Rückkehr schrieb sie am 15. September 1933:

»Ich grüße dich, mein lieber Papi, wie geht es dir und was macht deine Gesundheit?

Ich bin gut angekommen, aber die Kinderfrau ist unterwegs sehr krank geworden, doch jetzt ist alles wieder in Ordnung. Papi, nach mir darfst du dich nicht sehnen, du musst dich vielmehr gut erholen. Damit du dich freust, werde ich mich bemühen, möglichst gut zu lernen.

Papi, Wassja ist nach deinem Brief ruhiger geworden.

Ich küsse dich herzlich,

deine Setanka.«

Die Kinderfrau Karolina Wassiljewna hatte eine fiebrige Angina bekommen und musste ins Krankenhaus des Kreml gebracht und mit Kohlensäurebädern und Massagen behandelt werden. Karolina war für Stalin die Autorität, wenn es um seine Kinder ging. Zusammen mit Pauker sollte die Schulsituation der Kinder besprochen werden. Dieser schlug vor, dass Swetlana in die gleiche Schule gehen sollte wie Wassja, in die 25. Schule in der Twerskaja (Pimengasse), in der eine strenge Disziplin herrsche. Pauker hatte für Swetlana eine allein stehende Privatlehrerin gefunden, die Deutsch und Französisch beherrschte, seit 1919 Mitglied der KP war und als eine gute Pädagogin galt. Das bestätigte die Tochter dem Vater in ihrem Brief vom 1. Oktober 1933:

»Ich grüße dich, mein lieber guter Papa! Wie geht es dir und was macht deine Gesundheit, mein lieber Papi? Ich gehe in die Schule, dort gefällt es mir sehr gut, in der Schule sind sehr viele Kinder, und bald haben wir ein Kino.

Zu mir kommt eine Lehrerin, bei der lerne ich Deutsch und spiele Klavier. Papi, mir ist es so langweilig ohne dich, aber ich möchte, dass du dich gut erholst, ich küsse dich herzlich.

Alle lassen dich grüßen.

Deine Setanka.«

Hin und wieder kamen von der Großmutter Keke[138] Päckchen für die
Kinder mit Konfitüre, Gebäck und Feigen. Stalin bedankte sich dafür
bei seiner Mutter auch im Namen der Kinder. Im Nachsatz des Briefes steht: »Nach Nadjas Tod ist mein persönliches Leben natürlich
schwer. Aber ein tapferer Mann geht nicht unter.«

Auch im Spätsommer 1934 wurden liebevolle Briefe ausgetauscht
zwischen Vater und Tochter:

»14. September 1934
Lieber Papa!
Vielen Dank für den Brief und die Pfirsiche! Die Pfirsiche schmecken sehr gut. Papa, du fragst, was du mir schenken sollst. Ich brauche nichts. Hier ist alles da. In der Schule bin ich gut. Wir haben jetzt
mehr Hausaufgaben auf, und ich bin jetzt länger in der Schule, weil
jede Unterrichtsstunde bei uns jetzt 50 Minuten dauert. Gestern hat
unsere Klasse einen landwirtschaftlichen Stützpunkt besucht. Wir
hatten bei einer anderen Lehrerin Unterricht, sie ist Agronom. Sie
hat uns etwas über Gemüse erzählt. Wir müssen jetzt Gemüse zeichnen und die Bilder in der Schule abgeben.

Am Sonntag sind wir nach Subalowo gefahren. Ich bin den ganzen freien Tag im Wald gewesen. Es war sehr schönes Wetter. Dort
war es die ganze Zeit über schön, doch heute ist das Wetter wieder
schlecht, es ist kalt und regnet oft.

Auf Wiedersehen, lieber Papa.
Ich küsse dich herzlich.
Deine Setanka.«

Und am 25. September 1934 schrieb Swetlana:

»Ich grüße dich, Papi!
Wie geht es dir? Was macht die Gesundheit? Mir geht es gut. Bei
uns war in den letzten Tagen schlechtes Wetter, doch am Wochenende war das Wetter sehr gut. Ich war am Wochenende in Subalowo.

Ich habe gute Zensuren. Kürzlich war eine Versammlung der

Jungpioniere und der Pioniere in der Redaktion der ›Iswestija‹. Die ›Iswestija‹ ist unser Patenbetrieb.

In dieser Versammlung habe ich einen Appell an die Pioniere gerichtet, damit sie uns Jungpionieren bei der Arbeit helfen. An dieser Versammlung haben viele teilgenommen, auch Erwachsene. Ich hatte anfangs Angst und wollte gar nicht sprechen, aber dann habe ich es doch getan und habe es gut gemacht. Es war gar nicht so schlimm.

Mehr habe ich nicht zu schreiben, lieber Papa! Ich küsse dich herzlich.

Deine Setanka.«

Der Vater antwortete darauf:

»Liebe Setanka!
Ich habe deinen Brief vom 25. September erhalten. Ich danke dir dafür, dass du Papi nicht vergisst. Ich lebe nicht schlecht, bin gesund, aber ich langweile mich ohne dich. Hast du die Granatäpfel und Pfirsiche bekommen? Ich schicke dir noch welche, wenn du es befiehlst. Sage Wassja, er soll mir auch Briefe schreiben. Also, auf Wiedersehen. Ich grüße dich herzlich,

dein Papi.«

Postwendend schrieb Swetlana zurück:

»2. Oktober 1934
Ich grüße dich, mein lieber Papi!
Heute hat mir M. I. Kalinin einen Brief von dir gebracht. Vielen Dank dafür. Danke auch für die Pfirsiche und die Granatäpfel. Ich esse beides sehr gerne.

In Moskau ist es richtig Herbst geworden. Die warmen Tage sind vorbei.

Am letzten Sonntag war sehr schlechtes Wetter, und ich bin nicht nach Subalowo gefahren. Ich war nachmittags im Bolschoi-Theater. Ich habe das Ballett ›Roter Mohn‹ gesehen. Mir hat dieses Ballett sehr gefallen.

Ich habe nach wie vor gute Zensuren. Wenn ich diesen Brief an dich fertig habe, werde ich einen Brief an Pioniere im Ausland schreiben. Wir haben eine Versammlung und haben beschlossen, Briefe ins Ausland an Jungpioniere und Pioniere zu schreiben.

Ich möchte einen Brief an Pioniere schreiben.

Ich wünsche dir alles, alles Gute.

Ich küsse dich herzlich,

deine Swetlana.«

Zwischen harmlosem Spiel und Terror

Im November 1934 telefonierte Stalin eines Tages mit seiner Tochter Swetlana, die in Subalowo war. Sie wünschte sich, dass ihr Vater zusammen mit Kirow dorthin kommen sollte. Was tatsächlich auch geschah. Die beiden Männer tranken Tee, Swetlana und eine Cousine spielten mit ihren Puppen und alle unterhielten sich mit Tante Maria Swanidse, Stalins Schwägerin. Die Herren beschlossen dann, zu einer nahe gelegenen Datscha zum Essen zu fahren. Stalin wirkte niedergedrückt. Rührend waren die Abschiedsküsse für Swetlana – er war zu ihr außerordentlich zärtlich und lieb. Als er und Kirow bereits zum Fortgehen angezogen waren, gingen sie noch einmal ins Kinderzimmer, um sich von Swetlana zu verabschieden.[139]

Und dann wurde am 1. Dezember 1934 im Leningrader Smolny-Institut der Mann in seinem Büro ermordet, den das Mädchen Swetlana ganz besonders gern mochte: Sergej Mironowitsch Kirow. Maria Swanidse hat in ihrem Tagebuch aufgezeichnet: »Josef liebt Kirow.«[140] Es war tatsächlich eine echte Freundschaft. Von Kirow existiert ein Foto, das während einer Fahrt an Bord von Stalins Jacht im Schwarzen Meer aufgenommen wurde. Neben Stalin steht seine kleine Tochter, dahinter Kirow mit einer Marinemütze auf dem Kopf.

Die damals Neunjährige schmerzte es sehr, dass Kirow nun nicht mehr zu ihnen kam. Welch eigenartiges Spiel von Harmlosigkeit und Terror damals ablief, konnte sie wahrlich nicht begreifen.

Kirow galt als Stalins Kronprinz und bekleidete seit 1917 zahlreiche hohe und höchste Parteifunktionen: Laut dem »Bericht eines alten Bolschewiken«, der 1936 in der menschewikischen Exilzeitschrift veröffentlicht wurde, soll es spätestens 1932 zwischen Stalin und einer Mehrheit im Politbüro, deren Anführer Kirow war, zu Auseinandersetzungen über den weiteren Kurs der Partei gekommen sein. Es fiel auf, dass Kirow eine sehr gemäßigte Linie vertrat. So führte er in seinem Bereich die Kollektivierung viel zurückhaltender durch als anderswo. Die von ihm regierte Region hinkte 1934 deutlich hinter den anderen her. Kirow verteidigte dies in Anwesenheit von Stalin ausdrücklich als großen Vorteil. Die Einhaltung der Legalität bei der Kollektivierung sei ihm sehr wichtig. Das klang durchaus nach Kritik, und Stalin unterbrach Kirow wiederholt mit ironischen Einwürfen, um damit die Lacher auf seine Seite zu bringen. Bei einer Parteiversammlung kam es über einen Vortrag zu einem Zusammenstoß zwischen Stalin und Kirow. Auf jeden Fall gab es nach dem »Kongress der Sieger« im ZK Auseinandersetzungen mit Stalin, weil Kirow, gestützt von Ordschonikidse und anderen, sich dessen Wunsch entzog, nach Moskau zu übersiedeln. Stalin rächte sich, indem er spätabends immer wieder mit Kirow telefonierte und ihn nach Moskau beorderte. Nach dem XVII. Kongress in Leningrad hielt Kirow die traditionelle Rede, in der die Parteisekretäre die Basis mit den Ergebnissen des Kongresses bekannt machten. Kirow sprach von den Schwierigkeiten, auf welche die Leningrader Parteiorganisation stieß, wenn sie in Moskau über ihre Arbeit Rechenschaft ablegen musste. Dann fügte er noch die kryptische Bemerkung hinzu, wie unerträglich es sei, wenn sich die Zusammensetzung des ZK jeden Monat ändere. Dies kennzeichne nur sterbende Regierungen.[141] Der Mord an Kirow eröffnete ein neues Kapitel der Massenverbrechen, das in der »Großen Tschistka« – der großen Säuberung – von 1936/38 gipfelte. Mit der Ermordung Kirows fand Stalin den Vorwand, die Todesstrafe auch bei Parteimitgliedern anzuwenden. Als sehr viel später Chruschtschow Stalins Intrigen gegen seine Mitarbeiter brandmarkte, berichtete er auch über diesen »unerklärlichen und geheimnisvollen« Mordfall, wobei er Stalin die Verantwortung dafür zuschob.

Doch für Swetlana ging das Leben weiter wie bisher. So sandte der Vater beispielsweise ein Päckchen mit einem Brief vom 18. April 1935: »Setanka und Wassja! Ich schicke euch Süßigkeiten, die mir meine Mama, eure Großmutter, dieser Tage aus Tbilisi gesendet hat. Teilt sie euch gerecht, ohne Streitigkeiten! Und gebt auch anderen davon ab, wenn ihr wollt...«[142]

Im Juni 1935 schrieb Stalin seiner Mutter: »Ich schicke dir meine Kinder; nimm sie herzlich und liebevoll auf. Es sind gute Kinder. Wenn ich es einrichten kann, werde auch ich dich besuchen... Dein Sosso.«[143]

Damals waren alle drei Kinder, also Jakow, Wassilij und Swetlana, bei der Großmutter, und der Vater erhielt folgenden Brief im Juni 1935:

»Ich grüße dich, mein lieber Papi!
Wie geht es dir? Ich bin gut angekommen. In Tbilisi hat es mir gefallen. Wir sind zwei Tage dort geblieben. Wir waren mehrere Male bei Großmutter. Großmutter hat mir sehr gefallen. Ich habe sie lieb und werde noch einmal zu ihr fahren.
Nun alles Gute. Ich beeile mich mit dem Schreiben, weil Gen. Wlassik in zehn Minuten abfährt.
Ich schreibe dir bald einen langen Brief.
Ich küsse dich herzlich,
deine Swetlana.«

Auch über das, was in der Schule geschah, hielt Swetlana den Vater auf dem Laufenden, so etwa in ihrem Brief vom 2. September 1935:

»Ich grüße dich, mein lieber Papa!
Ich schicke dir Grüße aus Moskau. Ich bin gut angekommen. Vom Bahnhof bin ich direkt nach Subalowo gefahren. Am nächsten Tag kam Raja zu mir. Das Wetter hier ist schön. Tagsüber ist es warm und sonnig. Ich habe die Sonne aus dem Süden hierher mitgenommen.
Die drei Tage in Subalowo sind wie im Flug vergangen. Am 31. bin ich zu Mittag in Moskau angekommen. Am 1. September hat bei uns der Unterricht wieder begonnen.

Wir haben die gleiche Lehrerin wie in der ersten und zweiten Klasse. Für uns sind neue Fächer hinzugekommen: Geografie und Sport, mit Beginn des zweiten Schuljahrs werden wir auch Geschichte haben. Gestern haben wir Lehrbücher erhalten, hatten aber noch keinen Unterricht. Die Lehrerin hat sich bloß mit uns unterhalten. Heute hat der Unterricht richtig begonnen, und wir haben Hausaufgaben auf.

Lieber Papa, ich möchte in diesem Jahr auch Bestschülerin sein und will nur ›sehr gut‹, vielleicht ab und zu ›gut‹, aber nie ›befriedigend‹ erhalten. ›Ungenügend‹ hatte ich ja sowieso nie und gebe mir Mühe, dass ich diese Zensur nie erhalte, solange ich zur Schule gehe.

Neben mir sitzt Marfa Peschkowa.[144]

Auf Wiedersehen, lieber Papa! Ich wünsche dir alles Gute und vor allem Gesundheit.

Ich werde mich bemühen, dir häufiger und länger zu schreiben. Ich küsse dich herzlich!

Deine Swetlana.«

Der Vater antwortete am 8. Oktober 1935:

»Liebe Hausfrau!
Ich habe deinen Brief und deine Karte erhalten. Das ist schön, dass du Papa nicht vergisst. Ich schicke dir einige Granatäpfel. In einigen Tagen schicke ich dir Mandarinen. Lass dir 's schmecken. Wassja schicke ich nichts, weil er jetzt so schlecht lernt. Das Wetter hier ist schön, nur langweilig ist 's, weil die ›Hausfrau‹ nicht bei mir ist. Na, alles Gute, meine kleine Hausfrau. Ich küsse dich herzlich.

Dein Papa.«[145]

Stalin unterzeichnete die Anweisungen seiner Tochter mit »Zu Befehl«, »Befehl ausgeführt«, »Einverstanden« oder »Wird gemacht«. Doch Swetlana wurde die »Befehlsausgabe« mit der Zeit ein wenig lästig und so griff sie zu einer List: »Ich befehle dir«, schrieb sie dem Vater am 26. Februar 1937, »mir zu gestatten, dass ich dir nur einen Befehl in der Woche zu schicken brauche.«

Noch eine weitere Order gab Swetlana an ihren Vater: »Ich befehle dir, mir zu erlauben, mit dir ins Theater oder Kino gehen zu dürfen. Swetlana – Dame des Hauses.« Der Vater wusste, dass er seiner kleinen Tochter zustimmen musste.

Swetlana hatte auch mehrere Sekretäre. Papa war die Nr. 1, dann kamen Molotow, Kaganowitsch, Ordschonikidse, bis zu seinem Tod 1934 Kirow und einige andere.

Blick über die Kreml-Mauer

Als Swetlana 1936 zehn Jahre alt war, bekam sie von ihrem Vater den »Kurzen Lehrgang der Geschichte der KPdSU (B)«, die nach den Parteisäuberungen umgeschriebene Geschichte des Bolschewismus, zu lesen. Alle bisher erschienenen Bücher zur Geschichte der Partei wurden in der Sowjetunion aus den Regalen genommen. Von Stalin ist das Kapitel »Über dialektischen und historischen Materialismus«; später hieß es, Stalin habe das ganze Buch selbst geschrieben. Er bestand darauf, dass seine Tochter dieses Werk zur Hand nähme. Sie gab aber zu erkennen, dass sie es langweilig fand. Ihr Vater zeigte sich sehr verärgert darüber. Damals konnte sie noch nicht begreifen, dass das Buch mehr als nur die Geschichte der Partei war. Der amerikanische Stalinismusforscher Robert Tucker nennt es eine Art überhebliche Autobiografie ihres Vaters[146], denn was von der Parteigeschichte übrig geblieben war, war die Geschichte des genialen Wirkens Lenins und seines getreuesten Fortsetzers Stalin. Bertram D. Wolfe schrieb: »Hier haben wir ein fantastisches Beispiel eines Menschen, der sich erfolgreich selbst erfunden hat. Die Weltgeschichte kennt nicht seinesgleichen.«[147] Dazu ist anzumerken, dass Swetlana Bertram D. Wolfe zusammen mit George F. Kennan als die amerikanischen Historiker benennt, mit deren Meinung über Russland und Stalin sie konform gehen kann.[148]

Abgesehen einmal von vorsätzlichen Fälschungen im »Kurzen Lehrgang«, die Stalins Absichten entsprechen – auch wenn der Text von anderen geschrieben wurde –, fällt besonders der ungenierte

Dogmatismus und Schematismus des Buches auf.[149] Dieser »Kurze Lehrgang« gehörte an der Universität zur ideologisch notwendigen Pflichtlektüre für alle Studenten, um eine höhere Ausbildungsstufe zu erreichen.

Von 1939 an war Swetlana mit ihrer Kinderfrau allein in Moskau. Was hatte das kleine Mädchen nicht alles an angeblichen Erzieherinnen und Wirtschafterinnen, die man ihr als »Stütze der Hausfrau« beigab, zu überstehen! Ein besonderes »Exemplar« nach dem Tod der Mutter stellte die 30-jährige Aleksandra Nikolajewna Nakaschidse dar, damals Leutnant, später Major des Staatssicherheitsdienstes. Sie tauchte erstmals 1937 im Kreml auf und war ein Protegé Berijas, wurde jedoch die »dumme Sascha« genannt. Sie »regierte« in der Stalin'schen Wohnung bis 1943. Sascha sollte einen möglichst engen Kontakt mit Swetlana und Wassilij pflegen. Die gebürtige Georgierin sprach schlecht Russisch, konnte es noch weniger schreiben und war damit völlig ungeeignet, die Hausaufgaben der Kinder zu kontrollieren. Zum Entsetzen von Swetlana hatte sie sich mit dem Eifer einer Kleinbürgerin daran gemacht, alle alten, angeblich vorsintflutlichen Möbelstücke aus der Wohnung zu entfernen. Darunter war auch der von Swetlana heiß geliebte, geschnitzte Schrank, ein Überbleibsel aus der Zeit ihrer Mutter, der in ihrem Kinderzimmer stand. Alle Erinnerungen an ihre Kinderzeit, bunt bemalte Lehmfiguren, Fotoalben, Zeichnungen, Aufsätze in russischer und deutscher Sprache, alles, alles ging verloren.

Immer öfter bekam Swetlana nun mit, was jenseits der Kreml-Mauer geschah, und sah sich veranlasst, darauf auch zu reagieren. So wurde im Mai 1940 der Vater einer ihrer Mitschülerinnen verhaftet. Da die Mädchen miteinander befreundet waren, erhielt Swetlana einen Brief der Mutter ihrer Klassenkameradin an Stalin mit der Bitte, den Inhaftierten zu retten. Swetlana übergab das Schreiben nach einem Essen, bei dem viele Gäste zugegen waren, ihrem Vater, und ihre Aktion hatte Erfolg. Vor allem Molotow erinnerte sich an diesen Mann: M. M. Slawutzkij, einst sowjetischer Konsul in der Mandschurei, dann eine Zeit lang Botschafter der UdSSR in Japan.

Swetlana selbst sah es als ein »unglaubliches Wunder« an und war sehr glücklich, dass das Geschick dieses Mannes durch ein Wort von ihr zum Guten gewendet werden konnte. Sie war allerdings auch darüber enttäuscht, dass der Vater ihr verbot, weitere Briefe dieser Art anzunehmen. Mit Kindern, deren Eltern »gemaßregelt« wurden, sollte sie nicht mehr verkehren.

Doch in der Schule hörte sie immer wieder von verhafteten Vätern. Ihre Schulfreundin Galja, mit der sie schon drei Jahre auf derselben Schulbank saß, kam weinend zu ihr und berichtete, dass man ihren Vater »abgeholt« habe. Galja war häufig zu Besuch im Kreml, Swetlana oft zu Gast bei Galjas Eltern. Ihre Väter waren alte Freunde. Zu Mittag bat Swetlana ihren Vater, den »dummen Fehler« wieder gutzumachen. Sie war überrascht, als Stalin stumm blieb, schnitt aber weiter das Fleisch für ihn. Dann wurde sie ungeduldig und meinte, ihr Vater sollte wenigstens die Geheimpolizei anrufen. Stalin erwiderte, dass der NKWD keine Fehler mache. Es half alles Weinen und Bitten nichts, auch nicht ihr Hinweis, dass der Vater ihrer Freundin für die Revolution gekämpft habe. Da entlud sich Stalins Zorn. Er schlug mit der Faust auf den Tisch und schrie: »Ja, er war mein Waffengefährte, sogar mein Freund! Aber er hat all das vergessen und ist ein Feind, ein Verräter, ein Konterrevolutionär geworden!« Und nach einer kurzen Pause schrie er weiter: »Er muss zerstört werden, zerquetscht wie eine Laus, er und all die anderen, die so sind wie er. Sie dürfen nicht leben, sie dürfen nicht länger leben.«[150] Für Galja war der nächste Morgen in der Schule schlimm. Swetlana verkündete laut, dass deren Vater ein »Volksfeind« sei. Alle Mädchen wandten sich von Galja ab, diese verließ das Klassenzimmer und kam nie mehr zurück. Später erfuhr Swetlana, dass Galjas Mutter ebenfalls verhaftet und die Tochter in ein Heim gesteckt worden sei. Swetlana merkte bald, dass dies kein Einzelfall war. Sie begann heimlich in der Zeitung die Namen der entlassenen und neu ernannten Kommissare und Parteisekretäre, die immer in Kleindruck auf der letzten Seite aufgeführt wurden, zu lesen.

Im August 1940 war Swetlana wieder in Sotschi. Sie schrieb dem Vater am 5. August:

»Ich grüße dich, mein lieber Papi!
Ich bin endlich von meiner weiten und langen Reise zurückgekehrt und schreibe dir jetzt gleich einen langen Bericht.

Am 30. Juli ist Wassja nach Krasnaja Poljana gefahren. Ich habe mich nach Missera zur Inspektion aufgemacht. In Missera ist es so schön wie im vergangenen Jahr, nur das Wetter hat nicht mitgespielt, es hat ständig geregnet. Von dort bin ich noch einmal nach Riza gefahren (diesmal ohne ›Kavaliere‹). Am 3. August bin ich von Missera zu dem Flüsschen Cholodnaja gefahren. Dort ist es auch sehr schön und angenehm kühl. Das Haus ist eingeschossig und hat eine überdachte Veranda. Am 4. August bin ich tagsüber nach Krasnaja Poljana zu Wassja gefahren. Den Weg dorthin kann man vergessen. Ich erinnere mich, dass ich schon einmal im Sommer 1932 dorthin gefahren bin – damals auf einem tadellosen Weg, fast wie auf einer Landstraße: Aber jetzt ist alles ausgewaschen und aufgewühlt, kaum noch befahrbar. Wir sind 10 bis 15 Stundenkilometer, manchmal sogar im Schritttempo gefahren. Dabei ist der Weg sehr malerisch – Wald, Felsen und Bäche. In Krasnaja Poljana gab es nichts Besonderes außer ständigem Regen und Nebel. Wir (das heißt ich) haben dort einen Tag lang rumgesessen und sind dann wieder abgefahren, ohne Wassja gesehen zu haben. Er ist die ganze Zeit auf der Jagd gewesen. Jetzt ist er wahrscheinlich wieder von der Jagd zurück und ist böse auf mich, weil ich nicht auf ihn gewartet habe. Das Wetter ist überall schlecht – nur Regen, keine Sonne, am Meer ist es stürmisch. Papi, mein Lieber, ich warte auf dich.

Ich werde dir keine Befehle mehr schreiben, ich bin nicht mehr so klein, um dieses Spiel zu treiben. Aber du wirst selbst einsehen, geliebtes Väterchen, dass du Erholung nötig hast und herkommen musst. Das liegt auch ohne meine Befehle auf der Hand.

Nun lebe wohl, mein lieber Sekretär, ich küsse dich von ganzem Herzen, lieber Papi. Bleib gesund.

Deine Setanka.

Ich schicke dir erstmals ein Foto, was bisher noch nie der Fall war. Zwei Affen auf einem Bananenbaum – Sweta und Marfa auf einer Eiche.

Sage Marfa nicht, dass ich dir das Bild geschickt habe, sonst wird sie böse und lässt sich nicht mehr fotografieren.

Ich küsse dich noch einmal, mein lieber Papi.«

Swetlana wurde allmählich erwachsen. Als ihre Mutter 15 Jahre alt gewesen war, da hatte sie schon in den Armen ihres geliebten Revolutionärs gelegen. So ist es eigentlich ziemlich unverständlich, dass sich Stalin schrecklich aufregte, wenn seine Tochter einen Rock trug, bei dem man ihre Knie sah, oder einen kurzärmeligen Pullover. Seine Nörgeleien wegen ihrer Kleidung gingen Swetlana auf die Nerven. Doch der Vater befahl, dass sie sich ein bis zu den Füßen reichendes einfaches Kleid nähen ließ. Das geschah zwar, aber Swetlana trug das Kleid nur, wenn sie zum Vater ging; und sie ließ den Rock immer wieder ein bisschen kürzen, bis er die damals modische Länge hatte.

Die Kleider durften auf Stalins Geheiß auch nicht tailliert sein, sondern mussten weit wie ein Nachthemd genäht werden. Aleksej Adschubej, Sohn der bekannten Moskauer Schneiderin Nina Matwejewna Gupalo, erinnerte sich daran, wie Stalin Swetlana befahl, sie solle nur das tragen, was die Gupalo für sie nähe. Dann riss er seiner Tochter die Baskenmütze herunter und verbot ihr, diesen »Pfannkuchen« weiterhin zu tragen.[151] Dieses Verhalten des Vaters betrübte Swetlana sehr. Sie versuchte es damit zu erklären, dass er sich ärgerte, weil sie ihrer Mutter nicht ähnelte und so sportlich aussähe. Doch im Grunde war es ein Umbruch, der sich da in der Beziehung zwischen Vater und Tochter anbahnte. Das kleine niedliche Mädchen mit den lustigen Sommersprossen verwandelte sich in eine hübsche junge Frau mit Selbstbewusstsein. Swetlana konnte nicht ahnen, dass ihr Vater damals auf jeden Mann eifersüchtig war, der seine erblühende Tochter ansah. Schließlich bekam sie einen NKWD-»Wachhund«. Wo immer sie hinging, in die Schule, ins Konzert oder ins Theater, sie wurde eskortiert. Zu ihrer eigenen Sicherheit, wie man ihr sagte.

Der ferne Krieg

In den frühen Morgenstunden des 22. Juni 1941 trafen sich Stalin, Molotow, Berija, Timoschenko, Tschujkow, Malenkow, Mikojan und Kaganowitsch im Kreml. Der »Große Vaterländische Krieg«, ein Krieg »für die Heimat, für die Ehre, für die Freiheit« – so Molotow –, hatte begonnen.[152] Stalins Kalkül und die Furcht vor militärischer Zivilcourage ohne Auftrag kam den deutschen Streitkräften entgegen, als sie am 22. Juni 1941 um 3.30 Uhr die sowjetische Grenze überschritten und den nicht auf die Verteidigung, sondern auf Angriff fixierten Feind zunächst buchstäblich überrannten. Stalin sah sich ebenso getäuscht wie der englische Premier Neville Chamberlain, der Hitlers durch nichts zu beirrendes Verlangen nach Raum und Krieg mit seinen durch und durch vernünftigen Angeboten von Geld und Frieden nicht zu stillen vermochte.[153]

Der Abschluss des deutsch-sowjetischen Nichtangriffspaktes mit Hitler im August 1939 und der Ausbruch des Krieges gegen Polen im September erfüllten Stalin mit Hochstimmung. Gegenüber Georgij Dimitroff[154] erklärte er mit unüberbietbarer Deutlichkeit: »Wir haben nichts dagegen, wenn sie ordentlich gegeneinander Krieg führen und sich schwächen. Es wäre nicht schlecht, wenn durch die Hand Deutschlands die Position der reichsten kapitalistischen Länder (besonders Englands) zerrüttet würde.« Die Sowjetunion aber könne manövrieren und derweil ihr eigenes Vorfeld im östlichen Europa sichern und arrondieren.

Daraus erklärt sich auch Stalins fatale Fehlspekulation vom Juni 1941 – als ihm von allen Seiten Informationen über den deutschen Aufmarsch zuflossen und er sicher war, dass Hitler die Briten nur täuschen, die Briten aber ihn, Stalin, »provozieren« wollten loszuschlagen. Hitler tönte schon am 3. Juli 1941, dass der Widerstand im europäischen Russland nicht länger als sechs Wochen dauern würde. Er glaube nicht, dass er Mitte September noch kämpfen müsse. In sechs Wochen wäre Stalin so ziemlich am Ende.[155]

Am 16. Juli standen die deutschen Truppen nach dem Fall von Smolensk 320 Kilometer vor Moskau. 300 000 Sowjetsoldaten gerieten in Gefangenschaft. Der stellvertretende Kommissar für Verteidigung Lew Mechlis[156] ließ den Stab der Westfront verhaften und vor Gericht stellen. Der Frontoberbefehlshaber General Dmitrij Pawlow[157] und weitere vier Generäle wurden erschossen. Divisionen aus Freiwilligen wurden aufgestellt; diese kämpften in Dreierreihen, oft nur mit einer Benzinflasche in der Hand und einem Lappen als Zünder: den Molotow-Cocktails.

Kiew erlebte die schlimmste Kesselschlacht des Krieges. Am 17. September umzingelte die Wehrmacht die intakten Verbände der Roten Armee; die Stadt fiel zwei Tage später. Die »Beute« war gewaltig. 665 000 Gefangene wurden mit dem Zug nach Deutschland in Arbeitslager und Fabriken gebracht, wo die meisten ums Leben kamen. Auch Leningrad entging der Katastrophe nicht. Hitler hatte sich für die Belagerung der Geburtsstadt des Bolschewismus entschieden. Drei Millionen Menschen saßen in der Falle.

Als zwei deutsche Panzergruppen in Minsk eine große sowjetische Streitmacht eingeschlossen hatten, erkannte Stalin zum ersten Mal das wirkliche Ausmaß der Gefahr. Denn die deutschen Angreifer hatten bereits wenige Tage nach Beginn ihres Vormarsches das 160 Kilometer entfernte Minsk erreicht, und wer sollte sie aufhalten? Eigenartigerweise gibt es aus der Zeit zwischen dem 23. und 30. Juni keine von Stalin unterzeichneten Befehle. Er verließ Moskau und ließ nichts von sich hören. Erst am 3. Juli trat er mit einer großen Rede wieder hervor. Offen nahm er die kommenden Verluste großer Teile des Landes vorweg, sprach sogar von einer Bombardierung sowjetischer Großstädte – die nie stattfinden sollte, da sich Hitlers Kampfflugzeuge auf frontnahe Angriffe beschränkten. Dennoch verhieß er »Mütterchen Russland« und seinen Menschen den letztendlichen Sieg. Der Große Vaterländische Krieg wurde in dieser Rede zum ersten Mal proklamiert.

Vielleicht begriff seine Tochter Swetlana noch am schnellsten, was damals in ihrem Vater vorging: »Er hatte nicht geahnt oder vorausgesehen, dass der Pakt von 1939, den er als Frucht seiner eigenen großen Hinterlist betrachtete, von einem Gegner gebrochen würde, der noch hinterlistiger war als er selbst. Das war der wahre Grund für seine tiefe Niedergeschlagenheit in der Anfangsphase des Krieges: das ungeheure Ausmaß seiner politischen Fehleinschätzung. Selbst noch nach Kriegsende wiederholte er immer wieder gegenüber seiner Tochter: »›Ach, zusammen mit den Deutschen wären wir unbezwingbar gewesen.‹ Aber er gestand seine Fehler nie ein.« Ein betrogener Betrüger.

Im Jahr 1991 äußerte sich Stalins Tochter noch einmal zur damaligen Kriegszeit: »Der einzige Mann des Militärs war mein Vater. Er hatte wirkliches Talent. Die beste Leistung seines Lebens war als Führer der Roten Armee während des Zweiten Weltkrieges. Er tat das, wofür er geboren war.«[158]

Als der Krieg vorbei war, ging es Stalin schlecht. Er fiel förmlich in sich zusammen. Swetlana konnte sich nicht vorstellen, was mit ihm los sei. Sie konnte ihn nicht einmal telefonisch erreichen. Viel später erst hat ihr geschiedener Mann Jurij Schdanow ihr erzählt, dass man schon an Stalins Ableben glaubte, denn sein Vater »habe schon hinter den Kulissen gewartet«, der Nachfolger zu werden.

Swetlana verfolgte das Kriegsgeschehen von Kujbyschew[159] aus. Dorthin war sie auf Wunsch ihres Vaters gebracht worden. Die Abreise aus Moskau war unter großem Zeitdruck erfolgt, nachdem Swetlanas Schule von einer Bombe getroffen worden war. In einen Sonderwaggon wurden alle benötigten Sachen eingeladen, und es war geplant, dass auch Stalin nach Kujbyschew käme. Dort hatte man eine kleine Villa in der »Straße der Pioniere« hergerichtet, in die Swetlana nun einzog. Begleitet wurde sie von ihrer Kinderfrau Aleksandra Nikolajewna Klimow, Wassilijs Frau Galja (die dort ihren Sohn Sascha zur Welt brachte) und ihrer Großmutter; der Großvater wollte dagegen in Tbilisi bleiben.

Zu diesem Zeitpunkt war Swetlana 15 Jahre alt und musste in Kujbyschew die neunte Schulklasse absolvieren. Doch sie fühlte sich dort gar nicht wohl. Wenigstens für ein paar Tage wollte sie nach Moskau fahren. Daher schrieb sie ihrem Vater am 19. September 1941 einen beschwörenden Brief:

»Mein lieber Papi,
ich grüße dich von Herzen, mein Guter! Wie geht es dir, mein lieber
Sekretär? Ich bin hier gut untergebracht und gehe in die Schule. Die
Kinder sind alle aus Moskau, ich kenne sehr viele von ihnen, sodass es
nicht langweilig ist.

Mein lieber Papi, ich habe immer Sehnsucht nach dir, wenn ich
irgendwo hinfahre, jetzt ist es besonders schlimm. Wenn du es erlaubst, würde ich für zwei bis drei Tage mit dem Flugzeug nach Moskau kommen. (Von hier fliegen jeden Tag ›Douglas‹ nach Moskau.)
Mit dem Zug zu fahren ist sehr langweilig, aber mit dem Flugzeug
würde ich sofort kommen, wenn du es mir erlaubst.

Kürzlich sind die Tochter von Malenkow und der Sohn von Bulganin nach Moskau geflogen. – Wenn sie fliegen dürfen, warum darf
ich nicht auch? Sie sind genauso alt wie ich und nicht besser als ich.

Hier war es bisher schön warm, aber jetzt ist es kalt geworden,
und es regnet. Die Stadt gefällt mir nicht; sie ist schmutzig und stau-
big wie alle Hafenstädte. Hier gibt es sehr viele Lahme, Blinde,
Bucklige, Einbeinige, Einarmige und andere Krüppel (ich weiß auch
nicht, warum). Jeder Fünfte auf der Straße ist faktisch ein Krüppel.
Hier gibt es sehr viele Bettler und Obdachlose.

Nach Kujbyschew sind (während des Krieges) sehr viele Leute aus
Moskau, Leningrad, Kiew und Odessa und anderen Städten gekommen. Die Alteingesessenen verhalten sich den Neuankömmlingen
gegenüber unverhüllt feindselig. Den Neuankömmlingen gibt man
die Schuld, dass die Lebensmittelpreise gestiegen sind, es oft überhaupt keine Lebensmittel gibt und die Leute stundenlang anstehen
müssen. Die Kujbyschewer sagen auch noch: ›Jetzt, nachdem dieses
feine und fragwürdige Gesocks zu uns gekommen ist, wird Hitler
auch unsere Stadt bombardieren.‹

Ach, Papi, wie gern möchte ich wenigstens einen Tag in Moskau
sein!! Papi, warum kommen die Deutschen immer weiter voran?
Wann zeigen wir ihnen endlich die Stirn? Wir können ihnen doch
nicht am Ende alle wichtigen Industriegebiete überlassen?

Papi, ich habe noch eine Bitte: Jaschas Tochter Galotschka ist
jetzt in Sotschi. Wenn es nötig wird, dann werden sowohl Großmut-

ter als auch Großvater sowie die anderen von dort evakuiert. Ich möchte sehr, dass Galotschka hierher zu mir kommt. Sie hat doch jetzt niemand mehr.

Das trifft aber nur für den Fall zu, wenn alle aus Sotschi wegmüssen. So lange soll sie noch dort bleiben.

Mein lieber Papi, ich möchte dich so gern wiedersehen! Du hast wahrscheinlich reichlich zu tun. Man hat mir gesagt, dass du zu wenig schläfst. Das ist unzulässig, verehrter Genosse Sekretär!

Jetzt aber erst einmal alles Gute, mein lieber Papi.

Ich warte auf deine Erlaubnis, nach Moskau *fliegen* zu dürfen. Nur für zwei Tage! Ich küsse dich herzinniglich!!! Ich weiß nicht, wann du Zeit hast, deshalb rufe ich nicht an. Du kannst mich anrufen, wann du willst, zwischen neun und zwölf Uhr (abends). Die übrige Zeit bin ich in der Schule. Du kannst auch morgens zwischen zehn und zwölf Uhr anrufen.

Ich küsse dich vielmals, mein lieber guter Papi.

Swetlana.«

Swetlana flog dann tatsächlich im November 1941 und nochmals im Januar 1942 von Kujbyschew nach Moskau. Doch ihr Vater nahm kaum Notiz von ihr und zeigte überhaupt kein Interesse an den »häuslichen Weibergeschichten«. Als sie ihm von der speziellen Schule für evakuierte Kinder berichtete, wurde er wütend. Er war ganz und gar nicht damit einverstanden, dass diese »verfluchte Kaste« eine eigene »Emigrantenschule« bekommen hatte. Swetlana, die froh war, endlich einmal wieder ihren Vater gesehen und gesprochen zu haben, musste erneut nach Kujbyschew zurück. Sie langweilte sich dort sehr. Endlich bekam sie Besuch von ihrem Bruder Wassilij, der in einem Kampfflugzeug auch ihre beste Schulfreundin Marfa Maksimowna mitbrachte.

Am 2. Oktober 1941 begann der deutsche Vorstoß auf Moskau. Auf Wunsch ihres Vaters durfte Swetlana erst im Sommer 1942 »nach dem Abzug der Deutschen« wieder auf Dauer nach Moskau zurück. Damals bekam der Feldzug eine verzweifelte Note. Die Deutschen wollten den Krieg um jeden Preis zu Ende bringen, sie waren demoralisiert von der »immer gleichen Landschaft... Man kann es nicht mehr sehen, den Regen, den knöcheltiefen Schlamm, das ewige Einerlei der Dörfer... Die Verluste wurden immer größer.«[160]

Im August 1942 stattete Winston Churchill Moskau einen Besuch ab. Bei dieser ersten Begegnung mit dem sowjetischen Diktator musste Churchill diesem klar machen, dass es in diesem Jahr noch keine zweite Front gegen die Deutschen geben würde. Churchill erläuterte die offensichtlichen Schwierigkeiten, doch Stalin fand das lächerlich. Er wollte wissen, warum die Engländer die Deutschen so sehr fürchteten. Churchill beherrschte sich und erläuterte sodann den Plan der Alliierten zur Invasion in Nordafrika. Er musste sich von Stalin vorwerfen lassen, dass er und die Amerikaner die Zusage gebrochen hätten, eine Invasion in Frankreich durchzuführen. Churchill wies die Beschuldigung zurück und war sehr verärgert über Stalins Haltung, die keine Spur von Verständnis zeigte. Die dritte einstündige Begegnung endete mit einer Einladung Stalins auf einen Umtrunk in seiner Wohnung im Kreml. Dabei war es ihm offensichtlich wichtig, seine Tochter vorzuführen.

Aleksandra Nikolajewna Nakaschidse rief Swetlana an, sie solle sofort von Subalowo in die Stadt zu ihrem Vater kommen, weil Churchill am Abend dort eingeladen sei. Swetlana eilte nach Moskau und überlegte, ob es wohl passend wäre, einige Worte auf Englisch zu sagen, oder ob sie nicht lieber schweigen sollte.

Die Gäste waren schon im Speisezimmer, als Swetlana eintraf. Sie fand ihren Vater in der »freundlichsten und liebenswürdigsten Laune, die stets alle bezauberte«.[161] Der Vater stellte seine knapp 16-jährige Tochter – »die Rothaarige« – vor und strich ihr dabei liebevoll über den Kopf. Churchill lächelte, deutete mit der Zigarre auf seinen Kopf und bekannte, dass er selbst als junger Mann rothaarig gewesen sei. Er sprach auch über seine eigene Tochter, die bei der Royal Air Force diente. Swetlana verstand Churchill, hatte aber große Hemmungen, ihm auf Englisch zu antworten. Damals dachte sie nicht darüber nach, warum ihr Vater sie mit Churchill bekannt machen wollte. In ihrem ersten Buch »Zwanzig Briefe an einen Freund« gab sie sich selbst die Antwort: »Heute weiß ich es: Er wollte sich doch auch wie ein gewöhnlicher Mensch geben.«[162] Und sie hatte damals das Gefühl, dass Churchill ihrem Vater sympathisch war.

Im Oktober 1942 war Swetlana in die zehnte Schulklasse gekommen. Sie hatte wieder die alten Lehrer aus der Vorkriegszeit, doch viele Schüler waren nicht mehr da, und es gab viele unbekannte, neue. In der Schule war es kalt und ungemütlich, aber die Stunden bei Anna Aleksejewna Jasnopolskaja, der besten Literaturlehrerin Moskaus, ließen dies vergessen.

An der Universität

Swetlana beendete im Sommer 1943 die Schule. Sie teilte dies ihrem Vater telefonisch mit, den sie seit vier Monaten nicht mehr gesehen hatte. Er gratulierte ihr nicht, sondern knurrte ins Telefon: »Komm her!« So fuhr Swetlana zu ihm, zeigte ihm stolz ihr Zeugnis und wagte es auch gleich, ihm mitzuteilen, dass sie sich an der Philologischen Fakultät der Universität in Moskau einschreiben werde. Doch der Vater schaffte es, ihr ein Studium der Literatur durch ein paar markige Sätze auszureden. Er schlug ein Studium der »Gesellschaftsgeschichte« vor, und die Tochter schrieb sich für dieses Fach an der Universität ein, was sie nie bereut hat. Sie studierte gründlich den Marxismus, referierte über Marx, Engels, Lenin und auch über Stalin und kam dabei immer mehr zu dem Schluss, dass der theoretische Marxismus und Kommunismus nicht das Geringste mit den realen Lebensumständen in der Sowjetunion zu tun hätten. Was der Vater sich gewünscht hatte, konnte sie nie werden: ein »gebildeter Marxist«, denn sie war genau das Gegenteil geworden.

Der Journalist und Redakteur der Wochenzeitung »Die Zeit«, Michael Voslensky, ein einstiger Kommilitone Swetlanas, schrieb 1984 aus Anlass ihrer Rückkehr nach Moskau seine Erinnerungen an die Stalin-Tochter in dem Artikel »Kurzer Schritt zum langen Abschied« nieder.[163] Voslensky hatte Swetlana im Herbst 1943 kennen gelernt. Damals hörten die Studenten der Historischen Fakultät der Moskauer Universität das Gerücht, Swetlana wolle ihre Kommilitonin werden. Es schien allen völlig grotesk, dass Stalin, »dieser Gott und Idol seine Tochter, die Kronprinzessin, zu uns bettelarmen, frierenden und hungrigen Studenten der Kriegszeit schicken würde«. In der Liste der neu Immatrikulierten stand jedoch tatsächlich: Stalina Swetlana Jossifowna.

Voslensky erinnerte sich an ein junges schüchternes Mädchen, rothaarig und mit klugen hellen Augen. Er suchte den Seminarraum der Erstsemester-Gruppe und fragte dieses Mädchen danach. Sehr höflich bot sie ihm an, ihn hinzuführen. Plaudernd stiegen sie in den zweiten Stock, wo sie dem jungen Mann die Tür der Aula zeigte und sich freundlich verabschiedete. Erst hinterher erfuhr Michael Voslensky, dass seine hilfsbereite Begleiterin Swetlana gewesen war.

Die taktvoll zurückhaltende junge Frau hatte seiner Meinung nach in ihren Gesichtszügen keine Ähnlichkeit mit dem regierenden grausamen Diktator. Swetlana verstand es – was ungeheuer schwer war –, den Unterschied zwischen ihr, Stalins geliebter Tochter, und »uns, seinen ungeliebten Studenten«, zu verwischen. Sie schämte sich, dass ein Leibwächter, »Onkel Mischa«, ihr auf Schritt und Tritt folgte, sowohl in den Hörsaal als auch bis zur Tür der Toilette. Mischa, der Michail Nikititsch Klimow hieß, war ein ruhiger Mensch, und Swetlana mochte ihn gerne, ungeachtet der Rolle, die er zu spielen hatte. Von 1940 bis 1943 stapfte er hinter dem jungen Mädchen her. Als ihr Vater 1943 in bester Stimmung von der Teheraner Konferenz[164] heimkehrte, bat sie ihn aber flehentlich, sie von dem NKWD-Mann zu erlösen, und Stalin gab nach. Sie war immerhin schon siebzehneinhalb Jahre alt. Ab da kam die strahlende Swetlana allein zu Fuß vom Kreml in die Schule, in der sich die Fakultät befand; denn das Universitätsgebäude war zerbombt worden.

Nicht selten ging Michael Voslensky mit ihr nach Vorlesungsschluss die Herzen-Straße hinunter. Ihm gefiel diese Studentin, die, wie er es empfand, Schwierigkeiten hatte, im Hause des Despoten zu leben – der sie umgebende Luxus jedenfalls schien sie nicht zu blenden. Sie sprach oft über Literatur und Kunst – eigenständig, nicht mit abgedroschenen offiziellen Phrasen. Für den jungen Mann war es

befremdlich, mitten im Krieg von der Tochter des obersten Befehls-
habers zu hören, sie gehe ungern ins Theater, da man dort »nur Krieg
spielt und schießt«. Sie schlenderten zusammen bis zum Kreml.
Dann ging sie mit ihrem Vater zum Essen, während er sich in die
Schlange vor der Mensa einreihte.

Obwohl Swetlana sehr bescheiden war, vermochte sie die krassen
sozialen Gegensätze im realen Sozialismus nicht zu überbrücken.
Abgemagert, schäbig gekleidet, kamen die anderen Kommilitonen
aus ihren ungeheizten Zimmerchen zur Universität – und begegneten
dort der rosigen Swetlana in ihrem englischen Kostüm mit dezent
kolorierter Seidenbluse. Sie trug auch einen dunkelblauen taillierten
Mantel mit grauem Persianerfell verbrämt oder einen auffälligen
Pelzmantel. Es war ihren Kommilitoninnen völlig unbegreiflich, dass
sie auf ihr Stipendium, das ihr als guter Studentin zustand, und sogar
auf die Lebensmittelkarten verzichtete, auf das Einzige, was die anderen noch am Leben hielt.

Die Entfremdung zwischen Vater und Tochter

Swetlana, die nach dem Krieg voller Unbehagen erneut mit dem Vater Kontakt aufnahm, wusste von seiner Einsamkeit und seinen Depressionen. Über einen Urlaub, den sie mit ihrem Vater im Süden
verbrachte, schrieb sie: »Nach einigen Tagen erst kam ich wieder zu
mir, atmete auf. An Vaters Seite zu leben war mühsam, man ver-
brauchte eine gewaltige Menge nervlicher Energie.«[165] Swetlana, die
lange Zeit ihrem Vater gegenüber mehr als nachsichtig war, berichtet
voll Entsetzen in ihrem zweiten Buch »Das erste Jahr«, wie lange es
dauerte, bis ihr wie Schuppen von den Augen fiel, wie gnadenlos ihr
Vater Menschen umbringen ließ.

Von einem solchen Vorgang wurde sie am 13. Januar 1948 Mitwis-
serin, als sie unverhofft in das Zimmer ihres Vaters auf seiner Datscha
ging. Sie hörte ihn telefonieren, und das Gespräch schloss mit der
Aussage ihres Vaters, dass es sich um einen Autounfall zu handeln
habe. Zu seiner Tochter bemerkte er, der große Schauspieler Solo-

mon Michajlowitsch Michoels (1890–1948), Stalin-Preisträger von 1946, sei bei einem Autounfall umgekommen. Michoels war Leiter des sowjetischen jüdisch-antifaschistischen Komitees und der Direktor des berühmten jüdischen Theaters gewesen, eines Theaters, das als die »Pflanzstätte« des Kosmopolitismus galt.[166] Swetlana kannte ihn, denn sie hatte bei Michoels während des Krieges Vorträge gehört. Nach dem Gespräch mit ihrem Vater musste Swetlana an der Universität erfahren, dass Michoels bei einer getarnten Autofahrt in Weißrussland heimtückisch umgebracht worden war. Sie war entsetzt. Je zügelloser der Judenhass ihres Vaters wurde, umso unerträglicher erschien ihm der große jüdische Mime als Verkörperung der schöpferischen Energie eines Volkes, dessen bloße Existenz Stalin ein Dorn im Auge war. Welche Wut mochte der gepflegte »jüdische Bonze Kaganowitsch … und erst der Möchtegern-Schönling und erbärmliche Schürzenjäger Berija empfinden, der den Frauen auf Moskauer Straßen auflauerte! Faszinierte doch dieser grundhässliche Schauspieler selbst die Frauen: Sie verehrten und liebten ihn. Es durfte einfach nicht länger sein, dass er lebte!«[167]

Als Swetlana 1951 zwei Wochen mit ihrem Vater in Borschom in Georgien weilte, bemerkte sie, wie ärgerlich er wurde, als sich eine Menschenmenge spontan um ihn versammelte und ihn begeistert feierte. Sie meinte, dass er zu dieser Zeit »schon so gefühlsleer geworden [war], dass er an die guten und aufrichtigen Empfindungen der Menschen nicht mehr glaubte«[168].

Nikita Chruschtschow hat »Swetlanka«, der er herzlich zugetan war, in seinen Aufzeichnungen ein ganzes Kapitel gewidmet. Er empfand für sie väterliche Gefühle, wie er in seinen Memoiren schrieb, die ihn selbst von seiner besten und Stalin von seiner schlechtesten Seite zeigen. Chruschtschow schreibt: »Stalin hatte einen brutalen Charakter und ein raues Temperament; aber seine brutale Art bedeutete nicht immer Bösartigkeit gegenüber den Leuten, mit denen er so grob umsprang. Ich bekam seine Grobheit oft zu spüren. Stalin mochte mich gern.«[169]

Wohlwollen hieß bei Stalin oft, dass Personen von ihm gehässig behandelt wurden, um dann anschließend hoch gelobt zu werden. So erinnerte Chruschtschow sich an eine größere Einladung bei Stalin auf dessen Datscha zum Jahreswechsel 1952/1953. Alle waren in gehobener Stimmung. Ein neues Jahr! Sie konnten auf ein weiteres Jahr voller Siege und Erfolge zurückblicken, die ihr Verdienst waren! Die Tische bogen sich förmlich vor wunderbaren Gerichten, und der Alkohol floss reichlich. Stalin war glänzender Laune, trank viel und nötigte alle anderen, ihm nachzueifern. Dann ging er zum Plattenspieler und legte Platten mit russischer und georgischer Volksmusik auf. Es folgte flotte Tanzmusik. Der beste Tänzer war Anastas Iwanowitsch Mikojan, gefolgt von Woroschilow. Chruschtschow und Kaganowitsch tanzten »wie eine Kuh auf dem Eis«, während Bulganin irgendwie in einem russischen Rhythmus herumstampfte. Dann kam Swetlanka zu den Feiernden hinzu. Wahrscheinlich hatte ihr Vater sie holen lassen. So stand die nüchterne und schüchterne junge Frau umgeben von ziemlich angetrunkenen Personen. Ihr Vater forderte sie auf, zu tanzen. Chruschtschow sah, wie müde Swetlana war, die trotzdem dem Wunsch des Vaters entsprach, dann aber wieder gehen wollte. Sie stellte sich neben den Plattenspieler und lehnte sich mit der Schulter an die Wand. Stalin ging zu ihr, und Chruschtschow gesellte sich zu ihnen. Stalin schwankte und rief: »Nun, Swetlanka, weiter, tanze! Du bist die Gastgeberin, also tanze!«[170] Sie antwortete: »Ich habe schon getanzt, Papa. Ich bin müde.« Darauf griff Stalin plötzlich nach ihren Stirnlocken und zerrte sie an den Haaren. Ihr Gesicht rötete sich, und die Tränen stiegen ihr in die Augen. Doch er ließ nicht ab von ihr, zerrte sie noch heftiger an den Haaren und zog sie zurück auf die Tanzfläche. »Swetlanka tat mir so Leid«, erinnerte sich Chruschtschow.[171] Er war jedoch der festen Überzeugung, dass Stalin seine Tochter sehr liebte.

Aber in welcher Weise gab er seinen väterlichen Gefühlen gegenüber seiner Tochter Ausdruck! Er benahm sich nicht etwa so brutal, weil er Swetlana wehtun wollte. Nein, sein Verhalten ihr gegenüber war ganz zweifellos ein Ausdruck von Zuneigung, aber eben in seiner unnatürlichen, brutalen Art. Chruschtschow bedauerte Swetlana, besonders nach dem Tod ihrer Mutter, die er sehr geschätzt hatte. Er mochte sie wegen ihrer Bescheidenheit.

Ihre Kindheit mit der Mutter hatte sechs Jahre gedauert, dann war ihr Vater ihr Ein und Alles geworden. Dankbar erinnerte sich die Tochter des Diktators: »Seine Liebkosung, seine Liebe und Zärtlichkeit für mich während der Kindheit werde ich nie vergessen.«[172]

Das Herz seiner Tochter brach der Vater durch seine Unduldsamkeit ihr und ihren Wünschen gegenüber.

Und aus seinem »kleinen Spatz« wurde eine erwachsene Frau, die sich zum ersten Mal verliebte. Es begann eine zarte Liebesgeschichte, die zu Swetlanas erster persönlicher Tragödie wurde.

5 Die erste und tragische Liebe – Aleksej Jakowlewitsch Kapler

Es war das Band einer einmaligen Freundschaft, das uns zusammenhielt.*
Von ihm strahlten das Licht und der Zauber des Wissens aus.**

Kapler

Im Winter 1942/43 lernte Swetlana die erste große Liebe ihres Lebens kennen: Aleksej Jakowlewitsch Kapler. Sie wohnte damals in Subalowo, in der Datscha ihres Vaters. Ihr Bruder Wassilij war dort auch oft zu Gast und brachte zu ihrem Bedauern ständig irgendwelche Freunde mit, die sich meist hemmungslos betranken, tanzten und sangen. Niemand schien daran zu denken, dass man sich mitten im Krieg befand. Eines Tages erschien Wassilij mit einer übermütigen Gruppe von Filmleuten, darunter auch der verheiratete, 40-jährige jüdische Schriftsteller Aleksej Kapler, Moskaus »Champion Ladykiller«. Der bedeutende Stalin-Biograf Edward Radzinskij[173] kannte ihn gut. In seinen Augen war Kapler fett, hässlich und außerdem kein guter Schriftsteller. Die Stärke dieser »legendären Figur« lag nach seiner Meinung auf einem anderen Gebiet: »Er war ein genialer Erzähler. Wenn er sprach, war dies wie Sirenengesang – man war verzaubert.«[174]

Für Swetlana war Aleksej »der gescheiteste, der beste, der mit Zärtlichkeit und Dankbarkeit schönste Mensch. Von ihm strahlten das Licht und der Zauber des Wissens aus«, schrieb sie 1967 in ihrem ersten Buch »Zwanzig Briefe an einen Freund«[175], meinte dann aber einschränkend: »Es war die flüchtige Begegnung eines 40-jährigen Mannes mit einer Gymnasiastin – ach, lohnt es denn überhaupt, viel davon zu reden und darüber nachzudenken?«[176] Wenn man auf das Ende der Affäre blickt, so war es – jedenfalls für Kapler – alles andere als nur eine flüchtige Episode. In ihrem zweiten, 1971 erschienenen

Werk kam Swetlana voll Wehmut nochmals auf diese »unschuldige Romanze« zurück.

In Subalowo zeigte sich Kapler angetan von der attraktiven 17-jährigen Swetlana Stalina. Sie bemerkte dies und wurde sehr verlegen. Er begann mit ihr Gespräche zu führen. Nach den ewig grölend vorgetragenen Anekdoten ihres Bruders, dem Stillschweigen ihres Vaters und der Spießigkeit seiner Kollegen war Swetlana von Kapler schnell verzaubert. Ihre Einsamkeit schien plötzlich ein Ende zu haben. Es gab nun eine Person, die auch ihr zuhörte. Als Kapler die junge Frau aufforderte, mit ihm einen Foxtrott zu tanzen, da war es um sie geschehen.

Dem kommunistenfreundlichen italienischen Korrespondenten Enzo Biagi ist es 1967 gelungen, mit Swetlanas Kindern und mehreren Verwandten Interviews zu führen. Da ihn die Beziehung Swetlanas zu Kapler interessierte, besuchte er den Filmemacher in seiner Datscha. Kapler schien gerne über das junge Mädchen zu sprechen: »Was mich an Swetlana am meisten beeindruckte, waren ihre Anmut und ihre Intelligenz.«[177] Und er fuhr fort: »Es war die Art, wie sie mit den Menschen sprach, und die Kritik, die sie über einiges im sowjetischen System verlauten ließ…Sie sagte einmal zu mir, sie habe Cronins ›Hatter's Castle‹[178] gelesen. Ich habe immer in einer Festung gelebt…Ich fühle ganz genauso. Es scheint mir ständig ein Schatten zu folgen.«[179]

Swetlana ging damals, im schrecklichen Kriegswinter 1942/43, in die letzte Klasse des Gymnasiums. Kapler fand, sie würde im Kreml völlig abgeschirmt und unterdrückt leben. Sie hatte einen eigenen Lehrer für Englisch, einen anderen für Klavier, die Kinderfrau kämmte ihr das Haar und General Wlassik sagte ihr, wie sie ihre Zeit zu verbringen hatte und mit wem sie befreundet sein durfte.

Kaplers erster Eindruck von der Stalin-Tochter war ein ganz anderer, als er erwartet hatte. Sie trug einfache Kleidung, die gut genäht, aber wenig vorteilhaft für sie war. Nach seiner Erinnerung hatte Swetlana zum Gedenken an ihre an diesem Tag zehn Jahre zuvor verstorbene Mutter eine schöne Brosche angesteckt. Swetlana war in einer ganz besonders elegischen Stimmung und somit höchst empfänglich für Kaplers Zuneigung. Sie war fasziniert von diesem um 24 Jahre älteren Mann, der sie liebte. Mit einem Blick auf ihre Eltern war der Altersunterschied nicht erheblich. Ihre Mutter hatte sich einst in Josef Stalin verliebt, der ebenfalls mehr als 20 Jahre älter war als sie selbst.

Dem italienischen Journalisten verriet Kapler, dass es in jener Zeit zwischen ihm und seiner jugendlichen Freundin nie zu intimen Beziehungen gekommen sei. »Damals waren wir nicht das, was man allgemein unter einem Liebespaar versteht. Es war das Band einer einmaligen Freundschaft, das uns zusammenhielt.«[180]

Von Kapler erhielt das junge Mädchen Bücher und Schallplatten, und er erzählte ihr den Inhalt von in Russland verbotenen amerikanischen Novellen. Swetlana begeisterte sich für Ernest Hemingways Werk »Wem die Stunde schlägt«, das den Kampf gegen den Faschismus zur Metapher für Leiden und Tragik entwickelt. Im Roman »Haben und Nichthaben« von Hemingway las sie von der Romanze zwischen zwei Einzelgängern: einer selbstbewussten Frau und einem zynisch-melancholischen Überlebenskünstler. Russische Übersetzungen davon gingen damals von Hand zu Hand. Auch »Alle Menschen sind Feinde« von Aldington[181] gab ihr Kapler zum Lesen, ebenso Bücher für »Erwachsene« über die Liebe, die so viel schöner waren als die allzu oft gehörten Zoten ihres Bruders Wassilij.

Die Verliebten besuchten gemeinsam den Cinema-Artists-Club, wo amerikanische Musicals mit Ginger Rogers und Fred Astaire gezeigt wurden, der wunderbare Film »Der junge Mr. Lincoln« und der Zeichentrickfilm »Schneewittchen bei den sieben Zwergen« von Walt Disney.

Kapler nannte sie Swet, sie nannte ihn Ljusja. Die Fäden zwischen ihnen spannen sich immer dichter. Swet zog es unwiderstehlich zu ihrem geliebten Freund. Da Kapler in einem ungeheizten Hotel wohnte, gingen sie zusammen in Ausstellungen, die allerdings häufig ebenfalls in ungeheizten Räumen, wie beispielsweise der Tretjakow-Galerie, stattfanden. Oft blieben sie, bis das Glockenzeichen zur Schließung der Galerie ertönte, um sich erst da wieder zu trennen. Wesentlich angenehmer waren die Theaterbesuche. Noch

30 Jahre später erinnerte sich Swetlana an die damals gespielten Stücke, wie »Die Front« von Kornejtschuk, ein Stück, von dem ihr Freund sagte, dass die Kunst »dort nicht einmal übernachtet« habe. Sie gingen auch in »Der blaue Vogel«, ein berühmtes Bühnenstück des belgischen Dichters Maeterlinck, und hörten im Bolschoi-Theater die Oper »Pique Dame« von Pjotr I. Tschaikowskij. Swetlanas Angebeteter gestand ihr, dass er Opern nicht sonderlich leiden könne. Doch die Räumlichkeiten waren höchst angenehm geheizt.

Im Kino sahen Kapler und Swetlana den alten Greta-Garbo-Film »Königin Christine«. Diese sentimentale Geschichte passte so richtig zu den beiden. Swetlana fühlte sich wie die große Dame, Kapler sah sie wie den armen Don Alfonso, den Liebhaber, den alle hassten. Obgleich der von John Gilbert gespielte Alfonso im Film stirbt und das edle Schwedenmädel ins Exil geht, fand Stalin für die Liebe seiner Tochter zu Kapler schließlich eine einfachere und weniger spektakuläre Lösung: zwei Ohrfeigen für Swetlana, fünf Jahre Lagerhaft für Kapler!

Sergo Berija erinnert in seinen Aufzeichnungen über seinen Vater Lawrentij Berija an Swetlanas Liebesgeschichte mit Kapler.[182] Sergo behauptet, dass es diesem Mann allein um seine Karriere gegangen sei, als er Swetlana für sich gewann. Stalin habe gegen Kapler gewütet und die Beziehung als pervers empfunden. Er nahm die ganze Sache als persönliche Beleidigung und machte Berija dafür verantwortlich, diese Beziehung mit einem Juden nicht unterbunden zu haben. Doch es war Kriegszeit, und »mein Vater hatte wichtigere Dinge zu tun«, so der Sohn.[183] Swetlana kam damals Hilfe suchend zu Sergos Mutter und erzählte ihr von ihrem Kummer mit dem Vater, der nicht mehr mit ihr sprach. Das junge Mädchen wollte Kapler bei den Berijas heimlich treffen. Doch Sergos Mutter rief aus: »Swetlana, ist dir überhaupt klar, um was du mich da bittest. Möchtest du, dass dein Vater mich beseitigt? Und außerdem, ich denke, du bist zu jung…«[184] Auf Swetlanas Einwand, sie selbst sei auch erst 16 gewesen, als sie heiratete, musste sie hören, dass Lawrentij damals immerhin erst 21 Jahre alt war und nicht 40 Jahre wie Aleksej Kapler. Sergo, ein Jahr älter als Swetlana, konnte überhaupt nicht verstehen, was diese so »attraktiv an dieser alten Ziege«[185] fand. Sergo Berija äußerte die Vermutung, dass Swetlana beim Kampf um Kapler zum ersten Mal das wahre Gesicht ihres Vaters gesehen habe.

Zu einer ersten Trennung kam es, als Kapler einen Tag vor der dortigen entscheidenden Schlacht als Kriegsberichterstatter nach Stalingrad ging. Und als Swetlana eines Tages die »Prawda« aufschlug, fand sie einen Artikel des Sonderkorrespondenten A. Kapler mit der Überschrift »Briefe des Leutnants L. aus Stalingrad. Erster Brief«. In Briefform berichtete ein Leutnant seiner Geliebten die wichtigsten Ereignisse aus Stalingrad. Der erste Brief endete: »Sicherlich schneit es jetzt in Moskau. Aus deinem Fenster sieht man die Zinnen der Kreml-Mauer.«[186] Swetlana hoffte sehr, dass ihr Vater diesen Bericht nie zu Gesicht bekäme. Voller Verzweiflung ging sie zu Nina Berija und fragte sie um Rat.

Doch Stalin hatte schon seine Anweisungen gegeben. Sobald Kapler nach Moskau zurückkehrte, sollte ihn Wselovod Merkulow, ein enger Mitarbeiter Berijas, in die Zange nehmen. Kapler blieb bei dieser Unterredung ruhig. Merkulow drohte ihm nicht nur Prügel an, sondern schlug ihn brutal zusammen. Aber Kapler ließ sich nicht aus Moskau vertreiben. Dann schaltete sich Oberst Rumjanzew ein, der Referent des allmächtigen Tschekisten Wlassik, und riet dem Schriftsteller, auf eine Dienstreise zu gehen, möglichst weit weg von Moskau. Kapler wünschte ihn zum Teufel.

Swetlana und Ljusja trafen sich nun wieder. Er versicherte ihr, dass er die »Briefe eines Leutnants« aus Stalingrad nicht selbst an die Zeitung geschickt habe, sondern seine Freunde hätten ihn »hereingelegt«.

Marfa Peschkowa, Swetlanas Schulfreundin und die spätere Ehefrau von Sergo Berija, äußerte sich zu dieser Romanze: »Ihre erste und ernsthafte Liebe war Kapler. Er verdrehte ihr den Kopf. Während des Unterrichts zeigte sie mir eine Zeitung mit dem Artikel ›Briefe von der Front‹, der zweifellos ihr gewidmet war. Ich las ihn während des Unterrichts, wobei ich die Zeitung unter dem Tisch hielt.

An ihrem Geburtstag zeigte sie mir sein Geschenk – einen antiken Emailanhänger: ein grünes Blättchen mit einem Käfer darauf. Das war die erste Aufmerksamkeit, die ihr ein erwachsener Mann schenkte.«[187] Die Schulfreundin fragte sich, ob der verheiratete Kapler Swetlana wirklich liebte. Faszinierte ihn ihre Jugend, ihre Einsamkeit, ihr Anlehnungsbedürfnis, oder wollte er Stalins Schwiegersohn werden?

Die beiden versuchten, sich so oft wie möglich zu treffen. Doch am 28. Februar 1943 ging das erste Kapitel dieser Liebesgeschichte zu Ende. In einer leeren Wohnung ganz in der Nähe des Kursker Bahnhofs in Moskau, in dem sich Wassilij manchmal mit seinen Fliegerkameraden traf, sahen sie sich zum vorerst letzten Mal. Es war ein Abschied mit heißen Küssen, und wie immer war Klimow, der Agent des NKWD, dabei. Kapler musste nach Taschkent, wo sein Film über die weißrussischen Partisanen – »Sie verteidigten ihr Vaterland« – gedreht werden sollte. Swetlana brach es fast das Herz. Auf dem Heimweg schlich der Beschützer, »ebenso zitternd bei dem Gedanken, was jetzt wohl mit ihm geschehen würde«, hinter ihr her.

Anfang März, als sich Swetlana gerade für die Schule fertig machte, kam völlig überraschend ihr Vater ins Zimmer. Was sich dann abspielte, war so grob und gemein, dass es Swetlana später nicht wiedergeben wollte. Noch nie hatte sie ihren Vater so wütend gesehen. Swetlana lehnte sich gegen ihren Vater auf und wagte zu sagen, dass sie Kapler liebe. Die Antwort des Vaters: Er verabreichte ihr zwei Ohrfeigen, die ersten ihres Lebens. Mit heftigen Worten griff er auch Swetlanas geliebte Kinderfrau an. Das Schlimmste war jedoch, dass er seine Tochter entsetzlich demütigte: »Schau dich doch selbst einmal an – wer braucht denn so eine wie dich? Der ist umringt von Weibern, du dumme Gans!«[188] Wie im Traum hörte sie dann ihren Vater sagen: »Dein Kapler ist ein englischer Spion.«[189] Mit Müh und Not überstand sie an diesem Tag den Schulunterricht. Wieder zu Hause, musste sie fassungslos miterleben, wie ihr Vater alle ihre Liebesbriefe, Kaplers für sie bestimmte Fotografien und Entwürfe für mehrere Erzählungen und sogar ein neues Drehbuch über Schostakowitsch gelesen hatte und diese nun vor ihren Augen in kleine

Stücke zerriss. Bevor sie das Zimmer verlassen durfte, hörte sie ihn noch sagen: »Ein Schriftsteller... Nicht einmal ordentlich Russisch schreiben kann er! Hättest du dir nicht wenigstens einen Russen aussuchen können?«[190]

Swetlanas Liebe zu ihrem Vater wurde auf eine harte Probe gestellt. Lange Zeit konnte sie nicht mehr mit ihm reden, so sehr hatte er ihr wehgetan.

Edward Radzinskij kann Stalin als eifersüchtigen Vater verstehen. »Der größte Schlag war für ihn: Sie war nun eine junge Frau und liierte sich ausgerechnet mit dem schlimmsten Schürzenjäger. Durch Kapler fiel sie von dem Sockel, auf den er sie gestellt hatte. Er hatte für sie ein Leben vorgesehen wie das der Schwester von Lenin, einer unverheirateten Jungfrau. Er wäre aber durchaus auch mit einem hohen Parteigenossen einverstanden gewesen.«[191] Doch Stalin musste aufpassen, dass er seine Tochter nicht noch mehr verletzte. Er konnte nicht ausschließen, dass sie wie die Mutter aus Protest gegen ihn an Selbstmord dachte.

Radzinskij fügte noch hinzu, dass Sex für Stalin etwas Schmutziges gewesen sei. »Er hat eigentlich nur Berija seine unverschämten Seitensprünge ›verziehen‹, weil es für ihn wichtig war, kompromittierendes Material gegen ihn in der Hand zu haben.«[192]

Stalins Rache

Für Kapler begann ein bitterer Leidensweg. Als er wie vorgesehen am 2. März mit dem Filmteam zu seinem Termin aufbrechen wollte, kamen zwei Männer, die sich auswiesen und ihn baten mitzukommen. Er wurde zum riesigen Moskauer Lubjanka-Gefängnis gebracht, wo Tausende von Häftlingen schmachteten. Dort erschien General Wlassik. Ohne Umschweife hieß es: »Aleksej Jakowlewitsch Kapler. Gemäß Artikel 58 unseres Gesetzes werden Sie unter Arrest gestellt, da Sie in Gesprächen Ihre antisowjetische und konterrevolutionäre Meinung kundgetan haben.«[193] Angeblich habe er auch für England spioniert. Es gab keine Gerichtsverhandlung. Zehn Jahre Lager war die übliche Strafe für ein solches Vergehen. Kapler wurde zu fünf Jahren verurteilt. Er bekam keine Möglichkeit, wenigstens seinen Freunden mitzuteilen, was mit ihm geschehen war. Noch nicht einmal seine Ehefrau konnte er warnen. Man ging sogar so weit, dass man auch Kaplers besten Freund Michail Slugkij, den Direktor der Dokumentarfilm-Firma, aus dem Weg räumte.

Kapler wartete auf seinen Abtransport in ein Lager. Doch zunächst wurde eine Zelle im Lubjanka-Gefängnis für ein Jahr sein »Zuhause«. Ein gängiges Sprichwort hieß damals: »Alle Wege führen zum Giorginskij-Prospekt.« Dort befand sich nämlich der Haupteingang des berühmt-berüchtigten Gefängnisses.

Kapler war mutig genug, an Stalin zu schreiben, um aus dem Gefängnis herauszukommen:

»Lieber Josef Wissarionowitsch! Ich wurde durch ein Sonderkollegium wegen antisowjetischer Äußerungen verurteilt. Ich habe sie nicht gestanden und werde sie auch nicht gestehen. Mir wurde der Lenin-Orden verliehen, und ich wurde mit der Stalin-Prämie ersten Grades ausgezeichnet. Ich nahm an den Filmen ›Sie verteidigen ihre Heimat‹, ›Kotowski‹, ›Tag des Krieges‹ teil. Ich kann bei mir nur Unbescheidenheit gestehen. Gestatten Sie mir, an die Front zu gehen, ich flehe Sie darum an.«

Stalin verlangte von Berija genauere Auskünfte über Kapler. Man meldete ihm: »Kapler hat eine Schwester in Frankreich. Er hat sich mit den amerikanischen Korrespondenten Shapiro und Parker getroffen. Er selbst hat seine Schuld nicht gestanden, jedoch ist er durch Agentenangaben entlarvt…

16. März 1944.«[194]

Stalin glaubte derartigen Denunziationen immer!

Eines Tages wurde der Gefangene Kapler nach Workuta[195] in Sibirien gebracht. Viele »reisten« mit ihm in einem dunkelblauen Auto, Defätisten, Exsozialdemokraten, die unschuldige Opfer des misstrauischen und intoleranten Berija waren. In Workuta in der Komi-Sowjetrepublik ging es Kapler verhältnismäßig gut. Er erhielt die Sondererlaubnis, am Theater zu arbeiten. Die Gefangenen hatten am Abend frei und konnten Theater spielen, was zur Bildung einer kleinen Theatergruppe führte. Das war in zahlreichen Lagern so, und später stellte sich dann heraus, dass nach der Öffnung der Lager viele Laienschauspieler zu großen Mimen aufstiegen. Wer an einer Schauspielgruppe teilnahm, wurde von der härtesten Arbeit, wie Baumfällen oder Arbeit unter Tage, freigestellt und bekam als Sonderration täglich ein Stück Brot. Nach der Aufführung wurden die Akteure vom Aufsichtspersonal in ihre feuchten und kalten Baracken zurückgeführt.

In Kaplers Theatergruppe war eine schöne Schauspielerin, die sich Valentina Tokarskaja nannte, eine sehr sympathische und sensible Person. Sie wunderte sich sehr, dass Kapler unter den Gefangenen war, und verliebte sich in ihn.

Nun gab es also drei Frauen in Kaplers Leben: Eine lebte im Kreml und dachte voll Sehnsucht an ihn, eine andere wohnte irgendwo in Moskau, hielt ihm mit der Hingabe einer Ehefrau die Treue und wartete auf eine Besuchserlaubnis, und eine weitere Frau lebte mit ihm und spielte mit ihm auf der Provinzbühne von Workuta.

Lange Zeit hörte Kapler nichts mehr von Swetlana.

Als eines Tages wieder einmal ein Gefangenentransport eintraf, erwähnte jemand, dass Stalins Tochter einen Studenten namens Morosow geheiratet habe. Kapler war weder erstaunt noch verletzt. Er wusste, dass ihm niemand seine Erinnerungen an Swetlana nehmen konnte.

Nach fünf Jahren Zwangsarbeit wurde Kapler entlassen. Er erhielt die Auflage, nicht nach Moskau, sondern nach Kiew zu gehen. Er wollte jedoch wenigstens eine einzige Nacht bei seiner Frau verbringen, und so versuchte er, heimlich nach Moskau zu reisen. Doch auf dem Bahnhof wurde er entdeckt und wieder streng bestraft: weitere fünf Jahre Zwangsarbeit in einer Mine in Inta, rund 260 Kilometer von Workuta entfernt in der damaligen ASSR Komi.

Dort ging es ihm gesundheitlich nicht gut. Die schwere Arbeit hinterließ ihre Spuren. Das Essen war extrem spärlich und schlecht. Und es fehlten ihm Freunde und das Theater.

Als sich nach Stalins Tod dessen Kumpane wie Malenkow, Molotow, Kaganowitsch und Berija gegenseitig das Leben schwer machten, kam auch Bewegung in die unzähligen Strafgefangenenlager, deren Tore sich endlich öffneten. Überall im Land sah man nun ausgehungerte Menschen mit schmutzigen wattierten Jacken.

Zu den Befreiten gehörte auch Aleksej Kapler. Edward Radzinskij hat ihn einige Jahre später getroffen, und Kapler erzählte ihm, was er fühlte, als er ein freier Mann war: »Ich ging in einen kleinen Park und starrte völlig benommen auf die spielenden Kinder. Ein kleiner Bub rannte an mir vorbei und lachte – ich sah seine dünnen, schutzlosen Kinderbeine. Dann passierte es, dass ich in Tränen ausbrach. Ich schluchzte und schluchzte – und genoss es, wie ich dies in meiner Kindheit tat. Ich weinte und weinte…vergab ihnen…vergab jedem.«[196]

Nach Moskau zurückgekehrt, arbeitete er wieder als Schriftsteller und Filmemacher und heiratete, da inzwischen geschieden, die Schauspielerin Tokarskaja.

Im Jahr 1954 nahm Kapler in Moskau an einem Kongress im »Haus der Autoren« teil, zusammen mit Tatjana Tess.[197] Sie war eine sehr erfolgreiche Journalistin, Feuilletonistin und Buchautorin und wurde damals zur beliebtesten Schriftstellerin Russlands gewählt. Bei dieser Tagung traf sich das einstige Liebespaar Aleksej und Swetlana wieder. Noch immer nannte sie ihn Ljusja und er sie Swet. Beide hatten sich stark verändert. Swetlana klang bitter und völlig illusionslos, Aleksej war von den Erfahrungen der vergangenen Jahre gezeichnet. Sie sagte ihm zwar, dass er sich überhaupt nicht verändert habe, doch er zeigte auf sein schlohweißes Haar und lächelte nur.

Sie hatten sich viel zu erzählen, und so begann ein neues Kapitel ihrer Liebesgeschichte. Tatjana Tess konnte verstehen, dass Swetlanas Sehnsucht nach Glück grenzenlos war. Sie hatte letztlich inzwischen zwei gescheiterte Ehen hinter sich. Immer öfter trafen sich die beiden nun, und Swetlana gestand ihm, wie Leid es ihr tue, dass Aleksej ihres Vaters wegen so viel hatte erleiden müssen. Sie erzählte von ihren Kindern und viel von sich selbst. Die alte Leidenschaft für Ljusja flammte heftig wieder auf.

Als Kapler für ein paar Tage ans Schwarze Meer fuhr, folgte sie ihm mit ihrem Sohn Josef in ihrem Auto Marke »Pobeda«. Nun begannen wieder wunderschöne Tage, und Kapler machte zahlreiche Fotos von ihr. Erneut waren sie ein Liebespaar geworden.

Doch Kapler wollte seine Ehefrau nicht verlassen. Swetlana sollte sich damit abfinden, dass er sie nicht heiraten könne. Das gefiel der stolzen Frau nicht. Den wiedergefundenen Geliebten wollte sie mit niemandem teilen. Und so entschloss sie sich, Kaplers Zuneigung zu ihr auf die Probe zu stellen.

Nach einer Theatervorstellung ging sie daher hinter die Bühne und verlangte Kaplers Ehefrau zu sprechen. Sie traf auf eine entschlossene Frau, die sich mit Ironie anstatt Beleidigungen zur Wehr setzte. Sie war gewiss keine Frau, die schnell in Tränen ausbrach, dafür hatte sie sich zu oft in ihrem Leben durchgekämpft. Zu ihrem Erstaunen musste Swetlana erfahren, dass jene über die Affäre ihres Mannes bestens informiert war. Valentina Tokarskaja gab lächelnd zu, dass ihr Mann ständig untreu sei und im Grunde nur eine Frau wirklich geliebt habe, nämlich Tassja Slatogorowa. Ganz allmählich zeigte sich in Swetlanas Gesicht Hilflosigkeit. Sie erkannte ihre Niederlage und verließ das Theater.

Zu Hause erzählte Valentina ihrem Mann von dem Vorfall. Er war entsetzt über Swetlanas Verhalten. Das Ganze fand er falsch und unnötig. Sie hatte ihm nichts davon gesagt, dabei auch auf niemanden Rücksicht genommen, sondern nur an sich selbst gedacht. Er nahm es ihr sehr übel, dass sie die Initiative ergriffen hatte. Swetlana: »Ich bekam alle Schläge, die ich erwartet hatte ... Ich wusste – das ist das Ende.«[198] Warum hatte sie dies getan? Sie konnte es sich selbst nicht erklären. Etwas hatte sie gegen ihren eigenen Willen dazu getrieben.

Die Schauspielerin hat das Zusammentreffen mit Swetlana nie vergessen. Noch als alte Dame erzählte sie davon. Sie fand Swetlana höflich und intelligent, mit dem festen Willen, alles zu bekommen, was sie wollte. Die Schauspielerin konnte zwar verstehen, dass die Rivalin sich Kapler zum Ehemann wünschte, waren doch die Männer ihrer Umgebung ziemlich uninteressant, der Schriftsteller dagegen der Charme in Person. Nichtsdestoweniger ging dessen zweite Ehe letztendlich auch in die Brüche.

Kaplers dritte Ehefrau wurde die jüdische Dichterin und Schauspielerin Julija Drunina, damals etwa 40 Jahre alt, blond, graziös und sehr kultiviert. Sie hat ein zehnbändiges Werk mit ihren Gedichten veröffentlicht, einige ihrer lyrischen Gedichte wurden auch ins Französische übersetzt. In den Augen Swetlanas war Julija Drunina eine »mittelmäßige Poetin«.

Nachdem Nikita Sergejewitsch Chruschtschow mit seiner 22 000-Worte-Rede die Größe des Mannes zerstört hatte, der 30 Jahre lang der große Steuermann, die »Sonne und der Schöpfer der Freude« gewesen war, schlug Julija ihrem Mann vor: »Lass uns Swetlana einladen. Frage sie, ob sie uns besuchen möchte. Sie muss im Augenblick durch die Hölle gehen, und es ist abzusehen, dass sich viele Menschen von ihr abwenden werden.«[199] Kapler rief Swetlana an, und sie kam seiner Einladung nach. Aleksej stellte die Frauen einander vor, und die drei wurden gute Freunde. In der Datscha, in der Enzo Biagi das Interview mit Kapler führte, stand als eine Erinnerung an diese Freundschaft ein Schaukelstuhl – ein Geschenk von Swetlana an Aleksej Kapler.

Interessant ist die Einschätzung Swetlanas durch Julija Drunina: »Sie war immer sehr zurückhaltend. Es war schwer, sie wirklich kennen zu lernen, und manche dachten, sie sei zu hochmütig. Wenn sie jemandem vorgestellt wurde, erwähnte niemand jemals ihren Vater. Manchmal kam es vor, dass jemand offen über Stalin sprach und ihn verdammte. Swetlana hörte zu, ohne etwas dagegen einzuwenden.«[200]

Etwa um 1962 ging auch das dritte Kapitel der Liebesgeschichte zwischen Aleksej und Swetlana zu Ende. Sie hatte ihm einen Brief geschrieben mit völlig ungerechten Angriffen gegen Julija und gegen ihn. Kapler reagierte darauf sehr verärgert und konsterniert. Er antwortete ihr, sie solle sich den ganzen Unsinn aus dem Kopf schlagen und sich schnellstens eine Arbeit suchen, gleich welcher Art.

Als 1967 Swetlanas Buch »Zwanzig Briefe an einen Freund« erschien, lebte Kapler in Moskau. Er hatte mehrere Auszüge aus diesen Aufzeichnungen gelesen und fand einiges von dem, was nun im Westen publiziert wurde, recht indiskret. Der in Deutschland angesiedelte amerikanische Sender »Swoboda« strahlte im Frühjahr 1969 eine Lesung aus Swetlanas Buch aus, das als ein Sensationsbericht über Stalin, seine Zeit und Swetlana selbst aufgenommen wurde. Die russische Schriftstellerin Larissa Wassiljewa saß neben Kapler und dessen Ehefrau Julija Drunina in einem Lokal, als ihm eine Dame sagte, dass Swetlana ihn, nach der Radiosendung zu schließen, nicht vergessen habe. Kapler reagierte wütend darauf: »Sie ist der Abschaum der Gesellschaft! Kleinbürgerin! Ich will nicht hören, was sie da erzählt! Alles, was sie sagt, ist Lüge!«[201] Kaplers heftige Reaktion mag erschrecken und ist dennoch verständlich. Die Schatten der Vergangenheit schienen ihn wieder einzuholen. Möglicherweise hatte er Angst, dass ihm Swetlanas Memoiren und deren jeweilige Aufbereitung erneut viel Kummer bescheren würden. Larissa Wassiljewa hatte die Sendung nicht gehört, aber sie wusste dennoch Bescheid. Man hatte ihr das Buch heimlich aus dem Ausland mitgebracht, und sie hatte es schon gelesen. So schätzt ein russischer Autor vom Format eines Edward Radzinskij Swetlanas Buch ein: »Ich liebe Swetlana, weil ihr Buch so wahnsinnig gut geschrieben ist. Das ist ein wirkliches Werk, dieses Werk an einen Freund.« Auf die Frage, wer seiner Meinung nach der »Freund« ist, an den sie die fiktiven Briefe schrieb, antwortete er: »Ich bin überzeugt, dass es für Kapler geschrieben wurde. Ein 16-jähriges Mädchen, dessen Liebe geht nie zu Ende. Und für so eine feurige Natur, die sie war, hat sie ihn nie vergessen.«[202]

Viele Jahre vergingen, bis Swetlana 1984 ihren Weg aus England zurückfand nach Moskau. Eines Tages klingelte sie an der Tür von Kaplers Wohnung. Seine Frau Julija öffnete, bat sie herein und brachte sie zu ihrem Mann. Dann ließ sie die beiden allein. Sie unterhielten sich zwei Stunden lang. Und Julija fragte ihren Mann nie, worüber er mit Swetlana gesprochen hatte.

6
Swetlanas Ehemänner in Russland

Ich kannte alle drei Ehemänner von Swetlana, und ich
muss sagen, es waren gute Männer. *

Grigorij Morosow

Nach Kaplers Verhaftung lehnte sich Swetlana nun offen gegen ihren
Vater auf. Im Frühjahr 1944 heiratete die 18-jährige Studentin den
Jurastudenten Grigorij Morosow, der wie Kapler jüdischer Abstam-
mung war. Gerade das machte Stalin besonders wütend. Sein späterer
Kommentar: »Du verstehst das nicht! Die gesamte ältere Generation
ist vom Zionismus infiziert, und sie unterrichten die Jugend…Sie
haben dir auch deinen ersten Mann vorgesetzt. Den haben dir die
Zionisten untergeschoben.«[203] Stalin mag in der Tat den Einfluss der
Zionisten gefürchtet haben, die er – fälschlich – auch im JAK (Jüdi-
sches Antifaschistisches Komitee) am Werk sah.

Swetlana hatte längst bemerkt, dass in den vergangenen Jahren
der Antisemitismus zur offiziellen Ideologie geworden war, wenn
man das auch auf jegliche Weise zu verschleiern suchte. Doch sie
wusste von der Universität, dass man bei der Aufnahme zum Studium
Russen den Vorzug gab, während für die Juden ein Numerus clausus
bestand. In ihren Augen war das »die Wiedergeburt des autoritären
Chauvinismus des zaristischen Russland, wo die Einstellung zu den
Juden eine Art Wasserscheide zwischen der liberalen Intelligenz und
der reaktionären Bürokratie gebildet hatte…Seit der Verbannung
Trotzkijs und der Liquidierung der alten Parteimitglieder in den Jahren der ›Säuberungen‹ (viele von diesen waren Juden) entstand der
Antisemitismus auf neuer Grundlage, und zwar vor allem in der Partei. Mein Vater unterstützte den Antisemitismus nicht nur, er selbst
hatte ihn aufgebracht. In der Sowjetunion, wo der Antisemitismus im

Kleinbürgertum und in der Bürokratie immer tief verwurzelt war, verbreitete er sich allseits mit der Schnelligkeit einer Seuche.«[204]

Swetlana und Grigorij Morosow hatten sich im Institut für Internationale Beziehungen an der Universität kennen gelernt und ineinander verliebt. Stalin schrieb das der Frühlingszeit zu, die das Blut der jungen Leute in Wallung brachte. Auf keinen Fall wollte Stalin den jungen Mann kennen lernen. Und tatsächlich hat er seinen unerwünschten Schwiegersohn nicht ein einziges Mal gesehen. Weil niemand von der Aversion Stalins gegen Morosow wusste, genoss dieser überall hohe Achtung. Der Rektor seines Instituts, ein General des diplomatischen Dienstes, lud ihn liebedienerisch zu Gesprächen über Außenpolitik ein, weil er hoffte, auf diese Weise etwas über Stalins Vorstellungen zu erfahren. Morosows Porträt wurde sogar im Institut für Internationale Beziehungen der Sowjetunion ausgehängt.

Der Vater wies seiner Tochter eine schöne Wohnung im Regierungshaus an der Serafimowitsch-Straße zu, gegenüber dem Kreml unmittelbar am Ufer der Moskwa. Für das junge Paar begannen fröhliche Tage. Als Swetlana ihrem Vater sagte, dass sie ihr erstes Kind erwarte, bot er ihr an, wegen der besseren Luft zusammen mit ihrem Mann einige Zeit in seiner Datscha Subalowo zu verbringen. Swetlana malte ein Porträt ihres Mannes Grigorij, und sie freuten sich auf das Kind.

Als am 9. Mai 1945 der Rundfunk das Ende des schrecklichen Vaterländischen Krieges meldete, rief Swetlana ihren Vater an, um ihm zum Sieg zu gratulieren. Swetlana und ihr Mann luden alle ihre Bekannten ein, sie tranken Champagner und feierten den Beginn einer neuen Zeit. Ganz Moskau war in einem Siegestaumel, die Menschen tanzten fröhlich auf den Straßen und waren dankbar, dass endlich Friede im Land einkehrte. Im Mai kam Swetlanas erstes Kind zur Welt, ein Sohn, der den Namen Jossif oder Josef erhielt, aus dem der Kosename Osja (auch Oska) wurde. Erst drei Monate später sah Swetlana ihren Vater wieder, der damals gerade von der Potsdamer Konferenz zurückgekommen war. Sie teilte ihm das Ereignis der Geburt seines Enkels mit, doch er zeigte kaum Interesse, denn er stand völlig unter dem Eindruck der politischen Geschehnisse: des Abwurfes der ersten Atombombe auf Japan.

Nach der Geburt ihres Kindes nahm Swetlana wieder ihr Studium in Moskau auf. Sie hatte noch ein letztes Semester vor sich. Der kleine Bab lebte mit seiner eigenen und Swetlanas alter Kinderfrau auf der Datscha Subalowo, was der Großvater erlaubt hatte.

Wie aus dem folgenden Brief zu schließen ist, herrschte zwischen Tochter und Vater für einige Zeit Funkstille. Umso größer war die Freude, als der Vater ihr wieder schrieb. Sofort antwortete sie ihm:

»1. Dezember 1945
Ich grüße dich, mein lieber Papi!

Ich habe mich noch nie so gefreut wie an dem Tag, an dem ich deinen Brief und die Mandarinen erhielt. Du hast Recht, ich bin jetzt wirklich kein ›Küken‹ mehr, sondern bereits ›flügge‹. Selbst mein Söhnchen hat von dem Apfelsinensaft gekostet, doch vorläufig hat er noch eine Vorliebe für Brei.

Ich bin froh, dass du gesund bist und dich gut erholst. Aber die Moskauer, die deine Abwesenheit nicht gewohnt sind, haben angefangen, Gerüchte in die Welt zu setzen, dass du ernsthaft krank bist und von Spezialisten behandelt wirst. Man bekommt unwillkürlich Angst und denkt, dass da vielleicht doch etwas Wahres dran ist, denn deine ›treuen Wächter‹ sagen mir überhaupt nichts und machen aus allem ein Geheimnis…

Papa, gib mir eine ›Orientierung‹ – was geschieht in Europa? Ich verstehe überhaupt nichts mehr, alle fallen über uns her.

Ich wünsche mir, dass du bald nach Moskau kommst.

Vielleicht schreibst du mir noch so einen lieben Brief, mein lieber Papa?

Ich küsse dich, mein lieber Papi.

Deine Setanka.«[205]

In ihrem Brief vom 12. Oktober 1947, in dem sich Swetlana bei ihrem Vater für ein Paket mit Mandarinen bedankte, schrieb sie: »Ich schicke dir (obwohl du nicht danach gefragt hast) ein Bild meines Söhnchens – überlege mal, wem er ähnlich sieht.«[206]

Als der Kleine drei Jahre alt war, kam es zu einer ersten »Begegnung« zwischen dem Großvater und dem Enkel. Swetlana war völlig verunsichert, wie ihr Vater auf dieses »reizende, echt südländische Kind, halb Jude, halb Georgier, mit großen, strahlenden semitischen Augen und langen Wimpern reagieren würde«. Der Großvater folgte der Logik des Herzens und zerfloss vor Rührung, als er seinen Enkel im Arm hielt. Stalin war zufrieden mit Swetlanas »hübschem Kerl mit dem schönen Gesicht«. Der Enkel sah seinen Großvater nur noch zwei Mal, das letzte Mal vier Monate vor dessen Tod. Osja war damals sieben Jahre alt und ging schon zur Schule. Stalin war begeistert von den »nachdenklichen Augen« seines Enkels und nannte ihn »ein kluges Kerlchen!«[207]. Swetlana war für diese Zusammenkunft, die auch dem Sohn in Erinnerung blieb, recht dankbar. Der heranwachsende Sohn stellte sich eine Porträtfotografie seines Großvaters auf seinen Schreibtisch.

Als Osja gerade zwei Jahre alt war, hatten sich die Eltern getrennt. Als Zehnjähriger wollte er unbedingt wissen, warum diese Scheidung seiner Eltern hatte sein müssen. Die Mutter antwortete lapidar: »Aus persönlichen Gründen.« Auch für den erwachsenen Sohn war es schwer, eine Erklärung für die immer noch oft diskutierte Scheidung zu finden. Die Gerüchteküche brodelte. Angeblich soll Morosow eines Tages nach Hause gekommen sein und einen Polizisten vor seiner Haustür angetroffen haben, der ihm bedeutete, dass er dort nicht mehr erwünscht sei. Er dürfe auch nicht versuchen, seine Frau telefonisch zu erreichen, die Nummer sei sowieso nicht mehr gültig. Den eigentlichen Grund der Trennung nennt Swetlana in ihren Büchern nicht. Wie immer sie sich auch abgespielt hat, Swetlana hatte sich aus dieser Ehe befreit, was wiederum fast zu einer Aussöhnung zwischen Tochter und Vater führte.

Diese drei Ehejahre aber waren für sie eine sehr wichtige Erfahrung. Zum ersten Mal hatte sie außerhalb des furchterregenden Schattens ihres Vaters leben können. Jetzt hatte sie eigene Freunde, junge Intellektuelle und Studenten. Viele dieser damaligen Freunde sind Swetlana über Jahre erhalten geblieben. Sie war damals glücklich, trotz ihrer Herkunft zu ihnen zu gehören.

Die Trennung von Swetlana hatte für Grigorij Morosow allerdings erhebliche berufliche Probleme zur Folge. Er wurde sofort aus dem Regierungshaus ausgewiesen. Stalin ließ ihn aus allen Stellen jagen, seinen Vater sogar liquidieren. Immerhin hatte der Diktator zum Erzeuger seines Enkels ein beinahe zärtliches Verhältnis entwickelt, sodass er ihn wenigstens nicht umbringen ließ.

Nikita Chruschtschow nannte Morosow einen »guten, aufrechten Sowjetbürger«[208]. Er behauptete, Stalin habe seine Tochter gezwungen, Morosow wegen seiner jüdischen Abstammung aufzugeben, was nicht der Wahrheit entspricht. Über Morosow habe er gehört, dass er promoviert hätte und als Dozent für Wirtschaftswissenschaften tätig war. Swetlana gab viele Jahre später in einem Interview in den USA zu, dass der Vater ihres Sohnes »Scherereien« hatte. »Er hat die Diplomatenschule beendet, aber als er Ende der fünfziger Jahre einen Posten im Ausland bekommen sollte, ging es nicht – wegen des früheren Schwiegervaters. Er protestierte, das sei doch eine Ewigkeit her, und im Übrigen habe er mit Stalin nie ein Wort gewechselt. Es half nichts. Nach Chruschtschows Sturz wäre es dann gegangen, er stand schon auf der Liste der Begleitpersonen Kossygins bei einer seiner Auslandreisen, aber da war ich gerade aus der UDSSR geflohen, und es wurde wieder nichts!«[209] Morosow war dann im Jahr 1984 – bei Swetlanas kurzzeitiger Rückkehr nach Moskau – Abteilungsleiter am Institut für Weltwirtschaft und Internationale Beziehungen (INEMO) und veröffentlichte ab und zu linientreue Artikel. Zu Swetlanas großer Freude stand er damals am Flughafen in Moskau, um sie abzuholen.

Nach der Trennung von ihrem ersten Ehemann lud der Vater nach langer Zeit im Sommer 1947 seine Tochter ein, drei Wochen im August mit ihm in Sotschi – am »Kalten Flüsschen« – zu verbringen. »Das war angenehm und traurig zugleich und dabei unendlich mühsam … Es fiel uns schwer, miteinander zu leben. So merkwürdig es klingt, wir wussten nicht, worüber wir reden sollten … Ich hatte das Gefühl, als stünde ich am Fuß eines hohen Berges, während Vater sich oben auf dem Gipfel befand.

Ich musste sozusagen hinaufschreien, mit aller Anstrengung – aber nur einzelne Worte flogen bis zu ihm hinauf. Auf diese Weise kann man nicht alles sagen, was man möchte, vieles bleibt ungesagt.«[210]

Dem sichtlich gealterten Vater las sie aus Zeitungen und Zeitschriften vor, und am Abend sahen sie sich alte Vorkriegsfilme an, zum Beispiel »Wolga-Wolga« oder Charlie-Chaplin-Filme. An den üblichen Tagesablauf ihres Vater konnte sich die Tochter nie gewöhnen. Er stand gegen Mittag auf, frühstückte gegen 15.00 Uhr nachmittags, und erst am Abend um 22.00 Uhr traf man sich zur Hauptmahlzeit. Swetlana fühlte sich überhaupt nicht wohl bei den drei bis vier Stunden dauernden Essen, an denen Berija, Malenkow und Bulganin (um nur einige der Genossen zu nennen) teilnahmen. Sie war froh, nach drei Wochen wieder nach Moskau zurückkehren zu können.

Im Jahr darauf, 1948, wünschte sich Stalin, der mit zunehmendem Alter unter seiner Einsamkeit litt, dass Swetlana wieder mit ihm an das »Kalte Flüsschen« reisen sollte. Doch Swetlana wollte den Sommer mit ihrem Sohn in Subalowo verbringen. Um den gekränkten Vater aufzumuntern, entschloss sie sich, ihn im November zu besuchen. Es war nicht erfreulich, was sich die Tochter von ihm bei Tisch vor allen anderen anhören musste. Er schimpfte, dass aus ihr nichts Rechtes geworden sei. Sie schwieg zu den Vorwürfen. Es wäre sinnlos gewesen, sich zu verteidigen.

Jurij Andrejewitsch Schdanow

Ihre zweite Ehe ging Swetlana nicht nur mit väterlicher Billigung, sondern sogar auf dessen ausdrücklichen Wunsch ein. Stalin war froh, dass seine Tochter endlich begriffen hatte, wozu Opportunismus wichtig ist, nämlich für die Politik.

Jurij Andrejewitsch Schdanow war der Sohn des 1948 verstorbenen Andrej Aleksandrowitsch Schdanow[211], Stalins berüchtigtem Stellvertreter. Stalin schätzte Andrej Schdanow sehr und achtete auch dessen Sohn. Sein Wunsch war, dass die beiden Familien sich verwandtschaftlich verbinden möchten. Selbst wenn ihr Vater viel von Andrej Schdanow gehalten hatte, so hatte Jurij doch zu Hause unter der Fuchtel seiner Schwestern und seiner Mutter gestanden. Nach Stalin war es ein Haus, in dem »zu viel Weiber« das Regiment führten. Alles drehte sich um den einzigen Sohn Jurij.

Auch merkte Stalin, dass seine 23-jährige Tochter jetzt im Frühjahr 1949 aus reiner Bequemlichkeit Jurij Andrejewitsch Schdanow heiratete, einen Mann, der sechs Jahre älter war als sie und den sie weder liebte noch anziehend fand. Für Swetlana war es eine reine Vernunftehe. Sie fühlte sich besonders in den Jahren 1947 und 1948 sehr einsam, allein mit ihrem Sohn und ihrer alten Kinderfrau. Aus jener Zeit stammt folgender Brief:

»Moskau, 2. 11. 1948
Ich grüße dich, mein lieber Papi!

Ich möchte dir schnell meine interessanten Neuigkeiten erzählen: Wie alle Studenten des 5. Semesters habe ich an einer Zehnklassenschule Geschichtsunterricht gegeben. Zu meiner Freude war ich mit meinen Stunden für eine zehnte Klasse in der Schule eingeteilt, in die ich selbst gegangen bin. Das war sehr erfreulich, denn alle meine früheren Lehrer haben mir den Daumen gedrückt.

Die Themen meiner Stunden waren: 1. ›Die nationale Befreiungsbewegung der Völker Russlands nach dem Sturz der Selbstherrschaft (1917)‹ und 2. ›Die Juli-Krise und der VI. Parteitag der SDAPR‹.

Ich musste zu dem Thema der Stunde neuen Stoff bieten und Fragen stellen. Natürlich gab es Mängel, doch insgesamt wurden meine Stunden als gut bewertet.

Papi, Wassja und ich möchten wie im vergangenen Jahr zu den Feiertagen wieder gern zu dir kommen. Wir könnten am 8. hier abfliegen, weil Wassja am 7. an der Flugparade auf dem Roten Platz teilnimmt. Wir bitten dich sehr darum, dass wir für drei bis vier Tage kommen können. Wenn es möglich ist, dann soll Wlassik uns telefonisch Bescheid sagen.

Ich küsse dich herzlich, lieber Papi, und hoffe, dich bald zu sehen. Deine Swetlana.«[212]

Die Schdanows waren die einzige Familie, die in Swetlanas Augen ein fröhliches Leben führte und stets ein gastliches Haus hatte. Swetlana stellte sich vor, dass sie dort gut aufgehoben wäre. Doch das bewahrheitete sich nicht. Viele Jahre später urteilte Swetlana, dass sie in diesem Haus viel an Beschränktheit, Dogmatismus und Fanatismus erlebt hätte.

Stalin bot seiner Tochter nach der Heirat mit Jurij Schdanow sogar eine Wohnung in seiner umgebauten Datscha in Kunzewo[213] an. Doch sie zog lieber mit ihrem Sohn zur Familie ihres Mannes. Chruschtschows Kommentar zum zweiten Ehemann der Swetlana: »Er ist ein kluger, gebildeter und verständiger Bursche. Stalin mochte ihn auch, aber Swetlana mochte ihn nicht.«[214] Da hat Chruschtschow sich getäuscht, denn bei einem Telefongespräch der Autorin mit Jurij Schdanow im Oktober 2003 stellte sich heraus, dass diese Ehe am Ende einer seit langer Zeit bestehenden Freundschaft stand und beide den Wunsch hatten, zu heiraten. Gegenseitige Zuneigung war durchaus vorhanden.[215]

Es war wieder einmal Frühling, als die Vermählung von Swetlana und Jurij stattfand. Sie hatten sich ein wirklich großes Fest mit russischem Pomp und vielen Gästen gewünscht. Swetlana trug ein wunderschönes Brautkleid mit einer zehn Meter langen Schleppe aus silbern glänzendem Stoff. Die gesamte vornehme Moskauer Gesellschaft war der Einladung zur Hochzeit gefolgt. Die Herren kamen mit ordengeschmückter Brust, ihre – meist korpulenten – Damen in schwarz-silbernen Roben. Einer der mehr als zahlreich erschienenen Reporter erfuhr, dass das Hochzeitsmahl auf goldenen Tellern serviert wurde, die einst Zarin Katharina II. gehört hatten. Ein Orchester und das Bolschoi-Ballett verschönerten die stilvolle Feier. Stalin brachte mit Krim-Sekt Toasts auf die Zukunft des jungen Paares aus. Zu einem teuren Geschenk hatte er sich allerdings nicht durchringen können.

Am 21. Dezember 1949 feierte nicht nur die Familie, sondern Kommunisten in der ganzen Welt Stalins 70. Geburtstag in einem wahren Delirium. Nach 32 Jahren ununterbrochenen Kämpfen konnte der

Diktator zufrieden sein. Das kommunistische System war fest etabliert und erhielt die Unterstützung des Riesenreiches China unter Mao Zedong. Die marxistisch-leninistische Ideologie hatte Stalin in eine unvergleichliche Macht umgesetzt. Der Diktator bereitete sich ruhig auf den Endkampf zwischen Kommunismus und Kapitalismus (oder Imperialismus) vor. Er hielt den Endsieg und damit die Herrschaft des Kommunismus über die Welt für sicher. »Auf keinen anderen Führer und Herrscher sind seit Menschengedenken derartige Elogen in allen Sprachen der Welt verfasst worden wie auf Jossif Wissarionowitsch Stalin zu seinem 70. Geburtstag im Dezember 1949«, schreibt Koenen.[216]

Weniger hoffnungsvoll ließ sich die junge Ehe an. Swetlana erstickte fast in der eigenartigen Mischung aus äußerlicher, offizieller und heuchlerischer »Parteigemäßheit«, die sich am schrecklichsten bei ihrer Schwiegermutter Sinaida Aleksandrowna zeigte.

Ihren Ehemann sah Swetlana selten zu Hause, da er, wie damals üblich, erst gegen Mitternacht von der Arbeit heimkam. Außerdem litt der einstige »Liebling der Jugend« schwer unter seiner Arbeit beim ZK. Wenn er allerdings daheim war, fügte er sich in das gewohnte Familienleben ein, das seine Mutter, die von ihm »weise Eule« genannt wurde, völlig beherrschte.

Die Schwiegermutter mischte sich auch ständig in die Erziehung des kleinen Osja ein. Swetlana bat darum, ihre eigene frühere Kinderfrau zu sich nehmen zu dürfen, doch das »ungebildete alte Weib« war unerwünscht. Swetlana brach es fast das Herz, dass ihre Kinderfrau in Subalowo bleiben musste. Einige Male begegnete ihr Swetlana dann doch, und Osja warf sich der »Babusja« an den Hals und war glücklich.

»Ich war vier«, erzählte Josef Morosow später einem Reporter, »als meine Mutter Jurij Schdanow heiratete. Ich nannte ihn Papa, da ich meinen eigenen Vater nie mehr sah. Jurij liebte mich; er lebt jetzt in Rostow am Don und ist Rektor der Universität. Immer wenn er nach Moskau kommt, dann sehen wir uns.«[217]

Im Jahr 1950 war Swetlana wieder schwanger, doch trübte eine Nierenerkrankung die Zeit der Erwartung. So musste sie sechs Wochen im Krankenhaus zubringen, bis dann die winzige, schwächliche Tochter Katja als Frühgeburt zur Welt kam.

Als einen glücklichen Umstand empfand es Swetlana, dass in der Klinik Swetlana Molotowa, die elegante und »absolute Sowjetprinzessin«[218], neben ihr lag. Auch sie hatte ein Mädchen zur Welt gebracht, und zwei Tage nach der Entbindung kam ihr Vater Wjatscheslaw Michajlowitsch sie besuchen, wie das eben von Großeltern zu erwarten ist. Swetlana wartete vergeblich auf den Besuch ihres Vaters. Unglücklich wie sie war, blieb ihr nichts anderes übrig, als ihm einen Brief zu schicken. Sie schrieb sich ihren Kummer von der Seele und klagte, wie schlecht es ihr ginge. Was sie nicht zu hoffen wagte: Der Vater beantwortete ihren Brief sofort.

»Ich grüße dich, Swetotschka!
Ich habe deinen Brief bekommen. Ich bin sehr froh, dass du dich so leicht losmachen kannst. Die Nieren sind eine ernste Sache. Dazu noch die Entbindung…Woher willst du denn wissen, dass ich dich ganz aufgegeben habe? Das musst du wohl geträumt haben. Aber glaube den Träumen nicht! Sei vorsichtig, behüte das Kind: Der Staat braucht Menschen, auch solche, die vorzeitig geboren sind. Hab noch ein wenig Geduld, bald werden wir uns wiedersehen. Ich küsse meine Swetotschka. Dein Papi. 10. Mai 1950«[219]

Vom Vater zu hören freute sie wirklich, über die Vorstellung, dass ihre kleine Katja, die noch zwischen Leben und Tod schwebte, bereits »für den Staat nötig sei«, war sie allerdings weniger erfreut.

Das Land brauchte offensichtlich nicht nur Männer, sondern auch Frauen. Im Mai 1936 war ein neues Familiengesetz in Kraft getreten, mit dem zwei Ziele verfolgt wurden: sowohl die Bevölkerungszunahme als auch die Stabilisierung der Familie als Institution und Garant einer stabilen Ordnung.

Am 27. April 1936 war in der Zeitschrift »Rabotniza« (Arbeit) ein von Stalin selbst verfasster Artikel erschienen, in dem es heißt: »Wir brauchen Männer. Abtreibung, die Leben zerstört, können wir in unserem Land nicht dulden. Die sowjetische Frau hat die gleichen

Rechte wie der Mann, aber das befreit sie nicht von der großen und ehrenvollen Pflicht, die ihr die Natur gegeben hat: Sie ist Mutter, sie bringt Leben hervor. Und das ist keine private Angelegenheit, sondern eine von großer sozialer Bedeutung.«[220] Eine Abtreibung wurde aber auch »angesichts des Wachstums des Wohlstands der Volksmassen« verboten, ebenso der Verkauf von Verhütungsmitteln.[221] Im Sommer 1944 wurde dieses Familiengesetz jedoch bereits wieder durch ein neues Edikt aus der Feder Nikita Chruschtschows abgelöst. Der Erlass erhöhte die Zahlungen im »Mutterhilfegesetz« und führte – ähnlich wie in Hitler-Deutschland – Orden für eine reiche Nachkommenschaft ein.

Der 72-jährige Stalin und seine Tochter sahen sich erst im Sommer 1951 in Borschom[222] in Georgien wieder, wo sie zwei Wochen miteinander verbrachten. Die Erholung hatte Swetlana wirklich nötig. Sie wusste nach der Geburt des Kindes nicht, wie es weitergehen sollte. Von ihrem Mann fühlte sie sich allein gelassen, und sie wollte nicht mehr in das Haus ihrer Schwiegermutter zurück. Es wurde ihr auch immer klarer, dass ihre zweite Ehe nicht mehr von langer Dauer sein würde. Eleonora, die Ehefrau von Stepan Mikojan, erinnert sich, dass Swetlana damals erklärte, sie wolle nach einer Scheidung von Schdanow zurück zum Vater, was sie auch begründete: »Ich kann noch viele Männer haben, aber Papa habe ich nur den einen.«[223]

Erhalten blieb folgender Brief vom 10. Februar 1952:

»Lieber Papa!
Ich möchte dich sehr gern wiedersehen, um dir zu schildern, wie ich gegenwärtig lebe. Ich möchte dir alles selbst gern unter vier Augen erzählen. Ich habe bereits mehrfach Anlauf dazu genommen, wollte mich aber nicht aufdrängen, weil es dir gesundheitlich nicht gut ging und du auch sehr beschäftigt warst.

Ich bin sehr zufrieden mit den Lehrveranstaltungen in der Akademie … Das ist für mich sehr wichtig, weil mir die Beschäftigung mit diesem geliebten und interessanten Gebiet über mein ganzes häusliches Dilemma hinweghilft.

Jurij Andrejewitsch Schdanow und ich haben noch vor Jahresbeginn beschlossen, uns endgültig zu trennen. Das war eine ganz logische Folge, nachdem wir uns fast ein halbes Jahr nichts mehr zu sagen hatten. Er hat mir nicht nur durch Worte, sondern auch durch Taten zu verstehen gegeben, dass ich ihm nichts bedeute und er mich nicht braucht, und hat zum zweiten Mal von mir verlangt, dass ich ihm die Tochter lasse. Nein, ich habe es satt mit diesem trockenen Professor, diesem herzlosen ›Gelehrten‹. Soll er sich in seine Bücher vergraben, er braucht keine Familie und keine Frau, die ersetzen ihm seine zahlreichen Verwandten voll und ganz.

Kurz gesagt, ich bereue nicht, dass wir uns getrennt haben, mir tut es nur Leid, dass ich meine echten Gefühle ihm, dieser Eiswand, umsonst entgegengebracht habe.

Hieraus ergeben sich einige rein materielle Fragen, über die ich mich mit dir beraten möchte, weil ich sonst von keiner Seite mehr Hilfe zu erwarten habe (auf die Großmut von Jurij Andrejewitsch möchte ich nicht angewiesen sein). Ich habe immerhin zwei Kinder, mein Söhnchen kommt im Herbst bereits in die Schule, außerdem lebt noch meine alte Kinderfrau bei mir (sie ist jetzt in Rente).

Um Geld allein geht es nicht. Ich habe noch genug von dem, was du mir geschickt hast.

Über die verschiedenen anderen Dinge, die sich hier abgespielt haben, werde ich dir auch erzählen. Sie sind aber nicht so wichtig.

Also, Papi, ich hoffe sehr, dich wiederzusehen, und du sei bitte nicht böse auf mich, dass ich dir von den Sachen post factum berichte, über die du sowieso schon informiert bist.

Ich küsse dich von ganzem Herzen.

Deine sorgenvolle Tochter.«[224]

Der Vater kam ihr erneut zur Hilfe. Er willigte ein, dass sie die Schdanow-Familie verließ, und wies ihr eine Wohnung in der Stadt zu – im Kreml sollte sie allerdings nicht wohnen. Dazu stellte er einige Bedingungen. Wenn sie schon ein selbstständiges Leben führen wolle, dann stehe ihr weder ein Dienstwagen noch die Benützung eines staatlichen Landhauses zu. Er wünschte, dass sie den Führerschein erwarb und sich einen eigenen Wagen kaufte. Und das war alles nur möglich geworden, weil ab etwa 1947 der Vater seine Tochter finanziell kräftig unterstützte. Sie hatte sich für die Aspirantur[225] an der Akademie für Gesellschaftswissenschaften vorbereitet, wofür sie ein recht ordentliches Stipendium bekam. »Du lebst wohl wie eine Schmarotzerin, bei gedecktem Tisch?«, fragte sie der Vater. Doch als Swetlana ihm sagte, dass ihr »gedeckter Tisch« in der Mensa stehe, wurde er wieder friedlich.

Fünfzig Jahre nach Stalins Tod gab Jurij Schdanow, damals 83 Jahre alt, in einem Interview folgende Anekdote zum Besten: »Stalin konnte ein stolzer Mann sein. Ich erinnere mich, wie wir eines Tages zu Tisch saßen: Stalin, Lawrentij Berija, Stalins Sohn Wassilij und Swetlana. Wassilij stand auf und verneigte sich. Stalin sagte sofort: ›Es ist nicht nötig, sich zu verneigen. Das haben uns die Alten gelehrt.‹«[226] Stalin habe ihm einmal erklärt, dass Russland 50 bis 100 Jahre hinter anderen Ländern herhinke und diesen Rückstand in zehn Jahren aufholen müsse. Dem damals Chemie studierenden Jurij gab er den Hinweis, er sollte sich an der Universität nicht zu sehr politisch engagieren. Politik sei ein schmutziges Geschäft. Russland brauche Chemiker.

Wenn Swetlana hin und wieder das Geld nicht reichte, nahm sie »Anleihen« bei ihren »reichen« Kinderfrauen auf, die eine geregelte Entlohnung erhielten. Da ihrem Vater jeder Begriff für Geld fehlte und er überhaupt nicht wusste, was die Dinge kosteten, waren seine Zuwendungen an die Tochter von höchst unterschiedlicher Höhe. Sein eigenes Gehalt wurde ihm jeden Monat in Notenbündeln auf den Tisch gelegt. Da kam es schon vor, dass er seiner Tochter ein Bündel davon in die Hand drückte, meistens mit dem Zusatz, sie solle auch für ihre Nichte, Jakows Töchterchen, etwas abgeben. Stalin selbst brauchte kein Geld. Für ihn sorgte der Staat. Doch wo letztendlich das viele Geld des Vaters blieb, darüber lohnte es sich nicht zu rätseln.

Swetlanas Tochter Katja hat ihren Großvater nur ein einziges Mal gesehen, und zwar am 20. Todestag ihrer Großmutter Nadjeschda, in Subalowo. Katja war »damals zwei und ein halbes Jahr alt, ein bezauberndes, rotbäckiges Knöspchen mit großen dunklen Kirschenaugen«, beschrieb ihre Mutter sie liebevoll.[227] Der Großvater lachte laut auf, als er sie sah, und er bemühte sich den ganzen Abend um sie. Swetlana war der Meinung, dass er zu Katja eine ganz besondere Beziehung gehabt habe, da er doch ihren Vater und die ganze Familie Schdanow so gerne hatte.

Diesem Besuch war ein Brief Swetlanas an ihren Vater vorausgegangen. Sie fragte am 28. Oktober 1952, ob er ihr erlauben würde, zwei der Novemberfeiertage, den 8. und 9. November, bei ihm in Blischnjaja[228] verbringen zu dürfen. Swetlanas Wunsch war also in Erfüllung gegangen. Das war das erste und einzige Mal, dass Swetlana mit ihren beiden Kindern bei ihrem Vater war, der sich sehr zufrieden zeigte. Sie selbst hat von diesem Ereignis noch lange gezehrt und sich an den Abend immer wieder erinnert, auch zusammen mit ihren Kindern. Sie saßen beieinander am Tisch, auf dem frisches Gemüse, Obst, Nüsse und dergleichen standen. Den Kindern schmeckten die Früchte, und das bereitete dem Großvater sichtlich Vergnügen. Der gute, extra für ihn besorgte georgische Landwein durfte nicht fehlen, der auch den Kindern gereicht wurde, was Swetlana gar nicht mochte. Osja und Katja verstanden sich gut mit dem Großvater, und Swetlana bedauerte, dass ein geregeltes Familienleben überhaupt nicht mehr möglich war. Stalin hatte sich schon zu sehr an ein Leben in der Einsamkeit gewöhnt.

Die zierliche Katja wuchs zu einem fröhlichen Mädchen heran, wenngleich ihre Mutter meinte, sie sei offenbar durch ein Missverständnis als Mädchen zur Welt gekommen, Gott hätte aus ihr und ihrer Freundin Zwillingsbrüder machen sollen. Katja kletterte auf Bäume, kein Zaun war ihr zu hoch; sie fuhr mit dem Fahrrad, ging baden im Flüsschen, schlief nachts im Zelt neben der Datscha, spielte Basketball und war von Hunden und Katzen umgeben. Swetlana hat sich damals wohl nicht mehr an ihre eigene Kindheit in Subalowo erinnert. Denn im September 1934 hatte sie dem Vater geschrieben, dass sie sich dort den ganzen Tag im Wald herumgetrieben habe.

Ihren Sohn nannte Swetlana einen hübschen, zärtlichen und sanften Jungen. Dieser sagte später: »Die Geburt meiner Schwester machte mich unglücklich. So ging es mir immer, wenn wieder jemand Neues in die Familie kam. Dann lebte ich bis zu meinem siebten Lebensjahr ganz allein mit meiner Kinderfrau in der Datscha. Ich hatte keine Freunde, war immer allein und spielte mit meiner Kinderfrau. Meine Mutter hatte ihre eigenen Sorgen.«[229] Die Sehnsucht nach seiner Mutter ist aus diesem Bekenntnis sehr deutlich zu spüren, obwohl diese meinte, er sei in Subalowo unter ihren »traditionellen Fittichen« und unter der Aufsicht zweier zärtlicher alter Frauen aufgewachsen.

Iwan Aleksandrowitsch Swanidse

Swetlanas Nichte Galja, die als eine recht kritische Frau angesehen werden kann, behauptete in einem 1967 gegebenen Interview, dass ihre Tante Swetlana »vor ein paar Jahren« Iwan Aleksandrowitsch Swanidse geheiratet habe. Die Romanze habe sich vor ihren Augen entwickelt.

Iwan Aleksandrowitsch Swanidse war der Sohn von Onkel Aljoscha (Aleksander Semjonowitsch Swanidse) – den Stalin erschießen ließ – und Tante Marusja (Maria Anissimowna). Seine Eltern gaben ihm den eigenartigen Namen Dschonrid. Er sollte sie immer an die Oktoberrevolution erinnern und besonders an John Reed, den Sohn eines US-Senators, der während des Ersten Weltkrieges Korrespondent einer amerikanischen Zeitung und 1917/18 in Petrograd war. Dieser Mann schilderte in seinem Buch »Zehn Tage, die die Welt erschütterten« seine Erlebnisse während der Oktoberrevolution.

Als Kinder spielten Iwan und Swetlana zusammen, dann trennte sie die »Politik«. Nachdem sein Vater umgebracht worden und seine Mutter aus Gram darüber gestorben war, war der Junge allein. Niemand aus der Verwandtschaft kümmerte sich um ihn. Doch seine Kinderfrau ließ ihn nicht im Stich. Um das Kind durchzubringen, arbeitete sie in einer Fabrik. Dass die Tragödie seiner Eltern nicht spurlos an ihm vorübergegangen war, zeigte sich in seinem schwierigen Charakter, und als er größer wurde, kam er mit der Polizei in

Konflikt. Iwan wurde einige Zeit eingesperrt, studierte anschließend und dachte sicher nicht mehr an Swetlana. Dann traf ihn Swetlana wieder in Moskau, als er dort seine Doktorarbeit abschließen wollte. Swetlana fand ihn sehr gut aussehend. Und es dauerte nicht lange, da spazierten sie als verliebtes Ehepaar durch Moskau. Sie lebten eineinhalb Jahre zusammen, dann trennten sie sich; sie kamen einfach nicht miteinander zurecht. Iwan litt sehr unter der Trennung von Swetlana. Sie dagegen schien nicht unglücklich. Es stellte sich indes heraus, dass die »Auflösung der Ehe« nicht leicht zu bewerkstelligen war. Iwan und Swetlana kamen immer wieder ins Haus von Galja und stritten sich dort lautstark über die bei der Scheidung anzugebenden Trennungsgründe.

Diese dritte Ehe der Stalin-Tochter kann auch die bedeutende Musikwissenschaftlerin Eleonora Mikojan bestätigen. Diese stand Swetlana als Freundin sehr nahe und ist ihr bis heute wohlgesonnen. Sie erinnert sich, dass sie öfter mit Dschonrid auf der Krim zusammengetroffen ist, wo auch Swetlana Urlaub machte. Eines Tages, das Jahr weiß Eleonora nicht mehr genau, kehrte eine sehr beschwingte Swetlana zu Eleonora nach Moskau zurück. Sie hielt ihre Hände so merkwürdig versteckt hinter ihrem Rücken. Schließlich sagte sie: »Kätzchen, du hast mich lange nicht gesehen. Ich habe eine Neuigkeit für dich«, und streckte Eleonora ihren Pass entgegen. Darin war zu lesen, dass Swetlana wieder verheiratet war, und zwar mit Dschonrid.[230]

Dass die Ehe nur von kurzer Dauer war, könnte damit zusammenhängen, dass das Ehepaar sich nicht auf einen gemeinsamen Wohnsitz einigen konnte. Er lebte in einer Wohnung ziemlich weit weg vom Zentrum, sie wollte, dass er zu ihr in das »Haus am Ufer« zog. Das wollte er wiederum nicht. Swetlana scheint Iwan dann völlig aus ihrer Erinnerung ausgeblendet zu haben. In allen ihren Aufzeichnungen erwähnte sie ihn nie als ihren Ehemann.

Der amerikanische Journalist Henry Shapiro, der als erster Josef Morosow interviewte, hörte von ihm: »Es stimmt, dass meine Mutter neben ihren legalen Ehemännern andere Männer kannte, und ich weiß, dass sie offen darüber spricht.«[231]

Swetlana nennt in ihren Büchern keinen ihrer zahlreichen Freunde. »Anders, als die meisten es wissen«, erzählte Tatjana Tess, »gab es einen Wissenschaftler und einen jungen Mann, deren Namen ich nicht nennen möchte. Die Kinder sahen sie kommen und gehen, denn Swetlana brachte sie mit nach Hause.«

Die Reihe ihrer (falschen) Ehemänner wurde im Laufe der Zeit immer länger: Die »Stuttgarter Zeitung« meinte, Swetlana Allilujewa sei mit dem Sohn des hingerichteten Gewerkschaftsführers Tomskij verheiratet gewesen, »Kristall« sah sie am 18. März 1942 mit dem Architekten Kobelew auf dem Moskauer Standesamt vereint, andere »Kenner« wussten von einem Ehebund mit dem Kautschukforscher Karanowitsch zu berichten. Im Juni 1951 begeisterte sich die Weltpresse an der Nachricht einer angeblichen Hochzeit Swetlanas mit dem Sowjetobersten Michail Kaganowitsch. Nach einer Meldung der »Münchner Illustrierten« »dauerten die Feierlichkeiten neun Tage«, im Urteil der »Kölnischen Rundschau« kostete die »Prunkhochzeit Swetlanas etwa zwei Millionen Goldrubel«. Sie stellte die »Hochzeiten der persischen und ägyptischen Höfe in den Schatten«, kommentierte der »Sunday Express« in London.[232] Swetlana selbst schrieb in ihrem zweiten Buch »Das erste Jahr«, dass sie zu ihrer großen Verwunderung aus der deutschen Zeitschrift »Stern« erfuhr, sie habe sich mit einem Sohn Kaganowitschs verheiratet. »Erstaunlich«, meinte sie, »denn es gab gar keinen Sohn Kaganowitsch«; mit der Kaganowitsch-Tochter war sie eng befreundet. Der Junge, den die Kaganowitschs adoptiert hatten und in ihrer Familie aufzogen, war zehn Jahre jünger als Swetlana.[233]

7 Swetlana und ihre Beziehung zu Sergo Berija

Du wolltest mich ja nicht haben! Stimmt's?*

Eine langjährige Freundschaft

Swetlana erinnerte sich gern an die fröhlichen Aufenthalte in der Datscha in Subalowo, weniger gern jedoch an die Zeiten in dem finsteren Haus, das der Vater in Kunzewo nach dem Tod ihrer Mutter bezogen hatte. Viele Familienmitglieder wollten damals die neue Datscha besichtigen. Sie brachten ihre Kinder mit, die sich balgten, lärmten und lustig waren. Stalin konnte das gut ertragen, und es lenkte ihn etwas ab. Swetlana erinnerte sich aber auch, dass schon in jener Zeit in der Ecke eines Zimmers »irgendwo der Zwicker Lawrentij Berijas« aufblitzte – wie bescheiden und still er damals noch war! Er kam von Zeit zu Zeit aus Georgien hierher, um seinen »Kniefall« zu machen. Auch er erschien zur Besichtigung der neuen Datscha. Stalin erzählte bei dieser Gelegenheit seiner Tochter, dass ihre Mutter ihm 1929 »Szenen gemacht« und dabei verlangt habe, dass »die Füße dieses Mannes unser Haus nicht mehr betreten dürfen«[234]. Ihre Mutter nannte Berija bei dieser Gelegenheit einen Schuft, mit dem sie sich nicht an einen Tisch setzen werde. Stalin forderte Beweise von ihr für diese Beschimpfung, und da sie ihm diese nicht liefern konnte, hatte er sie angebrüllt: »Dann scher dich hinaus, er ist mein Kamerad, er ist ein Tschekist; mit seiner Hilfe sind wir dem Aufstand der Mingrelier in Georgien zuvorgekommen. Ich glaube ihm. Beweise, Beweise brauche ich!«[235] Wie Recht ihre Mutter hatte, sollte sich später zeigen.

Swetlana war fest überzeugt davon, dass alle, die damals ihrer Familie nahe standen, Berija hassten, angefangen von den Geschwistern ihrer Mutter, die ihn noch von seiner Tätigkeit bei der Tscheka in Georgien her kannten.

Die im Jahr 1999 erschienenen Aufzeichnungen von Sergo, dem Sohn von Lawrentij Pawlowitsch Berija, tragen dazu bei, Swetlanas Beziehungen zu dieser Familie näher zu beleuchten.[236] Sergo Berijas Buch ist ein Stück Zeitgeschichte, wie sie der Sohn eines Mitglieds der sowjetischen Nomenklatura selbst erlebt beziehungsweise wie ihm seine Mutter darüber berichtet hatte. Seine Ausführungen sind äußerst aufschlussreich, wenngleich sie mit gewisser Vorsicht gelesen werden müssen.

Sergo verehrte seinen Vater sehr. Zu Stalin schaute er mit den bewundernden Augen eines Heranwachsenden auf. Wie der Sohn in Fernsehinterviews immer wieder betonte, waren alle gegen seinen Vater vorgebrachten Anschuldigungen Lügen. Dieser sei gezwungen worden, nach den grausamen Regeln der Partei zu handeln. Er, Sergo, sei darüber sehr unglücklich gewesen und bedauere seinen Vater bis heute.

Seiner Mutter Nina widmete der Sohn ein eigenes Kapitel, in dem er die angeblich süße Liebesgeschichte vom Werben seines Vaters um die Mutter beschrieb. Dieser habe sie respektiert, und sie wurde ihm eine brave Ehefrau in einer fast idyllisch anmutenden Familie.[237] Doch der Schein trog.

Swetlana schilderte Nina als eine bezaubernde Frau mit goldenem Haar in einer Kupfertönung, großen braunen Augen, einer wunderbaren Figur und stets bestens gekleidet. Sie stammte aus einem Dorf im westgeorgischen Mingrelien und hieß Nina Teimurazowna.

In einem anderen Kapitel seines Buches befasste sich Sergo mit den Personen, die Stalin, diesem »Fleisch gewordenen Satan«[238], persönlich am nächsten standen, also auch dessen drei Kindern Jakow, Wassilij und Swetlana.

1938 hatte Stalin Berija nach Moskau geholt, worüber dieser überhaupt nicht begeistert war. Georgien zu verlassen, um die Nummer zwei im NKWD zu werden, das gefiel ihm nicht. Doch letztendlich setzte sich Stalin durch, und die ganze Familie Berija zog nach Moskau. Da sich Nina Berija weigerte, im Kreml zu wohnen, bekamen sie auf Anweisung Stalins ein Privathaus an der Ecke Sadowo-Triumfalnaja und Kachalow-Straße zugewiesen, nicht weit vom »Aufstandsplatz«.

Nina Berija war promovierte Chemikerin. Jung und sehr hübsch, zog sie sich bald den Neid und den Hass so ziemlich aller anderen Ehefrauen der Mitglieder des Politbüros zu, schrieb ihr Sohn. Sie schätzte die Einladungen nicht, die man in Moskau gab, und das machte sie in diesen Kreisen nicht beliebter.

Swetlanas Bruder Wassja wünschte sich, dass Sergo mit ihm zusammen in die gleiche Schule ginge, was Nina Berija zu verhindern versuchte, aber letzten Endes nicht schaffte. Swetlana liebte Nina und verbrachte viele Stunden bei ihr.

Sergo, nur knapp zwei Jahr älter als Swetlana, mochte diese sehr gern. Mit ihrem leuchtend roten Haar und ihren Sommersprossen empfand er sie zwar nicht als strahlende Schönheit, doch er schätzte ihre Intelligenz und ihren Charme. Nina Berija war der Meinung, dass Swetlana darum so viel besser geraten wäre als ihre Brüder, weil Stalin sie wie seinen Augapfel hütete. Wenn er der Tochter ebenso viel Gleichgültigkeit und Verachtung entgegengebracht hätte wie ihren Brüdern, wäre sie kaum eine so ausgeglichene, fröhliche Person geworden.

Mit Kriegsbeginn wollte Stalin seine Tochter und auch Sergo mit der »Anstandsdame« Nina Berija nach Georgien schicken. Sergo protestierte heftig. Da er sehr gut Deutsch sprach, wollte er lieber in eine besondere Schule am Stadtrand von Moskau gehen. Und er setzte sich durch. Als Soldat unternahm er später zwei gescheiterte Versuche, mit einem Fallschirm in der Nähe von Peenemünde zu landen. Doch politisch machte Sergo Karriere. Er war während des Krieges drei Mal in Deutschland.

Sergo Berija schreibt in seinem Buch, dass Stalin seine Tochter nie verwöhnt habe und dies auch keiner anderen Person erlaubt habe. Manchmal sei jedoch Vater Stalin schrecklich grob zu seiner einzigen Tochter gewesen. Dann wieder fand Sergo Stalins Benehmen zwar geprägt von Zuneigung, allerdings auf eine fast perverse, flegelhafte Art.

Als Swetlana eines Tages Fotoalben anschaute, fragte sie ihren Vater, ob ihre Mutter Nadjeschda schön gewesen sei. Er antwortete mit Ja, fügte dann aber hinzu, dass sie »Pferdezähne« gehabt habe. Außerdem solle Swetlana aufhören, die Alben anzusehen. Verärgert meinte er noch, er habe ihre Mutter nur deshalb geheiratet, weil alle anderen Frauen der Allilujew-Familie ihn nicht in Ruhe gelassen hätten. Alle hätten mit ihm ins Bett gewollt. »Deine Mutter war wenigstens die Jüngste, und sie liebte mich wirklich. Deshalb habe ich sie geheiratet.«[239] Swetlana konnte kaum die Tränen zurückhalten und rannte zu Sergos Mutter, um ihr alles zu erzählen. Diese wäre am liebsten sofort zu Stalin geeilt, um ihm begreiflich zu machen, dass er einem Kind nicht Sachen sagen könne, die für Erwachsene bestimmt seien und die ihrer Meinung nach auch nicht der Wahrheit entsprächen. Doch ihr Mann hielt sie davon ab. Sie hatte wieder einmal Stalins wahres Gesicht gesehen, und das sollte dieser besser nicht erfahren.

Swetlana litt sehr darunter, dass sie den Vater so selten sah. Solange sie ein kleines Mädchen war, liebte sie ihn wirklich und zeigte ihm ihre Zuneigung. Aber die Liebe einer Mutter fehlte ihr. Einen Teil der mütterlichen Liebe bekam sie sicher von Nina, die ihr auch mit Geschenken Freude machen wollte. Sie sandte zum Beispiel Swetlana mal die ersten Blumen aus dem Süden, eine Bluse mit georgischer Handstickerei oder ein anderes Mal eine hübsche Schale. Was besonders wichtig für das Mädchen war: Sie konnte mit Nina jederzeit über ihre tote Mutter sprechen.

Als der Große Vaterländische Krieg begann, war Swetlana gerade zu Gast bei Nina Berija auf deren Datscha. Bis dahin »unterstützte« ihr Vater diese Freundschaft sehr. Umso bestürzter war sie, als ihr Vater wutentbrannt anrief, sie in der unflätigsten Weise beschimpfte und brüllte: »Komm sofort nach Hause! Ich traue Berija nicht!«[240] Da Swetlana es nicht wagte, sich ihrem Vater zu widersetzen, fuhr sie tatsächlich sogleich heim. Stalin wollte offensichtlich auch jenen nicht voll vertrauen, die er völlig in der Hand hatte. Mit seiner Tochter sprach er nach diesem Vorfall nie wieder über Berija. Sie blieb dennoch weitere zehn Jahre mit Nina Berija und deren Sohn Sergo befreundet.

Während des Krieges wurde Sergo Berija zusammen mit drei Lehrern seiner Akademie nach Swerdlowsk[241] geschickt. Dort sollten die Instrumente der englischen »Spitfires«[242] untersucht werden, mit denen man feindliche Flugzeuge auch in der Nacht abfangen konnte. Sergo hatte Swetlana mitgeteilt, wo er sich aufhielt. Eines Tages bat sie ihren Bruder Wassilij, der Pilot war, ein Flugzeug bereitzustellen und sie nach Swerdlowsk zu fliegen. Sergo freute sich, Swetlana zu sehen, ließ für sie ein Zimmer in seiner Unterkunft herrichten, und zusammen mit seinem Kommandeur feierten sie fröhlich ihre Ankunft. Doch dann tauchte plötzlich Sergos Mutter auf, die ihr Mann, der Geheimdienstchef, nach Swerdlowsk beordert hatte. »Das hat uns gerade noch gefehlt, dass unser junger Narr etwas Dummes macht«, schimpfte die Mutter. Und zu Swetlana: »Machst du dir eigentlich klar, was du getan hast? Wenn dein Vater davon erfährt, wird er Sergo fertig machen.«[243] Swetlana entgegnete, dass sie sich ohne Sergo gelangweilt habe.

Kira Pawlowa Allilujewa, Swetlanas Cousine, erinnerte sich an diesen Besuch, da sie damals mit ihrer Familie nach Swerdlowsk evakuiert gewesen war. Sie nannte Sergo einen »schönen Jungen« und meinte, es sei nicht zu übersehen gewesen, dass Swetlana ihn »unbedingt« besuchen wollte.[244]

Der junge Mann erfuhr erst sehr viel später, dass sich Swetlana in ihn verliebt hatte und ihn heiraten wollte. Doch seine Mutter redete ihr gut zu und machte ihr klar, dass sie beide noch zu jung zum Heiraten seien. Außerdem solle sich Swetlana erst um einen Beruf kümmern. Ihr Sohn sehe in ihr eine Schwester und werde sie niemals heiraten; das würde sie schon zu verhindern wissen.

Nach zwei Tagen in Swerdlowsk nahm Nina Berija Swetlana wieder mit zurück nach Moskau. Sergo war froh, dass die Affäre für ihn keine weiteren Konsequenzen hatte, abgesehen von der »Predigt« seiner Mutter: »Vor allem, heirate sie nicht. Sie wird dich unglücklich machen. Du kennst ihren Charakter, sie hätte die Hosen an. Ich möchte nicht, dass dies meinem Sohn passiert.«[245] Auf jeden Fall gab es nicht allzu viele Männer, die von Swetlana umworben wurden und die den Nerv hatten, kein Interesse für sie zu bekunden.

Über Swetlanas Vater sagte Nina Berija damals kein Wort, doch Jahre später gestand sie ihrem Sohn: »Stalin hätte diese Heirat als einen Versuch gewertet, sich in seine Familie einzuschleichen. Außerdem wollte ich auf keinen Fall, dass du unter seinen Einfluss gerätst. Ich wollte, dass du ein normales Familienleben hast. Mit Swetlana wäre das ganz und gar unmöglich gewesen.«[246]

»Wir lebten in einer Welt, in der wir beide zum Leiden verurteilt waren, ob wir zusammen oder getrennt lebten, wo auch immer der Weg hinging. Böses umgab uns, selbst wenn wir nicht selbst daran teilhatten. Heucheleien und Lügen vergiften jede menschliche Beziehung, nicht nur in der Politik«, so kommentierte Sergo im Nachhinein die Situation in jener Zeit.[247] Er war sicher, dass sich ohne seine starke Mutter sein Charakter ganz anders entwickelt hätte. Sie habe ihn davon abgehalten, ein Zyniker zu werden. »Meine Mutter mochte Stalin sehr, und wir sprachen oft von ihm in unserem Haus. Für uns war er ein Held.«[248]

Nach Ansicht Sergos brachte Stalin Nina Berija »väterliche Gefühle« entgegen. Er ließ sich auch nur von solchen Ärzten behandeln, die sie ihm empfohlen hatte. Doch eines Tages sollte auch Nina Berija verhaftet werden. Swetlana hatte sie gewarnt. Ihre Liebe zu Nina ging so weit, dass sie sogar ihrem Vater manchmal in den Rücken fiel. Nina, die nichts mit Politik zu tun haben wollte, wusste nicht, wie ihr geschah. Nachdem allerdings bereits Molotows Frau inhaftiert worden war, konnte sie sich durchaus vorstellen, dass auch sie, die einen Menschewiki-Onkel[249] in Paris hatte, eingesperrt werden würde. Nina sah ihren Weg ins Gefängnis als Anfang vom Ende auch für ihren Mann Lawrentij an, der ihrer Meinung nach längst auf Stalins Abschussliste stand. Doch Sergo bekam von seinem Vater die Versicherung, er werde nie zulassen, dass seine Frau eingesperrt würde, wie Molotow dies getan hatte. Er würde sich schon zu helfen wissen und seine Frau ins Ausland bringen. Berija berichtete seinem Sohn auch von seinem großen Streit mit Stalin, ohne natürlich Einzelheiten zu erwähnen. Berija wusste, dass Stalin dereinst in der Geschichte seines Landes als »nobler, sehr intelligenter und ›allerehrlichster‹ Führer dastehen wollte und nicht belastet mit dem Omen eines blutigen Tyrannen«[250]. Damals kam Swetlana noch öfter als früher zu Besuch zu Nina Berija, die einer Verhaftung tatsächlich entgangen war.

Der Freund heiratet eine andere

Im Jahr 1946 hat Sergo Berija dann die schöne Marfa Peschkowa, eine Enkelin von Maksim Gorkij geheiratet. Beim Festessen »saßen Marfa und der Bräutigam steif am Tisch, die Gäste schienen sich nicht besonders zu vergnügen, und nur Marfas jüngere Schwester Daria, eine Schauspielschülerin, war etwas ausgelassen«, so ein Zeitzeuge.

Seine Mutter hatte sich eigentlich eine aus Georgien stammende Schwiegertochter gewünscht, war aber mit Marfa schließlich ganz zufrieden. Auf jeden Fall war sie froh, dass ihr Sohn vor Swetlana »sicher« war.[251]

Sergo lernte Marfa Peschkowa schon vor dem Krieg durch Swetlana kennen, da die beiden Schulkameradinnen waren. Es war im Jahr 1934, als sich die Schulmädchen im Landhaus von Marfas Großvater in Gorkij erstmals gegenüberstanden. Stalin hatte seine Tochter dorthin gebracht. Da sie Altersgenossinnen waren, wollten die Erwachsenen, dass sie sich miteinander anfreundeten. Die kleinen Mädchen mochten sich, und so folgte ein Besuch Marfas in Subalowo. Die Kinderfrau brachte sie in den ersten Stock zu Swetlana. Diese saß am Boden und schnitt mit einer Schere etwas Schwarzes aus. Es war ein mit Perlen besticktes Kleid ihrer Mutter, aus dem sie ein Kleid für ihre Puppe nähen wollte. Marfa: »Sie hatte keine Mutter, und ich hatte vor kurzem meinen Vater verloren. Wir beide fingen an zu heulen.«[252]

Am Beginn des neuen Schuljahres, dem 2. September 1935, hatte Swetlana aus Moskau ihrem Vater geschrieben, dass neben ihr in der Klasse Marfa Peschkowa sitze. Fünf Jahre später waren die beiden so eng befreundet, dass sie den Sommer zusammen in Sotschi verbrachten, wie aus Swetlanas Brief vom 5. August 1940 an den Vater hervorgeht: »Ich schicke dir erstmals ein Foto, was bisher noch nie der Fall war. Zwei Affen auf einem Bananenbaum – Sweta und Marfa auf einer Eiche.

Sage Marfa nicht, dass ich dir das Bild geschickt habe, sonst wird sie böse und lässt sich nicht mehr fotografieren.«[253]

Marfa galt mit ihren vollkommen klassischen Zügen als eine ausgesprochene Schönheit. »Sie rief eher ästhetische als fleischliche Gefühle hervor.«[254] Marfa hielt sich nie für eine Schönheit. Ihr gefiel ihre Freundin Swetlana besonders gut: Sie »hatte sehr schöne rötlich-goldene lockige Haare und große, grüne Augen«[255].

Marfa erinnerte sich gerne an diese Zeit: »Swetlana lernte gut und ich schlecht, und sie half mir beim Lernen. Einen Sommer verbrachten wir zusammen auf der Krim im Landhaus Stalins. Wir beide waren richtige Wildfänge. Wir kletterten auf die Dächer, fuhren Fahrrad. Einmal gingen wir während eines Sturms schwimmen und kehrten mit Steinen geschlagen und mit vielen blauen Flecken nach Hause zurück. Wir versteckten uns vor den Wachmännern.«[256]

Mit Kriegsausbruch wurde Swetlana auf Anweisung ihres Vaters nach Kujbyschew gebracht. Da Marfa sie dort gerne besuchen wollte, übernahm Wassja wieder den Transport. Er flog mit seinem Kampf-flugzeug zu seiner Schwester. Am Flughafen in Kujbyschew stieg die wartende Swetlana in die Maschine, und alle drei flogen über die Stadt, um dann im Sturzflug zu landen. Swetlana saß eine Weile selbst am Steuer. Die Wiedersehensfreude war groß. Swetlana und Marfa waren so eng befreundet, dass sie gegenseitig ihre Gedanken lesen konnten. Marfa erlebte damals auch eine traurige Freundin, die erstmals die Wahrheit über den Tod ihrer Mutter erfahren hatte. Swetlana schrieb in Kujbyschew ein Gedicht darüber, »wie sie auf den Friedhof kam und dort die so lebensnahe Statue ihrer Mutter vorfand. Dieses Gedicht hat mich sehr beeindruckt«, sagte Marfa.[257]

Sechs Jahre später wurde Marfa Sergos Ehefrau. Unmittelbar vor dieser Heirat verlor Swetlana die Nerven. Obwohl sie damals schon verheiratet war, wollte sie Marfa den sehr attraktiven Sergo nicht überlassen. Sie ging zu Nina und behauptete, dass Marfa an Tuberkulose leide, eine Krankheit, die sie von ihrem Großvater Maksim

Gorkij geerbt hätte, was nicht stimmte. Dann ging sie zu Marfas Großmutter Jekaterina Pawlowna und fragte sie, warum Marfa und Sergo unbedingt heiraten wollten. Die Großmutter konnte nur das antworten, was Swetlana selbst wusste: Die beiden liebten sich.

Eigenartig ist, dass Marfa jedes Mal eifersüchtig war, wenn Swetlana zu Besuch kam. Sie beklagte sich darüber, dass die einstige Freundin viel zu oft erscheine. »Seht ihr denn nicht, dass sie wie ihr Vater ist?«[258]

Als Stalin gestorben war, machte sich Nina große Sorgen um seine Tochter. Ihr Mann versicherte ihr, dass es dem »Mädchen« an nichts fehlen werde. Swetlana war damals immerhin 27 Jahre alt. Zum Vergleich, so ließ Berija verlauten, seien bei Lenins Tod alle ihm Nahestehenden, außer seiner Frau Nadjeschda Krupskaja, plötzlich auf der Straße gestanden. Menschen, die dies nicht mehr wüssten, hätten eben ein schlechtes Gedächtnis. Molotow bestand darauf, dass Berija für Swetlana alles Notwendige arrangieren solle.

Sergo und Swetlana begegneten sich 1953 bei der Sitzung des Obersten Sowjets wieder, in der die Umgestaltung der Regierung beschlossen wurde. Da ihr Vater nicht mehr lebe, sagte Swetlana zu Sergo, sei für sie »alles vorbei«. Jetzt würden andere die Entscheidungen treffen. Sergo stimmte ihr zu und verstand ihren Kummer. Dann machte er den Vorschlag, sie zusammen mit seiner Mutter zu besuchen, damit sie in Ruhe über alle anstehenden Änderungen reden könnten. Swetlana freute sich darüber, bat aber darum, Marfa nicht mitzubringen. Swetlana fand es dann ziemlich dumm von ihm zu sagen, dass Marfa in ihrem Zustand sowieso nicht gerne weggehe, da sie ein Kind erwarte. Als Sergo seiner Mutter von diesem Gespräch erzählte, wies sie ihn darauf hin, Swetlana habe ihm diese Heirat nie verziehen. Auch er solle nicht mit zu Swetlana gehen. Nina suchte sie allein auf. Und die erste Frage, die Swetlana ihr stellte, war: »Wirst du sein Andenken hassen, weil er dich ins Gefängnis bringen wollte?«[259] Nina verneinte, denn sie trauerte aufrichtig um Stalin. »Für mich war dein Vater ein großer Georgier, der mir sehr nahe stand«, antwortete sie. Swetlana war sich nicht sicher, ob die Menschen nicht bald vergessen hätten, dass Stalin auch gute Seiten gehabt habe.

Sergo blieb stets informiert über Swetlanas Lebensweg. Er erfuhr von ihrer unglücklichen Liebe zu dem viel älteren Filmemacher Kapler und kannte auch die beiden Ehemänner Swetlanas. Und jene spottete über Sergo: »Du wolltest mich ja nicht haben! Stimmt 's?« Als auch Swetlanas zweite Ehe nicht glücklich verlief, vertraute sie sich wieder Sergos Mutter an. Sie hatte genug von Ehemännern. »Man muss sie behandeln, wie die Bienen die Hummeln behandeln.«[260]

Nina Berija vergab Swetlana später »all die Geschichten«, die sie über ihren Mann Lawrentij in ihren Büchern schrieb. Sie hatte Verständnis dafür, dass Swetlana so handeln musste. Natürlich wollte sie ihren Vater entlasten, so gut sie nur konnte. Sergo dagegen war nicht damit einverstanden, denn es ging schließlich zu Lasten seines eigenen Vaters. Seine Mutter meinte, das sei eben die Version der KPdSU, eine Version, die sich jederzeit zur Ausschmückung eigne.

Mit der Verhaftung von Lawrentij Berija im Jahr 1953 wurden seine Frau und sein Sohn sofort unter Hausarrest gestellt. Ihre rührenden Gnadengesuche für den Ehemann und Vater nützten nichts. Am 23. Dezember 1953 wurde der »Schlächter« Berija hingerichtet.

Sergo und seine Mutter kamen in Einzelhaft, zuerst in Lefortowo, dann in Butyrka. Nina wurde tagelang verhört und hatte dann ein Jahr in Butyrka zu verbringen. Man beschuldigte sie, einen Kessel Roterde aus einer Nicht-Schwarzerde-Region Russlands gebracht zu haben. Das war im Grunde höchst harmlos und stand im Zusammenhang mit ihren Forschungen an der Landwirtschaftsakademie. Außerdem habe sie andere Menschen ausgebeutet, da sie sich von einem berühmten Schneider ein Kleid anfertigen ließ; doch dafür hatte sie selbstverständlich bezahlt. Ironie des Schicksals: Nina verbrachte ein Jahr in einer Einzelzelle, in der man weder sitzen noch liegen konnte – eine Erfindung ihres Mannes!

Mutter und Sohn wurden Ende 1954 endlich entlassen. Sergo musste den Namen seines Großvaters mütterlicherseits annehmen und hieß damit Sergej Aleksejewitsch Gegetschkori. Als Wohnort wurde ihnen Swerdlowsk zugewiesen. Dort arbeitete Sergo zehn Jahre lang als Ingenieur. Danach durften Mutter und Sohn ihren Aufenthaltsort frei wählen, jedoch auf keinen Fall nach Moskau zurückkehren. Sergo ging nach Kiew und arbeitete dort in einer technischen Firma. Als er 1970 mit Leonid Breschnew[261] beruflich zusammentraf, wusste dieser nichts von der wahren Identität des Ingenieurs.

Sergos Frau war mit den Kindern in Moskau geblieben. Sie besuchten immer wieder den Vater, doch die Ehe war trotzdem bald zerrüttet. Sergos Mutter entschloss sich, bei ihrem Sohn in Kiew zu bleiben, nachdem sie auch in ihren Heimatort nicht zurückkehren durfte. Zu gerne hätte sie wieder als Agrochemikerin gearbeitet, doch das wurde ihr nicht erlaubt. Mutter und Sohn standen stets in krassem Gegensatz zu Lawrentij Berija, dem entsetzlichen Henker und Fanatiker. Swetlana schrieb bedauernd: »Diese schöne, unglückliche Frau, deren Leben durch den Despotismus zerstört worden ist, lebt nun in der Verbannung, obwohl sie keinerlei politische Verbrechen begangen hat.«[262]

Die russische Bestsellerautorin Larissa Wassiljewa hat sich 1996 mit der noch immer schönen Marfa getroffen, der es gelungen war, in der tödlichen Atmosphäre jener Zeit zu überleben. Das Lied über den Sturmvogel, geschrieben von Marfas Großvater, erstickte im Blutbad, das ihr Schwiegervater und der Vater ihrer Freundin Swetlana angerichtet hatten. Larissa Wassiljewa wusste, dass die beiden Frauen, die in ihren Kinder- und Jugendjahren eng befreundet waren, nur dreieinhalb Flugstunden (vom Flughafen Scheremetjewo bis zum Flughafen Heathrow) voneinander entfernt waren. Von Moskau nach London ist es nur ein Katzensprung, wenn man sich sehen will. »Ich wollte mich immer nochmals mit Swetlana treffen, um uns gemeinsam an unsere Kindheit zu erinnern«, sagte Marfa Maksimowna zur Autorin Wassiljewa.[263]

8 Stalins Terror gegen die eigene Familie

Ich war eine stolze Person und ich wusste, dass diejenigen,
die mich eingesperrt hatten, dies mit Zustimmung Stalins getan haben.
Warum sollte ich ihm schreiben? Ich sah darin wirklich keinen Sinn.*

Die Familie von Pawel Allilujew

Swetlana konnte nicht umhin, in all ihren Publikationen immer wieder darauf hinzuweisen, dass selbst die eigene Familie vom Terror ihres Vaters nicht verschont blieb. Gerade die Familie seiner zweiten Frau, die ihm immer wieder geholfen hatte, musste unendlich leiden. Das Ehepaar Allilujew hatte vier Kinder: Pawel (1894–1938), Anna (1896–1964), Fjodor (1898–1955) und Nadjeschda (1901–1932). Alle kamen im Kaukasus zur Welt. Und wie Swetlana stolz schrieb, waren alle besonders schöne Kinder einer sehr elegant und gut aussehenden Mutter. Ein vernichtendes Urteil über die Familie von Stalins zweiter Frau fällte allerdings eine Schwägerin der ersten Frau Stalins, Maria Anissimowna Swanidse: »J.[osef] tut mir Leid. Wenn man sich die Einzelnen nur näher ansieht: die halbgebildete O.[lga] J.[ewgenjewna], der Idiot Fjodor, der schwachsinnige Pawel.«[264]

Pawel, der Älteste der Geschwister Allilujew, sah mit seinen feinen Zügen Stalins Frau Nadjeschda sehr ähnlich, hatte große Augen und ein energisches Kinn. Gegen Ende der zwanziger Jahre wurde er als sowjetischer Militärattaché nach Deutschland entsandt und lebte dann längere Zeit mit seiner Familie in Berlin. Ab und zu schickte er seiner Schwester ein schönes Kleid oder Parfüm. Und als Nadjeschda im Juni 1930 zur Kur nach Karlsbad reiste, besuchte sie auch ihren Bruder in Berlin. Die in Deutschland eingekaufte hübsche Kinderkleidung musste in Russland allerdings als Ware aus Leningrad gelten. Die Kinder sollten auf keinen Fall unter den verderblichen Einfluss des »bourgeoisen« Europa geraten.

Beim Tod Nadjeschdas war ihr Bruder Pawel immer noch in Deutschland. Er brach zusammen, als man ihm die schreckliche Nachricht überbrachte mit dem Hinweis, dass der Selbstmord mit genau der Pistole geschah, die er seiner Schwester gegeben hatte. Pawels Kinder Kira, Sergej und Aleksander lebten mehrfach längere Zeit mit ihren Eltern zusammen im Kreml und in Subalowo. An ihrem Onkel Josef Stalin gefiel Kira sehr, dass er sie immer neckte und sich mit ihr beschäftigte, sooft er Zeit hatte. In der Datscha wurde stundenlang Billard gespielt, und Stalin spielte am liebsten mit Kiras Vater Pawel, der meistens verlor. Kira erzählte, dass sie sich nie vor ihrem Onkel gefürchtet habe, dafür aber vor Tante Nadjeschda. »Wenn sie mich mit ihren schwarzen Augen ansah, dann hatte ich immer das Gefühl, dass ich mich nicht gut benommen hatte, denn ich war ein lustiges Mädchen, und die Tante war sehr streng.« In ihren Augen war die Tante eine willensstarke und idealistische Kommunistin, jedoch aufgeschreckt von der wachsenden Brutalität ihres Mannes. Kira hielt sie für seelisch labil.

Als Ende der dreißiger Jahre die »Säuberungen« auch Moskau fest im Griff hatten und Stalins krankhafter Verfolgungswahn immer deutlicher zu erkennen war, wohnten Kiras und Aleksanders Eltern in einem Haus an der Moskwa, einem der ersten sowjetischen Hochhäuser, in dem viele Parteigrößen untergebracht waren. Doch das Leben dort war nicht angenehm, da einer nach dem anderen verhaftet, eingesperrt oder umgebracht wurde. Und was Kira nie verstehen konnte, war die Tatsache, dass Stalin noch nicht einmal vor der eigenen Verwandtschaft Halt machte. Nachdem er auch Freunde ihres Vaters hatte verhaften lassen, ging dieser zu ihm und verlangte, ihn gleich mit zu verhaften, denn er habe während seiner Zeit in Berlin mit den verschiedensten Leuten in Deutschland zusammengearbeitet. Sein Sohn Aleksander erinnerte sich an den letzten gemeinsamen Abend der Familie mit dem Vater. Sie hatten Kastanien geröstet und waren sehr fröhlich. Am nächsten Morgen, kaum zwei Stunden nachdem der Vater das Haus verlassen hatte, bekam die Mutter einen Anruf, der sie erbleichen ließ und bei ihr einen Weinkrampf auslöste. Man teilte ihr mit, ihr Mann sei sehr krank und man müsse das

Schlimmste befürchten. Offiziell hieß es: ein Herzanfall. Doch Kira weiß inzwischen, dass ihr Vater vom Geheimdienst vergiftet wurde.

In der Zeit, als ihr Onkel Pawel nach seiner Rückkehr aus Deutschland in Moskau lebte, war er seiner Nichte Swetlana in großer Zärtlichkeit zugetan; er verwöhnte sie, nahm sie in den Arm und murmelte zärtliche Worte. Stalin mochte Pawel im Grunde recht gern, obwohl er ihn wegen seiner eigenen Arbeitsüberlastung selten sah. Alexander Orlow war mit Pawel, dem ehemaligen Kommissar der Panzertruppen, 1937 auf der Pariser Weltausstellung zusammengetroffen. Beim Abendessen in einem Lokal nahe der Place Saint-Michel erzählte ihm Pawel Allilujew: »Er [Stalin] hat seit dem Tod meiner Schwester den Kontakt mit mir abgebrochen. Vermutlich will er mich außer Reichweite halten nach alledem, was geschehen ist. Was bin ich eigentlich? Ein Terrorist? Diese Idioten, sogar hier schnüffeln sie mir nach.«[265] Seine Frau Jewgenija Aleksandrowna durfte Pawel nach Paris begleiten; Stalin hatte es ihr erlaubt, wie er sie überhaupt immer sehr freundlich behandelte. Er konnte sie aber auch bei Tisch ärgern, wenn die ganze Familie sich in seiner Datscha traf, indem er sie anschaute und ausrief: »Du wirst ja schon wieder fett.«[266]

Pawels Frau Jewgenija, genannt Schenja, war eine Traumfrau: eine große russische Schönheit mit braunen Zöpfen und roten Wangen. Ihre Tochter erklärte: »Mamas Kosename war ›Rose der Nowgoroder Felder‹. Sie war sehr groß.«[267] Pawels Behauptung, dass Stalin nach dem Tod seiner Frau Nadja mit ihm nicht mehr sprach, ist nicht richtig. Nach Nadjas Selbstmord wohnten Kira und ihr Bruder Sergej mit Großmutter und Großvater auf Stalins Datscha Subalowo. Das hatte er so angeordnet. Am Wochenende kamen dann Pawel und seine Frau Jewgenija dazu. Und Schenja dürfte seit 1934 Stalins Geliebte gewesen sein.

Die sehr attraktive Jewgenija hatte große Probleme mit Berija, dem Frauenhelden. Sie hasste ihn, besonders seitdem er in Anwesenheit ihres Mannes und Stalins mit ihr heftig zu flirten begonnen hatte. Da stand sie auf und sagte zu Stalin: »Wenn mich dieser Bastard nicht in Ruhe lässt, dann zerschlage ich ihm seinen Kneifer.«[268]

Und als Berija unter dem Tisch nach ihrem Knie griff, sagte sie dies laut und deutlich. Alle lachten, aber Jewgenija ahnte, dass Berija den Vorfall nicht vergessen würde.

Im Herbst 1938 musste Pawel erleben, dass seine Panzerabteilung durch Verhaftungen selbst hoch dekorierter Soldaten derart dezimiert war, dass er nicht mehr weiterarbeiten konnte. Er appellierte an Stalin und bat um Gnade für diese Leute, doch er erhielt keine Antwort. Pawel Allilujew starb am 2. November 1938 im Alter von 43 Jahren in seinem Arbeitszimmer, angeblich an einem Herzinfarkt. In einer Todesanzeige, die Woroschilows Unterschrift trug, wurde »mit tiefer Trauer« mitgeteilt, dass er »in Erfüllung seiner amtlichen Pflichten« verschieden sei. Zwischen Stalin und Jewgenija bestand Einverständnis, dass Pawel ermordet wurde. Auch Berija wollte Stalin glauben machen, Pawel sei nicht eines natürlichen Todes gestorben: Seine eigene Frau habe ihn vergiftet.

1993 erzählte Swetlana erstmals von der »innigen Freundschaft« zwischen ihrem Vater und Jewgenija. So gab es im Kreml einen Tisch mit verschiedenen Telefonapparaten: Die einen hatten direkte Anschlüsse für Auslandsgespräche, die anderen für bestimmte Dienststellen in der Regierung. Doch ihr Vater besaß einen eigenen Telefonanschluss für Stadtgespräche. Und mit diesem telefonierte er immer wieder lang und gern mit Jewgenija. Umso mehr war er enttäuscht, als sich die Witwe bald wieder verheiratete, da sie sich mit ihren drei Kindern einsam fühlte. »Sie heiratete Nikolaj Wladimowitsch«, sagte Swetlana, »eine Jugendliebe und Klassenkamerad. Dessen Sohn und Tochter kamen zu ihren drei Kindern, und sie führten ein gutes Familienleben.«[269]

Vonseiten Stalins gab es wütende Reaktionen. Angeblich hatte er eine längere Trauerzeit der Witwe erwartet, wie dies in Georgien üblich ist. Stalins Verärgerung dürfte aber darin begründet gewesen sein, dass seine Schwägerin einen Juden heiratete. Und nun kam wieder Berija ins Spiel. Er hatte nur auf den Tag seiner Rache gewartet und setzte die Verleumdung in Umlauf, Jewgenija habe ihren ersten Mann Pawel vergiftet. Berija lieferte auch die Erklärung: Schon damals habe Jewgenija Nikolaj Wladimowitsch heiraten wollen. Dessen

Frau, eine Polin, war als »Volksfeindin verschwunden«. Berijas Vergiftungstheorie war bestimmt unsinnig, tat aber bei Stalin ihre Wirkung. Er sah seine einstige gute Freundin kaum mehr. Swetlana schaltete sich ein und schrieb ihrem »lieben Vater« wegen Schenja: »Ich denke, deine Zweifel an ihr kommen von der schnellen Wiederverheiratung. Sie hat mir gesagt, warum dies so schnell gegangen ist…Ich werde es dir auch erzählen, sobald wir uns wiedersehen. Und erinnere dich daran, was die Leute so alles über mich gesagt haben.«[270]

Ihre Tochter Kira konnte sich noch genau erinnern, wie die Verhaftung ablief. Es war der 10. Dezember 1947, Kira hatte gerade die Schauspielschule abgeschlossen und freute sich des Lebens. Da läutete es, und zwei Herren fragten nach ihrer Mutter. Sie informierte die Mutter, die sofort den Korridor entlanglief und bereit war, mit den Herren wegzugehen. Denn sie sagte noch: Gefängnis und Armut darf man nicht warten lassen. Sie gab ihrer Tochter rasch einen Abschiedskuss und verschwand. Als sie wieder zurückkam, wollte die Tochter wissen, warum sie so schnell das Haus verlassen habe. Die Mutter nannte ihr den Grund: Sie hatte beabsichtigt, sich im Treppenhaus vom achten Stockwerk hinunterzustürzen, sodass niemand sie mehr quälen konnte.

Sie »kannte den guten Josef nur zu gut«. Doch die Männer hielten sie fest und brachten sie zum Auto. Einige Tage später läutete es nachts, und zwei Männer in Uniform holten Kiras Mutter ab. Sie sollte warme Kleidung und 24 Rubel mitnehmen.

Zehn Jahre nach dem Tod ihres ersten Ehemannes kam Jewgenija tatsächlich ins Lubjanka-Gefängnis: Neben der Beschuldigung des Giftmordes traf sie auch die Anklage, an »Spionageaffären« beteiligt gewesen zu sein. Das Urteil lautete auf zehn Jahre Einzelhaft. Ihrer Nichte Swetlana sagte sie später: »Dort unterschreibst du alles, wenn man dich nur am Leben lässt und nicht quält! Nachts hat niemand schlafen können wegen der Schreie aus den Zellen, die Menschen schrien mit unmenschlichen Stimmen, baten und beschworen, dass man sie doch töten möge, lieber sogleich töte…«[271] Jewgenija musste sechs Jahre in Einzelhaft verbringen und erhielt nicht einmal die Erlaubnis, mit ihren Angehörigen zu korrespondieren. Ein Jahr nach Stalins Tod wurden dann alle Anschuldigungen gegen sie für falsch erklärt, und sie kam endlich frei.

Kurz nachdem ihre Mutter Jewgenija abgeholt worden war, ereilte die 18-jährige Tochter Kira das gleiche Schicksal. Stalin ließ sie für sechs Monate ins Lubjanka-Gefängnis stecken, bevor sie für fünf Jahre ins Exil nach Schuija im Distrikt Iwanowo gehen musste. Dort war sie am Theater beschäftigt.

»Allmählich war er uns alle los«, resümierte Kira. »Er merzte unsere Familie aus.« Während ihrer Haft baten die übrig gebliebenen Familienmitglieder sie, doch an Stalin zu schreiben, aber sie fürchtete, das würde alles nur noch schlimmer machen. »Ich war eine stolze Person, und ich wusste, dass diejenigen, die mich eingesperrt hatten, dies mit Zustimmung Stalins getan haben. Warum sollte ich ihm schreiben? Ich sah darin wirklich keinen Sinn.«[272] Stalins einstige geliebte Schwägerin kam 1953 frei, ohne zu wissen, weshalb. Sie war der Meinung, dass Stalin am Ende doch noch alle gerettet habe. Da musste ihr die Tochter Kira sagen, dass Stalin tot sei und sie deshalb entlassen worden war.

Swetlana stellte ihrem Vater immer wieder die Frage, warum diese Festnahmen auch Mitgliedern von Familien passierten, die ihn doch auf dem Weg zur Macht begleitet hatten und die ihm gegenüber stets loyal geblieben waren. »Sie wussten zu viel. Sie quatschten zu viel, was den Feinden zugespielt wurde.«[273] Swetlana konnte diese unaussprechlich brutalen Aktionen einfach nicht begreifen.

Nach ihrer Entlassung aus dem Gefängnis wünschte sich Jewgenija, Swetlana möge mit ihr nach Kunzewo fahren, dem Ort, an dem Stalin seine letzten Lebensjahre verbracht hatte und wo er gestorben war. Swetlana ließ sich dazu die Erlaubnis geben. Doch alle Zimmer waren leer geräumt, nichts erinnerte mehr an Stalins Anwesenheit. Nur eine Totenmaske lag in einem Zimmer. Jewgenija, damals Mitte 60 und eine zerbrechliche Person geworden, stand im Haus, hielt Swetlanas Hand und weinte und weinte. Sie klagte, dass alles, alles so wehtäte und die besten Tage in ihrem Leben vorbei seien. Aber ihr blieben schöne Erinnerungen. Die wollte sie sich bewahren und »alles andere vergeben«. Das sagte sie 1954. Selbst nach Chruschtschows »Enthüllungsrede« im Jahr 1956 blieb sie loyal. Sie trug immer eine Porträtfotografie Stalins mit sich und konnte ihn einfach nicht vergessen.

Die Familie Redens

Nadjeschdas ältere Schwester Anna Sergejewna hatte zu dieser ein sehr enges Verhältnis. Anna, eine lebhafte, redselige und intelligente Revolutionärin, war besonders ehrgeizig. Ihren Mann Stanislaw Franzewitsch Redens (Swetlanas »Onkel Stach«), einen polnischen Bolschewiken, betete sie an, obwohl er als grob und hochmütig galt. Nach dem Bürgerkrieg lebte das Ehepaar in Charkow[274], dann wurde Redens zur Tscheka Georgiens versetzt. Doch dort gelangte er nicht an die Spitze, denn Lawrentij P. Berija wurde als Erster Sekretär des georgischen Zentralkomitees der Partei eingesetzt. Wie zu erwarten, wurde nach Absetzung Berijas das NKDW von der üblichen Verhaftungswelle erfasst. Die meisten Gefängnisdirektoren lernten nun ihre eigene straffe Gefängnisordnung kennen. Viele Folterer wurden ihrerseits gefoltert. Sogar Redens, der Schwager Stalins, kam in Haft. 1937 hatte er immerhin die Massenrepressionen in Moskau geleitet und als Chef des NKDW von Kasachstan den Partei- und Regierungsapparat dieser Republik dezimiert. 1938 wurde er seines Amtes enthoben, nach Kasachstan versetzt und 1941 erschossen – auch er ein Opfer der Säuberung.[275]

Aufschlussreich ist in diesem Zusammenhang ein Brief von Wassilij Stalin an das ZK der KPdSU vom 19. Januar 1959, in dem er auch über Redens spricht: »Ich kannte ihn gut, denn er war der Schwager meiner Mutter, der Mann von A. S. Allilujewa. Als Berija zum Leiter des NKWD ernannt wurde, empfand er Redens als Bedrohung. Redens kannte immerhin die negativen Züge Berijas aus der gemeinsamen Arbeit im Kaukasus und hatte jederzeit Zugang zu Gen.[osse] Stalin. Berija beschloss daher, Redens aus dem Weg zu räumen. Als Berija Gen. Stalin darauf ansprach, dass Redens verhaftet werden müsse (ich war zufällig Zeuge des Gesprächs), erteilte Gen. Stalin Berija eine Abfuhr.«[276] Berija steckte sich dann hinter Malenkow. Doch Stalin erklärte: »Ich glaube nicht, dass Redens ein Feind ist.«[277]

Tatsache ist jedenfalls, dass Redens verhaftet und seiner Frau auf Anraten Berijas Stalins Haus verwehrt wurde. Anna Sergejewna hatte Wassilij Stalin gebeten, bei seinem Vater für sie vorzusprechen. Stalin wies seinen Sohn jedoch zurecht, auch das ZK sei zu der Überzeugung gekommen, dass Redens ein Feind sei. Er wünsche keinerlei Bittgesuche von Anna Sergejewna. Dieser Vorgang um Redens traf Stalins Sohn sehr, da er seinen Verwandten gut kannte, achtete und gern hatte.

Der Einzug Berijas ins Volkskommissariat für Innere Angelegenheiten (NKWD) im Jahr 1938 bedeutete das Ende für Redens. Man kommandierte ihn ab zum NKWD Kasachstans, und er reiste mit seiner Familie nach Alma-Ata[278]. Bis heute ist ungeklärt, was mit ihm geschehen ist; er wurde nie mehr gesehen.

Seine Frau Anna Sergejewna kam mit den Kindern wieder zurück nach Moskau. Obwohl ihr Stalin mitteilte, ihr Mann sei erschossen worden, glaubte sie nicht daran. Stalin wollte ihr einreden, Redens sei ein »Volksfeind« gewesen, was sie vehement bestritt. Sie hielt ihren Mann stets für einen Ehrenmann.

In den letzten Kriegsjahren half Anna ihrem Vater Sergej Allilujew bei der Aufzeichnung seiner Erinnerungen, die den Titel »Projdennyje puti« (Der zurückgelegte Weg) erhielten. Das Bild, das der alte Bolschewik zeichnete, der Stalin so oft versteckt hatte und der dann sein Schwiegervater wurde, war zwar ein anderes als die offizielle Darstellung in der Partei, aber dennoch im Stil der Stalin-Verherrlichung abgefasst.[279]

Schließlich schrieb Anna ihre eigenen Erlebnisse mit der Familie und in der Revolution auf. Diese Memoiren wurden von der Redakteurin Nina Bam stark bearbeitet und erschienen 1946 unter dem Titel »Wospominanija« (Erinnerungen).[280] Stalin tobte, als er das Buch las. Der Sturm, der über die arme Anna hereinbrach, hing mit Stalins pathologischem Misstrauen gegenüber jeder Form von menschlicher Güte zusammen. Und vor allem wollte er nicht mehr mit seinen

Wurzeln in Georgien konfrontiert und mit seinem alkoholkranken, die Mutter prügelnden Vater in Verbindung gebracht werden. Auch dass er als Kind nicht kräftig genug war, um mit seinen Kameraden den Fluss Kura zu durchschwimmen – eine Hand war etwas versteift –, daran sollte nicht mehr erinnert werden. Sergo Berija schrieb über Annas Buch: »Arme Frau, hat es nicht schon gereicht, mit einem Redens verheiratet zu sein, jetzt schreibt sie und erinnert die Menschen an des Generalissimus' physische Defekte!«[281]

Es dürfte unter anderem ein von Anna abgedruckter Brief gewesen sein, der der Öffentlichkeit vorenthalten werden sollte, weil er den späteren Diktator in einem ungünstigen Licht zeigte – nämlich als »ehrerbietig, sogar unterwürfig und ein wenig wehleidig«.[282]

Der Brief hat folgenden Wortlaut:

»Ich bin Ihnen mehr als dankbar, liebe Olga Jewgenjewna, für Ihre warmen und freundlichen Gefühle mir gegenüber. Ich werde Ihnen nie die Fürsorglichkeit vergessen, die Sie mir entgegengebracht haben. Ich sehne mich schon dem Ende meiner Verbannung entgegen, wenn ich nach Petersburg kommen und Ihnen und Sergej persönlich für alles danken kann. Jetzt habe ich insgesamt noch zwei Jahre vor mir.

Ich habe das Paket erhalten. Vielen Dank. Ich möchte Sie um eines bitten: Geben Sie kein Geld für mich aus; Sie brauchen es für sich selbst. Ich wäre glücklich, wenn Sie mir von Zeit zu Zeit Ansichtskarten mit Naturmotiven schicken würden. An diesem verlassenen Ort ist die Natur kahl und hässlich; im Sommer der Fluss, im Winter der Schnee – das ist alles, was es hier an Natur gibt, und ich verspüre die törichte Sehnsucht nach einem erfreulicheren Blick, wenn auch nur auf einem Stück Papier.

Bitte grüßen Sie die Jungen und Mädchen von mir. Überbringen Sie ihnen meine allerbesten Wünsche. Ich lebe so wie bisher. Es geht mir gut. Ich bin bei bester Gesundheit, da sich mein Körper inzwischen an die Bedingungen hier gewöhnt hat. Das Klima ist ziemlich rau: Vor drei Wochen hatten wir 45 Grad Kälte.

Bis zum nächsten Brief.

Hochachtungsvoll Ihr Jossif.«[283]

Gerade der Anfang dieses fast zärtlich zu nennenden Briefes könnte allerdings auch darauf schließen lassen, dass Olga und der Revolutionär sich mehr als nahe standen. Es soll auch nicht verschwiegen werden, dass das Gerücht nie verstummte, zwischen Stalin und seiner späteren Schwiegermutter sei es zu Intimitäten gekommen. Angeblich habe die Mutter ihrer Tochter Nadjeschda gestanden, dass es gewisse Zweifel gäbe, ob ihr Vater auch ihr Erzeuger sei, wie Larissa Wassiljewa 1994 schrieb.[284]

Höchst unangenehm war es für Stalin, lesen zu müssen, dass seine Beteiligung am Aufstand vom 25. Oktober, der Oktoberrevolution, minimal zu nennen sei. Anna Allilujewa hatte ihn ein- oder zweimal auf den Gängen des Smolny-Instituts getroffen, und sie sprachen ein wenig über den Heroismus der bewaffneten Arbeiter, die den Winterpalast stürmten. Anna konnte ein paar Hinweise geben, wie Stalin den berühmten Tag verbracht hatte. In den Tagen vor der Revolution kam er recht unregelmäßig zu den Allilujews. Manchmal rief er an, dass er innerhalb der nächsten Stunde erscheinen würde, doch er kam sehr viel später, traf aber dann die ganze Familie im Esszimmer. Annas Mutter Olga sagte ihm, dass sich in dieser unruhigen Zeit alle um ihn Sorgen machten. Doch er meinte, er müsse sich vielmehr um sie sorgen, wegen den Reden, die sie im Hospital gehalten hätte. Olga fand das lustig, und Stalin trieb weiter seine Scherze. Anna konnte sich erinnern, dass Stalin am Abend der Oktoberrevolution zu ihnen gekommen war und seine Lederjacke und seine Mütze abgelegt hatte, um in aller Gemütsruhe mit der ganzen Familie Tee zu trinken. Dabei sagte er: »Alle militärischen Kräfte sind in unseren Händen. Wir werden die Macht übernehmen.«[285] Anna ging mit ihrer Schwester Nadja, Stalins späterer Frau, zur Eröffnung des zweiten Allrussischen Kongresses der Sowjets im Smolny-Institut, wo auch Lenin erwartet wurde. Im Versammlungsraum schauten sich die beiden Frauen nach bekannten Gesichtern um und entdeckten Stalin. Er freute sich, sie zu sehen, und rief ihnen zu, dass der Winterpalast eingenommen sei und »unsere Männer« darin seien. Das hieß, dass seine Partei den Winterpalast besetzt, die provisorische Regierung verhaftet und sich in den alleinigen Besitz der Staatsgewalt gebracht hatte. Mehr konnte Anna über Stalins Teilnahme an der Revolution nicht schreiben. Er spielte also keine herausragende Rolle auf der Bühne der Revolution. Viel eher machte er »den Eindruck eines grauen Flecks, der manchmal verschwommen aufflackerte, aber keine Spuren hinterließ«.[286] Schon damals zeigte Stalin eine gewisse Schwerfälligkeit, wenn es darum ging, auf Krisensituationen und Veränderungen zu reagieren, wie dies immer wieder im Laufe seines Lebens geschah – ganz besonders am 22. Juni 1941, als Hitler gegen die Sowjetunion den Krieg eröffnete!

Stalin ärgerte sich auch über das, was Anna über ihn *nicht* schrieb. Er war es längst gewohnt, zwischen den Zeilen zu lesen, und zog daraus sofort seine Schlüsse. Selbst die Zuneigung und Bewunderung durch Anna missfiel ihm – jener Anna, die für ihn gewaschen, geputzt und gekocht hatte in den Zeiten, als er völlig mittellos dastand.

Zwei Jahre nach dem Erscheinen des Buches wurde es am 14. Mai 1947 in der offiziellen Parteizeitung »Prawda« vernichtend besprochen. »Ein Trick einer Abenteurerin … eine unzulässige freie Art der Schreibweise über Lenin, Stalin, Kalinin und andere Parteiführer kann nicht geduldet werden.«

Es besteht kein Zweifel daran, dass die Rezension von Stalin selbst verfasst und unter dem Namen von Pjotr Fedossejew[287] veröffentlicht wurde. Anna focht dies nicht an. Im Gegenteil, sie plante eine Fortsetzung. Doch dazu kam es nicht mehr. Sie fiel der Verhaftungswelle 1947 zum Opfer. Zusammen mit ihrer Schwägerin Jewgenija Aleksandrowna wurde sie ins Gefängnis gebracht. Das Urteil: zehn Jahre Einzelhaft.

Swetlana hatte sich für ihre Tante Anna bei ihrem Vater eingesetzt. Sie wollte wissen, was diese falsch gemacht habe und warum sie gleich ins Gefängnis müsse. Der Vater gab immer die gleiche Antwort: Sie wisse zu viel und sie könnte dieses Wissen den Feinden zuspielen. Mit den Feinden meinte Stalin die Zionisten.

Mit Stalins Tod wären Anna und Jewgenija nicht sogleich freigelassen worden, denn die Verurteilung lautete auf zehn Jahre; sie hätten also noch weitere fünf Jahre im Gefängnis bleiben müssen. Doch

Chruschtschow kümmerte sich um die beiden Inhaftierten, ließ sie in den verschiedenen Gefängnissen suchen und holte sie dort heraus.

1954 kam Anna endlich nach Hause, völlig teilnahmslos und von Halluzinationen geplagt. Ihr Sohn hatte einen Anruf erhalten, dass sie entlassen würde. Ihre Tochter holte sie ab, und Swetlana war auch zur Begrüßung erschienen. Anna sah entsetzlich schlecht aus. Sie suchte und suchte ihren Sohn. Doch der stand neben ihr, groß gewachsen und fast 20 Jahre alt. Als sie eingesperrt worden war, war er gerade zwölf Jahre alt gewesen. Sie erkannte ihn nicht mehr. Nur langsam ging es Schritt für Schritt mit ihrer Gesundheit wieder aufwärts.

Die Kinder haben sie nie nach ihren Leiden gefragt. Es war auch ohne Worte alles klar. Sie wusste, wer sie verleumdet und denunziert hatte. Und sie brachte es fertig, diesen Personen zu vergeben, ebenso wie sie nie Stalin persönlich, sondern stets das System angriff. Sie hatte Stalin gekannt, sie wusste, auf welche Art von Informationen er reagierte und dass er diese von Berija bekommen hatte.

Ihre Söhne kümmerten sich rührend um Anna, ihre beiden Schwiegertöchter dagegen empfanden sie als schreckliche Last. In Zeiten, in denen es ihr besser ging, engagierte sie sich auf sozialem Gebiet. Sie redete ihrer Nichte Swetlana Allilujewa immer wieder zu, sie solle alles aufschreiben, was in ihrer Familie vorgegangen war. Swetlana dachte damals nicht im Entferntesten daran, hielt es vielmehr für »ungehörig, taktlos und gemein…, so etwas zu tun…«[288]

Anna Sergejewna starb im August 1964 in einem Moskauer Krankenhaus. Seit dem Ende ihrer Kerkerzeit litt sie an Klaustrophobie. Ungeachtet ihrer Bitten schloss man sie eines Abends wieder einmal in ihrem Krankenzimmer ein. Am anderen Morgen fand man sie tot.

Fjodor Allilujew

Das Schicksal von Swetlanas Onkel Fjodor war ebenfalls tragisch. Er galt als der Intelligenteste unter den Geschwistern ihrer Mutter. Seine besondere Begabung lag auf dem Gebiet der Naturwissenschaften, und wegen seiner außerordentlichen Fähigkeiten wurde er in die Gardemarine, eine aristokratische Kaste, aufgenommen. Im Bürgerkrieg wollte er als Aufklärer an die vorderste Front. Der legendäre, skrupellose Partisanenführer Semjon Arschakowitsch Kamó (Ter-Petrossjan), ein alter georgischer Bolschewik aus reichem Hause, nahm den introvertierten Fjodor unter seine Fittiche. Kamó unterzog ihn wie alle seine Kämpfer verschiedenen Verlässlichkeitsprüfungen. Er inszenierte zum Beispiel einen plötzlichen Überfall und brüllte: »Die ganze Abteilung ist zerschlagen, alle sind gefangen, gefesselt: Auf dem Boden liegt die blutige Leiche des Kommandeurs, liegt auch dessen Herz – ein blutiger Klumpen auf der Erde... Wie wird sich nun ein in Gefangenschaft geratener Kämpfer verhalten?«[289] Fjodor hielt diesen »Anforderungen« nicht stand. Er drehte durch und lebte schließlich als Halbinvalide vereinsamt bis zu seinem 60. Lebensjahr von einer kleinen Pension. Seine Schwester Nadjeschda liebte er sehr, und er spielte hingebungsvoll mit Swetlana und Wassilij, wenn er sie bisweilen besuchte. Sein Schwager Stalin vermied allerdings jede Begegnung mit ihm: Er soll ihn zwar bedauert, gleichzeitig aber über Fjodors »Narrheiten« gespottet haben.

Jeden zerbrach das Leben unbarmherzig

Jedes der bisher genannten Mitglieder der Allilujew-Familie hatte auf die eine oder andere Art unter der verwandtschaftlichen Verbindung mit Stalin zu leiden. Lediglich Olga und Sergej Allilujew, die Eltern von Swetlanas Mutter, starben eines natürlichen Todes. Stalins Sinn für Respekt vor den Eltern war zwar nur schwach entwickelt, hielt ihn aber immerhin davon ab, ihnen die grausamen Wunden zuzufügen, die ihre Kinder, deren Ehepartner und Freunde zu ertragen hatten. Sergej Allilujew zerbrach seelisch allerdings schon 1932 am Tod seiner Tochter. Er wurde still und litt entsetzlich.

Olga Allilujewa, Swetlanas Großmutter, war gesundheitlich robuster und lebenslustiger als ihr Mann. Doch nach dem Tod ihrer Tochter Nadjeschda fühlte sie sich im Kreml nicht mehr wohl. Stalin wollte seine Schwiegereltern allerdings auch nicht mehr sehen, um sich nicht ihren Fragen auszusetzen. Sie wohnten aber gerne in Subalowo, und Swetlana freute sich sehr darüber. Doch die Großmutter wirkte unendlich traurig. Worüber hätte sie sich noch freuen sollen? Olga, die einst dem jungen Revolutionär Stalin nahe stand, der mit ihrer Tochter Nadjeschda verheiratet war, musste erleben, wie jener auch ihre Tochter Anna ins Gefängnis werfen ließ und deren Familie zerstörte. Die alte Frau hatte zwar die Kraft, Briefe an Stalin zu schreiben, und bat Swetlana, diese zu überbringen – verlangte sie aber dann wieder zurück. Sie wollte sich nicht auch noch Stalins Spott aussetzen. Als sie im Vorfrühling 1951 im Alter von 76 Jahren starb, durfte ihre inhaftierte Tochter Anna nicht zu ihrer Beisetzung kommen.

Das Schicksal ihrer Tanten und Onkel kommentierte Swetlana lapidar: »Jeden zerbrach das Leben unbarmherzig.«[290] Nein, es war nicht das Leben, es war ihr Vater. Sie gab zu, dass sie es sich einfach nicht vorstellen konnte, »dass mein Vater fähig wäre, Menschen, deren Ehrlichkeit und Anständigkeit ihm wohlbekannt waren, als Schuldlose zum Tode zu verurteilen. Erst später, in meinen Mädchenjahren, kam ich durch gewisse Entdeckungen zu dieser furchtbaren Überzeugung.«[291] Die 26-jährige Swetlana stand damals am Grab ihrer Großmutter. Doch verstanden hat sie die entsetzlichen Leiden ihrer Großeltern erst, als sie selbst erwachsene Kinder hatte.

Die Familie Swanidse

Und nicht nur der Familie von Stalins zweiter Frau wurde so übel mitgespielt, auch der Familie seiner ersten Frau Jekaterina Swanidse.[292] Maria Anissimowna – Tante Marusja –, die Ehefrau von Jekaterinas Bruder, liebte ihre angeheiratete Schwägerin Nadjeschda sehr. Nach deren Verheiratung blieben Bruder und Schwägerin in ihrer Nähe in Moskau. Obwohl Nadjeschda 1932 aus dem Leben schied, war vor allem Tante Marusja deren Familie lieb und teuer. Sie war sehr viel mit Stalin auf seiner Datscha zusammen und kümmerte sich rührend um die kleine Swetlana. Marusja, 1889 in Tbilisi geboren, eine Opernsängerin, hatte als Witwe 1921 Aleksander Semjonowitsch Swanidse geheiratet. Sie brachte ihren Sohn Anatoli mit in die Ehe und schenkte dann noch einem Sohn Dschonrid das Leben.

Marusja hätte Stalin gerne öfter besucht, besonders seit seine Frau tot war; denn sie spürte seine Einsamkeit. Doch ihr Mann war dagegen, teils aus Eifersucht, teils aus der Befürchtung, dass sie aufdringlich wirken könnte. Er behauptete, Stalin habe es nicht gern, wenn Frauen ihn besuchten. Doch Marusja fand, sie sei nun mal die engste Freundin von Stalins Frau gewesen, habe seine Kinder aufrichtig lieb, ganz zu schweigen von dem Respekt und der Achtung Stalin gegenüber als einer Persönlichkeit, mit der sie »glücklicherweise sehr befreundet« sei.[293]

Am 28. Dezember 1934 trafen sich wieder einmal viele Verwandte in der Datscha von Subalowo. Auch Marusja und Aljoscha waren eingeladen. Unter den vielen ausgebrachten Trinksprüchen war auch einer für Andrejewna, die mit Nadja an der Akademie studiert hatte. Stalin stand auf und sagte: »Da wir gerade von der Akademie sprechen, möchte ich auf Nadja trinken.«[294] Alle erhoben sich und gingen mit ihren Gläsern auf Josef zu. Marusja küsste ihn auf die Wange. Stalin sah leidgeprüft aus. Viele Jahre später fragte sich Swetlana, warum ihre Tante Marusja mit »einer solchen Wärme« zu ihrem Vater gestanden habe. Sie hatte die Tagebücher der Tante immer und immer wieder gelesen und erfahren, wie sehr diese Stalin wegen seiner Einsamkeit bedauerte, wie leidvoll sein Gesichtsausdruck gewesen und welch guter Mensch er gewesen sei. Marusja konnte sich damals nicht vorstellen, was Stalin ihr und ihrer Familie noch antun würde.

Marusja und Aljoscha freundeten sich mit Anastas Iwanowitsch Mikojan an, der, wie sie fanden, »ein guter Genosse, absolut ehrlich und gewissenhaft« war. Aljoscha wurde kurz darauf befördert – zum

DIE FAMILIE SWANIDSE

Stellvertreter des Vorsitzenden der Verwaltung der Staatsbank für Auslandsoperationen der UDSSR. Aleksander Semjonowitsch Swanidse galt als ein bedeutender Finanzfachmann, der viele Jahre im Ausland, in London, Genf und Berlin, gearbeitet hatte. Swetlana zählte ihn zum Kreis europäisch gebildeter und kultivierter Marxisten.

Das Schicksal der Eheleute Swanidse gestaltete sich tragisch. Beide wurden im Rahmen der »Säuberungen« verhaftet und verurteilt. Aleksander Swanidse zeigte sich als ein mutiger Mann, der Stalin nicht um Gnade anflehte, obwohl es gerade das war, was Berija während dessen Haftzeit vom Dezember 1937 bis Dezember 1940 unbedingt erreichen wollte. Ursprünglich zum Tode verurteilt, änderte das Plenum des Obersten Gerichts für ihn die Höchststrafe in eine Freiheitsstrafe von 15 Jahren. Das gleiche Plenum hob am 20. August 1941 den eigenen Beschluss wieder auf und setzte das Urteil des Militärkollegiums von 1940 erneut in Kraft. Noch am gleichen Tag wurde Swanidse auf Weisung Berijas erschossen. Stalin schien es nie in den Sinn zu kommen, sich zu fragen: Wie konnte ein Mensch, den er von Kind an kannte, plötzlich zum »Feind« werden?[295]

Maria, Swetlanas geliebte Tante, wurde am 29. Dezember 1939 auf Beschluss des Sonderkollegiums beim NKWD zu acht Jahren Freiheitsentzug verurteilt, weil sie »antisowjetische Gespräche geführt, die Strafpolitik der Sowjetmacht verurteilt und terroristische Absichten gegen einen Führer der Kommunistischen Partei und der Sowjetregierung geäußert« habe. Am 3. März 1942 fasste das Sonderkollegium beim NKWD auf der Grundlage derselben Akten den Beschluss zu Marias Erschießung, die am selben Tag vollstreckt wurde. Sie wurde zusammen mit der Schwester ihres Mannes, Maria Semjonowna Swanidse, umgebracht. Diese war ursprünglich vom Militärkollegium des Obersten Gerichts der UDSSR zu zehn Jahren Freiheitsentzug verurteilt worden, jedoch auf Beschluss des Sonderkollegiums vom 3. März 1942 wurde sie erschossen.

Der 1927 geborene Sohn des hingerichteten Ehepaares, Dschonrid (Iwan Aleksandrowitsch) Swanidse, durfte überleben. Er wurde am 4. August 1948 auf Beschluss des Sonderkollegiums beim Ministerium für Staatssicherheit zu fünf Jahren Verbannung verurteilt, aus der er erst 1956 zurückkehrte.

Als Schülerin im Alter von 12 und 13 Jahren war es Swetlana unmöglich, alles zu verstehen, was um sie herum passierte. Dass aber Onkel Aljoscha und Tante Marusja und Onkel Stach »Feinde des Volkes« gewesen sein sollten, wie das die offizielle Propaganda glauben machte, fand sie höchst eigenartig. Sie dachte eher, man hätte ihr von weiteren Verstrickungen der Betroffenen nichts gesagt. So mussten viele, viele Jahre vergehen, bis Swetlana tatsächlich bewusst wurde, dass nicht nur alles, was sich in ihrer Familie ereignet, sondern im ganzen Land abgespielt hatte, mit dem Namen ihres despotischen Vaters aufs Engste verknüpft war.

Das Ausmaß an Brutalität den eigenen Familienmitgliedern gegenüber, die ihm doch Zuflucht gewährt hatten in den Jahren, als er nichts anderes war als ein obskurer kaukasischer Revolutionär, und ihm noch die Treue hielten, als er im Zentrum der Macht stand, hat etwas von der grausigen Faszination eines russischen Märchens oder – auf eine noch furchterregendere Stufe gehoben – Aspekte einer griechischen Tragödie.

Wie ging es den Personen, die durch Stalins Willkür verhaftet und dann oft erst nach vielen Jahren wieder freigelassen wurden? Die Erinnerung an den Terror reichte aus, um deren Willen zu lähmen, wie sich Aino Kuusinen erinnert: »Infolge dieses Terrors lastete immer noch Furcht auf den Gemütern – es war, als könnte man nicht daran glauben, dass Stalin wirklich von der Bildfläche verschwunden war. Es gab kaum eine Familie in Moskau, die nicht in irgendeiner Weise davon betroffen gewesen war, und doch wurde auch jetzt nicht darüber gesprochen. Ich selbst zum Beispiel sprach sogar mit meinen engsten Freunden nie über meine Gefängnis- und Lagererlebnisse – und sie stellten keine Fragen. Die Angst hatte sich zu tief in den Herzen eingenistet.«[296]

Die Opfer trugen die Erinnerungen an den Terror in sich, und die Henker bauten darauf. Es erscheint unglaublich, dass in der Ära Breschnew die UdSSR eine Briefmarke zum 50. Jahrestag der Tscheka zusammen mit einer Festschrift für diese Organisation herausgab.

9 Swetlanas Brüder

Ungeachtet dessen, dass er um vieles älter war als ich, war er mein guter Freund,
ein viel besserer als mein leiblicher Bruder Wassilij.*

Der Halbbruder Jakow (Jascha)

Josef Wissarionowitsch Dschugaschwili heiratete in erster Ehe im Juni 1904 die 1881 in Kaspegi geborene, sehr hübsche dunkelhaarige Jekaterina (Kato) Swanidse in seinem Geburtsort Gori in Georgien.[297] Die heimliche Trauung vollzog Christopher Tchinwoleli in der Kirche des hl. David. Der Rebell, der sich damals »Koba« nannte, wollte ein unschuldiges und gottesfürchtiges Mädchen zu seiner Frau. Von freidenkerischen revolutionären Frauen, die wie er ständig auf der Flucht waren und vom Bett des einen Kameraden in das des nächsten wechselten, hatte er gerade genug.

Jekaterina, die früh ihre Eltern verloren hatte, war mit ihrer verwitweten Großmutter Swanidse in einem kleinen Backsteinhäuschen am Stadtrand von Tbilisi aufgewachsen. Das Haus schien als Versteck wie geschaffen zu sein, meinte der Journalist Lew Borissowitsch Rosenfeld, der sich später Kamenew nannte und der im Winter 1899/1900 in Begleitung eines etwa 20-jährigen Mannes mit pockenvernarbtem Gesicht und Vollbart bei der Witwe Swanidse auftauchte. Die 18-jährige Keke war von diesem Revolutionär, der ihr zwar mit seinen 1,65 Metern sehr klein vorkam, fasziniert. Da dieser nach den Maidemonstrationen des Jahres 1900 aus Tbilisi fliehen musste und dann wegen revolutionärer Tätigkeit nach Sibirien verbannt wurde, sah die junge Frau ihren geliebten Koba jahrelang nicht mehr. Anfang des Jahres 1904 floh dieser aus Sibirien mit dem Ausweis eines toten Teppichhändlers namens David Nischeradse nach Tbilisi. Als Koba erneut nach Gori ging, folgte ihm Jekaterina. Nach der Hochzeit 1904 kam auf, dass es sich bei dem angeblichen Nische-radse um Josef Dschugaschwili handelte, und das Ehepaar floh nach Baku, der Hafenstadt am Kaspischen Meer. Dort lebte es in einer kleinen Wohnung.

Jekaterina arbeitete als Näherin und versuchte für ihren Mann ein gemütliches Heim zu schaffen. Doch in seiner ständigen Furcht vor einer Festnahme kam er erst spätabends nach Hause, um dann schon sehr früh am nächsten Morgen wieder wegzugehen. Außerdem war er oft zu Kongressen unterwegs: 1905 in Finnland, im Jahr darauf in Stockholm, dann im Mai 1907 in London. Am 26. Juni 1907 beteiligte sich Stalin aktiv an der »Enteignung« von Banken in Tbilisi. Das waren, um mit Martin Ebon zu sprechen, ganz gewöhnliche Raubüber-fälle, aus deren Beute die bolschewistische Revolution finanziert wurde.

Jekaterina hatte bei ihrer Eheschließung keine rechte Vorstellung davon, in welche – in ihren Augen gottlosen – politischen Umtriebe ihr Mann verstrickt war. Sie flehte zu Gott, dass er sich von den re-volutionären Ideen abwenden möge, um Glück in einem friedlichen Familienleben zu finden.

Am 23. März 1905 kam der Sohn Jakow zur Welt. Damals hatte die junge Frau große Schwierigkeiten, mit dem wenigen ihr zur Ver-fügung stehenden Geld auszukommen. Sie waren eben sehr arm. Und als Jekaterina krank wurde, fehlte Koba das Geld für einen Arzt. Außerdem behandelte er seine Frau lieblos, ja betrog sie mit der Be-gründung, »dass sie für Geschlechtsverkehr – insbesondere für seine wenig zärtlichen Praktiken – viel zu schwach geworden sei«[298]. Nach nur dreijähriger Ehe starb die lungenkranke Jekaterina am 10. April 1907. Ihr Mann hatte sie auch im Sterben allein gelassen, ihr jedoch ein Begräbnis nach orthodoxem Ritus versprochen. Später machte er sich bittere Vorwürfe, dass er ihr so wenig Fürsorge hatte zuteil wer-den lassen. Es wäre ihm durchaus möglich gewesen, von den hohen Summen, die er für die Partei bekam, etwas Geld abzuzweigen, um einen Arzt zu bezahlen oder seine Frau in ein Sanatorium zu bringen. Bei der Beerdigung wirkte Stalin mit seinem wirren Haar mager und klein und trug tiefe Trauer im Gesicht. Zu einem alten Freund sagte er: »Diese Kreatur hat mein hartes Herz weich gemacht. Nun, da sie tot ist, sind auch meine letzten Gefühle für alles Menschliche erstorben.«[299]

Nach der Beerdigung seiner Frau schwand bei ihm allerdings schnell jede Spur der Trauer. Das Schlimmste war jedoch, dass er sich überhaupt nicht dafür interessierte, was mit seinem kleinen Sohn geschah. Ihn begeisterte einzig und allein die Aufgabe, aus der Partei ein Werkzeug des Widerstandes zu machen.

Der Sohn blieb in der Obhut von Jekaterinas Schwester, und die Großeltern kümmerten sich rührend um ihn. Eines Tages wird er dann erfahren haben, dass seine Mutter so jung gestorben war. Doch für sein Gemüt war noch viel tragischer, dass sein Vater 15 Jahre lang überhaupt kein Interesse für ihn zeigte. Jascha ging in Tbilisi zur Schule. Erst nach der bolschewistischen Revolution holte ihn der Vater, der ihm völlig fremd war, nach Moskau in den Kreml. Nach dem Wunsch des Großvaters Aleksander Aljoscha Swanidse sollte Jascha in Moskau studieren. Doch das Leben im Kreml hatte fatale Folgen für den jungen Mann. Seinem Vater gegenüber kam er sich stets wie ein Eindringling vor, seine Stiefmutter Nadjeschda mochte er hingegen gerne. Das Erlernen der russischen Sprache machte Jascha, der bisher nur Georgisch gesprochen hatte, erhebliche Probleme. Infolge dieser Umstände wurde er trotzig, zog sich immer mehr zurück und konnte zum Ärger seines anspruchsvollen Vaters mit den Kindern der Kreml-Elite nicht Schritt halten, beziehungsweise er wollte das gar nicht.

Stalin hasste seinen Sohn angeblich auch deshalb, weil er Georgier war und ihn ständig an seine eigene Herkunft erinnerte.

»Sehr zärtlich, mit aufrichtiger Liebe verhielt sich Mama zu Jascha, meinem ältesten Bruder«, meinte Swetlana.[300] Ihre Mutter Nadjeschda wurde in der Familie das anerkannte Oberhaupt, denn es hieß schon viel Tatkraft und Geschick aufzubringen, einen solch bunt gemischten Haufen von Verwandten, Freunden und Kindern zusammenzuhalten.

Nadjeschda war durchaus bereit, sich ihrem Stiefsohn zu widmen, der nur sechs Jahre jünger war als sie selbst. Bald blühten die Gerüchte über eine Liebesbeziehung zwischen den beiden. Dies ist leicht zu widerlegen, da Nadjeschda ihren Stiefsohn im Grunde überhaupt nicht mochte. Sie fand ihn entsetzlich scheu und begriffsstutzig. Seiner Ziehmutter Maria Anissimowa Swanidse (Tante Marusja) teilte sie mit, dass sie beim besten Willen zu diesem Jungen keinen Zugang fände. Trotz seiner großen Zurückhaltung konnte er aber auch sehr jähzornig sein.

Am 9. April 1928 schrieb Stalin an Nadjeschda: »Sage Jascha von mir, dass er sich wie ein Rowdy und Erpresser benommen hat, mit dem ich nichts mehr gemein habe und nichts mehr zu tun haben will. Er soll leben, wo und mit wem er will.«[301]

Jascha war so sinnenfreudig, wie es angeblich alle Georgier sind. Doch Stalin machte sich ständig über ihn lustig. Das konnte der Sohn wiederum auf Dauer nicht ertragen und unternahm einen Selbstmordversuch. Er fügte sich einen Streifschuss zu und wurde ins Sklifossow-Krankenhaus[302] eingeliefert. Der Vater empfand kein Mitleid mit ihm, sondern lediglich blanken Hohn. Er hielt den Sohn sogar für zu dumm, sich selbst umzubringen. Daraufhin verließ Jascha das Haus seines Vaters und zog zu den Allilujews nach Leningrad. Jascha war zu diesem Zeitpunkt schon verheiratet, was ihm der Vater natürlich verboten hatte. Das erste Kind, ein Töchterchen, starb leider bald nach der Geburt, und die Ehe ging in die Brüche.

Der damals 22-jährige Jascha hatte eine Ausbildung als Elektroingenieur am Moskauer Baumann-Institut für Technologie absolviert. In Leningrad arbeitete er beim TEZ (Teplowaja Elektro Zentral), einem Fernheizwerk, und dann in der Provinzverwaltung im Kaukasus. Anfang der dreißiger Jahre war er Leiter einer Traktorenstation in einer Kleinstadt am Kuban.

Laut Swetlanas Aufzeichnungen übersiedelte Jascha im Jahr 1935 nach Moskau und trat in die 1. Fakultät der Artillerieakademie der Roten Armee ein. Jakow galt als ordentlicher, ehrlicher und schüchterner Mensch, der von der Abneigung seines Vaters stark geprägt war. Er erbrachte schlechte Leistungen und hatte große Wissensrückstände.

Zu seiner zweiten Frau wählte er Julija Isaakowna Meltzer, eine sehr hübsche Jüdin, die schon eine unglückliche Ehe hinter sich hatte. Dies rief abermals den Unwillen seines Vaters hervor, und später sollte sich Stalin an der Jüdin rächen. Maria Swanidse hat in ihren Tagebuchaufzeichnungen auch über Julija einiges geschrieben: »17. ii. 35. Jascha hat sich zum zweiten Mal verheiratet. Mit Julija Isaakowna Bessarb. Sie ist sehr hübsch, so zwischen 30 und 32 Jahre alt, flirtet gern, redet voll Überzeugung Dummheiten. Ihren ersten Mann hat sie verlassen, um Karriere zu machen...das hat sie eben ge-macht...Ihre Sachen sind noch im Haus ihres früheren Ehemannes. Ich weiß nicht, wie J. das aufnehmen wird!« Am 4. Dezember 1935 schrieb sie: »J. [Stalin] weiß nun von Jaschas Heirat. Seine Haltung ist die eines loyalen – aber ironischen – Vaters. Doch, Jascha ist 27 oder 28.«[303]

Jascha war besonders glücklich, als 1936 seine Tochter Galina (Ko-sename Galotschka, Galja) geboren wurde. Swetlana erinnerte sich, dass Jascha hin und wieder zu ihnen in die Wohnung im Kreml kam, er sehr zärtlich zu ihr war, ihr bei den Hausaufgaben zusah und mit ihr spielte. Wenn er zum Essen dablieb und Stalin tatsächlich einmal anwesend war, kam allerdings kein rechtes Gespräch in Gang. Jaschas »Ruhe und Sanftmut« – so Swetlana – regte den selbst noch im Alter aufbrausenden Vater auf. Er liebte jedoch das kleine Mädchen Galja, und sie liebte ihren Großvater. Er nannte sie »kleines Fräulein«, eine Bezeichnung, die er sonst nur für Swetlana benützte. Er nahm Galja oft in den Arm und drückte sie an sich.

Jaschas Tochter Galja erzählt: »Als mein Vater meinem Großvater meine Mutter vorgestellt hat, wurde sie von ihm sehr freundlich empfangen, ja geradezu liebenswürdig, er hat einen Toast auf sie aus-gebracht. Das hätte er nie gemacht, wenn er sie nicht gemocht hätte. Gleich bei der Heirat meiner Eltern bekamen sie eine Zweizimmer-wohnung zugewiesen, und als meine Mutter mit mir schwanger war, eine schöne Vierzimmerwohnung, dazu eine Kinderfrau und eine Köchin. Mein Vater scherzte damals, dass die Kinderfrau ein höheres Gehalt bekam als das ihm zugestandene Stipendium.«[304]

Vor dem Krieg besuchte Jascha fast jeden Sonntag mit seiner Fa-milie Swetlana in Subalowo. Sie gingen ins russische Dampfbad, das aus der Zeit stammte, als der Vater noch dort wohnte, und genossen diese Tage ganz besonders.

Bei Ausbruch des Großen Vaterländischen Krieges war Jascha 33, seine Schwester Swetlana 15 Jahre alt. Jascha wurde als Reservist eingezogen und an die weißrussische Front in die Gegend von Baranowitschi geschickt. Die Nachrichtenübermittlung aus dem Westen Weißrusslands riss sehr bald ab. Als Jascha in deutsche Kriegsgefangenschaft geraten war, schwieg die Sowjetpresse darüber. Aus anderen Quellen erfuhr dann Jaschas Frau, dass ihr Mann schon am 16. Juli 1941, kurz nach dem deutschen Einmarsch, als die Deutschen über Smolensk in Richtung Moskau vorzustoßen versuchten, bei Grosna gefangen genommen worden war. Swetlana war von ihrem Vater telefonisch davon in Kenntnis gesetzt worden, hatte es aber nicht übers Herz gebracht, dies Julija mitzuteilen.

Julija und ihre kleine Tochter Galja lebten zu jener Zeit mit den Großeltern Swanidse sowie Anna Sergejewna und deren beiden Söhnen in Sotschi am Schwarzen Meer. Als Swetlana vom Schicksal ihres Halbbruders erfuhr, war sie auf Befehl ihres Vater schon zu Kriegsbeginn nach Kujbyschew gebracht worden. Von dort schrieb sie ihm, wenn die Verwandten Sotschi verließen, dann sollte die zweijährige Galja zu ihr gebracht werden. Wie sehr muss Stalin seinen Sohn gehasst haben, wenn er nicht nur die Verhaftung von dessen Frau anordnete, sondern sogar verfügte, dass dessen Tochter in ein staatliches »Waisenhaus für Kinder von verhafteten Eltern« gesteckt werden sollte. Doch da schaltete sich die heranwachsende Swetlana ein. Sie ging zu ihrem Vater und flehte ihn an, sein zweijähriges Enkelkind in der Familie zu lassen. Stalin war zwar wütend, gab aber nach und erlaubte, dass Jaschas Töchterchen vorläufig bei Swetlana bleiben durfte. »Swetlana sorgte damals wie eine Mutter für mich«, sagt Galja heute noch.[305]

Swetlana musste sich anhören, dass ihr Vater in Jaschas Frau Julija »eine Komplizin« ihres Mannes bei dessen »Fahnenflucht« sah. Jaschas Gefangennahme sei nicht zufällig erfolgt, er sei dazu verführt worden, sich gefangen nehmen zu lassen. So absurd dieser Gedanke war, so tragisch waren die Folgen für Julija: Sie wurde im Herbst 1941 zusammen mit ihrer Mutter in Moskau verhaftet und saß bis zum Frühjahr 1943 im Gefängnis. Es bedurfte ziemlicher Überzeugungskraft, bis Stalin zustimmte und Berija beauftragte, das kleine Mädchen nach Kujbyschew zu bringen. Dort blieb Galja dann 18 Monate bis zur Entlassung ihrer Mutter aus dem Gefängnis. Julija heiratete 1969 den Studenten Hosin Ben Saad, einen arabischen Kommunisten. Ihr 1970 geborener Sohn Seim war leider geistig behindert und taub.[306]

Das damals noch kleine Mädchen Galja ist bis heute eine der wichtigen Zeitzeuginnen. Enzo Biagi reiste mit ihr in das Land ihres Großvaters nach Georgien. Da ihr Vater – im Gegensatz zu seinen Geschwistern – nie den Namen Stalin tragen durfte, heißt auch seine Tochter Galja Dschugaschwili.

»In diesen Tagen«, sagte Galja zu Enzo Biagi, »hatte Berija meine Mutter vor meinem Großvater verleumdet. Er klagte sie wegen Spionage an, ohne Näheres dazu zu sagen. Mein Vater war damals schon ein Gefangener, und wir wussten nichts von ihm. Meine Mutter wurde dann zwei Jahre in eine Gefängniszelle im riesigen Gefängnis inmitten Moskaus, wo Tausende von Häftlingen umkamen, gesteckt und wartete auf ihre Verhandlung. Doch dazu kam es nie. Mir sagte man nichts, und ich gewöhnte mich daran, ohne sie zu leben. Ich vergaß sie. Zuerst war sie in Moskau eingesperrt, dann, als die Nazis näher kamen, wurde sie nach Engels an der Wolga gebracht, dann wieder in ihr altes Gefängnis zurückgeschickt. Sie durfte im Gefängnis nicht arbeiten. Sie war in Einzelhaft und durfte auch nicht lesen. Sie durfte keine Zellengenossin haben, denn niemand sollte wissen, wer sie war.

Als sie aus dem Gefängnis entlassen wurde, hörte sie keine Entschuldigung, nichts wurde ihr gesagt, außer dem Wort: frei. Als ich sie wiedersah, erkannte ich sie nicht. Ich fürchtete mich, nahe zu ihr hinzugehen. Meine Mutter hat meinen Großvater nie mehr gesehen, sie ging auch nicht zu seiner Beerdigung. Sie kritisierte ihn nicht, sie sagte nie etwas, und ich verstand ihr Schweigen. Ich konnte sagen, dass ich ihn liebte, und ich denke, dass er ein großer Mann war.«[307]

Wenn man Galja heute nach dem Grund für die Verhaftung ihrer

Mutter fragt, so ist sie nach wie vor überzeugt, dass Berija die treibende Kraft gewesen sei. Ihre Mutter hatte ihr erzählt, dass dieser eines Tages in Stalins Datscha angerufen habe, wo sie sich am Telefon meldete. Berija hatte ihre Stimme nicht erkannt und schamlos angefangen, mit dieser »jungen Stimme« zu flirten. Doch das wurde Julija zu viel und sie wies ihn darauf hin, dass er mit Stalins Schwiegertochter spreche. Von da an war das Verhältnis zwischen Julija und Berija angespannt.[308]

Nach einem Bericht der »New York Times« vom 4. Oktober 1944, der aus vatikanischen Quellen stammte, soll Jascha zu Hermann Göring gebracht worden sein, der versuchte, ihm »Deutschlands militärische und industrielle Macht auf eindrucksvollste Weise vor Augen zu führen«. Stalins Sohn habe jedoch »Verachtung für alles Nichtrussische gezeigt« und über sein Privatleben nur gesagt, dass er »seinen Vater nur selten gesehen und als Sohn des Ministerpräsidenten auch keinerlei Vorrechte genossen habe«.[309]

Stalin hätte seinen Sohn aus deutscher Gefangenschaft befreien können, als Generalfeldmarschall Friedrich Paulus in Stalingrad in russische Hände fiel. Die Deutschen boten Stalins Sohn im Austausch gegen den Kommandeur der 6. Armee von Stalingrad an. Stalin lehnte verächtlich ab. »Wir tauschen keinen Soldaten gegen einen Feldmarschall.«

Nach Kriegsende bekam Stalin das Protokoll vom 18. Juli 1941 aus dem Luftwaffenhauptquartier zugesandt. Nach dem Verhör sagte Jakow: »Ich weiß nicht, wie ich meinem Vater unter die Augen kommen soll. Ich schäme mich, am Leben zu sein.«[310] Dass Jascha sich den Deutschen ergeben hatte, war für Stalin gleichbedeutend mit Hochverrat.

Jakow wurde nach Berlin gebracht, wo er dem Reichsführer SS, Heinrich Himmler, und dem Chefideologen der NSDAP, Alfred Rosenberg – einem geborenen Balten, der Russisch sprach –, vorgeführt wurde. Dieses Zusammentreffen belehrte die Nationalsozialisten jedoch, dass Jakow nicht gewillt war, ihr Werkzeug zu werden.

Nach der Rückkehr in das KZ Sachsenhausen kam Jascha in Einzelhaft, musste hungern, wurde geschlagen und gedemütigt. Doch

Jakow erwies sich als stärkere Persönlichkeit, als sein Vater dachte. Er fürchtete, dass die Deutschen ihn durch Folter und psychologische Bearbeitung dazu bringen könnten, seinen Vater und sein Volk zu verraten. Als man ihm sagte, dass Stalin das deutsche Angebot, ihn gegen einen gefangenen hohen deutschen Offizier auszutauschen, abgelehnt habe, riss Jakow sich von seinen Wächtern los und rannte in den elektrisch geladenen Stacheldraht. Die Maschinenpistole eines Wärters machte seinem Leben ein Ende.

In den deutschen Archiven gibt es eine einzigartige Fotografie. Sie zeigt eine Gruppe von Wehrmachtsoffizieren, die um den Hauptmann Jakow Dschugaschwili herumstehen und ihn mit großer Neugier betrachten. Mit geballten Fäusten sieht Stalins Sohn seine Feinde hasserfüllt an. Die Deutschen waren bemüht, Jakows Gefangennahme für Propagandazwecke zu nutzen. Sie warfen Flugblätter mit der Fotografie Dschugaschwilis ab, aber die russische Bevölkerung hielt sie für eine Fälschung.

Im Winter 1943/44, also nach dem Sieg bei Stalingrad, sagte Stalin seiner Tochter Swetlana anlässlich einer ihrer schon selten gewordenen Begegnungen: »Die Deutschen haben den Vorschlag gemacht, Jascha gegen irgendeinen der Ihrigen auszutauschen … Soll ich mich auf einen solchen Handel mit ihnen einlassen? Nein − Krieg ist Krieg.«[311] Dann sprach er noch ein einziges Mal mit Swetlana über Jascha, und zwar im Sommer 1945, bereits nach dem Sieg: »Die Deutschen haben Jascha erschossen; ich habe von einem belgischen Offizier, einem Prinzen Soundso, einen Brief mit Beileidsbezeigungen erhalten. Der Belgier war Augenzeuge, die Amerikaner haben sie alle befreit …«[312]

1993 kam Swetlana in einem Gespräch mit Rosamond Richardson nochmals auf den Tod ihres Stiefbruders zurück. Sie konnte sich nicht vorstellen, dass er fliehen wollte. Er habe gewusst, dass der Zaun unter Starkstrom stand. »Davon leite ich ab, dass er sterben wollte. Er war am Ende seiner Kräfte.«[313] Swetlana war ihrem Stiefbruder immer zugetan gewesen: »Wäre der Krieg nicht gekommen, wären Jascha und ich wohl richtig gute Freunde fürs ganze Leben geworden.«[314]

»The Moscow Times« brachte am 12. September 2003 den Artikel »U.S. Clarifies Stalin Son's Death« von Steve Gutterman. Darin wird berichtet, dass Jakow Dschugaschwilis einziger Tochter, der in Moskau lebenden Galja, eine Mappe mit Unterlagen über das Ende ihres Vaters in deutscher Gefangenschaft in Washington ausgehändigt worden sei. Die Dokumente hatten sich in den »National Archives« befunden, da sie mit Kriegsende von Deutschland dorthin gekommen waren. Doch auch nach Erhalt der Unterlagen und Zeitungsberichte gibt es für Galja noch immer viele Ungereimtheiten zum Tod ihres Vaters. Sie hat erfahren, dass die Ehefrau von Generalfeldmarschall Paulus einen Brief an Hitler geschrieben haben soll mit der Bitte, ihren Mann gegen Stalins Sohn auszutauschen. Angeblich habe sie eine kurze Absage von Hitler bekommen.

Auf die Frage, wie Galja mehr als 50 Jahre nach Kriegsende über ihren Großvater und das Schicksals ihres Vaters denke, kann sie nur bestätigen, dass es nicht möglich gewesen wäre, den Sohn Stalins auszutauschen. Andere hohe Militärs haben auch Söhne im Krieg verloren, wie etwa Anastas Mikojan und Nikita Chruschtschow. Da es keine Verträge mit den Deutschen über einen Gefangenenaustausch gegeben habe, hätte ihr Großvater Stalin an Prestige verloren, wenn er seinen Sohn aus dem deutschen Lager hätte holen lassen.

Galina Dschugaschwili hat das Leben ihres Vaters aufgezeichnet: »Die Enkelin des Führers – Großvater, Vater, Mama und ich.«[315] Sie ist Mitglied im Schriftstellerverband.

Swetlanas Bruder Wassilij (Wassja)

Als Swetlana noch ein kleines Mädchen war, durfte sie immer wieder zu ihrer Mutter ins Zimmer kommen, neben ihr auf deren Tachta, einem kaukasischen Ruhebett, Platz nehmen, und diese sprach ganz leise mit ihr. Die Mutter, der immer übel wurde, wenn sie Wein trinken musste, bat die Sechsjährige, niemals Wein zu trinken. Dies klingt ziemlich eigenartig, wenn man nicht die von ihrem Vater gepflegte kaukasische Sitte oder besser Unsitte kennt, die Finger in

Wein zu tauchen und die Babys daran saugen zu lassen beziehungsweise auch kleinen Kindern einen Schluck Wein zu geben. In den Augen ihrer Mutter war dies der Anfang eines schrecklichen Übels. Nadjeschda hat wegen ihres frühen Selbstmordes nicht mehr miterleben müssen, dass alle Mahnungen an ihren Sohn Wassilij, nicht zu trinken, vergeblich waren. Er ging am Alkoholismus zugrunde.[316]

Wassilij kam 1921 nicht in dem auf seine Geburt vorbereiteten Kreml-Krankenhaus zur Welt, sondern in einer kleinen Entbindungsstation am Stadtrand von Moskau. Die hochschwangere Nadjeschda und ihr Mann waren kurz vor der Geburt so sehr in Streit geraten, dass diese das Haus verlassen hatte. Der Junge sah seinem Vater ähnlich, der ihn liebte, aber kaum Zeit für ihn hatte. Die strenge Mutter besorgte für das Kind eine Kinderfrau, später eine Erzieherin, dann einen Erzieher und das entsprechende Wachpersonal.

Hin und wieder aber unternahm die Mutter mit ihren Kindern auch Ausflüge. So erhielt Stalin im September 1930 einen ausführlichen Brief seiner Frau über die Ankunft eines Zeppelins in Moskau, einem wirklich besonderen Ereignis. Eine riesige Menschenmenge schaute sich das bemerkenswerte Luftschiff an. Voll Stolz berichtete sie, dass »Wassja mit dem Fahrrad vom Kreml durch die ganze Stadt bis zum Flugplatz gefahren« war. »Er hat die Strecke gemeistert, doch hinterher war er natürlich todmüde.«[317]

Wassilij schrieb seinem Vater am 21. September 1931:

»Ich grüße dich, Papa! Wie geht es dir? Mir geht es gut: Ich gehe in die Schule, fahre Fahrrad, bastele und halte mich viel draußen auf.

Ich habe echte Schleierschwänze und Guppys, die Junge gekriegt haben. Diese Fische brauchen warmes Wasser. Mama hat uns im Sommer den Fotoapparat gegeben, mit dem wir sehr viele Aufnahmen gemacht haben.

Bei uns in Moskau ist jetzt ganz schlechtes Wetter, es regnet, ist sehr schmutzig und kalt. Auf Wiedersehen.

Wassja.«[318]

Wassilij war elf Jahre alt, als sich seine Mutter das Leben nahm. Der Tod der Mutter traf den Halbwüchsigen hart. Im Gespräch mit der englischen Autorin Rosamond Richardson im Jahr 1993 sagte Swetlana: »Als Mutter starb, war er am Ende. Sie war seine Liebe und sein Schutz: Sie bedeutete ihm alles.«[319]

Der Junge, der schon immer als »schwieriges Kind« galt, bekam damals, so meinte seine Schwester, einen klugen Erzieher: Aleksander Iwanowitsch Murawjow. Er dachte sich für seinen Schützling ständig neue Ausflüge aus: Sie gingen an den Fluss zum Fischen, übernachteten dort in einer Hütte und kochten sich Fischsuppe. Sie gingen in den Wald, um Beeren und Pilze zu sammeln, oder beschäftigten sich mit Tieren, alles aus pädagogischer Sicht. Im Wechsel dazu gab es den üblichen Hausunterricht, wobei seiner Schwester das Lernen viel leichter fiel als Wassilij. Den Tagesablauf bestimmte der von den Kindern ungeliebte Major Nikolaj Wlassik[320], ein ehemaliger Leibwächter aus Stalins Bürgerkriegstagen.

Der Kontakt mit seinem Vater beschränkte sich nun fast ausschließlich auf Briefe. So schrieb der Junge am 5. August 1933 an ihn:

»Ich grüße dich, Papa!... Papa, ich habe persönlich den Kommandanten gebeten, dass die Frau des Lehrers bei uns wohnen kann, doch er hat es abgelehnt. Der Lehrer hat sie nun in der Arbeiterbaracke untergebracht.

Papa, ich schicke dir drei kleine Steinchen, die ich selbst bemalt habe.

Wir sind gesund und munter, ich wiederhole den Lehrstoff.

Auf baldiges Wiedersehen.

Wasska Krasny [der Rote].«[321]

Stalin schrieb damals an den Genossen Jefimow, er solle besonders auf Wassja aufpassen, damit er nicht aus der Rolle falle. Wassja dürfe nicht machen, was er wolle. Jefimow solle streng mit ihm sein. Wenn der Sohn nicht auf die Kinderfrau höre und ihr frech komme, sollten ihm die Leviten gelesen werden. K. W. Pauker informierte am 15. September 1933 Stalin über seine Gespräche mit Wassja, dem er alle seine Sünden aufgezählt habe. Den Lehrer habe Pauker aufgefordert, Wassjas Streiche nicht zu vertuschen. Außerdem schlug er vor, dass Wassja die Schule wechseln sollte, da in die derzeitige Schule zu viele undisziplinierte Kinder gingen. Schließlich kam Wassja in die 25. Schule in der Twerskaja (Pimengasse), wo es dem Sohn »mittelmäßig« gefiel, nicht zuletzt weil da auch seine Schwester unterrichtet wurde.

Doch Wassilij konnte sich weder in der Schule noch später an der Universität richtig konzentrieren. Sein Bewusstsein, der Sohn des großen »Führers« zu sein, war kaum mehr zu steuern. Und er hatte sich ein Druckmittel gegenüber seinen Lehrern ausgedacht, wie in einem Brief Stalins zu erkennen ist: »Ich möchte Ihnen einen Rat geben: Behandeln Sie Wassilij möglichst streng, und haben Sie keine Angst vor den falschen und erpresserischen Drohungen dieses launischen Burschen, Selbstmord zu begehen.«[322] Das Wort Selbstmord hatte sich in Wassilijs Bewusstsein verankert. Er hatte die tragischen Zusammenhänge um den Tod seiner Mutter längst begriffen, und diese Wunde verheilte bei ihm nie. Oft versuchen schwache Seelen solche Wunden mit Alkohol zu betäuben. Die Bedingungen dafür waren günstig: Der Vater, die Lehrer, die Wachmänner animierten ihn zum Trinken, alle seine Freunde mochten ihn besonders, wenn er Saufgelage veranstaltete.

Wassilij war ein leidenschaftlicher Reiter und ritt gerne mit seiner Schwester aus. Die beiden spielten auch sehr gut Schach, ein Spiel, das ihnen der Vater beigebracht hatte. Wassilij war ein guter Radiobastler, versuchte sich in der Malerei und interessierte sich für Astronomie. Er liebte den in den Augen seines Vaters »dekadenten« westlichen Jazz, schwärmte für amerikanische Autos und besaß sowohl einen roten Mercedes-Benz als auch ein Harley-Davidson-Motorrad, mit dem er überall Aufsehen erregte, vor allem bei der Damenwelt. Seine Beziehungen zu Frauen begannen sehr früh. Wassilijs Schwester beklagte sich, dass er mit ihr in frühester Jugend über Sex gesprochen habe, leider in einer geschmacklosen Art. Seine Ausdrucksweise war überhaupt ordinär, und er erzählte am liebsten schmutzige Geschichten. Er wurde immer wieder gebeten, in Anwesenheit seiner so viel jüngeren Schwester den Mund zu halten. Doch das tat er nicht. Swetlana stand dann eben vom Tisch auf und verließ das Zimmer.[323]

Wassilijs erste Frau war Natascha Aleksandra Burdonskaja, die Tochter von Molotow, mit der er seit Kindertagen befreundet war. Mit ihr hatte er zwei Jungen, ließ sich aber später von ihr scheiden. Seine zweite Frau war Jekaterina (Ninel), die Tochter von Semjon K. Timoschenko[324], von der man erzählte, dass sie eine »sehr schöne Frau mit rabenschwarzem Haar und blauen Augen« war. Sie gebar ihm ebenfalls zwei Jungen. Und die dritte Ehefrau wurde Kapitolina Wassiljewa[325]. Drei glücklichen ersten Ehemonaten folgten vier unglückliche Jahre mit Quälereien, Beleidigungen und Saufgelagen. Schließlich jagte er sie davon. Seine zweite Frau, die er daraufhin wieder ins Haus geholt hatte, hielt es auch nur kurze Zeit bei ihm aus.

Aleksej Kapler nannte Wassilij einen sehr komplizierten Charakter, der einige gute Eigenschaften, aber viele Schwächen habe.[326] Chruschtschow bezeichnete Wassja als einen guten, intelligenten, aber eigensinnigen Jungen, der schon in früher Jugend übermäßig getrunken habe. Er bereitete Stalin viel Kummer, sodass dieser ihn regelmäßig züchtigte und eigens Tschekisten damit beauftragte, Wassja ständig zu überwachen.

Seine Schwester litt sehr unter dem Zerwürfnis zwischen ihrem Bruder und dem Vater. Selbst wenn er mit ordenbehängter Uniform vor dem Vater zu erscheinen hatte, »schüttelte es ihn buchstäblich« vor Angst. »Er saß dann irgendwie vorn auf dem Stuhlrand. Plötzlich fragte der Vater ihn etwas ... er konnte keine Antwort geben. Er fing an, hin und her zu rutschen. Aber er trank ja schon, war nervös. Und er fürchtete sich«, erzählte seine Schwester Swetlana in einem Interview 1994. Der Vater fragte dann spöttisch, ob Wassilij etwa »besoffen« sei oder ob er gerade seinen Rausch ausgeschlafen habe. Swetlana fand es schrecklich, dass zwischen Vater und Sohn überhaupt keine Nähe mehr zu spüren war.[327]

Mit der Zeit wurde Stalins Sohn für sein arrogantes und rachsüchtiges Wesen berüchtigt. Er nutzte, wo er nur konnte, die Tatsache aus, dass er Stalins Sohn war. Seine Karriere war ein echter Fall von Nepotismus. Wassilij war während des Krieges zunächst beim

Stab, seit dem Frühjahr 1943 Kommandeur eines Fliegerregiments, dann befehligte er eine Division, später ein Fliegerkorps an der Westfront. Nach dem Krieg diente Wassilij bei den sowjetischen Streitkräften in Deutschland. Er hatte ein zweistöckiges Einfamilienhaus für sich und seine Familie nicht weit von Berlin. Doch der Dienst bei den Besatzungstruppen langweilte ihn, und so flog er im Juni 1947 nach Moskau, um ein Gesuch um Versetzung in die Hauptstadt einzureichen. Am 18. Juli 1948 wurde er mit 27 Jahren Kommandeur der Luftwaffe des Moskauer Militärbezirks, und ein Jahr später unterzeichnete Stalin den Befehl zur Beförderung Wassilijs zum Generalleutnant; außerdem wurde er Deputierter im Obersten Sowjet.

Swetlana war 1946 mit ihm für zehn Tage in Deutschland, um seine Frau, die eben ein Mädchen zur Welt gebracht hatte, zu besuchen, und kehrte dann mit dem »persönlichen« Flugzeug zurück, das mit »Trophäen« (Beutestücken) für die Datscha ihres Bruders voll gestopft war. Swetlana war ziemlich niedergeschlagen, denn das, was sie von Deutschland gesehen hatte, war ein zerbombtes Land, das in Schutt und Trümmern lag. Sie war mit dem Auto von Warnemünde über Rostock, Berlin, Dresden und Leipzig bis Jena und Weimar gefahren.

Stalin selbst sah sich schließlich gezwungen, Wassilij aus dem Oberkommando der Luftstreitkräfte wieder zu entfernen. Wie seine Schwester Swetlana bestätigte, trug Wassilij die Verantwortung dafür, dass der Oberkommandierende der sowjetischen Luftstreitkräfte, Marschall A. A. Nowikow, in Ungnade fiel und verhaftet wurde.[328]

Dann saß Wassilij als General im Ruhestand allein zu Hause und trank und trank, bis er 1953 eines Tages völlig den Kopf verlor. Nach einem Gelage mit irgendwelchem Gesindel wurde Wassilij Jossifowitsch Stalin am 28. April 1953 verhaftet. Sergej Nikolajewitsch Kruglow informierte Georgij Maksimilianowitsch Malenkow, seit 1953 Vorsitzender des Ministerrates der UdSSR, nach der Verhandlung am 8. August 1953 über die Vergehen Wassilij Stalins.[329] Es ist unglaublich, welcher Verbrechen er sich schuldig gemacht hatte. Die Auflistung ist mehrere Seiten lang. Wassja Stalin selbst teilte seine Verbrechen in drei Kategorien ein:

1. Verleumdung und falsche Berichterstattung an Genossen Stalin, was zur Entlassung und Verhaftung unbescholtener Mitarbeiter führte;
2. Verleumdung von Mitgliedern der Regierung, Absichtserklärung, ausländische Korrespondenten zu treffen, um Verrat an der Heimat zu üben;
3. Straftaten im Amt als Kommandierender der Luftstreitkräfte des Moskauer Militärbezirks.

All diese Anschuldigungen wurden im Mai 1953 in einem von Berija, Kobulow und Wlodsimskij unterzeichneten Dokument gegen Wassilij erhoben. Das Kriegsgericht verurteilte ihn zu acht Jahren Kerker.

In einem Schreiben wandte sich Wassilij am 21. Dezember 1953 an Molotow, den Vater seiner ersten Frau:

»Werter Wjatscheslaw Michajlowitsch!
Berija muss auf eine Reihe von Fragen zu unserer Familie antworten. Das ist für die Geschichte von Bedeutung, dann wird vieles klarer. Wenn ich das nicht veranlassen kann, dann müssen Sie das tun, denn bei der Fragestellung muss man die tragische Geschichte unserer Familie seit 1930 kennen. Außer Ihnen war nur Kirow über alles informiert. Vieles ist auch mir unbekannt, denn ich war noch zu klein. Mein Vater hat mir viel erzählt, doch auch ihm war manches unklar. Dies alles muss geklärt werden.
Ihr W. Stalin.«[330]

Als man das Verfahren gegen ihn 1955 wieder aufrollte, wurden diese Anschuldigungen jedoch nicht fallen gelassen.

Am 9. April 1960 fand ein äußerst ausführliches Gespräch zwischen Kliment Jefremowitsch Woroschilow und Wassilij Stalin statt. Woroschilow, ein enger Freund Stalins und nach dessen Tod Staatsoberhaupt, versicherte Wassilij, dass er ihn gern habe und er sich wünsche, dass sich dessen Leben zum Guten ändere. Als Vorbild stellte er ihm seine Schwester Swetlana hin. »Sie benimmt sich richtig und normal, ihr muss niemand Vorwürfe machen.« Sie sei der

Meinung, ihr Bruder sei kein schlechter Mensch. An allem Unglück sei nur der »verfluchte Wodka« schuld. Woroschilow bat Wassilij, sich mit seiner Schwester zu vertragen. Doch dieser erwiderte, er wäre der Ältere und darum würde er nicht den ersten Schritt machen. Wenn sie zu ihm käme, würde er sie nicht wegschicken. Wassilij klagte, dass sie in den vergangenen sieben Jahren nicht einmal zu ihm gekommen sei. Das wolle er ihr nie verzeihen. Woroschilow entgegnete ihm, dass ihn Swetlana mehrfach gebeten habe, mit dem Trinken aufzuhören. Wassilij behauptete, das habe sie nicht getan. »Sie ist seltsam, hat einen schwierigen Charakter, doch ich habe sie stets unterstützt. Wenn ihr das passiert wäre, was mir widerfahren ist, dann hätte ich mich überall für sie eingesetzt. Sie hat es nicht fertig gebracht, in der Zeit, als ich im Gefängnis in Wladimir saß, mich auch nur 15 Minuten zu besuchen, während die Kinder gekommen sind.«[331]

Diesen Aussagen stehen die Aufzeichnungen seiner Schwester gegenüber, die ihn tatsächlich in Wladimir besucht hatte.[332]

Der Besuch beim Bruder im Gefängnis von Wladimir war für Swetlana sogar äußerst schmerzlich. Sie wurde begleitet von Wassjas dritter Frau, Kapitolina Wassiljewa, die weiter zu ihm hielt, obwohl er sie schändlich gedemütigt hatte. Im trostlosen, dunklen Arbeitszimmer des Gefängnisdirektors hing immer noch ein gewaltiges Porträt Stalins an der Wand. Der Direktor wusste nicht so recht, wie er sich den beiden, in teure Pelze gekleideten Damen aus der Hauptstadt gegenüber verhalten sollte. Schließlich kam Wassilij und stellte ununterbrochen Forderungen an seine Schwester und seine Frau. Sie sollten alle möglichen Leute anschreiben und um seine vorzeitige Entlassung bitten. Er schrieb seiner Schwester anschließend noch mehrere Briefe und bat sie unter anderem, sich mit den Chinesen in Verbindung zu setzen. Er selbst hatte bereits viele Mitglieder der Regierung kontaktiert. Doch es nahm ihn niemand mehr ernst.

Seine vorzeitige Entlassung verdankte Wassilij weitgehend der Tatsache, dass Nikita Chruschtschow Mitleid mit ihm hatte und ihn wie ein Vater behandelte. Wassilij erhielt seinen militärischen Rang und seine Parteimitgliedschaft zurück, und auch seine Pension wurde ihm wieder zuerkannt. Doch bald ging es erneut mit ihm bergab. Daraufhin wurde er nach Kasan in die Verbannung geschickt. Dort lebte er zusammen mit seiner vierten Frau, der Krankenschwester Maria Nussberg, die er bei einem Aufenthalt im Gefängniskrankenhaus kennen gelernt hatte. Sergo Berija wollte ihn zusammen mit seiner Mutter Nina in Kasan besuchen, um ihm vorzuschlagen, bei ihnen in Swerdlowsk zu leben. Doch Swetlana musste ihnen sagen, dass es zu spät war, etwas für ihren Bruder zu tun.

Stalins Sohn Wassilij starb am 19. März 1962 im Alter von 41 Jahren an seiner Trunksucht.

Der Vorsitzende des Komitees für Staatssicherheit W. E. Semitschastnij teilte am 19. März 1962 Nikita Chruschtschow streng geheim mit, dass es für zweckmäßig gehalten werde, W. J. Dschugaschwili in Kasan ohne militärische Ehren beizusetzen.[333] Auf seinem Grabstein steht eingemeißelt: »Dem einzigen Dschugaschwili«.

Zum Tod ihres Bruders schrieb Swetlana in ihrem zweiten Buch »Das erste Jahr«, er sei ein Beispiel dafür, wie Mythen entstehen. Als Wassilij gestorben war, wollten dies viele Menschen, die eine eigenartige Vorstellung vom Leben der Stalin-Familie hatten, nicht glauben. Sie bestanden auf ihrer Version, dass Wassilij nach China gefahren sei und dort die chinesische Luftwaffe kommandiere. Swetlanas Worten wollten sie keinen Glauben schenken. Sogar seinen Kindern, die bei Wassilijs Begräbnis anwesend waren, sagte man: »Ach, lassen Sie nur, wir wissen alles. Im Sarg hat eben ein anderer gelegen. Wir verstehen ja, dass Sie nicht die Wahrheit sagen dürfen...«[334]

Swetlana nannte das Schicksal ihres Bruders tragisch. Sie sah in ihm ein Geschöpf – Produkt und Opfer zugleich – eben jenes Milieus, jener Maschinerie, jenes Systems, das den Personenkult hervorgebracht und kultiviert hatten.

IO

Swetlanas Interesse an der russischen Literatur

Die Art, wie man diese beiden Schriftsteller behandelt und bestraft hat, hat mir
jeden Glauben an die Gerechtigkeit genommen. *
Wie Leid in uns're Wangen/Die tiefen Zeichen seiner
Keilschrift gräbt! **

Die Literaten und der Sowjetstaat

»Als wir uns zum ersten Mal trafen, lasen wir gemeinsam Gedichte.«
Swetlana erinnerte sich gerne an diese romantischen Stunden mit ihrer ersten großen Liebe Aleksej Kapler. Für Literatur hatte sie sich
schon immer begeistern können. Während ihrer Schulzeit war ihr der
Unterricht in Literatur besonders lieb, vor allem die Lektüre von
Goethe, Schiller, Tschechow und Gorkij. Das war für sie der Ein-
stieg, gefolgt von der Dichtkunst der Akmeisten[335] bis Majakowskij[336]
und Jessenin[337] und weiteren sowjetischen Literaten. Sie studierte neben Geschichte auch Literatur und schloss mit einem Diplom ab.

Da Kapler ihre Vorliebe für Literatur bemerkt hatte, schenkte
er ihr die »Große Anthologie der russischen Dichtkunst vom Symbolismus bis heute«, die von ihm mit Kreuzchen und Anmerkungen
versehen war. »Ach, was war das für ein Buch! Ich hatte es sehr lange
bei mir zu Hause, und in manchen schweren Minuten habe ich einen
Blick hineingeworfen«, schwärmte Swetlana ihrer Schulfreundin
Marfa Peschkowa vor.[338] Ganz besonders schätzte Swetlana seit jener Zeit Anna Achmatowa, Nikolaj Gumiljow[339] und Wladislaw
Chodassewitsch[340].

1912 war die Vereinigung der Akmeisten gegründet worden, an deren Spitze zwei Vorsitzende gewählt wurden: Nikolaj Stepanowitsch
Gumiljow und Sergej Gorodetskij[341], als Sekretär die damals sehr
junge Anna Achmatowa. Sie wollten mit der Schöpfung einer neuen
Ästhetik den Symbolismus in Russland ablösen.

Anna Achmatowa (1889–1966), die eigentlich Anna Andrejewna

Gorenko hieß[342], war neben Marina Zwetajewa die wichtigste russische Lyrikerin des 20. Jahrhunderts und ist besonders eng mit der Kultur von St. Petersburg (damals noch Leningrad) verbunden. Beide Dichterinnen hatten im stalinistischen Russland ein schweres Los zu ertragen.

Anna Achmatowa, die buchstäblich über Nacht als Lyrikerin berühmt geworden war, heiratete 1910 Nikolaj Stepanowitsch Gumiljow (1886–1921), einen akmeistischen Dichter. Wegen seiner Teilnahme an einer angeblich antibolschewistischen Verschwörung wurde er 1921 erschossen. Zwischen 1922 und 1940 erschien von Anna Achmatowa keine einzige Zeile. Als der politische Terror immer mehr um sich griff und Freunde wie Ossip Mandelstam ins Lager kamen, wurde 1935 auch ihr einziger Sohn Lew zusammen mit ihrem damaligen Lebensgefährten Nikolaj Punin verhaftet, doch kurz darauf wieder freigelassen. Seine Entlassung hatte Boris Pasternak durch einen Brief an Stalin erreicht. Nur drei Jahre später wurde Lew 1938 erneut verhaftet. Siebzehn Monate stand die Dichterin immer wieder in der Schlange vor dem Gefängnis von Leningrad, bis man ihr schließlich mitteilte, dass Lew den Weg nach Sibirien antreten musste. Während der deutschen Blockade von Leningrad wurde Anna Achmatowa nach Moskau geflogen und dann – bis 1944 – nach Taschkent evakuiert. Völlig schockiert sah sie die Trümmer von Leningrad und begann nun Prosa zu schreiben. Dass sie 1949 bei der dritten Verhaftung ihres Sohnes sämtliche Skizzen verbrannte, ist Tragik genug.

Ihre Erlebnisse inspirierten sie zu einem ihrer größten Gedichte, dem »Requiem«, das zwischen 1935 und 1940 entstand. In diesem Zyklus spricht die Dichterin als Mutter für Tausende anderer Mütter, die ihre im GULAG festgehaltenen und umgekommenen Söhne beweinen, wobei sich das Bild der Kreuzigung Christi fast unauffällig in die herbe Szenenfolge schiebt. Das »Requiem« konnte erst 1987 in der Sowjetunion erscheinen. Hier eine Strophe daraus:

»Ich hab' erfahren,
Wie aus Gesichtern Knochenschädel werden,

Wie hinter Augenlidern Schrecken nistet,
Wie Leid in uns're Wangen
Die tiefen Zeichen seiner Keilschrift gräbt!«

Marina Iwanowna Zwetajewa (1892–1941), die mit einem Offizier der
»Weißen« verheiratet war, hatte 1922 Russland verlassen und lebte in
Prag und Paris, um dann 1938 nach Moskau zurückzukommen. Nach
ihrer Rückkehr in die Sowjetunion wurde ihr Mann Jefron Sergej verhaftet und erschossen, ihre Tochter Adriana zu Arbeitslager und an-
schließender Verbannung verurteilt; erst 1955 durfte sie nach Moskau
zurückkehren. Obgleich Boris Pasternak sich bemühte, Marina Zwetajewa immer wieder Übersetzungsaufträge zu verschaffen, konnte
diese kaum für sich und ihren Sohn sorgen. 1941 wurde sie in das Ka-
ma-Gebiet unweit von Tschistopol evakuiert. Vergeblich suchte sie
Kontakte zu anderen Schriftstellern zu finden, die sich aber aus politischen Gründen scheuten, ihr zu helfen. Am 31. August 1941 machte
sie ihrem Leben ein Ende; sie erhängte sich. Zu den schmerzlichsten
Erlebnissen der Kriegsjahre gehörte für Boris Pasternak dieser
Selbstmord Marina Zwetajewas. In ihrer Lyrik verwendete Marina
Zwetajewa ebenso eigenwillig wie kunstvoll Themen und Formen
der russischen Folklore. Mit den Gedichtsammlungen »Remeslo«
(1923) und »Posle Rosii« (1928) erreichte Zwetajewa ihre höchste Aus-
druckskraft. In den dreißiger Jahren schrieb sie vermehrt autobiografische Prosa, darunter »Die Mutter und die Musik« und »Mein
Puschkin«.

Am Beispiel dieser beiden Lyrikerinnen ist erkennbar, dass der Kul-
tursektor in den Jahren des so genannten Großen Terrors selbst zu
einem wichtigen Bereich der politischen Säuberung wurde: Im Vor-
dergrund stand »die gewaltsame Gleichschaltung der sowjetischen
Intelligenz«[343].

Stalin selbst besaß ein erstaunliches Wissen über alle Sparten der
russischen Literatur und kannte von vielen Werken auch den Inhalt.
Die Treffen mit den Vertretern des russischen Schriftstellerverbandes
dienten ihm dazu, die unter der Intelligenzija herrschende Stimmung

zu ergründen. Er ernannte persönlich Redakteure für Zeitschriften, benannte Auszuzeichnende, gab Aufsätze und Theaterstücke in Auftrag, zwang Autoren, ihren Kurs zu wechseln, oder sagte es ihnen deutlich, wenn er sie nicht für gut hielt. Moshe Lewin nannte ihn »the overlord of the arts (literature)«.[344]

Stalins Tochter war da allerdings anderer Meinung. Als im August 1946 der ZK-Sekretär Andrej A. Schdanow zum Kulturminister aufstieg, wunderte sie sich, woher ihr Vater den Eindruck hatte, dass dieser überhaupt in kulturellen Angelegenheiten kompetent sei. Swetlana kannte ihn als willensschwachen, herzkranken Menschen, der im Großen und Ganzen angenehm und nachgiebig war. Er war das typische ausführende Organ des Willens anderer, in diesem Fall also von Stalin.

Swetlana bezweifelte, dass ihr Vater je die Satiren von Michail Soschtschenko[345] ernsthaft gelesen, die Kompositionen von Prokofjew und Schostakowitsch je längere Zeit angehört oder je ein feinsinniges Gedicht der Anna Achmatowa verstanden habe.

Nach Swetlanas Meinung betrachtete Schdanow die Kunst »tatsächlich von einer scheinheilig-puritanischen Warte aus, wie es in der Partei weit verbreitet war. Am besten drückte Schdanows Frau dies in einem unvergesslichen Aphorismus aus: ›Ilja Ehrenburg liebt Paris so, weil es dort nackte Weiber gibt.‹«[346]

Schriftsteller, Maler, Musiker, Filmemacher wurden der Reihe nach angeklagt. Schdanows Angriff sollte als Signal dafür verstanden werden, dass die gesamte Literatur und Kunst der Sowjetunion die Werte des »Sozialistischen Realismus« zu verbreiten habe. Es war durch Künstler zu etlichen kulturellen Kontakten mit dem Westen gekommen, was nach Stalins Ansicht zu einer gewissen Abschwächung der notwendigen Feindseligkeit gegenüber der fremden Gesellschaftsordnung geführt hatte.

Eingeleitet wurde der Angriff mit der Veröffentlichung eines Beschlusses des ZK, in dem die beiden Leningrader Literaturjournale »Swesda« und »Leningrad« kritisiert wurden.[347] Man warf ihnen vor, sie hätten »apolitische« und »ideologisch schädliche« Arbeiten von Autoren wie dem Satiriker und Schriftsteller Michail Soschtschenko

DIE LITERATEN UND DER SOWJETSTAAT

und der Dichterin Achmatowa veröffentlicht. Die eine Zeitschrift wurde »reorganisiert«, die andere durfte überhaupt nicht mehr erscheinen. Soschtschenko wurde wegen seiner »Abenteuer eines Affen« angeklagt, die »antisowjetisches Gift verspritzten« und suggerierten, in einem Affenhaus ließe es sich besser leben als in Sowjetrussland.

Schdanow charakterisierte Anna Achmatowa folgendermaßen: »Sie ist eine Prostituierte und eine Nonne, die Sünde und Gebet in sich vereint.«[348] Er maßte sich an, ihre Gedichte als zu intim, die Erzählungen Soschtschenkos als Psychologismus anzuprangern. Die Dichterin verderbe die sowjetische Jugend mit ihren introvertierten Liebesgedichten und lenke sie von positiven Themen wie dem Ruhm der Arbeit und den Errungenschaften des Sowjetregimes unter der Führung der Partei ab. Für Schdanow war die Achmatowa eine »Feindin des Volkes«, Boris Pasternak nannte sie eine »Märtyrerin sondergleichen«[349].

Durch ZK-Beschluss wurde sie am 14. August 1946 als »Gegnerin des Sowjetregimes« zusammen mit Michail Soschtschenko aus dem Schriftstellerverband ausgeschlossen. Sie zog sich völlig in ihr Haus in Leningrad zurück und schrieb Gedichte. Anna Achmatowa erhielt zahlreiche Einladungen ins Ausland. Doch selbst in diesen für sie so schwierigen Zeiten wollte sie ihr Heimatland nicht verlassen. Da sie ihre materielle Existenzgrundlage verloren hatte, hielt sie sich als Putzfrau über Wasser.

Achmatowa und Pasternak – Swetlanas Lieblingsautoren

Für das Werk der Dichterin Anna Achmatowa konnte Swetlana regelrecht schwärmen, während sie Marina Zwetajewa nicht mochte. Das geht aus einem Gespräch hervor, das Swetlana mit ihrer amerikanischen Freundin Rosa Shand, über die noch zu berichten sein wird, 1972 in Princeton führte. Der Amerikanerin gefiel die Dichtkunst der Marina Zwetajewa ganz besonders, und sie brachte das auch Swetlana gegenüber zum Ausdruck. Daraufhin bekam sie Swetlanas scharfes Urteil zu hören: »Zwetajewa – ein Nichts – lass sie – sie war schwach – sie hat Selbstmord begangen. Du liegst falsch mit ihr. Du musst Achmatowa lesen.«[350]

Als Rosa Shand Anfang der achtziger Jahre in Manhattan lebte, kam Swetlana oft zu Besuch. Eines Abends erhielt Rosa einen Anruf von einem ihrer Freunde, nämlich Isaiah Berlin. Das war ein Mann, den Rosa Shand wegen seiner Verbindung zu Anna Achmatowa sehr verehrte. Deren Begegnung mit Berlin, dem Professor aus Oxford, im Jahre 1945 machte sie zum ideologischen Feind Nummer eins der Sowjetmacht und ihn zum britischen Spion.[351] Beide maßen diesem Zusammentreffen, das nur eine Nacht und einen Tag dauerte, vom Abend des 25. November 1945 bis zum nächsten Morgen, eine außerordentliche Bedeutung bei. Anna Achmatowa war überzeugt, dass mit diesem Datum der Kalte Krieg begonnen habe. Und doch entstanden aus dieser Begegnung die schönsten Liebesgedichte der russischen Literatur des 20. Jahrhunderts.

Immer und immer wieder kam Swetlana auf Anna Achmatowas Charakterstärke, ihre Ausdauer, ihr wildes und unbezwingbares Wesen zu sprechen. Und sie wiederholte, dass Zwetajewa ein Nichts sei. Während Rosa Shand Fotos in einem Buch von Boris Pasternak anschaute, saß Swetlana regungslos neben ihr – und plötzlich liefen ihr Tränen über die Wangen. Sie hatte ihre Ellenbogen auf dem Tisch abgestützt, ihre Hände vor dem Mund, die Finger so zusammengepresst, dass sie ganz weiß waren. Und sie sagte leise: »Die Achmatowa hat ihren Sohn verloren. Wusstest du, dass sie ihren Sohn verloren hat?«[352] Es war wieder einmal ihr eigener Sohn Josef, der ihr Herz bewegte und dem sie so nahe stand. Er war längst ein Arzt geworden, und von Freunden hatte sie gehört, dass er ein guter Arzt sei. Swetlanas Gedanken kreisten immer wieder um ihren Sohn Josef. Sie hatte Angst, ihn nie mehr wieder zu sehen. Und wenn sich das eines Tages als sicher herausstellen sollte, dann wollte sie dorthin gehen, wo sie schon einmal so gerne gewesen war, als sie auf die Einreisebewilligung in die USA gewartet hatte: ins Kloster in Fribourg, »einem heiligen Flecken«.

Rosa Shand beobachtete ihre Freundin voll Bedauern. In der Gemütsverfassung, in der sich Swetlana jetzt befand, wünschte sie sich, augenblicklich in dieses Kloster gehen zu dürfen. Aber wem sollte sie ihre Tochter Olga anvertrauen? Rosa Shand schaute sie ziemlich entgeistert an. Doch da schlug Swetlana die Hände erneut vors Gesicht und sagte hastig, sie werde sich nie von ihrer Oluschka trennen.

Das »Requiem«, das Anna Achmatowa geschaffen hatte, bedeutete der Stalin-Tochter besonders viel. Wenn sie an die Dichterin dachte, kam ihr sicher auch die klägliche Rolle in den Sinn, die ihr Vater in der sowjetischen Kulturpolitik gespielt hatte.

Heute gibt es in St. Petersburg das »Anna-Achmatowa-Museum« im Seitenflügel eines ehemaligen Palastes des Fürsten Scheremetjew, dem so genannten »Fontanka-Haus«, das in der Mitte des 18. Jahrhunderts erbaut wurde. Das Zimmer der Lyrikerin ist im Originalzustand erhalten und gibt die Atmosphäre der Armut, Einsamkeit und Trostlosigkeit der dort verbrachen Jahre von 1922 bis 1952 wieder.

Nach Chruschtschows »Entstalinisierungsrede« im Jahr 1956 folgte eine kurze Zeit des Liberalismus in der Sowjetunion. Die sowjetischen Intellektuellen, unter denen Swetlana jetzt lebte, machten sich große Hoffnungen. Es war die Zeit, in der Boris Pasternak seinen Roman »Doktor Schiwago« vollendete und in der man vom »Tauwetter« sprach. Aber auf den Liberalismus folgte neuer Druck, auf das »Tauwetter« ein neuer eisiger Hauch von der Kreml-Spitze, und er traf die sowjetischen Intellektuellen besonders hart. Das markanteste Beispiel für den politischen Terror war der Fall Pasternak. Wie immer begann die Sache mit einem Memorandum des KGB. Die Meldung besagte, dass Boris Pasternak den ideologisch schädlichen Roman »Doktor Schiwago« verfasst habe und beabsichtige, ihn im Westen zu veröffentlichen. Pasternak sei nicht mehr würdig, ein Mitglied des sowjetischen Schriftstellerverbandes zu sein. An den Universitäten entbrannten heftige Diskussionen, und kaum einer der Studenten lag auf der offiziellen Linie, wie dies Alexander Jakowlew damals als Student miterlebt hatte. Er studierte zur gleichen Zeit wie Swetlana Stalina und erinnerte sich, dass der Lehrstuhl, an dem sie war, »sich am vorsichtigsten verhielt«[353].

Swetlana »begegnete« dem Roman »Doktor Schiwago« erstmals 1967 während ihres kurzen Aufenthalts in Rom, nachdem sie zehn Jahre auf diese Gelegenheit gewartet hatte. Ein Angehöriger der US-Botschaft hatte ihr das Buch gegeben. Der Roman war bereits 1957 von dem Mailänder Verleger Feltrinelli in einer italienischen Übersetzung veröffentlicht worden. In den USA brachte die University of Michigan Press eine russische Ausgabe heraus. Swetlana war davon begeistert. »Diese Begegnung mit der russischen Sprache durchdrang mich wie ein Stromstoß, wie eine gewaltige elektrische Energie«, schrieb Swetlana in der Zeitschrift »The Atlantic Monthly«.[354] Nach ihrer Ankunft in der Schweiz im März 1967 hatte Swetlana sofort all ihre Gedanken und Empfindungen zu Pasternaks Werk in einem literarischen Artikel zu Papier gebracht, der schon im Juni in Boston in englischer Sprache publiziert wurde. Der Übersetzer vom Russischen ins Englische war kein Geringerer als Max Hayward.[355]

Swetlana war von diesem Roman deswegen so begeistert, weil darin eine Reihe von Personen und Ereignissen starke Ähnlichkeit mit ihrem eigenen Leben aufwiesen. Der Roman, später großartig verfilmt, schildert, wie es Martin Ebon treffend zusammenfasst, »die Erlebnisse des Arztes und Dichters Jurij A. Schiwago im Strudel der bolschewistischen Revolution, berichtet von der rebellierenden Armee, den sinnlosen Massenmorden, den Epidemien, Säuberungswellen«, der entsetzlichen Hungersnöten und lässt den Leser teilhaben an einer bezaubernden und rührenden Liebesgeschichte. »Der Arzt Schiwago tritt die lange, episch dargestellte Reise von Moskau in den Ural an, in der Hoffnung, dort Zuflucht für seine Familie zu finden. Aber auch dort herrschen Chaos, Leidenschaften, Naturkatastrophen. Pasternaks Figuren inmitten dieser Wirbelstürme der Ereignisse sind von überzeugender Kraft«, in deren Mittelpunkt Schiwago, seine zauberhafte Ehefrau und seine Geliebte Lara stehen.[356]

Der Roman wühlte Swetlana bis in die Tiefen ihres Herzens auf. »Alles vermischte sich untereinander, mein Leben und das der anderen, die Gesichter der mir nahe stehenden Menschen und jene der Figuren des Romans, ihre Worte und meine Gedanken, unser aller Tränen und Schmerzen…«[357] Aus diesem Ineinander von Pasternaks

Romanfiguren und der Leiden des modernen Russlands ergab sich ein für Swetlana fast unerträglicher Spannungszustand. Pasternak beeindruckte sie so stark, dass sie sich unmittelbar mit seinen Charakteren verwandt fühlte und es ihr stellenweise vorkam, als hätte sie Abschnitte seiner Geschichte selbst durchlebt.

Zu ihrer Überraschung fand Swetlana in Boris Pasternaks Buch einen Jurij Andrejewitsch – »so wie mein zweiter Mann, den ich nicht liebte« und der »immer mit revolutionären Ideen und Phrasen wie mit Zahnrädern spielte, die sich in einer Maschine drehen, immer auf derselben Stelle«.[358] Ihr Sohn Osja hat sich später einmal dahingehend geäußert, dass seine Mutter sich immer »ein bisschen wie Lara« vorgekommen sei.

Swetlanas Bemerkungen zu Pasternaks Werk sind nicht uninteressant, weil der Schriftsteller nach der Veröffentlichung dieses zum Weltbestseller arrivierten Romans vom kommunistischen Regime angegriffen wurde, obwohl er 1958 den Nobelpreis für Literatur dafür erhalten hatte. Er wurde zwar aus dem sowjetischen Schriftstellerverband ausgestoßen, bekam aber kein Schreibverbot und behielt die Freiheit. Am 30. Mai 1960 starb der große Literat in seinem Haus in Peredelkino bei Moskau. Swetlana hat bei ihrer Pressekonferenz im März 1967 in New York ausdrücklich erklärt, wie bedauerlich es sei, dass »Doktor Schiwago« in der Sowjetunion nicht veröffentlicht werden durfte.

Swetlanas Einsatz für die literarischen Dissidenten

Im Februar 1966 fand der erste öffentliche politische Prozess der nachstalinistischen Ära in Moskau statt, der auch als Beginn des Dissidententums zu bezeichnen ist.[359] Es ging dabei vor allem um die Schriftsteller Andrej D. Sinjawskij[360] und Julij M. Daniel[361], die zu sieben beziehungsweise fünf Jahren Zwangsarbeit verurteilt wurden. Swetlana sagt mit aller Deutlichkeit, dass dieser Vorgang großen Einfluss auf ihren Entschluss gehabt habe, ihr Vaterland zu verlassen. »Die Art, wie man diese beiden Schriftsteller behandelt und bestraft hat, hat mir jeden Glauben an die Gerechtigkeit genommen.«

Den Literaturwissenschaftler und Kritiker Andrej Sinjawskij hatte Swetlana im Institut für Weltliteratur in Moskau kennen gelernt. Als er 1956 dort eintrat, hatte er als Absolvent der Universität bereits den Ruf, einer der begabtesten Mitarbeiter der Abteilung für Sowjetliteratur zu sein. Damals machte sich im Institut für Weltliteratur eine Gruppe junger Forscher, darunter eben auch Andrej Sinjawskij und Swetlana daran, eine »Literaturchronik« der zwanziger und dreißiger Jahre zu verfassen.

Swetlana beschrieb Andrej Sinjawskij als einen Mann mit ausdrucksvollem Gesicht, umrahmt von weichen, blonden Haaren, einer klugen Stirn und sanften Augen. Er war verheiratet mit Maya, einer Spezialistin für altrussische Kunst. Andrej hatte von seiner Mutter die Religiosität geerbt, dazu einen scharfen kritischen Verstand. Er analysierte unbarmherzig jedes Wort, jedes Gefühl und war zugleich sein eigener strengster Kritiker. Auf der anderen Seite besaß er in hohem Maße ein feines Gefühl für das Schöne.

Als Schriftsteller bevorzugte er die Satire, die Groteske, und das begeisterte Swetlana an seinen Darstellungen. Er sah sich selbst als den »skeptischen russischen Intellektuellen«, der es wagte, vor allem die Verherrlichung Stalins als einen Halbgott anzugreifen. Besonders in seinem Roman »Ljubimow« wird das sowjetische Provinzleben in Übertreibungen dargestellt, wie es etwa Gogol[362] getan hatte. Sinjawskijs Artikel »Über den Sozialistischen Realismus« war äußerst mutig. Er wies die Zwangslage auf, in welche die Sowjetmacht die Künstler und Literaten versetzte. Seine Arbeitsbedingungen waren extrem schlecht, denn er arbeitete nachts im Keller. Dort hatte ihm seine Frau ein Zimmer eingerichtet, da das Schreiben in der Gemeinschaftswohnung mit vielen zusammengepferchten Menschen für ihn unerträglich war. Manchmal besuchte Sinjawskij Swetlana in ihrer sehr geräumigen Wohnung. Dann saßen sie in der Küche, tranken zusammen Kaffee, und er genoss die wundervolle Stille im Haus, und ihre Gespräche plätscherten leise dahin.

Später, als Swetlana in Rom zum ersten Mal Pasternaks »Doktor Schiwago« las, kam sie auf »Andruscha«, Andrej Sinjawskij, zu sprechen. Sie verglich ihn mit ebendiesem Arzt im Roman. Sinjawskij

SWETLANAS EINSATZ FÜR DIE LITERARISCHEN DISSIDENTEN 169

saß im Gefängnis, und Swetlana fuhr fort: »...mein armer leidender Freund, der barfuß mit Kübeln mit kaltem Wasser in Händen, dein ungekämmtes Haar und deine Kleidung in Fetzen?...Ich habe dich nie mit Kübeln in den Händen gesehen, aber vielleicht musst du Wasser tragen, dort, wo du jetzt bist, und so sehe ich dich vor meinem geistigen Auge. Und das schreckliche Appartement in Moskau in der Khlebny-Straße, wo deine Schriftstellerei im Keller stattfinden musste, denn du hattest kein geeignetes Arbeitszimmer...

Ich habe seit langer Zeit keine Nachrichten mehr von dir, und ich weiß nicht, ob es dir gut geht oder nicht und was sonst für Dinge du noch durchstehen musst. Auch weiß ich nicht, wie lange Maya und dein kleiner Sohn noch auf dich warten müssen, und ob er dich eines Tages sehen wird...!«[363]

In Moskau gab man das, was im Ausland von Sinjawskij erschienen war, nicht einmal den Mitarbeitern im Institut zu lesen. Alle waren verpflichtet, ihn zu verurteilen, ohne genau zu wissen, wofür. Swetlana liebte seinen blendenden literarischen Stil, sein Mut war auch für sie ein Ansporn. Wie bedauerte sie ihn, dass er zu jener Zeit im Lager war, und wie dankbar war sie, ihre Freiheit und Unabhängigkeit erlangt zu haben.[364]

Auch der ukrainische Literat und Avantgardist Julij Markowitsch Daniel arbeitete mit dem Maksim-Gorkij-Institut für Weltliteratur in Moskau zusammen. Dieses und der Verlag für Fremdsprachen waren die Fenster für die internationale Literatur in Russland. Swetlana sprach wiederholt von ihren »lieben Freunden in dem unglückseligen Institut...« Aus dieser Zeit stammt die Anekdote, dass Daniel eines Tages Swetlana in ihren Mantel half. Diese kleine Geste symbolisierte die Verbundenheit zwischen den liberalen Antistalinisten und der Tochter des Tyrannen; von nun an zählte sie zu den literarischen Kritikern des Nachstalin-Regimes.

Daniel benützte den Decknamen Nikolaj Arschak. Das Pseudonym geht zurück auf eine etwas schlüpfrige Ballade »Die Klage des Arschaka Terz«, die Geschichte eines Taschendiebes, »der in unser aller Taschen greift«. Eine der wichtigen Erzählungen Daniels – »Hier spricht Moskau« – wurde in gekürzter Form im amerikanischen Magazin »The Reporter« im August 1962 veröffentlicht. Daniel wagte darin die Proklamation eines »Tags des freien Mordens«, an dem jeder Sowjetbürger über 16 Jahre das Recht habe, jeden Mitmenschen umzubringen – außer Transportarbeiter und Angehörige der Miliz. Das Thema des Abscheus vor Gewalt und Terror, ein Erbe der Stalin-Ära, zieht sich wie ein roter Faden durch das Werk der beiden Schriftsteller.

Daniel und Sinjawskij wurden wegen Antisemitismus und Pornografie angeklagt, außerdem wegen der Beteiligung an mysteriösen illegalen Organisationen. Dabei wurde, wie zu erwarten, aus ihren Werken in völliger Verzerrung zitiert. Daniel galt zudem als »politischer Verbrecher«, weil einige seiner Arbeiten im Ausland veröffentlicht wurden. Dazu kam noch die Beschuldigung antisowjetischer Aktivitäten.

Es ist nicht ganz eindeutig zu erkennen, ob Swetlanas Sympathien für Sinjawskij sich nur auf seine Literatur oder auch auf seine politische Einstellung bezogen. Jedenfalls wagte er es, auch gegen die vom einstigen »größten Kulturdiktator in der Geschichte des Kreml«, Andrej A. Schdanow, gepredigte Ideologie zu Felde zu ziehen. Er ließ in einem Roman eine Schdanow nachempfundene Person sagen: »Die ganze Geschichte ist meine Geschichte, und da ich mich im Kampf mit dem Satan selbst betätige, ist die Weltgeschichte zugleich auch die Geschichte von meinem Kampf gegen Satan.«[365]

Auf dem XXIII. Parteikongress der KPdSU im März 1966 wandte sich Michail Scholochow[366], Autor von »Der stille Don«, an die Verehrer und Anhänger der beiden verurteilten Dichter. Er tönte: »Nichts kann abstoßender sein, als Russland in den Schmutz zu ziehen und die Hand gegen Russland zu erheben. Ich fühle wegen jener, die das Vaterland beleidigt und alles in den Schmutz gezogen haben, was für uns das Strahlendste ist, keine Scham.« Scholochow erinnerte unmissverständlich daran, dass die beiden Schriftsteller zu Stalins Zeiten hingerichtet worden wären.

Da meldete Swetlana sich zu Wort und sagte offen, es sei beschämend, die Mitarbeiter des Instituts so zu behandeln; das sei ein Fehlurteil. Michail Scholochow ließ mit seiner Antwort darauf nicht warten: »Ich schäme mich aber für jene, die versuchen, sie zu verteidigen, ohne Rücksicht darauf, was sie zu solcher Verteidigung bewogen hat.«[367]

Swetlana sah sich daraufhin nicht länger imstande, in dem Institut zu arbeiten. Sie verließ es im Sommer 1966. Ihr »Kollektiv« waren nun ihre Kinder und ihr kranker Lebensgefährte Singh.

Auf dem 4. Nationalkongress der sowjetischen Schriftstellervereinigung von 1967 trat Michail Scholochow noch einmal als Richter über die Gesinnungsfreunde von Sinjawskij und Daniel auf. Von Swetlana sprach er verächtlich als der »Überläuferin«.

Es ist unklar, ob Swetlana, als sie sich entschied, ihre Heimat zu verlassen, eine Vorstellung davon hatte, wie in der freien Welt die Reaktionen auf den Sinjawskij-Daniel-Prozess aussahen. Es gab gewiss jede Menge »literarischer Abtrünniger im Weltkommunismus«, die gegen die Verurteilung der beiden Schriftsteller waren.

Der italienische Journalist Biagi hatte 1967 die Möglichkeit, mit Swetlanas Sohn Josef ein längeres Gespräch zu führen. Biagi wollte unter anderem auch wissen, wie eng seine Mutter mit Sinjawskij und Daniel befreundet war. Josefs Antwort darauf: »Sie arbeitete im gleichen Institut wie Andrej Sinjawskij. Sie hat möglicherweise sogar etwas über ihn geschrieben, aber ich glaube nicht, dass sie ihn leidenschaftlich verehrte. Ich denke, sie kannte Daniel überhaupt nicht.«[368] Des Sohnes wenig schmeichelhafte Meinung über seine Mutter: »Außerdem wusste ich nie etwas von ihrer literarischen Inspiration, und ich glaube, sie hatte wirklich keine.«[369]

Auf dem um ein Jahr verschobenen Schriftstellerkongress kam es erneut zu Schwierigkeiten. Daran nahmen auch zwei junge Dichter teil, die gerade von Auslandsreisen nach Moskau zurückgekehrt waren: Andrej Wosnessenskij[370] und der damals schon berühmte Jewgenij Jewtuschenko[371]. Letzterer war einer der wenigen Menschen, der es wagte, seine Stimme gegen die Nachfolger Stalins und deren fortdauernden Einfluss zu erheben. Er schrieb eine beißende Elegie auf Stalin, die zugleich eine bittere Anklage gegen seine Nachfolger war. In dem Gedicht »Stalins Erben« malt er diesen als einen Menschen, der in tödlicher Angst vor dem russischen Volk lebte und jedes Mittel, das seinen Zwecken diente, für gerechtfertigt hielt.

Im Westen wurden die beiden Schriftsteller zum Teil zynisch als »Moskaus internationale Reisende in Literatur« verspottet. Es war zu spüren, dass es in der Sowjetunion »gärte«. Jewtuschenko hatte Spanien und Portugal bereist und erklärt, dass er ein Gedicht über den Besuch von Papst Paul VI. in Fatima schreiben werde.

Wosnessenskij wurde unter dem Druck der konservativen Führung des Schriftstellerverbandes verboten, in die USA zu reisen, wo er in New York am 21. Juni 1967 in der Philharmonic Hall eigene Gedichte hätte vortragen sollen. Man warf ihm vor, pro-amerikanisch zu sein und es während eines vorausgegangenen Aufenthalts in den USA versäumt zu haben, Swetlana zu verurteilen.

In ihrem ersten in den USA veröffentlichten Artikel zu Pasternaks »Doktor Schiwago« hat Swetlana eine vernichtende Anklage gegen die sowjetische Zwangsherrschaft über die Literatur geschrieben: »Oh, Märtyrer der russischen Literatur. Seit der Zeit Radischtschews[372] und der Dekabristen[373] hat sich nichts geändert... So wie eh und je sind es die Gendarmen und Polizisten, die ein Buch zuerst kritisieren. Nur sind im zaristischen Russland wenigstens weder Gogol noch Schtschedrin[374] wegen der Schärfe ihrer satirischen Schreibweise vor Gericht gestellt und auch nicht dafür bestraft worden, dass sie sich über die Absurditäten des russischen Lebens lustig gemacht hatten. Heute jedoch kann man wegen einer Metapher vor Gericht gestellt und wegen einer Redefloskel ins Zwangsarbeitslager geschickt werden!«[375]

Von Swetlana Allilujewas vertretenem Grundsatz der Freiheit literarischer Ausdrucksformen war das Land, das sie verlassen hatte, noch weit entfernt. Oder wie Martin Ebon zu Recht meinte: »Im Sinne dieser Begriffsbestimmungen kann man von Stalins Tochter als der prominentesten Befürworterin des literarischen Antistalinismus sprechen.«[376]

II 1953 bis 1967 – Jahre der Selbstbefreiung

*Siebenundzwanzig Jahre meines Lebens hatte ich
unter schwerem Druck gelebt, die folgenden vierzehn Jahre
befreite ich mich allmählich davon.* *

Nach dem Tod des Vaters

Swetlana hatte weiterzuleben in dem Widerspruch, den Vater lieben
zu wollen und in ihm zugleich den Urheber einer tödlichen Tyrannei
sehen zu müssen. Sie zog das Fazit: »Für mich war es besonders
schwer, zu erfassen, was mein Vater für Russland tatsächlich gewesen
ist, weil es zu furchtbar war. Und je mehr ich die Wahrheit begriff,
desto schmerzlicher wurde sie für mich. Selbst als ich schon vieles
wusste, blieb ich lange Zeit noch bei der Vorstellung, dass mein Vater
selbst ein Opfer des Systems und nicht Schöpfer und Motor dieses
Systems gewesen sei.«[377]

Nikita Chruschtschow, Stalins Nachfolger, erinnerte sich: »Stalin
war tot, und damals erschien sein Tod wie eine schreckliche Tragödie;
doch befürchtete ich, dass uns das Schlimmste noch bevorstand. Jeder
von uns nahm Stalins Tod auf seine eigene Weise auf. Mich traf sein
Tod sehr hart…Mehr als über Stalins Tod selbst war ich über die Zusammensetzung des Präsidiums beunruhigt, so wie es Stalin hinterlassen hatte, und ganz besonders beunruhigte mich, welchen Platz Berija
für sich ausersehen hatte. Alles deutete auf katastrophale Folgen hin.«[378]

Ganz gewiss missbilligte Swetlana viele Dinge in Bezug auf die
Politik ihres Vaters. Aber sie war auch der Ansicht, dass eine ganze
Menge anderer Leute, die damals noch im Zentralkomitee und Politbüro ihre Funktionen innehatten, für das zur Verantwortung gezogen
werden sollten, dessen man nun allein ihren Vater anklagte. Das ZK
hatte damals 330 und das Politbüro 11 Mitglieder.

Chruschtschows Rolle als Stalins enger Mitarbeiter in der Ära der blutigen Säuberungen in der Ukraine, »im größten Blutbad, das je von einer Gruppe von Männern unter ihren eigenen Kameraden angerichtet worden ist«[379], ist heute erforscht. Chruschtschow hob Stalin in den Himmel, als der Personenkult in höchster Blüte stand, selbstverständlich war er es auch, der nach Stalins Tod am schärfsten gegen ihn vom Leder zog. Jakowlew, zeitweise Redenschreiber für Nikita Chruschtschow, bekennt, dass er keine Persönlichkeit nennen könne, die widersprüchlicher und mit einem dermaßen tragisch gespaltenen Bewusstsein ausgestattet gewesen wäre als dieser.[380]

Nun setzte der Prozess der »Entstalinisierung« ein. Die von Chruschtschow mithilfe einer Reihe von Generälen durchgeführte putschartige Festnahme Berijas und die anschließende Säuberung des Sicherheitsapparates von dessen Leuten waren die letzten Fälle, in denen Machtkämpfe in der Partei- und Staatsführung der Sowjetunion mit gewaltsamen Mitteln ausgetragen wurden.[381] Der Geheimprozess gegen Berija 1953 und dessen Hinrichtung trugen noch einmal ausgesprochen stalinistische Züge.

Auf dem XX. Parteitag der KPdSU im April 1956 war es dann der Vorsitzende Nikita Chruschtschow, der in einer dramatischen Sondersitzung die ungeheuerlichen Gräueltaten Stalins in einer langen und sehr persönlichen Rede anprangerte. Dabei sprach er nur von den an der Partei selbst begangenen Verbrechen, so wie auch die Öffentlichkeit, an die er sich wandte, nur die Partei war. »Aber die leidenschaftliche Form verriet«, so Gerd Koenen, »dass seine Rede sich insgeheim doch an die Menschen im Land und an die internationale Öffentlichkeit richtete. Denn es war mindestens so sehr eine Verteidigungsrede wie eine Anklagerede.«[382] Chruschtschow schien nicht über Massenverbrechen, an denen er selbst beteiligt war, zu sprechen, sondern so, als sei die Partei das Hauptopfer des Diktators gewesen. Er brachte es tatsächlich fertig, »die Millionen Toten des Bürgerkrieges und der Kollektivierung als Opfer eines historisch notwendigen Prozesses und den Terror gegen die ›Volksfeinde‹ als notwendige Vorbereitung auf den Krieg«[383] darzustellen. Weder er noch ein anderer der führenden Kommunisten in Russland hat seit 1917 über die eigene Verstrickung, Schuld und Verantwortung gesprochen.

Bei diesem Parteitag wurde Stalin als Schwerverbrecher dargestellt. Der Gegensatz zwischen dem Bild, das sich das Volk von Stalin gemacht hatte, und der schrecklichen Wirklichkeit rief eine zwar verständliche, aber doch kuriose Reaktion hervor. Es entstand das Märchen vom »getäuschten Stalin«. Jene Gläubigen gaben zwar zu, dass Stalin Zehntausende von Unschuldigen hatte töten lassen und dass er die Massenrepressionen der dreißiger Jahre veranlasst hatte, bestanden jedoch darauf, dass er damit im Grunde nichts Böses beabsichtigt hätte, sondern vielmehr von anderen in die Irre geführt worden sei. Man war auch nicht verlegen, entsprechende Schuldige dafür mit Namen zu nennen: Nicht Stalin, sondern Jeschow, Merkulow, Berija und Abakumow seien verantwortlich gewesen.[384] Der russische Historiker Grigorij Medwedew nannte Swetlanas Behauptung, ihr Vater habe völlig unter Berijas Einfluss gestanden, »eine bewusste Lüge«.[385]

Swetlana verteidigte ihren Vater nach eben der gleichen Methode. Nachdem sie in ihrem Buch »Zwanzig Briefe an einen Freund« viele Verwandte und Freunde aufgezählt hatte, die mit Wissen und Billigung ihres Vaters verhaftet und erschossen worden waren, rief sie aus: »Wie konnte Vater das tun? Ich weiß nur das eine: Ihm selbst, ihm allein wäre das nie eingefallen…Ich bin der Meinung – und davon kann mich niemand abbringen –, dass Berija schlauer, treuloser, heimtückischer, unverschämter, zielbewusster, härter und infolgedessen auch stärker war als Vater. Mein Vater hatte schwache Seiten, er konnte zweifeln, er war vertrauensseliger, schroffer, heftiger, er war natürlicher, und es war für einen schlauen Fuchs wie Berija leicht, ihn hinters Licht zu führen.«[386]

Vierzig Jahre später ließ Swetlana vernehmen: »Sowjetologen werfen sich auf mich und sagen: ›Oh, sie macht für alles Berija verantwortlich.‹ Nein, so nicht. Ich wollte nur auf die Sachen hinweisen, die sie zusammen machten. Er war ein cleverer, gerissener Politiker.«[387]

Mit dem Tod Stalins endete der Massenterror gegen das eigene Volk. Ab 1954/55 begannen die riesigen Lagerkomplexe des GULAG – nach einer Kette von Streiks, Meutereien und Aufständen – sich allmählich aufzulösen. Vor allem das Jahr 1956 war das Jahr der Rückkehr von Hunderttausenden, die Opfer des Terrors geworden waren.

Der von Lenin eingeleitete und von Stalin zum System entwickelte Massenterror der Jahre 1918 bis 1953 blieb nur noch als schreckliche Erinnerung lebendig.

Swetlana erwähnte in ihrem ersten Buch, dass nun auch ihre beiden Tanten aus dem Gefängnis zurückkehrten. »Viele sind wieder da, Tausende, Abertausende Menschen, die alles heil überstanden und am Leben geblieben sind.«[388] Aber sie erwähnt nicht mit einem Wort, welches Leid all denen angetan wurde, die unter die am 28. März 1953 verkündete Amnestie fielen. Durch den vom Präsidium des Obersten Sowjets der UdSSR verkündeten und vom Vorsitzenden Marschall Woroschilow unterzeichneten Erlass wurden freigelassen: alle, die zu weniger als fünf Jahren verurteilt waren; alle, die wegen Dienstverletzung verurteilt waren, und schwangere Frauen und Mütter von Kindern, die noch keine zehn Jahre alt waren; Minderjährige; Männer über 55 und Frauen über 50 sowie die »Politischen«, die wegen konterrevolutionärer Aktivitäten verurteilt worden waren. In wenigen Wochen kamen 1 200 000 Häftlinge aus den Lagern und Strafkolonien frei.[389]

»Diese Rückkehr«, schrieb Swetlana, »ist zugleich ein gewaltiger historischer Umschwung; eine riesige Flutwelle rollt über das Land – das Ausmaß dieser Heimkehr ins Leben lässt sich nur schwer abschätzen.«[390]

Ein anderes Mal erwähnte Swetlana, dass damals auch Polina Schemtschuschina unter denen war, die aus dem Lager entlassen wurden. Doch sie äußerte sich nie dazu, ob sie erfahren hatte, wie das Leben der inhaftierten Frauen aussah, das meist viel schrecklicher war als das Los der Männer. Denn es war leichter, Frauen zu erniedrigen und zu beleidigen. Unannehmlichkeiten konnten sie von überall erwarten, von der Lagerleitung, aber auch von männlichen Häftlingen.

Die Journalistin Jewgenija Solomonowna Ginsburg, wegen »Führung einer terroristischen Organisation« zu zehn Jahren Gefängnis, Lagerhaft und Verbannung verurteilt, beschrieb in ihren Erinnerungen die Situation der weiblichen Häftlinge bei ihrer Ankunft in Elgen 1939: »Ja, sie sind geschlechtslos, diese Arbeitssklaven in ihren gesteppten Hosen, mit den zerlumpten Fußlappen, den tief ins Gesicht gezogenen Ohrenmützen, mit den ziegelroten, von schwarzen Frostbeulen bedeckten Gesichtern, die bis zu den Augen in undefinierbare Lumpen gehüllt sind.«[391] Die Frauen hatten schon ihren Beruf, die Zugehörigkeit zur Partei, das Bürgerrecht und ihre Familien verloren, jetzt nahm man ihnen auch noch das Geschlecht. Dazu wurden die Frauen jeden Tag mit den prekären hygienischen Zuständen konfrontiert. Sie litten unter Wassermangel, der während der Menstruation dramatisch wurde. Die Erniedrigung war noch zu steigern. Nach dem Willen der Lagerleitung wurde das Scheren der Kopf- und Schambehaarung beinahe ausschließlich von männlichen, meist kriminellen Häftlingen vorgenommen.

Es ist kaum zu glauben, dass Stalins Tochter von diesen Vorkommnissen nichts wusste. Spätestens bei der Rückkehr der Häftlinge, ob es Familienmitglieder waren oder die Frauen der einst Mächtigen, muss ihr das Ausmaß der radikalen Maßnahmen ihres Vaters zu Bewusstsein gekommen sein.

Der Historiker Robert Payne wies nach, dass Stalin »gewisse Hemmungen« hatte, Frauen oder jedenfalls Altbolschewikinnen erschießen zu lassen – sofern sie nicht auch »Frauen von Volksfeinden« waren.[392] Es gibt erfreulicherweise tatsächlich eine große Anzahl von Frauen, die den Terror überlebten. Selbst Lenins Sekretärin Lidija Fotijewa, die bei seinen letzten Schachzügen gegen Stalin ihre Hand deutlich im Spiel hatte, wurde verschont, ebenso Lenins andere Sekretärin Jelena Stassowa[393], die in diese Machenschaften gleichfalls verstrickt war.

Die Epoche des Personenkults findet ihren treffenden Ausdruck wahrlich in der folgenden Konstellation: Die Sowjetunion besaß ein Staatsoberhaupt, dessen Frau man im Konzentrationslager hielt! Michail Kalinins Frau Jekaterina wurde 1937 für sieben Jahre in ein Arbeitslager geschickt, nachdem sie in Gegenwart Berijas von einem weiblichen NKWD-Offizier bewusstlos geprügelt worden war. Kalinin war von 1931 bis 1946 Leiter der Kommission des Zentralen Exekutivkomitees zur Untersuchung und Beilegung von Gerichtsverfahren und insofern zuständig für die eventuelle Abänderung eines

Urteils. In seiner Amtszeit hat er nicht ein einziges Gnadengesuch bewilligt. »Sklavisch ergab er sich dem Umstand, dass seine Lebensgefährtin aufgrund einer fabrizierten politischen Beschuldigung inhaftiert wurde«, schreibt Jakowlew in seinem 2003 erschienenen Buch.[394]

Unter dem Vorwand, Kalinin schützen zu wollen, hielt Stalin diesen lange unter Hausarrest. Kalinin ergab sich Stalin mit Haut und Haaren und deckte die Verbrechen des Diktators mit seinem großen Prestige. Er versuchte zwar persönlichen Freunden zu helfen, aber seine Fügsamkeit Stalin gegenüber hatte zur Folge, dass er noch nicht einmal seine eigene Frau zu schützen vermochte. Nach seinem Tod 1948 wurde seine Witwe aus Moskau ausgewiesen.

Noch während ihr Mann im Amt war, wurde die Frau des NKDW-Chefs Nikolaj Iwanowitsch Jeschow[395] – der eine beschämende und erschreckende Rolle in der Geschichte seines Landes spielte – zwangseingeliefert und offenbar vergiftet.[396] Nach seiner Verhaftung »gestand« er, dass seine Frau ihn für den französischen Geheimdienst angeworben und er selbst sie vergiftet habe.

In ihren Erinnerungen schrieb Swetlana, dass Polina Schemtschuschina 1955 aus der Verbannung nach Kasachstan heimgekehrt sei, wo sie die Jahre 1949 bis 1953 zugebracht hatte. Kein Wort des Mitleids für die einstige enge Vertraute ihrer Mutter Nadjeschda!

Die Grausamkeiten gegen
Polina Schemtschuschina und Anna Bucharina

Im Laufe des Jahres 1949 warf man die jüdischen Frauen der Politbüro-Mitglieder Andrejew und Molotow ins Gefängnis. Molotows Ehefrau Polina Semjonowna Schemtschuschina (die Perle) galt als eine ausgesprochene Gesellschaftsdame, die keine Einladung ausließ, und damit war sie genau das Gegenteil von Stalins Ehefrau Nadjeschda. Polina war es auch gewesen, die Nadjeschda an jenem verhängnisvollen Abend zum Kreml begleitete, als diese ihrem Leben ein Ende setzte.

Dass die Ehepaare Stalin und Molotow befreundet waren, ist auch aus einigen Briefen Stalins zu ersehen. So schrieb er am 9. September 1931 an seine Frau unter anderem: »Molotow war schon zwei Mal bei uns, seine Frau ist ihm offensichtlich abhanden gekommen.«[397] In anderen Briefen Stalins finden sich Grüße an die Genossin Schemtschuschina zusammen mit Grüßen von Nadja.[398]

Das Ehepaar Molotow hatte eine schöne Wohnung im Kreml. Ihre Tochter Swetlana war fast gleichaltrig mit Stalins Tochter. Nach dem Tod von Stalins Frau kümmerte sich Polina auch um Stalins Kinder, vor allem um Swetlana.

Die beiden Swetlana-Mädchen wurden von der gemeinsamen Englischlehrerin Doris Maxin als »süße, bescheidene Mädels«[399] geschildert, die in armseligen, dünnen Pelzmänteln zum Unterricht kamen. Sie sollten bewusst bescheiden wirken.

Polina Schemtschuschina, aus einer jüdischen Arbeiterfamilie aus Nischnij-Nowgorod (ab 1932 Gorkij) stammend, wurde zu einer erfolgreichen Frau. Sie war von 1939 bis Februar 1941 Ersatzmitglied im ZK (ZK-Kandidat).[400]

Von 1939 bis 1940 war sie Volkskommissarin des Fischereiwesens. Das NKWD hatte in diesem Kommissariat ein Netzwerk von deutschen Spionen und Schleppern aufgedeckt. Polina wurde damals allerdings wegen fehlender Urteilskraft in der Wahl ihrer Kontakte im Privatleben lediglich verwarnt. Am 24. Oktober 1940 dagegen kam Stalin wieder auf die Verwarnung zurück und ordnete ihre Entlassung an. Im November desselben Jahres wurde sie mit der Aufsicht über die Textilindustrie betraut und arbeitete sodann als Leiterin der Hauptverwaltung für Textil- und Galanteriewarenindustrie des Ministeriums für Leichtindustrie der UDSSR.

In der ersten Septemberwoche 1948 traf in Moskau Golda Meyerson, geb. Mabowitsch, die sich Golda Meir nannte, ein. Sie war der erste weibliche Missionschef der UDSSR, der erste Gesandte Israels in Moskau. Als erster Staat der Welt – noch vor den USA – hatte die UDSSR den Staat Israel am 15. Mai 1948 anerkannt, nachdem ihre Stimme im Sicherheitsrat der UNO den Ausschlag für die Staatsgründung gegeben hatte.

Am 7. November gab der Vizepremier und Außenminister Molotow einen Empfang zum 31. Jahrestag der Oktoberrevolution in seiner Datscha, zu dem das gesamte diplomatische Korps geladen war. Moskaus First Lady Polina Schemtschuschina betrat einige Minuten nach ihrem Mann den Raum und sprach sofort Golda Meir an. Sie berieten sich, in welcher Sprache sie miteinander sprechen sollten, und die Gesandte war sehr erstaunt, dass Schemtschuschinaja fließend Jiddisch sprach und dass sie als Jüdin die Ehefrau eines Politbüro-Mitglieds war.

Für das JAK spitzte sich die Lage dramatisch zu, als Tausende Juden die Sonderbotschafterin des neu gegründeten Staates Israel beim jüdischen Neujahrsfest Rosh Hashanah in Moskau in und vor der Synagoge begeistert begrüßten. Für Stalin brachte diese öffentliche Demonstration jüdischer Solidarität das Fass zum Überlaufen.

Stalin erklärte Molotow, dass seine Frau aller Ämter enthoben würde. Außerdem solle er sich scheiden lassen. Polina stimmte dem angeblich zu: »Wenn es für die Partei wichtig ist, lasse ich mich scheiden.«[401]

Doch der bedeutende Stalin-Biograf Edward Radzinskij studierte die Akten im Präsidenten-Archiv und fand Folgendes heraus: Im ZK wurde beschlossen, die völlig unschuldige Polina aus der Partei auszuschließen. Bei der Abstimmung enthielt sich ihr Ehemann der Stimme. Kurz darauf schrieb Molotow: »20. Januar 1949. Streng geheim. An den Genossen Stalin. Als man darüber abstimmte, dass P. S. Schemtschuschina aus der Partei ausgeschlossen werden soll, habe ich mich der Stimme enthalten, was politisch inkorrekt war. Ich erkläre hiermit, dass ich nach einigem Nachdenken zu dem Schluss gekommen bin, dass ich jetzt dem ZK zustimme, wie es sich im Interesse der Mitgliedschaft in der Partei gehört. Außerdem bestätige ich, dass es ein schlimmer Fehler war, nicht rechtzeitig zu unterbinden, dass eine mir nahe stehende Person falsche Schritte unternimmt und sich mit solchen antisowjetischen Nationalisten wie Michoels umgibt.«[402] Er opferte also seine Frau, damit er den Regeln der Partei entsprach.

Polina Schemtschuschina wurde auf Anordnung Stalins angeblich wegen »des Verlustes von Dokumenten, die Staatsgeheimnisse enthielten«[403] am 21. Januar 1949 verhaftet. Es ist offensichtlich, dass jene angeblich so wichtigen Unterlagen ihr entwendet worden waren, um einen Anlass für ihre Verhaftung zu haben. Das Urteil lautete auf fünf Jahre Lagerhaft. Als »Objekt No. 12« kam sie in das ferne Kustanai in Sibirien.

Doch vor dem Abtransport musste sie zusammen mit ihrer Sekretärin Melnik-Sokolinskaja und ein paar führenden Leuten aus der Leitung der Hauptverwaltung in die Lubjanka. Schemtschuschina saß nicht allein in ihrer Zelle – vorsorglich steckte man zu ihr eine speziell instruierte, sehr kontaktfreudige Frau, deren Aufgabe es war, ihre durch die Verhaftung verwirrte Zellengenossin zum Reden zu bringen. Jedes Wort von Polina wurde auf Band aufgezeichnet, und der geschriebene Text ging direkt an Stalin.

Da weder Polina noch ihre Sekretärin oder andere Verhaftete eine feindliche Betätigung zu gestehen bereit waren, jedoch ohne ihr Geständnis die Anklage in sich zusammengebrochen wäre, unternahm man ein »originelles Experiment«: Durch Gewaltanwendung wurden zwei Männer aus dem Ministerium der Leichtindustrie zu der Aussage veranlasst, sie hätten ein Verhältnis mit Polina Schemtschuschina gehabt. Bei der Gegenüberstellung mit ihr gaben sie auswendig gelernte Details von sich, bis hin zu bevorzugten Stellungen beim Geschlechtsverkehr und anderen Intimitäten. Die tief verletzte Polina brach in Tränen aus. Die Idee zu dieser geschmacklosen Inszenierung stammte zweifellos von niemand anderem als Stalin persönlich. Und weitere Gegenüberstellungen sollten folgen; doch Polina wehrte sich energisch.

Wie es scheint, war Molotows Frau sogar einige Zeit als Hauptangeklagte im Prozess gegen das Jüdische Antifaschistische Komitee vorgesehen und hätte wahrscheinlich im »Ärzteprozess« noch eine Rolle spielen sollen.[404] Es fällt nämlich auf, dass Polina im Januar 1953 aus dem Lager nach Moskau zurück überführt wurde, zu jener Zeit, als die Zusammenhänge der »Ärzteverschwörung« aufgeklärt werden sollten.

Nun folgten erneute Verhöre. Später, am 10. März, wurde sie zu

Berija gerufen, der ihr eröffnete, dass Stalin tot sei. Polina fiel in Ohnmacht und wurde bald darauf entlassen.

Nach der Verhaftung seiner Frau war Molotow faktisch von allen Geschäften entbunden worden. Am 4. März 1949, nach zehnjähriger Amtszeit als Außenminister, wurde er durch Andrej Januarjewitsch Wyschinskij ersetzt, einen ehemaligen Menschewiken und Ankläger der Schauprozesse.[405]

Nachdem Stalin so lange seinen unglaublichen Hass auf die Frau, die mit seiner Ehefrau eng befreundet gewesen war, genährt hatte, war an die Lubjanka die Anweisung ergangen, aus ihr die »Wahrheit« herauszuprügeln. Somit war von höchster Instanz der Freibrief ausgestellt worden, nach Gutdünken mit ihr zu verfahren. Das Verhör durch Slutskij, Chef des NKWD, war entsetzlich. Polina wurde angeklagt: wegen Kontakten zu jüdischen Nationalisten, eines Synagogenbesuches am 14. März 1949 und der Mitwirkung an dem Aufruf von Golda Meir für ein »Kalifornien auf der Krim«, das heißt die Errichtung einer jüdischen Republik, und außerdem wegen ihrer Bekanntschaft mit Michoels. Sie stritt jedoch alles ab, denn sie wollte ihr Wissen über all diese Dinge nicht preisgeben.

Die Spekulationen über den im Zusammenhang mit den Judenverfolgungen erfolgten Minsker Mord wurden fortgeführt, und erst nach 44 Jahren setzte eine von Alexander Borschtschakowski mit »Orden für einen Mord« betitelte Veröffentlichung dem Streit ein Ende. Die Wochenzeitung »Argumenty i fakty« (Argumente und Fakten) publizierte in Nr. 19/1992 Auszüge aus einem Schreiben vom 2. April 1953 Lawrentij Berijas an das Präsidium des Zentralkomitees der KPdSU. Darin steht auch: »Es muss darauf hingewiesen werden, dass die Fälscher aus dem ehemaligen KGB der UdSSR die Tatsache der Bekanntschaft mit Michoels auch für provokatorische Erfindungen ausnutzten, mit denen sie Polina Schemtschuschina antisowjetischer nationalistischer Betätigung bezichtigten; aufgrund der falschen Behauptungen wurde sie verhaftet und vom Sonderkollegium des MGB der UdSSR zu Verbannung verurteilt.«[406]

Stalins Tochter kommentierte das damalige Geschehen 1994 mit folgender Erkenntnis: »Ich kannte sehr wohl die Besessenheit meines

Vaters, dass hinter jeder Ecke eine zionistische Verschwörung lauerte. Sein tief verwurzelter Antisemitismus wurde genährt durch Hitlers Holocaust, seine Paranoia durch eingebildete jüdische Verschwörung und Infiltration. Und 1948 sperrte er sogar die Frau des Außenministers und langjährigen Kameraden, Polina Molotow, ein, die eine enge Freundin Nadjas war. Sie hatte nun wirklich keine Spur von Jüdischem an sich. Sie sprach russisch, sie hatte blaue Augen, sie hatte völlig vergessen, dass sie Jüdin war.«[407]

Schon bei Golda Meirs Besuch 1948 war Stalin überzeugt, dass jeder, der mit den Zionisten sympathisierte, ein Verräter der Sowjetunion sein müsse. Als ihm seine Tochter widersprach, erklärte er: »Der Zionismus hat die ganze ältere Generation angesteckt, und die gibt ihn an die Jugend weiter.«[408]

Molotow hielt dennoch Stalin auch nach dessen Tod die Treue. Da er auf dieser Haltung beharrte, überwarf er sich mit Nikita Chruschtschow und wurde schließlich aus der Partei ausgeschlossen.

Als Polina Schemtschuschina verhaftet wurde, fürchteten alle, die sie kannten, sie würde die Verbannung nicht überleben, und ihre Tochter hörte lange Zeit tatsächlich nichts mehr von ihr. Dennoch – trotz dreier Herzattacken und einer schweren Herzoperation in den 17 Jahren vor ihrem Tod – sah sie nach den Berichten von Leuten besser aus als je zuvor. Sie war mit einem Mantel aus Eichhörnchenpelz ins Gefängnis gegangen, und sie kam im selben Mantel, der allerdings inzwischen völlig zerschlissen war, wieder zurück. Dass sie und ihr Mann überlebten, ist der Tatsache zu verdanken, dass Stalin 1953 verschied.

Heimgekehrt, legte sich Polina auf das Sofa im Esszimmer ihrer Wohnung und blieb dort sechs Monate liegen.

All jene, die Polina Schemtschuschina kannten, bestätigen, dass sie Stalins Andenken leidenschaftlich treu blieb. Nachdem er in den fünfziger Jahren entlarvt wurde, sagte sie zu seiner Tochter Swetlana: »Dein Vater war ein Genie. Er zerstörte die Fünfte Kolonne in unserem Land, sodass Partei und Volk geeint waren, als der Krieg kam.«[409] Verblüfft über diese Loyalität, erinnerte sich Swetlana, wie Polina

Semjonowna ihrem Borschtsch stets fein gewiegte Zwiebeln beifügte und dabei sagte: »So hat es Stalin gern gehabt.«[410]

Polina starb am 1. Mai 1970. Molotow fühlte sich entsetzlich verlassen. Am 7. November jeden Jahres pflegte er Cognac einzuschenken und dabei zu rufen: »Lenin – eins! Stalin – zwei! Polina Semjonowna – drei!« Anschließend zerschmetterte er die Flasche. Zu Felix Tschuew hatte Molotow gesagt: »Zu meiner großen Freude hatte ich Polina Semjonowna zur Frau. Sie war nicht nur schön und klug, sie war eine echte Bolschewikin, ein echter Sowjetmensch. Das Leben hat ihr übel mitgespielt, weil sie meine Frau war, und trotz all ihrem Leiden hat sie nie Stalin beschuldigt und sich geweigert, jene anzuhören, die es taten. Die Geschichte nämlich wird jene verwerfen, die seinen Namen anschwärzen.«[411] Auf die Frage an Radzinskij, was passiert wäre, wenn Molotow und seine Frau Stalins Wünschen nicht entsprochen hätten, antwortet dieser: »Dann hätte Stalin beide umbringen lassen.«[412]

Während Polina über ihre Leiden im Lager eisern schwieg, hat eine andere Betroffene ganz detailliert von dem unmenschlichen Geschehen eines 19 Jahre währenden Aufenthalts in wechselnden Lagern mit zahlreichen Verhören berichtet: Anna Larina Bucharina, die Ehefrau des Mannes, den Swetlana als kleines Mädchen wirklich liebte: Nikolaj Iwanowitsch Bucharin. Wenn er nach Subalowo kam, dann äußerte sie ihre Freude stürmisch: »Hurra! Nikolaj Iwanowitsch ist da!«[413] Bucharin war für die ganze Familie einer der engsten Freunde. Die Kreml-Kinder liebten ihn, denn er hatte auf seiner Datscha viele Tiere – von Eichhörnchen im Garten bis zu einem zahmen Fuchs auf dem Balkon. Bucharin brachte Swetlana das Radfahren und das Schwimmen bei. Im Sommer wohnte seine Tochter, die ebenfalls Swetlana hieß und »Kosja« genannt wurde, zusammen mit ihrer Mutter Esfirija Gurwitsch, der zweiten Frau Bucharins, in Subalowo. Einmal, während einer Verstimmung zwischen Stalin und Bucharin, traf dieser im Kreml Swetlanas Kinderfrau. Sie wusste nichts von den veränderten Beziehungen und fragte, warum Bucharin nicht mehr zu ihnen käme? Sie sagte ihm, dass Swetlanotschka sich nach ihm sehne. »Sie laden den Falschen ein«, antwortete ihr darauf Nikolaj Iwanowitsch knapp.[414]

Von Stalin hieß es, dass er es liebte, seine Opfer langsam zugrunde gehen zu lassen. Soweit bekannt ist, hat Stalin ein solches Spiel mit Nikolaj I. Bucharin getrieben[415]. Bucharin war einer der Führer des Oktoberaufstands in Moskau. Er unterstützte zunächst Stalins Kurs, wendete sich dann aber gegen dessen Zwangskollektivierungs- und Industrialisierungspläne. Er war 1934 auf dem 1. Allunionskongress der Sowjetschriftsteller einer der umstrittenen Redner. Im Jahr 1937 erfolgte seine Verhaftung, und 1938 wurde er im dritten Moskauer Schauprozess zum Tode verurteilt. Seine Frau Anna Michajlowna hat das ausführlich in ihrem Buch »Nun bin ich schon weit über zwanzig« beschrieben.[416]

Den tragischen Augenblick der Trennung konnte die junge Frau nie überwinden. Ihr Mann fiel vor ihr auf die Knie und bat sie mit Tränen in den Augen um Vergebung dafür, dass er ihr Leben zerstört habe. Er flehte sie an, den gerade einjährigen Sohn doch ja als Bolschewiken zu erziehen. Dann beschwor er seine Frau, um seine Rehabilitierung zu kämpfen. Anna Larina zitterte am ganzen Leib, ihr Mann küsste seine Anjutschka zärtlich, und beide ahnten, dass sie sich nie mehr wiedersehen würden. »Anjutschka«, sagte Bucharin, »in dieser Wohnung ist die unglückliche Nadja gestorben, in dieser Wohnung werde auch ich aus dem Leben scheiden.«[417]

Es war an einem Junitag 1937, als der NKWD-Beamte kam, um die Bucharina nach Astrachan in Verbannung zu schicken. Das Kind war damals 13 Monate alt. Es konnte noch nicht laufen. Der »liebe Onkel« hielt den Kleinen auf dem Arm, und Jurij spielte mit den glitzernden Spielzeugen – den Abzeichen an seiner Brust. Danach saß er auf dem Arm seiner 80-jährigen Urgroßmutter. Anna Larina hat unendlich gelitten unter diesem Abschied. Und sie hat ihren Sohn erst nach 19 Jahren wiedergesehen.

Anna Larina Bucharina wurde beschuldigt, Mitglied einer konterrevolutionären Jugendorganisation gewesen zu sein. Sie sollte den Namen der Organisation preisgeben. Doch sie gehörte keiner Organisation an und konnte damit keine nennen. Mehrfach wurde ihr mit

Erschießung gedroht. Außerdem hatte man sie bereits vor dem Prozess gegen Bucharin als »Familienangehörige eines Vaterlandsverräters« zu acht Jahren Lagerhaft verurteilt.

Ganz gleich, ob es sich um russische oder nichtrussische Staatsbürgerinnen – Ukrainerinnen, Weißrussinnen, Georgierinnen, Jüdinnen, Polinnen, Wolgadeutsche und exilierte Kommunisten aus Deutschland oder Komintern-Offizielle und viele andere – handelte, sie alle wurden in Viehwaggons transportiert. Wenn man an einem Gefängnis ankam, mussten sich alle in einer Reihe aufstellen und von der Bahnstation zum Lager laufen, und dabei waren viele so schwach, dass sie ihre Habseligkeiten in einem Koffer oder zu einem Bündel zusammengeschnürt kaum mehr tragen konnten. Wachleute schikanierten die Sträflinge ständig und drohten, jeden, der aus der Reihe trat, sofort ohne Vorwarnung zu erschießen. Oder sie schrieen »Setzt euch«, und alle mussten sich in den Schnee oder den Matsch setzen.

Von Swerdlowsk, Astrachan ging es weiter zum Saratowsker Gefängnis.

Dieses erschien Anna Bucharina schlimmer als die Peter-Paul-Festung. Der lange Korridor im Saratowsker Gefängnis mit der muffigen, verqualmten Luft war wie die Hölle selbst. Auch die Aufseher galten dort als besonders bösartig. So überfüllt das Saratowsker Gefängnis auch war, es wurden ständig weitere Häftlinge in die Zellen gestopft.

Anna Bucharina und andere Frauen wurden auf dem Korridor untergebracht. Es war ein schmaler und heller Flur, und es war dort schrecklich kalt. Ihre Freundin Sara Lasarewna Fakir und sie richteten sich ein Lager auf dem Fußboden her.

Neben Anna lag eine wahnsinnig gewordene Frau aus Leningrad. Mal saß sie da, zerriss ihren schwarzen Wintermantel in dünne Streifen und zerrupfte die Watteschicht, mal schrie sie durch den ganzen Korridor: »Wir haben Sergej Mironowitsch, wir alle haben ihn ermordet, darum sitzen wir alle hier.«[418] Ein anderes Mal sprang sie ruckartig auf, ging zu den zugefrorenen, reifbedeckten Fensterscheiben und kratzte, wie Puschkins Tatjana, ihr »heiliges Monogramm« an die Scheibe, wenn auch nicht mit einem hübschen, sondern mit einem dicken, schmutzigen, von der Kälte geschwollenen Finger: »S. M. K.« (Sergej Mironowitsch Kirow), und schrie immer wieder, dass alle Unmenschen und am Tod von Kirow schuld seien.

Das Swerdlowsker Gefängnis wurde Anna Larina auch dadurch »unvergesslich«, dass in der Suppenbrühe immer Schaben schwammen. Diese beiden Umstände, die Schaben und die wahnsinnig gewordene Leningraderin, bildeten aber auch den Grundstein für Annas Freundschaft mit Wiktorija Rudina. Anna sah diese zum ersten Mal, als sie sich einen Weg über die dicht gedrängt liegenden Körper im Flur bahnte, an die verschlossene Tür ging, energisch zu klopfen anfing und verlangte, dass der Gefängnisdirektor käme. Schließlich erschien er. Sie sah ihn von oben herab an, musterte ihn angewidert von Kopf bis Fuß und forderte in einem Ton, als sei er ihr Untergebener, er solle die Wahnsinnige aus dem Gefängnis wegbringen, denn sie brauche ärztliche Hilfe; außerdem lasse die Kranke nachts niemanden schlafen und übertrage ihre Läuse auf alle Mithäftlinge. Zweitens, er solle keine Brühe mit Schaben kochen lassen, da der Nutzen dieser Insekten für den menschlichen Organismus noch nicht erwiesen sei. Ihren »Anweisungen« setzte sie noch ein kräftiges »Verstanden?!« drauf. Die Wahnsinnige wurde tatsächlich weggebracht, und in der Suppe schwammen fortan kaum mehr Schaben.

Kurz vor Stalins Tod wurde Anna Bucharina wieder in die Lubjanka nach Moskau gebracht. Nach einer demütigenden Leibesvisitation schickte man sie unter die Dusche. Der Duschraum wirkte für sie so sauber und weiträumig wie in einem Hotel nach all den schmutzigen, engen Gefängnissaunas mit den schweren Holzkübeln. Und das ganze Gefängnis kam ihr nach den Astrachaner und den Etappengefängnissen sowie dem Nowosibirsker Keller wie ein Schloss vor, wenn man es nicht als Todesfabrik für Regimegegner, die mit Genickschuss getötet wurden, hätte ansehen müssen. Der Bau wurde zum Symbol für die Grausamkeit und Willkür der kommunistischen Herrschaft.

Anna Larina legte damals ihre zerrissene Kleidung ab – die mit Feuchtigkeit und Uringestank getränkten Lumpen. Dann wurde sie wieder einmal in eine grell erleuchtete Einzelzelle gebracht. Die Decke über den Kopf zu ziehen, um schlafen zu können, das war verboten. Das Gesicht zur Wand zu drehen war ebenfalls verboten. Aber das Demütigendste war immer in der Lubjanka, Berija vorgeführt zu werden, was Anna Larina mehrmals erleben musste.

Im Sommer 1956 besuchte ein 20-jähriger junger Mann zum ersten Mal seine Mutter. Er fuhr zu ihr nach Sibirien in die Siedlung Tissul im Gebiet Kemerowa, der letzten Station von Annas Verbannung. Es kam zu einem herzzerreißenden Wiedersehen voller Tragik.

Im Jahr 1988 erhielt Anna Larina Bucharina ein Dokument von Präsident Michail Gorbatschow, das die völlige Rehabilitation ihres Mannes bestätigte. In den Jahren 1990 und 1991 unternahm sie eine Lesereise quer durch Europa. Obwohl sie damals schon ziemlich krank war, berührte sie die Herzen derer, die ihren Glauben und ihre Loyalität gegenüber ihrem Mann bewunderten. Ihre 1988 veröffentlichten Memoiren »Nezabyvaemoe« waren in Moskau eine politische Sensation. 1991 wurden ihre Aufzeichnungen auch in deutscher Sprache mit dem Titel »Nun bin ich schon weit über zwanzig – Erinnerungen« veröffentlicht.

In einer Fernsehaufzeichnung im Jahr 1994 in London erwähnte Swetlana auch die in den sechziger Jahren unter Chruschtschow einsetzende Heimkehrerwelle. Sie sprach von den »wunderbaren Frauen«, die zurückkamen und die sie kannte. »Niemand von ihnen sah mich schräg an, oh, das ist die Stalin-Tochter, lasst uns einen großen Bogen um sie machen. Im Gegenteil, sie waren alle sehr lieb zu mir, liebenswürdig, und gute Freunde. Das soll heißen, niemand beschuldigte mich, dass ich irgendeine Beziehung zur Politik gehabt hätte.«[419]

Doch kehren wir nach diesem wichtigen Rückblick zurück in das Jahr 1953.

Freiwilliger Verzicht auf Privilegien

Kurz nach der Beisetzung ihres Vaters, am 21. März 1953, schrieb Swetlana an den Vorsitzenden des Ministerrates der UDSSR Georgij M. Malenkow. Sie wollte der Regierung und speziell Malenkow ihre tiefe Dankbarkeit für die Anteilnahme und die Aufmerksamkeit aussprechen, die ihren Kindern und ihr in dieser für sie alle so schwierigen Zeit zuteil geworden war. Gleichzeitig sah sie es als ihre Pflicht an, einige Rechte, die ihrer Familie eingeräumt worden waren, als überflüssig zurückzuweisen, da sie diese nicht mehr für annehmbar halte. Dazu gehörte vor allem die Bereitstellung der Datscha »Wolynskoje« samt Personal. Außerdem die finanzielle Zuwendung in Höhe von monatlich 4000 Rubel. Anstelle der Datscha wollte sie lieber in der Sommerperiode zwei bis drei Zimmer in der Datschensiedlung des Ministerrates der UDSSR in Schukowka, Rublewo-Uspenski-Chaussee, auf eigene Kosten mieten.

Wie sah Swetlanas Tagesablauf damals aus? Wie sie selbst schrieb, arbeitete sie ein wenig, beschäftigte sich vor allem mit Geschichte und russischer Philologie. Später fertigte sie Übersetzungen für einen Verlag an. Einige ihrer Übersetzungen sind auch veröffentlicht worden: Andrew Rotsteins Buch »Das Münchner Abkommen« und »Mensch und Evolution« von John Lewis. Für den Verlag »Kinderliteratur« in Moskau machte sie Übersetzungen aus dem Englischen.[420] Doch das waren Einzelarbeiten, und daraus floss kein kontinuierliches Einkommen.

Swetlana wandte sich an Aleksej Kossygin, seit Oktober 1964 Vorsitzender des Ministerrates der UDSSR. Sie wollte die ihr gewährten Kreml-Privilegien zurückgeben, die da waren: kostenlose Benützung der Kantine im Haus am Ufer in Moskau, die Poliklinik in der Siwezew-Wraschek-Gasse, die Krankenhäuser in der Granowski-Gasse und Kunzewo. Exklusive Kleidung konnte im Atelier für Maßkleidung in der Maly-Tscherkasskij-Gasse erworben werden. Über jenes Atelier erzählte Aleksej Iwanowitsch Adschubej[421], der Ehemann von Rada Nikititschna, der Tochter Chruschtschows: »Die Zeit unterteilte sich in die Epoche vor und nach Stalins Tod. Nach Stalins

Tod war der Kreml-Hofstaat wie verödet. Ich gehörte schon zu diesen Kreisen, bevor ich Rada kennen lernte. Meine Mutter, Nina Matwejewna Gupalo, war eine der besten Moskauer Modellschneiderinnen. Jelena Sergejewna Bulgakowa, Marina Aleksejewna Ladynina, Swetlana Allilujewa, Stalins Tochter – sie alle wurden bei meiner Mutter eingekleidet.«[422] Von Adschubejs Mutter hatte sogar Stalin gehört, der sich sonst kaum für Frauenmode interessierte. Dienstauto und Datscha gehörten gleichfalls zu Swetlanas Privilegien. Sie nahm diese Vergünstigungen gerne an, entschloss sich allerdings dann 1964, doch darauf zu verzichten.

Stalins Tochter konnte eine winterfeste Datscha nutzen sowie einen eigenen Wagen aus der Fahrbereitschaft des Ministerrates der UdSSR anfordern. Swetlana betonte in ihrem Brief an Kossygin, dass sie stets dankbar sei für die Fürsorge der Regierung. Doch nun seien ihre Kinder erwachsen – der Sohn studiere im zweiten Semester an der 1. Medizinischen Hochschule, die Tochter gehe in die siebte Klasse –, und sie habe das Gefühl, dass sie nicht länger diese großzügige Geste der Regierung ausnutzen dürfe. Angesichts der sehr harten und bescheidenen Lebensbedingungen im Land wolle sie aus moralischen Gründen auf die kostenlose Nutzung der Datscha und des Autos verzichten. Solange die Kinder klein waren, war die Datscha wichtig, doch nun nicht mehr, auch wolle sie nicht in der Öffentlichkeit ins Zwielicht geraten oder von ihren Freunden schief angesehen werden. Ihr sei bekannt, dass Mitarbeiter im Büro des Ministerrates für ihre Datscha und den Wagen zahlen müssten. Sie bat Kossygin, ihren Schritt nicht als demonstrative Haltung zu interpretieren, und bedankte sich nochmals für all die Zuwendungen der letzten Jahre vonseiten der Regierung.[423]

Swetlanas Ansinnen erregte Aufsehen. Ein Vertreter des Ministerrates erklärte ihr, es sei noch nie vorgekommen, dass jemand auf seine Datscha verzichtet hätte. Das Gegenteil sei der Fall, die Leute bäten um einen solchen Wohnsitz. Man sah ihren Brief eben doch als eine Form des Protestes gegen die neue Regierung nach Chruschtschows Sturz an. Man legte ihr nahe, nicht mehr auf die Angelegenheit zurückzukommen und die Datscha in Schukowka zu behalten.

Den Kern des »unvergesslichen Schukowka«, wie Swetlana schwärmte, bildete das alte Dorf, eine kümmerliche Kollektivwirtschaft. Die Mehrzahl der Bewohner arbeitete in Moskau. Im Sommer vermieteten sie die Hütten, die keine Wasserleitung hatten und lediglich ein Plumpsklo im Garten, an Universitätsprofessoren, Kritiker, Regisseure und Dichter, also an jene, die sich noch keine eigene Datscha leisten konnten. Dann gab es die Datschen der »geheimen« und »nicht geheimen« Wissenschaftler, die formell der Akademie der Wissenschaften gehörten. Dazu kamen noch drei Siedlungen, standardisierte Holzhäuschen mit Winterheizung.

Einige dieser Datschen gab man Witwen von Ministern und Funktionären im Ruhestand, und eine solche Datscha bewohnte Swetlana mit ihren Kindern in den Sommermonaten. Dort fand ihre Tochter Katja immer Spielgefährten, und es entstanden Freundschaften, die viele Jahre lang hielten. Im Winter verbrachten sie die Sonntage dort, unternahmen Skitouren in die herrlichen Wälder der Umgebung, und anschließend traf man sich entweder bei Swetlana oder bei den Salesskijs, mit deren Tochter Tonja Katja eng befreundet war. Nach Badminton und Pingpong kam das Reiten in Mode. Doch es wurde auch gelesen, und das besondere Interesse der Mädchen galt den Naturwissenschaften.

Kompliziert wurde das Leben auf der Datscha von dem Augenblick an, wo der Inder Singh oder indische Frauen öfter zu Besuch kamen, die einen Sari trugen. Noch weniger wollte man dort die »schwarze Berta« sehen, eine Mulattin, und ihr Töchterchen, die zu allem Überfluss miteinander Englisch sprachen.

Für Katja begann eine Zeit, in der sie sich nicht mehr mit ihrer Freundin treffen durfte beziehungsweise umgekehrt; Tonjas Eltern durften ohne besondere Erlaubnis nicht mit Ausländern verkehren.

Swetlana zog 1966 Bilanz: »Ich war nun 40 Jahre alt. Siebenundzwanzig Jahre meines Lebens hatte ich unter schwerem Druck gelebt, die folgenden vierzehn Jahre befreite ich mich allmählich davon. Diese 27 Jahre, von 1926 bis 1953, waren eine Zeit, welche die Historiker als die ›Periode des Stalinismus‹ in der Sowjetunion bezeichnen, die Zeit des in einer einzigen Person verkörperten Despotismus, des blutigen Terrors, der wirtschaftlichen Schwierigkeiten, des grausamen Krieges und der ideologischen Reaktion.«[424]

Josef, Swetlanas Sohn, kommentierte dieses Ereignis: »Mit Großvaters Tod hat sich nicht wirklich etwas geändert für uns; wir leben in der gleichen Wohnung wie bisher.«[425] Es war die schöne Wohnung am Moskwakai, die sie 1952 bezogen hatten und die sie ihr erstes wirkliches Heim nannten. Ihr Sohn Osja war damals sieben Jahre alt und ging ganz in der Nähe in eine Schule, die Jahre später auch die kleine Katja, damals gerade zwei Jahre alt, besuchte. Jedes Kind hatte ein eigenes Zimmer, was bei der üblichen Wohnungsnot in Moskau etwas Besonderes war. Als die Kinder größer wurden, dekorierten sie ihre Zimmer nach ihrem eigenen Geschmack. Katja liebte Pferde und hatte die Wände voll mit Fotografien von Pferden und Reitern, meist aus Zeitschriften ausgeschnitten. Es gab ein Bild von Jacky Kennedy zu Pferd mit dem kleinen John-John; seine Schwester Caroline saß auf einem Pony. Katja ist in dieser Wohnung aufgewachsen. Auf einem grauen Hof beim Haus waren immer viele Kinder, mit denen sie spielen konnte. Das Mädchen war unkompliziert und sehr sportlich. Sie konnte gut Ski fahren, spielte Tischtennis und Basketball und, was recht ungewöhnlich war, sie spielte auch gerne Fußball mit Mädchen. Swetlana wünschte sich, dass sie ein Musikstudium absolviere, doch Katja träumte davon, eine gute Reiterin zu werden.

In der Schule schrieb sie wie auch ihr Bruder meist die besten Aufsätze, doch Literatur und Kunst bedeuteten ihr nicht allzu viel. Als die Mutter ihr Lew Tolstojs »Krieg und Frieden« zu lesen gab, schaffte sie das Buch gerade bis zur Hälfte, denn Romane langweilten sie. Doch Physik, Chemie, Mathematik, Astronomie und Mineralogie, diese Fächer fanden ihr Interesse. Und schließlich entwickelte sich aus dieser naturwissenschaftlichen Neigung auch ihr Beruf, sie wollte Meeresbiologin werden.

Von ihrer Mutter wurde Katja als ein zärtliches und anspruchsloses Mädchen geschildert. Wenn man ihr eine Freude machen wollte, konnte man dies mit einer Tafel Schokolade und einem Buch tun. Swetlana hatte im Laufe der Jahre angefangen, eine eigene kleine Bibliothek für sich und die Kinder aufzubauen.

Nach den geltenden Gesetzen hätte ihr die riesige Bibliothek ihres Vaters zur Verfügung gestanden. Die Bücher wurden von den Verlagen unmittelbar nach Erscheinen kostenlos an ihn geschickt; das war Vorschrift. Der Wert dieser Bibliothek bestand vor allem in Unikaten von sowjetischen Ausgaben aus den zwanziger und dreißiger Jahren, die im Rahmen der Säuberungen der Jahre 1937 und 1938 aus allen anderen Bibliotheken entfernt worden waren. Swetlana hatte schon 1955 den Ministerpräsidenten Bulganin gebeten, man möge ihr doch wenigstens einen kleinen Teil, vor allem die von ihrer Mutter gesammelten Bücher, überlassen. Doch sie bekam auf ihr Schreiben keine Antwort.

Katja trug am liebsten Jeans und Sweater, von schönen Kleidern hielt sie nicht viel. Ihrem Bruder war sie oft zu leger gekleidet, und erst als junge Frau wurde ihr von ihrer Schwägerin eine passende Frisur empfohlen.

Katjas Bruder Josef, der eigentlich ihr Halbbruder war, wuchs ganz anders auf. Die ersten sieben Jahre seines Lebens verbrachte er zeitweise wie ein Einsiedler mit seiner Kinderfrau auf der Datscha mitten im Wald. Er hatte nur selten Spielkameraden, Sport bedeutete ihm nichts, obwohl er gut Ski fahren und schwimmen konnte. Er hatte sein Zimmer mit einer vietnamesischen Matte und einem silbernen Horn dekoriert und besaß schwarze georgische Keramiken. Swetlana nannte ihren Sohn einen stockkonservativen Ästheten.

Während seine Schwester ein wahrer Wirbelwind war, liebte Josef die Ruhe und die klassische Musik. Wahrscheinlich wäre er ein guter Musiker geworden, wenn ihn nur seine Mutter auf diesen Weg geführt hätte. Doch sie entschied, dass für ihn Englischlektionen wichtiger seien. Swetlana ging oft mit ihren Kindern zu Kammermusikabenden und Symphoniekonzerten im Konservatorium. Osja begeisterte sich für Händel, Haydn oder Vivaldi. Orgelkonzerte von Bach, von deutschen Organisten gespielt, machten ihm und seiner Mutter besonders viel Freude. Swetlana schwärmte regelrecht von ihrem Sohn, der mit ihr seine ersten Tanzschritte wagte und der auch ein guter Zeichner war, vor allem Tiere in der Art eines Walt Disney malte und witzige Karikaturen. Mutter und Sohn kamen dadurch auf die Idee, auf der Datscha im Sommer eine humoristische Wandzeitung herauszugeben.

Der so vielseitig begabte junge Mann entschied sich für den Arztberuf. Weder Osja noch Katja wollten in irgendeiner Form politisch tätig werden, sondern ein ungestörtes privates Leben führen. Der Marxismus und alle übrigen »Ismen« galten bei den jungen Menschen schon als veraltet, überlebt und abgetan.

Swetlana hatte ein wohnlich ausgestattetes Schlafzimmer, in dem auch ihr großer Schreibtisch Platz fand. Das Esszimmer benutzten sie seltener, denn am liebsten hielten sie sich in der geräumigen Wohnküche auf, sogar wenn Gäste kamen.

Als sie in diese Wohnung einzogen, sorgten eine Hausgehilfin und eine Kinderfrau für das Wohl der Bewohner. Als die Kinder größer wurden, begann Swetlana die schwierige »Wissenschaft« der Hauswirtschaft zu studieren. Sie lernte mit einem Gasherd umzugehen, zu kochen, zu nähen, zu waschen und zu bügeln. Ihre Kinderfrau Aleksandra war stets der Meinung gewesen, dass für Swetlana Bücher und Bildung wichtiger seien als Haushaltskenntnisse.

Das Leben dieser von Swetlana überaus geliebten und verehrten Aleksandra Andrejewna ging mit 71 Jahren zu Ende. Sie starb am 4. Februar 1956. Ihre Enkelin benachrichtigte Swetlana, die ein »sonderbares Gefühl der Verzweiflung überkam«. Sie meinte, man habe ihr ein Stück ihres Herzens weggeschnitten. Nach ihrem Wunsch sollte ihre Babusja unmittelbar neben ihrer Mama auf dem Nowodewitschi-Friedhof ruhen.

Swetlana versuchte erst einmal über Abteilungsleiter im Moskauer Stadtsowjet und im Moskauer Stadtkomitee zu prüfen, ob Babusja auf dem »Regierungsfriedhof« beerdigt werden dürfe. Doch da kam sie nicht weiter. So rief sie Jekaterina Dawidowna Woroschilowa an, die ebenso wie alle anderen, die sie kannten, die alte Kinderfrau sehr geschätzt hatte. Deren Mann, Kliment Jewremowitsch Woroschilow, kam gleich ans Telefon, war ebenfalls traurig über die Todesnachricht und versicherte Swetlana, dass er sich um die Genehmigung kümmern werde.

So wurde Babusja schräg gegenüber dem Grab der schon 1932 dort bestatteten Nadjeschda Allilujewa beerdigt. Viele, viele Freunde waren gekommen, um sich von dieser geliebten alten Frau zu verabschieden, die im offenen Sarg aufgebahrt war. Swetlana küsste Babusja zum Abschied auf die kalte Stirn und ihre Hände »ohne jede Furcht, ohne jeden Widerwillen gegen den Tod, sondern nur mit dem Gefühl tiefsten Schmerzes und tiefster Zärtlichkeit für das vertrauteste Wesen auf dieser Erde, das jetzt von uns ging und mich allein zurückließ«.[426]

Als Swetlana diese Zeilen im Jahr 1963 schrieb, weinte sie noch einmal bitterlich.

Swetlana legt den Namen des Vaters ab

Im Jahr 1957 beschloss Swetlana, nicht mehr den Familiennamen ihres Vaters zu tragen, sondern den der Mutter: Allilujewa. Nach den sowjetischen Gesetzen war es damals möglich, dass die Kinder den Familiennamen des Vaters oder der Mutter wählten. »Ich war nicht mehr imstande, diesen Namen zu tragen, der mir durch seinen metallischen Klang in den Ohren, in den Augen und im Herzen wehtat.«[427] Swetlana besprach diesen Schritt mit dem damaligen Präsidenten der Sowjetrepubliken, Kliment Woroschilow, einem alten Freund ihrer Familie, der ihre Mutter sehr geliebt hatte. Woroschilow fand ihren Entschluss richtig und war sofort bereit, ihr behilflich zu sein.

Sie hatte diesen Schritt schon bei der Einschreibung an der Universität erwogen. Damals trug sie den Wunsch ihrem Vater vor, doch dieser antwortete darauf überhaupt nicht. Für Swetlana war mit »Stalin« die Partei gemeint und nicht die Familie.

Doch sie musste erleben, dass viele Leute diesen Schritt verurteilten. Andere fragten sie besorgt, ob man sie gezwungen habe, den Namen ihres Vaters abzulegen.

Hier bietet sich ein Vergleich mit den Kindern der NSDAP-Führer an. Viele Jahre nach dem Tod ihrer Väter tragen sie die Last eines Familiennamens, der oft Gedanken an schreckliche Verbrechen heraufbeschwört. Sie sind belastet mit dem Verlangen zu begreifen, was jene Menschen, die sie liebten, dazu veranlasst haben könnte, sich einem totalitären Staat anzudienen. Einige bewältigen ihr Erbe dadurch, dass sie es leugnen; sie behaupten, ihre Eltern hätten nur an den »guten Seiten« des Dritten Reiches mitgewirkt, und geben einer Hand voll Fanatikern die Schuld an den Verbrechen; ähnlich verhielt sich auch Swetlana Allilujewa. Andere sehen der blanken Realität ins Auge und zügeln ihren Hass nicht, ihre Ablehnung all dessen, was mit der NSDAP und ihren Eltern zusammenhängt.[428]

Interessant ist in diesem Zusammenhang, was die mit Swetlana befreundete Journalistin Tatjana Tess einmal sagte: »Überall nannte man sie Swetlana Stalina, und im nächsten Moment wechselte sie zu Allilujewa. Sie war eine unberechenbare Persönlichkeit.«[429]

Nikita Sergejewitsch Chruschtschow wurde auf dem Oktoberplenum des ZK 1964 von seinen Funktionen als Erster Sekretär des ZK der KPdSU entbunden. Damit begann eine rückläufige Bewegung, zurück zu den altgewohnten und für die Macht so bequemen Normen. Und Swetlana musste neuerlich hören: »Ihr Vater war ein großer Mann. Warten Sie nur, man wird sich seiner noch erinnern!«

Die Regierung begann sich mit einem Mal dafür zu interessieren, wie sie wohnte, lebte und liebte. Kossygin[430] und Suslow[431] bestanden darauf, dass sie in das Kollektiv zurückkehre.

Der Lebensgefährte Brajesh Singh

Heute hat sich mein Herz irgendwie aufgetan,
Friede ist eingetreten und hat mich umarmt...[*]

Im Krankenhaus

Nach der bittersüßen ersten Liebe zu Aleksej Kapler und den drei gescheiterten Ehen erhoffte sich Swetlana eine glückliche Beziehung
mit dem Inder Brajesh Singh. Sie hat den gemeinsamen Weg mit
ihm in ihrem 1967 erschienenen Buch »Das erste Jahr« skizzenhaft
aufgezeichnet:

»Brajesh Singh gehörte einer alten indischen Adelsfamilie an.
Sein Neffe, Dinesh Singh, ist gegenwärtig Minister für Auswärtige
Angelegenheiten. Brajesh Singh war in den frühen dreißiger Jahren
der Kommunistischen Partei Indiens beigetreten. Er war mehrmals
in England, Deutschland und Frankreich gewesen und um diese Zeit
ein intimer Freund und Anhänger M. N. Roys. Er verfügte über eine
gute Bildung, sowohl indischer als auch europäischer Art, und hatte
auf alle, die ihn kannten, großen Einfluss.«[432]

Die Liebesgeschichte zwischen Swetlana und dem Inder begann an
einem recht ungewöhnlichen Ort und wenig romantisch. Ihre erste
Begegnung fand im Oktober 1963 im Regierungskrankenhaus in
Kunzewo statt. Swetlana, in Krankenhauskleidung und mit einem
Schal um den Hals, mit abgehärmtem Gesicht und ungepflegten
Haaren, traf Singh auf dem Krankenhausflur, als dieser mit weißen
Wattetampons in den Nasenlöchern in einem Krankenhausmantel
auf und ab ging. Während Swetlana lediglich die Mandeln entfernt
worden waren, war Singh unheilbar krank. Er litt an einer chronischen Bronchitis, und ein Emphysem hatte seine Lungen in einen

hoffnungslosen Zustand versetzt. Swetlana konnte hören, dass der kleine, grauhaarige, untersetzte Herr mit Brille sich in Englisch und Französisch mit anderen Kranken unterhielt.

In diesem Regierungskrankenhaus wurden damals auch viele Ausländer behandelt; das hing mit der liberalen Ära unter Chruschtschow zusammen. Die Ausländer durften sogar in den Krankenzimmern zusammen mit Sowjetbürgern untergebracht werden, sodass sie die Möglichkeit hatten, mit diesen ohne Dolmetscher, die im Grunde Bewacher waren, zu sprechen, was ansonsten unmöglich war.

Von all den anderen Kranken, die auf dem Flur des Krankenhauses spazieren gingen, interessierte Swetlana wirklich nur der »aus Indien stammende Kommunist«. Und das war nicht ganz zufällig, denn in der UdSSR war dank Jawaharlal Nehru das Interesse für Indien schon seit einiger Zeit erwacht. Auch die Morallehre des frühen Buddhismus, die Persönlichkeit Buddhas, das beispielhafte Leben des Mahatma Gandhi interessierten Swetlana schon längere Zeit. Und wie der Zufall es wollte, hatte sie die Gandhi-Biografie von Nambudripad mit ins Krankenhaus genommen. Gar zu gern wollte sie darüber mit dem Fremden ins Gespräch kommen und legte sich einige Sätze in Englisch zurecht; sie wagte es aber dann doch nicht, Singh anzusprechen. In der Krankenhausbibliothek suchte sie nach Büchern über Indien, unter anderem »Gitanjuli«, Gedichte, die seinerzeit in ihrer Schule gelesen wurden. Ihr waren einige Zeilen aus einem solchen Gedicht eingefallen, aber woher stammten sie?

»Heute hat sich mein Herz irgendwie aufgetan,

Friede ist eingetreten und hat mich umarmt...« (»Morgendliche Lieder«)

Dass Swetlana gerade dieses Gedicht in den Sinn kam, war nicht von ungefähr. Sie hatte den Inder gesehen und sich sogleich zu ihm hingezogen gefühlt. So beschloss sie, die Bruchstücke aufzuschreiben und irgendwann, wenn sie sich mutig genug fühlte, den Fremden anzusprechen. Zufällig stand sie dann einmal neben der Tür seines Krankenzimmers, als Singh herauskam. Sie nahm die Gelegenheit wahr und sprach ihn an. Die beiden setzten sich im Korridor hin und unterhielten sich über Gandhi, über Nehru, über die Kasten in Indien usw.

Swetlana konnte nicht umhin, Singh auf Nambudripad anzusprechen. Singh nannte ihn mit einer gewissen Verachtung in der Stimme einen »Linken«. Und dann erzählte er seiner Gesprächspartnerin, dass er, der Sohn eines reichen Radschas, vor 28 Jahren in London Kommunist geworden, aber erst 1934 in die indische KP eingetreten sei.

Im Krankenhaus hatte sich Singh zwar seiner Gesprächspartnerin vorgestellt, doch er selbst wusste zunächst nicht, mit wem er sich unterhielt, bis Swetlana sich als Stalins Tochter zu erkennen gab. Singh betrachtete sie durch seine dicken Brillengläser und sagte nur »Oh – das wunderbare englische ›Oh‹, in dem so viele Bedeutungen mitschwingen«. Mehr sagte er nicht. »Auch später, als wir schon miteinander lebten, stellte er mir nicht eine einzige Frage zu meinem Vater.«[433]

Damals im Krankenhaus war Singh einfach glücklich darüber, dass er sich mit einem Menschen in englischer Sprache unterhalten konnte. Die beiden schlenderten in ihren Anstaltsmänteln die Korridore entlang, unterhielten sich lang und hatten Spaß. Das Resultat dieser Eskapaden waren schiefe Blicke der anderen Patienten, die sich aus Beamten des Partei- und Staatsapparates, prominenten Schauspielern, Regierungsmitgliedern und deren Familien zusammensetzten. Es klingt schon sehr bitter, wenn Swetlana folgendes Resümee zieht:

»In den Augen aller dieser Leute – mit seltenen Ausnahmen vielleicht – benahm ich mich herausfordernd, da ich die ganze Zeit in Gesellschaft eines Ausländers verbrachte, dessen Gesellschaft ich offenbar der sowjetischen Elite vorzog. Doch ich war es schon gewohnt, die Regeln dieser Elite zu verletzen, die mich ihrerseits immer schon als eine Art Missgeburt in ihrer Mitte betrachtet hatte.«[434]

Und wenn sich Swetlana umblickte und die »schwergewichtigen Dickwänste« im Pyjama auf den Korridoren wandeln sah, hatte sie regelrecht Angst um ihren »schwächlichen, kurzsichtigen« neuen Freund. Swetlana wusste, dass er unheilbar krank war. Er hatte mehrere Krankenhausaufenthalte hinter sich und sollte bald in ein Erholungsheim nach Sotschi kommen. Er war eher zufällig in der Sowjetunion: Die kommunistischen Parteien im Ausland erhielten aus

Moskau eine bestimmte Anzahl Einladungen für Erholungsaufenthalte. Da Singh Moskau nicht kannte, hatte er sich entschlossen, ins »kommunistische Mekka« zu gehen.

Eine nicht ganz freiwillige Trennung

Es kam, wie es kommen musste. Die Klinikärzte empfahlen Singh und auch Swetlana eine Kur. Und beide wurden in dieselbe Klinik nach Sotschi geschickt. Es war damals im November 1963 ungewöhnlich warm am Schwarzen Meer, und so verlebten Swetlana und Singh herrliche Tage in einem Erholungsheim, einem »Wunder an geschmacklosem Prunk«. Noch in späteren Jahren schwärmte Swetlana von »Sotschi mit seinen Rosen, orangeroten Sonnenuntergängen und zirpenden Zikaden« unter dem Sternenhimmel.

Aus Moskau waren nur wenige Kurgäste und Erholungsuchende dort, denn der November war damals ein »verantwortungsreicher Monat« mit unzähligen Empfängen, Paraden, Feiern auf dem Roten Platz. Stattdessen machten die Provinzler jetzt hier Urlaub. Zu den Leuten aus Usbekistan, Sibirien, Tadschikistan und Aserbeidschan kamen auch einige »überseeische« Kommunisten − zwei aus Griechenland sowie zwei Inder, Brajesh Singh und der Bengale Somnat Lahri.

Swetlana stellte mit Schrecken fest, dass noch viele der gängigen Dogmen in diesem Parteimilieu in Kraft waren. Für Ausländer war stets eine Dolmetscherin vorgesehen, außerdem galt jeder Ausländer in der UdSSR als möglicher Spion, dem man nicht trauen dürfe und der ständig überwacht werden musste. So gab es im großen gemeinsamen Speisesaal für die ausländischen Gäste in einer Ecke einen Extratisch, der reich mit Flaschen und Kaviar aufgedeckt war. Das sorgte für Ärger bei den »normalen« Patienten, denen zwar erlaubt war, sich mit den Ausländern anzufreunden, die aber aufgrund ihrer ideologischen Erziehung dies nicht taten. Da Swetlana besonders die Inder betreute, wurde sie von diesen zum Essen eingeladen, was sie auch annahm. Die Folge war, dass der Ausländertisch in ein Einzelzimmer verlegt und während der Mahlzeit abgesperrt wurde. Eine Dolmetscherin erklärte auf Anweisung des Chefarztes den Indern, dass sie nun Swetlana einladen dürften, so oft sie wollten.

Den Ausländern zeigte man das Land, sie mussten geduldig lange Vorträge über sich ergehen lassen, besuchten Kindergärten, erfuhren in einer Sowchose (staatlicher Landwirtschaftsbetrieb) etwas über die Ernte und wurden über die Entwicklung der Teepflanzungen belehrt. Eigentlich wünschten die Ausländer dort mit den Menschen selbst zu sprechen. Doch das war nicht vorgesehen. Von einer der Exkursionen brachte Singh einen blühenden Teezweig für seine Geliebte mit, die allerdings ziemlich wütend auf das reagierte, was Singh ihr erzählte. Swetlana hatte gehofft, dass mit den Jahren der sinnlose Formalismus in ihrem Land geringer geworden wäre. Doch die Parteileute waren »in der Regel die schwerfälligsten und konservativsten Menschen«, die man sich denken konnte.

Von Erholung war für Swetlana immer weniger zu spüren. Von wohlmeinenden Kurenden erhielt sie jede Menge Hinweise, sie solle sich von den Ausländern fern halten. Und dann kam immer wieder einer an Swetlana nahe heran und flüsterte ihr zu, dass ihr Vater ein großer Mann gewesen sei und dass man sich eines Tages seiner wieder erinnern würde. Und es steuerten wildfremde Personen auf Swetlana zu und baten um ein Foto mit ihr.

In den vier Wochen Aufenthalt in Sotschi gelangte Singh zu dem Entschluss, wieder nach Indien zu reisen, aber nach höchstens einem halben Jahr zu Swetlana erneut nach Moskau zurückzukehren. Er hatte beschlossen, bei einem Verlag als Übersetzer zu arbeiten.

Swetlanas Sohn Josef, in jener Zeit 18 Jahre alt, erzählte dem Journalisten Enzo Biagi: »Ich lernte Singh im Krankenhaus kennen; manchmal besuchte er uns. Wir führten damals ein ruhiges und normales Leben. Wir drei hielten das Haus zusammen, Mutter, Jekaterina und ich. Wir hatten keine Sorgen. Singh war eine nette Person, kultiviert und freundlich…Wir nannten ihn bei seinem Vornamen und riefen ihn mit seinem Spitznamen Radscha. Er war ruhig und geduldig, und er betrachtete manches ziemlich humorvoll…Dann äußerte er den Wunsch, ganz bei uns zu leben. Für Katja und mich war er der Ehemann unserer Mutter, und wir zollten ihm Respekt. Ich denke, er war glücklich.«[435]

Swetlana war in dieser Zeit ebenfalls glücklich. Weder sie noch Singh hatten Bedenken, dass ihre so verschiedene Herkunft ein Zusammenleben schwierig machen könnte. So begannen sie Pläne für eine gemeinsame Zukunft zu schmieden. Singh konnte überhaupt nicht verstehen, dass Swetlana, mit Ausnahme des kurzen Besuches in Deutschland bei ihrem Bruder, noch nie in ein fremdes Land gereist war. Er wollte ihr Indien zeigen und mit ihr viele Reisen unternehmen.

Singh war nach Swetlanas etwas schwer durchschaubarer Darstellung ungebunden. Von seiner Frau, einer Inderin, und seinen zwei Töchtern lebte er schon mehr als 20 Jahre getrennt. 1938 hatte Singh eine jüdische Wienerin vor der Deportation durch die Deutschen gerettet. Er nahm die junge Frau mit nach Indien, wo sie 16 Jahre zusammenlebten. Dann verließ die Wienerin mit ihrem Sohn Indien und ging nach England. Brajesh Singh blieb zurück.

Als Singh sich entschloss, nach Indien zu reisen, hatte er schreckliche Angst, dass er seine »Sweta« nie wieder sehen würde. Er nannte sie gerne Sweta, »weil es im Sanskrit diesen Namen gibt, der ›Weiße‹ bedeutet«. Und dann musste sie auf den Geliebten warten, eineinhalb Jahre lang. Dass die Trennung so lange dauern würde, hatten sich beide nicht vorgestellt. Keiner konnte beim Abschied ahnen, dass sich kurz darauf das politische Klima ändern würde. Der damals unglaublich populäre Chruschtschow wurde im Oktober 1964 von den Konservativen gestürzt, und an seine Stelle trat Kossygin. Die so genannte »kollektive Führung«, das Triumvirat von Kossygin, Breschnew und Mikojan, bedeutete, dass die konservativen Parteimitglieder um Suslow an die Macht gelangt waren. Und das sollte sich auch auf Swetlanas Probleme verhängnisvoll auswirken.

Leider erwies sich Singh als schlechter Briefschreiber, und Swetlana litt sehr unter der Trennung. Wenn Singh tatsächlich einmal schrieb, dann sandte er den Brief zunächst an einen indischen Biologiestudenten in Moskau, der die Briefe zu Swetlana brachte und de-

ren Antworten über die indische Diplomatenpost weiterleitete. Da
Swetlana viel Zeit hatte, übersetzte sie die Dissertation des jungen
Mittelsmannes aus dem Englischen ins Russische.

Swetlana und Singh konnten sich nicht erklären, warum die offizielle Einladung an einen ausländischen Übersetzer so lange nicht
ausgesprochen wurde. Dabei hatte Singh sogar den Generalsekretär
der Kommunistischen Partei Indiens, S. A. Dange, bemüht. Es hing
alles am ZK der UdSSR.

Auch Singhs Neffe Dinesh Singh, der Stellvertreter des Ministers
für Auswärtige Angelegenheiten, kam nach Moskau. Seine Mission
war die Vorbereitung des Staatsbesuches des indischen Präsidenten
Radhakrishnan[436]. Dinesh Singh besuchte Swetlana, die von diesem
liebenswürdigen und glänzend aussehenden Diplomaten regelrecht
schwärmte. Auch er versicherte, dass Singh bald zu ihr kommen
werde. Außerdem lud er Swetlana zu seiner Familie nach Delhi ein.

Während des Wartens traf Swetlana mit Anastas Mikojan zusammen, der sich ihr gegenüber immer sehr freundlich verhalten
hatte. Als sie ihm von ihren Schwierigkeiten wegen der Ausreise ihres
Freundes oder eines Besuches bei ihm in Indien sprach, hörte Mikojan ihr aufmerksam zu und machte ihr Hoffnung. Danach konferierte
er sogleich mit Chruschtschow darüber. Der meinte recht jovial: »Das
ist ja ausgezeichnet! Sie soll nur fahren, sich Indien anschauen, es ist
nur nützlich, wenn man fremde Länder sieht…«[437]

Chruschtschow erinnerte sich später daran, dass Mikojan ihm
eines Tages berichtete, Swetlana habe ihn um einen Rat gefragt,
da sie einen indischen Journalisten, den sie liebe, heiraten wollte.
Chruschtschow war sehr erstaunt zu hören, dass Swetlana überhaupt
seine Meinung zu ihrem Vorhaben wissen wollte. Er antwortete Mikojan: »Wenn sie meint, dass er ein würdiger Mann ist, dann soll sie
ihn heiraten. Das ist ihre Sache. Wir werden uns nicht einmischen,
ganz gleich, wie sie sich entscheidet. Die Tatsache, dass er nicht Bürger der Sowjetunion ist, sollte kein Hindernis sein, wenn sie ihn
wirklich gern hat. Sie soll selbst die Entscheidung treffen.«[438] Und
dann schrieb Chruschtschow, dass Swetlana ihren indischen Freund
geheiratet habe. In Wirklichkeit haben die Nachfolger Chruschtschows

Swetlana die Registrierung ihrer Verbindung mit dem Inder Brajesh Singh als offizielle Ehe verweigert.[439]

Es dauerte bis März 1965, bis endlich die Einladung bei Singh eintraf, er könne nach Moskau reisen und dort den Vertrag mit dem Verlag unterzeichnen. Am 7. April erwartete Sweta zusammen mit ihrem Sohn ihren Freund Singh am Flughafen Scheremetjewo. Als alle anderen Passagiere schon längst durch den Zoll waren, kam ganz langsamen Schrittes mit einer schweren Reisetasche in der Hand ein gealterter, schwer atmender Mann. Endlich lagen sich Singh und Swetlana wieder in den Armen. Außer Swetlana und ihrem Sohn waren zwei Vertreter des Verlages zum Empfang gekommen, ein Russe und ein Inder, die Singh in die vom Verlag zur Verfügung gestellte Wohnung bringen wollten. Doch Swetlanas Sohn entschied sich anders und bot Singh an, in sein bisheriges Zuhause zu kommen. »Denn es war deutlich zu sehen, dass Singh Pflege brauchte. Er nahm das Angebot nach einigem Zögern an.« Katja und Lenotschka erwarteten die drei schon sehnlichst. Singh packte seinen Koffer aus und überreichte jedem ein Geschenk. Swetlana nahm er in seine Arme und legte ihr eine kleine goldene Armbanduhr an. Und dann brauchten die beiden viel Zeit, um die lange Trennung zu überwinden. Sie redeten über ihre durchgestandenen Ängste, ihre Sehnsucht nacheinander, ihre Wünsche und Hoffnungen.

Eheschließung mit einem Ausländer nicht gestattet!

»Wie die Explosion einer Bombe verbreitete sich in Kreml-Kreisen die Nachricht, Swetlana Stalina heiratet wieder!«, so berichtet die russische Autorin Larissa Wassiljewa, die Swetlanas einstige Schulfreundin Marfa Maksimowna, Sergo Berijas Ehefrau, näher kennt.[440] Dieser wiederum sah in Swetlana eine Frau, die sich gut anpassen konnte, je nachdem mit wem sie gerade liiert war. »Swetlana nahm verschiedene Gestalten an. Als sie mit Schdanow verheiratet war, war sie immer gepflegt, trug Nerzpelze und Goldschmuck. Als sie den Inder heiratete, lief sie ungepflegt und in Gott weiß was herum«, erinnerte sich Marfa.[441] Auch sie war der Meinung, dass Swetlana diesen ausländischen Kommunisten tatsächlich geheiratet hatte, was sich jedoch, wie erwähnt, als unmöglich herausstellte.

Swetlana ging damals sogleich zu dem einzigen Standesamt in Moskau, das Eheschließungen mit Ausländern registrierte. Sie hoffte immer noch auf verständnisvolle Menschen, die einer Heirat mit ihrem indischen Freund zustimmten. Zu ihrem größten Erstaunen wurde sie jedoch plötzlich zum Ministerpräsidenten gerufen. Als sie am 4. Mai 1965, einem sehr kalten Tag, durch das Erlöser-Tor in den Kreml ging, überfielen sie unendlich viele Erinnerungen, schöne und unangenehme. Sie musste durch das alte Senatsgebäude, in dessen erster Etage sich knapp 20 Jahre zuvor die Stalin'sche Wohnung befunden hatte. In der zweiten Etage lagen nun das Empfangszimmer, das Arbeitszimmer und die Kanzlei des Ministerpräsidenten.

Kossygin empfing Swetlana im früheren Arbeitszimmer ihres Vaters. Nach einem schlaffen Händedruck wollte er wissen, wie es Swetlana in »materieller Beziehung« gehe und ob sie arbeite. Sie leide keine Not, antwortete sie, und habe ihr Stellung aus gesundheitlichen Gründen aufgegeben, aber auch um sich mehr um ihre heranwachsenden Kinder kümmern zu können. Kossygin ließ sie wissen, dass die »faule Linie Chruschtschows« vorüber sei und sie wieder eine Stellung im Kollektiv einzunehmen habe. Swetlana erklärte ihm ohne Umschweife, dass sie nicht mehr berufstätig sein wolle, da sie auch ihren schwer kranken Mann pflegen müsse. Nun hatte Swetlana das Reizwort »Mann« ins Spiel gebracht. Kossygin kam in Fahrt und wetterte gegen diesen alten, kranken Inder. Sie als sportliche, junge und gesunde Frau solle sich einen Russen suchen. Denn »alle« seien gegen eine Verbindung mit Singh. Eine Registrierung dieser Ehe würde er auf keinen Fall zulassen, dann könnte der Inder nämlich seine Ehefrau nach dem Gesetz sogar in seine Heimat mitnehmen. Alle Einwände vonseiten Swetlanas halfen nichts, und sie verlor auch die Lust, diesen Menschen überhaupt noch um irgendetwas zu bitten. Sie bekräftigte nur noch, dass Singh in Moskau bei ihr leben und arbeiten werde.

Nach einem kurzen Händedruck verließ sie ihre einstige Heimat im Kreml und kehrte eiligst zu ihrem kranken Geliebten und zu ihren Kindern zurück. Auf dem Heimweg besorgte sie noch Kuchen, denn sie wollten den Geburtstag von Singh und Katja gemeinsam feiern. Nach all den schlechten Nachrichten war aber niemandem zum Feiern zumute.

Singh begann sein Leben in Moskau zu hassen, denn er kam sich wie ein Verbrecher vor. Noch am selben Abend schrieben Swetlana und Singh gemeinsam einen Brief an Kossygin, der aber nie antwortete. Singh konnte nicht verstehen, dass er als Mensch in diesem Land sozusagen nicht existierte. Eine solche Missachtung wäre schon für einen Gesunden schrecklich, für den sensiblen Inder aber war sie verheerend und brachte unmittelbar eine Verschlechterung seines Gesundheitszustandes mit sich.

Dazu kam die spürbare Ablehnung, die Singh im Progress-Verlag erlebte, wo er englische Texte ins Hindi übersetzte. Es war für ihn eine schwere Hypothek, dass der Chefredakteur der englischen Abteilung W. N. Pawlow war, der ehemalige persönliche Dolmetscher Stalins. Er hatte den von ihm verehrten Stalin als Dolmetscher in Teheran, Jalta und Potsdam begleitet. Pawlow konnte sich überhaupt nicht mit der Tatsache abfinden, dass Singh nun Swetlanas Lebensgefährte war. Der Chefredakteur der Hindi-Abteilung, unter Chruschtschow aus dem ZK in den Verlag versetzt, begann völlig ungerechtfertigt an Singhs Arbeit herumzunörgeln, was diesen tief verletzte.

Swetlana besuchte immer wieder Anastas Mikojan, der inzwischen nicht mehr Präsident der UdSSR war. Er fand die Ablehnung einer formellen Eheschließung nicht gar so schlimm, denn für die Liebe sei sie sowieso nicht von Bedeutung. Er selbst habe 40 Jahre mit seiner Frau zusammengelebt, ohne sich registrieren zu lassen, und nie habe jemand zu ihm gesagt, dass seine fünf Kinder unehelich seien. Mikojan schien ihrer Meinung nach nicht zu begreifen, dass durch eine formale Eheschließung das Gesetz auch Singh geschützt hätte.

Der Gesundheitszustand des Mannes, den Swetlana so liebte, dass sie nichts unversucht ließ, ihm das Leben zu erleichtern, verschlechterte sich zusehends von Tag zu Tag. Als er in eine Tuberkuloseanstalt eingewiesen werden sollte, kämpfte Swetlana wie eine Löwin, dass er ins Krankenhaus nach Kunzewo kam. Drei Mal war er in den eineinhalb Jahren dort Patient, auch am 9. Oktober 1966, dem Tag, an dem sich Swetlana und Singh drei Jahre zuvor kennen gelernt hatten. Die Ärzte und Schwestern gratulierten und überschütteten die beiden mit Blumen.

Auch die in Moskau lebenden Inder und die beiden Botschafter Kaul und Murad Haleb besuchten Singh öfter. Sie mussten dazu jedes Mal Passierscheine beantragen, die Botschafter benötigten sogar eine Spezialerlaubnis. Singhs alte Freunde, die indischen Kommunisten, wandten sich allerdings schnell von ihm ab, als sie hörten, dass er der Sowjetregierung nicht mehr genehm war. Von der Verwandtschaft in Indien hielt nur Singhs Bruder Suresh in Kalakankar engen brieflichen Kontakt.

Seit Kossygin Ministerpräsident war, gab es im Krankenhaus eine Veränderung. Ausländer wurden in einer eigenen Etage untergebracht, sodass sie von den einheimischen Patienten isoliert waren. Nur wer von ihnen im Garten spazieren gehen durfte, konnte ein paar Worte mit den russischen Patienten wechseln. Swetlana kümmerte sich rührend um den Mann, an dem sie so hing. Als seine Kräfte immer mehr nachließen, verbrachte sie den ganzen Tag bei ihm. Immer öfter erzählte er ihr von Indien, seiner Jugend, von seinen Aufenthalten in verschiedenen Städten Europas. Er fühlte sich wieder als Inder, und es war sein sehnlichster Wunsch, dort zu sterben.

In ihrer Verzweiflung schrieb Swetlana an Leonid Breschnew und bat darum, Singh nach Indien bringen zu dürfen. Sie versicherte ihm, dass die Tage ihres Lebensgefährten gezählt seien und sie sofort wieder zurückkehren würde. Eine Antwort erhielt sie auf ihren Bittbrief nicht, stattdessen erneut die Aufforderung, ins ZK zu kommen, diesmal allerdings nicht zu Breschnew, sondern direkt zu Suslow, dem Führer der Konservativen in der Partei. Wie schon Kossygin fragte nun auch Suslow als Erstes, ob es Swetlana in materieller Hinsicht gut gehe. Doch sie bat ihn sehr schnell, auf ihr Schreiben einzugehen. »Mit dem galligen Gesicht des Fanatikers« wies er darauf hin, dass schon Stalin gegen Eheschließungen mit Ausländern gewesen sei.

Swetlana versuchte möglichst gelassen zu bleiben. Sie sagte ihm aber dann ins Gesicht, dass sich ihr Vater eben geirrt habe. Das Wortgeplänkel ging weiter und endete damit, dass Suslow ohne Umschweife verkündete, Swetlana dürfe nie ins Ausland reisen, ihr Freund Singh möge fahren, wann immer er möchte. Niemand werde ihn zurückhalten.

Swetlana verbrachte oft den ganzen Tag in der Klinik und fuhr nur zum Schlafen nach Hause. Ihre Kinder hatten dafür volles Verständnis. Osja, damals schon Medizinstudent, musste der Mutter leider immer wieder sagen, dass es um ihren Freund schlecht stand. Eines Tages bat Singh plötzlich, Sweta möge ihn mit nach Hause nehmen. Er war dieser weißen Wände, weißen Mäntel, der Passierscheine und des ewigen Breis, den er zu essen bekam, überdrüssig. Da er gerne Kochbücher las, hatte er sich schon Gerichte ausgesucht, die er zu Hause zubereiten wollte. Seinem Wunsch nach Entlassung wurde sogleich entsprochen. Daheim im großen Wohnzimmer fühlte er sich im Lehnstuhl glücklich.

Am Sonntag, dem 31. Oktober 1966, ging sein Leben zu Ende. Dabei hatte er sich noch so sehr auf die für Ende November festgesetzte und lang erwartete Eheschließung von Osja und Lenotschka gefreut. Doch an jenem Sonntagabend nahm er Swetlanas Hand in die seine und sagte ihr, dass er zum Sterben bereit sei. Er litt unter asthmatischen Erstickungsanfällen, und auch der herbeigerufene Notarzt konnte nichts mehr für ihn tun.

Nach dem Sterben ihres Vaters hatte Swetlana nun auch das Sterben ihres Geliebten durchzustehen – zwei Leben und zwei Tote, die nur das eine gemeinsam hatten, dass sie von ihr geliebt worden waren.

Swetlana wehrte sich vehement gegen die von der Gesundheitsbehörde getroffene Verfügung, an der Leiche eine Sektion vornehmen zu lassen, da dies bei den Indern nicht üblich war. Sie verständigte die indische Botschaft, die nun alle weiteren Formalitäten übernahm. Singhs Sohn in London wurde per Telegramm benachrichtigt. Der Tote lag auf seinem Bett, und Swetlana wollte sich nicht von ihm trennen. Ganz unerwartet kam ihr Sohn und küsste die Stirn des Verstorbenen zum Abschied. Swetlana saß auf einem kleinen Diwan im Schlafzimmer und blickte teilnahmslos vor sich hin. Indische Freunde kamen, um sich von Singh zu verabschieden, aber auch Swetlanas Freundinnen Berta und Tamara, die in der Indienabteilung des Moskauer Rundfunks arbeiteten.

Der 1. November war ein sonniger, kalter Tag. Die Trauergäste versammelten sich in Swetlanas Wohnung. Ein Inder las Sanskritverse aus der Bhagavadgita über die Unsterblichkeit des ewigen Geistes. Dann formierte sich der Trauerzug. Nur Katja und Lenotschka blieben zu Hause, da sie sich vor dem Krematorium fürchteten. Nach der Einäscherung nahm Swetlana die kleine Urne mit in ihre Wohnung. Sie hatte einmal die von Singh verfasste Verfügung gelesen, dass er im Falle seines Todes eingeäschert werden wollte, und so sollte seine Asche in einen Fluss gestreut werden. Auf Swetlanas Frage, dass mit dem Fluss doch nur der Ganges gemeint sein könne, antwortete Singh, dass er auch im Ausland sterben könnte und dann wohl kaum jemand extra mit seiner Urne zum Ganges reisen würde. Alle Flüsse seien gleich, alle würden in den Ozean fließen, sagte er Swetlana. Doch diese war entschlossen, die Urne ihres Lebensgefährten nach Indien zu bringen.

Sie schrieb sowohl an Kossygin als auch an Breschnew. Der Brief an Letzteren stammt vom 3. November 1966:

»Werter Leonid Iljitsch!
Am 31. Oktober ist mein Mann Brajesh Singh, Mitglied der KP Indiens, nach langer Krankheit gestorben. Ich bitte Sie inständig, mir zu helfen, meine letzte Pflicht ihm gegenüber zu erfüllen – die sterblichen Überreste des Toten zu seinen Verwandten nach Indien zu überführen. Das verlangen die nationalen Traditionen. Ich möchte nochmals betonen, dass er meinetwegen hier war, in Indien würde er jetzt noch leben. Diese Tatsache legt mir besondere Verpflichtungen gegenüber seinen Nächsten auf.

Ich weiß, dass es unerwünscht ist, wenn ich ins Ausland reise. Dennoch bitte ich unter diesen besonderen Umständen um die Genehmigung und bestehe darauf.

Die Reise dauert höchsten sieben bis zehn Tage. Der Pass und das Visum können auf einen beliebigen Namen ausgestellt werden. Der Neffe meines verstorbenen Mannes, Dinesh Singh, Staatsminister für Auswärtige Angelegenheiten, wird mich vom Flugplatz abholen und mich in sein Haus fahren, wo der Bruder meines Mannes wohnt und die Asche dem Fluss anvertraut wird. Außer an diesen beiden Orten werde ich mich nirgendwo aufhalten. Ich werde nur die nächsten Verwandten treffen. Ich versichere Ihnen, dass aus politischer Sicht nichts Negatives geschehen wird.

Genosse Generalsekretär, ich bitte Sie, mich zu verstehen und mir zu gestatten, meiner Pflicht umgehend nachzukommen. Hochachtungsvoll

S. J. Allilujewa.«[442]

Swetlana wurde dann nochmals zu Kossygin gebeten, dem es offensichtlich unangenehm war, Stalins Tochter nun als Trauernde vor sich zu haben. Das Gespräch dauerte keine fünf Minuten, und schon am nächsten Tag hielt sie den offiziellen Beschluss des Politbüros des ZK der KPdSU[443] in Händen:

»4. II. 1966
Genossin Swetlana Allilujewa (Stalina) hat sich an Gen. L. I. Breschnew mit der Bitte gewandt, ihr eine siebentägige Auslandsreise nach Indien zur Beisetzung ihres Mannes zu gestatten.

Diese Frage wurde telefonisch von den Genossen Breschnew, Woronow, Kirilenko, Kossygin, Podgornij, Poljanskij und Scheljepin beraten.

Der Bitte Swetlana Allilujewas um eine siebentägige Reise nach Indien wird stattgegeben.

Genosse Semitschastnij wird beauftragt, zwei Mitarbeiter zu benennen, die mit ihr nach Indien reisen.

Genosse Benediktow soll Ihnen während des Aufenthaltes in Indien Unterstützung gewähren.

K. Tschernenko.«[444]

In kürzester Zeit, nämlich schon am 11. November, erhielt Swetlana ihren Pass mit dem indischen Visum für einen Aufenthalt von der Dauer eines Monats. Die Abreise musste dann aber auf den 20. Dezember verschoben werden, weil Singhs Bruder darum gebeten hatte. Swetlana war in einem höflichen Brief eingeladen worden, in seinem Haus zu wohnen.

Ende November heiratete Osja. Seine Frau Lenotschka zog in Swetlanas Wohnung mit ein. Nach all der Trauer war es Swetlana angenehm, dieses junge glückliche Paar um sich zu haben.

13 Die Reise nach Indien

Ich betrachte es als meine Pflicht,
seine Asche nach Indien zu bringen,
*wo sie in den Ganges gestreut werden soll.**

Brajesh Singhs Heimkehr

Der 20. Dezember 1966 war der Tag, an dem Stalins Tochter Swetlana mit der Urne ihres verstorbenen Lebensgefährten Brajesh Singh von Moskau nach Delhi flog. Weder Swetlana selbst noch ihre Kinder und die sie verabschiedenden Freunde konnten ahnen, dass es eine Reise ohne Wiederkehr werden würde. Sie selbst hatte bis zu diesem Abschied nicht geglaubt, dass sie wirklich ihr Land verlassen dürfte.

Der Erste Sekretär der indischen Botschaft kam zu Swetlanas Wohnung, um sie zum Flughafen zu begleiten. Als ihre Schwiegertochter Lenotschka ihre Reisetasche zum Auto tragen wollte, wurde sie von Swetlana förmlich angeschrieen, sie solle das Gepäckstück stehen lassen. Lenotschka konnte ja nicht ahnen, dass sich darin die Porzellanurne befand. Osja ärgerte sich sehr über die Behandlung seiner Frau durch seine Mutter, fuhr aber doch mit zum Flughafen.

Von Katja hatte sich die Mutter verabschiedet, allerdings, wie sie später meinte, auf eine sehr flüchtige Art, was ihr sehr Leid tat. Swetlana hatte gehofft, am Flughafen mit ihrem Sohn noch in Ruhe sprechen zu können, doch alle »Passagiere, die die Grenze überschreiten« würden, wurden sofort von den übrigen Passagieren getrennt. So geriet auch der Abschied vom Sohn zu einer hektischen Angelegenheit. Aber bei einer so kurzen Trennung von vier Wochen sollte dies ohne Bedeutung sein. Ihr Sohn meinte später: »Ich fuhr mit ihr zum Flughafen. Ich küsste sie und wartete, bis die Maschine gestartet war... Ich konnte mir noch nicht einmal in meinen Träumen vorstellen, welchen Ausgang diese Reise nehmen würde.«[445]

Zum Abschied waren noch Schulfreunde zum Flughafen gekommen: Swetlanas beste Freundin Alja aus der Mittelschule und der Universitätszeit, dann Mischa, mit dem sie seit dem achten Lebensjahr befreundet war, und Wera, deren Mutter eine enge Freundin von Swetlanas Mutter gewesen war.

Dann traf auch noch Berta ein, der absolute Liebling von Singh. Berta sprach fließend Englisch und kannte alle Moskauer Neuigkeiten und allen Tratsch. Ihr heiteres Wesen ließ nicht darauf schließen, dass sie ein sehr ungewöhnliches Schicksal hatte. Sie galt als die einzige »sowjetische Schwarze«. Ihr Vater war ein amerikanischer Schwarzer, ihre Mutter eine Jüdin, die in den dreißiger Jahren in die UdSSR gekommen waren. Berta war in Taschkent geboren und wuchs dort auch auf. Mit Eintritt ihrer Volljährigkeit tauchten die größten Probleme auf, denn die Miliz verlangte, dass sie in den Antrag für ihren Pass unter der Rubrik Nationalität »usbekisch« oder »russisch« eintragen sollte. Doch Berta meinte, sie gleiche weder einer Usbekin noch einer Russin. Sie wolle eine Schwarze bleiben. In Anbetracht dessen, dass sie Tennismeisterin der Republik Usbekistan war, wurde sie dann eben die »sowjetische Schwarze«. Selbstverständlich führte diese Tatsache immer wieder für sie zu Schwierigkeiten. Außerdem nahm die junge Frau nicht allzu viel Rücksicht auf die farblosen Parteibeamtinnen des Instituts, an dem sie arbeitete. Nur wenige fanden das laute Lachen, die schwarze Hautfarbe und die knallrot lackierten Fingernägel nicht anstößig. Berta hatte sich sehr mit der afrikanischen Kunst beschäftigt, eine Reise nach Afrika wurde ihr jedoch nie gewährt. So beneidete sie Swetlana ein wenig, dass diese, wenn auch nur für kurze Zeit, in ein anderes Land reisen durfte.

Zu Swetlanas Freude kam auch der ägyptische Botschafter Murad Haleb mit seiner Frau Schuschu; sie waren ihr während der schweren Krankheit Brajeshs immer zur Seite gestanden. Sie baten Swetlana inständig, nicht zu lange in Indien zu bleiben, und boten ihr eine Woche Aufenthalt zusammen mit ihnen in Kairo an. Gerade dieses Ehepaar wusste, in welchem seelischen Ausnahmezustand sich Swetlana befand, und befürchtete oder ahnte, dass sie vielleicht einen Schritt machen könnte, den sie einmal bereuen würde.

Auf Betreiben von Andrej Gromyko[446] hatte sie eine Mitarbeiterin des Ministeriums zu begleiten, eine Frau, die sie von »allem Anfang an zur Verzweiflung« brachte.[447]

Was sie nicht wissen konnte, war die Tatsache, dass Michael Voslensky, ihr einstiger Kommilitone an der Universität in Moskau, mit ihrer von großem Staatsinteresse überlagerten Privatreise zu tun hatte. Auch er mutmaßte, dass die durch das System Verbitterte ihre Flucht ins Ausland vorbereiten könnte. Er hatte sie lange nicht mehr gesehen, doch er kannte sie sehr gut. Er arbeitete damals mit Grigorij Morosow, Swetlanas erstem Mann, zusammen. Eine seiner Sekretärinnen, die hübsche Jewgenija Kassirowa, begleitete als Aufseherin prominente sowjetische Frauen auf Auslandsreisen, unter anderem die Kosmonautin Valentina Tereschkowa. Nun wurde die Kassirowa der Stalin-Tochter zur Seite gestellt. Zurückhaltend wie sie war, ließ sie ihre »Schutzbefohlene« in Indien gelegentlich allein, verhängnisvollerweise auch am Vorabend des Rückkehrtermins nach Russland. Das war tragisch für die junge tolerante Frau, denn sie musste daraufhin den KGB-Dienst quittieren.[448] Sie hatte diesen Auftrag von Anfang an nicht übernehmen wollen, denn ihr war klar, dass Swetlana im engen Kreis der indischen Familie Singh keinen »Dolmetscher« brauchte.

Nach einem achtstündigen Flug mit einer Maschine der sowjetischen Aeroflot erreichte Swetlana mit ihrer Aufpasserin die Stadt Delhi, in die sie so gerne zusammen mit ihrem Lebensgefährten gereist wäre. Strahlende Sonne und Wärme umfingen sie. Nun war sie mit Brajeshs Asche in dessen Heimat angekommen und hoffte auf Ruhe und Frieden.

Sie hatte sich bis dahin keine Gedanken gemacht, wer sie am Flughafen erwarten würde. Doch dann kamen zwei Frauen im Sari auf sie zu: Naggu, Dineshs Frau, und Priti Kaul, die Tochter des ehemaligen indischen Botschafters in Moskau.

Sie konnte kaum ein Wort mit den Damen wechseln, als die Kassirowa erfreut ausrief, dass die »Unsrigen« aus der Botschaft kämen. Swetlana wurde für die ersten drei Tage im Gästehaus der Sowjetbotschaft, in einem Zimmer ohne Telefonanschluss, untergebracht. Da der Botschafter, Iwan Aleksandrowitsch Benediktow, nicht in Delhi weilte, lud sie der Geschäftsträger, Nikolaj Iwanowitsch Smirnow, zusammen mit ihrer Begleiterin zum Frühstück ein. Die Angelegenheit entwickelte sich sehr unerfreulich für Swetlana. Der Geschäftsträger machte ihr klar, dass sie in einer politisch sehr schwierigen Zeit gekommen wäre. Außerdem wolle er ihr vorschlagen, nicht in Singhs Heimat nach Kalakankar zu reisen, sondern die Asche des Verstorbenen in der Botschaft in Delhi an Singhs Bruder zu übergeben. Somit könne sie bereits nach zwei Wochen nach Moskau zurückkehren, da ihr Visum nur für diesen Zeitraum gültig sei.

Die übernächtigte Swetlana wusste nicht, wie ihr geschah. Es wurde ihr gerade noch zugestanden, mit der Genossin Kassirowa in Delhi einkaufen zu gehen, dann sollte sie nach Agra fahren, um das Tadsch Mahal zu besichtigen. An ein touristisches Besichtigungsprogramm hatte Swetlana ganz gewiss nicht gedacht. Doch sie fügte sich und blieb erst einmal im Gästehaus, um dann später zu Radscha Dinesh Singhs Haus zu fahren. Naggu und ihre sechs europäisch erzogenen Töchter waren sehr nett zu ihr. Schließlich schlug der wie immer liebenswürdige Dinesh vor, sie in ein paar Tagen zusammen mit seiner Familie nach Kalakankar bringen zu lassen.

Am Abend war der ehemalige Botschafter Kaul Swetlanas Gastgeber, ein Diplomat von ganz besonderem Charme: Er scheute sich nicht, polternd Missstände in Russland anzuprangern. Er stammte aus Kaschmir, sprach fließend Russisch und liebte die »Gorilka«, den ukrainischen Wodka mit Pfeffer. Frau Kaul, der Sohn und die Tochter sprachen Swetlana Mut zu, meinten aber auch, dass sie schon nach zwei Wochen nach Moskau zurückkehren müsse.

Daraufhin folgte am nächsten Tag ein weiteres Gespräch mit Nikolaj Smirnow. Nun erlaubte er ihr, doch aufs Land zu reisen, jedoch in Begleitung der Kassirowa. Swetlana nahm sich zusammen und widersprach nicht. Es war sowieso zwecklos. Ihr wurde die Bedingung genannt: Rückflug am 4. Januar.

Später kam Priti Kaul ins Gästehaus, um Swetlana zu einer Stadtrundfahrt im roten Mercedes ihres Vaters abzuholen. Genossin Kassirowa blieb im Haus, und Swetlana genoss die Stunden der Stadtbesichtigung, an die sich ein gemeinsames Essen bei Familie Kaul anschloss. Nun konnte Swetlana die beiden Familien Kaul und Dinesh Singh vergleichen. Obwohl gerade Brajeshs Bruder sich um Swetlana hätte kümmern müssen, war da etwas vorgefallen, was sie völlig konsternierte. Die Maharanis und die Maharadschas, die Schwestern und Brüder Naggus, hatten Swetlana bei einem Besuch zu verstehen gegeben, dass sie einer niedrigeren Kaste als sie selbst angehöre. Swetlana kommentierte dieses Erlebnis: »Ich war zum ersten Mal im Leben auf eine unsichtbare Schranke gestoßen, welche die Aristokratie zwischen sich und den übrigen Menschen aufgerichtet hatte.«[449] Bei der Familie Kaul ging es gemütlicher zu. Frau Kaul war eine altmodische Inderin, die ihren Mann nie ins Ausland begleitete, sondern immer in der Heimat geblieben war.

Es war Swetlana versprochen worden, dass sie am 25. Dezember von Dinesh abgeholt und für den Flug nach Lucknow zum Flugplatz gebracht werden sollte. Doch Dinesh erschien nicht. Da bot sich Surow, der Zweite Sekretär der Sowjetbotschaft in Delhi, an, die beiden Damen mit seinem Wagen zum Flugplatz zu fahren. Doch der Flug war gestrichen worden. Dinesh hatte versucht, Swetlana in der russischen Botschaft diese Nachricht übermitteln zu lassen, doch er bekam keine Verbindung. Swetlana bat nun Surow, sie direkt zu Dinesh zu bringen. Auf dem Weg zurück in die Stadt begegneten sie der Limousine von Smirnow. Beide Wagen hielten an, aber trotz des Protests von Smirnow bestand Swetlana darauf, direkt zu ihrem Schwager gefahren zu werden. So kam sie um acht Uhr morgens dort an, wurde sehr freundlich empfangen und erhielt die Versicherung, dass sie gegen Mittag zusammen mit seiner Tochter Reba nach Lucknow abfliegen werde. Von dort aus waren es dann noch drei Stunden Fahrt mit dem Wagen bis Kalakankar.

Nach einem gemeinsamen englischen Frühstück zog Dinesh ein Nehru-Jackett an und sagte: »Ich fahre zum Premierminister Frau Indira Gandhi[450]. Sie weiß, dass Sie hier sind, und lässt Sie ihrer Sympathie versichern. Wenn Sie wollen, nehme ich Sie jetzt mit zu Indira Gandhi.«[451] Doch wenn man bedenkt, durch welches Wechselbad der Gefühle Swetlana in den letzten fünf Tagen gegangen war, so ist es verständlich, dass sie sich nicht in der Lage fühlte, dieses Angebot anzunehmen. Über ihre Antwort an Dinesh war sie selbst erstaunt: »Dinesh, sagen Sie Indira Gandhi, dass ich in Indien bleiben möchte. Ist das möglich?«[452] Dinesh schien nicht sehr überrascht von diesem Wunsch und versprach ihr, sich um die Angelegenheit zu kümmern. Dass sie diesen Wunsch ausgesprochen hatte, erschien ihr plötzlich ganz unwirklich. Aber der Gedanke, in die Vergangenheit, in diese Welt der Kossygins und Suslows zurückkehren zu müssen, war ihr eine schreckliche Vorstellung.

Am gleichen Tag flog sie nach Lucknow, dann folgte eine dreistündige Fahrt auf staubigen Landstraßen, und endlich erreichten sie Kalakankar, rund 60 Kilometer nordwestlich von Allahabad im Bundesstaat Uttar Pradesh. Die Familie Singh stammte von dort. Swetlana drückte voll Rührung die Tasche mit der kleinen Urne an sich. Zwei Männer – einer davon war Brajeshs Bruder – in weißem Gewand traten auf sie zu und nahmen ihr die Tasche ab. Endlich war der in Moskau Verstorbene zu Hause. Die Frau des Bruders, Prakashvati, die Lieblingsnichte Dadu und deren Bruder Suresh, dem dicke Tränen über das Gesicht liefen, waren ebenfalls anwesend. Die lange Dorfstraße hatte sich mit Menschen gefüllt, die alle Brajesh Singh gekannt hatten und ihn nun hier gebührend »empfangen« wollten.

Weinend ging die Familie zum Flussufer. Die Männer stiegen in Boote, um in die Mitte des Ganges hinauszufahren. Dort wurde die Asche von Singh verstreut. Sie selbst wäre gerne dabei gewesen, aber Frauen war dies nicht gestattet. So blieb sie mit den anderen Trauernden am Flussufer und blickte den Booten nach. Das war also der endgültige Abschied von dem Mann, den sie so sehr geliebt und für den sie so viel auf sich genommen hatte. Plötzlich versagten Swetlana die Nerven. Sie begann am ganzen Körper zu zittern, weinte und schluchzte. Da nahm Prakashvati sie in die Arme und hielt sie lange fest. Alle blickten auf den Fluss hinaus, verharrten in tiefem Schweigen und sahen die vielen, vielen Blumen, die ins Wasser gestreut worden waren.

Schöne Tage bei Singhs Familie

In dem Haus, das einst Brajesh gehört hatte und jetzt sein Bruder Suresh bewohnte, durfte Swetlana die früheren Zimmer ihres verstorbenen Lebensgefährten beziehen. Das Mobiliar bestand nur noch aus Brajeshs Lehnstuhl, einem Bett, einem Toilettentisch mit einer Fotografie Swetlanas unter einer Statuette Krischnas, des Hindugottes. Sie hielt sich nicht allein in diesem Zimmer auf. Leute aus dem Dorf, meistens Arme, saßen mit gekreuzten Beinen am Boden und erzählten von dem Verstorbenen und seiner Großzügigkeit, seinen Ratschlägen und seiner Liebenswürdigkeit allen Menschen gleich welcher Herkunft gegenüber. Da Swetlana Hindi nicht verstand, übersetzte jemand aus der Familie. Im Dorf nannte man sie »Lady of misfortune« – eine Dame im Unglück. Sie trug meist einen weißen Sari.

War sie allein, machte sie sich im Haushalt nützlich. Sie strickte, putzte und richtete das Gemüse her, sie besorgte ihr eigenes Zimmer, wusch und bügelte ihre Kleider. Der Kommunist Brajesh hatte sein Hauspersonal wie absolute Lakaien behandelt, die Sowjetrussin Swetlana dagegen lud die Dienstleute zu sich an den Tisch.

Am Abend folgte dann die Einladung in das Radsch-Bhawan, den Palast des Radschas, also des 40-jährigen Dinesh. Er beherrschte faktisch dieses kleine Reich, und hier war auch sein Wahlkreis – er gehörte der regierenden Nationalen Kongresspartei an –, und die Bauern hätten es nie gewagt, einen anderen anstelle ihres »Radsch-Sahib« in das Zentralparlament zu wählen. Für Swetlana und die Kassirowa waren Fremdenzimmer hergerichtet in einem Haus, das Radscha Rampal Singh Ende des 19. Jahrhunderts hatte erbauen lassen.

Eines Tages fragte man Swetlana, wie sie sich einen Trauergottesdienst – dieser christliche Terminus wurde tatsächlich verwendet – für Brajesh vorstelle. Swetlana meinte: »Wenn man an die Unsterblichkeit der Seele glaubt, dann kann man ihr Frieden und Ruhe durch jeden religiösen Kult und in jeder Sprache wünschen.«[453] Es war schwierig, die Familie Dinesh und die Familie Suresh zusammenzubringen, da sie verschiedenen Richtungen des Hinduismus angehörten. Als Erste bat Naggu zu einer Zeremonie im orthodoxen hinduistischen Tempel. »Der Pandit Tschakra, den Brajesh nie anders als ›Gauner und Betrüger‹ genannt hatte, läutete mit seinem Glöckchen, umschritt mehrmals den Tempel, zündete Öllämpchen an, versprengte heiliges Wasser aus dem Ganges und ließ lange Zeit die Perlen seines Rosenkranzes durch die Finger laufen, wobei er Gebete murmelte. Die Zeremonie dauerte lange und schien kein Ende nehmen zu wollen.«[454]

Swetlana, in einen weißen Sari gekleidet, zündete ebenfalls eine Lampe an und verfolgte die Feier.

Dann erklärte Suresh, »dass sowohl Brajesh als auch er selbst und seine Familie der Ardscha Samadsch angehörten, einer hinduistischen Richtung, die nichts von Vielgötterei wisse und keine Tempel mit zahlreichen Statuen und langen Zeremonien kenne … Es kam nun ein anderer Pandit … als einziges Ritual wurde ein Scheiterhaufen unter freiem Himmel errichtet. Man warf wohlriechendes Harz in das Feuer und rezitierte Gebete in Sanskrit.«[455]

Dann stand das Neujahrsfest vor der Tür. Der 31. Dezember bedeutet für die Inder nichts Besonderes, da sie nach dem hinduistischen Kalender rechnen. Doch Swetlanas Gedanken gingen zurück nach Russland, zu ihren Kindern und den Freunden. Sie wollte allein sein in Brajeshs Zimmer, da schien er ihr ganz nah. Sie konnte aber nicht einschlafen. Es zog sie zum Ganges, dem Fluss, in dem man die Asche ihres Geliebten verstreut hatte. Zusammen mit Dadu ging sie vor Sonnenaufgang barfuß zum Fluss, und ein Junge brachte die beiden mit einem Boot zu einer Kiesbank. Zuerst warfen sie Blumen ins Wasser, dann nahmen sie jeweils eine Hand voll Wasser und benetzten sich damit die Stirn, danach liefen sie ein Stück in den Fluss, wobei sie Gebete sprachen. Dadu badete wie alle indischen Frauen in ihrem Sari. Swetlana hatte man empfohlen, im Pyjama in den Fluss zu steigen.

Nun war ein neues Jahr angebrochen für die Frau, die sich in Indien so wohl fühlte, ein Jahr, das mit all den vergangenen absolut nichts gemein haben würde; das wünschte sich Swetlana. Sie bemühte sich, wie eine Hindu-Witwe zu leben, aß kein Fleisch, trank keinen Alkohol und dekorierte das Bild von Brajesh täglich mit frischen Blumen. Jeden Morgen gegen vier Uhr badete sie im Ganges. Auf dem Rückweg stand sie mit zusammengelegten Händen vor dem kleinen Krischna-Tempel, der zum Besitz der Verwandten ihres Lebensgefährten gehörte.

Swetlana hatte längst an Smirnow und den Botschafter Benediktow geschrieben, dass sie bis zum 8. Januar auf dem Lande bleiben werde, da sie in ihrem Pass ein indisches Visum für die Dauer eines Monats habe. Das Schreiben drückte sie der erstarrten Kassirowa in die Hand. Sie sollte damit nach Delhi fahren und am besten gleich weiter nach Moskau.

Kalakankar – das Wort bedeutet »schwarze Steine« – war nicht mehr als ein schmutziges Dorf. Ringsum lag Ödland, und dennoch spürte Swetlana einen besonderen Zauber, der allerdings mit einem Schlag durchbrochen wurde: Surow, der Zweite Sekretär der russischen Botschaft, stand plötzlich vor ihr. Er teilte ihr mit, dass ihr Visum um eine Woche verlängert worden sei und sie nun für den 11. Januar ein Flugticket habe. Doch Swetlana erklärte strikt, dass sie nicht vor dem 20. Januar abreisen würde.

Sie wollte noch mehr von Kalakankar kennen lernen. Ihr war die schreckliche Armut natürlich nicht verborgen geblieben, und dabei galt dieser Bezirk als verhältnismäßig wohlhabend, war also kein Extrembeispiel für Armut und Hungersnot. Jeder Spaziergang durch den Ort hinterließ einen bedrückenden Eindruck. Die Gesichter der Menschen waren ausgemergelt, die halb nackten Körper nur Haut und Knochen.

Da es schon lange nicht mehr geregnet hatte, entstand durch jeden Windhauch eine Staubwolke. Aus einem der beiden Brunnen des Dorfes konnte zwar Wasser mit dem Eimer an einem Strick hochgezogen werden; aus dem mit einem Elektromotor betriebenen Brunnen floss dagegen kein Tropfen mehr, da die Belegschaft des Elektrizitätswerks streikte. In vielen Häusern gab es zwar eine Wasserleitung, aber aus keinem einzigen Hahn floss Wasser. Obwohl der Ganges in unmittelbarer Nähe vorbeifloss, verdorrten die Feldfrüchte.

Im Februar sollten die nächsten Parlamentswahlen stattfinden. Daher besuchte am 16. Januar die Ministerpräsidentin Indira Gandhi mit großem Gefolge, nämlich rund 600 als Bauern verkleideten Sicherheitsleuten, das Dorf. Dinesh, der Kandidat der regierenden Nationalen Kongresspartei, trug nun keinen europäischen Anzug mehr, sondern die landesübliche Kleidung. Das ganze Dorf war unterwegs zur Schule, wo Indira Gandhi sprechen würde. Kaul hatte 1965 in Moskau Swetlana einmal Frau Indira Gandhi vorgestellt. Die Politikerin traf ein und hielt ihre Rede.

Vor dem anschließenden Dinner ergab sich kurz die Gelegenheit, dass die Töchter von Staatsmännern sich die Hände reichten: Nehrus Tochter und Stalins Tochter, die eine als devote Bittstellerin, die andere auf dem Höhepunkt ihrer politischen Macht. Swetlana ließ erkennen, dass sie gerne in Indien bleiben würde. Indira Gandhi war bereits informiert, dass ihr das nicht gestattet werden sollte. Am nächsten Tag wurde Swetlana deutlich gesagt, dass es wegen der bevorstehenden Wahlen sehr ungünstig sei, etwas für sie zu tun. Nach einem Frühstück mit Dinesh und Indira Gandhi reichte diese Swetlana beide Hände und wünschte ihr viel Glück für den weiteren Lebensweg. Swetlana wiederum wünschte der Ministerpräsidentin viel Erfolg bei den Wahlen. Es war offensichtlich, dass keiner der Anwesenden die guten Beziehungen zwischen Indien und der Sowjetunion aufs Spiel setzen wollte.

In jenem Monat ergab sich für Swetlana auch noch die Gelegenheit, Allahabad und Benares zu besichtigen. In Allahabad hielt sich damals der Führer der Opposition, der Sozialist Raman Nohara Lohia, auf, den Swetlana zusammen mit Singh in Moskau einmal getroffen hatte. Ihm wurde von Swetlanas Anliegen, im Land bleiben zu dürfen, berichtet. Er war sofort bereit, sich für Stalins Tochter einzusetzen. Im Cosmopolitan Club lernte sie den Chef der indischen Polizei kennen. Und dann auch noch Richter Dhawan, den Vorsitzenden der Gesellschaft für Indisch-Sowjetische Freundschaft. Sie besichtigte die Universität von Allahabad und kam an den Ort, wo der Ganges und die Yamuna zusammenfließen. Und schließlich wurde sie auch noch in den Lions International Club gebracht, wo ihr die elegant gekleideten indischen und europäischen Frauen auffielen.

Der deutsche »Stern«-Reporter Thomas Höpke berichtete mit der Schlagzeile »In China willkommen« damals aus Kalakankar, dass Swetlana dem befreundeten Rechtsanwalt Bahri mitgeteilt habe: »Ich habe mich entschlossen, in Delhi etwas zu unternehmen. Spätestens am 9. März werden Sie von mir hören.« Der Anwalt hat Stalins Tochter davon abgeraten, in Indien zu bleiben, da das Land zu sehr von der Sowjetunion abhängig wäre. Swetlana sagte ihm, die Sowjets fürchteten, sie könne nach China gehen, wo sie als Tochter Stalins sehr willkommen sei.

Benares, die heilige Stadt des Hinduismus, fand Swetlana hingegen fast unerträglich: Pilger, Bettler, Menschenmassen, Schmutz und Gestank, verdreckte Kühe, überall Kot.

Zurückgekehrt nach Kalakankar, fühlte Swetlana, dass die indische Gastfreundschaft zu ermüden begann und somit »ein längeres Verweilen in Indien unzweckmäßig« sei. Ihre Frist im Visum für Indien war bereits um einen Monat überschritten, das indische Außenministerium hatte es jedoch bis 15. März verlängert. So musste sie nun nach Delhi zurückkehren, um entweder am 1. oder am 8. März nach Moskau zu fliegen. Von einer Nichte ihres verstorbenen Lebensgefährten wurde sie am 3. März nach Lucknow gebracht, von da ging ihr Flug mit einer Zwischenlandung in Kampur weiter nach Delhi.

Jetzt musste sie sich endgültig entscheiden, wohin ihr Weg sie führen sollte: »Die Schatten der Vergangenheit umgaben mich in der Sowjetunion wie ein enger Ring. Jetzt, hier in Lucknow, begriff ich: Wenn ich nur die Kraft finde, nicht mehr zurückzukehren, dann wird das auch für mich die Rettung sein, nur dann wird es mir möglich sein, ein anderes, neues Leben zu beginnen. Das Schicksal selbst stellte mich vor die Wahl. Und ich erkannte, dass das für mich den endgültigen Bruch mit dem Kommunismus bedeutete. Umso besser! Mein Leben würde viel ehrlicher sein als in der UdSSR.

Dort erwartete mich wieder das ›Kollektiv‹; dort offen mit der Partei zu brechen, zu kritisieren, zu protestieren war gleichbedeutend mit der Zerstörung des Lebens meiner Kinder. Jede illegale Tätigkeit, jedes Doppelleben hatte mich stets abgestoßen. Nein, ich konnte nur offen und frei leben, und das musste weit weg und getrennt von meinen Kindern geschehen, sodass sie keinerlei Verantwortung für mich zu tragen hatten. Das war für mich aber nur außerhalb der Sowjetunion möglich…«[456]

1 Josef Stalin hält seine Tochter Swetlana im Arm vor der Datscha Subalowo

2 Swetlana als kleines Mädchen mit ihrer Mutter Nadeshda, 1931

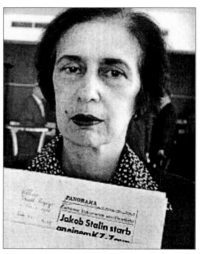

3 *(links)* Jekatarina Swanidse, Stalins erste Ehefrau und Jakows Mutter

4 *(oben)* Jakow Dschugaschwili, Stalins ältester Sohn, mit seiner einzigen Tochter Galina

5 *(unten)* Galina Dschugaschwili im Jahr 2003 im National Archive in Washington, D.C. bei der Überreichung der Dokumente zum Tod ihres Vaters Jakow

6 *(oben links)* Handgeschriebener Brief Stalins an seine zwölfjährige Tochter Swetlana: »Mein kleiner Spatz! Ich habe Deinen Brief erhalten. Danke für den Fisch, den Du geangelt hast. Aber bitte, meine kleine Haushälterin, schicke mir keinen Fisch mehr. Viele Küsse von Deinem Papotschka. 7. VII. 38«

7 *(oben rechts)* Nadeshda Stalina, Swetlanas Mutter

8 *(links)* Josef Stalin mit seinen Kindern Wassilij und Swetlana

9 *(oben)* Wladimir Iljitsch Lenin im Kreis seiner Mitarbeiter und Sekretärinnen. Ganz rechts im Foto ist die Sekretärin Nadeshda Allilujewa, Stalins zweite Frau, zu sehen.

10 *(unten)* Die feierliche Überführung des Leichnams von Nadeshda Allilujewa, Stalins zweiter Frau und Swetlanas Mutter, zum Friedhof beim Nowodewitschi-Kloster

11 *(oben)* 1937, am 20. Jahrestag der Revolution, grüßt die elfjährige Stalin-Tochter aus der Ehrenloge des Bolschoitheaters. V.l.n.r.: Kominternchef Dimitrov, Stalin, Molotow, Mikojan und der Sekretär des Gewerkschaftsbundes, Schwernik

12 *(links)* Grabmal für Swetlanas Mutter Nadeshda, die sich 1932 das Leben nahm. Die Porträtbüste auf der weißen Marmorsäule ist heute mit einem durchsichtigen Sturz gegen Vandalismus geschützt.

13 Die Freundinnen: Martha (Marfa) Peschkowa, Enkelin von Maxim Gorki, spätere Ehefrau von Sergo Berija, und Swetlana am Schwarzen Meer

14 V.l.n.r. Martha Peschkowa, Nina Teimurazowna Berija mit Enkelin und Jekaterina Pawlowna Peschkowa, Marthas Großmutter, dahinter Sergo Berija

15 *(oben)* Swetlanas erste Liebe, Alexej Kapler, und Valentina Tokarskaja

16 *(links)* Swetlana und ihr erster Ehemann Grigorij Morosow

17 *(unten)* Swetlanas Kinder Joseph Morosow und Jekaterina Schdanow in Moskau 1967

18 *(oben)* Anna Achmatowa, von Swetlana verehrte russische Dichterin. Gemälde von Aleksander Aleksandrowitsch Osmerkin, 1938

19 *(rechts oben)* Grabstein für Aleksandra Andrejewna Bytschkowa, Swetlanas Kinderfrau, unweit der Grabstätte von Swetlanas Mutter Nadeshda

20 *(rechts unten)* Grabstein für Schemtschuschina-Molotowa Polina, Ehefrau von Wjatscheslaw Michajlowitsch Molotow

21 *(oben)* Swetlana und ihr indischer Lebensgefährte Brajesh Singh

22 *(links)* Stalins Tochter bat die indische Ministerpräsidentin Indira Gandhi vergeblich um eine Aufenthaltsgenehmigung für Indien.

23 *(rechts)*
Wiedersehen in der Schweiz 1967: Stalins Tochter und der Franzose Emmanuel d'Astier de la Vigerie mit seiner russischen Ehefrau Ljuba Krassin

24 *(unten)* Swetlanas spektakuläre Ankunft auf dem Flughafen in New York. Der zweite Mann von links ist der amerikanische Rechtsanwalt Alan Schwartz.

25 Hochzeitsfoto von Swetlana und ihrem amerikanischen Ehemann Wesley William Peters 1970. Sie nannte sich nun Lana Peters.

26 *(oben)* Ausschnitt aus einem Brief der Swetlana an ihren Beichtvater Padre Giovanni Garbolino in Rom

27 *(rechts)* Der italienische Missionar Padre Giovanni Garbolino, Swetlanas »geistiger Führer«

28 *(unten)* Malcolm Muggeridge, bekannter englischer Journalist und Freund von Swetlana

29 Swetlana mit ihrer Tochter Olga, dem amerikanischen Kind

30 *(rechts)* Olga Peters und ihr Ehemann Evans

31 *(unten)* Kira Politkovskaja, Swetlanas Cousine, und Lejla Sikmaschwili, Olgas Klavierlehrerin, in Tiflis mit ihrer Tochter Tamara im Oktober 2003

32 *(links)* Swetlana und ihre Tochter Olga, die sich heute Chrese Evans nennt, 1998 in Wisconsin/USA

32a *(unten)* Nach jahrelangen Recherchen gelang es der Autorin, den geheim gehaltenen Aufenthaltsort der Tochter Stalins ausfindig zu machen und sie dort zu interviewen.

33 *(oben)* Die Autorin im Gespräch mit dem Stalinbiografen Edvard Radzinskij in Moskau 2003

34 *(rechts)* Stepan Mikojan und dessen Frau Eleonore, die eng mit Swetlana befreundet waren

14 Die Flucht aus Delhi

So endete ihr Leben als sowjetische Bürgerin.*
Ich will nicht mehr Staatseigentum sein.**

Von einer unsichtbaren Macht getrieben

Am 5. März 1967 erreichte Swetlana aus Lucknow kommend wieder Delhi. Ihr Schwager Dinesh, der sie liebenswürdigerweise am Flughafen Palam abgeholt hatte, bot ihr an, bis zu ihrer Abreise am 8. März bei ihm zu wohnen. Doch sie wollte die verbleibende Zeit allein verbringen, um unter anderem Einkäufe für ihre Kinder zu machen. Sie hatte zwar starke Sehnsucht nach ihrem Sohn und ihrer Tochter, wollte aber auf der anderen Seite noch nicht einmal daran denken, dass sie in ihr früheres Leben würde zurückkehren müssen. Es folgten dann noch mehrere Einladungen, und Dinesh wollte ihr zu Ehren auch ein Abschiedsessen geben.

Swetlana ließ sich zum Gästehaus der sowjetischen Botschaft bringen. Dort herrschte große Geschäftigkeit, denn es wurden Vorbereitungen für den »Internationalen Frauentag« getroffen. Swetlana hielt von einer solchen Veranstaltung wenig, war diese für sie doch nur ein Vorwand für ein allgemeines großes Trinkgelage. Als sie dann die Frauen und Kinder der Botschaftsangehörigen im Hof betrachtete, entdeckte sie allerdings nur unfreundliche Gesichter, kein Lächeln, lauter dicke überernährte Parteimitglieder. Swetlanas Stimmung sank immer tiefer.

Als Nächstes musste sie dann auch noch eine Einladung zum Lunch bei Botschafter Iwan Aleksandrowitsch Benediktow über sich ergehen lassen. Alle waren auffallend freundlich, doch sie war klug genug zu spüren, dass sowohl ihre indischen »Verwandten« als auch die »Sowjetkolonie« froh waren, sie bald auf der Rückreise nach Moskau zu wissen. Im Laufe des Abends sollte sich dann allerdings der Glücksfall schlechthin für Swetlana ereignen: Sie bat Botschafter Benediktow um ihren in der Botschaft liegenden Pass und erhielt ihn tatsächlich zurück. Eigentlich hätte man ihr dieses Dokument erst unmittelbar vor der Abreise auf dem Flugplatz aushändigen dürfen. Benediktow scheint so froh über die Abreise des schwierigen Gastes gewesen zu sein, dass er gegen die Vorschrift verstieß.

Sobald es ging, ließ Swetlana sich zum Gästehaus zurückfahren, und dann lief alles ab wie in einem Film. Sie machte einen kleinen Koffer reisefertig und stellte dabei fest, dass sie die vielen Geschenke für ihre Kinder nun zurücklassen musste: hübsche klirrende Armbänder für ihre Tochter Katja und deren Freundin Tonja, die goldbestickten Hausschuhe für die Schwiegertochter sowie die komischen Hukkan für ihren Sohn. Da überfielen sie wieder fürchterliche Zweifel und eine große Sehnsucht nach ihren Kindern.

Doch mit einem Mal fühlte sich Swetlana in ihrem Gästehaus in Delhi wie von einer unsichtbaren Macht getrieben. Sie verließ ihr Zimmer und ging ein Taxi rufen, das sie am Tor des Gästehauses erwartete. Erstaunlicherweise blieb sie völlig unbeachtet von den dort Tag und Nacht stationierten Geheimpolizisten.

An diesem Abend fand im Gästehaus ein Bankett für den in Indien weilenden Stabschef der sowjetischen Streitkräfte, Marschall Sacharow, statt. Die Sicherheitsbeamten hatten daher andere Sorgen als die Überwachung der Genossin Allilujewa. Während der Marschall tafelte, bat Swetlana den Taxifahrer, sie zur amerikanischen Botschaft zu bringen, die nur eine Minute entfernt lag. Die Glastür der amerikanischen Botschaft war für Stalins Tochter der Eingang zur westlichen Welt. An einem kleinen Tisch stand ein blutjunger Wachsoldat vom Marinekorps, der ihr bedeutete, dass kein Botschaftspersonal mehr anwesend sei. Als er den Sowjetpass sah, führte er die ihm völlig unbekannte Dame in ein kleines Zimmer.

Swetlana setzte sich auf einen Stuhl, stellte den Koffer neben sich, legte den Mantel darauf und wartete auf das, was da kommen sollte. Man sagte ihr, der amerikanische Botschafter Chester Bowles sei erkrankt. Dennoch war er bereit, eine Entscheidung zu treffen, wie mit dieser sowjetischen Überläuferin, die angeblich Stalins Tochter war, verfahren werden sollte. Es gab drei Möglichkeiten: Swetlana die Hilfe und das Asyl zu verweigern, was er aber wegen der Tradition Amerikas und aus persönlicher Überzeugung als unmöglich erachtete; oder ihr als Flüchtling ein diplomatisches Asyl im Roosevelt-Haus in Delhi zu gewähren, die Regierungen Indiens und der Sowjetunion zu verständigen und die Entscheidung über einen Asylantrag den Gerichten zu überlassen; oder die Asylantin rasch legal und ohne Aufsehen ausreisen zu lassen. Bowles entschloss sich zu Letzterem, zumal Swetlana dank dem Leichtsinn des Botschafters Benediktow einen sowjetischen Auslandspass in Händen hatte, der für zwei Jahre gültig war.

Mit ihrem Anliegen beschäftigten sich damals in der Botschaft der Konsul George Huey, der Zweite Sekretär Robert Rayle, Roger Kerk und übers Telefon der Botschafter selbst. Vor allem musste Swetlanas Identität überprüft werden. Das CIA-Hauptquartier in Langley besaß ein biografisches Archiv, das in Sekundenschnelle über jede gesuchte Person Auskunft geben konnte. Die entsprechenden Informationen zu Stalins Tochter wurden umgehend zur US-Botschaft nach Delhi übermittelt.

Die Bürgerin Swetlana Jossifowna Allilujewa – auf diesen Namen lautete ihr Pass – wurde gebeten, eine Erklärung aufzusetzen, ihre Motive darzulegen und fragmentarisch biografische Angaben zu ihrer Person zu machen. Das fast fünf Seiten umfassende Dokument, das in einem hoch emotionalen Zustand in englischer Sprache verfasst ist, beinhaltet die folgenden Passagen:

»... Ich muss zugeben, dass die Gründe, derentwegen ich nicht in die Sowjetunion zurückkehren will, nicht nur in den geschilderten Umständen liegen. Man hat mich von Kindheit an den Kommunismus gelehrt, und ich habe an ihn geglaubt ebenso wie meine ganze Generation. Jedoch allmählich, mit reifendem Alter und größerer Erfahrung, fing ich an, anders zu denken. Die Jahre unter Chruschtschow, eine gewisse Erweiterung der Freiheit, der XX. Parteitag haben in dieser Hinsicht viel für meine Generation getan. Wir begannen nachzudenken, zu diskutieren, zu debattieren und blieben nicht mehr jenen Idealen, die man uns gelehrt hatte, automatisch ergeben...

Ich glaube an die Macht des Intellekts in der Welt, in jedem Lande, wo auch immer Menschen wohnen. Die Welt und das Menschengeschlecht sind viel zu klein in diesem Universum; an Stelle des Kampfes und des sinnlosen Blutvergießens sollten die Menschen lieber zusammenarbeiten für den Fortschritt der Menschheit...Für mich gibt es weder Kapitalisten noch Kommunisten – es gibt nur gute oder schlechte, ehrliche oder falsche Menschen, und in welchem Lande auch immer sie leben, sind die Menschen doch überall gleich und ihre Hoffnungen und moralischen Ideale ein und dieselben. Mein Vater war Georgier, meine Mutter jedoch eine Mischung verschiedener Nationalitäten. Obwohl ich mein ganzes bisheriges Leben in Moskau verbracht habe, glaube ich doch, dass man überall zu Hause sein kann. Indien ist meine Liebe seit meinen jungen Jahren, vielleicht deshalb, weil die Lehre Mahatma Gandhis mit meinen Anschauungen übereinstimmt, nicht aber der Kommunismus.

Ich hoffe, dass ich irgendwann wieder nach Indien kommen und für immer hier bleiben kann. Meine Kinder leben in Moskau; ich weiß, dass ich sie möglicherweise lange Jahre nicht sehen werde; doch ich weiß auch, dass sie mich verstehen werden. Sie gehören ebenfalls der neuen Generation in unserem Lande an, die nichts davon wissen will, dass man sie mit alten Idealen verdummt. Auch sie wollen ihre eigenen Schlüsse über das Leben ziehen. Gott mag ihnen helfen. Ich weiß, sie werden sich nicht von mir lossagen, und einmal werden wir uns doch wiedersehen – ich will darauf warten.

New Delhi, 6. März 1967
Swetlana Allilujewa.«[457]

Schließlich befand die US-Botschaft in Delhi, es wäre am besten, wenn die »Überläuferin« mit der noch in der Nacht startenden Maschine nach Rom das Land verließe. Robert Rayle, »dieser reizende junge Mann«, sollte sie begleiten. Eine Inderin im Sari nahm ihr den Pass ab, und binnen fünf Minuten hatte Swetlana das Ausreisevisum aus Indien. Bevor sie ins Flugzeug stiegen, fragte ihr Begleiter sie nochmals, ob sie wirklich verstehe, dass sie jetzt alle Brücken hinter sich abbreche. Sie bejahte dies und lief die Gangway hinauf.

Dann erfuhr die Weltpresse, dass Swetlana Allilujewa, Josef Stalins einzige Tochter, von Indien aus nicht mehr in ihre Heimat zurückkehren würde. Sie habe in Delhi in der amerikanischen Botschaft um Asyl gebeten. »Diese Nachricht schlug wie eine Bombe ein«, schrieb Richard Pipes, Professor der Universität Harvard, »denn sie wies alles von sich, wofür ihr Vater stand, und das ist eine schwierige Situation.«[458]

Die »New York Times« berichtete aus Moskau, Swetlanas Auftauchen in der amerikanischen Botschaft in Delhi habe in Washington große »Besorgnis im Hinblick auf die sowjetisch-amerikanischen Beziehungen in einer Periode internationaler Spannung« ausgelöst.

In der »Prawda« konnte man die vom Chefideologen des Zentralkomitees, Michail Suslow, vorgezeichnete Linie nachlesen. Danach hätte sich eine bunte Gesellschaft gegen den Kreml verschworen – die amerikanische CIA, eine Hand voll amerikanische Senatoren, die üblichen russischen Emigranten, die »Überläuferin Allilujewa« und natürlich der 1940 ins Exil nach USA gegangene Aleksander Kerenskij[459].

Der Kreml reagierte mit der sofortigen Abberufung seines Botschafters Benediktow aus Delhi, da dieser sich in der Behandlung der Stalin-Tochter zu nachlässig verhalten habe. Oder hatte er den Wirbel um Swetlana nur ignoriert, um nicht Stellung beziehen zu müssen? Der Fehler, der ihm zum Verhängnis wurde, war die schon erwähnte Aushändigung ihres Passes. Als Nächster wurde der Chef des KGB, Wladimir E. Semitschastnij, Anfang April entlassen.

Nikita Chruschtschow empfand großes Mitleid mit Swetlana. Einige Tage lang konnte er einfach nicht fassen, was er da aus Delhi hörte. Er meinte, die neueste verleumderische Falschmeldung eifriger Journalisten zu lesen, und tat sich sehr schwer, Swetlanas Entschluss nachzuvollziehen. »Sie gab nicht nur ihre Heimat auf, sondern ließ auch ihre Kinder im Stich. Außerdem lieferte sie den Feinden der sowjetischen Lebensauffassung Stoff zum Klatsch, und sie ließ es zu, dass ihr Name, der Name von Stalins Tochter, von den

Feinden des Sozialismus zum Schaden ihres Landes ausgebeutet wird.«[460] Für einen Sowjetbürger war das nach Chruschtschows Ansicht ein unverzeihlicher Schritt, der ihn sehr verärgerte. Dennoch tat sie ihm Leid. Wenn er an sie und ihr unglückliches Schicksal dachte, fielen ihm die Verse von Victor Nekrassow ein:

»Beim Anblick der Lichtung kommen ihr die Tränen;
sie gedenkt all der Birken, die einstmals dort wuchsen.«[461]

Chruschtschow nannte es einen schrecklichen Fehler von Swetlana, dass sie in den Westen gegangen war. Zu ihrer Rechtfertigung meinte er allerdings, dass auch das engherzige Verhalten des russischen Botschafters Benediktow in Delhi an Swetlanas Flucht schuld sei. Es wäre Benediktow durchaus möglich gewesen, Stalins Tochter zuzugestehen, so lange in Indien zu bleiben, wie sie wollte, und wann immer sie in die Sowjetunion zurückzukehren wünschte, dies auch tun zu können. Doch sie löste für immer alle Bande zu ihrer Heimat. Nikita Chruschtschows Worte klingen wie ein Nachruf: »So endete ihr Leben als sowjetische Bürgerin. Das ist sehr traurig. Mir tut Swetlanka so Leid. Ich nenne sie noch immer ganz unwillkürlich bei diesem Namen, obgleich sie seit vielen Jahren nicht mehr Swetlanka ist, sondern Swetlana Jossifowna.«[462]

15 Warum sollte Mutter uns verlassen?

Aber ich weiß, dass sie mein Handeln verstehen werden.[*]

Die Kinder glauben an die Rückkehr

Es wäre vollkommen unnatürlich, wenn Swetlanas Gedanken während ihres Aufenthaltes in Indien nicht immer wieder zu ihren Kindern nach Moskau gewandert wären. Ein ungutes Gefühl überfiel sie allerdings jedes Mal, wenn sie an ihre Wohnung dachte, an ihr Zimmer, in das der Tod eingekehrt war. Ihre Kinder waren wirklich das Einzige, was sie nach Hause zog; sie hatte große Sehnsucht nach ihnen. Doch wenn sie an das von Kossygin und Suslow von ihr geforderte Leben im Kollektiv dachte, dann wurde ihr Wunsch immer stärker, nicht mehr nach Moskau zurückzukehren. Auf der einen Seite sehnte sie sich wieder nach einem in enger Vertrautheit dahinplätschernden Leben mit ihren Kindern, auf der anderen Seite sah sie die Möglichkeit, endlich ein freies Leben führen zu können.

Noch in Kalakankar bekam Swetlana einen liebevollen Brief ihres Sohnes:

»Liebe Mama, ich grüße dich. Ich habe deinen Brief und dein Telegramm erhalten. Ich bin sehr erstaunt, dass du das Telegramm, das ich dir geschickt habe, nicht bekommen hast. Ich glaube, es muss wohl irgendwo verloren gegangen sein. Bei uns ist alles prächtig. Das Sparbuch haben wir dank deiner Vollmacht erhalten. Im Übrigen steht alles gar nicht schlecht, abgesehen davon, dass Katja große Sehnsucht nach dir hat. Auch mir fehlst du sehr, und ich möchte dich gerne wiedersehen. Wir leben hier jetzt so: Während Katjas Ferien fuhr sie mit Tanja aufs Land, während unserer Ferien unternahmen

wir eine Reise nach Tbilisi zur Cousine I. M. Die ganze Zeit war
O. S. hier und sorgte für Katja. Im Allgemeinen steht hier alles sehr
gut, abgesehen davon, dass wir uns sehr nach dir sehnen. Ohne dich
fühlen wir uns nicht wohl. Komm, bitte, bald. Gott gebe Suresh
Singh und seiner Familie Gesundheit. Ich küsse dich herzlich und
warte sehr auf dich. Kuss. Osja.«[463]

Am 16. März, schon in der Schweiz, war Swetlana sehr beunruhigt,
denn sie hatte immer noch nichts von ihren Kindern gehört. Ihrer
Freundin Berta hatte sie ein Telegramm geschickt mit der Bitte, ihnen das mitzuteilen. Auch den Kindern hatte sie telegrafiert, und nun
wartete sie von Tag zu Tag auf Antwort. Tatsächlich hatte ihr Sohn
an die Adresse der russischen Botschaft in Delhi ein Telegramm ge-
sandt, das aber nicht an sie weitergegeben worden war, da darin angeblich nichts Wichtiges gestanden habe.

Josef und Jekaterina erfuhren von der Entscheidung ihrer Mutter,
nicht nach Russland zurückzukehren, am 10. März 1967 durch einen
Bekannten, der die Nachricht auf der Kurzwelle der BBC gehört
hatte. Da die Kinder ihre Mutter kannten, glaubten sie nicht, dass
diese nicht wiederkäme, sondern meinten, dass sie ihre Rückreise
verschoben hätte. Am 8. März hatten die Kinder bereits vergeblich
am Flughafen gestanden, um ihre Mutter zu begrüßen, doch dann
erreichte sie ein Telegramm, dass diese noch einige Zeit in Indien
bleiben werde.

Neue Radiomeldungen brachten den Hinweis, dass Stalins Tochter in die USA emigrieren wolle. Josef und Jekaterina hielten das
immer noch für ein Missverständnis oder gar für eine Pressekampagne gegen ihre Mutter. Jekaterina, damals 16 Jahre alt, »Vorzugs-
schülerin« in der gleichen Schule, die auch ihre Mutter als Mädchen
besucht hatte, sagte vor der Presse: »Wir sind eine glückliche Familie,
wir haben uns immer gut verstanden. Warum sollte Mutter uns verlassen?«[464]

Swetlana gelang es, vom schweizerischen Fribourg aus einmal mit
ihrem Sohn Josef in Moskau zu telefonieren. Am 21. April erfuhr die
Presse durch ihren Sohn, seine Mutter habe eine Woche zuvor ange-

rufen und es scheine alles in Ordnung zu sein mit ihr. Weitere Versuche Swetlanas, mit den Kindern zu sprechen, scheiterten jedoch daran, dass unter ihrer altgewohnten Telefonnummer niemand mehr abhob.

Swetlana hegte infolgedessen große Zweifel, ob ihre Kinder die Post überhaupt bekämen. Dies und die drückende Ungewissheit, wie die Kinder ihren Entschluss, die Sowjetunion zu verlassen, verarbeiten würden, mögen sie zu dem offenen Brief an Josef veranlasst haben, der in der amerikanischen Zeitschrift »The Atlantic Monthly« erschien. Die Rundfunksender »Voice of America« und BBC zitierten den offenen Brief unmittelbar nach der Veröffentlichung. Swetlana hoffte wohl, ihre Zeilen würden auf diese Weise ihre Kinder in Moskau, und sei es auf inoffiziellem Wege, erreichen. In diesem Brief heißt es unter anderem:

»Doktor Morosow – aber natürlich, mein Sohn wird in zwei Jahren Doktor sein, so wie sein Großvater und sein Urgroßvater es waren. Wie froh ich bin, dass du Arzt sein wirst, anstatt deine Zeit an leere Worte zu verschwenden. Mein Kind, du musst stark sein, du musst dich zusammennehmen, Lenotschka und Katja zuliebe. Du darfst nicht verzweifeln, wir sind nicht auf immer getrennt. Du bist ein empfindsamer Junge, und die bösen Blicke der ›gewöhnlichen Bürger‹ werden dich verletzen, aber du musst über den Dingen stehen! Du wirst entdecken, dass du mehr Freunde hast, als du glaubtest, und auch jene, die mich verurteilen, werden kommen, um euch zu helfen, meine Kleinen…

Lass alle mich verurteilen – und auch du sollst mich verurteilen, wenn es dir helfen kann (sag, was du willst, es werden nur leere Worte sein, die mich nicht verletzen werden), aber bitte verstoßt mich nicht aus euren Herzen, denn ihr seit kostbarer für mich als sonst irgendetwas in der Welt, meine Lieben, und ich denke immer an euch und bete für euch, denn hier gibt es niemanden, der mich daran hindert…«[465]

Und an Katja gerichtet waren die rührenden Zeilen:

»Mein Liebling Katja, mein Herzblut, gerade gewachsen wie eine Eberesche, süß wie eine Kirsche, was habe ich dir getan?! Ich habe dich allein gelassen, meine Liebe, und wie du nun weinen wirst, obwohl du so ein tapferes Mädchen bist und sicher keine Heulsuse sein willst, meine Kleine. Und was habe ich mir selbst angetan: Ich werde dich lange, lange Zeit nicht mehr sehen. Ich habe dich mit meinen eigenen Händen aufgegeben, so wie Lara ihre eigene geliebte Tanja aufgab... Und dann hatte Lara auch eine Tochter mit dem Namen Katja von einem Ehemann, den sie nicht mochte – aber das macht uns Frauen nichts aus, wir lieben unsere Kinder, weil wir sie geboren haben.«[466]

Unser Leben geht weiter

Auch bei ihrer Ankunft in den USA betonte Swetlana immer wieder, dass ihr das Wichtigste sei, »dass niemand mich missverstehen soll, vor allem nicht meine Kinder und meine Freunde in Russland... Ich kann über dem brennenden Wunsch, in den Vereinigten Staaten zu leben, nicht vergessen, dass meine Kinder in Moskau sind. Aber ich weiß, dass sie mein Handeln verstehen werden. Auch sie gehören zur neuen Generation in unserem Lande, die nicht mehr von den alten irregeführt werden will. Auch sie möchten das Leben aus eigener Kraft beurteilen. Gott möge ihnen dabei helfen. Ich weiß, sie haben mich nicht verstoßen, und wir werden eines Tages wieder beisammen sein. Ich werde auf diesen Tag warten.«[467]

Josef antwortete seiner Mutter: »Es ist nicht die Frage, ob unsere Lage dadurch erleichtert wurde. Es hat überhaupt keinen Druck auf uns gegeben. Niemand hat uns irgendwie feindselig behandelt. Wir kommen schon weiter. Es hat sich kaum etwas in unserem Dasein geändert. Ich bin noch immer auf der Universität, und Jekaterina geht zur Schule. Unser Leben geht weiter...«

Und er sagte öffentlich: »Ich habe sie wegen ihres Verschwindens kritisiert. Ich sagte ihr, der Entschluss, in der Fremde zu bleiben, sei falsch gewesen. Ich sagte ihr, sie hätte keine Veranlassung gehabt, dieses Land zu verlassen.«[468]

Josef war jedoch nicht bereit, den Inhalt des Briefes preiszugeben, den er am 4. April seiner Mutter in die Schweiz geschrieben hatte. Damals wusste er noch nicht, dass seine Mutter auf dem Weg in die USA war

»Ich grüße dich, teure Mama!
Wir wunderten uns sehr, als wir am 8. März zum Flugplatz kamen und dich dort nicht antrafen. Anfangs wollten wir nicht glauben, dass du nicht angekommen warst, und drückten uns drei Stunden dort herum. Da der Rundfunk unsere einzige Informationsquelle war, wussten wir einige Tage lang nicht, was wir denken sollten. Als dann aber in den Zeitungen die Mitteilung der TASS erschien, man habe dir die Erlaubnis erteilt, so lange im Ausland zu bleiben, wie du wolltest, beruhigten wir uns einigermaßen, und unser Leben ging wieder seinen gewohnten Gang. Abgesehen davon, dass sich Katja bis jetzt noch nicht einzufügen vermag, wissen auch wir ehrlich gesagt nicht recht, was wir von der ganzen Sache halten sollen.

Es hat uns sehr gewundert, dass wir seit deiner Abreise aus Indien keine Nachricht von dir erhalten haben. Ich habe sogar bei der Botschaft in der Schweiz angerufen und gebeten, man möge mir behilflich sein, dass ich mich mit dir in Verbindung setzen kann. Noch mehr erstaunt waren wir, dass du in diesem letzten Brief aus Indien vom 23. Februar schriebst, du würdest am 8. März kommen.

Endlich ist deine Karte angelangt, in der du schreibst, dass du nicht wüsstest, wie du dich mit uns in Verbindung setzen könntest. Kannst du uns das klar machen, warum wir dir an die Adresse des Departements schreiben sollen? Wir würden dir sehr gern direkt schreiben oder, noch besser, mit dir per Telefon sprechen. Besonders möchten wir von deinen Plänen für die Zukunft erfahren, wie lange du dort zu bleiben gedenkst und wann du zurückkehren willst.

Mama, alle deine Freunde erkundigen sich nach dir. Es wäre sehr gut, wenn du uns schreiben wolltest, was wir ihnen im gegebenen Fall antworten sollen.
Auf Wiedersehen. Kuss. Osja, Katja.«[469]

Noch in Fribourg kniete Swetlana, wann immer sie an einer Kirche vorbeikam, mit gefalteten Händen und geschlossenen Augen nieder, um für diejenigen zu beten, die sie am meisten auf dieser Welt liebte: ihre Kinder. Sie bat Gott jedes Mal, er möge sie schützen und trösten. Am Ostersonntag hatte sie in der St.-Nikolaus-Kathedrale in Fribourg mit solcher Inbrunst für ihre Kinder gebetet, dass sie fast ohnmächtig wurde und kaum mehr von ihrem kleinen hölzernen Schemel aufstehen konnte. Sie weinte und schluchzte – und ihr Aufpasser hatte Verständnis für sie. Er war selbst Vater von sieben Kindern.

Swetlana machte sich ständig Vorwürfe, dass sie selbst es gewesen war, die alle Fäden der Liebe und Anhänglichkeit zerrissen hatte; sie lebte aber in der Hoffnung, dass es nicht allzu lange dauern würde, bis sie ihre Kinder wiedersehen würde. Und in ihrem Herzen keimte die Hoffnung, endlich wieder von ihren Kindern zu hören.

Natürlich auch als Reaktion auf ihren langen Brief, den Dschaipal angeblich nach Moskau bestellen wollte. Dschaipal, der Vertreter des indischen Ministeriums für Auswärtige Angelegenheiten, war Anfang März Swetlana in die Schweiz nachgereist. Er ließ sie ein Dokument unterzeichnen, dass ihr in Indien niemand geholfen hatte, »auszureisen«, und hatte ihr angeboten, durch den indischen Botschafter in Moskau einen Brief an ihre Kinder zu vermitteln. Swetlana, hocherfreut über dieses Angebot, hatte daraufhin einen 15 Seiten langen Brief verfasst, in dem sie ausführlich ihren Kindern zu erklären versuchte, warum sie diesen Schritt ins Exil getan habe. Sie bat sie, den bisher eingeschlagenen Lebensweg weiterzugehen und nicht darauf zu hoffen, dass sie wieder zurückkäme.

Swetlana hatte in den Zeitungen schon die von dem amerikanischen Korrespondenten Henry Shapiro gemachten Fotografien ihrer Kinder entdeckt, die zu Hause in ihrem Wohnzimmer aufgenommen worden waren. Bei deren Anblick zerriss es ihr fast das Herz. Doch sie wusste, dass ihre Kinder sie verstehen würden. Leider hat dieser Brief Swetlanas Kinder nie erreicht. Dschaipal hat ihn entweder unterschlagen oder an Dinesh zur weiteren Absicherung übergeben.

Aus dem Schreiben von Osja ersah sie nun, dass ihre Kinder überhaupt nicht Bescheid wussten. Das war entsetzlich für sie. Als sie völlig verzweifelt mit ihrem persönlichen Begleiter Antonio Janner[470] sprach, schlug dieser vor, in Moskau anzurufen. Er fuhr mit ihr zu einem kleinen Gasthaus in Murten unweit von Fribourg, nahm ein Zimmer und sie meldeten das eine, oben bereits erwähnte Gespräch mit Moskau an, das nach ungefähr 20 Minuten auch zustande kam.

Auf Swetlanas: »Osja, ich bin 's«, antwortete Osja mit einem verwirrten »Lieber Gott«. Mutter und Sohn sprachen eine halbe Stunde lang miteinander. Swetlana, die unter einem fiktiven Namen telefonierte, wiederholte immer wieder, dass sie nicht als Touristin in der Schweiz sei, sondern nicht mehr heimkehren könne. Osjas Stimme klang tief traurig, und er stellte kaum Fragen. Sie selbst fragte nicht einmal, wie es den Kindern gehe, denn sie hatte Angst vor neuen Vorwürfen. Ihr war auch so klar, dass es den Kindern nicht gut ging. Katja war zur Zeit des Anrufs nicht im Haus. Swetlana meinte, das sei gut gewesen, denn wenn sie die Stimme ihrer Tochter gehört hätte, wer weiß, wie sie reagiert hätte. Swetlana wusste, dass der Telefonanschluss der Kinder überwacht wurde. Und plötzlich war die Leitung unterbrochen. Dieses Gespräch mit ihrem Sohn brachte Swetlana fast an den Rand eines Nervenzusammenbruches, sie litt danach unter Fieberanfällen. Am liebsten wäre sie wieder in ihre Heimat zurück.

Am 14. April entschloss sich Swetlana noch einmal, bei ihren Kindern anzurufen. Doch sie bekam bei der ihr bekannten Telefonnummer keine Verbindung. Die Telefonistin in der Vermittlung wollte wissen, ob sie mit einer anderen Nummer sprechen wolle. Da entschloss Swetlana sich, mit ihrer Freundin Berta zu telefonieren. Es wurde ein Gespräch, das in einer tiefen Erschütterung endete und das zugleich der Vorgeschmack davon war, wie weitere Freunde ihre Flucht beurteilten.

Am selben Tag, dem 14. April, schrieb der Sohn der Mutter einen Brief, aus dem bitterer Schmerz klingt:

»Als wir miteinander telefonierten, war ich ganz verwirrt über das, was du mir sagtest, und nicht imstande, dir entsprechend zu antworten. Ich brauchte einige Tage, um mir über alles klar zu werden, denn die Sache ist nicht so einfach, wie es dir scheint…Du kannst überzeugt sein, dass deine These von der Touristenfahrt mir durchaus verständlich war, und ich denke auch gar nicht daran, dich zu überreden, wieder zurückzukommen, besonders nach unserem Gespräch…Gib zu, dass nach allem, was du getan hast, dein Rat aus der Ferne, wir sollten weiter zusammenhalten, den Mut nicht verlieren und Katja nicht im Stich lassen, zumindest sonderbar klingt. Wir haben Menschen, die uns nahe stehen, die uns immer gut beraten werden, und nicht nur beraten, sondern wirkliche Hilfe erweisen werden. Ich bin der Ansicht, dass du dich durch dein Vorgehen von uns getrennt hast; deshalb musst du uns so leben lassen, wie wir es für richtig halten…

Ich will noch einmal betonen, dass ich mir kein Urteil über das anmaße, was geschehen ist; doch wenn wir mit genügend Festigkeit das ertragen können, was du uns angetan hast, dann werden wir, wie ich hoffe, in Zukunft unser Leben selbst einrichten. Versuche einmal, darüber nachzudenken und zu verstehen.
Osja.«[471]

Nach der Lektüre dieses Briefes brach Swetlana in haltloses Schluchzen aus. Sie konnte sehr wohl auch zwischen den Zeilen lesen. In diesem Moment hatte sie nur den einen Wunsch, Gott um Verzeihung zu bitten für ihre Sünde gegenüber den Kindern und in ein Kloster zu gehen.

Swetlana wusste aber auch, dass ihre erwachsenen Kinder ihr Leben auch ohne sie weiterführen konnten. Osja war 22 Jahre und sollte in zwei Jahren sein Medizinstudium abschließen. Seit November 1966 war er mit der gut aussehenden Elena Woschnesenskaja, einer Studentin der Philosophie, verheiratet. Elena kleidete sich gern mit westlichem Chic. Sie hatte Osja auf einer Party kennen gelernt, und die beiden hatten sich ineinander verliebt.

Als der Journalist Enzo Biagi das Paar im Jahre 1967 besuchte, trug Josef einen schwarzgrauen, sehr gut geschnittenen Anzug und Schuhe, die nicht aus Russland stammten. Seine Schwester Katja war in den Ferien bei ihrem Vater Professor Schdanow; bei ihm würde sie wahrscheinlich in Zukunft leben. Sie war inzwischen 16, stand vor ihrer Abschlussprüfung und wollte Physik und Mathematik studieren. Sie war ein sehr introvertiertes Mädchen.

Katja litt am meisten unter dem, was geschehen war. Aber sie sprach darüber nicht. Weiterhin ging sie zum Reiten und Schwimmen und Radfahren, ganz so wie immer. Diese Stille um sie wirkte bedrückend. Niemand wusste, was sie dachte und was in ihr vorging.

Die Meinung von Kindern und Freunden

Enzo Biagi unterhielt sich lange mit Josef. Miteinander machten sie Spaziergänge und besuchten zusammen die Kirchen im Kreml, was unter Stalin, Josefs Großvater, verboten gewesen war.

Josef war sehr schlank, hatte rote Haare und wirkte etwas klein. Er sprach nicht viel und wählte seine Worte mit Bedacht. Wie er sagte, legte er keinen großen Wert auf Freundschaften, ginge aber gerne ins Konzert, wie er das mit seiner Mutter oft getan hatte. Er liebte die Literatur, las auch englische und amerikanische Schriftsteller, ebenso Moravia und Pratolini. Und er lebte gerne in Schukowka, wo Swetlana ihre Memoiren geschrieben hatte.

Josef gab an, dass sich mit dem Wegbleiben der Mutter für ihn und seine Schwester materiell nichts änderte, aber innerlich litten sie sehr. Er beschrieb seine Mutter damals als eine Frau, die Kontakte vermied und keine besondere Begabung besitze. Sie lebten das Leben einer gut situierten russischen Familie. Zusammen feierten sie den 1. Mai und den 7. November und teilten sich die Hausarbeit. Seine Mutter hatte eine Pension in Höhe von 200 Rubel, und die Kinder bekamen je 100 Rubel. Am Abend hörten sie gewöhnlich Radio oder sahen fern. Josef nannte seine Mutter einen schwierigen Charakter. »Der Tod von Singh hatte die Mutter sehr getroffen. Vielleicht war er wirklich der richtige Partner für sie, aber unglücklicherweise war das eine kurze Episode.«[472]

Biagi wollte wissen, wen seine Mutter am meisten geliebt habe. Josef meinte, diese Frage sei sehr schwer zu beantworten. Eigentlich könne nur seine Mutter selbst die Antwort geben. Von Singh hatte Josef eine hohe Meinung. Josef mochte ihn, ebenso Schdanow. Im Haus seines Vaters war er immer herzlich willkommen, Josef hatte jedoch nie mit ihm über die Angelegenheiten gesprochen. Aber er gestand seiner Mutter zu, dass ihr Leben voller Missgeschicke war und sie sehr unglücklich machte.

Den zurückgelassenen Kindern standen ihre Väter hilfreich zur Seite. Osjas Vater war ein in Moskau weithin bekannter Fachmann für internationales Recht und Außenpolitik geworden und in zweiter Ehe mit einer Ärztin verheiratet. Der Kontakt zwischen Vater und Sohn bestand zu allen Zeiten. Katjas Vater war inzwischen Rektor einer der bedeutendsten Universitäten in der Sowjetunion und Doktor der Biochemie. Er hat sich immer um Katja gekümmert, obwohl er in Rostow wieder eine eigene Familie hatte mit einem kleinen Sohn.

Auch Aleksandra Swanidse hatte wieder geheiratet und hatte nun drei Kinder. Stalins Enkelkinder, zwei von Wassilij – Nadja, 21, und Suscia, 26 –, haben die Akademie für dramatische Kunst mit wenig Erfolg besucht. Sie wuchsen in keiner guten Atmosphäre auf. Julija Dschugaschwili arbeitete wissenschaftlich über Literatur in Algerien. Sie blieb immer eng mit Josef und Katja verbunden. Mittlerweile war sie die Älteste des Clans. Sie wusste zu erzählen, dass Josef seiner Mutter sehr zugetan war, ebenso Katja. Nicht ganz so glücklich war die Beziehung Swetlanas zu ihrer Schwiegertochter Elena gewesen.

Swetlana sandte aus der Schweiz auch eine Postkarte an die Mutter ihrer Schwiegertochter, um ihr mitzuteilen, sie werde nicht zurückkehren. Sie führte auch Telefonate, in denen sie ziemlich ungehalten gegen die Inder schimpfte, diese »dreckigen Männer«. Als es für sie schwierig geworden war, hätten sie ihr nicht geholfen.

Enzo Biagi besuchte auch Swetlanas Freundin Tatjana Tess, die ein schönes Haus in der Nähe des Hotels »Ukrainia« in Moskau besaß und von Beruf Journalistin war. Die Einrichtung und Dekoration zeigten eine längst vergangene Welt. Die Fragen des Italieners beantwortete Tanja mit trauriger Stimme. Sie seien wirklich enge Freundinnen gewesen, und sie habe Swetlana sehr geliebt. Es fiel ihr schwer, über sie zu sprechen. Seit Swetlanas Flucht konnte sie nicht mehr gut schlafen.

Swetlanas Kinder seien immer sehr lieb gewesen, sie liebten ihre Mutter und diese könne stolz auf sie sein. Zu Katja meinte sie, dass diese gerade bei ihrer letzten Geburtstagsfeier sehr gelitten hätte. Alle alten Freunde kamen zu ihr, hatten Kuchen für sie gebacken und ihr Blumen mitgebracht. Doch die Mutter fehlte! Katja war ganz still, und die Atmosphäre sei unerträglich gewesen. Eigentlich wolle Katja gar nicht mehr zur Schule gehen. Sie sei völlig verwirrt.

Tatjana Tess bezeichnete Swetlana als sehr impulsiv. Sie wolle zunächst alles ergründen, gebe dann aber schnell wieder auf. Tatjana Tess hatte ihrer Freundin viele Schriftsteller und Leute von Film und Theater vorgestellt. Swetlana wäre elegant und hätte eine Vorliebe für schöne Kleider. Die besten Schneider fertigten ihre Kleider an. Aber sie sei unzufrieden. Eines Tages habe Tatjana zu ihr gesagt, dass sie immer unzufrieden sein werde, sie solle sich doch mit irgendetwas beschäftigen. Nach Tatjanas Ansicht war Swetlana eine gebildete Frau. Hatte sie nicht von Russland alles erhalten, viel mehr als sonst irgendjemand, fragte die Journalistin. Sie ahnte voraus, dass Swetlana immer unglücklich sein würde.

Swetlana habe die kindlichen Komplexe einer Prinzessin. Nichts sei für sie unmöglich, nichts für sie verboten, denn sie hatte immer alles bekommen, seit sie ein kleines Mädchen war. Für sie wurde stets alles getan, resümierte Tatjana Tess.

Auch die Kirche kam zu Wort: Der zweithöchste russisch-orthodoxe Prälat, der Metropolit Pimen von Krutizj und Kolomna, erklärte einem Auslandskorrespondenten am 22. Juni 1967, Frau Allilujewa gehöre zu jener Art von Leuten, die zwar ihre Kinder im Stich ließen, dann aber über Religion und Gott redeten. Dabei ergebe sich »das moralische Bild einer Frau, die alles Heilige um Dollars verkauft«.[473]

Die Moskauer Propaganda versuchte selbstverständlich, die Bedeutung des Schrittes der Stalin-Tochter herunterzuspielen. Außerdem war die Berichterstattung so, dass man annehmen musste, Swetlana habe hilflose Kleinkinder im Stich gelassen. »Literaturnaja Gaseta«, die literarische Wochenschrift Moskaus, erinnerte die Amerikaner am 7. Juni daran, dass sie in höchsten Tönen der Empörung das Verhalten der Filmschauspielerin Ingrid Bergman getadelt hätten, als sie ihr Kind in Hollywood zurückließ, um mit dem italienischen Filmproduzenten Roberto Rossellini zusammenzuleben, während sie aber jetzt über Swetlanas Unglück Tränen vergössen.

Als Kapler erfuhr, dass Swetlana Russland verlassen hatte, konnte er es kaum glauben. Sein Schlusssatz bei dem Interview mit Enzo Biagi lautete: »Ich glaube, dass etwas Schreckliches, etwas Abnormales mit Swetlana passiert war, vielleicht irgendeine Krankheit. Ihre Kinder wurden ohne Mutter zurückgelassen, ihre Freunde wussten nicht, was sie sagen sollten: Nein, sie ist nicht eines von Stalins Opfern, aber ein Opfer ihrer selbst.«[474]

Swetlanas einstiger Jugendfreund Sergo Berija äußerte sich gleichfalls zu ihrer Flucht ins Ausland. Seiner Meinung nach hätte sie in ihrer Heimat bleiben und nicht auch noch Bücher veröffentlichen sollen. Sie hätte nicht so auf ihren Vater spucken dürfen, wenn sie ihn wirklich so sehr geliebt hätte, wie sie behauptete.

16
Der geheime Aufenthalt in Rom

*Jetzt kochten die Emotionen hoch; was der ansonsten sich selbst so sanft
schildernden Swetlana kaum zuzutrauen ist.**

Drei Tage illegal in der Ewigen Stadt

So saß die 41-jährige Swetlana Allilujewa in der planmäßigen Qan-
tas-Maschine Flug Nr. D-51, die in der Nacht vom 6. auf den 7. März
1967 New Delhi verließ und nach einer Zwischenlandung in Teheran
am Morgen Rom erreichte. In ihrem Kopf schwirrten die Gedanken
nur so umher. Es fiel ihr schwer, auch nur darüber nachzudenken, was
da nun wie ein Film ablief. Sie war wie benommen, glaubte zu träumen und war sich endlich sicher, nicht gegen ihren Willen nach
Moskau zurückgeschickt zu werden. Swetlana harrte der Dinge, die
da kommen sollten. Sie fühlte noch immer etwas von dem inneren
Frieden, den sie in Indien erlebt hatte. Und sie gab unumwunden zu,
dass sie ein angenehmes Triumphgefühl in ihrem Herzen empfand
bei dem Gedanken, dass sie der sowjetischen Regierung mitten ins
Gesicht geschlagen hatte. Gerade das hatte die Regierung ihrer Meinung nach hundertfach verdient. Diese forderte die Menschen doch
geradezu heraus durch ihre Lügen, ihre Einmischung in das private
Leben, ihre Verfolgungen und ihre sture Bürokratie. Swetlana war
unendlich glücklich darüber, dass sie nicht mehr in ein Land zurück-
musste, das sie sofort an den »Großen Bruder« ausgeliefert hätte.
  Beim Schreiben ihres zweiten Buches »Das erste Jahr«, in dem
sie ihren Flug von Delhi über Rom in die Schweiz schildert, wurde
Swetlana stark von den Personen beeinflusst, die sie dort im Dankes-
wort nennt. In ihrem dritten, im Jahr 1984 erschienenen Buch »The
Faraway Music«, das es bislang nur in russischer und englischer Sprache gibt, erwähnt sie das ausdrücklich. So war sie »gebeten« worden,

die Ereignisse in Rom wegzulassen und ebenso alles, was mit ihrem Aufenthalt in der Schweiz zusammenhing. Sie hat stets bedauert, dass nicht alles ans Tageslicht gekommen war. Allzu viele Fakten waren ihrer Meinung nach vom State Department, der »New York Times« und den anderen Medien verdreht worden, sodass die Öffentlichkeit annahm, sie werde nur eine Reise machen – selbstverständlich mit Erlaubnis der sowjetischen Behörden –, um in New York ihr Buch zu präsentieren und Geld zu kassieren.

Was damals tatsächlich hinter den Kulissen ablief, erfuhr sie zum Teil erst viel später durch den Zweiten Sekretär der amerikanischen Botschaft in Delhi, den CIA-Mann Robert Rayle. Er war bei diesem Flug an ihrer Seite. Die Bekanntschaft mit Rayle hielt lange Jahre. Als Swetlanas amerikanische Tochter Olga etwa 13 Jahre alt war, luden Bob und seine Frau öfter Swetlana ein, die Ferien mit ihnen in North Carolina zu verbringen. Dort hatten jene ein Haus gemietet.

Wenn Swetlana mit Bob zusammentraf, blieb es nie aus, dass sie sich an die »alten Zeiten« und ihren gemeinsamen Flug erinnerten; dieses Mal konnte auch Olga zuhören.

Swetlana merkte eigentlich erst bei diesen Gesprächen, wie wenig sie überhaupt von den Entscheidungen der verschiedenen Staaten, die im Zusammenhang mit ihrer Flucht in Verbindung treten mussten, mitbekommen hatte. Die Reise der Stalin-Tochter ließ in Delhi, Moskau, Washington und in der Schweiz alle diplomatischen Drähte heißlaufen. In Delhi beschlagnahmte der Geheimdienst im Büro der Fluggesellschaft alle Papiere, die mit Swetlanas Ausreise zu tun hatten. Bob betonte immer wieder, eines Tages würden all diese Dokumente »freigegeben« werden, und dann wäre es für Swetlana interessant, sie sich einmal anzusehen. Im State Department in Washington war man außerordentlich bemüht, Stalins Tochter aus der großen Weltpolitik herauszuhalten, falls sie in die USA käme.

Damals im Urlaub in North Carolina hörte Olga zum ersten Mal, was sich alles zugetragen hatte von dem Moment an, als Botschafter Bowles ein Mitglied des amerikanischen Botschaftsstabes, das gut Russisch sprach, beauftragte, Swetlana zu begleiten. Die Wahl fiel auf den CIA-Beamten Robert F. Rayle. Dieser buchte zwei Plätze für den Flug Nr. 751 der australischen Luftfahrtlinie Quantas, Abflug 7. März, 1.14 Uhr morgens. In Swetlanas Pass wurde ein US-Visum eingetragen, um ihr in Italien alle Schwierigkeiten zu ersparen. Frau »Svetlana Allilolev« flog pünktlich vom Palam-Flughafen in Delhi ab und landete um 7.45 Uhr Ortszeit in Rom.

Was Swetlana nicht wissen konnte und was ihr Bob tatsächlich erst Jahre später erzählte, war die Reaktion der Amerikaner. Einige dachten, das mit der Russin sei eine List des KGB, andere sahen in ihr wirklich Stalins Tochter, die aber wohl »durchgeknallt« sei. Niemand glaubte an die Gegebenheiten, wie sie sich darstellten.

In Delhi wurde sofort der amerikanische Botschafter verständigt; doch der war erkrankt. Schließlich kam man zu dem Entschluss, Swetlana schnellstmöglich aus Indien ausfliegen zu lassen, um jeden Ärger mit den Sowjets zu vermeiden. Durch die Zeitverschiebung zwischen Indien und Amerika konnte dort mitten in der Nacht kein hochrangiger Beamter oder Politiker zurate gezogen werden.

Als das State Department »aufwachte«, befanden sich Swetlana und Bob bereits in Rom. Doch die Neuigkeit konnte nicht geheim gehalten werden, und der Name von Robert Rayle tauchte in allen Zeitungen auf. Am Flughafen Leonardo da Vinci wurde Bob von einigen sehr aufgeregten Mitarbeitern der amerikanischen Botschaft empfangen. Alles, was sie sagten, war: »Stopp! Sie kann nicht in die USA reisen.«[475]

Swetlana bemerkte glücklicherweise wenig von dem, was da vorging und was diese Männer aufgeregt diskutierten. Sie schaute sich um und hoffte, etwas von dem Land zu sehen, in dem sie noch nie gewesen war. Dann wurde ihr mitgeteilt, dass sie vorerst einmal in Rom bleiben müsse. »Nichts lieber als das«, dachte Swetlana. Was sie nicht erfuhr, war die Tatsache, dass auch die italienische Regierung sie nicht haben wollte. Schließlich wurde ihr für zwei Stunden der Aufenthalt im Flughafen zugestanden. Dann fiel die Entscheidung, dass sie an einem geheimen Ort bleiben sollte, bis irgendein Land sich bereit erklärte, sie aufzunehmen. Bob Rayle und die US-Botschaft in Italien standen vor einer wirklich schwierigen Situation.

Man brachte Swetlana in eine kleine Wohnung, wo sie die nächsten drei Tage blieb. Sie hatte ein Schlafzimmer und ein Wohnzimmer zur Verfügung, in dem pausenlos das Telefon läutete. Bob, der völlig mit den Nerven fertig war, hatte Swetlana nun zu erklären, dass sie »aus verschiedenen Gründen« nicht in die USA einreisen könne. Sie mussten wohl »aussitzen«, wie es weitergehen sollte. Der Zweite Sekretär erhielt laufend neue Anweisungen von der amerikanischen Botschaft, und er wurde immer blasser.

Bob war froh, dass Swetlana nicht pausenlos Fragen stellte und weder weinte noch hysterisch schrie. Sie war völlig damit zufrieden, dass sie den Käfig hatte verlassen können und niemand sie nach Russland zurückschicken wollte. Was immer auch kam, war ihr recht. Einundvierzig Jahre lang war sie ständig gegängelt worden, hatte sie geduldig sein und sich gut benehmen müssen. Genau das tat sie jetzt auch.

Inzwischen konnte sie in der Zeitung lesen, dass die Sowjets über sie schreiben ließen, »Madame Allilujewa sei eine kranke Frau und ihr dürfe man keinen Glauben schenken«. Eigentlich erwartete man von ihr, dass sie sich neurotisch aufführte; doch da sie sich ganz normal gab, wurde deutlich, dass Lügen über sie verbreitet wurden. Das kam dann ihrem Image wieder zugute. Rayle teilte der Presse mit, dass die russische Dame weder rauche noch herumschreie, weder Beruhigungsmittel noch Drogen nehme und noch nicht einmal Fragen stelle. Ihr war völlig klar, dass von dem Moment an, wo sie nicht mehr nach Russland zurückkehrte, die gesamte Weltpresse über sie herfallen würde.

Swetlana las in aller Ruhe die Zeitschriften und Bücher, die man ihr brachte. Hier in ihrem römischen Versteck bekam sie erstmals den berühmten Roman von Boris Pasternak »Doktor Schiwago« in die Hand, der in der UdSSR nicht hatte publiziert werden dürfen.

Drei Tage lang saß Swetlana also in der kleinen Wohnung in Rom. Da sie »illegal« im Land war, durfte sie nicht ausgehen. In der Zwischenzeit hatte das State Department den Schweizer Bundesrat regelrecht beschworen, Swetlana wenigstens vorübergehend aufzunehmen. Die Schweiz stimmte zu, jedoch unter dem Vorbehalt, dass die Sowjetrussin sich nicht politisch betätige, was diese ja sowieso nicht vorhatte.

Da sie und Bob nicht einmal ein Restaurant zusammen aufsuchen durften, wurde ihnen das Essen in die winzige Küche gebracht. Das erste europäische Essen bestand für Swetlana aus Spaghetti, Fleischklößchen und Chianti-Wein. Da Bob ein sehr humorvoller Mann war und Swetlana voller Zuversicht, fand sie das gemeinsame italienische Mahl recht lustig.

Eine junge Frau von der US-Botschaft wurde beauftragt, für Swetlana einen dunkelgrünen Regenmantel und ein Halstuch zu kaufen, sowie eine dunkle Brille, die diese sich aber weigerte zu tragen. Sie sollte unerkannt zum Flughafen gebracht werden und ihren alten Mantel und ihren Koffer einfach in der Wohnung zurücklassen. Der neue Koffer war knallrot, absolut nicht ihre Lieblingsfarbe. Die junge Frau entschuldigte sich, es habe keinen Koffer in einer anderen Farbe gegeben.

Zuerst wurde der Koffer zum Flughafen gebracht und dann in einem italienischen Auto der Amerikaner und die Russin. Swetlana bekam wenigstens einige wenige Eindrücke von der Ewigen Stadt mit und war vergnügter Stimmung. Die beiden Reisenden, mit Flugtickets auf Mr. und Mrs. Rayle in der Hand, sangen fröhlich »Arrivederci Roma!«.

Am Flughafen erhielt Swetlana erneut Anweisungen, wie sie sich verhalten sollte: Bob sollte als Erster an Bord des Flugzeugs gehen. Swetlana wurde von zwei Italienern in Empfang genommen, die sie zu einem kleinen Fahrzeug brachten, das wie ein Postzustellauto aussah. Sie zwängte sich auf den Rücksitz hinter dem Fahrer, und los ging es quer übers Flugfeld, was ziemlich lange dauerte. Endlich in der Nähe der startbereiten Maschine angekommen, bekam der Fahrer jede Menge Zeichen, er solle sofort umkehren und zum Flughafengebäude zurückfahren. Das tat er auch; aber zuerst würgte er den Motor ab und hatte alle Mühe, ihn wieder in Gang zu bringen. Er setzte Swetlana mit ihrem Handgepäck vor einer schwach erleuchteten Halle ab und brauste davon. Swetlana bemühte sich, jemanden in der Halle zu finden, doch es war bereits Abend, und alle vorher hilfreichen Personen schienen mit einem Mal wie vom Erdboden verschluckt zu sein.

Swetlana setzte sich auf eine Treppe und wartete – wie lange, konnte sie nicht abschätzen. Es waren 45 Minuten! So lange hatte Bob nach ihr gesucht. Die Maschine nach Genf war längst abgeflogen, obwohl Bob den Kapitän immer wieder darauf hingewiesen hatte, dass seine Frau noch nicht an Bord sei, bis er schließlich gebeten wurde auszusteigen. Nun löste sich auch das Rätsel, warum der Fahrer Swetlana nicht zum Flugzeug bringen durfte. In der Maschine saß ein italienisches Fernsehteam, und dieses sollte Swetlana, die Flüchtige, keinesfalls entdecken.

Inzwischen war klar, dass an diesem Tag kein Flugzeug mehr nach Genf abgefertigt würde. So erinnerte sich Bob an eine Polizistenfamilie, die ihm und Swetlana angeboten hatte, sie für kurze Zeit aufzunehmen. Als sie in deren Wohnung ankamen, half nach all den Aufregungen nur noch ein Schluck Whiskey. Bob hing wieder am Telefon mit dem Ergebnis, dass er erfuhr, am sehr frühen Morgen würde eine kleine Chartermaschine bereitstehen. Nun tranken sie noch einen Schluck Whiskey und dösten auf ihren Stühlen dem nächsten Tag entgegen.

Am Morgen wurden sie in aller Frühe abgeholt und zum Flughafen gebracht, unmittelbar in den Hangar, wo die Maschine für sie bereitstand. Jetzt konnten sie einsteigen, ohne von Reportern belästigt zu werden, leider aber auch ohne Gepäck; denn das war schon in Genf.

Swetlana war glücklich und genoss den Flug über die Alpenkette. Nur Bob wurde sehr still und fühlte sich ziemlich unglücklich. Er musste Swetlana wieder jede Menge Verhaltensregeln beibringen. Ein Wagen mit einem Repräsentanten des Schweizer Auswärtigen Departements würde sie erwarten. Ein Signor Kristino würde ihr vorgestellt werden, dem sie dann folgen sollte. Die amerikanische Botschaft würde über einen Schweizer Beauftragten mit ihr in Verbindung bleiben. Bob versicherte ihr, dass die Amerikaner sie nicht im Stich lassen würden, man brauche nur noch etwas Zeit, um alles zu arrangieren. Und beim Anflug auf Genf mussten sie sich dann verabschieden. Bobs Hände zitterten unmerklich, und Swetlana war gerührt über so viel Fürsorge. »Sie sind wunderbar«, sagte er und küsste ihre Hand. »Gott segne Sie, Sie sind wunderbar.«[476]

Ein Wagen der amerikanischen Botschaft wartete bereits auf Bob, und die gesamte anwesende Presse stürzte sich auf ihn. Swetlana konnte dagegen unbemerkt zu dem Schweizer Botschaftsauto gehen.

So weit hatte Olga nun die Geschichte mithören können. Bob und Swetlana lachten wieder einmal herzlich über ihre »römische Urlaubsstory«, die damals nicht veröffentlicht werden durfte, weil ihr Aufenthalt in Rom illegal gewesen war.[477]

Swetlana wollte auch noch 1984 klarstellen, dass sie nie um Asyl in Amerika nachgesucht habe. Sie wollte wirklich nur die UDSSR hinter sich lassen und hatte den Wunsch, außerhalb des kommunistischen Blocks in ein Englisch sprechendes Land zu reisen. Sie habe nie darauf bestanden, in die USA zu kommen, wo sie ja keine Menschenseele kannte. Die amerikanische Öffentlichkeit habe sich umsonst aufgeregt. Sie hatte damals bei Robert Rayle noch mehrere Papiere unterzeichnet, die besagten, dass sie gerne nach Australien, nach Neuseeland oder in ein anderes Land reisen wolle. Nach Indien, das sie zwar liebte, wollte sie auf keinen Fall zurück, da sie von dort an den »Großen Bruder« ausgeliefert worden wäre. Auch in die Schweiz, von der sie nur wusste, dass man dort wenig Englisch sprach, wollte sie nicht besonders gerne. Sie nannte ihre Deutschkenntnisse aus der Kindheit und die an der Universität erworbenen Französischkenntnisse »sehr eingerostet«.

Jedenfalls tauchten dann plötzlich in der Presse solche Sätze auf wie: »Sie hat ihre Meinung geändert«; »Sie ersucht nicht mehr um Asyl in den USA«; »Sie hat sich entschlossen, zur Erholung in die Schweiz zu gehen«. Doch nicht Swetlana hatte ihre Meinung geändert, sondern das State Department in Washington. Von dieser Stelle aus wurden ihr durch endlose Presseveröffentlichungen jede Menge Schwierigkeiten bereitet. Plötzlich wurde ihr nachgesagt, sie sei in die Schweiz gereist, um die Konten ihres verstorbenen Vaters zu plündern. So begannen also die nie mehr endenden Pressekampagnen über sie, für und gegen sie.

Die erzwungene Ruhepause in der Schweiz

Swetlana symbolisiert den Drang von Millionen gebildeter Sowjetbürger,
einfach auszubrechen. *

Wohlbehütet bei Nonnen und Schweizer Freunden

Die Nachrichtenagentur TASS gab am 12. März 1967 in Moskau folgende Erklärung heraus: »In der Auslandspresse sind Berichte erschienen, wonach Swetlana Allilujewa, die Tochter J. W. Stalins, sich gegenwärtig im Ausland aufhält.«

Bereits am 7. März hatte das Eidgenössische Politische Departement von amerikanischer Seite das Gesuch um Aufnahme der Stalin-Tochter in der Schweiz erhalten.

Die »Operation Swetlana« unterstand dem Bundesrat des Eidgenössischen Justiz- und Polizeidepartements, Ludwig von Moos.[478] Als persönlicher Begleiter für die Stalin-Tochter wurde Dr. Antonio Janner, ein Beamter des Eidgenössischen Departements für auswärtige Angelegenheiten, bestimmt. Bob Rayle übergab ihm seinen teuren Schützling und flog mit der nächsten Maschine in die USA, um Außenminister Dean Rusk persönlich Bericht zu erstatten. Dann sollte Rayle wieder nach Indien zurückkehren. Swetlana trennte sich nur ungern von diesem so loyalen Amerikaner. Er hatte sie immer wieder aufgeheitert, und sie begann vieles mit Humor zu nehmen.

Zunächst musste Swetlana an einen geheim gehaltenen Ort gebracht werden. Zu ihrer Begleitung wurden ein Detektiv und zwei uniformierte Beamte abgestellt. Ein Mittagessen – frische Forellen – wurde im Hotel »Les Treize Cantons« in Châtel-Saint-Denis in der französischen Schweiz eingenommen. Anschließend ruhte sich Swetlana im Hotelzimmer Nr. 7 kurz aus, und dann ging es weiter nach Beatenberg, einem Kurort im Berner Oberland. Dort wohnte Swetlana im Hotel »Jungfraublick« und hatte aus ihrem Zimmer Nr. 16 eine herrliche Aussicht auf die Gebirgsgruppe Eiger, Mönch und Jungfrau. Dabei stellte sie fest, dass die Berge sie im Grunde bedrückten. Sie hatte erwartet, dass die Schweiz so aussähe wie in dem Film »Sound of Music«, den sie kurz zuvor in Indien gesehen hatte. In Beatenberg waren schon oft Russen zu Gast gewesen, Revolutionäre und »Weiße«, Touristen oder Flüchtlinge und selbst Verwandte des Zaren. Vielleicht nennt man diese Gegend deshalb auch »Mandschurei«.[479]

Der Besitzer der Pension, Hans Zahler, erinnerte sich im Gespräch mit dem Journalisten Biagi noch sehr gut an Swetlana: »Sie war sehr zurückgezogen und aß sehr wenig. Gerne mochte sie gegrilltes Fleisch, Consommé und frisches Wasser. Um 16.00 Uhr trank sie Tee.«[480]

Am Tag ihrer Ankunft in der Schweiz, dem 12. März, erschien in der »Washington Post« ein Leitartikel von James Reston mit der Schlagzeile: »Ein anderes Mal, Swetlana!« Er gab darin seiner Befriedigung Ausdruck, dass Stalins Tochter nun auf Schweizer Boden bleibe. Sie werde wohl nicht weiterreisen, schon gar nicht in die Vereinigten Staaten. Dort wäre ein derartig prominenter Überläufer aus der Sowjetunion unvermeidlich einer unbarmherzigen Verfolgung durch die Presse ausgesetzt. Sie wäre sofort wieder eine Person von öffentlichem Interesse und auch politisch ein Risiko. Weiter hieß es: »Sie hier bei uns zu haben, ohne dass ihr Gesicht jeden Fernsehschirm und die Seiten jeder Frauenzeitschrift beherrscht, scheint praktisch undenkbar. Es gibt keine Möglichkeit, für den Fall, dass Swetlana nach den USA käme, ihr Verhalten hier und die Auswirkungen ihrer Anwesenheit vor allem auf unsere Beziehungen zu den Russen vorauszusagen. Ist sie von ihrem Vater enttäuscht worden oder von seinen Nachfolgern, oder ist sie des Systems überdrüssig geworden? Wenn Letzteres der Fall ist, dann würde das Hochspielen ihres Absprungs die Russen vielleicht zu Unrecht zur Überzeugung bringen, alles sei nur ein klug ausgedachter Propagandatrick, um die gegenwärtige Sowjetregierung in Verlegenheit zu bringen. Wir haben schon genug Probleme mit den Russen, als dass wir noch ein so überflüssiges dazu brauchen könnten. Was bedeutet es schon, dass Stalins Tochter die Begeisterung für ihre Regierung und das Leben in Russland verloren habe? Jedenfalls nicht viel. Selbst auf die Gefahr hin, als nicht gastfreundlich verschrien zu werden, handelte die US-Regierung völlig richtig, als sie deutlich abwinkte und Swetlana nahe legte, sich ein Asyl zu suchen, das weniger Widersprüche auslöst. Aber sicherlich wäre es schön, sich vorzustellen, dass wir ab und zu etwas von ihr hören – aus der Ferne – und dass sie uns einmal besuchen würde – ein anderes Mal.«[481]

1967 gehörte Voslensky, Swetlanas einstiger Kommilitone an der Universität in Moskau, schon zur Nomenklatura, der privilegierten Führungsschicht. Auch er bekam einen peinlichen Auftrag: Über einen Bekannten, den bundesdeutschen Botschafter in Moskau, Gebhard von Walther, sollte er den US-Botschafter Thompson bitten lassen, die USA möge Swetlana das Einreisevisum verwehren. »So musste ich mit Widerwillen dem lieben Gebhard erzählen, Swetlana sei eine mannstolle, nicht ernst zu nehmende Person, die nur das sowjetisch-amerikanische Verhältnis zum Nachteil für beide Länder trüben würde. Ich war sehr zufrieden, als sie doch nach Amerika kam.«[482] So lautet das späte Bekenntnis des einstigen Studienfreundes von Swetlana.

Am Tag von Swetlanas Abflug aus der Schweiz nach Amerika brachte der Kongressabgeordnete Paul Findley, ein Republikaner aus Illinois, eine Gesetzesvorlage ein ausdrücklich mit dem Ziel, Swetlana Stalina Asyl zu gewähren. »Der Senat und das Repräsentantenhaus der Vereinigten Staaten mögen beschließen, dass, unbeschadet aller anderen Bestimmungen des Einwanderungs- und Staatsbürgerschaftsgesetzes, Swetlana Stalina aufgrund eines Gesuches an irgendeines der Konsulate der Vereinigten Staaten ein Einreisevisum für die Vereinigten Staaten erteilt werden soll, und zwar entweder zum zeitweiligen Aufenthalt als Nichteinwanderin oder zum Daueraufenthalt, entsprechend den in ihrem Gesuch geäußerten Wünschen.«[483]

Jener Tag sollte noch unangenehmer werden. Antonio Janner teilte ihr telefonisch mit, dass Rikhi Dschaipal, der Vertreter des indischen Ministeriums für Auswärtige Angelegenheiten, aus Delhi angekommen sei und mit ihr sprechen wolle. Da begann sie schon zu ahnen, dass das Kapitel Indien in ihrem Leben noch nicht abgeschlossen war. Sie war bereit, den einstigen Freund Dschaipal zu sprechen, doch nur in Anwesenheit von Antonio Janner. Am 14. März fand dann das Treffen in einer Privatwohnung am Ufer des Thuner Sees statt. Wo genau das war, hat Swetlana nie verraten. Ihr wurde ein offensichtlich von ihrem Schwager Dinesh vorbereitetes Schreiben vorgelegt, das sie unterzeichnen sollte: eine offizielle Bestätigung, dass kein indischer Staatsbürger ihr bei der Flucht aus Indien geholfen habe. Da dies den Tatsachen entsprach, unterschrieb sie die Erklärung, die Dinesh offenbar brauchte, um sich vor dem Sowjetbotschafter zu rechtfertigen. Anschließend lud Antonio Janner Swetlana in sein Haus in Bern ein. Zusammen mit seiner Frau Adriana und dem achtjährigen Sohn Marco verbrachten sie ein fröhliches Abendessen. Dem Kind wurde sie vorgestellt als »die unglückliche Tante, die kein Land bei sich aufnehmen wolle und die ihre Kinder nicht sehen dürfe«.[484]

Die Atmosphäre im Hotel »Jungfraublick« wurde für Swetlana zunehmend bedrückend, ganz besonders nachdem sie aus dem Radio hören musste, dass ihre Ankunft in Genf gemeldet wurde. Ein einziges Mal ging Swetlana zum Einkaufen aus und wurde dabei am 13. März im Sportgeschäft Stahili von der Verkäuferin Sylvia Schmocker an Hand eines Zeitungsbildes erkannt. Wegen der sehr winterlichen Witterung erstand Swetlana eine dunkelblaue Skihose, eine Jacke, Handschuhe und eine weiße Wollkappe. Sie sprach Englisch, aber auch ein gutes Schuldeutsch, jedoch mit starkem Akzent. Sie trug keinen Schmuck, war sehr nett und bezahlte mit amerikanischen Dollars. Ins Hotel zurückgekehrt, stellte sie fest, dass die Presse im Haus war, denn der Besitzer feierte seinen Geburtstag. Da Swetlana hier nicht länger unerkannt bleiben konnte, musste sie in ein anderes Versteck umziehen. Sie verließ mit ihrer Begleitung derart überstürzt das Hotel, dass vergessen wurde, die Rechnung zu bezahlen, was man später aber nachholte.

Unten an der Seilbahnstation am Thuner See wartete schon ein Wagen der Schweizer Bundespolizei. Damit die Meute der Reporter nicht gleich wieder Swetlana auf die Spur käme, hatte Janner für sie das ruhigste und sicherste Asyl, das man sich denken kann, ausgesucht: ein Kloster, und zwar das Nonnen-Erholungsheim Theresienstift des katholischen Ordens Sankt Kanisius in Burgbühl bei Fribourg. Der Gedanke an ein Kloster beunruhigte Swetlana erst einmal sehr. Ihr fielen die düsteren Zimmer in russischen Klöstern ein, und sie wollte nicht »weggeschlossen« werden. Doch das spartanische Zimmer, das sie vorfand, hatte elektrisches Licht, fließend warmes und kaltes Wasser, einen Waschtisch und ein modernes Bett. An der Wand hing ein von Palmblättern eingerahmtes, modern gestaltetes Kruzifix.

In der Festschrift »25 Jahre Bildungszentrum Burgbühl − Vom Theresienstift zum Bildungszentrum« aus dem Jahr 1997 wird an einen »berühmten Feriengast« erinnert, die Stalin-Tochter, die auf Bitten des Bischofs und der kantonalen Fremdenpolizei im März/April 1967 dort »gastierte«.

Die Nonnen empfingen sie mit großer Herzlichkeit. Sie galt dort offiziell als Miss Karleen, eine Irin, die gerade aus Indien angekommen war. »Sie war still und zufrieden, eine glückliche, einfache Person«, sagte die Schwester Oberin.

Die nächsten fünf Tage fühlte sich Swetlana richtig wohl. Ihr gefiel ihr Asyl zunehmend besser. Schwester Florentina holte sie zum Frühstück in den Speisesaal ab und stand ihr auch ansonsten zur Verfügung. Swetlana kramte all ihre Deutschkenntnisse hervor und unterhielt sich mit den Nonnen. Sie erzählte ihnen auch, dass sie sich 1962 in Moskau nach russisch-orthodoxem Ritus habe taufen lassen. Am Ostersonntag durfte Swetlana dem Hochamt in der aus dem 14. Jahrhundert stammenden Münster Sankt Nikolaus in Fribourg beiwohnen.

Swetlana hat über ihren Aufenthalt in der Schweiz ein Tagebuch geführt. Darin berichtet sie von Ausflügen mit ihren beiden Geheimpolizisten, die sie mit ihrem Volkswagen sogar selbst fahren ließen und ihr die Gegend zeigten. Es waren ausgesprochen fröhliche Stunden in einer Landschaft, die ihr nun gut gefiel. Sie ertappte sich sogar bei dem Gedanken, ob sie nicht für immer in der Schweiz bleiben sollte. Doch sie musste sich an ihre Auflage halten und schweigen.

Swetlana erfuhr, dass BBC London meldete, ein Vertreter des amerikanischen State Department habe die Absicht, sich mit ihr in Verbindung zu setzen. Der Eidgenössische Bundesrat werde die Frage über ein mögliches Asyl und eine Verlängerung ihres Visums in Betracht ziehen.

Am 20. März fiel Swetlana in ein tiefes, tiefes Loch. Sie nannte es einen Tag des Kräfteverfalls und des sinkenden Mutes. Ständig musste sie an ihre Kinder denken. Dazu kam noch, dass sie Boris Pasternaks Buch »Doktor Schiwago«, das ihr Bob Rayle unterwegs gegeben hatte, nochmals las. Sie wusste nicht mehr genau, über wen sie am meisten weinte, über ihre verlassenen Kinder oder über das unglückliche, gequälte Land, aus dem sie kam, und sie vermischte in ihrer Trostlosigkeit Pasternaks Gedanken mit den eigenen.

Aus einer Schweizer Zeitung erfuhr Swetlana in jenen Tagen auch von verschiedenen Anfragen im indischen Parlament, die sich auf ihre Flucht aus Indien bezogen. Raman Nohara Lohia, einer der militantesten Führer der Opposition, beschuldigte die indische Regierung der »Kriecherei« vor der Sowjetunion. Der Außenminister M. C. Chagla behauptete vor dem Parlament, Swetlana habe in Indien nicht die geringste Andeutung fallen lassen, dass sie dort zu bleiben beabsichtige. Es klingt zwar unwahrscheinlich, stimmt aber dennoch: Brajesh Singhs Bruder bestätigte dem Außenminister dies ausdrücklich. Doch Dr. Lohia machte dem Spuk ein Ende. Er bezichtigte die Regierung der Feigheit und Lüge. Swetlana setzte sich hin und schrieb Dr. Lohia einen ausführlichen Brief, in dem sie erklärte, sie habe in privaten Unterredungen über einen möglichen Daueraufenthalt in Indien gesprochen. Dabei habe sie den Eindruck gewonnen, die reservierten Äußerungen ihres Gesprächspartners Dinesh Singh hätten die offizielle Haltung der indischen Regierung wiedergegeben. Das sei, wie sie nun erfahren habe, aber nicht der Fall gewesen, doch aufgrund dieser Fehleinschätzung sei sie nun in der Schweiz. Die indische Regierung habe sich also nicht der unterlassenen Hilfeleistung schuldig gemacht, da sie von ihren, Swetlanas, Absichten überhaupt nichts wusste.[485]

Lohia ließ den Brief am 4. April veröffentlichen. Im indischen

Parlament, im Lok Sabha, schlug er ein wie eine Bombe. Die einen verlangten einen Nachweis über die Echtheit des Briefes, und so bot Lohia Vergleiche der Handschrift Swetlanas an. Die Kongresspartei versuchte, die Affäre zu bagatellisieren, die Opposition, Außenminister Chagla niederzuschreien, die links stehenden Kommunisten fielen lautstark über die rechtsgerichteten Kommunisten her. Es war die Rede von einem »gefährlichen Präzedenzfall«, und schließlich ging die von Dr. Lohia vorgelegte Resolution mit 236 gegen 150 Stimmen unter.

Besonders reizvoll war die Attacke der spitzzüngigen Frau Tarakeshwari Sinha von der Kongresspartei gegen Lohia. Sie nannte ihn den »fahrenden Ritter im Dienste des schwachen Geschlechts«. Das Haus brüllte vor Heiterkeit. Die Dame unterstellte ihm auch eine intime Herzensangelegenheit mit Swetlana. Daraus ergab sich folgendes Rededuell:

»Frau Sinha: Die da von klopfenden Herzen sprechen, sollten sich zuerst einmal um die klopfenden Herzen von Tausenden Indern kümmern, bevor sie sich den klopfenden Herzen Fremder zuwenden.

Dr. Lohia: Ich wende mich an Ihr klopfendes Herz!

Frau Sinha: Können Sie, aber es reagiert nicht!

Was wisse er, der Junggeselle, schon über die Ehe Swetlanas mit Brajesh Singh? ›Der Fall Swetlana‹, sagte die Dame, ›mag sich um eine schöne Frau drehen, die Tochter Stalins. Oder um eine Rose oder eine Kamelie. Wenn es aber um Angelegenheiten der Regierung und parlamentarische Privilegien geht, dann zählen weder Rosen noch Kamelien!‹

Als die Rednerin auf Lohias Junggesellenleben anspielte, rief er galant zurück: ›Sie, meine Dame, haben mir nie eine Chance gegeben!‹«[486]

Doch nun war Swetlana in der Schweiz. Sie unternahm eine Bootsfahrt auf dem Murtensee, ging am Ufer des Neuchâteler Sees spazieren, besichtigte Schloss Greyerz, reiste nach Zürich und Bern, Montreux und Vevey. Swetlana wusste, dass in Corsier-sur-Vevey die Villa Charlie Chaplins stand, den sie sehr schätzte. In der Sowjetunion waren allerdings nur die letzten Filme Chaplins, »Rampenlicht« und »König von New York«, gezeigt worden. Das verärgerte den Künstler derart, dass er trotz mehrerer Einladungen nicht nach Moskau reiste.

Inzwischen waren die Journalisten in einem Umfang lästig geworden, dass ein erneuter Ortswechsel geboten schien. Sie übersiedelte ins Kloster des Ordens der Heimsuchung[487] in der Murtengasse im malerischen Fribourg, einen Ort, den sie nie vergessen sollte und wohin sie sich später immer wieder zurücksehnte. Dort war ihre Identität nur der Mutter Oberin, Schwester Louise Raphaela, bekannt. Schwester Marguerite Marie gab ihr drei Schlüssel, mit welchen sie drei Türen aufschließen musste, wenn sie nach 20.00 Uhr nach Hause kam. Sie erhielt auch eine Taschenlampe, mit der sie leise durch die langen dunklen Korridore schlich, damit sie niemanden störte.

Zu einem ganz besonderen Treffen, einem Wiedersehen mit ihrem einzigen europäischen Bekannten, dem in Paris lebenden französischen Politiker und Journalisten Emmanuel d'Astier de la Vigerie[488], kam es auf dem Landsitz Nonan bei Fribourg.

D'Astier hatte Swetlana im Juni 1962 in Moskau aufgesucht, nachdem er sich ihre Adresse über Bekannte besorgt hatte, die, und nicht nur diese, ihm allerdings abgeraten hatten, dorthin zu gehen. In dem damals wenig ansprechenden Haus am Ufer der Moskwa stieg er in den vierten Stock und läutete. Swetlana erinnerte sich in Nonan daran: »Das war eine Unverfrorenheit, aber es war nett.«[489] Sie hatte damals im Morgenrock die Tür geöffnet, d'Astier stellte sich ihr vor, und sie bat ihn herein mit dem Hinweis, dass sie sich erst einmal ankleiden wolle. Dann erklärte ihr Emmanuel d'Astier, dass er gerade eine Biografie über ihren Vater verfasse – »Sur Staline« – und nun versuche, »Stalins Schatten« zu finden. Diesem ersten Gespräch folgten weitere Treffen, Briefe, Telefonate und nun nach fünf Jahren das erneute Zusammentreffen in der Schweiz.

Die Besuche von d'Astier bei Swetlana erwiesen sich damals als nicht unproblematisch. Nach allen in der Sowjetunion geltenden Regeln hätte sie den Ausländer entweder freundlich abweisen oder sich vorher bei den offiziellen Instanzen vergewissern müssen, ob sie ihn empfangen dürfe. Da ihr diese Vorschriften jedoch zuwider waren, hielt sie sich nicht daran. Das wiederum hatte zur Folge, dass nach jedem Besuch, der ja von irgendjemand gemeldet wurde, das z к bei ihr anrief und sich erkundigte, was dieser Franzose eigentlich von ihr wolle. Man glaubte ihr nicht, dass er ihr lediglich einen Brief und französisches Parfüm als Geschenk von seiner russischen Frau Ljuba gebracht hatte. Ljuba war die Tochter von Leonid D. Krassin[490], dem ehemaligen sowjetischen Botschafter in Paris und London, und zugleich eine Schulfreundin von Swetlanas Mutter, deren Vater wiederum die Krassins gut gekannt hatte.[491] Und diesen unerwarteten Kontakt mit der »Außenwelt« wollte sich Swetlana nicht nehmen lassen. Sie fühlte sich damals sehr einsam.

Bei Ljuba Krassina in Paris hatte Swetlana sich schon von Indien aus gemeldet. Sie schrieb ihr, dass sie nicht mehr in die Sowjetunion zurückkehren wolle, und fragte sie, ob jene es für möglich hielte, ihr im Manuskript vorliegendes Buch im Ausland herauszugeben. Ljuba bejahte in einem Telegramm diese Frage.

Das Treffen zwischen Swetlana und dem Ehepaar Emmanuel d'Astier fand im Haus von dessen Nichte Bertrande d'Astier de la Vigerie, Ehefrau des Industriellen Claude Blancpain, in Nonan statt.[492] Swetlana wurde von ihrem »Schutzengel« begleitet. D'Astier war ganz gerührt, als sich seine Frau, die Tochter Krassins, und Swetlana, die Tochter Stalins, zur Begrüßung umarmten. Er hatte Swetlana drei Jahre lang nicht mehr gesehen. Er fand plötzlich, dass sie so gar nicht russisch wirkte, sondern sehr ihren beiden Großmüttern, der georgischen und der mit den deutschen Wurzeln gleichsah.

Viele Gäste – ein recht internationales Publikum – waren zu diesem Abendessen im Haus Blancpain eingeladen. Swetlana genoss die Aufmerksamkeit, die sie erregte, gab sich ganz natürlich und entspannt. Sie sagte unumwunden, dass sie in der Schweiz ihren Frieden gefunden habe und sich im Kreis dieser intelligenten Menschen äußerst wohl fühle. Sie meinte wiederholt: »Fribourg ist klein. Es gibt nicht allzu viel, und das genügt mir.«

Emmanuel d'Astier hat das Gespräch der beiden »russischen Frauen« aufgezeichnet: »Ich habe 40 Jahre in Russland gelebt, ich möchte weitere 40 Jahre außerhalb leben, sagt Swetlana ... Chruschtschow ist menschlich. Die letzten drei Jahre waren entsetzlich. Die Schwierigkeiten, die Krankheit und der Tod von Singh.« Ljuba Krassina antwortete: »Amerika wird vielleicht ein spannendes Abenteuer. Swetlana, ich habe bei dem Gedanken an Amerika Angst um Sie.« Swetlana sprach von ihrer Vorstellung: »Ich glaube nicht, dass Amerika das Richtige für mich sein wird und dass ich dort für immer bleiben werde. Ich möchte in die Schweiz zurück, Frankreich besuchen und andere Länder, um dann für immer in Indien zu bleiben.«[493]

Emmanuel d'Astier war es auch, der Swetlana ganz entschieden davon abriet, sich auf politisches Glatteis zu wagen. Er prophezeite ihr, dass sie in die Fänge der Medien geraten und, wie bereits zu erkennen war, zum Mittelpunkt politischer Auseinandersetzungen zwischen den USA, der Sowjetunion, Indien und der Schweiz werden würde. Schließlich schlug er ihr vor, nach Frankreich zu kommen.

In der 1994 in London gedrehten russischen Fernsehdokumentation »Die Kreml-Prinzessin« kam Swetlana auch auf Emmanuel d'Astier zu sprechen. Sie erzählte der Interviewerin, dass dieser damals zu ihr gesagt hatte: »Ach, Sie haben schon alles [die Verträge für ihr Buch] unterschrieben! Nun, jetzt sind Sie sozusagen schon aus dem einen Käfig in den anderen geraten.«

Nicht unerwähnt soll bleiben, dass während der beiden Tage in Nonan der Name Stalin nicht ein einziges Mal fiel. Am Abschiedsabend trafen sich alle mit Bertrande Blancpain in einer alten Auberge zu einem Schweizer Raclette. Swetlana erinnerte dieses Gericht sehr an eine georgische Käsespeise. Die Trennung von dem Ehepaar d'Astier und den Gastgebern Blancpain fiel Swetlana sichtlich schwer. Ob man sich wohl wiedersehen würde? Kurz darauf verunglückte die »Grande Dame« Bertrande Blancpain tödlich bei einem Autounfall. Swetlana sandte ein Kondolenztelegramm an Emmanuel d'Astier: »Ich kann Bertrande nicht vergessen. Ihr Gesicht sehe ich vor mir. Das Leben ist ohne Gnade.«[494] Emmanuel d'Astier hat Swetlana ein literarisches Denkmal gesetzt. Er veröffentlichte in der von ihm herausgegebenen Zeitschrift »Événement« den Artikel »Mes journées avec Svetlana Staline«.

Doch mittlerweile waren die Weichen für Amerika gestellt. Der Sowjetbotschaft in Washington wurde mitgeteilt, Swetlana habe sich »für einen Besuch in den Vereinigten Staaten entschieden« und die Erlaubnis erhalten, sich so lange dort aufzuhalten, wie sie wünsche. Allerdings wurde ausdrücklich betont, dass dies nicht die Erteilung eines politischen Asyls in den USA bedeute.

Für Swetlana hieß es nun wieder Abschied nehmen. Und dieser Abschied fiel ihr sehr schwer. Unter Tränen verließ sie das Kloster, in dem Schwester Marguerite Marie ihr nicht nur eine gute Reise wünschte, sondern auch versprach, für ihr künftiges Glück zu beten. Und es sollte sich zeigen, dass in Swetlana, wann immer ihr Leben in Turbulenzen geriet, der Wunsch aufkam, ins Kloster des Ordens der Heimsuchung nach Fribourg zurückzukehren. Schwester Marguerite Marie lebte bald nicht mehr, auch die Schwester Dolmetscherin ist schon gestorben. Im Kloster konnten sich 2003 noch ein paar Schwestern an Swetlana erinnern. Das Gastzimmer trägt heute noch den Namen »Swetlana«.[495]

Dass es den pedantisch auf ihre Neutralität bedachten Schweizern nicht ganz wohl war, konnte man einem Zeitungskommentar entnehmen: »Vielleicht ist unsere Neutralität während des Besuches von Fräulein Stalina etwas belastet und auch gedehnt worden. Unsere Beamten in Bern haben uns die ganze Zeit versichert, sie sei hier lediglich zur Erholung und um Ruhe zu finden, und dass es sich um eine völlig unpolitische Angelegenheit handle. Die Zeitungen wurden ihr vom Leibe gehalten, weil sie nicht mit Interviews über ihre Vergangenheit und ihre Gegenwart belästigt werden sollte. Aber wir sind wohl zum Narren gehalten worden. Vielleicht durchaus zu Recht. Vielleicht müssen Dinge dieser Art wirklich in solcher Manier erledigt werden.«[496] Das führende Blatt der Schweiz, die »Neue Zürcher Zeitung«, schrieb am 25. April 1967: »Swetlana symbolisiert den Drang von Millionen gebildeter Sowjetbürger, einfach auszubrechen.«

Eine offizielle Erklärung der Eidgenössischen Regierung für die

Presse erfolgte erst am Tag nach Swetlanas Abflug. Die Zeitung »La Liberté« in Fribourg war am 25. April 1967 als erste in der Lage, »die Meldung von dem Aufenthalt der berühmten Frau zu bringen«, die in den letzten Wochen im Mittelpunkt des öffentlichen Interesses gestanden hatte. Sie war »auch Objekt einer unwürdigen Jagd seitens einer sensations- und geldgierigen Presse [gewesen], die heute nach unzähligen Mutmaßungen und Irrfahrten im ganzen Schweizerland herum sehr aufgebracht und böse ist deshalb, weil es gelang, Frau Swetlana Stalina die Tage der Erholung zu gewährleisten, die ihr ohne Schutz vor den Nachstellungen gewisser Journalisten, die keine Privatsphäre respektieren und wohl auch über die Leiche von Frau Singh geschritten wären, nicht garantiert hätte werden können«.

Eine Polizeieskorte brachte Swetlana am 21. April zum Flughafen Kloten bei Zürich. Um 12.10 Uhr startete die DC−8 der Swissair zum Direktflug nach New York. Der amerikanische Rechtsanwalt Alan Schwartz und Stalins Tochter reisten als Herr und Frau Staehelin. Der Name war von Swetlanas Rechtsanwalt Staehelin »entlehnt«. Die Stewardess erinnerte sich, dass die VIP-Dame sehr blass und müde, aber durchaus entspannt ausgesehen habe.

Mit dem ersten Buchvertrag kommt der Wohlstand

Doch bevor die Tochter Stalins ins Flugzeug steigen konnte, tobte noch der Kampf um den einzigen Reichtum, den sie mit sich führte: ein Manuskript von 80 000 Wörtern, aus dem das »Buch des Jahrhunderts« – so die internationale Presse – entstehen sollte.

Diese Aufzeichnungen hatte Swetlana 1963 in nur 35 Tagen in dem kleinen Dorf Schukowka unweit von Moskau zu Papier gebracht. Auf Empfehlung eines Freundes hatte sie für ihre Niederschrift die Briefform gewählt; sie sah in ihren Erinnerungen eine regelrechte »Beichte«.[497] Bis zur Veröffentlichung vergingen vier Jahre, doch die Autorin wollte daran nichts mehr ändern oder hinzufügen. Das Manuskript sollte so bleiben, wie es ihre Freunde seinerzeit in Moskau gelesen hatten. Welchen Personen sie es zum Lesen gegeben

hatte, ist nicht bekannt. Aber einer ihrer »literarischen Freunde«
brachte eine Kopie zu ihrer Tante Jewgenija Aleksandrowna mit der
Bitte, vor der Drucklegung etwaige Ungenauigkeiten zu markieren.
Deren Sohn Sergej bat aber seine Mutter, nichts zu unternehmen,
sondern dies dem KGB und der Regierung zu überlassen: »Ich sagte
zu ihr, lass sie das machen, wir mischen uns nicht ein.«[498]

Swetlana war mit dem Gedanken, ihr Leben aufzuschreiben,
bereits länger schwanger gegangen. Nachdem der Vorsitzende des
Ministerrates der UdSSR, Anastas Iwanowitsch Mikojan, erfahren
hatte, dass sie Kontakt zu »progressiven ausländischen Funktionären«
unterhalte, bat er sie 1962 zu einem Gespräch zu sich. Ziemlich un-
vermittelt wollte er wissen, ob Swetlana nicht ihre Familiengeschich-
te selbst aufzeichnen wolle. Er ermutigte sie, dies zu tun, äußerte aber
zugleich die Bitte, solche Aufzeichnungen nie an »irgendwelche Ausländer« zu geben, die dann die Jagd auf sie eröffnen würden. Ein Jahr
später schrieb sie dann tatsächlich ihre Erinnerungen nieder. Sie
konnte damals nicht ahnen, dass dieses Manuskript eines Tages der
Freifahrtschein in ein anderes Leben sein würde. Ihr Wunsch war,
eine Familienchronik, nicht aber historische Memoiren zu schreiben.

Sie hatte nie daran gedacht, dass ihr erstes Buch »Zwanzig Briefe
an einen Freund« für den westeuropäischen Leser eine politische
»Enthüllung« sein könnte. Aber selbstverständlich war ihr bewusst,
dass der Leser einer so ungewöhnlichen und tragischen Familienge-
schichte auch politische Schlüsse daraus ziehen würde.

Es war der indische Botschafter in Moskau, Triloki Nath Kaul,
dem Swetlana ihr Manuskript anvertraute und den sie dann bat, es
bei sich in Delhi aufzubewahren. Sie war der Meinung, ein Schriftsteller müsse »die Freiheit des Ausdrucks besitzen«, und sie rech-
nete nicht damit, dass ihr Buch in ihrer Heimat jemals veröffentlicht werden würde. Während ihres Aufenthaltes in Indien erbat sie
dann das Manuskript von Kaul zurück und trug es die ganze Zeit
bei sich. In ihrem dritten Buch »The Faraway Music«[499] beschrieb
Swetlana später am ausführlichsten den Weg, den ihr erstes Manuskript nahm.

Als sie am 6. März 1967 in der US-Botschaft in Delhi erschien, lag das Manuskript in ihrem Koffer. Es war nicht besonders klug von ihr, doch sie überließ die Seiten für kurze Zeit einem amerikanischen Botschaftsangestellten. Auf die Idee, dass dieser Kopien anfertigen und nach Washington schicken könnte, kam sie nicht. Schließlich war ihr Manuskript einen Monat früher in Amerika als sie selbst. Erst viel später stellte sich heraus, dass es insgesamt sechs Mal kopiert worden war. Jedem, der im State Department Russisch lesen konnte, war es zugänglich.

Noch während ihres Aufenthaltes in Rom hatte die us-Botschaft das amerikanische Außenministerium wissen lassen, dass Stalins Tochter ein autobiografisches Manuskript von vermutlich weittragender Bedeutung bei sich habe. Daraufhin suchte Außenminister Dean Rusk[500] einen erfahrenen Diplomaten aus, der wie wenige Spitzenbeamte seines Ministeriums perfekt Russisch sprach und ein absoluter Kenner der sowjetischen Politik war: George F. Kennan.[501] Dieser hatte bereits als junger Beamter zurzeit von Präsident Franklin D. Roosevelt in Moskau Dienst getan und vier Jahre lang dort Erfahrungen gesammelt. Von 1949 bis 1950 war er dann Berater des Außenministeriums und schließlich bis zu Stalins Tod Botschafter in Moskau. Ende 1953 quittierte er den Dienst und zog sich in das höchst angesehene Institute of Advanced Studies in Princeton, New Jersey, zurück.

Kennan, der auf einer Farm in Pennsylvania lebte, erhielt zu seinem großen Erstaunen am 10. März, dem Tag der Abreise Swetlanas aus Rom, einen Anruf aus Washington mit der Anfrage, ob er das Manuskript von Stalins Tochter durchsehen könne und auch bereit wäre, notfalls als ihr Berater zu fungieren. Da Kennan damals an einer starken Grippe litt und das Bett hüten musste, wurde ihm eine Kopie des Manuskripts zugesandt. Noch bevor er alle Seiten gelesen hatte, stand sein Entschluss fest, sich für die Aufgabe zur Verfügung zu stellen. Es ging dabei um mehr als lediglich eine Betreuung zur Veröffentlichung in Buchform; es ging vor allem darum, die Tochter des ehemaligen sowjetischen Diktators aus dem Kalten Krieg herauszuhalten. Außerdem sollten Kennans Ansicht nach das State Department wie der Kreml die Angelegenheit, die für alle Beteiligten schwierig war und auf keinen Fall peinlich werden sollte, möglichst emotionslos angehen – und schon gar nicht zulasten der jungen Frau. Doch das war Wunschdenken!

Bevor Kennan nach Genf flog, wollte er sich juristisch absichern. Er bat, obwohl noch grippekrank, den Brigadegeneral a. D. und New Yorker Rechtsanwalt Edward Samuel Greenbaum zu sich. Kennan sah voraus, dass der Fall Swetlana so kompliziert war, dass von Anfang an ein Rechtsanwalt eingeschaltet werden musste. Greenbaum, durchaus an der Sache interessiert, konnte allerdings nicht sofort zusagen, mit Kennan in die Schweiz zu reisen. Für seine Rechtsanwaltspraxis Greenbaum, Wolff & Ernst erhielt er eine Kopie des Manuskripts. Eine weitere Kopie ging sofort an die Übersetzerin Priscilla Johnson-McMillan. Sie sollte ein kurzes Resümee in englischer Sprache für jene, die kein Russisch konnten, vor allem aber auch für die infrage kommenden Verlage verfassen.

In der Schweiz meldeten sich bei Swetlana Verleger aus aller Welt, die sich für das »Buch des Jahrhunderts« interessierten. Unter anderem von den Zeitschriften »Life« und »Stern« wurden bei ihr Journalisten vorstellig und boten ihr 500 000 Dollar. Dem Vertreter einer Literaturagentur, Josef von Sczerny, gelang es ebenfalls, Swetlana aufzuspüren, und er winkte ungeniert mit einem unterschriebenen Scheck über 300 000 Dollar. Die Hurst Corporation machte ihr den Vorschlag, sowohl die Memoiren herauszugeben als ihr auch beim Schreiben behilflich zu sein. Randolph Hurst junior erinnerte sie an ein Interview mit ihr im Winter 1955 in Moskau und sandte ihr eine Kopie des damaligen Zeitungsberichtes. Vor dem damaligen Interview war sie allerdings von Außenminister Molotow genau instruiert worden, wie sie sich zu verhalten hatte.

In New York boten 1967 Greenbaum, Wolff & Ernst das Manuskript ihren New Yorker Geschäftsfreunden und Klienten Harper & Row an, und zwar in Form der Kurzfassung von Priscilla Johnson-McMillan, einer wenig geglückten Arbeit, wie Swetlana erst Monate später feststellen konnte. Dass dieser Verlag das Rennen um die Memoiren machte, erklärte ein New Yorker Verleger, der das Buch ebenfalls gerne herausgebracht hätte, ziemlich scharfzüngig so: »Ich musste einfach lachen! Natürlich bin ich gelb vor Neid. Ich bin so vernarrt in die Idee, ihr Buch zu verlegen, dass ich nachts aufwache und daran denke. Dabei habe ich nie unter Schlaflosigkeit gelitten. Und wer bringt sie heraus? Harper, der Verleger des Establishment. Und wer hat sie zu Harper bugsiert? Das Establishment und Harpers Anwälte Greenbaum, Wolff und Ernst. Und wer hat Greenbaum herangezogen? Der intellektuelle Autor-Diplomat des Establishment George Kennan. So etwas nennt man einen ›Inside-Job‹. Der größte Verleger von New York bot ihr eine Million Dollar Vorschuss an und war bereit, die Katze im Sack zu kaufen.«[502]

Am 24. März sollte die »Wanderin zwischen den Welten« George Kennan treffen. Von Antonio Janner, ihrem Schweizer Begleiter, hatte sie Kennans Buch »Russland und der Westen zu Lenins und Stalins Zeiten« bekommen. Sie las eifrig darin, denn sie wollte vorbereitet sein auf diesen Mann, der ihr Land sehr gut zu kennen schien. Dass er sich gegenüber dem Kommunismus, also auch gegenüber ihrem Vater und dessen Regime, unbarmherzig zeigte, erschreckte sie nicht. Als sie auf George Kennan wartete, von dem sie nicht wissen konnte, wie er auf sie, die Tochter des Diktators, reagieren würde, war sie ziemlich nervös. Auf der anderen Seite fühlte sie sich aber auch geehrt, dass sich Kennan zu ihr in die Schweiz bemühte. Sie erwartete ihn in einem Sprechzimmer des Klosters. Und dann stand er vor ihr: ein hoch gewachsener, hagerer Mann mit strahlend blauen Augen und auffallend elegant gekleidet. Er sprach sie russisch an, wechselte dann aber ins Englische. Dann führten sie ein einstündiges Gespräch, das Swetlana sehr anstrengte: Das Blut hämmerte ihr in den Schläfen, und ihre Nerven schienen zu vibrieren. Kennan schlug einen Spaziergang vor, doch Swetlana ließ ihn allein gehen; sie wollte lieber auf ihn warten. Anschließend aßen sie gemeinsam Abendbrot und plauderten dabei vergnügt. Kennan erzählte von seiner Familie. Seine beiden erwachsenen Töchter, die in Pennsylvania auf einem alten Familienbesitz lebten, luden Swetlana jetzt schon ein, zu ihnen zu Besuch zu kommen. Kennan nannte diesen Besitz eine Art »Subalowo«, was Swetlana sehr rührte. Die Bemerkung vermittelte ihr aber auch die Gewissheit, dass Kennan ihr Manuskript gelesen hatte. Er erklärte ihr, dass er ihr gerne behilflich sei, geeignete Rechtsanwälte zu finden, die ihr bei der Herausgabe des Buches zur Seite stehen würden. Dann verabschiedete sich der höchst liebenswürdige Politiker und flog in die USA zurück. Kennan fand die 41-jährige Stalin-Tochter beeindruckend intelligent, witzig und offen. Er nannte sie eine anziehende kluge Frau aus dem Kreis der kritischen sowjetischen Intelligenzija.

Zwei Tage später, am 26. März, kam der 77-jährige Rechtsanwalt Greenbaum, genannt der »General«, zusammen mit zwei weiteren Anwälten zu Stalins Tochter in die Schweiz. Bei dem Gespräch musste sie erkennen, welch große Unterschiede zwischen ihrem Schulenglisch und gesprochenem amerikanischem Englisch bestanden. Greenbaum bellte eher, als dass er sprach, verschluckte Wörter und war zudem fast taub. Eine höchst unerfreuliche »Unterhaltung« zwischen einem Rechtsanwalt und einer Klientin, die nur die Hälfte von dem verstand, was Greenbaum sagte, der wiederum nur die Hälfte der von Swetlana gestellten Fragen hörte und somit auch nicht beantwortete. Swetlana wollte schnellstmöglich wissen, wann sie einen Verleger kennen lernen würde. Außerdem verstand sie nicht, weshalb sie für die Publikation eines Buches Rechtsanwälte benötigte: »Als die ehrenwerten Rechtsanwälte von einer großen Madison-Avenue-Rechtsanwaltskanzlei in der Schweiz eintrafen, um mit mir über die Veröffentlichung meines ersten Buches zu sprechen, da fühlte ich mich noch unsicherer als bisher.«[503]

Juristische Gespräche über Geld, Verfügungen, Rechtsansprüche, Anwaltsvollmachten, Tantiemen, Testamente und Ähnliches klangen in Swetlanas Ohren wie Chinesisch: »Ein Sowjetbürger hatte KEINE Ahnung von solchen Dingen – auch wenn man mir alles übersetzte. Ich unterschrieb blindlings, ohne jedes Argumentieren und Verhandeln, alles, was ich unterschreiben sollte. Ich hatte aber auch keine Ahnung, dass man mir das Copyright genommen und jedes Recht, das ein Autor normalerweise an seinem Werk besitzt«, klagte sie später.[504] Swetlana fühlte sich überhaupt nicht wohl bei diesem Kuhhandel mit dem »alten tauben General«. Sie nannte es sogar eine Tortur, was da ablief.

In Anwesenheit von fünf Rechtsanwälten, darunter zwei Schweizern, unterschrieb sie zwei Vollmachten, worin sie auf jede Einmischung bei dem Verkauf ihres Buches verzichtete. Die Verträge waren schon in New York ausgearbeitet worden, und zur Vermarktung war bereits eine Firma mit dem Namen »Patientia« gegründet worden, an der Greenbaum und seine Anwälte als Miteigentümer beteiligt waren. Des Weiteren wurde festgelegt, dass alle Rechte an den Texten Swetlanas an eine ebenfalls neu gegründete Cooperation im Fürstentum Liechtenstein mit dem Namen »Copex Establishment« gingen, deren Repräsentant einer der anwesenden Schweizer Rechtsanwälte war. Das geschah deshalb, um die überseeischen Einkünfte Swetlanas vor dem Zugriff des amerikanischen Fiskus zu schützen. In Liechtenstein ist auf Einkommen aus dem Ausland keine Steuer zu bezahlen. Als die Existenz des »Copex Establishment« in New York bekannt wurde, zerbrachen sich die Public-Relation-Fachleute den Kopf, ob es nicht dem Image der Stalin-Tochter als geflohener Idealistin Abbruch tun könnte, wenn sie mit dem Steuerparadies in Verbindung gebracht wurde.

Wie sollte die Autorin sich in einem so komplizierten Vertragswerk zurechtfinden beziehungsweise die Vorgänge richtig einschätzen können? Da musste sie ihren Anwälten vertrauen, von denen sie allerdings keinen sympathisch fand. Die ganze »Prozedur«, wie sie es nannte, dauerte zwei Tage und brachte ihr die stolze Summe von 1,5 Millionen Dollar ein.

Als sie die »Copex«-Papiere unterschrieb, wollte sie wissen, ob es sich hierbei um die Vorauszahlung des Verlegers handelte. Da trat eine eigenartige Stille ein. Der Schweizer Rechtsanwalt Wilhelm Staehelin sagte lachend mit seiner Pfeife im Mund: »Ja, Sie können das als Vorauszahlung sehen.« In ihrem 1984 erschienenen Buch »The Faraway Music« steht: »Bis heute ist mir nicht klar, woher das Geld kam … Ich muss auch gestehen, dass mir die Rechtsanwälte nicht erklärten, was diese frühen Vereinbarungen bedeuteten.«[505]

In einem 1996 geführten Gespräch mit der Autorin Rosamond Richardson in London äußerte sich Swetlana nochmals in dieser Sache: »Ich weiß immer noch nicht, wer 1967 die Million für mein erstes

Buch bezahlt hat. Vielleicht hat es die CIA gezahlt. Die Verleger zahlten die Summe nicht, meine Rechtsanwälte nicht, wer dann?«[506]

Es ist eigenartig, dass sich Swetlana an keine Zahlungen mehr erinnern konnte, zumal alle Verträge in ihrem dritten Buch »The Faraway Music« abgedruckt sind. So unterschrieb sie am 20. April den Vertrag mit »Copex Establishment« und erhielt in Fribourg in der Schweiz 142 612 400 Dollar bar auf die Hand, das heißt, der Koffer mit den Geldscheinen wurde von den Anwälten gleich wieder mitgenommen.

Fritz Molden traf Stalins Tochter drei Mal in der Schweiz und ebenso oft in Princeton in ihrer Villa. Er nennt sie eine intelligente, interessante Frau, mit der es nicht ganz leicht war, ein längeres Gespäch zu führen. Einerseits habe sie fast scheu gewirkt und andererseits auf dem hohen Ross gesessen.[507]

An weiteren Zahlungen in den USA gingen dann, um nur einige zu nennen, ein: vom Verlag Harper & Row 225 000 Dollar für die Buchrechte; von Amerikas größter Buchgemeinschaft »Book of the Month Club« 320 000 Dollar; vom SPIEGEL für die Vorabdrucksrechte 120 000 Dollar; von der »New York Times« 225 000 Dollar, von der Illustrierten »Life« 375 000 Dollar. Die deutschen Rechte erstand der Wiener Verleger Fritz Molden für die Summe von 205 000 Dollar. So kam eine Rekordsumme von drei Millionen Dollar zustande. Manche amerikanische Verleger befürchteten schon einen Ruin des Preisgefüges. Doch Verleger Jovanovich von Harcourt, Brace & Jovanovich meinte: »Es gibt nur einen Stalin im 20. Jahrhundert, und es gibt nur eine Stalin-Tochter.«[508]

18
Stalins Tochter in der Neuen Welt

Mein Leben ist leicht, fröhlich, frei und voller schöner Farben.*
Ich bin eine Kapitalistin geworden.**

Ankunft in der Neuen Welt

Nach achteinhalb Stunden Flug mit der Swissair-Maschine (Flug Nr. 100) kam Swetlana am 21. April 1967 zusammen mit dem amerikanischen Rechtsanwalt Alan Schwartz, der sie seit Genf begleitet hatte, auf dem internationalen John-F.-Kennedy-Flughafen in New York an. Als sie als Letzte das Flugzeug verließ, sah sie strahlend aus, diese ungewöhnlichste Russin, die je in den USA um Asyl bat – eine Berühmtheit, deren Charme und Frische es ihrem Gastland schwer machten, sich vorzustellen, dass sie das einzige überlebende Kind des blutigsten Despoten in der modernen russischen Geschichte war. Flott lief sie die Gangway hinunter, hielt aber dann an, da Scharen von Fotografen und ein Meer von Mikrofonen vor ihr aufgebaut waren.

»Hier ist Miss Swetlana Allilujewa«, verkündete Alan Schwartz. Swetlana lächelte ein scheues Lächeln, strich sich eine kleine Locke aus dem Gesicht und begann zu sprechen: »Hallo, ich bin sehr glücklich, hier zu sein.«

Die Flughafengeräusche und ein heftiger Wind störten sie, doch sie fuhr unverzagt fort: »Es ist sehr schwer, in ein paar Worten zu erklären, warum ich hier bin und weshalb ich gekommen bin. Ich hoffe, dass es nächste Woche eine Pressekonferenz geben wird.« Wörtlich führte sie dann aus: »Heute, nach einem glücklichen und erholsamen Aufenthalt in der Schweiz, einem wunderbaren Land mit einem großmütigen Volk, dem ich immer dankbar sein werde, bin ich hierher gekommen, um die persönlichen Ausdrucksmittel zu finden, die mir während so langer Zeit in der Sowjetunion versagt blieben.«[509]

Irgendjemand rief: »Wo werden Sie wohnen?« Swetlana lächelte und gab etwas unsicher zur Antwort: »Bei Freunden.«

Der Sender »Voice of America« und die BBC London verbreiteten die Nachricht von Swetlanas Ankunft unverzüglich, sogar mit einer Unterbrechung der laufenden Sendungen. Auch Millionen von Russen hörten es. Ein Freund informierte ihren Sohn Josef in Moskau: »Deine Mutter ist gerade in New York angekommen.«[510]

Die Flughafenleitung war sehr um die Sicherheit der Stalin-Tochter besorgt und bot mehr als 50 Polizisten für den Ordnungsdienst auf. Die Zuschauertribünen waren alle geräumt. In der Landezone durften sich außer den Polizisten nur Offizielle aufhalten, dazu Presse-, Radio- und Fernsehleute. Die Zollformalitäten waren für Swetlana an Bord des Flugzeugs erledigt worden, nachdem alle anderen Passagiere ausgestiegen waren.

Vom Flughafen aus brachte man sie in einem marineblauen Oldsmobile nach Locust Valley auf Long Island in das Haus von Mr. Stewart Johnson und seiner Tochter Priscilla[511], eine Villa mit 16 Zimmern. An der Freitreppe stand der noch recht jugendlich wirkende 59-jährige Hausherr zum Empfang bereit. Im Haus warteten schon einige von Swetlanas Rechtsanwälten – die Namen werden nicht genannt –, dazu kamen noch vier Bodyguards, zwei Köche und eine Haushälterin. Nach einem kleinen Abendessen zog Swetlana sich zurück und ging bereits um 21.00 Uhr zu Bett. Am nächsten Morgen stand sie um sieben Uhr auf und verzehrte ihr erstes amerikanisches Frühstück mit reichlich Schinken und Ei.

Von dem Haus, in das sie nun als Gast kam, war sie höchst überrascht. Die gediegene Einrichtung bei den Johnsons war in ihren Augen »antik«. In der Sowjetunion war man allgemein der Ansicht, in Amerika gäbe es entweder Wolkenkratzer oder niedrige Farmhäuser, und sie wären durchweg aus Beton und Glas. Die erste Inneneinrichtung eines Hauses, die sie nun in den Vereinigten Staaten sah, kam ihr vor wie die Bühnendekoration eines Ostrowskij-Stückes[512] im »Kleinen Theater« in Moskau. Doch die gemütliche Atmosphäre behagte ihr sehr. Ihr Wissen über die Vereinigten Staaten bestand bis dahin aus dem, was sie in den Büchern von Ernest Hemingway,

Jerome Salinger[513], Jack London[514] und Sinclair Lewis[515] gefunden hatte. Dazu kannte sie von Haus aus die Begriffe »Kapitalismus« und »Imperialismus«, und diese natürlich nur in der sowjetisch-kommunistischen Deutung.

Gleich am Ankunftstag war ihr aufgefallen, dass sehr viele Frauen mit dem Auto fuhren, sogar ältere grauhaarige Damen, die in der Sowjetunion bestenfalls einen Rollstuhl erhalten hätten. Die Menschen, die Swetlana zu Gesicht bekam, waren alle wohlgenährt.

Nach ein paar Ruhetagen folgte die offizielle Pressekonferenz im Plaza-Hotel in New York. Jeder Schritt, den sie tat, war für sie neu, dennoch ging sie recht unbeschwert zu dieser Veranstaltung. Stalins Tochter wirkte bei diesem Auftritt unglaublich jung, eine hübsche, intelligente Frau, die mit ihren strahlend blauen Augen und dem kupferfarben schimmernden Haar alle Anwesenden, vor allem die Presse, förmlich verzauberte. Mit nur leichtem Akzent verlas sie die vorbereitete Pressemitteilung, in der sie unter anderem sagte:

»Seit meiner Kindheit hat man mich den Kommunismus gelehrt, und ich habe wie meine ganze Generation daran geglaubt. Aber nach und nach, mit zunehmendem Alter und Erfahrung, hat sich meine Überzeugung geändert. Auch die Religion hat mich verändert... Für mich gibt es nicht mehr nur Kapitalisten und Kommunisten. Es gibt in allen Ländern der Erde gute und schlechte Menschen. Obwohl ich mein ganzes Leben in Moskau verbracht habe, bin ich fest davon überzeugt, dass man eine Heimat immer dort findet, wo man sich frei fühlt...

Vor drei Jahren habe ich ein Buch über mein Leben in der Sowjetunion geschrieben. Es freut mich, Ihnen mitzuteilen, dass das Buch bald in englischer und russischer Sprache erscheinen und in andere Sprachen übersetzt werden wird. Trotz der treibenden Kräfte und der Wünsche, die mich nach den Vereinigten Staaten führten, kann ich nicht vergessen, dass meine Kinder immer noch in Moskau sind. Aber ich bin sicher, dass sie mich verstehen werden. Sie gehören zu einer neuen Generation in unserem Land, die nicht von alten Ideen gegängelt werden will... Gott helfe ihnen... Eines Tages werden wir uns wieder treffen – ich warte darauf.«

Allen auf sie einprasselnden Fragen stellte sie sich und beantwortete sie geduldig. Sie sagte klar, sie werde nicht für oder gegen den Kommunismus Stellung beziehen. Swetlana Allilujewa räumte ein, dass es in den USA mehr demokratische Freiheiten gebe als in der Sowjetunion. Doch sie fügte hinzu: »Ich werde euer Leben später beurteilen. Es wird vielleicht weniger rosig sein, als es im ersten Augenblick den Anschein hat.«

Es war für sie nicht leicht, das Hotel Plaza wieder zu verlassen. Sie blieb mit ihrem Gefolge im gleichen Aufzug stecken, in dem auch Nikita Chruschtschow während eines Amerika-Aufenthaltes festsaß. Anschließend unternahm sie ihren ersten Spaziergang durch das nächtliche New York, bei dem sie feststellte, dass große Städte sich doch sehr ähnlich sind.

Die Pressekonferenz war vom Fernsehen aufgenommen worden, und so konnte Swetlana am Abend bei den Johnsons ihren Auftritt anschauen. Ihre eigene Stimme empfand sie als sehr fremd. Das Fernsehinterview löste eine wahre Flut von Blumen, Briefen und Glückwunschtelegrammen aus. Von »Herzlich willkommen in Amerika« bis »Scheren Sie sich heim, rote Hündin!« wurde die ganze Spannbreite von Zustimmung und Ablehnung ihrer Person gegenüber laut. Und es kamen stapelweise Einladungen von Universitäten und Colleges, von Frauenvereinen und anderen Organisationen, über Land und Leute in der Sowjetunion zu reden und Fragen zu beantworten; man bat sie um Interviews und Vorträge bei Rundfunk- und Fernsehanstalten. Doch Swetlana hatte nicht vor, sich in eine Vortragsreisende für »sowjetische Probleme« zu verwandeln. Eine solche Tätigkeit in der Öffentlichkeit lag ihr nicht. Sie verbrachte lieber ihre Zeit in dem ihr zur Verfügung gestellten Zimmer. Auch hatte sie wenig Lust, in Begleitung der beiden dicken, aus Ungarn stammenden Privatdetektive spazieren zu gehen, denn vor dem Haus standen immer einige Journalisten, Bildreporter oder Fernsehleute.

Im Mai hatten Swetlanas Kinder daheim in Moskau Geburtstag. Sie sandte ihnen Glückwunschtelegramme, die dort jedoch nie ankamen.

Manchmal verschwand sie heimlich mit Mr. Johnson, und die beiden fuhren nach Oyster Bay, nach Mill Lake oder an den Ozean.

Der jüngste Sohn von Mr. Johnson war Lehrer in New York. Mit seiner Familie freundete sich Swetlana ebenso an wie mit dessen Schwester, einer besonders lieben und eleganten Frau. Zweimal besuchte sie in New York ihren Begleiter vom Flug aus der Schweiz, Alan Schwartz mit seiner Frau Paola. Und es kam noch zu einer Begegnung mit Ashok, dem Sohn von Suresh Singh, der mit seiner Frau in Seattle lebte und extra wegen ihr an die Ostküste flog.

Amerikanische Gastfreundschaft

Die Bemühungen der amerikanischen Regierung gingen dahin, die Bedeutung des »Falles« Swetlana herunterzuspielen. Während Moskau sich ausschwieg – TASS hatte noch nicht einmal einen Reporter zu Swetlanas Pressekonferenz in New York geschickt –, bereitete die Sowjetpropaganda eine besondere Kampagne vor. Die »Prawda« vom 27. Mai 1967 meldete, die »Sowjetbürgerin S. Allilujewa sei von Agenten der CIA von Indien in die Schweiz gebracht worden«. Die Amerikaner hätten damit Stalins Tochter »bewusst zu dem unwürdigen Zweck missbraucht, die Sowjetunion in den Augen der Welt herabzusetzen«, hieß es voller Entrüstung. Weiter stand in der »Prawda«:

»Alle Versuche des offiziellen Washington, sich von den antisowjetischen Kampagnen zu distanzieren, sind für naive Leute bestimmt. Der Mechanismus, der die antisowjetischen Kampagnen von höchster Stelle aus hinter den Kulissen dirigiert, ist längst kein Geheimnis mehr. Die Rolle jener hoch gestellten Produzenten antisowjetischer Spektakel, die so gern anonym bleiben möchten, ist völlig klar.«

In Washington kommentierte damals ein hoher Beamter: »Bedenken Sie, kein einziger amerikanischer Beamter hat mit Swetlana seit ihrer Ankunft in der Schweiz gesprochen. Sie hat einen gültigen Reisepass, sie kann sich überall frei bewegen. Sie kann bleiben oder übersiedeln, ganz wie sie wünscht. Sollte sie um eine Daueraufenthaltsgenehmigung in den USA ersuchen, wird man sich damit beschäftigen. Wir können sie nicht beeinflussen. Sie lebt, wo sie leben will, sie verkehrt mit *den* Leuten, mit denen sie verkehren will, und sie sagt und schreibt genau das, was sie will.«[516]

Anfang Juli verließ Mr. Johnsons Tochter Priscilla Johnson-McMillan Locust Valley, um zu ihrem Mann nach Atlanta in Georgia zu fahren. Dort wollte sie an der Übersetzung von Swetlanas »Zwanzig Briefen an einen Freund« weiterarbeiten. Es war gewiss ein großer Fehler von Swetlana, dass sie sich die bereits übersetzten Seiten nicht hatte zeigen lassen. Die beiden Frauen sahen sich danach nie wieder, doch die Übersetzung sollte noch zu sehr viel Ärger Anlass geben.

Auch einer Einladung von George Kennan und seiner Familie nach Pennsylvania folgte Swetlana. Vom ersten Augenblick an war sie in das Haus der Kennans verliebt, das ihrer Meinung nach überraschende Ähnlichkeit mit einem russischen Herrenhaus hatte. Es vereinigte Europäisches, Amerikanisches und Russisches in sich. Und sooft die ungewöhnlich schöne, hoch gewachsene Tochter Joan die Filmmusik zu »Doktor Schiwago« spielen ließ, kämpfte Swetlana sehr mit dem Heimweh.

In jener Zeit schoss sich die sowjetische Presse immer mehr auf Swetlana ein. Aus Verärgerung darüber fasste diese daraufhin den Entschluss, ihren Pass zu verbrennen. Sie rief alle Kennan-Kinder und das Kindermädchen hinaus auf die Veranda, wo man gewöhnlich auf einem kleinen Grill über dem Feuer das Fleisch briet. Zum jüngsten Sohn Christopher sagte sie, dass er gleich Zeuge eines feierlichen Aktes werde, denn sie verbrenne nun ihren Sowjetpass als Antwort auf die ständigen Verleumdungen. Dann warf sie den Ausweis auf die Kohlen. Nach einiger Zeit nahm sie eine Hand voll Asche und blies sie in die Luft.

Swetlanas Wanderschaft ging weiter. Nun reiste sie auf das Inselchen Nantucket in Massachusetts, um dort zwei Wochen mit der Familie Schwartz zu verbringen. Nächste Station war die kleine Siedlung Bridgehampton, wo das Sommerhaus Eleanor Friedes stand, die eine sehr nette Gastgeberin war. Dort kamen mit der Post die ersten Exemplare von »Zwanzig Briefe an einen Freund«, sowohl die russische Originalausgabe als auch die englische Übersetzung. Die deutsche Fassung traf wenig später ein, als sie sich bei dem Verleger Cass Canfield und dessen Frau Jane in Bedford Village, nicht weit von New York, aufhielt.

Kurz darauf musste Swetlana einen Fernsehauftritt hinter sich bringen. Eigentlich wollte sie über ihr Buch berichten, doch der Interviewer traktierte sie mit Fragen, die überhaupt nichts mit ihrem Buch zu tun hatten.

Nach der Ausstrahlung des Fernsehinterviews meldete sich bei ihr ein anderer Emigrant, der ehemalige Justizminister der Provisorischen Russischen Regierung von 1917, Aleksander Fjodorowitsch Kerenskij. Er wollte sie unbedingt treffen und sich ausgiebig mit ihr unterhalten. Trotz seines schweren Schicksals hatte er sich seine Lebensfreude bewahrt.

Ganz anders reagierte seine frühere Ehefrau Olga Kerenskaja in London in einem Schreiben an die »Sunday Times« im November 1967: Die Memoiren der Stalin-Tochter machten auf sie einen niederschmetternden Eindruck. Sie fragte, ob damit beabsichtigt würde, ein neues Bild von Stalin in die Welt zu setzen. »Es scheint, dass niemand sich erinnert, was für ein Mann Stalin immer war. Ich erinnere mich. Er begann seine revolutionäre Laufbahn als ein sehr junger Mann. Niemand in der Partei ahnte, ob er geistig außergewöhnlich begabt wäre. Man sah in ihm einen ungebildeten Menschen, der die schmutzige Arbeit für die anderen zu leisten hatte. Lenin betonte gerade das: ›Revolutionen werden nicht ohne schmutzige Hände gemacht. Stalin hat solche, und wir brauchen sie.‹«[517]

Stalin sei nicht nur rücksichtslos, sondern auch boshaft und nachtragend gewesen und habe kein Vergehen je vergeben oder vergessen. Olga Kerenskaja nannte ihn jedoch klug und verschlagen genug, um warten zu können und erst dann zuzuschlagen, wenn der richtige Zeitpunkt gekommen war. Die alte Dame zitierte seinen Ausspruch: »Mein größtes Vergnügen ist, zu warten und zu vergelten.«[518] Sie fand, Stalin, der durch geschickte Manöver sich die Macht verschafft hatte und einen nach dem anderen von der alten Bolschewiken-Garde umbringen ließ, werde nun in einem ganz anderen Licht dargestellt: als bemitleidenswerte Figur, ein vom Selbstmord seiner Frau, die ihn so liebte, erschütterter Mensch. Das alles sei sehr romantisch, aber niemand könne sagen, ob es wahr sei. Olga Kerenskaja hatte sicher Recht, wenn sie schrieb, dass das Leben des russischen Volkes in Swetlanas Buch nicht vorkomme. Ebenso monierte sie, dass das Kriegsgeschehen fast ganz übergangen wurde. Aber Swetlana wurde ja kaum davon berührt und führte stets ein privilegiertes Leben.

Und wieder wechselte Swetlana ihr Domizil; diesmal folgte sie der Einladung von Edward Greenbaum und seiner Frau. Er war wie erwähnt ihr Rechtsanwalt, der »General«, den sie seit seinem Besuch in der Schweiz kannte, und der in New York ein prächtiges altes Haus in Brooklyn, hoch oben auf einem Hügel gelegen, bewohnte.

Ein großes Erlebnis bedeutete für sie am 18. Oktober 1967 die Begegnung mit Aleksandra Lwowna Tolstoja, der Tochter von Lew Tolstoj. Swetlana war in deren Farmhaus nach Valley Cottage im Staat New York eingeladen. Im Hause ihres Vaters in Jassnaja Poljana war Swetlana mehrmals früher zu Gast gewesen. Aleksandra servierte ein traditionelles russisches Menü mit Rote-Rüben-Suppe, Buchweizenbrei, echtem Kornbrot, mariniertem Hering und Wodka. Lew Tolstojs Romane waren für Swetlana unübertreffliche Meisterwerke der russischen Sprache, die ihr viel bedeuteten. Tolstojs Tochter sah sich als Bürgerin der Vereinigten Staaten, hielt Vorlesungen über ihren Vater und machte sein Werk bekannt.

Als Nächstes nahm Swetlana eine Einladung in die kleine Stadt Bristol im Bundesstaat Rhode Island in Neuengland an. Dort war sie Gast bei Ruth Briggs, einer Dame, die mehr als 20 Jahre in der Armee gedient hatte und jetzt als Oberst im Ruhestand lebte. Bristol, in der Nähe von Newport, nicht weit vom Ozean, war ein besonders hübscher Ort, der Swetlana sehr gefiel.

In diesem Jahr feierte Swetlana statt des für sie früher üblichen sowjetischen Jubiläums der Oktoberrevolution das amerikanische Thanksgiving-Fest. Gemeinsam mit ihrer Gastgeberin Ruth bereitete sie für das Festessen, zu dem zahlreiche Gäste eingeladen waren, den traditionellen Truthahn mit Kartoffeln und Kürbismus zu.

Ich bin eine richtige Kapitalistin geworden

Swetlana fühlte sich nach einiger Zeit durch ihre Rechtsanwälte viel zu sehr gegängelt. Was sie auch als schlimm empfand, war die Tatsache, dass sie noch nicht einmal dort wohnen durfte, wo sie selbst es wollte. Sie wurde ständig von den Anwälten in deren Häuser eingeladen, doch sie selbst wollte eigentlich viel lieber für sich allein in einem New Yorker Hotel leben.

Später fragte sie einmal Alan Schwartz nach den Hintergründen für die ständigen Umzüge. Es war doch für die jeweiligen Familien eine starke Zumutung und auch für sie selbst eine Belastung. Er erklärte ihr, dass man ihr bei der Einreise in die USA lediglich ein Touristenvisum gegeben habe, das sechs Monate gültig war. Nur hatte man ihr das nicht gesagt, und in ihrer Naivität hatte sie gedacht, dass sie nun für immer in dieser neuen Welt bleiben dürfte. So musste sie mit Alan Schwartz zur Einwanderungsbehörde nach New York, wo man ihre Fingerabdrücke abnahm und ihr die Erlaubnis gab, als Ausländerin im Land zu bleiben. Auf ihrer Green Card stand: Ankunft Juni 1968 über Port New York. In Wahrheit war sie ein Jahr früher mit der Swissair aus Zürich angekommen. Somit war sie für das erste Jahr eine Touristin, eine Reisende via Indien und der Schweiz, und keine Überläuferin des sowjetischen Regimes gewesen.

Nun war also ihr Aufenthalt in Amerika rechtens. Sie wunderte sich trotzdem, dass der Stempel ADMITTED des amerikanischen Konsuls in New Delhi im Pass für einen Daueraufenthalt in den USA keine Gültigkeit besaß. Zwischendurch brachte Kennan die Idee ins Spiel, Swetlana wolle vielleicht wieder in die Schweiz zurück. Aber die Schweizer Behörden winkten ab. Dort hatte man genug von dem Presserummel um die Exilantin. Offensichtlich gab es bei den amerikanischen Einwanderungsbehörden doch jemanden, der dagegen war, die russische Emigrantin immer weiter herumzuschicken, und er verlieh ihr den Status »resident«.

Nach und nach nahm in Swetlana der Wunsch überhand, endlich ein eigenes Zuhause zu besitzen und nicht mehr fortwährend herumgereicht zu werden, so liebenswürdig alle Familien auch zu ihr waren. Von allen Orten, an denen sie seit ihrer Ankunft gewesen war, gefiel ihr die kleine Universitätsstadt Princeton mit ihrem internationalen Flair am besten. Sie hatte schon mit George Kennan darüber gesprochen, und dessen Frau Annalisa gelang es ziemlich rasch, ein entsprechendes Haus für Swetlana anzumieten. Es war das Domizil eines kürzlich verstorbenen, sehr bekannten New Yorker Verlegers. Dorothy Berliner Coming, seine Witwe, eine Musikerin, überließ Swetlana das Haus voll möbliert mit einer besonders großen Bibliothek. Und bevor sie wegging, machte sie Swetlana noch mit ihren Freunden bekannt, damit diese »nicht hilflos und ›ohne Aufsicht‹« wäre.

So lernte Swetlana unter anderen Armand Borel kennen, einen Schweizer Mathematiker, und dessen Frau Gaby sowie die beiden entzückenden Töchter mit ihrem umwerfenden französischen-Charme, ebenso den Nobelpreisträger Dr. Edward C. Kendall[519], den Erfinder des Cortison. Es wurde ihr auch die Bildhauerin Margot Einstein[520], die Adoptivtochter Albert Einsteins (der ebenfalls in Princeton wohnte), vorgestellt, und Frank und Patty Teplin, in deren Haus viele Kammermusikabende stattfanden; des Weiteren Professor Robert Tucker von der Universität Princeton, der mit einer Russin verheiratet war, die an der Universität Russisch lehrte.

Schließlich lernte Swetlana noch Louis Fisher kennen. Er war 14 Jahre lang Korrespondent in der Sowjetunion gewesen und sprach genauso fließend Russisch wie seine Söhne, die in Moskau zur Schule gegangen waren. Fisher, der im Grunde Stalin wohlgesonnen gegenüberstand, hatte einmal in einem Artikel geschrieben, er könne und müsse den Kult um seine Person einschränken. Daraufhin hatte Stalin ihn in privatem Kreise als »Schwein« bezeichnet.[521] Jetzt war Fisher Professor an der Universität Princeton, Schriftsteller und von einer großen Liebe zu Indien erfüllt.[522]

Zum 19. Dezember 1967 hatten sich Annalisa Kennan, Louis Fisher und Swetlana zu einem gemeinsamen Essen im »Princeton Inn« verabredet. Es war genau der Tag, an dem Swetlana ein Jahr zuvor Moskau verlassen hatte, um nach Indien zu fliegen. »Lasst uns auf dieses erste Jahr der Freiheit trinken!«, sagte Louis Fisher. Mit ihm habe sie sofort eine gemeinsame Sprache gefunden, schrieb Swetlana. Und sie verliebte sich in ihn, der 30 Jahre älter als sie und ein unverbesserlicher Frauenheld war. Doch Fisher machte ihr viel Kummer, und ihre Wutausbrüche gegen ihn waren bald stadtbekannt. So wollte sie ihn einmal eines Abends besuchen. Er war mit seiner Assistentin Deirdre Randall zwar zu Hause, öffnete aber nicht. Swetlanas wüstes Schimpfen überhörte er geflissentlich und ließ sie vor dem Haus toben und schreien. Laut forderte sie ihn auf, ihre Geschenke, einen Reisewecker und zwei Schmuckkerzen, zurückzugeben. Als sie schließlich eine Fensterscheibe einschlug, um ins Haus zu gelangen, rief der feige Herr die Polizei. Die zwei Beamten, die daraufhin erschienen, staunten über das Blut, das von Swetlanas zerschnittenen Händen tropfte. Als Fisher endgültig mit ihr brach, begann für Swetlana eine Zeit tiefster Einsamkeit.

Damals veränderte sich Swetlana auffallend. Sie wurde sehr schlank, ließ sich die Haare wachsen und sah plötzlich viel jünger aus als mit dem russischen Einheits-Herrenhaarschnitt. Die deutsche Journalistin Wanda Bronska-Pampuch, die Tochter eines engen Kampfgefährten von Lenin, deren Eltern im Zuge der stalinistischen Säuberung erschossen wurden und die selbst acht Jahre Straflager zu durchleiden hatte, führte im August 1969 ein langes Interview mit der Stalin-Tochter.[523]

Diese hatte sich mittlerweile in Princeton für umgerechnet rund 238000 DM eine Sechs-Zimmer-Villa mit 2000 Quadratmeter Grund gekauft und dazu ein neues Auto Marke Dodge. Swetlana gab freimütig zu, eine richtige Kapitalistin geworden zu sein. Sie sei glücklich, in Amerika leben zu können, und werde nie mehr in die Sowjetunion zurückkehren.

Sie fühle sich in Princeton wohl, lediglich die russischen Emigranten seien abscheulich zu ihr. Sie wusste, dass man es ihr verübelte, dass sie nicht für eine orthodoxe Kirche Geld gespendet hatte, sondern stattdessen für ein Krankenhaus in Indien. »Wahrscheinlich beneiden sie mich einfach um mein Geld.«

Die Reporterin fand Swetlana reizend und konnte sie mit ihren großen blauen Augen einfach nur als hübsch bezeichnen. Doch plötzlich versteifte sich Swetlana halsstarrig auf einen Punkt: Das Interview dürfe erst gedruckt werden, wenn ihr zweites Buch erschienen sei. Nein, fotografieren dürfe sie kein Pressefotograf, höchstens ihr Nachbar. Schließlich gab sie Wanda Bronska-Pampuch eine Kopie des russischen Manuskripts ihres zweiten Buches mit jener für alle Autoren typischen Mischung aus Stolz, Erwartung und Furcht. »Sie ist nicht anders als wir alle. Die Umstände sind es, die sie zu einem Wundertier machten«, bemerkte die Journalistin. »Manche starren mich an, als meinten sie, sie müssten den charakteristischen Schnurrbart meines Vaters in meinem Gesicht entdecken!«, meinte Swetlana einmal bitter während des Gespräches.

Auch ihre Landsleute in der Sowjetunion schnitten bei ihr schlecht ab. In den 50 Jahren kommunistischer Herrschaft seien sie zu beschränkten Spießern geworden, die auf Befehl lieben, auf Befehl hassen und auf Befehl verleumden. Der Stolz auf das machtvoll aufstrebende, die Menschheit angeblich zu lichten Höhen führende kommunistische Imperium, wie Stalin seinen Untertanen einzuimpfen verstand, dieser Stolz sei seiner eigenen Tochter absolut fremd. »Ich huldige keiner Art von Patriotismus«, verkündete Swetlana, »weder dem heute so populären russischen, noch einem georgischen und schon gar nicht diesem Sowjetpatriotismus. Ich bin dort zu Hause, wo es mir gut geht, und hier in Amerika geht es mir so gut wie nie. Russland sieht mich nie wieder!«

Das Interview endete mit einer Einladung der Journalistin an Swetlana zu einem Abendessen im exklusivsten Restaurant der Stadt, wo sie offensichtlich bekannt war. Die drei Damen führten interessante Gespräche und unterhielten sich darüber, welchen Beruf Swetlana in den Staaten ausüben könnte. Keinesfalls wollte sie zu einer Vortragsreisenden oder einer Kreml-Berichterstatterin werden, genauso wenig wollte sie als Biografin ihres Vaters gelten oder als »wandernder Soziologe« auftreten. Zeitungsinterviews, Fernsehauftritte, Fototermine – davon hatte sie erst einmal genug. Ihr Wunsch war es jedoch, weiterhin zu publizieren. Sie konnte sich aber ebenso vorstellen, Kindern an einer kleinen Privatschule in Princeton Unterricht in Russisch zu erteilen.

Zum großen Leidwesen von Swetlana musste George Kennan eine Reise nach Afrika und Europa antreten. Um Swetlana mögliche Enttäuschungen zu ersparen, fasste er zuvor jedoch seine Eindrücke über sie in einer Erklärung an die amerikanische Regierung folgendermaßen zusammen:

»Swetlana ist die Tochter eines Vaters und außerdem noch ein menschliches Wesen, ein wertvolles menschliches Wesen: tapfer, aufrichtig, begabt, ein Mensch, überbelastet durch seine familiären Verhältnisse, zum ersten Mal im Westen, ohne Freunde, auf eigenartige Weise einsam und gefährdet. In ihrem eigenen Land war es ihr nie vergönnt gewesen, ihre Persönlichkeit voll zu entfalten. Der Schatten ihres großen und gefürchteten Vaters lag immer über ihrem Lebensweg und hat jeden ihrer Versuche zunichte gemacht, sich zu behaupten und ein normales, eigenes Dasein zu führen. Man hat sie häufig, wie sie es selbst nannte, als ›ein Stück Staatseigentum‹ behandelt. Nach schweren inneren Kämpfen ist sie nun zu uns gekommen und hat ihr Schicksal in unsere Hände gelegt. Damit hat sie eine Art verzweifeltes, aber umso rührenderes Vertrauen in unsere Fähigkeit und Bereitschaft gezeigt, sie anders zu behandeln, ihr zu helfen, ihre Persönlichkeit zu entfalten, ihr die Gelegenheit zu einem normalen Dasein zu geben, um auf normalem Weg ihren literarischen Neigungen nachgehen zu können, die ihr so viel bedeuten. Ich bin der Meinung, dass uns daraus eine Verantwortung erwachsen ist, der wir uns mit Rücksicht auf unsere Traditionen, eigenen Ansprüche und die erklärten Ideale nicht entziehen können.«[524]

Kennan versicherte Swetlana, dass die Amerikaner ihre Brüder und Schwestern seien; sie müsse mit ihnen und ihren Schwierigkeiten sympathisieren.

Durchaus bereit, Stalins Tochter zu helfen, zeigte sich Präsident Lyndon B. Johnson[525] bei einem Zusammentreffen mit dem sowjetischen Ministerpräsidenten Kossygin. Dieser war aus Anlass eines Besuches bei den Vereinten Nationen in New York und kam am 25. Juni 1968 nach Glassboro. Johnson fragte ihn, ob Swetlana die Erlaubnis erhalten könne, ihre Kinder in der Sowjetunion zu besuchen, oder ob man ihren Kindern gestatten würde, einmal zu ihr in die USA zu kommen. Kossygin antwortete: »Frau Allilujewa ist eine moralisch labile Person, ja sie ist ein kranker Mensch. Wir können nur jene bedauern, die sie für politische Ziele auszunützen wünschen oder mit ihrer Hilfe versuchen wollen, die Sowjetunion zu diskreditieren.«[526]

Die sowjetische Pressekampagne

Das State Department geriet, wie zu befürchten gewesen war, unter sowjetischen Druck. Die Sowjets wollten um jeden Preis Swetlanas Flucht zu einer »Reise« herunterspielen. Und das gelang ihnen auch. Durch die Publicity, für die ihre Rechtsanwälte und vor allem »The New York Times« sorgten, wirkte Swetlana wie ein »verwirrtes, kleines Mädchen«[527], das nirgends seine Memoiren unterbringen konnte. Deshalb sei sie nach New York gekommen. Danach nahm man seltsamerweise an, die »Kreml-Prinzessin« würde irgendwo anders hingehen. Als die Öffentlichkeit oft genug zu hören bekommen hatte, dass »Madame Allilujewa« nur ausgereist sei, um aus ihren Memoiren Profit zu schlagen, erhielt sie aus Emigrantenkreisen jede Menge Briefe voller Hass.

Die sowjetischen Schriftsteller Daniel Granin, Viktor Rosow und Frida Lurje, die sich im Mai 1967 auf Einladung des amerikanischen Außenministeriums in den USA aufhielten, erklärten auf einer Pressekonferenz am 11. Mai in Detroit, die Flucht Swetlana Allilujewas aus der Sowjetunion berge in sich »Elemente von Hochverrat«. Die sowjetische Bevölkerung betrachte die Handlungsweise der Stalin-Tochter als Affront gegen ihr Land. Die Schriftsteller versicherten ferner, dass die Einschränkung der Meinungsfreiheit in der Sowjetunion allmählich beseitigt werden würde.[528] Im Mai weilte auch der sowjetische Lyriker Andrej Wosnessenskij in New York. »Man« verlangte von ihm, dass er das Vorgehen der Stalin-Tochter verurteilte. Das tat er aber nicht. Das hatte für ihn zur Folge, dass er im nächsten Jahr nicht wieder in die USA reisen durfte.

Am 2. Juni 1967 startete eine massive Pressekampagne gegen die Stalin-Tochter. Nach behutsamer psychologischer Vorbereitung der sowjetischen Öffentlichkeit schien jetzt für Moskau der Zeitpunkt gekommen zu sein, eine massive Diskreditierung der Swetlana Allilujewa in die Wege zu leiten, deren Buch man offenbar mit größtem Unbehagen entgegensah. Die »Prawda« und »Iswestija«, die in Auflagen von sieben und achteinhalb Millionen erschienen, hefteten ihr bereits in diesen Tagen indirekt die Prädikate »Überläuferin« und »Verräterin« an. Dann ging die ebenfalls in sieben Millionen Exemplaren verbreitete »Komsomolskaja Prawda« noch einen Schritt weiter, indem sie unter der Balkenüberschrift »Swetlanas Dollars« eine Polemik der kommunistischen Pariser »L'Humanité-Dimanche« abdruckte.

Der Vorspann sprach von einer »rabiaten Verleumdungs- und Hasskampagne«, welche im Westen, besonders in den Vereinigten Staaten, zum 50. Jahrestag der Oktoberrevolution gegen die Sowjetunion geführt werde. Einen besonderen Platz nehme darin die Reklame für ein Buch von Swetlana Allilujewa ein, obgleich es noch nicht im Druck erschienen sei. Augenblicklich vollende die »Überläuferin« irgendwo in den Vereinigten Staaten mit unbekannten Helfern die Übersetzungsarbeit. »Die öffentlichen Äußerungen Swetlana Allilujewas geben jedoch schon eine Vorstellung vom Charakter dieses Werkes und von der Persönlichkeit der Autorin«, hieß es in der »Komsomolskaja Prawda« weiter, »oder, besser gesagt, des Mitautors, denn selbst die amerikanische Presse ist nicht imstande zu leugnen, dass bei dem neuen Bestseller Agenten des Secret Service der Vereinigten Staaten mit Hand anlegten.«

Die von der »Komsomolskaja Prawda« wiedergegebenen Artikel des kommunistischen Pariser Sonntagsblattes unterstellten der Stalin-Tochter vor allem eigennützige Motive. Die antisowjetische politische Operation verbinde sich mit einem vorteilhaften Geschäft. Jetzt werde sie mit Dollars überschüttet, wofür sie an einem Manöver mitwirke, das sich gegen ihr eigenes Land richte.[529]

Swetlana Allilujewa lebte nun ständig in Princeton, fuhr aber gerne nach New York. Dort besuchte Swetlana leidenschaftlich gern Symphoniekonzerte, während Museen mit ihren »toten Kollektionen« nie ihre große Zuneigung hatten. In der UDSSR bedeutete »Museum« etwas ganz anderes, nämlich der Wirklichkeit zu entfliehen. In Amerika gab es jedoch jede Menge wirkliches Leben, und davon war sie immer neu fasziniert. Ohne Musik konnte sie nicht leben. Sie erinnerte sich an ein Konzert von Leonid Kogan[530], dem brillanten russischen Geiger. Dann hörte sie Mstislaw Rostropowitsch[531] mit Dvořáks[532] Cello-Konzert, später Wladimir Ashkenazy[533] mit einem unvergesslichen Beethoven-Klavierkonzert. Swjatoslaw Richter[534] in den USA zu hören machte ihr große Freude. Nach Moskaus Konservatorium kam für sie gleich die Carnegie Hall in New York, und sie konnte keinen Unterschied zwischen den beiden Konzerthallen feststellen.

Swetlana glaubte an die Macht der Musik, die alle Grenzen, mit Ausnahme der politischen »Mauern«, überwinden kann. Ashkenazy war ein Überläufer wie sie selbst, Rostropowitsch kam ein paar Jahre später in die gleiche Lage. Doch Musik dürfe keiner Ideologie oder irgendwelchen politischen Interessen weichen, lautete ihre Überzeugung. Sie liebte Bach, Mozart, Haydn, Händel, Vivaldi, Boccherini. Mit ihren neuen Freunden, dem Professor für Slawistik David A. Djaparadize, dessen Frau und Sohn besuchte sie oft Konzerte in der Carnegie Hall. Dieser Professor war ein in Paris aufgewachsener Georgier, der an der Sorbonne in Paris, im englischen Oxford, in Boston und schließlich in Princeton slawische Sprachen lehrte. Er kam mit den Hörerinnen in Princeton nicht zurecht, wurde der Universität verwiesen und starb in verhältnismäßig jungen Jahren. Unter großem Pomp wurde er in der orthodoxen Kathedrale in New York betrauert. Alle, die ihn vorher wenig schätzten, waren gekommen. Swetlana war der Meinung, Djaparadize sei wegen seiner Wurzeln in Georgien so angefeindet worden, denn warum sollte er anders sein als die »Georgier«, von denen doch auch Stalin einer war. Aber Swetlana schreibt, ihr Vater sei KEIN Georgier gewesen. Er wäre zwar dort geboren, habe aber sein Heimatland verlassen und sich den russischen Sozialdemokraten bis zur Revolution angeschlossen, und dann wäre er mehr Russe als sonst irgendeiner geworden. Zur Trauerfeier für Professor Djaparadize in Poughkeepsie kamen viele Georgier, die eine Schachtel Erde aus der Heimat mitbrachten und nun mit Tränen in den Augen eine Hand voll davon dem Verstorbenen ins Grab warfen. Die kurze Freundschaft mit Djaparadize bedeutete Swetlana viel, weil dieser wusste, dass sie keine Russin war, sondern eine Georgierin und in ihr die Liebe zu diesem Land steckte. Djaparadize brachte sie nie mit ihrem Vater in Zusammenhang, er nahm sie so, wie sie selbst war.

Das erste Buch »Zwanzig Briefe an einen Freund«

Edward Greenbaum hatte bereits in der Schweiz vorgeschlagen, für die Übersetzung der »Zwanzig Briefe an einen Freund« eine junge Amerikanerin zu nehmen, von der er meinte, dass sie dem Alter nach sehr gut zu Swetlana passe: eine »nette Person«, in deren Elternhaus Swetlana nach ihrer Ankunft in den USA auch wohnen könne. Alternativ nannte er einen Engländer, der bereit sei, sofort in die USA zu kommen, um das Buch zu übersetzen. Doch Greenbaum betonte dabei, dass der Verleger, George Kennan und er selbst überzeugt seien, dass Swetlana das »Mädchen« sicherlich am besten gefiele.

Da Swetlana selbst schon Übersetzungen gemacht hatte, und zwar vom Englischen ins Russische, wusste sie sehr wohl, worauf es bei dieser Arbeit besonders ankam, nämlich auf Berufserfahrung. Swetlana erfuhr erst viel zu spät, dass der »Engländer« Max Hayward, ein Oxford-Absolvent und Mitübersetzer von Boris Pasternaks »Doktor Schiwago« war, der als einer der besten Übersetzer russischer Literatur galt. Dieser hätte die Erfahrung besessen, Swetlanas erstes Werk auf sprachlich hohem Niveau zu übersetzen. Nicht unerwähnt soll bleiben, dass Hayward von 1947 bis 1949 für das britische Konsulat in Moskau gearbeitet hatte. Max Hayward hätte der Autorin vermutlich vorgeschlagen, ihr Buch auch einem englischen Verleger anzubieten. Doch Edward Greenbaum hatte gründlich Vorsorge getroffen, dass genau dies nicht passierte.[535]

Was war der Grund dafür, dass Greenbaum so nachdrücklich auf jener Priscilla Johnson als Übersetzerin bestand? Das lässt sich aus deren Biografie erschließen, und daraus ergibt sich die Frage: Was wusste Swetlana wirklich über diese Priscilla, die sie in ihren Büchern als unerfahrene Journalistin bezeichnete, die noch nie ein Buch aus dem Russischen übersetzt hätte und deren Sprachschatz viel zu gering für ein solches Vorhaben gewesen sei.

Wer war Priscilla Johnson? Sie genoss eine vorzügliche Erziehung, ging in das exklusive Bryn Mawr College in Pennsylvania und schloss dort mit dem Bachelor in russischer Sprache ab. 1953 erhielt sie ein Master's Degree in Russisch des ebenfalls exklusiven Radcliffe College, das zur Universität Harvard gehört. Nach Abschluss ihrer Studien bewarb sie sich 1952 bei der CIA als »intelligence analyst«, zog aber dann die Bewerbung wieder zurück, da sie einen abschlägigen Bescheid nicht ertragen hätte. Die damalige Beurteilung lautete tatsächlich wenig erfreulich: Sie sei ein »komischer Kauz, dämlich und verdreht«.[536]

Priscilla bekam dann in Boston eine Stelle in der Abteilung für Südostasien-Forschung für den Jungsenator von Massachusetts, John F. Kennedy. Nach einem Jahr ging sie nach New York und wurde dort Übersetzerin des »Current Digest of Soviet Press«, wobei sie des Öfteren den jung verheirateten Senator Kennedy im Krankenhaus besuchte, der sich dort von einer Wirbelsäulenoperation erholte.[537] Im Jahr 1955 ging Johnson als Übersetzerin in die Sowjetunion und arbeitete für die North American Newspaper Alliance (NANA) sowie als Korrespondentin für die »New York Times«.[538] Sie galt bald als Expertin für russisches Recht und pendelte zwischen der Sowjetunion und den USA; ab dem 15. November 1959 war sie wieder ständig in Moskau tätig. Als sie eines Tages ihre Post in der amerikanischen Botschaft abholte, wurde sie darauf aufmerksam gemacht, dass Lee Harvey Oswald, der spätere mutmaßliche Kennedy-Mörder, im Hotel Metropol wohne. Sie sollte mit ihm ein Interview führen, denn sie war trotz der anfänglichen Ablehnung längst für die CIA tätig und wurde am 6. Mai 1958 speziell von deren sowjetrussischer Abteilung angefordert. In einem FBI-Dokument vom 11. Dezember 1962 wird ein 90-minütiges Gespräch zwischen Donald Jameson, Chef SR/CA (Soviet Russia/Covert Actions), und Priscilla

Johnson wiedergegeben. Der jungen Frau wird darin bestätigt, dass sie als Mitarbeiterin für die CIA durchaus infrage komme und dass sie »fähig, scharfsinnig und gewissenhaft« sei.

Am 23. April 1967 erschien in der »New York Times« der Hinweis von Priscillas Ehemann George McMillan, dass seine Frau Stalins Tochter schon seit Februar 1956 kenne. Priscilla hatte damals an einem von Swetlana gehaltenen Seminar an der Universität in Moskau teilgenommen. Obwohl ihr ursprünglich erlaubt worden war, den Kurs zu besuchen, wurde sie förmlich aus dem Hörsaal verbannt. Angeblich war Chruschtschows berühmte Enthüllungsrede über Stalin der Grund für die Entscheidung, dass die amerikanische Übersetzerin an den Vorlesungen nicht mehr teilnehmen sollte, mutmaßte ihr Ehemann.

Somit erhebt sich die Frage, welches Spiel da in Locust Valley gespielt wurde. Swetlana erwähnte weder in ihrem Buch »Das erste Jahr« noch in ihrem Buch »The Faraway Music« irgendwelche Beziehungen zu Priscilla Johnson-McMillan. Dass die Russin aber vom ersten Schritt in Delhi in die amerikanische Botschaft unter Aufsicht der CIA stand, wie sie später selbst immer behauptete, wird nun deutlich sichtbar.

Was bei Swetlanas Ankunft nirgends zu lesen stand, war die Tatsache, dass der Aufenthalt bei Stewart Johnson auf Veranlassung des Außenministeriums erfolgte. Offensichtlich hatte die Emigrantin keine Ahnung, dass Priscilla nicht nur Übersetzerin, sondern auch ein »intelligence analyst« entweder für die CIA oder das Außenministerium – oder für beides – war. Die Amerikanerin arbeitete damals an einem Buch über den Kennedy-Mörder Lee Harvey Oswald zusammen mit dessen Witwe Marina Oswald Porter, einer gebürtigen Russin. Auch dieses Buch sollte bei Harper & Row erscheinen, dem gleichen Verlag, in dem Swetlanas Memoiren herausgekommen waren.

Nachdem das übersetzte Buch »Zwanzig Briefe an einen Freund« erschienen war, wurde »Mrs. McMillan« von Edmund Wilson, einem bekannten Literaturkritiker, heftig angegriffen. Er nannte die Übersetzung »vulgär«, die den »würdevollen Text« ruiniere. In einer sehr langen Rezension vom 9. Dezember 1967 sprach er der Übersetzerin jedes literarische Gefühl ab, außerdem besitze sie kein Gespür für Zwischentöne, Sprachrhythmus und Sprache.[539] Wilson konnte dies beurteilen, weil er das Originalmanuskript in Russisch gelesen hatte.

Was Swetlana noch zusätzlich ärgerte, war die Tatsache, dass Priscilla öffentlich behauptete, sie habe mit der Autorin zusammengearbeitet und sei ihre Vertraute geworden. Nachdem das Buch erschienen war, gab es einen Eklat. Priscilla Johnson wurde in einer TV-Sendung gegen Swetlana ausfällig. Es traf zu, dass sich Swetlana und Priscilla im Haus deren Vaters kennen gelernt hatten, aber sie hatten bei der Übersetzung keineswegs zusammengearbeitet.

Der französische Historiker Alain Besançon nannte Swetlana damals in seiner Besprechung des Buches »eine Königstochter«. Er bemerkte, man habe zu jener Zeit so getan, als gehöre Stalin nicht in die Geschichte Russlands, ja nicht einmal des Sowjetkommunismus; die Tochter habe ihn in diese Geschichte zurückgeholt, in die er ebenso gehöre wie manche entsetzlich grausamen und dennoch als Mehrer des Reiches glorifizierten Zaren. Und ob sie selbst wüsste, wie traditionsreich die Umstände jener absoluten Macht waren, die sie abgeschirmt und aus der Nähe erlebt hatte? Solche Schurken wie Berija und den kulturlosen Schdanow habe es auch unter den Vertrauten Iwans des Schrecklichen gegeben.[540]

Es hätte Swetlana gut gefallen, eine anerkannte Schriftstellerin zu werden, jedoch ein Kritiker von einer amerikanischen Universität, der Einblick in die russische Literatur besaß und in jüngerer Zeit mehrmals die Sowjetunion bereist hatte, fällte folgendes Urteil: »Es wird behauptet, dass Swetlana vor allem eine um Ausdrucksmöglichkeit ringende Schriftstellerin von Qualität sei. Wer behauptet das? Kennan, der erklärt hat: ›Ich bestätige hiermit, dass Swetlana Allilujewa eine echte Intellektuelle und Literatin ist.‹

Aber was hat sie vorzuweisen? Ein hochgestochenes Essay in ›The Atlantic‹ und ein autobiografisches Manuskript. Jedermann schreibt zuerst eine Autobiografie, aber wenn es sich um ein ›Leben mit Vater im Kreml‹ handelt, so hat das natürlich sozusagen einen eingebauten Erfolgsmechanismus. Haben Sie vielleicht geglaubt, Kennan würde schnell in Washington anrufen und denen sagen: ›Tut mir Leid, Jungs, die Frau kann nicht schreiben. Lasst die Hände weg von ihr?‹«[541]

Die Werbung von Verlagen und Zeitschriften für die Memoiren »Zwanzig Briefe an einen Freund« nahm bisweilen groteske Formen an. Von nun an seien »Wahrheit und Dichtung über die Stalin-Ära sicherer zu unterscheiden«, hieß es in den Vorankündigungen. In Wirklichkeit machte Swetlana gar keine Enthüllungen. »Ich habe es nicht mit der Epoche, sondern mit dem Menschen (Stalin) zu tun«, schrieb die Autorin selber.[542] Politische Schlussfolgerungen sollten andere ziehen.

Je näher der 50. Jahrestag der Oktoberrevolution rückte, desto schärfer wurden die Attacken Moskaus gegen die in den Vereinigten Staaten lebende Tochter Stalins. Unter anderem äußerte Außenminister Gromyko bei einem Besuch in New York die Befürchtung, die Veröffentlichung der »Zwanzig Briefe an einen Freund« würde den sowjetisch-amerikanischen Beziehungen einen »empfindlichen Rückschlag« versetzen.

Wenig später sah sich Arthur Schlesinger[543], Berater und Biograf des ermordeten amerikanischen Präsidenten Kennedy, bei einer Visite in Moskau von Parteioberen gedrängt, in den USA seinen Einfluss geltend zu machen, um die Herausgabe der Swetlana-Briefe zumindest hinauszuzögern. Ein zeitlicher Aufschub sollte ausreichend sein, den sowjetischen Vorstellungen Genüge zu tun? Die Antwort ließ nicht lange auf sich warten.

Zwei Kopien ihres Manuskripts hatte die Stalin-Tochter wie erwähnt bei Bekannten in Moskau und Leningrad zurückgelassen. Davon bekam der KGB Wind – und zeigte sich gar nicht mehr so beunruhigt, nachdem man Swetlanas Darstellung unter die Lupe genommen hatte. Die Autorin sei schließlich in abgeschirmter Umgebung aufgewachsen und erweise sich zudem als eine weitgehend unpolitische Frau. Mithin könne sie keine wirklichen Geheimnisse verraten.

Der »Kreml-Journalist« Victor Louis[544] verfiel auf einen ganz besonderen Trick, der Veröffentlichung des Buches in den USA zuvorzukommen. Victor Louis, ein Mitarbeiter britischer Zeitungen, stand »seit langem im Ruch, ein Agent des sowjetischen Geheimdienstes zu sein« (»New York Times«). Swetlanas Übersetzerin, Priscilla Johnson, hatte ihn in Moskau kennen gelernt und nannte ihn einen Mann mit »einem miserablen Ruf in Moskau«.[545] Sie schlug NANA leider erfolglos vor, ihn als Mitarbeiter fallen zu lassen. Victor Louis brachte gute Nachrichten für die im Kampf um die Memoiren der Stalin-Tochter zu kurz gekommenen Verleger. Er schaffte es, zusammen mit gestohlenen Fotos aus dem verlassenen Schreibtisch Swetlanas in Moskau eine Kopie des Manuskripts als Original zu präsentieren. Louis, ein Sowjetbürger, bot eine um obszöne Erfindungen erweiterte Fassung an. Er trat auf mit der Behauptung, die Kopien in Indien eingesehen zu haben, was selbstverständlich eine Lüge war. Er konnte doch schlecht zugeben, dass er sie vom KGB bekommen hatte.

Louis bot die Kopien zunächst dem britischen Kleinverleger Flegon an, der aber nach Androhung einer einstweiligen Verfügung durch Swetlanas Anwälte sofort davon abließ. Gleichwohl sah sich der Verleger der Swetlana-Memoiren in den USA gezwungen, zur Sicherung des Copyrights schnellstens eine kleine russische Ausgabe der »Zwanzig Briefe an einen Freund« auf den Markt zu bringen. Dies wiederum nutzte der »Stern«-Chefredakteur Henri Nannen zu einem »fragwürdigen« Coup: Für 50 000 DM kaufte er Manuskript und Fotos von dem Journalisten, druckte allerdings nicht den ursprünglichen Text, sondern zitierte aus ihm lediglich lange Passagen, bis ihm durch ein Hamburger Gericht dieses Wildern an den Grenzen des Urheberrechts untersagt wurde.

Auch in anderen Ländern rührten sich journalistische Freibeuter, mussten jedoch wieder den Rückzug antreten: Die Amsterdamer Zeitung »Het Parool« und die römische Wochenzeitung »L'Espresso« wurden gezwungen, jede Veröffentlichung aus den Swetlana-Memoiren zu unterlassen. In der Schweiz und in Österreich ließen Gerichte die Exemplare des »Stern« beschlagnahmen. Obwohl Victor Louis sein Ziel einer weltweiten Veröffentlichung nicht erreichen konnte, zog er doch aus seinen miesen Aktionen großen finanziellen Gewinn.

Die »Literaturnaja Gaseta« befand, Swetlana habe sich für »30 Silberlinge« verkauft und einer Gehirnwäsche unterworfen, die Moskauer Zeitschrift »Za Rubeschom« meldete gar, die Swetlana-Memoiren seien in Wahrheit vom amerikanischen Geheimdienst verfasst worden.

Dann ging es um den literarischen Wert des ersten Swetlana-Buches. Der britische Russland-Experte und Chruschtschow-Biograf Edward Crankshaw verkündete in »The Observer«, Swetlanas Buch gäbe Anlass, die russische Geschichte umzuschreiben. Crankshaw erkannte aus den Schilderungen von Stalins Tochter, wie sehr das wahre Gesicht ihres Vaters noch im Dunkeln lag. Das Bild Stalins widersprach jenem, das so gerne im Westen, vor allem von Churchill, gezeichnet wurde: Stalin als der große Führer im Krieg, ein zuverlässiger und unbeirrbarer Mann. Die Tochter »vermittelt vielmehr das Bild eines Wahnsinnigen«.[546]

»Der Spiegel« nannte es ein »Buch des Jahrhunderts«. Wolfgang Leonhard stellte in »Die Zeit« nüchtern fest, vom Umschreiben der Geschichte könne keine Rede sein, allenfalls, meinte er überheblich, hätten seriöse Sowjetideologen bei Neuauflagen ihrer Bücher »eine oder zwei kleine Fußnoten einzufügen«. Allerdings fühlte sich Wolfgang Leonhard mit diesem harschen Urteil dann doch unwohl und leistete galant Wiedergutmachung: »Swetlana Allilujewa ist eine Schriftstellerin.«[547] Ihr Buch begann mit dem Hinweis: »Dies hier ist – Gott behüte – kein Roman…«[548] Außerdem wollte sie in ihrer sympathischen Bescheidenheit noch nicht einmal als Schriftstellerin vorgestellt werden: »Weil ich aber keine Schriftstellerin bin und mich auch nicht für eine Schriftstellerin halte, war es für mich ziemlich schwierig, eine Form zu finden.«

Leonhard rezensierte weiter: »…ein Buch, das man nicht ohne tiefste innere Anteilnahme lesen kann…Seine Menschlichkeit wird diesem Buch einen bleibenden Platz nicht nur in der russischen, sondern auch in der modernen Weltliteratur sichern.« Da spottete sein Freund Gerhard Zwerenz, das könne Leonhard nur deshalb sagen, da zu den Gaben, mit denen die Natur ihn überreichlich ausgestattet habe, stilistische Brillanz nicht unbedingt zähle.[549]

Es war auch überhaupt nicht nötig, Swetlana belletristischen Ruhm anzudichten. Zwerenz hatte Mitleid mit der jungen Frau. »Als Stalins Tochter war sie die längste Zeit ihres Lebens ein der persönlichen Freiheit beraubter Mensch, eine Sache, eine Stück Staatseigentum der Sowjetunion. Indem sie sich aus dieser Verstrickung befreite, wurde sie umgehend zum Nationalheiligtum der westlichen Welt. Wieder ist ihr eine Bürde aufgeladen. Wieder lebt sie an geheim zu haltenden Orten, mit Geheimdiensten, Geheimpolizisten, Nachstellungen...«[550]

In Belgrad verbot das jugoslawische Innenministerium den Verkauf von Swetlanas Buch. Das Verbot wurde auf Druck des sowjetischen Botschafters Benediktow erlassen. Schon zu Beginn der Belgrader Internationalen Buchmesse Ende September 1967 bat die Messeleitung den Wiener Verlag Molden, die deutschsprachigen Exemplare des Buches aus den Regalen seines Ausstellungsstandes zu nehmen. Nach einer Intervention des österreichischen Botschafters durften dann doch zehn Exemplare stehen bleiben. Neun davon wurden verkauft, eines gestohlen, so berichtete die FAZ am 24. November 1967.

Gegen den Willen ihrer Anwaltskanzlei Greenbaum, Wolff & Ernst las Swetlana einige Kapitel aus ihrem Buch im Rundfunksender »Voice of America«, die auch in die UDSSR ausgestrahlt wurden. Es waren natürlich die antisowjetischen Kapitel, was wiederum den sofortigen Protest des sowjetischen Außenministeriums bei der US-Botschaft in Moskau nach sich zog. Die Botschaft antwortete, es stehe völlig im Belieben eines Autors, im Radio aus dem eigenen Buch vorzulesen. Daraufhin verlor die Sowjetregierung ganz offensichtlich die Geduld mit Swetlana. Sie sprach ihr die russische Staatsbürgerschaft ab. Ihr Kommentar: »Der Oberste Sowjet nahm mir ›die Ehre‹, eine Sowjetbürgerin zu sein – und dies zu meiner großen Freude.«[551]

Nach dem Erscheinen von Swetlanas erstem Buch war von Nikita Chruschtschow zu hören, er habe es zwar nicht gelesen, aber Auszüge daraus im Radio gehört. Er fand, dass der Westen offenbar nur jene

Passagen verbreite, die seinen eigenen Zwecken dienten. Was er gehört hatte, empfand er als »zumindest merkwürdig. Es hört sich so an, als sei es nach einem geistigen oder seelischen Zusammenbruch geschrieben worden«, ärgerte sich Chruschtschow. »So soll in ihrem Buch stehen, dass sie sich stets bekreuzigt habe und sehr religiös gewesen sei.« Er konnte sich einfach nicht damit abfinden, wie Swetlana so etwas »Sonderbares und geradezu Krankhaftes« äußern konnte. »Wie konnte eine sowjetische Bürgerin, die in unserer Gesellschaft heranwuchs, derartiges Zeug schreiben?«[552]

Swetlanas zweites Buch »Das erste Jahr«

Ein Jahr nachdem die »Zwanzig Briefe an einen Freund« erschienen waren, begann Swetlana mit sehr viel Freude ihr zweites Buch, denn sie hatte immer gern geschrieben. Sie erhielt zwar das Angebot, am Sprachenzentrum der Princeton University Slawistik zu lehren, doch sie wollte nie Lehrerin sein, sondern viel lieber in ihrem Metier, der Literatur, bleiben. Ihr zweites Buch sah sie als Produkt der vielen Anfragen und Fragen, die ihr gestellt wurden. Nach den Aufzeichnungen über ihre Familie wollte sie jetzt ein politisches Buch schreiben, um ihren Kritikern klar zu machen, dass sie bestens darüber informiert war, was in der UDSSR vor sich ging, besonders über das Terrorregime ihres Vaters, und deutlich zum Ausdruck bringen, dass sie bis zu ihrem Abschied aus dem sowjetischen Russland wirklich nicht alles unterstützt habe.

Sie dachte auch schon an ein drittes Buch und plante die Herausgabe einer kommentierten Sammlung »Briefe aus aller Welt«, also von Briefen, Zuschriften, Meinungen in Reaktion auf ihre beiden ersten Bücher. Doch dann verspürte sie den Wunsch, ihr neues Heimatland erst einmal näher kennen zu lernen. Sie beschloss zu reisen. Die geplante Briefsammlung hat sie später nicht mehr in Angriff genommen.

Swetlanas zweites Buch erhielt in der englischen Ausgabe den Titel »Only One Year«. Swetlana gefiel dies nicht, denn der russische

Originaltitel »Tolko Odin God« bedeutete »Oh, wie viel ereignete sich in diesem Jahr«. Der deutsche Verleger Fritz Molden wollte wiederum diesen Titel nicht. Er schlug vor: »Die Sonne geht im Westen auf« – was Swetlana als geschmacklos zurückwies. Heraus kam dann der Titel »Das erste Jahr«, was ihr ebenfalls missfiel, denn es war nicht das erste Jahr von »irgendetwas«. Und sie meinte, die deutschen Lektoren hätten das Manuskript nicht aufmerksam genug gelesen.

Die Übersetzung von Swetlanas zweitem Buch hatte Edmund Wilson an seinen Freund Paul Chavchavadze vergeben, mit dem die notwendige Zusammenarbeit sehr erfreulich verlief. Der Übersetzer war ein halbgeorgischer Prinz, verheiratet mit Nina Romanowa, einer Cousine von Zar Nikolaus II. von Russland. Swetlana war sehr beeindruckt von der freundlichen und humorvollen Art dieses Aristokraten.

Diesmal fuhr Swetlana jeweils mit dem Bus nach Wellfleet, Cape Cod, wo die Wilsons und Chavchavadzes Nachbarn waren. Es klingt eigenartig, dass »ihre Knie ein bisschen gezittert hätten«, als Swetlana der Cousine des letzten russischen Zaren vorgestellt wurde. Aber natürlich wusste sie, dass deren Vater, Großfürst Georg, 1917 von den Bolschewiken erschossen worden war. Da seine Kinder in England zur Schule gegangen waren, hatten sie überlebt. Nina Romanowa begrüßte Swetlana herzlich. Sie sah Swetlana ebenfalls als ein Opfer des gleichen Regimes, vor dem sie wie viele andere auch geflohen war. Das Paar lebte in einem sehr einfachen, kleinen Haus, umgeben von Pinien. Nina Romanowas Lieblingsbeschäftigung war die Gartenarbeit. Paul Chavchavadze, ein pensionierter Veteran des Roten Kreuzes, schrieb Novellen in englischer Sprache. Die Übersetzung von Swetlanas zweitem Buch gelang ihm vorzüglich.

In Amerika hatte ihr erstes Buch unglaublich starke Beachtung gefunden. Dagegen war der unmittelbar folgende Zeitschriftenabdruck in Fortsetzungen eine Enttäuschung. So auseinander gerissen, verlor das Buch seine Wirkung. Das durfte mit ihrem zweiten Buch auf keinen Fall mehr geschehen.

Über die Einladung zu »Meet the Press«, einer TV-Show mit Larry Spivak in Washington, freute Swetlana sich sehr. Doch kurz bevor die Show begann, flüsterte ihr Larry zu, sie solle nichts von ihrem neuen Buch sagen, lediglich seine Fragen beantworten. Sie konnte es kaum fassen, dass so unmittelbar vor dem Erscheinen dieses Werkes keine einzige Frage darauf abzielte. War das ein Boykott, oder was sonst sollte das bedeuten?

»Das erste Jahr« blieb tatsächlich zunächst fast unbeachtet – für ein Land wie Amerika unglaublich! Die Buchhändler nahmen an, es handele sich um einen Reisebericht. Der Kommentar der »New York Times« von Christopher Lehman-Haupt: »…dieses Buch ist genau das, was man von dem ersten Buch erwartet hatte.« Wer ist »man«? Dagegen Edmund Wilsons Kommentar in »The New Yorker«: »Dies ist ein Buch, von dem ich glaube, dass es einen Widerhall in der ganzen Welt haben wird.«[553] Wilson nannte es »ein einzigartiges Dokument, das seinen Platz finden wird unter den großen russischen autobiografischen Werken von Herzen[554], Kropotkin[555], Tolstoj«.

Swetlana verstand dieses Lob zwar als eine freundliche Übertreibung ihr gegenüber, aber wenigstens wurde ihr Werk nun nicht mehr nur als Bericht einer Reise von Russland über Indien und die Schweiz in die USA eingestuft, wie es in einem Prospekt für Buchhändler beschrieben worden war.

Das dritte und vierte Buch

Ihr drittes Buch begann Swetlana in den Vereinigten Staaten, schloss es aber erst 1982 in England ab. Das Buch trug den Titel »The Faraway Music« und wurde in Rezensionen des Öfteren als scharf »antisowjetisch« bezeichnet. Es ist jedoch weder antiamerikanisch noch antisowjetisch, vielmehr streckenweise eher eine Art Abrechnung mit ihren amerikanischen Rechtsanwälten und ihrem Verleger in den Jahren 1967 und 1969. Dann folgen Rückblicke auf ihr Leben in der Sowjetunion und in Amerika.

Der von ihr bevorzugte englische Verleger lehnte die Veröffentlichung ab mit der Begründung, ein amerikanischer Verlag sei dafür besser geeignet. Doch das gestaltete sich schwierig. Und als schließlich der Verlag Doubleday, New York, das Manuskript übernehmen wollte, hatte Swetlana schon einen anderen Verlag gefunden. Dies geschah durch einen guten, alten Bekannten: Dickie Kaul, der damals UNESCO-Botschafter mit Sitz in London war. Swetlana traf sich mit ihm, und er nahm im November 1983 das Manuskript nach Indien mit, wo es in englischer Sprache bei Lancer International im August 1984 in Delhi erschien. Ein Honorar erhielt die Autorin nicht, da nur wenige Exemplare verkauft wurden. Der Verleger war enttäuscht und warf der Autorin vor, der Titel »The Faraway Music« sei schlecht und geradezu irreführend, denn das Buch habe nichts mit Musik zu tun.

Warum bestand Swetlana auf diesem Titel? Sie stellte ihrem Buch als Motto einen Vers des Schriftstellers Henry David Thoreau voraus: »If a man does not keep pace with his companions, perhaps it is because he hears a different drummer. Let him step to the music he hears however measured or far away.« – »Wenn jemand nicht Schritt hält mit seinen Begleitern, hört er vielleicht eine andere Trommel. Lass ihn nach dieser Musik laufen, wie auch immer der Rhythmus ist.«[556] Und Swetlana fand, dass sie es sehr wohl fertig gebracht habe, »eine andere Trommel« zu hören.

Ihr viertes Werk »Das Buch für Enkelinnen« erschien 1991. Es existiert bis heute nur in russischer Sprache.

Der amerikanische Ehemann Wesley W. Peters

> *Doch irgendetwas an diesem Mann...*
> *ließ mich in wahre Leidenschaft für ihn ausbrechen,*
> *und daraus wurde Liebe.**

Mrs Lana Peters

Schon unmittelbar nach ihrer Ankunft in den USA wurde Swetlana förmlich mit Heiratsanträgen überschüttet, wie die »New York Daily News« meldete. Bei der ersten Pressekonferenz in New York stellte man ihr die Frage, ob sie die Absicht habe, sich auf Dauer in den USA niederzulassen und durch Heirat Amerikanerin zu werden. Doch Swetlana Allilujewa konterte, dass einer Heirat Liebe vorausgehen müsse, und daher könne sie diese Frage nicht beantworten. Sie konnte ja nicht ahnen, dass sie drei Jahre später ein neues Liebesglück gefunden haben würde.

Unter den vielen Zuschriften aus Amerika und Europa fanden sich immer wieder Briefe von Olgivanna, der Witwe des Architekten Frank Lloyd Wright[557], aber auch solche von deren Tochter Iovanna. Es folgte Einladung auf Einladung, einmal den ehemaligen Lebensbereich des berühmten Architekten zu besichtigen. Der Ort hat den Namen Taliesin West und liegt im Bundesstaat Arizona, etwas außerhalb der Stadt Phoenix. Auf einem rund 500 Hektar großen, wildschönen Wüstengelände arbeitet dort bis heute das Architektenkollektiv der »Frank Lloyd Wright Foundation«. Im milden Klima von Arizona, zwischen schlanken Kakteen und in trauter Nachbarschaft von Kojoten und Klapperschlangen, wird genossenschaftlich entworfen, gelehrt, geforscht, gelebt, gekocht und gegessen, sauber gemacht, musiziert und Theater gespielt.

Nachfolger des Architekten Wright war sein Schwiegersohn Wesley William Peters, am 12. Juni 1912 in Terre Haute im Bundesstaat

Indiana geboren. Seine Eltern waren Clara Margredant und Frederik Romer Peters, der 1911 die »Evansville Press News Paper« gründete. Wesley William Peters besuchte das Evansville College, studierte Ingenieurwesen, wurde Frank Lloyd Wrights erster Schüler und baute mit ihm das Taliesin-Zentrum auf. Über ein Vierteljahrhundert arbeitete Peters mit Wright zusammen und war beteiligt an Projekten wie dem Guggenheim-Museum in New York, dem Johnson-Wax-Complex in Racine, Wisconsin, der griechisch-orthodoxen Kirche in Wauwatosa und der Ascension Lutheran Church in Paradise Valley, Arizona, um nur einige Projekte zu nennen.

Peters galt als großartiger Schachspieler und sehr belesener Mann, der schnelle Autos liebte, sich mit Militärgeschichte beschäftigte und Münzen sammelte. Im Laufe seines Lebens erhielt er mehrere Ehrendoktorwürden.

Swetlana hatte von Frank Lloyd Wright schon gehört, wusste jedoch wenig über ihn, und als sie Freunden von diesen Briefen erzählte, warnte man sie davor, diesen »seltsamen« Ort mit seinen Wright-Jüngern zu besuchen. Doch sie hatte in ihrer neuen Heimat schon vielerlei Eigenartiges gesehen, und so beschloss sie, auch dorthin zu reisen. Es beeindruckte sie sehr, von jener verehrten alten Dame so herzlich eingeladen zu werden. Sie plante eine größere Reise: eine Woche Arizona, dann weiter nach Kalifornien, um einige Brieffreunde zu treffen, und schließlich wieder zurück nach Princeton. Für den folgenden Juni 1970 war sie nach Hawaii zu Madame Elizabeth Shoumatoff, einer Malerin, eingeladen, die auf der Insel ein größeres Anwesen besaß.

Das neue Leben im freien Westen gefiel Swetlana gut. Sie fühlte sich so frei wie nie zuvor, hatte gute Freunde und war als Schriftstellerin anerkannt. Kurz, die Welt stand ihr offen! Doch dann passierte etwas unglaubliches. Im Grunde genommen begann ein Märchen, eine Liebesromanze, aber leider ohne Happyend.

Auf dem Flug nach Arizona betrachtete Swetlana die Bücher, die ihr Wrights Witwe Olgivanna über Arizona und die Taliesin Fellowship zugesandt hatte. Die Fotos gefielen ihr, aber die Wüste war etwas, das sie nicht besonders faszinierte. Doch nach den vielen, im

Grunde recht aufdringlichen Anrufen von Iovanna wollte sie sich auch einmal in Arizona umschauen. So kam Swetlana im März 1970 auf dem Flughafen in Phoenix an.

Mrs Wright hatte aus ihrer ersten, in Russland geschlossenen Ehe – damals lebte sie in der Nähe von Tbilisi in Georgien – zwei Töchter, von denen eine ebenfalls den Namen Swetlana trug. Diese erste Tochter von Mrs Wright war in Amerika bei einem Verkehrsunfall ums Leben gekommen. Als Mrs Wright von Swetlana Allilujewas Ankunft in Amerika erfuhr, faszinierte sie vor allem, dass sie denselben Vornamen trug wie ihre Tochter. Auch diese Swetlana war in Russland geboren und hatte ihre Wurzeln in Georgien im Kaukasus, wo Mrs Wright ihre Jugendjahre verbracht hatte. Mrs Wright wollte daher unbedingt Swetlana treffen, wobei sie insgeheim hoffte, dass die Allilujewa ihrer geliebten toten Tochter ähnlich sähe. Eigenartigerweise hoffte Swetlana ihrerseits, dass Mrs Wright ihrer so früh heimgegangenen Mutter gleichen würde. So gab es auf beiden Seiten eine gewisse Erwartungshaltung.

Swetlana hatte die Nachricht bekommen, dass Iovanna Wright, die sie ja nicht kannte, sie am Flughafen abholen würde. Auf ihren fragenden Blick in die Runde reagierte eine sehr attraktive junge Frau, kam auf sie zu, umarmte sie herzlich und flüsterte: »Swetlana«. Auf der Fahrt nach Taliesin in einem schicken roten Sportwagen erzählte Iovanna vom Hergang des Unfalls ihrer Schwester. Swetlana fand es höchst unpassend, als Iovanna sagte, sie hoffe, dass sie ihr so nahe komme wie der tödlich Verunglückten. Auch die mondäne Aufmachung der jungen Frau entsprach keineswegs Swetlanas Geschmack.

Nach einer Fahrt durch den Wüstenfrühling mit seinen verführerischen Gerüchen kamen sie bei Mrs Wright an. Diese war klein und dünn, mit einem fast pergamentenen faltigen Gesicht, stechenden kleinen Augen, elegant gekleidet mit einem türkisfarbenen Hut auf dem sehr schwarzen Haar. Zu ihren Füßen saß eine große schwarze Dänische Dogge. Olgivanna lächelte ohne Unterlass, hauchte Swetlanas Namen und drückte sie an ihre Brust. Bei aller Sentimentalität des Augenblicks war schnell zu erkennen, dass diese Dame der Boss war, die Präsidentin der Frank Lloyd Wright Foundation, und keinesfalls Swetlanas Mutter Nadjeschda, sondern mit dem wilden Blitzen in den Augen eher ihrem Vater glich. Swetlana erfuhr damals, dass Mrs Wright eine Anhängerin des aus Tbilisi in Georgien stammenden Mystikers Georg Iwanowitsch Gurdjieff[558] war.

Swetlana wurde das luxuriös ausgestattete Gästezimmer überlassen. Sie sollte sich erst einmal ausruhen, auspacken und dann zum Essen ins Speisezimmer kommen. Iovanna fragte, ob Swetlana ein langes Kleid eingepackt hätte, da an Samstagabenden immer »black tie dinners« stattfänden. Als diese verneinte, brachte ihr Iovanna gleich mehrere Abendkleider, von denen sie sich eines aussuchen sollte. Swetlana war zwar inzwischen an die amerikanische Gastfreundschaft gewöhnt, aber dass sie nun auch noch Kleider angeboten bekam, erschien ihr ungewöhnlich genug.

Zum ersten Abendessen zog Swetlana daher ihr eigenes kurzes grünes Seidenkleid und elegante Schuhe an. Als sie zum Speisezimmer kam, wurde sie von zahlreichen mit Schmuck behangenen Damen in langen Kleidern sowie von Herren in Smoking schon erwartet. Ein großer dunkelhaariger Mann trat ins Zimmer und wurde ihr von Mrs Wright vorgestellt: »Swetlana, das ist Wes. Wes, du lernst nun Swetlana kennen.« Es war Wesley William Peters, Mrs Wrights Schwiegersohn.

Swetlana schaute den 57-jährigen Architekten an und dachte »Oh, Gott«. Von ihrer Seite war es die sprichwörtliche Liebe auf den ersten Blick. Wes zeigte ein würdiges, fast ernstes Gesicht mit tiefen traurigen Linien in den Wangen – ein »Abraham-Lincoln-Gesicht« – und strahlte eine angenehme Ruhe aus. Er trug einen sandfarbenen Smoking, ein lavendelfarbenes Rüschenhemd, einen goldenen Anhänger – eine Eule mit Augen aus Saphiren.

Als sich Swetlana umsah, merkte sie, dass die anderen Herren alle gleich gekleidet waren und goldene Anhänger trugen. Wes allerdings fiel durch seine Attraktivität auf; er stand völlig unverkrampft da und hielt sein Glas, ohne ein Wort zu sagen. Doch dann spürte sie einen Blick aus seinen tief liegenden, sehr dunklen Augen. Er wollte herausfinden, wer sie war. Sie hielt ihn sehr schnell für einen traurigen und einsamen Mann.

Dann gingen alle in das Speisezimmer, wo der schwere Naturstein der Wände und die niedrige Decke in seltsamem Kontrast standen zu der leuchtend rot polierten Tafel, die mit goldenem Besteck und wunderschönen Kristallgläsern sehr elegant gedeckt war. Das Blumenarrangement auf dem Tisch war großartig. Swetlana als Ehrengast durfte an der Seite der Gastgeberin Platz nehmen, neben ihr Wesley William Peters. Insgesamt waren es acht Personen, die am diesem Dinner teilnahmen, sozusagen der engste Kreis der Taliesin Fellowship. Alle Aufmerksamkeit war auf Swetlana, den Ehrengast der Hausherrin, konzentriert.

Es wurde ein mexikanisches Mahl serviert, bei dem junge Männer in farbigen Rüschenhemden bedienten. Was Swetlana nicht wissen konnte: Alle diese jungen Herren waren Architekturstudenten, die den Küchen- und Servierdienst am Tisch von Mrs Wright als große Ehre anzusehen hatten.

Swetlana bediente sich kräftig mit Salsa brava. Dann hörte sie ihren Tischnachbarn sagen, die Salsa sei sehr scharf. Sie erklärte ihm, sie wisse Bescheid, denn in der georgischen Küche gäbe es etwas Ähnliches. Ansonsten sprach er nicht viel. Die Konversation wurde völlig von Mrs Wright beherrscht. Swetlana konnte nicht umhin, dieses festliche Abendessen mit einem früheren Abendessen bei ihrem Vater zu vergleichen. Plötzlich gab die Hausherrin von sich: »Ich bin so glücklich, dass Wes und Swetlana sich endlich getroffen haben.«

Alle schauten die beiden an, und Swetlana begann sich unwohl zu fühlen. Sie war in eine für sie ungewohnte Welt von Geschmack und Luxus geraten, ohne dass sie davon vorher auch nur das Geringste hätte ahnen können. Doch sie fühlte sich sicher, denn sie hatte ja ihr Flugticket nach San Francisco in der Tasche.

Nach dem Dinner ging sie in ihrem entzückenden Gästezimmer zu Bett. Schon früh am nächsten Morgen klopfte der Architekt an ihre Tür. Er sagte, Mrs Wright habe ihn geschickt, damit er ihr Taliesin und anschließend Scottsdale zeige. Gemeinsam unternahmen sie zuerst einen Rundgang über den Campus, auf dem die 1932 von

MRS LANA PETERS

Wright und seinen Studenten erbauten niedrigen Gebäude mit den flachen Dächern und dicken Mauern standen. Aus Höflichkeit bewunderte Swetlana diese Gebäude, die ihr jedoch wie antike Gräber vorkamen. Dann fuhren die beiden mit einem Cadillac den Highway entlang durch ebenes Gelände nach Scottsdale. Swetlana spürte ein Gefühl von Sicherheit und Frieden, als sie so neben ihrem Gastgeber saß, der sich entspannt und ruhig gab. Ihr fielen seine sehr schmalen Hände auf, und sie beobachtete ihn aus den Augenwinkeln heraus. Wes bewies einen guten Geschmack und gutes Benehmen. Die »wortlose Reise«, die für Swetlana sehr viel bedeutete, dauerte etwa 20 Minuten.

In Scottsdale angekommen, machten sie einen Schaufensterbummel und besuchten ein Geschäft für Silberschmuck. Swetlana beschloss, sich als Andenken einen kleinen Ring zu kaufen, den Wes für sie aussuchte. Als sie sich den Ring ansteckte, durchfuhr es sie wie ein Blitz: »Werde ich diesen Mann heiraten?«[559] Nun bekam sie es auf einmal mit der Angst zu tun, wollte sie doch auf keinen Fall ihr ungebundenes Leben wieder aufgeben! Und sie beschloss, Taliesin so schnell wie möglich zu verlassen.

Doch sie stieß auf den Widerstand von Mrs Wright. Diese kam mit der Bitte, Swetlana möge wenigstens noch über die Osterzeit bleiben. Alle würden Ostereier bemalen und sie den ankommenden Gästen schenken. Außerdem werde man Picknicks in der Wüste veranstalten, denn das sei die schönste Jahreszeit in dieser Gegend. Und ganz plötzlich wollte Mrs Wright wissen, was Swetlana denn von Wes halte. Sie antwortete, dass sie ihn wirklich sehr gern habe, vermied jedoch Mrs Wrights bohrenden Blick, der bis in ihr Innerstes drang. Genauso hatte sie einst ihr Vater angesehen.

Nun begann eine zauberhafte Liebesgeschichte. Eines Abends waren Swetlana und Wesley zum Essen ausgegangen. Und der sonst so Schweigsame begann endlich zu reden. Er wollte Swetlana alles über sein früheres Eheleben, seine Frau Swetlana, ihre Kinder und den schrecklichen Unfall erzählen, bei dem nicht nur seine Frau, sondern auch der zweijährige Sohn und das noch ungeborene Kind umgekommen waren. Alles klang so, als sei es erst gestern passiert, dabei waren inzwischen 25 Jahre vergangen. Aber die Wunden waren offenbar immer noch nicht verheilt.

Beide erzählten sich aus ihrem Leben, von ihren früheren Ehen und fühlten sich dabei wie alte Freunde. Swetlana hatte längst bemerkt, dass sie sich dem Wunsch ihrer Gastgeberin auszuliefern begann, mit Wes in eine nähere Beziehung zu treten. Ihre damaligen Gedanken hat sie später in schönen Worten ausgedrückt: »Eine Hochzeit, eine konventionelle Hochzeit mit einer Familie, einem Heim, Kindern, das war etwas, was ich seit meinem 18. Lebensjahr mir wünschte. Aber es funktionierte nie. Nun hatte ich schon Angst davor, auch nur an solch eine Möglichkeit zu denken.«[560] Ihr Zögern war verständlich. »Doch irgendetwas an diesem Mann, der so ehrlich, so dezent und so traurig aussah, ließ mich in wahre Leidenschaft für ihn ausbrechen; und daraus wurde Liebe, ein Gefühl, für das ich alles tun würde. Er wollte keine Affäre – er wollte eine Heirat, und diese Ernsthaftigkeit war sehr erfüllend.«[561]

Drei Wochen nach Swetlanas Ankunft in Taliesin fand die Hochzeit statt, ein spätes Glück ohne jeden Vorbehalt. Es wirkt schon fast schizophren, dass Mrs Wright die Braut den Gästen als »meine Tochter Swetlana« vorstellte. Wie konnte sie Swetlana eine Identifikation mit einer Frau aufzwingen, die schon so lange tot war! Swetlana wollte sie selber sein und ihren Mann lieben, alles andere berührte sie nicht.

Ein neues Glück mit Töchterchen Olga

Bei der Trauung nach schlichtem Quäker-Zeremoniell ließ Pastor Manker die Braut Swetlana geloben: »In Gegenwart dieser Freunde verspreche ich, eine liebende und treue Ehefrau zu sein.« Zur Feier kamen viele Gäste aus nah und fern, natürlich lauter Freunde von Mrs Wright und Wesley. Swetlana hatte nur einen jüngeren Partner ihrer New Yorker Rechtsanwaltskanzlei eingeladen, der sich zunächst geschockt zeigte, dann aber in die allgemeine Fröhlichkeit bei der Hochzeit mit einstimmte.

Den Termin, den man für die Hochzeit wählte, den 7. April, erklärte Swetlana so: »Die Zahl sieben hat in meinem neuen Leben offenbar Bedeutung. Als ich mich in New Delhi entschloss, zur amerikanischen Botschaft zu fahren, fragte ich den Portier nach der Taxi-Telefonnummer. Es war 75777. In Begleitung eines US-Beamten flog ich am 7. März 1967 von New Delhi nach Rom. Die Heiratspapiere holten wir um 7 Uhr morgens ab.« Ihr Ehemann Peters meinte trocken: »Ein Glück, dass ich noch 57 bin.«

Ein Zeitungsreporter wollte von der Stalin-Tochter wissen, weshalb sie Wesley Peters geheiratet habe. Frau Peters antwortete: »Weil ich ihn liebe.« Alle großen Zeitungen weltweit brachten das Hochzeitsfoto: Ein schönes Paar, der 193 Zentimeter große Architekt und die unglaublich jung wirkende 44-jährige Swetlana, die ihr langes Haar zurückgebunden hatte. Swetlana sagte immer wieder: »Es ist wie ein Wunder, ich fühle mich wie 17.«[562]

Ob Swetlana damals die Äußerung ihres Sohnes Josef Morosow zu ihrer Wiederverheiratung gelesen hat? Er meinte wörtlich zu einem Zeitungsreporter in Moskau: »Nach fünf oder sechs Ehen haben wir uns an den Gedanken gewöhnt. Ich habe ihr selbst einmal gesagt, sie habe oft genug geheiratet und sollte es jetzt bleiben lassen.«

Alles, was sich damals zugetragen hat, glich einem Märchen. Das Paar wurde mit Blumen, Briefen, guten Wünschen und Geschenken förmlich überhäuft. Und die frisch gebackene Ehefrau nahm sich vor, was immer auch später kommen möge, diesen Frühling 1970 würde sie stets im Gedächtnis behalten. Es war also wieder einmal Frühlingszeit, wie bei ihren ersten beiden Hochzeiten in Moskau vor vielen, vielen Jahren. Ihr amerikanischer Ehemann konnte seine Gefühle nie richtig ausdrücken, er blieb ruhig und fast reserviert. Er schien glücklich zu sein, sagte es aber nicht. Swetlana konnte sich nur an einen Satz von ihm erinnern, als sie bei sehr lieben Freunden waren: »Du hast mich dem Leben zurückgegeben. Ich war all die Jahre tot.« Sie war sehr erstaunt über diese Aussage, die mehr war, als sie von ihm zu hören erwartet hatte.

Wesleys frühere Schwiegermutter vermarktete diese Eheschließung wie die Hochzeit eines königlichen Paares. Der Hintergrund war, dass sich alle in Taliesin davon eine gute Werbung für ihr Architekturbüro versprachen. Damals war die Firma vorwiegend im Iran und weniger in den USA tätig. Wes arbeitete gerade am Entwurf einer weiteren Villa für die Schwester des Schahs von Persien. Für diese hatte er schon den eleganten »Perlenpalast« gebaut.

Im Spätsommer 1970 unternahm das Ehepaar im Cadillac der Foundation – Wes besaß keinen eigenen Wagen – eine Reise durch Arizona, Colorado, Utah und Kansas. Swetlana hatte sich sehr darauf gefreut, doch wo immer sie anhielten, musste ihr Mann Geschäftsgespräche führen, und sie verbrachten oft mehr Zeit in Telefonzellen als im Auto. Doch wenn Swetlana das Steuer übernahm, konnte ihr Mann sehr fröhlich sein; er sang vor sich hin und rezitierte Limericks. Die Gegenden, durch die sie jeweils gerade fuhren, konnte er ihr gut erklären, und als sie in Wisconsin ankamen, war er ganz glücklich; denn er liebte diese Gegend.

Swetlana fühlte sich in dieser Herbstzeit in Wisconsin besonders wohl. Sie liebte die Natur, den Himmel mit den dicken weißen Wolken, die alten Bäume. All das erinnerte sie an eine längst vergangene Zeit. Plötzlich kam ihr in den Sinn, dass sie diese Leichtigkeit des Seins jeweils während der Zeit ihrer Schwangerschaften in der Sowjetunion erlebt hatte. Nach etwa zwei Wochen im Zustand dieser Glückseligkeit bestätigte ihr ein Arzt, dass sie schwanger war. Für sie bedeutete das werdende Kind eine Art Kompensation zu ihren erwachsenen Kindern, von denen sie sich so schmerzlich getrennt hatte.

Ihr Mann freute sich mit ihr auf das Kind. Allerdings nur bis zu dem Augenblick, als seine frühere Schwiegermutter davon erfuhr. Und dann musste Swetlana sich die von ihm zwar schüchtern vorgetragene Frage stellen lassen, ob sie denn nichts gegen das Kind unternehmen würde. Doch das kam für sie überhaupt nicht infrage. Sie war der Überzeugung: Wenn Gott ihr dieses Kind schenkte, dann würde es schon eine Bedeutung haben nach all den Jahren der Ungewissheit, die hinter ihr lagen. Ihren Mann fragte sie, warum »Diktatoren« sich ständig in das Leben der anderen einmischen müssten. Die Antwort konnte sie sich selber geben: Weil das die Natur der Diktatoren ist.

Ihr Mann erzählte davon Mrs Wright, die daraufhin prompt einen Wutanfall bekam. Sie sagte nie etwas zu Swetlana direkt, nahm sich aber die Freiheit, den Botschafter George Kennan und seine Frau in Princeton anzurufen. Fälschlicherweise nahm sie an, das Ehepaar Kennan sei so eine Art Pateneltern für Swetlana. Mrs Wright redete 40 Minuten lang auf den Botschafter ein und wollte ihn zwingen, Swetlana diese »Verrücktheit« auszureden. Alle Versuche von seiner Seite, ihr auf diplomatische Weise zu vermitteln, dass man Swetlanas Entschluss, das Kind zu bekommen, auch von einer anderen Warte aus betrachten könne, schlugen fehl. Sie blieb uneinsichtig und drohte ihm, bei ihm in Princeton zu erscheinen. Wie er Swetlana später erzählte, konnte er sich der mit schwerem russischem Akzent auf ihn niederprasselnden Anschuldigungen von Mrs Wright nur noch dadurch erwehren, dass er seine Frau bat, ihn zu rufen, da jemand ihn dringend sprechen müsse. Mrs Wright beruhigte sich dann mit der Zeit wieder.

Auf der Rückreise von Wisconsin nach Arizona gerieten sie in Springfield, Illinois, einmal mitten in eine Thanksgiving-Party. Dabei erlebten sie zum Erstaunen von Swetlana die sprichwörtliche amerikanische Gastfreundschaft. Sie fand auch großen Gefallen an New Mexico mit seinen Museen für indianische Kunst und Handwerk, mit den barocken spanischen Kirchen, den alten Hotels und Straßen. Bei der Gelegenheit machte sie Einkäufe schon mit Blick auf das erste gemeinsame Weihnachtsfest. Ihr Mann kaufte ihr mehrere lange Umstandskleider, und sie musste dabei an ihre erste Schwangerschaft in den Kriegsjahren 1944/45 denken. Damals hatte es noch nicht einmal Stoff für Windeln zu kaufen gegeben. Wie bescheiden war das Leben mit ihrem jungen studentischen Ehemann doch gewesen! »Welch ein wundervoller Purismus«, meinte Swetlana im Blick zurück.

Dann kam für Swetlana das zweite Osterfest in Taliesin. Es unterschied sich allerdings sehr von dem ersten, denn alle erwarteten wie gebannt die Geburt des Kindes für Mitte Mai.

Nach ihrer Verheiratung war Swetlana zu ihrem Mann in eines jener kleinen Studioapartments gezogen, das im Grunde nur aus einem einzigen Raum mit einer großen offenen Terrasse bestand. Es gab keine Küchenzeile, und sein Büro war genau hinter der Wand, sodass man ständig die Schreibmaschine klappern und das Telefon klingeln hörte. Die Decke war im Wohnbereich so niedrig, dass Wes ständig den Kopf einziehen musste, um ihn sich nicht anzustoßen. Dass die Decken so niedrig waren, hing damit zusammen, dass Frank Lloyd Wright von kleiner Statur gewesen war und überall niedrige Decken anordnete. All seine hoch gewachsenen Kollegen sollten leiden.

In dieser kleinen Behausung musste nun auch Platz für das Baby geschaffen werden. Swetlana hoffte auf einige Veränderungen beziehungsweise eine Erweiterung des Wohnraumes, doch da biss sie bei ihrem Architekten-Ehemann auf Granit. Nichts durfte verändert werden. Ziemlich fassungslos musste sie erleben, wie verbohrt er geworden war und auf keinen ihrer Wünsche einging, obwohl sie für alle Änderungen aufkommen wollte.

Swetlana hatte davon schon wenige Tage vor ihrer Hochzeit erfahren. Damals ließ Mrs Wright sie zu sich rufen und informierte sie über eine »eigenartige Schwäche« ihres zukünftigen Ehemannes. Er gebe zwanghaft Geld aus, das er überhaupt nicht hätte. Dazu benütze er seine zahlreichen Kreditkarten und kaufe damit alles Mögliche, allerdings nichts für den täglichen Gebrauch, sondern Schmuck, Kunstgegenstände, Geschenke für die Taliesin-Mitbewohner, die ihn mochten und die er mochte. Mrs Wright scheute sich nicht, darauf hinzuweisen, dass ihre »eigene« Swetlana unter dieser Unart ihres Mannes sehr gelitten hätte. Außerdem habe Wesley Peters im Moment so viele Schulden, dass er, um nicht Bankrott zu gehen, seine Farm in Wisconsin verkaufen müsse.

Swetlana traute ihren Ohren nicht, und Mrs Wright klärte sie gleich noch weiter auf. Die Wright Foundation habe ebenfalls hohe Schulden. Man bezahle allen Beschäftigten nur ein sehr kleines Gehalt, sie erhielten aber Kost und Logis und medizinische Versorgung. Auf diese Weise brauche eigentlich niemand wirklich Geld. Doch Wesley, meinte sie liebevoll, sei ein sehr freigebiger Mensch. Beim Tode seines Vaters habe er über eine halbe Million Dollar geerbt, in den dreißiger Jahren eine hohe Summe. Er habe das Geld für den

Ankauf eines wunderbaren Grundstücks um Taliesin in Wisconsin ausgegeben. Da er dies für die Stiftung getan habe, sei ihm von dieser Institution immer wieder geholfen worden. Aber nun sei Schluss damit, denn er verfalle immer wieder seiner Verschwendungssucht.

Doch Swetlana wollte sich durch diese Eröffnungen ihr spätes Liebesglück nicht verderben lassen. Ihr Hochzeitsgeschenk an ihren Mann: Sie bezahlte seine Bankschulden. Ganz gegen den Rat ihrer Anwälte in New York verfügte sie, dass ihr persönliches Vermögen nach Arizona transferiert wurde. Der »Allilujewa Charity Trust« aber sollte in den Händen der Anwälte in New York bleiben.

Eines Tages lernte sie dann ihren inzwischen 30-jährigen Stiefsohn Brandoch Peters kennen, der ihr ausführlich von seinen Lebensträumen erzählte. Er war ausgebildeter Cellist und besaß ein Diplom der Juilliard School in New York; er gewann eine Fullbright Scholarship, studierte auch in Paris und spielte ein Jahr im Symphonie-Orchester München unter Henry Mancini. Doch eigentlich wollte er Farmer werden. Nachdem Swetlana sich sein Lamento angehört hatte, war sie entschlossen, den Plan einer Farm in Wisconsin finanziell zu unterstützen, an der sie, ihr Mann und Brandoch gemeinsame Eigentümer waren. Die kluge Swetlana wollte sogleich auch einen Manager für ihre »beiden begeisterten Männer« einstellen, doch der Architekt und der Cellist waren überzeugt, dass dies unnötig sei.

Im Jahr 2003 als 60-Jähriger wunderte er sich, wie wohl alles gekommen wäre, wenn sein Vater nicht in diese »katastrophale zweite Heirat mit Swetlana Allilujewa, Tochter des Diktators Josef Stalin, hineingerauscht«[563] wäre. An eine Begebenheit erinnerte er sich noch besonders gut. Eines Tages war er mit seinem Vater und Swetlana zum Essen in einem Restaurant in Spring Green. Swetlana brachte es fertig, ihm zu sagen, er sei Stalins Enkelsohn. Darauf habe er laut und deutlich widersprochen: »NEIN, das bin ich nicht.«[564]

Eigenartigerweise wollte Wes unbedingt, dass Swetlana ihr schönes Haus in Princeton, das völlig neu eingerichtete Heim, das sie so sehr liebte, verkaufe. Sie hätte es lieber an Studenten der Universität vermietet und behalten. »Ich gehorchte«, meinte sie lapidar. Aber warum gehorchte sie? War es nicht ein von ihr persönlich erworbener

Besitz? Nicht all ihre Bekannten in Princeton waren mit dem, was Swetlana tat, einverstanden. Aber sie wollte glücklich bleiben und fing ganz allmählich an, dafür einen hohen Preis zu bezahlen.

Eines Tages erhielt der Allilujewa Charity Trust in New York einen Brief der Frank Lloyd Wright Foundation. Es war eine Anfrage nach einer weiteren Zuwendung in Höhe von 30 000 Dollar. Die Verwalter der Allilujewa-Stiftung mussten allerdings antworten, dass ihr Fonds nur über wenige Mittel verfüge und bereits die Finanzierung eines in Indien gebauten Hospitals übernommen habe. Als Swetlana die Kopien dieser Schreiben in Händen hielt, fiel ihr ein, dass Mrs Wright eines Tages zu ihr gesagt hatte, sie könne einen bestimmten Betrag jährlich für die Foundation stiften, dann würde sie sehr gut behandelt werden. Doch Swetlana wollte erst einmal die Geldprobleme ihres Mannes in Ordnung bringen. Und was sagte ihr Mann zu der Geschichte? Mit einem tiefen Seufzer bat er seine Frau, mit Mrs Wright weiterhin gute Freundschaft zu pflegen. »Denn wenn du das nicht tust, wird es zu einer Tragödie kommen.«[565]

Mrs Wright wurde zunehmend unzufriedener mit der neuen »Schwiegertochter«, und Swetlana vermied es immer mehr, mit ihr zusammenzutreffen.

Im September wünschte sich das Paar, in Urlaub fahren zu dürfen. Doch Mrs Wright hatte tausend Geschäftstermine für Wesley vereinbart. Die beiden durften lediglich ein paar Tage zu einem Besuch bei Wesleys Schwester nach San Francisco fahren. Dort läutete Tag und Nacht das Telefon, was Swetlana sehr störte. Mrs Wright führte nach wie vor Regie. Wes war seit 40 Jahren nicht mehr in Urlaub gewesen, er konnte ohne seinen Job überhaupt nicht leben.

Die hochschwangere Swetlana hatte gehofft, ihr Mann würde etwas mehr Zeit für sie haben. Da kam ihr das Angebot ihrer Schwägerin Margredant, der Frau von Sem J. Hayakawa, den letzten Schwangerschaftsmonat in Kalifornien zu verbringen, sehr gelegen. Marge bot ihr auch an, nach der Entbindung noch für einige Zeit bei ihr zu bleiben, da sie wusste, dass Swetlana mit dem Neugeborenen in Taliesin keinerlei Hilfe haben würde. Wes stimmte der Reise zu, zumal auch der Arzt dafür war.

Swetlanas Tochter Olga Margredant Peters kam am 21. Mai 1971 in San Rafael, Marin County, in Kalifornien zur Welt. Es war eine leichte Geburt, das Kind war gesund und kräftig. Da ihr Mann nicht rechtzeitig zu verständigen gewesen war, hatte ihr Schwager sie in die Klinik gefahren.

War schon ihre Schwangerschaft sehr früh von der »Schwiegermutter« an die Presse gegeben worden, so tauchte nun plötzlich eine ganze Mannschaft des Lokalfernsehens in ihrem Zimmer auf, um die Mutter, den herbeigeeilten Vater und das Neugeborene zu filmen. Swetlana war das höchst peinlich, ihrem Mann gefiel die Publicity. Er war sehr glücklich über die Geburt des Kindes, und er versicherte, dass er sich stets ein Mädchen gewünscht habe. Swetlana dachte damals oft an ihre Mutter, die nun eine amerikanische Enkelin gehabt hätte. Ihrer Mutter hätte das sicher gefallen. Ihr Vater dagegen hätte sie dafür gewiss erschossen, ließ Swetlana verlauten.

Zu vielen, vielen Glückwünschen kamen auch unfreundliche Stimmen, etwa: »Wie schrecklich in ihrem Alter«, und eine russische Emigrantin konnten nicht umhin, Swetlana wissen zu lassen, dass »Amerika keine Stalin-Erben« brauche.

Swetlana durfte mit ihrer Tochter noch weitere zwei Monate bei Marge Hayakawa in Mill Valley bleiben. Dann holte ihr Mann sie und das Kind ab und flog mit ihnen nach Wisconsin. Die nächsten drei, vier Monate verbrachten sie dann auf ihrer Farm. Brandoch hatte inzwischen ein Silo bauen sowie die Scheunen herrichten lassen und eine große Rinderherde mit einem Bullen aus Colorado angekauft. Während ihr Mann und ihr Stiefsohn die Felder inspizierten, blieb Swetlana in einem Schaukelstuhl auf der Veranda sitzen und hielt ihr Kind im Arm. Das Tal, in das sie blickte, lag im goldenen Sonnenlicht. Sie wünschte sich nichts weiter, als ewig hier sitzen zu können.

Doch sie musste wieder zurück nach Taliesin mit all den vielen Besuchern, die sich von früh bis spät auf dem Gelände aufhielten. Dass Swetlana ihr Kind stillte, fanden viele Bewohner unnötig, und sie rieten ihr, dem kleinen Mädchen die Flasche zu geben. Bald waren zwei Babysitter gefunden, ein junges Mädchen mit Namen Pamela und Liz, eine Frau, die selbst drei Kinder hatte. Beide gehörten nicht zur Taliesin-Kommune, sodass Swetlana durch sie auch vom Leben außerhalb ihres Wohnortes etwas erfuhr. Sie wäre gar zu gerne auf der Farm geblieben, doch ihr Stiefsohn brauchte mit seiner damaligen Freundin seine »Privatsphäre«. Dabei wusste er genau, dass es Swetlana war, die ihm das Leben auf der Farm ermöglicht hatte. Wes wollte, dass sie in das Apartment zurückkommen und von nun an ihren Beitrag zum Leben auf Taliesin leisten sollte.

Eine Ehe ohne Chance

Es kam, wie es kommen musste. Eines Tages wurde Swetlana von ihrem Steuerberater darauf aufmerksam gemacht, dass auf der Farm dringend ein Buchhalter benötigt werde. Dort wurden große Summen investiert, doch es würde Jahre dauern, bis die ersten gezüchteten Rinder verkauft werden könnten und somit wieder Geldeinnahmen da wären. Swetlana hatte kurz vorher noch eine kleine Farm mit viel Grund erworben, damit mehr Weideland für die Tiere zur Verfügung stand. Ein guter Bekannter klärte das Ehepaar darüber auf, dass die ganze Sache Unsinn sei, denn mit einer solchen Farm könne man keine Rinderzucht aufziehen. Da müsste vieles ganz anders gemacht werden. Er schlug vor, auf Milchkühe umzustellen, Hühner zu halten und Milchprodukte zu verkaufen. Doch »meine Männer wollten das nicht«, meinte Swetlana.

Immer wieder musste Swetlana zu Gesprächen bei Mrs Wright erscheinen. Sie versicherte ihr, dass schon alles gut würde. Aber nach jedem Gespräch war Swetlana in Tränen aufgelöst, zitterte und konnte kaum mehr gehen. Ihren Mann konnte das jedoch keineswegs aus der Ruhe bringen. Er sagte ständig nur: »Mrs Wright liebt dich, aber du bist nicht fähig, diese Liebe zu erwidern. Sie ist sehr verärgert über dich. Sie liebt jeden Menschen wie eine Mutter.«

Doch Swetlana suchte keinen Mutterersatz, sondern einen starken Ehemann für ein ruhiges Familienleben. Und ihr wurde immer klarer, dass sie sich nach drei Jahren gesegneter Freiheit in den USA erneut auf dem Weg in ein Leben voller Restriktionen, Verbote, Abhängigkeiten und Unterdrückung befand. Ihr Mann lebte seit 40 Jahren in diesen Verhältnissen, und weder seiner Mutter noch seiner Schwester war es gelungen, ihn da herauszuholen. Und aus der Abhängigkeit von seiner Schwiegermutter würde er nie entlassen werden. Marge versicherte Swetlana, dass sie immer zu ihr halten werde, ihr Schwager Sem sah Swetlanas Aversionen jedoch etwas differenzierter als die anderen: »Sie und Mrs Wright benahmen sich wie zwei Kaiserinnen im gleichen Kaiserreich.«

Eines Tages fuhr Swetlana zum Friedhof in Spring Green, um dort an das Grab ihrer Vorgängerin, jener schwangeren und bei einem Autounfall umgekommenen Swetlana, zu gehen. Als sie den Grabstein sah, erschauderte sie, denn sie las ihren eigenen Namen darauf und den des ebenfalls bei dem Unfall umgekommenen Buben Daniel. Die kleine Olga und der kleine Daniel hätten sich sehr ähnlich gesehen, hatte ihr Mann zu ihr gesagt. Nach dem Friedhofsbesuch entwickelte sich bei Swetlana eine fixe Idee. Sie hatte plötzlich Angst, wenn sie mit ihrer Tochter im Auto unterwegs war, und sah sich schon elendiglich umkommen. Sie beschloss daher, ihr Kind sofort taufen zu lassen.

In Milwaukee, Wisconsin, gibt es eine von Wright entworfene griechisch-orthodoxe Kirche, deren Bau Wesley Peters überwacht hatte. Das Altarbild wurde von einem seiner Freunde, Gene Masselink, gemalt, allerdings in sehr modernem Stil. Anstelle der traditionellen griechischen Bilder mit der Heiligen Jungfrau, dem Jesuskind usw. schuf er ein Gemälde nach eigenen Ideen, zu dem die »erste« Swetlana und das Baby Brandoch Modell gestanden hatten.

Und genau das, was Swetlana eigentlich nicht wollte, geschah: Die Taufe wurde eine einzige Zurschaustellung. Ihr Mann informierte die oberste Kirchenbehörde. Man sagte ihm, dass Seine Eminenz Yakovos, der griechisch-orthodoxe Erzbischof von Amerika, demnächst zur Feier des zehnjährigen Jubiläums der Kirchenerrichtung nach Milwaukee komme und dass die Feierlichkeiten nach Möglichkeit mit einer Trauung oder einer Taufe verbunden sein sollten. Dafür kam die Tochter des Architekten genau zur rechten Zeit. Wie das in der griechisch-orthodoxen Kirche üblich ist, wurden die Taufpaten von der

Kirchengemeinde bestimmt. Zur Taufe erschien die ganze Kommuni-
tät von Taliesin. Wesley William Peters war glücklich. Und für Swetlana lief alles ab wie in einem Film. Das kleine Mädchen quietschte
vergnügt, als es dreimal in das Taufbecken getaucht wurde. Drei Dia-
kone in schwarzen Talaren sangen die Liturgie. Seine Eminenz vollzog die Taufe, der Richter und seine Frau wurden die Taufpaten. Der
Name Olga passte wunderbar, denn er war in Erinnerung an die grie-
chische Königin Olga in Griechenland sehr populär. Selbst der Geburtstag des Kindes war bedeutungsvoll: In der Ostkirche wird am
21. Mai das Fest des heiligen Konstantin zusammen mit dem Fest seiner Mutter, der Kaiserin Helena, gefeiert.

Als Swetlana und ihr Mann nach der Taufe nach Taliesin zurückkehrten, brach ein Sturm los. Wesley hatte augenblicklich bei Mrs
Wright anzutreten. Als er zurückkam, schien er ein gebrochener
Mann. Er setzte sich in seinen Sessel und stützte den Kopf in die
Hände. »Wir haben einen großen Fehler gemacht«, sagte er. »Aber
gräme dich nicht. Ich habe alle Schuld auf mich genommen. Ich hätte
es wissen müssen. Ich hätte daran denken sollen.«[566] Was war passiert?
Mrs Wright erhob den Vorwurf, dass bei der Kirchenweihe, der Neu-
konsegration, nicht der Architekt der Kirche, also ihr verstorbener
Mann Frank Lloyd Wright, im Mittelpunkt des Geschehens gestanden hatte, sondern der Täufling. Außerdem missfiel ihr der ganze
Pomp bei der Taufe. Doch hier widersprach Peters, denn er wusste,
dass seine Frau sich nur eine kleine private Tauffeier gewünscht, die
griechisch-orthodoxe Kirchenleitung aber das große Fest daraus gemacht hatte. Er war völlig verzweifelt und dem Weinen nahe. So hatte
diese alte Frau es wieder einmal geschafft, ihm und Swetlana die
Freude an diesem besonderen Fest gründlich zu verderben.

Der ständige Ärger mit Mrs Wright schlug Swetlana immer
mehr aufs Gemüt. Sie wurde aggressiv und gab, wie Mitglieder der
Kommune entsetzt berichteten, während eines Galadinners in Tale-
sien sogar ihrem Mann eine Ohrfeige. Ein anderes Mal soll sie ein
volles Whiskeyglas der Gastgeberin ins Gesicht geschüttet haben,
woraufhin sie obendrein unter Einsatz von Gewalt hinausgeführt
werden musste.[567]

EINE EHE OHNE CHANCE

Swetlana war nun häufig mit ihrer Tochter allein, da ihr Mann wiederholt geschäftlich in den Iran fliegen musste. Bei einem Arzttermin erzählte sie von ihrer Einsamkeit und fing an zu weinen. Das wunderte den Arzt nicht. Er kannte Mrs Wright und deren Familie. Darum bat er Swetlana nachdrücklich, eine Möglichkeit zu suchen, außerhalb der Gemeinschaft zu leben. So machte sie sich auf die Suche nach einem geeigneten Haus, allerdings mit nur geringer Hoffnung, dass ihr Mann dem zustimmen würde.

In Paradise Valley fand sich schnell ein schönes, voll möbliertes Haus, und wie durch ein Wunder hatte ihr Mann nichts gegen den Kauf einzuwenden. Vom neuen Haus bis nach Taliesin waren es nur 20 Minuten Autofahrt. So besaßen nun Mr und Mrs William W. Peters, wie es im Kaufvertrag hieß, ihr eigenes Haus. Nach dem Weihnachtsfest 1971 zog Swetlana mit ihrem Kind dorthin, zusammen mit Pamela, der Babysitterin. Ihr Mann blieb in Taliesin, konnte aber jederzeit kommen und gehen.

Leider bekam die Presse Wind von dieser Angelegenheit. Und nun lauteten die Schlagzeilen: »Sie hat ihren Mann verlassen und will nichts anderes als die Scheidung.« Genau das wollte Swetlana jedoch auf keinen Fall.

Schließlich überzeugte sie ihr Arzt, mit ihrem Mann zu einer Eheberatung zu gehen, zu einem Dr. Z. in Phoenix. Doch das war alles schon zu spät. Der Psychologe eröffnete Swetlana, dass ihrem Mann eine Familie nichts mehr bedeute. Er wolle aus dieser Bindung heraus. Ihr Mann hatte sich offensichtlich für Mrs Wright und ihre Jünger und gegen sie entschieden. Der Arzt warnte Swetlana davor, auch nur ein einziges Mal noch nach Taliesin zurückzugehen, denn er sah die Gefahr, dass sie sich zur Rückkehr hätte überreden lassen.

Aber Swetlana fuhr noch einmal nach Taliesin. Sie parkte ihren Wagen in der Nähe der Anlage und ging auf einem Schleichweg direkt zum Apartment ihres Mannes. Alles war wie immer, und sie schlich sich ins Haus. Ihr Mann saß in einem silberfarbenen Morgenrock vor dem Fernseher. Sie ging leise zu ihm hin und berührte seine Schulter. Als er aufstand, hatte er den gleichen Gesichtsausdruck wie an dem Tag, da sie ihn zum ersten Mal sah: sehr traurig mit tief eingegrabenen Falten in den Wangen, blass und erschöpft. Er brachte keinen Ton heraus und stammelte nur, dass sie gehen müsse, denn er habe Angst, dass jemand sie bei ihm sähe. Er ging mit zur Tür und begleitete seine weinende Frau zu dem zwischen Felsen und Kakteen geparkten Auto. Die beiden sprachen kein Wort miteinander. Was gab es auch noch zu sagen? Die weinende Swetlana fuhr langsam heim zu ihrer kleinen Tochter. Jetzt wusste sie: Das war das Ende ihrer so hoffnungsvoll begonnenen Ehe!

Die Trennung des prominenten Paares blieb natürlich in der Presse nicht unbeachtet. Swetlana Peters: »Vom Regen war ich in die Traufe gekommen. Ich hatte schon wieder kein eigenes Haus, kein Privatvermögen, kein Auto, keine Gedankenfreiheit und vor allem kein Privatleben. Statt mit meinem Mann und meiner Tochter zu leben, musste ich mein Leben von morgens bis abends, jede Sekunde lang, mit 65 mir völlig fremden Menschen teilen – ein Albtraum.«[568]

Wesley William Peters verteidigte das Leben in der Kommune: »Meine Frau konnte sich nicht den Gegebenheiten anpassen. Sie versteht nicht die Prinzipien der Demokratie. Sie hat lediglich ein paar Tage in der Küche und im gemeinsamen Speisesaal geholfen. Sie ist zu nichts gezwungen worden. Deshalb ist mir die Trennung unbegreiflich.« Großes Einfühlungsvermögen ist diesem Mann wirklich nicht zu bestätigen. Er kannte den bisherigen Lebensweg seiner Frau, die in ihm eine große Liebe gefunden zu haben glaubte. Sie sollte nun in einer fest gefügten Gemeinschaft, einer Mischung aus Kloster, Kommune und Rudolf-Steiner-Schule Fuß fassen, in der ihr Mann schon 40 Jahre lebte. Dazu kamen ihre späte Mutterschaft und die engen Wohnverhältnisse.

Sie hatte ihrem Mann durch den Kauf eines eigenen Hauses die Chance gegeben, die Ehe in trauter Zweisamkeit mit der kleinen Tochter weiterzuführen. Aber er ergriff diese Chance nicht. In »Life« erschien am 10. März 1972 ein Foto von Swetlana mit ihrer zehn Monate alten Tochter auf dem Schoß. Welche Trauer ist in ihrem Gesicht zu erkennen! Sie lebte aber nach wie vor in der Hoffnung auf eine Versöhnung. Doch ihr Mann verkündete: »Es gibt keine Möglichkeit, die Scherben wieder aufzusammeln.«

EINE EHE OHNE CHANCE   315

Nun musste Swetlana handeln. Sie rief einen jungen energischen Rechtsanwalt zu sich, der völlig verblüfft war, als er hörte, dass Swetlana und ihr Mann in Gütergemeinschaft lebten und noch nicht einmal getrennte Konten hatten. Als Erstes wies er Swetlana darauf hin, dass sie offenbar nach wie vor alle Rechnungen für die Farm bezahlte, was sie völlig vergessen hatte. Der Rechtsanwalt, der von einer renommierten Kanzlei in Washington war, flog nach Wisconsin, ging zur dortigen Bank und merkte sofort, dass Darlehen auf Swetlanas Konto aufgenommen worden waren. Er kam wutschnaubend zurück und benahm sich gegenüber Swetlana fast ausfallend. Er erklärte ihr ziemlich verärgert, dass ihr Mann sie nur noch als Geldquelle für sich und seinen Sohn benutzt habe, und meinte, Liebe könne man nicht kaufen und sie solle sich schnellstens von ihrem Ehemann trennen. Das Gesetz sei ganz auf ihrer Seite, die Farm gehöre ihr und ihrer Tochter, da sie schon mehr darin investiert habe, als die Farm ursprünglich wert war. Er legte ihr die Bankunterlagen vor mit dem Hinweis, dass sie nur noch ein Drittel von dem Geld besitze, das sie am Tag der Heirat mitgebracht hatte. Sie hatte alle Schulden ihres Mannes bezahlt, um ihn vor einem Konkurs zu retten. Swetlana erfuhr, dass sie auch eine Schenkungssteuer bezahlen musste, da ihr Mann von ihr kein Darlehen hatte annehmen wollen, das er ja eines Tages, beispielsweise bei einer Scheidung, hätte zurückzahlen müssen. So hatte er das Geld als Schenkung von seiner Frau deklariert, was den Rechtsanwalt zu einem höchst unfreundlichen Ausspruch über Wes bewog.

Mit der Frau des Rechtsanwalts war Swetlana eng befreundet. Auch diese riet ihr zur Scheidung. Doch was machte Swetlana? Sie wollte sich partout nicht scheiden lassen und teilte dies ihrem Rechtsanwalt schriftlich mit. In der Zwischenzeit hatte er wenigstens die Fonds vor dem Zugriff von Brandoch und Wes Peters gesichert und die Zahlungen für die Farm einstellen können. Er sandte Swetlana daraufhin seine Rechnung mit der dringenden Bitte, wenigstens sofort einen Vertrag über die Besitztümer zu machen, ließ aber gleichzeitig wissen, dass er ihr nicht mehr zur Verfügung stünde.

Im hochsommerlich heißen Juli bei 40 Grad im Schatten wurde

der Vertrag geschlossen, und zwar in Anwesenheit von fünf Rechts-anwälten und dem Steuerberater. Swetlana verzichtete auf die Farm und das dazugehörige Land. Sie wusste, dass sie dort nie leben würde und die Farm nicht verwalten konnte. Den Besitz aber als Geldanlage für Olgas Zukunft zu erhalten, daran hatte Swetlana leider nicht ge-dacht.

Wesley und Swetlana trennten sich in gegenseitigem Einverneh-men. Da die Rechtsanwälte wussten, dass die Mitglieder der Taliesin Fellowship über kein eigenes Einkommen verfügten, wurde der Ar-chitekt von der Unterhaltszahlung für seine kleine Tochter befreit.

Ein Jahr später erfolgte dann in Maricopa County, Arizona, die Scheidung, die nur zehn Minuten dauerte und zu der Swetlana nicht erschien.

Mrs Wright allerdings »rauchte« vor Zorn, und all ihre Anhänger verwünschten Swetlana. Dann wurde Olgivanna ruhiger und befahl allen in ihrer Umgebung, die Episode zu vergessen. Obgleich Taliesin von der Presse belagert war, wollten die Gefolgsleute keine Kommen-tare zur Scheidung abgeben. Mrs Wrights einst zur Schau getragene »mütterliche« Liebe zu Swetlana existierte nicht mehr. Auch Wesley Peters Gefühle interessierten sie nicht. Das ging sogar so weit, dass sie ihn letztendlich für das Scheitern der Ehe verantwortlich machte.

Dagegen nahm Swetlana ihren amerikanischen Ehemann jedoch wieder einmal in Schutz. Schließlich waren die vielen Briefe mit der Einladung an Swetlana, nach Taliesin zu kommen, nicht von Wesley Peters, sondern von der Witwe Wright geschrieben worden. Außer-dem war sie der Meinung, dass der Architekt Wes nie geheiratet hätte, wenn Olgivanna das nicht so forciert hätte.

Swetlana meinte traurig, dass für den »Workaholic« Wesley diese Ehe ein Zwischenspiel in seinem allein der Sache Taliesin dienenden Leben gewesen sei. Der große Architekt Peters kehrte zu Mrs Wright als »freier« Mann zurück. Dass die Rechnung für sie so schlecht auf-gegangen war, das durfte man ihr nicht sagen. Doch völlig neu anfan-gen musste – Swetlana mit ihrer kleinen Tochter Olga.

EINE EHE OHNE CHANCE

20 Olga, das amerikanische Kind – USA und England

*Meine Tochter ist so amerikanisch wie Applepie.**

Princeton

»Ich bin vom Status einer Berühmtheit heruntergestiegen zu einer normalen Hausfrau und fand auf dieser Ebene wunderbare Freunde.« So beschreibt Swetlana ihren Gemütszustand, als sie mit ihrer kleinen Tochter Olga 1972 ein neues Leben begann. Es hatte sich natürlich die Frage gestellt, wo sie wohnen wollte. In unmittelbarer Nähe von Taliesin war für sie kein Bleiben mehr, und dies hieß wieder einmal: Sie musste ihr Haus verkaufen. Ihr Arzt in Phoenix nahm ihr die Entscheidung über den Wohnort ab, indem er sie förmlich bekniete, nach Princeton zurückzukehren. Dort hatte sie nach ihrer Ankunft in den USA eine wunderschöne Zeit der Freiheit erlebt, und was noch wichtiger war, sie hatte dort schon Freundschaften geschlossen.

Erfreulicherweise zog auch Pamela, Swetlanas Freundin und zugleich Olgas Kinderfrau, mit um, die sich allerdings gar nicht sicher war, ob sie in New Jersey, diesem überbevölkerten Staat, leben könnte. Pamela packte all ihre Blumenkübel in Swetlanas alten grünen Dodge und fuhr fröhlich übers Land.

Swetlana nannte es tatsächlich »freundlich« von ihrem Mann, dass er sie und seine Tochter auf dem Flug nach Princeton begleitete. Auf der gemeinsamen Reise sprachen sie kein einziges Wort miteinander. Dazu bestand offensichtlich auch keine Notwendigkeit, es war bereits alles gesagt. Sie hielten Olga, ein strahlendes, hübsches und gesundes Kind, abwechselnd in den Armen. In Princeton wurde Swetlana von einem ihr bekannten Taxifahrer abgeholt. Wesley William Peters, der sehr blass aussah, küsste Frau und Tochter zum Abschied und flog sofort wieder zurück.

Swetlana hatte das alleinige Sorgerecht für die Tochter erhalten und war gar nicht erfreut, wenn Wes in der folgenden Zeit ab und an auftauchte, um seine Tochter zu sehen; doch dann blieb er sechs Jahre lang verschwunden. Als er dann wieder auftauchte, war Olga ein Schulmädchen von zehn Jahren und erkannte ihn nicht sofort. Swetlanas lapidarer Kommentar: »Er war eben kein väterlicher Typ.« Es war bei diesem Treffen so, als wenn sich zwei Fremde begegneten. Olga war ein charmantes kleines Mädchen geworden, ihr Vater aber blieb »stumm und scheu«, so wie er es immer mit Kindern gewesen war, sagte Swetlana. Doch er liebte seine Tochter trotz allem, und wenn man hört, was die Moskauer Verwandten über Olgas Verhältnis zum Vater sagen, dann hing sie mit großer Zärtlichkeit an ihm.

Der 46-jährigen Swetlana gelang es in Princeton, ihre frühere Villa zurückzukaufen. In dem Kaufangebot in Höhe von umgerechnet ca. 200 000 DM hatte es geheißen, dass einiges im Außenbereich verändert worden sei. Doch im Inneren des Hauses traf sie auf viel Vertrautes, und damit fiel ihr das Eingewöhnen leicht. Ihren Trennungsschmerz bekämpfte Swetlana mit Gartenarbeit. Olga wurde zum Spielen in den Sandkasten gesetzt, später bekam sie eine an einem alten Apfelbaum befestigte Schaukel.

»Ich wurde geschieden und wurde wieder eine allein erziehende Mutter – etwas völlig Unvorhersehbares, aber wahrscheinlich in meinen Sternen vorprogrammiert. Und mit dieser späten Mutterschaft kam die Notwendigkeit, meine Tochter zu unterweisen.«

Ihr Leben als Hausfrau und Mutter brachte sie dem American Way of Life immer näher. Sie war der Meinung: »Eine amerikanische Hausfrau ist die verwöhnteste auf der ganzen Welt – und das Gleiche gilt für ihre Kinder.«[570] In Russland wäre aus ihr allerdings nie eine Nur-Hausfrau geworden.

Sie beklagte sich bitter darüber, dass amerikanische Intellektuelle beziehungsweise Künstlerkreise sie nicht akzeptierten. Viele schien ihre spektakuläre Flucht aus der Sowjetunion oder ihr »Berühmtheitsstatus« zu stören, den sie sich nicht gewünscht hatte. Auf der anderen Seite war ihr mehrmals angeboten worden, an verschiedenen Universitäten Vorträge zu halten oder Russisch zu unterrichten. Damit wäre sie automatisch in die von ihr gewünschten Kreise gekommen. Aber sie hatte alle derartigen Angebote abgelehnt, und für amerikanische Literatur schien sie sich auch nicht sonderlich zu interessieren.

Swetlana oder Lana, wie sie sich inzwischen nannte, gelangte aber dann doch zu der Einsicht, dass sie sich nicht beklagen sollte, denn ihr Kind brauchte sie. Mit ihrer kleinen Tochter im Auto durch Amerika zu fahren, um Land und Leute kennen zu lernen, bedeutete, dass sie »zusammen aufwuchsen«.

Innerlich änderte sich Lana kaum, sie pflegte ihre Liebe für Meeresküsten, offene Kamine, Kammermusik, gute Filme aller Kunstrichtungen. Sie akzeptierte Amerika als ihr Land, so wie sie es zuvor mit Indien getan hatte, und beide waren dann neben Russland und Georgien in ihrem Herzen fest verankert. Das bezog sich nicht auf die verschiedenen Regierungen, sondern auf die ganz normalen Leute, die Schönheiten der Natur und auf all das, was das menschliche Zusammenleben auf der ganzen Welt ausmacht.

An einem Sonntag im Jahr 1972 lernte Lana Peters Rosa Shand kennen. Letzterer war sie aufgefallen als eine Frau mittleren Alters mit widerspenstigem rotem Haar, die tief versunken ins Gebet in der Protestant Episcopal Church von Princeton am Gottesdienst teilnahm, den ihr Mann Philip Shand, der zweite Pfarrer, hielt. Nach dem Gottesdienst sprach Swetlana mit ihm darüber, dass sie ein schlichtes amerikanisches Vorstadtleben im Schutze der protestantischen Kirche zu führen wünsche.[571]

Rosa Shand und ihr Mann waren gerade nach zehn Jahren im Ausland nach Princeton zurückgekehrt: Neun Jahre hatten sie mit ihren Kindern in Uganda und ein Jahr in England gelebt. Sie kannten also viele Menschen mit nicht-amerikanischem Hintergrund und waren damit offen für jeden, gleich welcher Herkunft. Das muss Swetlana gespürt haben, denn sie lud das Pfarrerehepaar zu sich nach Hause in die Mercer Street ein. Daraus entstand eine enge, von Swetlana begründete Freundschaft, die 20 Jahre lang Bestand hatte, sei es durch persönliche Besuche, Briefe oder Telefonate. Swetlana kam aber nur zu dem Ehepaar Shand, wenn keine weiteren Gäste eingeladen waren.

Rosa Shand hatte ihr Buch »Zwanzig Briefe an einen Freund« gelesen und hoffte, möglichst nahe an Swetlanas Wurzeln heranzukommen. Nachdem sie den »russisch-dostojewskischen« Charakter von Swetlana kennen gelernt hatte, konnte sie sich diese nicht als passives Opfer der Geschichte vorstellen. Die Geschichte selbst, das war der Vater.

Swetlana war zehn Jahre älter als Rosa, und deren bewegter Lebenslauf ließ ihr den Atem stocken. Rosa fand es erstaunlich, dass sie als »Leichtgewicht« überhaupt für die Russin interessant sein sollte.

Eines Tages musste die Pfarrersfrau sich einer Rückenoperation unterziehen. Drei Wochen nach diesem Eingriff holte Lana ihre Freundin Rosa aus dem Hospital zu sich nach Hause. Sie war davon überzeugt, dass sich Rosa ohne ihre große Familie schneller erholen würde. Außerdem sollte sie einmal ihr Frühstück im Bett einnehmen können, damit der Tag ganz ruhig für die Rekonvaleszentin begann. Ansonsten spielten sie mit der kleinen Olga und sprachen wie üblich über ihre Kinder. Rosa aß die ihr servierten Cornflakes, klebrige süße Brötchen, Schinken, Eier und sogar Lanas Waffeln und Pfannkuchen, nur den Kefir, den sie unbedingt versuchen sollte, mochte sie nicht.

Manchmal saß Rosa in Lanas Küche, schaute ihr beim Putzen des weiß-golden bedruckten Linoleums zu, das schon glänzte, bevor die Hausfrau es erneut bearbeitete. Eines Morgens kam die Nachbarin und holte Olga zum Spazierenfahren ab. Und was tat Swetlana, als das Kind weg war? Sie putzte schon wieder. Rosa wunderte sich sehr, denn eine Frau mit einem Reinlichkeitsfimmel hatte sie sich unter einer Russin nicht vorgestellt. Ihr fiel auf, dass es in der Küche absolut nichts gab, das auf Lanas russische Herkunft schließen ließ. Außerdem hatte sie noch nie eine Küche gesehen, die so viele Geräte zur Arbeitserleichterung aufwies: einen speziellen Wasserkocher, eine elektrische Knoblauchpresse und einen zwanzigteiligen Schnellkochtopf. Lana erklärte ihr lachend, dass sie die meisten Sachen aufgrund der Fernsehwerbung bestelle, denn sie wolle auch so werden wie die Amerikanerinnen.

Als Rosa eines Tages aufgestanden war, ohne dass Lana etwas davon bemerkt hatte, konnte sie ihre Gastgeberin durch den Türschlitz beobachten. Rosa hatte dabei das Gefühl, dass sie nun einer Freundin ansichtig wurde, die ihr schweres Leid sorgfältig vor allen versteckte. Sie sah Verzweiflung in Lanas Gesicht. Diese saß hoch aufgerichtet auf einem Stuhl mitten in der Küche und hielt ihren automatischen Auberginenschäler fest in der Hand. Sie starrte zum Fenster hinaus, hoffnungslos, traurig, ängstlich.

Manchmal kam aber auch etwas Russisches ins Spiel. So etwa ein kleiner Wodka. Dann unterhielten sich die beiden über Bücher, Gott und die Welt und über das Leiden, vor allem über das bußfertige Leiden. Sie saßen dabei an einem runden Holztisch, auf dem manchmal sogar eine Spitzendecke lag, inmitten eines mittleren Chaos. Sie unterhielten sich aber auch über Nikolaj A. Berdjajew und Simone Weil und die Tagebücher von Sören Kierkegaard. Dostojewskij war Lanas Lieblingsschriftsteller (»Der Spieler«), während Rosa Shand Tschechow bevorzugt hatte, bis sie in ihrer »medienfreien« Zeit im Busch von Uganda die gesamte russische Literatur zu lieben begann. Rosa konnte Lana ununterbrochen zuhören, wenn sie ihr Unbekanntes aus der russischen Literatur erläuterte und ihre Meinung dazu kundtat. Rosa lernte aber auch Lanas Freunde wie Edmund Wilson, Sir Isaiah Berlin und den Filmemacher Nikita Michalkow kennen.

Swetlana überraschte die Familie auch mit Geschenken: Rosa bekam eine dicke Korallenkette, verziert mit Silber, ihre Tochter Cantey einen schweren Goldring mit Juwelen.

Im Jahr 1974 wurde Pfarrer Shand mit seiner Familie nach Texas versetzt. Swetlana bot damals den Shands an, ihnen ein Haus in Princeton zu kaufen, wenn sie nur dablieben, was aber aus beruflichen Gründen nicht möglich war. Die räumliche Trennung bedeutete allerdings nicht, dass damit die Freundschaft zu Ende gewesen wäre. Swetlana schrieb leidenschaftliche Briefe, in großer Schrift mit Unterstreichungen und Ausrufezeichen. Dann sandte sie ihrer Freundin Rosa Bücher, die sie selbst gerne las. Das erste war in englischer Sprache: die von seiner Frau Anna herausgegebenen Tagebücher des Fjodor M. Dostojewskij. Sie schrieb in das Buch: »Die wahre Geschichte der größten Liebe. Mit immer währender Liebe, Swetlana.«

Eine große Freude war es für Swetlana und Olga, wenn Sem und Marge Hayakawa, die Verwandten aus Kalifornien, zu Besuch kamen. Sem nannte Olga immer »meine kleine Freundin«. Diese Verwandten hatten sehr wohl Verständnis dafür, dass Swetlana Taliesin verlassen hatte. Und sie wollten stets für sie da sein und den Kontakt auf keinen Fall abbrechen lassen.

Olga wurde der Mittelpunkt von Swetlanas Leben, alles drehte sich um ihr Kind, den Kindergarten und die zahlreichen Babysitter. Olga sollte nach dem Wunsch ihrer Mutter wie ein ganz normales amerikanisches Kind aufwachsen. Sie durfte fernsehen, und Programme wie »Mister Rogers« und »Sesame Street« schienen gut geeignet für ihre Entwicklung. Das Alphabet lernte Olga durch das T V-Kinderprogramm, ihr Wortschatz vermehrte sich auf diese Weise, was sehr wichtig war, da ihre Mutter dabei wenig helfen konnte. Der Fernseher ersetzte durchaus eine »Nanny«. Es war sicher sehr schade für Olga, dass sich ihre Mutter nicht entschließen konnte, mit ihr Russisch zu sprechen. Doch diese wollte auf keinen Fall ein »halbes Emigrantenkind«. Olga sollte Amerika als ihr Heimatland betrachten. Dorthin gehörte sie.

Enge Freunde in Princeton wurden der Kinderarzt, seine Frau und deren beider Söhne, die damals im Teenageralter waren. Der Nachbarsjunge Christopher setzte sich in den Kopf, von Swetlana hübsche Fotos zu machen, da ihm die in Zeitungen veröffentlichten nie gefielen. Swetlana stimmte zu und erzählte ihm dabei von einem Fototermin bei dem berühmten New Yorker Fotografen Philip Halsman. Dieser wiederum hatte seinen Freund gebeten, zu ihm zu kommen, um Swetlana »aufzulockern«. Doch daraus wurde genau das Gegenteil. Der Fremde war der exzentrische Maler Salvador Dalí, den sie nicht »ausstehen konnte«, und es entstand kein einziges Foto. Es ist anzunehmen, dass Dalí die »Kreml-Prinzessin« nicht entsprechend beachtet hat, und darüber hat sie sich geärgert.

Swetlana war etwa 50 Jahre alt, als ihre Herzbeschwerden begannen. Ein Arzt riet ihr, weniger zu essen und mehr Sport zu treiben. Ihr Gynäkologe äußerte sich so unverschämt über ihr Übergewicht, dass sie seine Rechnung nicht bezahlen wollte. Auch ärgerte sie sich sehr darüber, dass sie von Krankenschwestern dumm angeredet wurde. Lana schor nun alle amerikanischen Ärzte über einen Kamm und unterstellte ihnen, sie wären nur daran interessiert, dass ihre Rechnungen sofort beglichen würden.

Da Olga sehr spät zu sprechen begann, wurde sie von einer Logopädin untersucht. Swetlana hatte viele Fragebogen über das Kind auszufüllen, die dann die Ärztin durchsah. Ihr gefiel es überhaupt nicht, dass Olga alte Eltern hatte, ihre Großmutter sich nach einem Nervenzusammenbruch das Leben genommen hatte und ihr Onkel als Alkoholiker gestorben war. Die Ärztin schaute Olga unverhohlen kritisch an, und man konnte spüren, dass sie von diesem Kind mit einer derartigen Familienanamnese nicht viel hielt. So schlug sie vor, Olga zu einer Spezialuntersuchung zu bringen, um herauszufinden, ob das Kind überhaupt hören könne.

Als Swetlana ihr Erlebnis bei der Logopädin einer Bekannten erzählte, die der Christian Science angehörte, wurde sie von dieser getröstet. Swetlana begann ganz allmählich darunter zu leiden, dass bei allem, was in ihrem Leben geschah, sofort der Rückschluss auf ihre Familie erfolgte. Jetzt sollte sie das Buch »Science and Health« von Mary Baker Eddy lesen. Sie tat es gewissenhaft. Daraufhin wurde Swetlana gelassener im Umgang mit ihrer Tochter, die bald darauf zu sprechen begann und wie jedes kleine Kind oft nicht zu stoppen war.

Es waren Christian-Science-Ärzte, die als besonders gute Psychiater galten, die Swetlana aus vielen weiteren Krisen halfen. Sie fühlte sich einsam, lebte jahrelang im Stress, bangte ständig um Olga. Dazu kam das Heimweh nach ihren Kindern in der Sowjetunion. Wenn sie am Abend Olga zu Bett gebracht hatte, setzte sie sich vor den Fernseher und trank zuerst ein Glas Gin Tonic, dann zwei, dann drei... Sie wurde immer abhängiger vom Alkohol und sah den Weg vorgezeichnet, den schon ihr Bruder Wassilij gegangen war. Wenn sie mit einem Arzt über ihr Problem sprach, erhielt sie die Antwort, dass einige Gläser Alkohol wirklich keiner Aufregung wert seien. Ein wahrer Freund gab ihr jedoch den Rat, zu den Anonymen Alkoholikern und gleichzeitig zu den Weight Watchers zu gehen. Da es ihr aber schwer fiel, sich einer Gruppe anzuschließen, besprach sie sich wieder mit ihren Freunden von der Christian Science. Es dauerte zwar einige Zeit, doch dann hatte Swetlana endlich mit deren Hilfe ihr Alkoholproblem im Griff.

Nachdem Olga in den Kindergarten ging, übernahm Swetlana wie die anderen weitaus jüngeren Mütter bestimmte Dienste. Die Kindergartenleiterin mochte es aber überhaupt nicht, wenn Swetlana die kleinen Kinder vor einem etwaigen Herunterfallen schützte oder wenn sie weglaufenden Kindern hinterherrannte. Die Kindergärtnerin schrie ihr dann immer nach: »Frau Peters, wir lassen Kinder ihre eigenen Erfahrungen machen!« Selbst wenn Olga durch eine offen stehende Tür den Kindergarten verließ, sollte sie unbesorgt zusehen, immer mit der Zuversicht, dass das Kind von selbst zurückkommen würde. Da es Olga dort aber so gut gefiel, denn sie war sehr gerne mit anderen Kindern zusammen, musste sich ihre Mutter an einiges gewöhnen.

Als Olga drei oder vier Jahre alt war, wollte ihre Mutter für sie eine Gouvernante einstellen, die ihr Französisch beibringen sollte. Swetlana dachte an ihre eigene Kinderzeit und daran, wie früh ihre Mutter anfing, die Kinder fremde Sprachen lernen zu lassen. Ihre eigene erste Fremdsprache war Deutsch, was sie mit ihrer Kinderfrau ab dem dritten Lebensjahr erlernte. Doch als sie erfuhr, dass für eine solche Gouvernante in der Woche etwa 600 Dollar zu zahlen waren, musste sie den Plan fallen lassen. Außerdem bevorzugten Gouvernanten Häuser mit einem Koch, einem Dienstmädchen und einem Chauffeur, und das gab es bei ihr nicht. So kam das kleine Mädchen in die sehr gute katholische private Vorschule, die in Princeton 1963 von dem französischen Theologen Jacques Maritain gegründet worden war. Der Unterricht folgte der Montessori-Methode. Als die Kleine fünf Jahre alt war, beschloss ihre Mutter jedoch wieder einmal einen Ortswechsel.

Kalifornien

Warum verließ Swetlana das von ihr so geliebte Princeton? Angeblich kam sie mit ihren Finanzen nicht mehr zurecht, fand keine guten Berater bei der Bank und entschloss sich daher, ihre teure Villa zu verkaufen. Jetzt zogen Mutter und Tochter nach Carlsbad in der Nähe von San Diego, einen kleinen Ort, der noch nicht einmal auf jeder Landkarte eingezeichnet war. Das kleine Holzhaus im pseudojapanischen Stil, das »günstig« für umgerechnet rund 73 000 DM zu erwerben gewesen war, gefiel den beiden. Im Garten gab es einen Swimmingpool mit einer japanischen Brücke.

Swetlana bat die Presse inständig, nicht bekannt zu machen, wo sie wohnte. Sie hatte Angst, dass ihr Kind entführt werden könnte, und stand Todesängste aus, denn eine hohe Lösegeldforderung hätte sie nicht bezahlen können. In einem Interview sagte sie damals, dass von ihrem vielen Geld gerade noch genug geblieben sei, dass sie mit ihrer Tochter von den Zinsen leben könne. Außerdem sagte sie einem Reporter, dass ihr kleines Mädchen noch nicht wisse, dass Stalin sein Großvater war. Wenn Olga groß genug sei, wolle sie mit ihr darüber sprechen. Erfreulich war, dass es in dem Ort sogar eine wunderschöne »Casa Montessori« – eine Montessori-Schule – gab, in der sich Olga gleich wohl fühlte.

Swetlanas Schwägerin Marge war in jener Zeit völlig mit dem Wahlkampf ihres Mannes beschäftigt, der für den US-Senat kandidierte. Darum fanden sie dieses Mal kaum Zeit für Lana, die sich bald einsam und verlassen vorkam.

Aber dann lernte sie eine wundervolle Frau in der Person von Frances Lloyd Wright kennen, nicht zu verwechseln mit Olgivanna Wright in Taliesin. Frances war zwar im gleichen Alter wie jene, doch sie war die Witwe von John Lloyd Wright, einem Sohn von Frank Lloyd Wright – auch er ein Architekt. Wenn man die Erzählungen von Frances über Taliesin hört, so stehen sie in krassem Gegensatz zu all den Geschichten, die Olgivanna Wright erzählt hatte. »Eine pathetische kleine Gruppe und eine bedauernswerte Frau!«, konnte Frances nur sagen. Dann bekam Swetlana zu hören, was Frances von deren einstigem Ehemann hielt: Ein jämmerlicher Feigling.

Frances, klein und sehr zierlich, war eine Christian-Science-Ärztin und eine sehr erfolgreiche »Heilerin« gewesen, hatte dann aber keine Lust mehr verspürt, weiter in der »Zwangsjacken-Reglementierung« der Christian Science zu leben. Frances war auch künstlerisch sehr begabt. Swetlana durfte ihr aus ihren Lebenserinnerungen vorlesen und kochte für sie georgisch, so zum Beispiel eine Hühnersuppe mit Ei, die sie ein nervenstärkendes Gericht nannte. Literarisch hatte Frances dieselbe Vorliebe wie Swetlana: die Schriften von Jiddu Krishnamurti[572], einem in Indien geborenen Philosophen.

Von der kleinen Stadt aus, die fast verloren zwischen Eukalyptusbäumen, Oleandern, Orangenhainen und Pinien lag, konnte man direkt auf den tiefblauen Pazifik schauen. Swetlana saß oft stundenlang an einem Aussichtspunkt und konnte nicht umhin, dabei ans Schwarze Meer zurückzudenken, wo sie so oft als Kind gewesen war. Das tiefe Blau des Pazifiks entsprach der Farbe des Schwarzen Meeres, in der Luft lag der gleiche Duft nach Orangen und Zitronen, und das Heimweh blieb dabei nicht aus.

In Kalifornien hoffte Swetlana wieder einmal kreativ werden zu können. Sie meldete sich zu einem Fernlehrgang zum Schreiben für Kinderbücher an. Noch nie hatte sie bis dahin ein Buch in englischer Sprache geschrieben, alle ihre bisherigen Schriften waren in Russisch entstanden. Als Erstes verfasste sie eine Geschichte mit dem Titel »Schwimmstunde mit Moses«. Dabei ging es um einen schwarzen Kater, der im Schwimmunterricht ihrer Tochter von der Schwimmlehrerin vorgeführt wurde. Er schwamm tatsächlich kreuz und quer durch das Becken, die Kinder jubelten und wollten dann alle auch so schwimmen wie er. Die Geschichte selbst war gut geschrieben, aber die Lehrerin im Fernkurs wollte, dass die Geschichte noch in einen fiktiven Rahmen verpackt würde. Das gelang Swetlana jedoch nicht, und damit verlor sie das Interesse an diesem Vorhaben.

Außerdem war sie den ganzen Tag damit beschäftigt, ihre Tochter zu betreuen: Sie fuhr Olga zum Klavierunterricht, wo sie nach der japanischen Methode »Yamaha« unterrichtet wurde, dann zum Schwimmunterricht, zum Arzt usw.

Die sonntäglichen Messen in der alten Missionskirche San Louis Rey nahe am Pazifik gefielen Swetlana und ihrer Tochter sehr. Die Volksmesse begann mit einem Gebet des hl. Franziskus zu Gitarrenklängen. Manchmal sang ein samoischer Chor, und es kamen Koreaner, Filipinos, Vietnamesen und Indianer zur Messe.

Obwohl Swetlana gerne in Kalifornien lebte, fühlte sie sich in dem kleinen Ort zunehmend einsam. So zog sie erneut um, diesmal etwas näher heran an San Diego. Doch das war ein schwerer Fehler, wie sich herausstellte; denn sie schaffte es überhaupt nicht, hier Fuß zu fassen. So zog sie zurück nach Princeton.

Wieder in Princeton

Dort war ihr alles vertraut, die katholische Schule mit der Leiterin Schwester J. Carson, Mrs Urken in ihrem Haushaltswarengeschäft und nicht zuletzt die netten Leute von der Episcopal Church.

Allerdings besaß Swetlana leider nicht mehr die Mittel, ihr schönes altes Haus zurückzukaufen. Da Olga in eine Privatschule ging, konnte ihre Mutter jetzt nur noch ein Haus mieten. Sie bekam ihre Finanzen nicht mehr in den Griff. Frühere Bekannte hatten keine Lust, sich ständig ihre Jammerei anzuhören. Ein Wohnungswechsel folgte dem anderen, bis Swetlana endlich ein hübsches Haus in der Stadtmitte gefunden hatte. Es war recht günstig, da es ohne besonderen Komfort war, also ohne Geschirrspüler, Waschmaschine, Klimaanlage, auch ohne eine Garage. Aber das Haus hatte Charme, und die neuen Mieter fühlten sich darin wohl.

Auch aus der Ferne merkten Philip und Rosa Shand, dass es mit Swetlana stetig bergab ging. Ihre Behausungen wurden immer einfacher. Rosas Adressbuch enthielt eine lange Liste von Anschriften, unter denen Lana nacheinander zu erreichen war. Sie hatte das Gefühl, dass der Reichtum, der durch ihre Publikationen auf sie gekommen war, dieser nie richtig bewusst geworden war. Wie Swetlana schrieb, ging die Schuld für ihre Verluste – was sie drei Mal unterstrich – nicht zu ihren Lasten, sondern zu Lasten der manipulierbaren amerikanischen Buchhalter und Rechtsanwälte.

Ihre eigene Geldverschwendung sah sie lange nicht. Ein Beispiel: Sie wollte ein Klavier kaufen, damit ihre kleine Tochter einmal Klavierspielen lernen könnte. Olga war gerade erst zwei Jahre alt, dennoch brachte es der Verkäufer fertig, dass ihre Mutter einen deutschen Steinway-Flügel kaufte.

Auch alte Freunde meldeten sich wieder bei ihr in Princeton. Colonel Ruth Briggs aus Bristol, Rhode Island, wo Swetlana schon im Sommer 1967 gewohnt hatte, lud sie zur traditionellen Fourth-of-July-Parade am Unabhängigkeitstag ein. Swetlana nahm die Einladung gerne an. Das Wiedersehen war eine große Freude, und schließlich konnte sie nun auch ihr amerikanisches Kind Olga vorzeigen. Einige Zeit später erhielt sie eine Einladung von einem Freund aus fernen Tagen. Der frühere Zweite Sekretär der us-Botschaft in Delhi Robert Rayle und seine Frau luden sie und ihre Tochter mehrmals zu einem Urlaub an die Atlantikküste ein.

Die Erziehung ihrer Tochter Olga wurde fast ein Lehrstück dafür, wie Eltern ihr eigenes Aufwachsen noch einmal erleben und sich daran erinnern, worunter sie als Kinder gelitten haben. Swetlanas Mutter war eine sehr strenge, unnahbare, aber dennoch geliebte Frau gewesen. Die Tochter dachte nun immer häufiger an den zärtlichen Vater, seine nassen Küsse und daran, wie er sie »kleiner Spatz« nannte. Olga fehlte die Zärtlichkeit eines Vaters. Swetlana wurde depressiv und schien mit der Erziehung der Tochter völlig überfordert zu sein.

Prompt war eines Morgens das Schulmädchen Olga verschwunden. Sie hinterließ ihrer Mutter eine Notiz, dass sie das Haus verlassen habe; ihre Mutter könne sie am Busbahnhof treffen; es tue ihr Leid, aber sie müsse gehen. Swetlana war völlig verzweifelt. Sie rannte zu einem Nachbarn, einem Polizisten, und erzählte ihm, was vorgefallen war. Er ging sofort zu seinem Auto, um sich auf die Suche nach dem vermissten Mädchen zu machen, und fand es schließlich in einem Blumenladen. Olga kaufte gerade von ihrem ersparten Geld Blumen für die Mutter. Der Polizist sagte kein Wort, schaute Olga nur streng an und brachte sie zu Swetlana zurück. Beide lachten und weinten vor Erleichterung, und Olga versprach, nie mehr wegzulaufen. Ihre Mutter machte sich schon ihre Gedanken über diesen Vorfall. Sie musste auch zugeben, dass sie immer weniger Gefallen daran fand, wenn ihre Tochter viele Schulkameraden mit nach Haus brachte. Swetlana fühlte sich gestört und wünschte sich mehr Ruhe, mehr Zeit für sich selbst; und auf der anderen Seite – Olga brauchte tatsächlich ständig mehr Aufmerksamkeit. Swetlana kam zunehmend zu der Überzeugung, dass ein Internat für das Kind das Richtige sei. Dabei dachte sie aber nicht an ein amerikanisches Internat, sondern an die angeblich viel besseren in England.

Zu Beginn der achtziger Jahre wurde Pfarrer Shand mit seiner Familie nach Manhattan versetzt. Dieses Mal erhielt sie eine Wohnung in einem Gebäude aus dem 18. Jahrhundert mit enorm hohen Räumen, das dem Theologischen Seminar der Episcopal Church gehörte. Für den Umbau des Gebäudes in kleine Wohnungen fehlte das Geld. Der Mittelpunkt der neuen Wohnung wurde der große Holztisch in der Küche. Rosa dekorierte die Küche mit Gegenständen aus aller Welt, und wenn Swetlana zu Besuch kam, fühlte sie sich hier richtig wohl. Manchmal brachte sie ihre Tochter mit, die nun schon größer war als die Mutter. Olga sah bezaubernd aus: tief liegende Augen, braune Locken, ein eher quadratisches, gleichmäßiges Gesicht. Olga kümmerte sich wenig um die Unterhaltung der Frauen, sie schaute lieber den Tauben auf dem Fensterbrett zu. Oft wurde, wenn Besuch kam, bei Kerzenlicht und natürlich im Wohnzimmer gespeist.

Während eines solchen schönen Abendessens nahm Swetlana die Champagnerflasche, entfernte mit ein paar Drehungen den Korken und ließ den Strahl geschickt ins Glas fließen. Die erstaunten Anwesenden erfuhren, dass sie das von ihrem Vater abgeschaut hatte. Nach einem solchen Mahl mit manchmal zu viel Wein verfiel Swetlana in Heimweh nach ihrer geliebten Stadt mit den Zwiebeltürmen, den versteckten ruhigen Hinterhöfen mit immergrüner Bepflanzung, der glänzenden Eiswelt im Winter. Und wenn sich alle am Tisch Sitzenden viele Meilen und Jahre hinwegtragen ließen, dann ging Kristin,

Rosa und Philips Tochter, zum Piano. Sie begann sogleich Swetlanas Erzählungen musikalisch zu untermalen, meistens mit den bekanntesten Melodien aus »Doktor Schiwago«. Nach und nach wurden dann alle ganz still, vor allem, wenn »Laras Lied« erklang, das Kristin langsam in Melodien von Chopin und Debussy übergehen ließ. Im Kerzenschein sah man eine weinende Swetlana, und »man konnte spüren, dass in solchen Momenten allen die Vergänglichkeit des Lebens bewusst wurde, dass solche Momente aber auch unser Leben bereichern können«.[573]

Ein anderes Mal, berichtete Rosa Shand, stapften sie gemeinsam in Winterstiefeln durch die verschneite Stadt New York. Olga bestand darauf, dass alle auf die Freiheitsstatue hinaufstiegen. Es war schwer, Olga einen Wunsch abzuschlagen, wenn sie mit ihren braunen lachenden Augen vor einem stand.

Dann ging Rosa Shand einmal in New York ins Kino, um sich den Film »Oblomow« anzusehen. Der Film berührte sie derart, dass sie zu Hause sofort zum Telefon griff, um ihre Freundin Lana zu bitten, möglichst bald in die Stadt zu kommen. Doch Lana war an diesem Tag niedergeschlagen und legte auf, ohne mit Rosa zu sprechen. Diese ließ sich nicht beirren und rief immer wieder an. Schließlich kam Swetlana zu einer Matineevorstellung. Sie hatte nämlich herausgefunden, dass der Regisseur des Films der berühmte Nikita Michalkow[574] war, den sie persönlich kannte. Er stammte sowohl väterlicher- als auch mütterlicherseits von einer langen Ahnenreihe russischer Dichter und Maler ab. Das war eine Familie, die man in Russland kannte. Selbst ihr Vater schätzte sie. »Sie haben seine Zeit überlebt. Michalkow hatte nie aufgehört zu filmen, aber er ließ Filme aus der Poesie entstehen, nicht aus dem Leben der Personen, die er kannte. Er malte seine Filme.«[575]

Die beiden Frauen sahen sich gemeinsam den Film an. Dabei saßen sie ganz allein in dem großen Kino, und als der Film zu Ende war, blieb Swetlana zitternd sitzen, und die Tränen liefen ihr über das Gesicht. Sie waren tief berührt von dieser Filmkunst.

Den Brief, den Swetlana im Bann dieses Films dann an Rosa Shand schrieb, las diese immer und immer wieder durch, und jedes

Mal weinte sie. Irgendetwas hatte sich in Swetlana verändert, fand Rosa Shand. Und wie sie erst später begriff, war dieser Film unter anderem tatsächlich ausschlaggebend dafür, dass sich die »Waagschale Russland zuneigte«.

England

Nach 15 Jahren in der Neuen Welt begann sich Lana Peters für das Leben in einem europäischen Land zu interessieren. Sie dachte dabei vor allem an ihre Tochter, die in einem amerikanischen Schulsystem erzogen wurde, dem ihrer Meinung nach jede Disziplin fehlte. Daher siedelte Swetlana 1982 nach England über, vor allem, um Olga auf ein strenges Internat zu schicken. Da es jedoch schon gegen Ende des Schuljahres, zu spät also war, um das Mädchen in der traditionellen Bildungsanstalt anmelden zu können, entschied sich Lana für die Quäker-Schule in Saffron Walden in Essex. Das Schulgeld betrug damals umgerechnet rund 4500 Euro im Jahr. Der hohe Standard der englischen Erziehung war Swetlana den Betrag für ihre Oluschka wert.

Swetlana bezog eine kleine Wohnung in einem viktorianischen Haus mit Garten in Cambridge.

Für Olga, die Amerikanerin, wurde es eine schmerzliche Erfahrung, aus ihrem bisherigen Schulleben in Amerika, das sie sehr mochte, herausgerissen zu werden. Es kam, wie es kommen musste. Bei genauerem Hinsehen passte Swetlana einiges nicht an dieser sehr renommierten Schule. So war sie entsetzt, als sie feststellte, dass die Schüler nach dem Unterricht allein durch die Stadt bummeln durften.

Die Mutter verbot Olga, enge Jeans und die in jener Zeit modernen fröhlichen Tops zu tragen. Und während der Schulferien versuchte sie, ihre Tochter von den anderen Cambridge-Kindern fern zu halten. Fay Black, damals Lehrerin an Olgas Schule, sagte: »Die Mutter war ihr auf den Fersen wie ein Wächter seinem Gefangenen. Das Kind hatte nur die einzige Hoffnung, wieder zur Schule zu gehen.«

In einem Brief an eine Freundin beschwerte sich Swetlana: »Durch meine affektierte, langbeinige, dummköpfige Tochter sind mir Hände und Füße gebunden. Am Sonntag kehrt sie in die Schule zurück. Gott sei Dank! Wenn sie bei mir ist, vermisse ich meine Katja und meinen Osja mehr denn je. Sie sind so nett. Sie aber ist ein Dummkopf, verhätschelt und verdorben.« Schade, dass sie nicht darüber nachdachte, wer das Mädchen so verhätschelte.

Swetlana kaufte eine kleine Wohnung in Cambridge in einem der schönen alten viktorianischen Häuser und fühlte sich glücklich. Endlich hatte sie wieder heißes Wasser und eine Badewanne. Im Sommer fuhren die beiden in den Südosten von Cornwall, nach Scilly. Dort führten sie ein sehr einfaches Leben. So gab es zum Beispiel dort keine Autos, sondern lediglich kleine Fischerboote. Mit der Zeit hatten sie sich gut eingelebt in diesem England, das ihnen anfänglich nur grau und langweilig erschienen war. »An dieses Land muss man sich gewöhnen; dann erst beginnt man seine Schönheit zu sehen.«

In Cambridge wuchs die Zahl der Bekannten. Sie freundeten sich mit einer Bibliothekarin an, mit einer jungen Familie, die aus Afrika stammte, und mit einem Assistenten des Erzbischofs von Canterbury. Swetlana erklärte die konservative »National Review« zu ihrer bevorzugten Zeitschrift. Sie ließ sich sogar hinreißen, dem Chefredakteur William F. Buckley eine Spende von 500 Dollar zu überweisen.

Im August 1984 lud sie der emeritierte Cambridge-Professor Donald Denman ein, das House of Commons zu besuchen, um die britische Demokratie bei der Arbeit zu erleben. Während sie durch Westminster schlenderten, wollte er Swetlana einigen Mitgliedern des Parlaments vorstellen. Doch sie sah ihn ganz entsetzt an. »Ich möchte keinen einzigen Sozialisten treffen«, sagte sie, »nur Tories!«

In England gab es aber bereits seit langem gute Bekannte von Swetlana, nämlich das Ehepaar Malcolm and Kitty Muggeridge. Malcolm Muggeridge zählte als Autor und Journalist zu den bedeutenden Persönlichkeiten.[576] Als Swetlana 1967 in der Schweiz weilte, beschäftigte sie sich intensiv mit dem Christentum. Sie las damals das Buch »Jesus Rediscovered« von Malcolm Muggeridge und trat mit dem Autor in Briefkontakt. Schon 1981 bat sie Muggeridge um seinen Rat, ob sie mit ihrer Tochter nach England gehen sollte. Er hielt dies in Zeiten wachsender Rezession und Arbeitslosigkeit nicht für günstig. Doch Swetlana ärgerte sich über diesen gut gemeinten Rat »und schrieb einen bitteren und verletzenden Brief an Kitty und mich«[577]. Äußerst gekränkt musste Malcolm Muggeridge lesen: »Sie sind eine von diesen besessenen, dämonischen Naturen, die unter allen Umständen gemieden werden sollten.«

Dabei hatte Swetlana mit dem Ehepaar bereits vor der Übersiedlung eine interessante Zeit verlebt. Sie war 1981 schon einmal in England gewesen und hatte im Hause Muggeridge in Essex gewohnt. Der Anlass war ein bemerkenswertes Interview mit Swetlana im Rahmen einer Fernsehaufzeichnung über Stalin von Muggeridge, das er für BBC London gedreht hatte.

Natürlich kam Swetlana dann mit ihrer kleinen Tochter auch zum Ehepaar Muggeridge zu Besuch. Olga gefiel den beiden sehr. Sie konnten aber nicht umhin, sie wegen ihrer schwierigen Mutter zu bemitleiden. Malcolm Muggeridge nannte ihre Mutter eine »äußerst tragische Person, die ein nicht mehr zu ertragendes Leben führte. Sie ist oft arrogant und labil dazu. Und doch werde ich nie den Tag vergessen, als wir ihr eine Schallplatte mit dem russisch-orthodoxen Credo vorspielten. Ihre Augen füllten sich mit Tränen und sie weinte untröstlich.«[578]

Aus London erhielt Swetlana 1982 das Angebot, für die BBC bei Sendungen über Russland mitzuwirken. Sie wollte aber keine politischen Sendungen machen, nichts, was nach Propaganda und Politik aussah.

In der Sowjetunion war im Juni 1983 Jurij Andropow[579] an die Spitze der Macht gelangt, und unter seiner Ägide änderte sich so manches im Lande. Das bekam auch Swetlana zu spüren, denn Mitte Dezember 1983 erhielt sie einen Anruf ihres Sohnes aus Moskau. Als sie den Hörer abnahm, hörte sie auf Russisch: »Servus, Mama – Mama, bist du das?« Ihre Überraschung war groß. Gleichzeitig hatte sie Angst, dass das Gespräch unterbrochen werden könnte. Sie fragte: »Deine Stimme ist ganz fremd. Warum hat sich deine Stimme so verändert?« Sie hatte ganz vergessen, dass sie ja schon 15 Jahre aus

Moskau weg war. Er lachte, weil sie Englisch und Russisch vermischte. »Du klingst wie eine ausländische Touristin.« Swetlana hatte Schwierigkeiten, die richtigen Worte zu finden. Ihr Englisch war damals sehr gut, aber Russisch hatte sie in den vergangenen Jahren nur selten gesprochen. »Schreibe meine Telefonnummer auf und ruf mich an. Bist du sicher, dass das klappt? Ruf mich an, wann du willst«, wiederholte Osja immer wieder.

Als Swetlana den Hörer aufgelegt hatte, überschlugen sich die Gedanken in ihrem Kopf. Es war kurz vor dem ersten Weihnachtsfest, das sie in England erleben sollte. Und dieses Fest stand nun ganz unter dem Zeichen des Anrufes ihres Sohnes. Sie rief ihrerseits Josef an, und auch Olga sprach auf Englisch mit ihm. Und dann hatte Swetlana zum ersten Mal Gelegenheit, mit ihrer neuen Schwiegertochter Ludmila zu reden. Es war ein schwieriges Gespräch, denn Swetlana hatte die hübsche polnische Elena, die erste Frau ihres Sohnes, von der er sich getrennt hatte, sehr gern gehabt. Der Sohn der beiden war bei der Mutter geblieben. Swetlana wünschte sich ein Foto von diesem Enkel, der nur ein Jahr älter war als ihre Olga.

Von Katja erfuhr sie kaum etwas, außer dass sie Geophysikerin geworden war, in Kamtschatka lebte und eine zweijährige Tochter hatte. Auch von dieser wollte sie ein Foto haben. Swetlana wunderte sich, dass es kein Foto von diesem Kind geben sollte, und merkte daran, dass die Beziehung zwischen den beiden Geschwistern nicht gut war. Das Erste, was Ludmila fragte, war: »Wann sehen wir uns?« Darauf Swetlana: »Kommt nach England, dann sehen wir uns.« – »Nein, ich meine, wann sehen wir uns hier?« Swetlana war überrascht und antwortete, dass sie eine Reise in die Sowjetunion gar nicht beabsichtige.

Diesem ersten Telefonat folgten noch weitere. Swetlana erfuhr mehr über ihre beiden Enkel, jedoch kaum etwas über Katja. Aber das Wichtigste war ihr, immer wieder die Stimme ihres Sohnes zu hören. Als sie dann das erste Foto von ihm in Händen hielt, wusste sie, warum die Stimme sich so verändert hatte: Aus dem kleinen Buben mit kurzem Haar war ein Glatzkopf geworden, der sie mit müden Augen über dicken Tränensäcken anschaute; aber das Gravierendste: Er sah aus wie ein vom Leben enttäuschter Mensch!

Swetlana war sehr erschrocken über das Aussehen ihres Sohnes auf dem Foto, denn er erinnerte sie sehr an ihren Bruder Wassja, der Alkoholiker geworden war. Sofort rief sie in Moskau an und sagte Josef auf den Kopf zu, dass er trinke. »Ich kenne diese geschwollenen Augen, die habe ich oft genug gesehen!« Er lachte, sagte aber nichts dazu. In den Briefen und am Telefon fluchte er, wie das auch ihr Bruder getan hatte.

Der Vergleich mit ihrem Bruder machte Swetlana große Sorgen. Sie schlug vor, dass sie sich im Sommer 1984 in Finnland treffen könnten. Sie wollte ihn sehen, nicht nur hören. Er antwortete, dies sei nicht möglich. Daraufhin schlug sie ihm vor, wenigstens für eine Woche nach England zu kommen, sie würde alle Kosten übernehmen. Aber das schien er nicht zu wollen. Damals arbeitete Swetlana gerade an der Fertigstellung der Übersetzung von dem Tagebuch Krshman.

Ein anderes Mal sprach ihr Sohn von einem Urlaub am Schwarzen Meer, den er sich wünschte, weil er im Krankenhaus lag. Seine Mutter schloss daraus, dass er ernstlich krank wäre, und dies war der letzte Anstoß zu ihrem Entschluss, in die Sowjetunion zurückzukehren.

Im Frühjahr 1984 gab Swetlana Miriam Gross vom »Observer« ein Interview und versuchte ihr klar zu machen, dass die Trennung von ihren Kindern und Enkelkindern für sie sehr schwierig sei. Aber die Reporterin wollte nur über Politik und Propaganda mit ihr sprechen, das Private interessierte sie nicht. Man gestand Swetlana keine Privatsphäre zu; was immer sie unternahm, es wurde als politischer Schritt angesehen.

Während ihres letzten Jahres vor der Rückkehr nach Russland litt Stalins Tochter zunehmend unter Depressionen. Sie war wieder viel allein, und wenn der Jahrestag des Selbstmordes ihrer Mutter – die Nacht vom 8. auf den 9. November – nahte, war ihr besonders erbärmlich zumute und die »ganze Welt war ihr verhasst«. Sie spürte auch, dass sie ihrem Vater in vielem ähnlich wurde. So sprach sie von Verschwörungen, die gegen sie gesponnen würden. Sie hatte das Gefühl, dass etwas gegen sie im Gange sei. Sie fühlte sich umgeben von einer schlechten Aura, von Angst, Klatsch und Gerede.

Die eigene Tochter blieb von der Aggressivität der Mutter nicht verschont. Swetlana schlug sie wiederholt, sogar ins Gesicht. »Swetlana brach ihr nicht die Knochen, aber sie regierte sie mit eiserner Hand«, sagte eine langjährige amerikanische Freundin.[580] Nachbarn, die im Haus in Cambridge in der Wohnung über Swetlana wohnten, hörten, wie die Mutter herumschimpfte, wenn das junge Mädchen Schulferien hatte oder an den Wochenenden einmal aus dem Internat nach Hause kam. Man konnte sie sogar hören, wenn der Fernseher laut gestellt und die Fenster geschlossen waren. Einmal schimpfte Swetlana stundenlang, weil Olga ihre Zehennägel rot lackiert hatte. Als sie bei Interviews in Moskau gefragt wurde, ob sie ihre Tochter züchtige, gab sie zur Antwort: »Ja, aber nur wenn sie getrunken hat.« Andererseits konnte Swetlana einen Charme entwickeln, der unwiderstehlich war. Sie konnte herzlich und liebenswürdig sein, wenn sie nur wollte.

Bevor Olga mit ihrer Mutter England verlassen musste, schrieb sie an das Ehepaar Muggeridge:[581]

»Lieber Mr und liebe Mrs Muggeridge,
danke für Ihren entzückenden Brief.

In Ihrem Brief sagten sie mir: ›Es gibt keinen Grund, warum Menschen nicht glücklich und liebevoll zusammenleben können.‹ Aber leider sind meine Mutter und ich nicht so glücklich und liebevoll zusammen, wie wir dies sein sollten. Bitte danken Sie Mrs Muggeridge für das hübsche Geschenk; ganz besonders für den Führstrick.

Herzlichst,
Olga Peters.«

Zurück hinter den Eisernen Vorhang

Mit einem Mal kam Swetlana ihr Leben sehr ziellos vor. Bei einer Einladung zum Tee fragte sie eine Freundin, ob diese ohne ihre Kinder, ohne ihre Enkel leben könne, was die Frau verneinte. Diese Antwort half Swetlana, sich zu entscheiden. Sie rief Ashkenazy an, den sie in Amerika und in England öfter getroffen hatte und der ihr zugesagt hatte, er habe immer für sie Zeit. Jetzt fragte er, warum sie denn nicht nach Russland zurückkehre, wenn es ihr in Amerika und in England nicht gefalle. Und er sagte das ziemlich giftig. Die Antwort missfiel Swetlana, vor allem sein hämischer Ton. Sie dachte: Er hat es gut, er hat seine Familie bei sich, er lebt wie ein König in der Schweiz und hat überall Residenzen. Und sie antwortete auch ziemlich barsch, sie werde seinem Rat folgen, und legte auf.

Jetzt konnte sie sich plötzlich vorstellen, mit welchem Schock ihre Umwelt darauf reagieren würde, wenn sie nach Russland zurückkehrte. Umso dringender wollte sie diese Reise unternehmen. Sie schaute in einem astrologischen Kalender nach und fand den Rat: Versuchen Sie keine wichtigen Entscheidungen zu treffen, denn Ihr Kopf ist »benebelt«. Das ist doch Blödsinn, was die da schreiben, dachte sie und entschloss sich Anfang September 1984, einen Brief an die russische Botschaft zu schicken mit der Bitte, zu ihrer Familie nach Moskau zurückkehren zu dürfen. Sie wusste zunächst nicht einmal, wo die russische Botschaft in London residierte, und schlug deshalb im Telefonbuch nach.

Eine Woche später wurde sie dort persönlich vorstellig. Man war sehr freundlich zu ihr und bot ihr Tee an. Und es schien wegen ihrer Reise nach Moskau keine Schwierigkeiten zu geben. Man schlug ihr vor, zuerst in die Schweiz, dann nach Griechenland und von dort mit der Aeroflot nach Moskau zu fliegen.

Von den ganzen Vorbereitungen für die Reise in die Sowjetunion bekam Olga nichts mit. Erst als sie am 19. Oktober 1984 für einige Ferientage nach Cambridge kam, sprach ihre Mutter mit ihr darüber. Sie sagte ihr offensichtlich aber nicht, dass sie plane, für immer in Moskau zu bleiben. Nun tat Swetlana etwas Unschönes mit ihrer Tochter. Sie wollte Olga glauben machen, dass ihre geliebte Tante Marge in den USA nichts mehr von ihr wissen wolle, für Olga völlig unverständlich, da sie sich doch von Marge wie eine Tochter geliebt wusste. In einen Brief ihrer Schwägerin interpretierte Swetlana ein solches Missverständnis hinein, dass Olga einen maschinengeschriebenen Brief an die Tante schickte mit dem Hinweis, dass sie keinem

338   OLGA, DAS AMERIKANISCHE KIND – USA UND ENGLAND

Mitglied der Peters-Familie jemals wieder schreiben werde. Eine Zeile lautete: »Allright, bring mich um, schick mir eine Briefbombe, wenn du möchtest.« Olgas völlig entsetzter Vater: »Ich kann nicht glauben, dass Olga tatsächlich diesen Brief geschrieben hat. Sie kennt doch Marge und sie weiß, dass ich sie liebe und dass wir alles für sie tun werden.« Es ist mehr als offensichtlich, dass der unfreundliche Brief von Swetlana selbst geschrieben wurde, um die engen Bande ihrer Tochter zu Marge zu zerstören und ihr den Weg nach Russland schmackhafter zu machen.

Dass Olga überhaupt nicht dorthin wollte, konnten die Nachbarn im Haus unmittelbar miterleben. Sie hörten lautes Schreien in der Wohnung und dachten, es sei wieder eine von Swetlanas Schimpfkanonaden. Doch dann hörten sie Olga: »Warum hast du mir das nicht gesagt? Warum hast du mich nicht gefragt?«

Die Mutter hatte schon früher mit ihr über eine Reise nach Griechenland gesprochen, darüber hatte sie sich gefreut. Aber nun die Ungewissheit, ob sie je wieder in ihre Schule zurückkehren könnte! Ja, und dann ging es von heute auf morgen auf die Reise. Kaum jemand von ihren Freunden erfuhr davon, und das Entsetzen darüber war anschließend groß.

Einer ihrer Freunde in England, Prof. Donald Denman von der Universität Cambridge, konnte Swetlanas Schritt überhaupt nicht fassen. »Ich bin überzeugt, wenn sie wirklich in Moskau ist, dann nur zu einem Besuch.« Er gab zu bedenken, dass sie in Cambridge gerade erst ein Haus gekauft habe. Prof. Denman und seine Frau Jessie hatten Swetlana am Donnerstag vor der Abreise zum Mittagessen erwartet. Sie war aber nicht erschienen. Unter ihrer geheimen Telefonnummer nahm niemand den Hörer ab. Donald Denman konnte absolut nicht begreifen, dass Swetlana ihre russische Staatsbürgerschaft wieder bekommen könnte oder sogar ihre Tochter dazu zwingen wollte, ihre amerikanische aufzugeben. Er nannte die Schülerin ein strahlendes, fröhliches Kind, das schon in England genug Probleme hatte, denn Olga verspürte große Sehnsucht nach Amerika. Und nun sollte sie sich in Russland zurechtfinden, ohne die Landessprache zu beherrschen!

Den größten Schock aber erlitt Olgas 72-jähriger Vater Wesley William Peters, der ohne jede Information vonseiten seiner geschiedenen Frau geblieben war! Er erfuhr aus den Fernsehnachrichten, dass seine Tochter in Russland war.

John Woods, Direktor des Internats in England, das Olga seit 1983 besuchte, wusste mehr: »Am 22. Oktober rief mich Frau Peters an und sagte, sie fahre nach Moskau.«

Swetlanas alter Freund, der Sowjetologe Labedz, hatte seine eigene Meinung zu diesem überstürzten Entschluss: »Sie ist in ihr Vaterland zurückgegangen, oder zu ihrem Vater. Für sie bedeutet es das Gleiche.«

Der Zeit ihres Aufenthaltes in Russland ist ein eigenes Kapitel gewidmet. Olga, dieses so liebenswürdige Mädchen, dem die Mutter eine große Last aufgeladen hatte, konnte bei der Rückkehr nach England 1986 nur noch schwer in der Schule in England wieder Fuß fassen. Die Trennung von ihrer Mutter, die in die USA zurückging, dürfte ihr ebenfalls erhebliche Schwierigkeiten bereitet haben.

Und nun kommt noch einmal die Amerikanerin Rosa Shand zu Wort, die sich von ihrem Mann getrennt hatte und damals kurze Zeit in London als Lehrerin lebte. Swetlana schrieb ihr – dick unterstrichen – voller Wut, dass man Olga in ihrer Schule Betrügereien zum Vorwurf gemacht habe, was ihr völlig unverständlich sei. Olga musste tatsächlich die Schule verlassen. Wenig später heiratete sie einen etwa gleichaltrigen Teenager. Sie ließ sich aber bald wieder scheiden und lebte nun für einige Zeit in einer lose organisierten Kommune.

Rosa Shand wusste das deshalb so genau, weil sie Olga 1989 dort besuchte. Sie konnte sich an einen Sonntagnachmittag aus ihrer Zeit in London erinnern. Swetlana schrieb ihr aus den USA, sie möchte doch einmal nach Olga schauen. Rosa unternahm also den Versuch, Olga, die in einem Spirituosenladen arbeitete, zu treffen. Doch das klappte nicht. Auf keine ihrer kleinen Notizen antwortete Olga. So machte sich Rosa auf den Weg zu der angegebenen Adresse, ganz weit draußen in East Ham.

Es war ein bitterkalter Tag mit der typischen englischen Nässe des späten Novembers. Sie war mit der U-Bahn gefahren, und als sie aus dem U-Bahn-Schacht herauskam, war alles menschenleer. Die kleinen Geschäfte waren geschlossen und mit großen Schlössern versehen. In den Pfützen lagen leere Dosen und Papier. Rosa lehnte sich gegen einen roten Briefkasten und studierte ihren Stadtplan »London von A–Z«, bis sie schließlich die Straße und das Haus, in dem Olga wohnen sollte, gefunden hatte. Doch leider traf sie dort niemanden an. Sie läutete bei Nachbarinnen, und endlich zeigte sich eine Inderin an einem Fenster, die aber nicht bereit war, mit ihr zu reden. Nun blieb Rosa nichts anderes übrig, als zur U-Bahn-Station zurückzugehen.

Auf dem Weg dorthin kam ihr eine einzelne Person entgegen, groß, in einem braunen Mantel, der bis zu den Knöcheln reichte. Und plötzlich rief Rosa Shand »Oluschka«. Die junge Frau hielt an und ging dann langsam auf sie zu. Jetzt sah Rosa die lockigen Haare, die schönen Augen und das fast strenge Gesicht. Die junge Frau sagte nur: »Niemand nennt mich Oluschka, außer meiner Mutter.« Dann umarmten sich die beiden. Olga war liebevoll zu Rosa und lud sie zu sich in ihre Wohnung ein. Der Eingang lag hinter einem Zaun, halb versteckt von Abfalltonnen. Die Tür führte in einen rauchgeschwängerten Raum, die Wände und die Decke waren unter anderem mit Postern, die glutäugige Schwarze zeigten, tapeziert.

Olga machte Tee. Sie habe vor, aus dieser Behausung wieder auszuziehen, sagte sie Rosa. Sie habe sich von dem Freund getrennt, der sie in diese Wohnung gebracht hatte. Außerdem hoffe sie auf einen Ausbildungsplatz als Masseuse. Die beiden schwelgten noch ein wenig in Erinnerungen an die Zeit in Princeton, dann brachte Olga Mrs Shand zur U-Bahn. Zwei Wochen später kehrte diese in die Vereinigten Staaten zurück. Mitte der neunziger Jahre bestand Swetlana darauf, dass ihre Tochter, die in London etwas auf die schiefe Bahn geraten war, zu ihrer Tante in die USA zurückkehrte.

Olgas geliebter Vater Wesley Peters starb im Juli 1991. Die Trauerfeier fand am 20. Juli in der St. John's Catholic Church in Spring Green, Wisconsin, statt. Olga nahm nicht daran teil. Sie lebte damals noch in London.

21
Stalins Tochter kehrt in ihr Vaterland zurück

Jetzt bin ich von einem tiefen Schuldgefühl befreit.*
Sie ist in ihr Vaterland zurückgegangen oder zu ihrem Vater.
Für sie bedeutet es das Gleiche.
Leopold Labedz**

Ankunft in Moskau

Beim Anflug auf Moskau gingen Swetlana viele Gedanken durch den Kopf. Vom Flughafen Scheremetjewo war sie 17 Jahre zuvor zu ihrem schon legendär gewordenen Flug in die Freiheit aufgebrochen. Nun kehrte sie in die Stadt zurück, in der sie geboren und aufgewachsen war, die Schule und die Universität besucht hatte und in der ihre Kinder Josef und Katja zur Welt gekommen waren. Sie war ganz ruhig. »Warum bin ich eigentlich überhaupt nicht aufgeregt? Warum weine ich nicht?«, ging es ihr durch den Sinn.

Das Flugzeug rollte in eine abgelegene Ecke des Flughafens, wo bereits eine Dame mit einem großen Blumenstrauß wartete. Als sie auf Swetlana zuging, versuchte sie zu lächeln; doch es war ein sehr gekünsteltes Lächeln.[582]

Olga wurde von einer jungen hübschen Dolmetscherin willkommen geheißen, und beide lachten und redeten sogleich lebhaft miteinander. Zusammen gingen die vier nun in einen Empfangsraum im Flughafengebäude, wo für sie ein Tisch gedeckt war und Champagner kredenzt wurde. Man trank auf ihre Ankunft: »Wir sind zu Hause. Was bedeutet das? Wie ist das passiert. Wie war das möglich?«, fragte sich Swetlana.

Dann wurden sie in das Prominenten-Hotel »Sowjetskaja« am Leningrad-Prospekt gefahren, in dem die sowjetische Regierung ausländische Politiker unterbringt und in dem gewöhnlich Diplomaten und Journalisten unbehelligt ein und aus gehen. Doch an diesem Tag wurde das Hotel bewacht wie eine Festung: Gegenüber dem Eingang parkte eine Milizstreife, die Eingangstür wurde vom Portier immer nur einen Spaltbreit geöffnet für Hotelgäste, die zuvor nachweisen mussten, dass sie hier tatsächlich wohnten.

Nun endlich sah Swetlana ihren Sohn, ihr »Josefchen« wieder. Mit offenen Armen lief er ihr entgegen. Sie umarmten sich und standen lange so da. Mit Josef war sein Vater Grigorij gekommen. Neben ihnen stand eine große korpulente, etwa 50 Jahre alte Frau mit grauen Haaren. Swetlana dachte, das sei Grigorijs Frau. Doch ihr Sohn nahm sie bei der Hand, zog sie zu dieser Frau hin und sagte: »Das ist Luda.« Swetlana nahm Luda in die Arme, und jene umarmte auch Olga. Die Mutter wollte nicht zeigen, wie schockiert sie war. Sie beruhigte sich aber wieder, denn ihr Sohn hatte ihr erzählt, er sei glücklich und seine Frau könne gut kochen.

Irgendetwas im Gesicht von Ludmila ließ Swetlana allerdings keine Ruhe. Zum Glück war Grigorij dabei. Er machte alles einfach und leicht, so leicht, wie es in einer solchen Situation möglich war. Er sprach mit Olga Englisch und zeigte ihnen, wohin sie gehen sollten. Von allen Anwesenden wirkte er am glücklichsten. Olga war sehr still, weil ihr Halbbruder sie nicht umarmt hatte. Grigorij führte sie zu einem Aufzug, mit dem sie zu einer großen Suite fuhren.

Swetlana wunderte sich, warum ihr Sohn kein Wort mit Olga sprach, er verstand doch Englisch. Olga fragte wütend ihre Mutter, warum Josef sie nur von oben nach unten und von unten nach oben angeschaut, aber kein Wort an sie gerichtet und sie auch nicht umarmt habe. Swetlana meinte, das sei wohl auf die Aufregung zurückzuführen.

Anschließend im Restaurant saß Josef, der viel älter aussah, als er mit seinen 39 Jahren war, links von seiner Mutter, und beide hielten sich an der Hand. Grigorij schenkte allen Wodka ein, und man prostete sich zu. »Eigentlich müssten wir uns alle besaufen«, dachte Swetlana, »wir müssten weinen und uns umarmen und küssen, aber wir können das nicht tun, weil wir gebildete Leute sind, wir dürfen an so etwas nicht einmal denken.« Mutter und Sohn blickten sich an, aber sie sagten nichts. Grigorij übersetzte für Olga alles, was in Russisch gesprochen wurde. Swetlana fand, dass er gut aussah mit seinen

63 Jahren und sehr elegant gekleidet war. Er hatte sich auch bereits erkundigt, in welche Schule die kleine Amerikanerin gehen könnte. Die 13-jährige Olga sah recht unglücklich aus, stocherte mit der Gabel im Essen herum und schwieg. Ihr Halbbruder richtete weiterhin kein einziges Wort an sie.

Kurz nach ihrer Ankunft kam ein Studienkollege von Grigorij ins Hotel, ein Diplomat und Schwiegersohn von Gromyko. Swetlana kannte ihn seit 40 Jahren, und so konnten sie ohne Umschweife miteinander reden. Für Olga brachte er eine große Schachtel Pralinen mit und für die ehemalige Kommilitonin eine Flasche Champagner. Er nannte Swetlana viele Namen von Personen, an die sie sich wenden könne, vor allem bei ihrer Bemühung um eine Schule für Ausländer. Der Freund versprach ihr, bei den ersten Schritten zu helfen.

In Moskauer Intellektuellenkreisen rätselte man über die Gründe und Hintergründe ihrer spektakulären Rückkehr. Dass bereits unter Staats- und Parteichef Andropow grünes Licht für eine ehrenhafte Rückkehr Swetlanas gegeben wurde, zogen viele Sowjetbürger dabei ebenso wenig in Zweifel wie die Version, dass die 59-jährige und als unberechenbar geltende Swetlana, die ohnedies ein schwieriger Mensch sei, nun ihren Lebensabend aus Heimweh in Russland, im Kreise ihrer Verwandten und Freunde, verbringen wolle.

Der Swetlana bestens bekannte sowjetische Dissident Daniel Sinjawskij, ihr einstiger Geliebter in Moskau, will die Hintergründe für ihre Rückkehr in die Sowjetunion herausgefunden haben. Er behauptet, der sowjetische Geheimdienst KGB habe den Intellektuellen Oleg Bitow in den Westen geschickt, um Stalins Tochter zur Heimkehr zu bewegen. Andrej Sinjawskij, gegen dessen Verurteilung Swetlana einst gekämpft hatte und der seit 1973 in Frankreich lebte, will Einzelheiten über Swetlanas Rückkehr aus russischen Emigrantenkreisen in der Bundesrepublik erfahren haben. So berichtete es die Londoner »Mail on Sunday«.

Der KGB habe Oleg Bitow, einen Redakteur der »Literaturnaja Gaseta«, für die Swetlana-Mission angeworben. Bitow hatte sich bei der Biennale 1983 in Venedig unter dem Vorwand abgesetzt, die geistige Gängelung unter dem Kreml-Regime habe ihn zur Flucht bewogen. Die italienische Polizei ließ ihn nach London ausreisen. Der britische Geheimdienst verhörte Bitow wochenlang, übersah aber, dass er häufig Ausflüge nach Cambridge unternahm, wo Swetlana sehr zurückgezogen lebte. Es heißt nun, er soll versucht haben, die als impulsiv geltende, zu Kurzschlusshandlungen neigende Swetlana im Auftrag des KGB regelrecht »kirre« zu machen. Er habe sich ihr Vertrauen erschlichen, sie zu seiner Geliebten gemacht und ihr die Möglichkeit eines guten gemeinsamen Lebens in der Heimat ausgemalt. Bitow sei es gelungen, die Frau von sich abhängig zu machen. Dann setzte er sich selber am 17. August nach Moskau ab. Dort beschuldigte er die westlichen Geheimdienste, ihn betäubt, verschleppt und gefoltert zu haben.

Swetlana gab zu, dass sie ihren Landsmann Oleg Bitow schriftlich ersucht habe, sich kritische Artikel über die Sowjetunion »zweimal« zu überlegen. Eine Antwort erhielt sie nach ihrer Darstellung jedoch nicht.

Damit aber kam sie auf den »ausschlaggebenden Punkt« ihrer Entscheidung zu sprechen, dem Westen wieder den Rücken zu kehren: Es sei ihr Sohn Josef aus erster Ehe gewesen, der daheim in Moskau krank geworden sei, und die Tochter Katja aus zweiter Ehe, die nichts mehr von sich habe hören lassen.

Wie es um ihre Religiosität stehe, wurde sie ebenfalls gefragt. Sie antwortete, sie habe sich 1962 taufen lassen und sei eine religiöse Frau geblieben. Gerade wegen dieser Religiosität habe sie im Westen stets ein tiefes Schuldgefühl empfunden. Nun freilich sei sie davon befreit, sei in ihrer Heimat mit einer »Wärme und Generosität« empfangen worden, »die ich nicht erwartete«. Und dafür, beteuerte die Heimgekehrte, die sich fortan ganz der Familie widmen und nebenbei Bücher aus dem Englischen ins Russische übersetzen wollte, »dafür bin ich dankbar«[583].

Aus Moskau berichtete die britische »Sunday Times«, die älteren Kinder kritisierten ihre Mutter heftig dafür, dass sie ihr jüngstes Kind Olga mit nach Moskau gebracht habe. Diese aus ihrer vertrauten Welt nach Russland zu verpflanzen sei »nicht fair« gewesen.

Die sowjetische Nachrichtenagentur TASS bestätigte offiziell, dass Stalins Tochter »heimgekehrt« sei.

Dass sie Stalins Tochter war, dürfte bei keinem der damaligen sowjetischen Führer ein Grund zum Zögern gewesen sein, sie in Russland wieder willkommen zu heißen. Nach der Wiederaufnahme von Wjatscheslaw Molotow, Stalins einstigem engem Mitarbeiter und Außenminister, in die Partei ein Jahr vor der für 1985 geplanten großen Feier des Triumphs im Zweiten Weltkrieg, war die Rückkehr der 59-jährigen unpolitischen Frau auch ein Stück »Wiedergeburt« der Geschichte, die nach den Worten von Staats- und Parteichef Konstantin Tschernenko[584] den »Sowjetpatriotismus« nähren solle.

Stalins Rolle als siegreicher Heerführer im letzten Weltkrieg, sein Verdienst um die Rettung der russischen »Rodina«, der Heimat, vor der Vernichtung durch den Faschismus, ist in der UdSSR bisher nie in ihrer Bedeutung geschmälert worden. Bemerkenswert ist aber, dass man Stalin damals durchaus auch als Politiker und prominenten Mitkämpfer Lenins Beachtung schenkte. Am 12. Oktober 1984 brachen im ukrainischen Kiew die Funktionäre in Beifall aus, als das Politbüro-Mitglied Wladimir Schtscherbitzkij auf einer Festversammlung den Vater Swetlanas wegen seiner Kriegsverdienste rühmte.

Die Rückkehr Swetlanas gewann für Moskau in der Propaganda gegen den Westen wohl mehr psychologisches Gewicht als das dubiose Wiederauftauchen des angeblich vom britischen Geheimdienst entführten Journalisten Oleg Bitow.

Das »Time Magazine« titelte am 26. November 1984 »Coming Home«. Zwei amerikanische Fernsehcrews warteten vor dem Hotel »Sowjetskaja« auf Stalins Tochter. Seit Swetlana nach Moskau zurückgekehrt war, führte sie ein Versteckspiel mit den westlichen Journalisten auf. Sie war nicht bereit, inoffiziell auch nur ein Wort mit ihnen zu reden, und beschimpfte sie als »unzivilisierte Menschen«, als »Wilde«. Auf die Frage nach ihrer Tochter Olga antwortete sie mit einer Serie von Flüchen und dass sie das einen Dreck angehe.

Die Pressekonferenz

Kurz nach ihrer Ankunft gab Swetlana eine Pressekonferenz: Sie sei aus freien Stücken zurückgekehrt. Sie habe die Trennung von ihrer Familie nicht mehr ertragen können, und die ständige große Sehnsucht nach ihren beiden Kindern und den Enkelkindern. Außerdem sei sie viel zu naiv gewesen, was das Leben in den USA betraf. Und sie sei ein »besonderer Liebling« der CIA gewesen.

Die Presseabteilung des sowjetischen Außenministeriums hatte zu diesem Auftritt »auf Bitten von Frau Allilujewa« in das Haus des sowjetischen Frauenkomitees geladen, in einen russisch-altklassizistischen Bau in der Nemirowitsch-Dantschenko-Straße. Fernsehkameras waren nicht erlaubt.[585]

Insgesamt waren 25 Journalisten zugelassen worden, darunter nur eine ausgewählte Schar von Leuten aus dem Westen. Ausgeschlossen waren »The Times« und »Daily Telegraph«, die »Financial Times«, »Time Magazine«, »Newsweek« sowie alle amerikanischen Fernsehstationen und der Großteil der westeuropäischen Presse, einschließlich Italiens kommunistischer Zeitung »L'Unità«. Es gab keine Erklärung dafür. Reporter, die sich deshalb beschwerten, erhielten zur Antwort, dass Swetlana selbst diese Entscheidung getroffen habe. »The Guardian«, BBC und Reuters waren anwesend.

Swetlana begrüßte mit »Liebe Landsleute, liebe ausländische Gäste« und begann ihre Erklärung vom Blatt abzulesen. Über die Spekulationen, dass ihre Rückkehr gewaltsam erfolgt sei, wolle sie Aufklärung geben. In einer lila Bluse mit silberner Brosche und einem braunen Kostüm, fast hausbacken wirkend, stand sie, manchmal verlegen lächelnd, vor den Journalisten.

Unter den Emigranten in Europa und in Amerika, so gab sie einleitend zu verstehen, gäbe es zwei Kategorien. Zur ersten – und dazu rechne sie sich selbst – gehörten jene, die sich von idealistischen Beweggründen hatten leiten lassen, enttäuscht wurden und gerne wieder heimkehren möchten, dies aber »aus Furcht vor Strafe« nicht tun. Sie erwähnte freilich nicht, dass man diesen Rückkehrwilligen gegenüber auch kein Entgegenkommen zeigte, um ihnen die Heimkehr überhaupt zu ermöglichen. Dies war ein Punkt, der im Moskauer Publikum hier und da für böses Blut sorgte und nicht nur freundliche Stimmen über ihre Rückkehr laut werden ließ. Die anderen, sagte sie, gingen aus wirtschaftlichen Motiven ins Ausland und hätten sich in der Fremde zurechtgefunden und eingelebt: »Und sie sind dort«, wie sie etwas boshaft hinzufügte, »auch am richtigen Platz.«

Wer je mit russischen Emigranten zu tun hatte und die innere Zerrissenheit vieler von ihnen mitbekam, kann Swetlana Allilujewa in diesem Punkt leicht folgen. Er ordnet auch die scheinbaren Widersprüchlichkeiten ihres damaligen Verhaltens und ihrer schriftlichen und mündlichen Äußerungen während der 17 Jahre in der Emigration ohne Verwunderung ein.

Das amtliche Moskau dürfte Swetlanas Pressekonferenz in der Tat kaum eingeplant haben. Als einige Journalisten sie hartnäckig auf frühere Äußerungen in den USA, auf Bücher und Interviews festnageln wollten, wehrte sie ab: »Hier sitzen überwiegend Männer, im Leben der Frau aber spielt die Politik eine weitaus geringere Rolle; die Frau denkt vor allem an ihre Familie. Ich bin bald 60, und wenn Sie eines Tages so alt sein werden, werden Sie wohl ähnlich empfinden.« So spricht nicht die Partei. So redet in der Regel eine ältere Sowjetfrau zumeist ländlicher Herkunft, die in die Kirche geht und im Dienst an Mann, Kindern und Enkeln die Erfüllung ihres Lebens sieht.

Swetlanas sensationellem Verbleiben im Westen mögen, wie sie sagte, menschliche und nicht politische Motive zugrunde gelegen haben. Aber der Fall war wirklich komplexer. Damals habe sie auch einen »idealistischen« Tribut an die »so genannte freie Welt« entrichtet, »mit der meine Generation nicht vertraut war«. Es gibt viele briefliche Zeugnisse dafür, wie schnell ihr Idealismus in Bezug auf Amerika verflog.

Dann sagte sie einen Satz, über den Amerikaner nur noch den Kopf schütteln können. »Ich war in dieser freien Welt nicht einen Tag lang frei.« Natürlich geriet sie nach ihrem Übertritt in ein Geflecht von politischen und ökonomischen Interessen, aus dem sie sich aus eigener Kraft nicht befreien konnte – als die behütete Tochter aus einem recht alltagsfernen Milieu und Spross eines Volkes, in dem kollektives Verhalten den Hang zu individualistischen Alleingängen überlagert.

Dem folgten ihre altbekannten Vorwürfe gegen die großen New Yorker Anwaltskanzlei, die – nach ihrer Meinung dem amerikanischen Außenministerium und dem Geheimdienst CIA verpflichtet – ihr Tun und Lassen, auch ihre Publikationen, unter Aufsicht und Kontrolle gehalten hätten. Nach 15 Jahren in den USA habe sie in »friedlichere« Länder gehen wollen – etwa in die Schweiz, nach Schweden, Griechenland oder Indien. Doch mit verschiedenen Mitteln habe »man« ihre Absicht durchkreuzt. England, wo sie noch knapp zwei Jahre gelebt habe, sei der einzige Ausweg gewesen.

Wie stark die heimatliche kulturell-politische Prägung auf den Entschluss zur Heimkehr der wohl prominentesten Emigrantin der Nachkriegszeit letztlich doch einwirkte, verraten zwei Episoden, die sie erwähnte. Als sie drei Jahre zuvor den »Oblomow«-Film des sowjetischen Regisseurs Nikita Michalkow sah, wäre sie fast sofort zum sowjetischen Konsulat gerannt mit der Bitte um ein Visum für Moskau.

Dann erlebte sie im Sommer 1984 in England die Jubiläumsfeiern zur anglo-amerikanischen Invasion in der Normandie von 1944 – und war empört. »Unglaublich, dass dabei nicht von den Millionen sowjetischen Soldaten gesprochen wurde, die für den Sieg fielen – das war so unvorstellbar ungerecht, da habe ich wirklich nicht gewusst, wo ich hingehöre.«

Von der Motivlage und vom Ablauf her ist es eine Geschichte unter tausend ähnlichen – nur dass die Akteurin die Tochter des Diktators Stalin ist, mit dessen historischer Einordnung die Sowjetunion sich immer noch schwer tut. Und dass ihr der Wunsch heimzukehren erfüllt wurde, der anderen mit schwer begreiflicher Hartherzigkeit stur verweigert wird![586]

Michael Voslensky, Swetlanas einstiger Kommilitone in Moskau, reagierte ziemlich bestürzt auf diese ihre Heimkehr: »Jetzt wird sie wieder schweigen müssen – bis zum Tod. Noch im März konnte Stalins Tochter im Interview mit dem ›Observer‹ über ihre Hoffnungen auf eine Liberalisierung des diktatorischen Regimes in der Sowjetunion und auf einen sowjetischen Dubček sprechen. Jetzt wird sie dieses Regime als eine sozialistische Demokratie loben und Dubček als den ›Verräter am Sozialismus‹ brandmarken müssen – oder eben schweigen.«[587] Voslensky meinte auch, Swetlanas Rückkehr sei für die Sowjetführung ein »Geschenk des Himmels«.

Die Presseleute erinnerten sich sehr wohl an Swetlanas Aussagen gegen ihr Land. Sie hatte die bolschewistische Revolution einen »fatalen, tragischen Fehler« genannt, ihren Vater ein »moralisches und geistiges Monster«, das Sowjetsystem als »völlig korrupt« bezeichnet und den KGB mit der deutschen Gestapo verglichen.

Die russische Schriftstellerin Larissa Wassiljewa nennt Stalins Tochter ständig die »Prinzessin«. Und diese »Prinzessin« kehrte nun in den achtziger Jahren heim, in ihre Vergangenheit, die so nicht mehr existierte.[588] Es existierte aber noch das alte, von ihrem Vater aufgebaute Staatssystem – die Sowjetunion. Swetlana war für ihre Zeitgenossen noch die Alte: stark, leidenschaftlich, widersprüchlich und althergebracht. Sie brachte in die Sowjetunion die Wahrheit mit über »das amerikanische Märchen«, das sich für sie als Lüge entpuppt hatte. Doch das interessierte nicht viele. So waren die Reaktionen auf ihre Heimkehr sehr unterschiedlich.

Vier Wochen Moskau sind genug

Nach der anfänglichen Freundlichkeit erhöhten die Behörden bald den Druck auf Swetlana. Sie wollten wissen, wie es mit Olga weitergehen sollte. Sie durfte auch keine doppelte Staatsangehörigkeit besitzen. Doch Olga war von Geburt Amerikanerin und besaß einen englischen Pass. In der Sowjetunion wollte man das nicht. Wer einmal Russe ist, bleibt immer Russe. In diesem Moment verstand sie, dass die Behörden meinten, alles diktieren zu können. Sie sah ein, dass es nichts brachte, sich mit ihnen auf Diskussionen einzulassen. Dann hörte sie obendrein zum ersten Mal, sie solle ja nicht vergessen, wo sie sich jetzt aufhalte, wer sie sei und wer hier alles entscheide.

Sie stellte einen Antrag, den man ihr diktierte. Das musste so sein.

Grigorij Morosow räumte ein, dass dies eine ernste Lage sei. Wenn er zu viel für sie unternommen hätte, hätte er dafür büßen müssen, und das wollte er nicht. Der ganze Prozess der Einbürgerung, der normalerweise monatelang dauert, war in drei Tagen entschieden. Am 1. November 1984 war schon alles erledigt. Das war unglaublich schnell.

An einem Morgen wollte Swetlana zu ihrem Cousin Sergej Allilujew gehen, doch sie verlief sich in der Stadt und merkte auf einmal, dass ein Mann vom KGB, »ein Tschekist«, immer hinter ihr herging. Plötzlich waren lauter Reporter um sie herum. Sie bat sie wegzugehen, und auch den Mann vom KGB versuchte sie mit Gewalt zu vertreiben. Mit diesem sprach sie russisch, mit den Reportern englisch. Dann schickte sie alle »zum Teufel«. Sie wurde bei dieser Gelegenheit vom Moskauer Fernsehen auch gefilmt, aber den Tschekisten hatte man herausgeschnitten, und somit konnte der Zuschauer nicht sehen, warum sie so wütend geworden war. Das erfuhr sie aber erst, als sie schon wieder in den USA war. »Diese verdammten Tschekisten bespitzeln mich ständig«, beklagte sie sich bei ihren Verwandten.[589]

Vom sowjetischen Außenministerium kamen zwei Männer zu ihr, die ihr einen Brief vom amerikanischen Konsulat zeigten. Sie durfte ihn aber nicht lesen, weil sie die Telefonnummer des Konsulats nicht sehen sollte. Sie konnte immerhin erkennen, dass man ihr die amerikanische Staatsangehörigkeit nicht nehmen könne, weil sie ihren Verzicht unter Eid vor dem Konsul persönlich erklären müsste. Da begriff sie, dass ihr die doppelte Staatsangehörigkeit zustand.

Von der Schulministerin erhielt Swetlana dann auch noch die Auskunft, dass es für Olga keine englischen Bücher gebe und diese nun anfangen müsse, Russisch zu lernen, und zwar sofort. Alle englischen Schulen seien inzwischen geschlossen worden. In der Chruschtschow-Ära hatte es ausländische Schulen gegeben. Doch danach mussten sie alle auf Anweisung von Breschnew geschlossen werden. Schließlich fand Swetlana eine Lehrerin, die Englisch sprach und indische Studenten auf die Universität vorbereitete. Sie meinte, dass es für Olga besser sei, nicht in eine normale russische Schule zu gehen, das würde sie psychisch zu sehr belasten.

VIER WOCHEN MOSKAU SIND GENUG

Außerdem entschieden die Behörden nach einiger Zeit, dass Swetlana und Olga aus ihrem Hotel ausziehen mussten. Olga sollte in eine der besten Schulen, die auch ein Schwimmbad besaß, geschickt werden, und Swetlana sollte eine großartige Wohnung mit über 90 Quadratmeter bekommen. Das Haus war für die sowjetische Oberschicht und deren Familien gebaut worden. Für russische Verhältnisse war es das Beste, was man bekommen konnte. Olga war begeistert, doch es wäre ein Leben wie in einem Käfig geworden. Vor der Tür stand immer ein Bewacher. Swetlana schlug die Wohnung aus. Ihrer Tochter erklärte sie, dass die Wohnung für zwei Personen viel zu groß sei. Außerdem, wenn sie alles annähme, was man ihr anbot, hätte sie einen Status, den sie nicht mehr wolle.

Swetlana hatte in Moskau viel Zeit für die Familie. In der Wohnung bei ihrem Sohn sah sie ihre alten Möbel, was sie sehr berührte, Sofa, Schreibtisch und Bücherregale mit ihren Büchern, alles, was sie in den fünfziger und sechziger Jahren zusammengetragen hatte, ungarische Sessel, tschechische Möbel für das Gästezimmer und weiße Bücherregale, die nach Maß gearbeitet worden waren.

Endlich bekam sie auch ihren 15-jährigen Enkelsohn Ilja zu Gesicht, der sehr dem Vater seiner Mutter Elena glich. Ihrem Sohn Josef sah er nicht ähnlich. Olga schenkte ihm die Sneakers und die Tasche von Adidas, die sie in Athen gekauft hatte. Doch er reagierte überhaupt nicht. Das schockierte Olga sehr, denn in Amerika hätte sich jedes Kind darüber gefreut und vielmals bedankt. Ilja verstand zwar etwas Englisch, aber er sprach kein Wort mit Olga. Er beherrschte auch gut das Französische, und obwohl Olga auch etwas Französisch konnte, entwickelte sich kein Gespräch zwischen ihnen.

Bei diesem Treffen gab es gutes Essen und Wodka und es ging fröhlich zu. Der Sohn erzählte allerdings, dass er an hohem Blutdruck und an Gastritis leide. Anschließend fuhren sie zur Datscha von Schukowka, wo Swetlana 1966 bis zu ihrer Abreise nach Indien gewohnt hatte. Grigorij Morosow, Swetlanas geschiedener erster Ehemann, war mit zur Datscha gefahren. Sie konnte mit ihm sprechen und wollte von ihm wissen, woher Ludmila stamme, die weder Swetlana noch Grigorij gefiel. Er schüttelte den Kopf und sagte ihr, dass sein Sohn sie auf einem Saufgelage kennen gelernt habe, nachdem ihn Elena mit dem Kind verlassen hatte. Osja habe damals wild zu trinken angefangen. Swetlana bot Ludmila an, Mama zu ihr zu sagen. Über die Antwort »Das werden wir noch sehen« war Swetlana sehr erstaunt. Sie verstand, dass die Schwiegertochter ihr eigentlich sagen wollte: »Wir werden auch ohne dich auskommen.«

Wie Galja, die einzige Tochter von Jakow Dschugaschwili, bestätigt, haben sich Mutter und Sohn bestimmt fünfzehn Mal getroffen.[590] Doch Swetlana wollte als Persönlichkeit geachtet werden, also auf keinen Fall die zweite Geige spielen und als Nur-Hausfrau gelten. Im Leben ihres Sohnes gab es eine Ehefrau, die sie nicht mochte und die es sie ständig spüren ließ.

Swetlanas Stimmungsschwankungen waren allmählich gefürchtet. Wie konnte es sein, dass eine liebende Mutter beim geringsten Anlass über ihren Sohn Verwünschungen ausstieß? Nach einem Streit mit ihm forderte sie von den Behörden, dass man ihn nach Sachalin[591] verbannen solle.[592] Wenn sie genug Macht hätte, würde sie mit ihrem Sohn abrechnen, »wie ihr Henker-Vater mit dem ganzen Volk abgerechnet hat«.[593]

Swetlana verbrachte aber in Moskau schöne Stunden mit ihren Cousins und Cousinen, die von ihrem Erscheinen begeistert waren. »Ich glaubte immer, dass sie wiederkommen würde«, sagte Sergej, »und wir waren glücklich, dass sie für einen Besuch von 1984 bis 1986 zurückkam: Für mich war es die Bestätigung meines festen Glaubens, dass sie eines Tages zurückkehren würde. Wir wollten sie alle so gerne wiedersehen.«[594] Er fügte aber noch hinzu, dass für die sowjetische Regierung ihre Rückkehr sehr nützlich war – wann immer ein Emigrant zurückkam, stärkte er damit das Regime. Als »großer Fisch« war Stalins Tochter gut für die Propaganda.[595]

Alte Freunde von Jurij Andrejewitsch Schdanow hatten sie in Moskau zum Mittagessen eingeladen. Und nicht nur sie, sondern auch Jurij, ihren zweiten geschiedenen Mann. Er spricht heute noch mit einer beeindruckend festen Stimme sehr versöhnlich über seine einstige Ehefrau und bedauert seit damals, nichts mehr von ihr persönlich gehört zu haben.

Swetlana war von dieser Einladung sehr beeindruckt. Sie traf da Ingenieure, Philosophen, Musiker, Physiker, Diplomaten, die ihrem Land ehrlich und treu gedient hatten. Sie gehörten zwar nicht zur privilegierten Schicht, waren aber Menschen, die seriös gearbeitet hatten: Wer viel arbeitet, lebt gut. Sie konnten Swetlanas Emigration aus Russland nicht verstehen, doch ihre Rückkehr verstanden sie sehr wohl. Sie erwarteten, dass sie eine Vorstellung hätte, in welchem Bereich sie tätig sein werde. Aber welche Tätigkeit?

Immer wieder quälte Swetlana die Frage: »Weshalb bin ich zurückgekommen? Ich bin einsam. Ich lege mir neue Fesseln an. Und meine arme Olga wurde in eine Schule gezwungen, in der schon der Direktor wie ein Gefängniswärter wirkt.«[596]

Sie fragte Grigorij um Rat. Er meinte, sie solle sich keine Sorgen machen und auf ihre Gesundheit, ihr Herz achten. Er bot ihr Herztabletten an. Sie dachte schon wieder daran, woanders hinzugehen. Als Begründung wollte sie sagen, dass die Presse dauernd hinter ihr her sei und sie deshalb Moskau verlassen wolle. Sie wollte eventuell nach Georgien gehen. Viele Jahre später sagte sie: »Ich fühle mich nicht russisch. Ich fühle mich aufgeteilt in viele Teilchen. Meine ethnischen Wurzeln sind in Georgien … Russland spricht mich nicht in der gleichen Weise an wie Georgien.«[597] So schrieb sie an die Regierung und brachte ihren Wunsch vor, nach Tbilisi zu ziehen.

Zu ihren Wurzeln – nach Georgien

Einige Tage später erhielt Swetlana eine Einladung in die georgische Vertretung. Nach einem kurzen Gespräch wurde ihr erlaubt, nach Georgien zu ziehen. Am 1. Dezember 1984 flogen Swetlana und Olga nach Tbilisi. Olga war von ihrer Mutter schon vorbereitet worden auf das neue Land, die es mit Kalifornien verglich, wo es keinen Winter gibt. Ein Vertretungsangestellter, der mit Olga zu ihrer Freude Englisch sprach, begleitete sie. Olga war überzeugt, dass es ihnen in Georgien viel besser gehen würde als in Moskau. Der zurückliegende Monat in Moskau war für sie wie ein Albtraum gewesen.

In den ersten Tagen in Tbilisi wohnten sie in einer Gästeresidenz, und Olga fand ein gleichaltriges Mädchen, das auch gut Englisch sprach, Klavier spielte und sang. Das Schulministerium hatte kein Ultimatum gestellt, dass sie sofort in die Schule gehen müsse. So wurde sie erst einmal in einer Reitschule angemeldet, damit sie sich besser einlebte. Olga war eine sehr gute Reiterin, bekam einen eigenen Trainer, und man mochte sie dort.

Zur russischen Sprache, die sie lernen musste, kam nun noch das Georgische hinzu. Nach einem halben Jahr konnte sie sich schon in beiden Sprachen gut unterhalten, nach einem Jahr beherrschte sie beide fließend. Damit ging es ihr auch in der Schule besser. Sie erhielt zusätzlich Privatunterricht in Mathematik und lernte Malen. Die georgischen Lieder gefielen ihr gut. Was man damals in den Schulklassen sang, singen auch heute noch die Kinder der ersten Schulklassen: Ein Loblied auf Stalin, dessen Text ein Gedicht von diesem selbst ist: »Blühe auf, du mein schönes Land, gedeihe wohl, iberische Erde, und du, Georgier, lerne mit Eifer, deinem Vaterland zur Freude« (1895).[598]

In der ihnen zugewiesenen »Residenz« wohnten sie einen Monat, und dann beantragte Swetlana ein eigenes Haus. Nun war das Leben für sie wieder in Ordnung. Wie ihre Cousine Kira Politkowskaja erzählt, war das Haus voll eingerichtet mit teuren Möbeln und Lüstern. Doch Swetlana ließ alles herausnehmen. Sie wollte sich bei niemandem bedanken müssen. Sie kaufte neue Möbel und richtete sich nach ihrem Geschmack ein. Als man ihr eine Haushaltshilfe anbot, lehnte sie ab; denn sie hatte Angst, bespitzelt zu werden. Lediglich einen Chauffeur akzeptierte sie, der nett, aber sehr neugierig war.

Olga fand schnell Freunde. Dabei sah sie auch die kleinen Wohnungen, die ungepflegten Häuser, die keine Wasserleitung im Haus hatten und kein Telefon. Sie begriff, welche sozialen Unterschiede es in Georgien gab.

Viele, mit denen sie sprach, fragten Olga aus und wollten wissen, wie es in Amerika sei.

Nach acht Monaten Aufenthalt in der Sowjetunion bekam Swetlana im Juni 1985 endlich einen Brief von ihrer Tochter Katja. Swetlana hätte sie gerne in Moskau getroffen, aber ihre Tochter wollte das nicht. Katja lebte nach wie vor als Vulkanologin in Kamtschatka. Als sich Swetlana noch in Moskau aufhielt, war in einer Zeitung ein großer Artikel »Fenster zum Vulkan« erschienen, in dem über eine junge Arbeiterin namens Jekaterina Feodorowna Schdanowa und ihre dreijährige Tochter Anjuta berichtet wurde, die sie überall mit hinnahm. In der Glosse kam natürlich auch Swetlana vor.

Mit großer Aufregung öffnete Swetlana den Brief ihrer Tochter, und heraus kam ein kleines Stück Papier, das mit der ihr bekannten Kinderschrift ihrer erwachsenen und fremd gewordenen Tochter beschrieben war. Sie werde ihrer Mutter nicht verzeihen, sie werde ihr nie verzeihen. »Ich will dir nicht verzeihen!« Sie wünsche keinen weiteren Kontakt mit ihr. Die Mutter solle nicht mehr versuchen, sie zu treffen. Sie wolle nicht, dass sich ihre Mutter in ihr Leben einmische. Der einzige Satz, der menschlich klang, war: Sie wünsche Olga Geduld und Hartnäckigkeit. Für die Mutter fand sie kein freundliches Wort. Am Ende des Briefes stand »dixit« (»Ich habe gesprochen!«, gewissermaßen: Das ist mein letztes Wort!). Darüber musste Swetlana allerdings lachen. Sie saß lange da mit dem Brief in der Hand. Das hatte sie von Jekaterina nicht erwartet, denn sie hatte ihre Tochter sehr geliebt.

Katjas Mann war bei einem Unglück ums Leben gekommen, sie war also als junge Witwe mit einem kleinen Kind zurückgeblieben. Doch sie war sehr stur und eigensinnig, selbstständig und eine gute Arbeiterin in einer schwierigen Lage. Jetzt ist also die Mutter mit der amerikanischen Stiefschwester da und schwimmt im Geld, dachte Katja wohl. In Athen hatte Swetlana für Anjuta das Kleid gekauft, das sie nun an die Oma Schdanowa sandte.

Katjas Vater Jurij Schdanow schrieb Swetlana einen sehr netten Brief über die gemeinsame Tochter und schickte Fotos, sodass sie sich endlich über Katja, die nun 30 Jahre alt war, und ihre kleine Enkelin ein Bild machen konnte. Katja sah so aus, wie sie sie in Erinnerung hatte. Auf einem Foto saß sie auf einem kleinen Pferd, auf einem anderen hielt sie eine Gitarre. Olga liebte ebenfalls Pferde und spielte Gitarre. Sie hatten beide die gleichen dunklen Augen. Aber die Enkelin Anjuta hatte blonde Haare und blaue Augen. Jurij schrieb: »Sei geduldig mit ihr. Sie ist furchtbar selbstständig. Sie lässt keine andere Meinung gelten, arbeitet sehr gut und wird eine berühmte Forscherin.« Swetlana hatte noch nicht jede Hoffnung aufgegeben, ihre Tochter e wiederzusehen. Sie reiste nach Wladiwostok, um sie zu finden, was ihr aber nicht gelang.

Den ganzen Sommer 1985 verbrachte Swetlana mit Olga an verschiedenen Kurorten am Schwarzen Meer. Sie wollte ihr zeigen, wo sie sich selbst als Kind oft aufgehalten hatte. Öfter trafen sie sich auch mit Familien von Politikern. Für Swetlana war das zwar langweilig, aber für Olga sehr interessant, weil viele der Kinder Englisch sprachen.

Dann lud sie ihre Cousine Kira, die Tochter von Pawel Allilujew, zu sich ein. Kira war Schauspielerin gewesen, wurde als »Volksfeindin« eingesperrt und konnte als »Verwandte des Tyrannen« lange nicht mehr Fuß fassen. Doch 1957 erhielt sie einen Posten beim Fernsehen und arbeitete dort bis zu ihrer Pensionierung im Jahre 1980. Sie war zunächst Regieassistentin und später Regisseurin in der Musikredaktion.

Diese lebenslustige, elegante Dame spricht exzellent Deutsch, reziert deutsche Gedichte und zelebriert russische Gastfreundschaft in einer wirklich nicht großen Wohnung. Sie erinnert sich sehr gerne an die Jahre, als ihr Vater im damaligen Deutschen Reich als sowjetischer Militärattaché in Berlin tätig war. Kira hatte sofort ein gutes Verhältnis zu Olga. Die beiden spielten Klavier, sangen und tanzten miteinander. Olga war besonders dankbar dafür, dass Kira sie vor den Wutanfällen ihrer Mutter schützte. Wenn Olga auch nur Schuhe anziehen wollte, die ihrer Mutter nicht gefielen, dann konnte sich diese in Schimpfkanonaden ergehen, die nie mehr aufzuhören schienen. Auch das Hauspersonal wurde entsprechend unfreundlich behandelt.

Olga hatte von klein auf Klavierunterricht, und dies sollte nun in Georgien weitergeführt werden. Ihre Mutter machte sich auf die Suche nach einer Lehrerin. Ihr war die Pianistin Lejla Sikmaschwili, damals Konzertmeisterin am Theater, in Tbilisi empfohlen worden. Bei dieser läutete eines Abends ziemlich spät das Telefon, und eine weibliche Stimme meldete sich mit Swetlana Stalina. Da Lejla es vom Theater gewohnt war, dass die Schauspieler manchmal aus Übermut sich mit irgendeinem Namen am Telefon meldeten, legte sie den Hörer auf. Der Anruf wiederholte sich, und Lejla legte wieder auf. Doch beim dritten Anruf bat dann die weibliche Stimme, sie möge nicht auflegen, sie sei wirklich Stalins Tochter Swetlana. Das Erstaunen war groß, denn Lejla wusste überhaupt nicht, dass Swetlana wieder in Russland war. So nahm sie an, sie solle nach Moskau kommen, um dort Olga zu unterrichten. Swetlana klärte sie dann auf, dass sie in Tbilisi wohne. Lejla hatte davon bis dahin nichts gehört.

Doch sie nahm die Stelle an, bekam das übliche Honorar einer Klavierlehrerin und hatte zwei Mal wöchentlich Unterricht zu geben. Zu ihrem Erstaunen kochte Swetlana jedes Mal, wenn Lejla kam, und sie speisten zusammen. Ihre Tochter bekam von Swetlana eine wunderschöne Puppe geschenkt. Lejla fand das »amerikanische Kind« zauberhaft und war dann höchst erstaunt, als Swetlana und Olga plötzlich wieder verschwunden waren. Lejla freundete sich damals mit Swetlanas Cousine Kira Politkowskaja an und diese Verbindung besteht bis heute.[599]

Swetlana und ihre Tochter unternahmen auch einen Ausflug nach Gori, die Geburtsstadt Stalins. Das genaue Datum ist nicht bekannt, es muss aber im Laufe des Jahres 1985 gewesen sein.

Das Stalin-Museum in Gori hatte 1984 über eine Million Besucher, ein absoluter Rekord in der Museumsgeschichte. Zur Feier des 105. Geburtstags von Josef Stalin erwartete die Museumsleiterin besonders viele Besucher. Sie wünschte sich, seine Tochter würde an den Feierlichkeiten teilnehmen, schrieb die »London Times« am 20. Dezember 1984. Im Museum wurde eine Abteilung für Swetlana eröffnet; gezeigt wurden Briefe von ihr an ihren Vater, Geschenke usw. Doch im Dezember war Swetlana ja gerade erst dabei, ihr Leben in Moskau wieder in Griff zu bekommen.

Als sie nun mit ihrer Tochter nach Gori kam, interessierte diese vor allem das ursprüngliche Wohnhaus ihrer Großeltern. Olga zeigte sich entsetzt. Sie hatte noch nie in ihrem Leben »eine solch skandalöse Armut gesehen, eine Hütte, die von der Größe mit einem Hühnerstall vergleichbar war. Sie sah, dass es dort nur ein Bett und einen Tisch gab. Es war nicht nur Armut, sondern eine erschütternde Armut. Meine Tochter war bis in ihr Innerstes getroffen«, berichtete Swetlana.

Diese kleine, einstöckige Backsteinhütte war zum Schutz vor Witterungseinflüssen und »ad maiorem gloriam« mit einer marmornen Säulenhalle überdacht worden, und somit entstand ein überdimensioniertes, pompöses Stalin-Museum. Perestroika und forcierte Entstalinisierung bewirkten 1989 die offizielle Schließung des Museums. Dennoch kommen ein paar hundert Menschen im Monat dahin. Die 4000 Stalin-Exponate hütet die »Museumsleiterin« Vera Tscherkessischwili.[600]

Das 1952 vor dem Stadtmagistratsgebäude errichtete Stalin-Denkmal in Gori überlebte alle nachfolgenden politischen Beben und ist heute das einzige große Monument des »Woshd« innerhalb der ehemaligen Sowjetunion.

Im Jahr 1985 starb der Staats- und Parteichef Konstantin Tschernenkow. Auf seinen Platz war im März Michail Gorbatschow[601] nachgefolgt. Gorbatschow hatte an der Universität in Moskau studiert, und alle hofften durch ihn auf Veränderungen in Russland. Und im Sommer begann er, die führenden Köpfe in der Regierung auszuwechseln. Er wollte eigene, jüngere und liberale Leute. Eduard Schewardnadse[602] aus Georgien wurde russischer Außenminister.

Im Dezember 1985 schrieb Swetlana ihren ersten Brief an Michail Gorbatschow. Sie bat ihn, ihr die Ausreise aus Russland zu erlauben. Darauf bekam sie jedoch keine Antwort. Das war typisch für die UdSSR, schreibt Swetlana. Sie erhielt auch keine Bestätigung, dass der Brief angekommen sei und demnächst beantwortet werde. Man musste einfach dasitzen und abwarten.

In Tbilisi schmückten sie einen Weihnachtsbaum, und Olga lud all ihre Freunde für den 25. Dezember zu einem einfachen Fest auf Amerikanisch ein. Sie erhielten Weihnachtsgrüße aus England, und Olgas russische Freunde fanden das höchst interessant.

Die Wochen vergingen, und es kam immer noch keine Nachricht aus Moskau. Aber Swetlana wollte doch wissen, was mit ihrem Brief geschehen war. So fuhr sie zusammen mit ihrer Tochter im Februar

1986 mit dem Zug nach Moskau. Olga sollte diese lange Reise, zwei Nächte und zwei Tage, einmal erleben. Mitreisende hatten viel Proviant und Wein dabei und gaben ihnen immer wieder etwas davon. Swetlana erklärte ihrer Tochter, dass die früheren Generationen auf diese Weise gereist waren. Olga kannte nur Flugzeuge, und dort wurde das Essen auf einem Tablett serviert.

In Moskau holte sie Wladimir, der jüngste Cousin von Swetlana, ein Sohn von Tante Anna Sergejewna, mit dem Auto ab. Seine Frau, die ebenfalls Swetlana Allilujewa hieß, ging schon am nächsten Tag mit Olga zum Einkaufen. Swetlana hatte früher in einem Verlag gearbeitet und ihr Cousin bei einer Autozeitschrift. Sein Sohn Sergej hatte inzwischen studiert und sprach gut Englisch, was Olga gefiel. Diese Verwandten fanden Olga ganz besonders nett. Jetzt war Olga längst nicht mehr so unglücklich wie zu Beginn des Aufenthaltes in der UdSSR. Swetlana war ganz entzückt, wie schnell sich Olga von einem georgischen Mädchen in ein russisches Mädchen verwandeln konnte. »Vielleicht ist sie eine geborene Schauspielerin«, dachte Swetlana.

Als Grigorij Morosow sie besuchte, erzählte Swetlana ihm, dass Gorbatschow ihr nicht geantwortet habe. Grigorij arbeitete ganz in Gorbatschows Nähe. Er gab ihr den Rat, sich mit einem hohen Beamten vom KGB zu treffen und mit ihm zu reden. Vielleicht könnte sie über ihn etwas erreichen. Grigorij tat sehr geheimnisvoll; war er möglicherweise ein Verbindungsmann zum KGB? Nun rief Swetlana diesen Herrn N. an, bei dem sie sofort einen Termin erhielt. Dieser, fand sie, sah aus wie die neue Generation »gebildeter Tschekisten«, einer von denen, die schon im Ausland waren und viel gesehen hatten. Er war tatsächlich in England und den USA gewesen und sprach gut Englisch. Und er bekleidete ein sehr hohes Amt. Mit einem angenehmen und netten Lächeln sagte er, dass er der Erste gewesen sei, der vorgeschlagen habe, Swetlana die Einreise aus England zu genehmigen. Es habe genügend andere Stimmen gegeben, die gegen ihre Rückkehr sprachen.

»Soll ich danke sagen?«, ging es ihr durch den Sinn. Sie sagte nichts und hielt sich zurück. In seiner Nähe fühlte sie sich einfach unwohl. Immer wieder bot er ihr ein »Seelengespräch« an. Doch sie wollte nicht reden, ihr ging es darum zu erfahren, ob Gorbatschow ihren Brief gelesen hatte oder nicht. Plötzlich sagte Herr N., dass er den Brief kenne. Ihre Tochter könne in die Schule nach England zurück, könne aber auch jederzeit wieder nach Russland einreisen. Swetlana war überzeugt, Gorbatschow habe dies gesagt. Sie wusste nun, dass dieser Herr N. über ihre weitere Zukunft entscheiden würde. Dieser schlug vor, dass sie mit ihrer Tochter nach Moskau zurückkehren sollte, denn sie seien Moskauer.

Eines Tages hatte Swetlana in Tbilisi einen wichtigen Brief vorgefunden, von dem sie annahm, dass der KGB ihn nicht entdeckt hatte. Es war ein offizielles Schreiben vom amerikanischen Konsulat mit allen Stempeln und der Unterschrift des amerikanischen Konsuls. Sie war völlig überrascht, dass trotz der starken Kontrollen dieser Brief zu ihr gelangt war. Selbst der Konsul hatte keine Hoffnung gehabt, dass dieses Schreiben die Empfängerin erreichen würde. Darin wurde ihr mitgeteilt, dass sie und Olga Amerikanerinnen blieben, solange sie nicht selbst die Staatsbürgerschaft vor Gericht aufgäben. Das hatten sie auch nie vor. Diesen Brief hatte Swetlana nach Moskau mitgebracht, denn damit konnte sie in die amerikanische Botschaft gehen. Aber sie wusste ganz genau, dass ihr Gang sofort der Polizei gemeldet würde, also würde sie nie dorthin kommen.

Dennoch unternahm sie zusammen mit Olga einen Versuch. Sie hofften, einen Angestellten des Konsulats vor dem für die Allgemeinheit bestimmten Eingang zu treffen, der sie erkennen und mit hineinnehmen würde. Aber das war völlig unmöglich. Denn als sie sich auch nur einen Moment vor der Botschaft aufhielten, hatten sie sofort Männer der russischen Miliz um sich. Olga war fürchterlich erschrocken, denn sie hatte so etwas noch nie erlebt. Bis dahin kannte sie solche Szenen nur aus dem Kino und dem Fernsehen. Ein hoher Offizier fragte Swetlana sehr höflich, wer sie seien und was sie vor der Botschaft suchten. Swetlana antwortete in ruhigem Ton und russischer Sprache, dass sie amerikanische Staatsbürger seien. Sie erklärte weiter, sie habe einen Brief des Konsuls, der sie sprechen wolle. Der Polizist ging mit dem Brief weg und ließ sie lange warten. Als er zurückkam, wollte er ihre amerikanischen Pässe sehen. Swetlana antwortete, dass sich diese im amerikanischen Konsulat befänden, deshalb müsse sie ja zum Konsul. Dann verlangte der Polizist einen anderen Ausweis. Wieso sollte sie eine Amerikanerin sein mit einem russischen Pass, in dem auch die Tochter eingetragen war? Sie schafften es nicht, in die Botschaft hineinzukommen.

Auch das Schreiben gab man ihnen nicht zurück. Ein Mann in einem grauen Anzug kam auf sie zu und erklärte den beiden Frauen, dass er sie nun nach Hause fahren werde. Im Auto sagte er Swetlana, dass sie sich in ein paar Stunden mit einem Herrn N. vom KGB treffen werde. So hatte dieser verunglückte Besuch beim Konsul doch etwas bewirkt.

Kurz danach kam Herr N. Er war sehr höflich, lobte Olgas Russisch und witzelte, sie solle in Russland bleiben, hier koste die Schule nichts, und dann könne sie sich wenigstens einen langen Mantel kaufen. Doch Olga antwortete, dass es ihr lieber wäre, in eine Privatschule in England zu gehen.

Der Herr war sehr schockiert wegen des Auftritts vor der amerikanischen Botschaft. Swetlana erklärte, sie wollten ins Konsulat, weil ihre Pässe dort seien und der Konsul sie laut seinem Schreiben empfangen wolle. Herr N. konnte nicht glauben, dass das Schreiben mit der normalen Post zugestellt worden war. »Wann fahren Sie nach Tbilisi zurück?«, wollte er wissen. »Wir haben Tickets für morgen.« – »Gut, fahren Sie.«

Swetlana warf ein, dass sie auf ihre Bitte, mit ihrer Tochter auszureisen, keine Antwort bekommen habe. Er schaute sie nur an und sagte nichts. Mit versteinerten Gesichtern standen sie sich gegenüber. Der KGB-Mann war froh, als die beiden wieder wegfuhren.

Nach ihrer Rückkehr nach Tbilisi hatte Swetlana zunehmend Probleme mit dem Herzen. Sie litt unter der ewigen Warterei und sah keinen Weg, wie es weitergehen sollte. Sie dachte schon daran, das Angebot zu akzeptieren, ihre Tochter alleine nach England zu schicken, damit sie dort wieder die Schule besuchen und dann nur in den Ferien zu ihr nach Georgien kommen könne. Aber das würde sie nicht aushalten, ständig würde sie an Olga denken und auf sie warten.

Der lange Abschied

1986, an ihrem 60. Geburtstag, fühlte sich Swetlana derart niedergeschlagen, dass sie sich selbst dafür verfluchte, nach Russland zurückgekehrt zu sein. Da rief ihre langjährige und ihr sehr wohlgesonnene Freundin Eleonora Mikojan, die Schwiegertochter von Anastas Mikojan und heute eine bekannte Musikwissenschaftlerin, extra von ihrem Institut in Moskau aus an, um ihr zu gratulieren. Doch das fand die Jubilarin eher lästig und unnötig. Swetlana hatte sie öfter in ihrer schönen Wohnung in Moskau zusammen mit ihrem Sohn Josef und dessen Frau Ludmila besucht. Eleonora Mikojan ist mit den beiden befreundet und schätzt im Unterschied zu Swetlana Josefs Frau sehr. Da er als Arzt nur ein geringes Einkommen hat, hilft seine Frau zur Aufbesserung des Haushaltsgeldes mit, indem sie selbst gebackene Piroggen auf dem Markt verkauft.[603]

Auch georgische Freunde riefen bei Swetlana an und luden sie zu sich ein. Was konnte noch schöner sein als diese Gastfreundschaft? Der Tisch war bedeckt mit vielen Gerichten, die sie schon lange nicht mehr gegessen hatte. Und sie freute sich, dass kein Wodka floss, sondern nur ein leichter, sehr feiner Wein. Es wurde zu Gitarre und Klavier gesungen. Swetlana beteuerte, dass sie diesen Geburtstag, dieses unerwartete Geschenk von ihren Freunden, nie vergessen werde.

Dann kam die große Überraschung: Swetlana konnte mit dem Direktor von Olgas Schule in England telefonieren, der ihr bestätigte, dass ihre Tochter jederzeit wieder in diese zurückkommen könne. »Sie gehört zu uns«, sagte er.

Daraufhin rief Swetlana noch bei Sem Hayakawa, ihrem Schwager in den USA, an. Dieser war überhaupt nicht überrascht, als er ihre Stimme hörte. Sie hatte ihm die Konsulatssache erzählt und ihm gesagt, dass ihr amerikanischer Pass inzwischen abgelaufen sei und sie einen neuen brauche. Olga werde zurück nach England in ihre frühere Schule gehen. Er freute sich darüber sehr und versprach, sich sofort mit einer entsprechenden Behörde in Verbindung zu setzen, die es ihr ermöglichen würde, endlich doch zum Konsul in Moskau vorzudringen. Er war ganz zuversichtlich, alles würde gut werden.

Trotz all dieser erfreulichen Ereignisse war Swetlana immer noch unzufrieden mit sich selbst. Sie hatte hohen Blutdruck sowie Herzrhythmusstörungen, und ihr hohes Körpergewicht ließ keine Spaziergänge mehr zu. Sie versuchte abzunehmen, kaufte teures Gemüse und probierte, Diät zu halten, aber Mutter und Tochter waren ständig zu Essen eingeladen, wo es die Höflichkeit Swetlana verbot, bestimmte Speisen abzulehnen.

Mehrmals versuchte sie Herrn N. in Moskau anzurufen, aber sie erreichte ihn nicht. Da fiel ihr ein Wort des russischen Lyrikers Jewtuschenko ein: »Es sind andere Zeiten gekommen, und andere Namen sind aufgetaucht, und trotzdem hat sich nichts geändert.«

So fuhr Swetlana Mitte März erneut mit Olga nach Moskau. Sie wollte endgültig wissen, wann Olga nach England abreisen dürfe; denn sie sollte bis zum 16. April wieder in der Schule sein. Dazu brauchten sie einen neuen Pass; und wieder gingen Mutter und Tochter zum Konsulat. Am 14. März hatte Swetlana einen zweiten Brief an Gorbatschow geschrieben und die beiden Anträge auf Ausbürgerung beigelegt. Sie sandte das Schreiben mit einem Kurier nach Moskau, »der Gott sei Dank nicht wusste, was in dem Briefkuvert war«. Nun bekam sie endlich einen Anruf von »ganz oben« mit der Mitteilung, dass Olga ausreisen könne. Aber zu ihrem eigenen Antrag erfuhr sie kein Wort.

Als alle Papiere für Olga fertig waren und diese mit ihrem russischen Pass nach England fahren durfte, sagte ihre Mutter dazu nichts, damit sich Olga nicht verunsichert fühlte. Beim Packen der Koffer ihrer Tochter ging es ihr schlecht. Sie hatte extrem hohen Blutdruck, bekam Medikamente von einer Krankenschwester, legte sich früh zu Bett und wachte in der Nacht mit starken Schmerzen in der Brust auf. Sie konnte kaum noch atmen.

Sofort weckte sie Olga, die fürchterlich erschrak und augenblicklich einen Notarzt rufen ließ. Es kamen zwei junge Ärzte, die, da der Blutdruck nun extrem niedrig und der Puls kaum mehr zu fühlen war, dachten, sie würde »schnell und leicht« sterben. Nach zwei Spritzen ging es ihr jedoch wieder besser und sie konnte aufstehen. Aus Angst, sie werde sterben, wollte Swetlana sich nicht wieder ins Bett legen.

Die Ärzte beruhigten sie, nahmen sie aber mit ins Krankenhaus. Es war ein schlimmer Herzanfall, den sie aber glücklicherweise überstand. Als sie aus einer Ohnmacht erwachte, sah sie ihre Tochter vor dem Bett knien. Ganz leise sagte sie: »Wir haben doch die Flugtickets für morgen.« Olga hatte gefürchtet, den Tod ihrer Mutter erleben zu müssen.

Als die Behörden in Moskau von dem Vorfall erfuhren, wurde angeordnet, dass Swetlana nicht reisen dürfe. Erst nach einer zwei- bis dreiwöchigen Beobachtungszeit käme das infrage. Swetlana empfand dies als eine Taktik von denen da oben, die sie gerne wie eine »Fliege im Spinnennetz« halten würden.

Für den 20. März hatte sie eigentlich einen Termin im Hotel »Sowjetskaja« mit einem Beamten vom Konsulat. Den konnte sie jetzt natürlich nicht einhalten. Nun wusste sie nicht mehr, wie es weitergehen sollte. Die Ärzte hatten die Anweisung von oben bekommen zu verhindern, dass sie nach Moskau fuhr. Ein guter Freund erzählte ihr nach einem Gespräch mit einem Kardiologen heimlich, dass sie nicht wirklich schwer krank sei. Nach einem solchen Anfall würden die Leute üblicherweise bald wieder nach Hause gehen. Swetlana war ihm für diesen Trost dankbar.

Und plötzlich klingelte das Telefon in ihrem Zimmer. Es war ihr Sohn. Sie hatte seine Stimme nun schon seit langer Zeit nicht mehr gehört. Man hatte ihm wohl erzählt, dass seine Mutter im Sterben liege. Darauf reagierte sie ziemlich ungehalten, denn ihr fiel die offensichtlich enge Zusammenarbeit zwischen Josef und dem KGB sofort auf. Sie fuhr ihn an: »Willst du mich schon beerdigen? Nein, noch ist es nicht an der Zeit.« Damit war das Gespräch beendet. Für sie war es eine erneute Bestätigung dafür, dass der KGB ihren Sohn damals benutzt hatte, sie nach Russland zurückzuholen. Er hatte wohl auch jetzt den Auftrag, ihr gut zuzureden. Das sollte ihr aber nicht noch einmal passieren. Wie schwer es Josef doch mit seiner Mutter hatte! Ihm, den sie aus der Ferne immer abgöttisch zu lieben vorgab, misstraute sie nun völlig. Seine aufrichtige Zuwendung wollte sie nicht annehmen!

Sonntags sind im Krankenhaus keine Ärzte da, nur Krankenschwestern und Notdienstpersonal. Swetlana ging in einem Morgenrock auf den Flur hinaus, um etwas »spazieren zu gehen«. Es waren kaum Leute zu sehen, nur ein paar Krankenschwestern. Da nahm sie die Gelegenheit wahr, packte ihre Sachen und verließ die Klinik.

Marge Hayakawa, Olgas Tante, rief aus Amerika an und wollte wissen, was los sei. Das amerikanische Konsulat hatte sich bei ihr gemeldet und ihr mitgeteilt, Swetlana sei zu einem vereinbarten Termin nicht erschienen. Als nächster Termin wurde der 27. März genannt. Jetzt konnte Swetlana nichts mehr halten. Sie packte in aller Eile, vor allem viele alte Familienfotos, die sie von ihren Cousins bekommen hatte. Nur das Wichtigste nahm sie mit in der Hoffnung, dass sie vielleicht doch zusammen mit ihrer Tochter ausreisen dürfe. Sollte sie nie mehr ausreisen können, wollte sie aber keinesfalls in Moskau leben. Ihre Wohnung in Tbilisi verließ sie so, dass sie jederzeit hätte zurückkehren können.

Als Olga sich von ihren Freunden verabschiedete, weinte sie und war sehr traurig. Georgien hatte ihr mit Ausnahme der Schule gut gefallen. Es tat ihr weh, dieses Land ihrer Vorfahren zu verlassen.

Als Swetlana im Hotel »Sowjetskaja« in Moskau ankam, waren inzwischen 18 Monate seit ihrer Rückkehr in die Sowjetunion vergangen. Damals war sie voller Zuversicht und Hoffnung gewesen, Olga dagegen war verzagt und wusste nicht, was auf sie zukommen würde. Nun war es genau umgekehrt. Im Hotel wurden sie wie alte Bekannte empfangen. Aber im Gegensatz zu damals stand ihnen keine Suite zur Verfügung und mussten sie die Kosten für ein kleines Zimmer mit zwei Betten selbst übernehmen. Die große Ausnahme war, dass sie ihren Hund mit ins Zimmer nehmen durften.

Von ihrem Hotel aus schickte Swetlana ein Telegramm an Michail Gorbatschow mit der Frage, ob er ihre Briefe erhalten habe und welche Antwort sie erwarten dürfe. Sie ging auch erneut zu der zuständigen Dienststelle und gab dort nochmals die Anträge zur Ausbürgerung ab. Bereits am nächsten Tag erhielt sie eine Bestätigung, dass der Empfänger das Telegramm erhalten hatte. Jetzt hieß es wieder warten.

Am gleichen Tag noch klopfte allerdings jemand an die Tür, eine elegante junge Amerikanerin vom Konsulat. Sie versicherte Swetlana, dass sie niemandem im Hotel gesagt habe, zu wem sie gehe. Mit dieser Amerikanerin konnte Swetlana alles Weitere für den neuen Pass besprechen. Sie war überrascht, dass Swetlana das wichtigste Dokument, eine Bestätigung aus New York, bei sich hatte. Swetlana wollte wissen, ob sie angesichts der Meldungen, die über sie in der Presse zu lesen waren, überhaupt in die USA zurückkehren könne. Am schlimmsten war ein Artikel im »Time Magazine« von einer Korrespondentin namens Patricia Blake.[604] Die Dame vom Konsulat lachte und meinte, ihre Rückkehr in die USA brächte ihr bestimmt wieder eine gute Presse. Sie solle sich nicht zu viele Gedanken machen und unbesorgt in die USA zurückfliegen.

Swetlana fragte weiter, ob für sie auch die Möglichkeit bestehe, sich im französischen Teil der Schweiz niederzulassen, wo sie schon 1967 Gast in einem Kloster war. Dorthin wolle sie eigentlich am liebsten, denn dann hätte sie ihre Ruhe vor der Presse in Amerika. Die Dame sagte ihr zu, sich mit dem Schweizer Botschafter in Moskau in Verbindung zu setzen. Doch noch immer fehlte Swetlana die Erlaubnis zur Ausreise. »Wir werden versuchen, Ihnen zu helfen«, versprach die Beamtin und bat um ein Passfoto neueren Datums.

Nach diesem Treffen war Swetlana sehr niedergeschlagen, während Olga ganz aufgedreht war. Durch die junge Amerikanerin spürte die Mutter wieder das Land, in dem sie schon 13 Jahre gelebt hatte.

Da rief auf einmal ganz unerwartet Herrn N. an und sagte mit eiskalter Stimme: »Ihrer Bitte wird stattgegeben. Sie können Ihre Sachen packen und ins Ausland abreisen. Wann genau haben Sie vor, abzureisen? Denn die Fertigstellung der Papiere wird einige Zeit in Anspruch nehmen.« Auf Swetlanas Antwort, sie wolle mit ihrem amerikanischen Pass abfliegen, blieb es am anderen Ende der Telefonleitung still. Sie sprach schnell weiter und teilte Herrn N. mit, dass sie einen Tag nach der Abreise ihrer Tochter selbst ausreisen werde. Während des Gespräches hatte sie ständig Angst, Herr N. könnte auflegen, aber dann sagte er: »Gut! Aber bevor Sie abreisen, werden Sie an höchster Stelle empfangen werden.« Nun keimte in ihr die Hoffnung, Gorbatschow persönlich zu treffen, der ihr recht liberal erschien und auf den die Menschen große Hoffnungen setzten.

Aber nachdem die Partei sie als Tochter ihres Vaters aufgenommen hatte, war es Jegor Kusmitsch Ligatschow[605], einer der konservativen Männer der KPdSU, der sie empfing. Ihr ging es dabei wie 20 Jahre zuvor; die Atmosphäre bei diesem Treffen war ausgesprochen unerfreulich. Erneut wurde sie verdächtigt, nur aus politischen Gründen ausreisen zu wollen. Sie sah wieder die langen Flure im Kreml und fühlte sich absolut nicht wohl. Wie vor 20 Jahren hatte sie den Wunsch: Nur schnell weg von hier und nicht zurückschauen!

Alles lief ab wie in einem schlechten Film: Ligatschow, ein kräftiger Mann mit einem einfachen Gesicht, aber mit schlauen Fuchsaugen, begrüßte sie. Das Gespräch mit ihr fiel ihm offensichtlich schwer. Er ließ sie wissen, dass ihr Weggehen aus Russland dumm sei; »das machen nur kranke Leute«. Und er wollte wissen, warum sie denn wegwolle. Das hatte sie Gorbatschow bereits geschrieben. »Was soll 's, das Vaterland kann ohne Sie weiterleben. Aber können Sie ohne Vaterland leben?« Er selbst stammte aus Sibirien. Swetlana hätte ihn gerne gefragt, warum er nicht in seinem Vaterland Sibirien geblieben war. Aber ihrer Meinung nach war die Frage zu diesem Zeitpunkt nicht angebracht. Sie schluckte alles runter und schwieg.

Ligatschow wollte weiter wissen, wohin sie fliegen werde. Da antwortete sie ihm: Nach Amerika, wo ich viele Jahre gelebt habe. Er schaute sie durchdringend an, aber weder er noch sie sagten ein weiteres Wort. Es war also Gorbatschows Entscheidung gewesen, dass sie das Land verlassen durfte. Ligatschow hob seinen Finger und mahnte, sie solle sich im Ausland gut benehmen. Das Ganze hatte auch den Beigeschmack einer Drohung. Es hieß für sie, sie solle schweigen. Sie solle auch keine Bücher schreiben, denn ein Buch von ihr wäre wie eine Bombe für Russland. Sie solle keine Interviews geben. Sie solle im Grunde von der Bildfläche verschwinden. Es hatte sich eigentlich nichts geändert seit 1966.

Auf dem Weg ins Hotel bat sie den Chauffeur, sie in der Herzenstraße bei der Universität aussteigen zu lassen. Das war einmal »ihre« Universitätsstraße, mit vielen wunderbaren Erinnerungen. Leider waren viele alte Gebäude abgerissen und durch unmögliches »Zeug«, moderne Architektur, ersetzt worden. Jetzt wollte sie weg von hier, es gab nichts mehr, was sie halten konnte, weder die Straßen in Moskau noch der Kreml, der Ort ihrer Kindheit.

Sie war sehr traurig, dass viele der Klöster in die Luft gejagt worden waren. Das Tschechow-Theater war abgerissen worden, und nun erhob sich an seiner Stelle ein Neubau, in dem man nichts mehr von Anton P. Tschechow[606] und Konstantin S. Stanislawskij[607] spürte.

Trotz vieler Schwierigkeiten waren schließlich alle Formalitäten erledigt. Swetlana traf sich noch einmal mit der Frau vom amerikanischen Konsulat. Aus Sorge, ihr Gespräch werde abgehört, fuhren sie im Auto einige Runden. Die Dame vom Konsulat sagte ihr, dass die Schweiz ihr nur einen kurzen Aufenthalt, aber keinen ständigen Wohnsitz gestatte. Aber das hatte Swetlana schon vor Jahren so gehört. Die Dame war ihr behilflich, das Flugticket zu bekommen, mit dem sie über Zürich nach Chigaco fliegen konnte. Eigentlich wollte sie über London fliegen, doch da sie ihren Hund bei sich hatte, ging das nicht. Schon 1967 hatte sie mit einem Hundekarton reisen müssen.

Alles wird gut, hatte sich Swetlana immer wieder gesagt, aber im Grunde selbst nicht daran geglaubt. Sie wusste, dass eine negative Presse in Amerika sie vernichten konnte. Und sie hatte Angst davor. Sie überwies Geld für Olga an die Schule in Essex und an die Midland Bank in Cambridge. Die Dame in der Bank war nicht überrascht und akzeptierte alles. Schließlich reichte sie Swetlana die Hand und wünschte ihr alles Gute. Sie gab keine patriotischen Worte von sich, sondern sprach menschlich und sehr herzlich. Und Swetlana war dankbar dafür.

Vor Olgas Abflug rief völlig unerwartet deren Vater aus Amerika an. Er sprach davon, dass die Journalisten der Tochter keine Ruhe lassen würden, wenn sie wieder in ihre Schule in England zurückkehren würde. Schon am Flughafen würden jede Menge Fernsehreporter sie erwarten. Darauf solle sie gefasst sein.

Er hatte sich inzwischen sehr um die Tochter gekümmert, was Swetlana freute. »Lieber spät als nie«, dachte sie. Sie wusste, dass Mrs

Wright im vorausgangenen Frühjahr gestorben war. Dass er sich auch aus Gründen der Publicity fürsorglich zeigte, wie das in Amerika üblich ist, konnte Swetlana sich gut vorstellen. Sie dachte: »Meine Olga muss sich vor der Kamera auch anstrengen, aber das wird sie schaffen, sie ist eine geborene Schauspielerin und liebt Publikum, d.h. die Öffentlichkeit. Das ist in ihr das Amerikanisch-Kalifornische.«

Olga flog also allein nach England. Ihrer Mutter brachte dieser Abschied unendliches Herzeleid. Sie musste ihre Tochter nun im wahrsten Sinne des Wortes loslassen. Bisher hatte sie Olga stets als ihr »absolutes Eigentum« betrachtet.

Galja Dschugaschwili empfand es als sehr traurig, dass sie weder Swetlana noch Olga zum Abschied die Hand reichen konnte. Sie verschwanden einfach, wobei das nicht an Olga lag. Galja und Lejla, die Klavierlehrerin, sind sich darin einig, dass Olga von ihrer Mutter lediglich die roten, welligen Haare geerbt hat, den Charakter aber von ihrem amerikanischen Vater. Und von diesem Vater schwärmte Olga stets in den höchsten Tönen.[608]

Nach 18 Monaten war der Traum von einem beständigen Leben in Georgien ausgeträumt. Timur Stepanow, der Chef der georgischen Nachrichtenagentur, sagte in Gori damals der Presse, dass Stalins Andenken immer noch hochgehalten werde, da er als der Bezwinger Hitlers gelte. Seine Tochter Swetlana aber will man nicht verzeihen, dass sie 1967 Russland verlassen hatte. Viele Jahre später, 1998, sprach Swetlana diese in vielerlei Hinsicht bittere Zeit in Georgien nochmals an. Sie konnte sich nicht daran gewöhnen, ständig als »die Tochter Stalins« beobachtet zu werden. Sie hatte eine starke Ablehnung ihrer Person zu spüren bekommen. Es gab zum Beispiel Lehrer, die sich weigerten, Olga zu unterrichten. Wenn sie mit Olga in die Kirche ging, dann wurde sie von einigen Gläubigen willkommen geheißen, während andere erstaunt fragten: »Wer hat Sie hierher eingeladen?« Sie konnte die Anfeindungen ihr gegenüber nicht verstehen. Es war doch ihr Vater und nicht sie, der die Eltern von vielen dieser Kirchgänger hatte einsperren oder umbringen lassen. Sie trug seelisch schwer daran, was sich schließlich auch auf ihre physische Gesundheit auswirkte.

22 Die Suche nach dem rechten Glauben und klösterlicher Stille in London und Rom

Nirgendwo fand ich stärkere Worte als in den Psalmen.*
Wie schade, dass dieser Padre Swetlana allein gelassen hat.**

Abkehr vom Atheismus

Swetlana wurde eine Suchende nach dem rechten Glauben und hoffte, durch die Religion innere Freiheit zu finden. Allzu oft einsam und als Tochter eines zum Monstrum erklärten Tyrannen geächtet, suchte Swetlana Anschluss an die Kirche. Die Religion wurde für sie lange Zeit zu einem Halt. Über ihren Weg zum christlichen Glauben hatte sich Swetlana viele Gedanken gemacht. In ihren beiden Büchern »Zwanzig Briefe an einen Freund« und »Das erste Jahr« füllte sie viele Seiten mit ihren Betrachtungen über die verschiedenen Religionen.

»Die Religion führte in mir eine große Veränderung herbei. Ich war in einer Familie aufgewachsen, wo nie von Gott die Rede war. Doch als ich erwachsen war, kam ich darauf, dass es einfach unmöglich sei, ohne Gott im Herzen zu existieren. Ich kam ganz von selbst auf diesen Gedanken, ohne die Hilfe eines anderen oder einer Predigt. Doch das bedeutete für mich eine gewaltige Veränderung: Von diesem Augenblick an hatten die Grunddogmen des Kommunismus ihre Bedeutung verloren«, schrieb sie in der US-Botschaft in Delhi 1967 in den Angaben zu ihrer Person.[609]

Doch ihre religiösen Überzeugungen wechselten mehrfach: In Moskau war sie russisch-orthodox, in Indien fühlte sie sich stark vom Hinduismus angezogen, während ihres Aufenthaltes in der Schweiz sympathisierte sie mit dem römischen Katholizismus, in Amerika entdeckte sie die Christian Science. Den Protestantismus lernte sie in seinen verschiedenen Ausprägungen kennen von den Quäkern, den

Presbyterianern, den Anglikanern bis zu den Lutheranern, denen ihre deutschen Vorfahren angehört hatten. In den Vereinigten Staaten wandte sich Swetlana dann auch erneut der römisch-katholischen Kirche mit ihrem Mystizismus und der Schönheit jahrhundertealter Traditionen zu, und in England konvertierte sie schließlich. Sie versuchte, möglichst viel über die verschiedenen Religionsgemeinschaften zu erfahren und zu lesen, und kam sich manchmal vor wie »ein kleiner Igel, der mit seinen Stacheln alle erreichbaren Stückchen zusammenträgt«.

Mit der Suche nach der für sie richtigen christlichen Gemeinschaft knüpfte Swetlana an eine durch die Zeit des Kommunismus unterbrochene Tradition an. Sie wusste, dass Jekaterina, die erste Frau ihres Vaters, aus einem frommen Elternhaus stammte und eine eifrige Kirchgängerin gewesen war. Ihr Vater hatte ein theologisches Seminar in Tbilisi besucht, um sich auf die von der Mutter so sehr gewünschte Priesterlaufbahn vorzubereiten. Seine Mutter blieb ihrem Glauben treu und wurde nach russisch-orthodoxem Ritus begraben. Swetlana selbst trug den Familiennamen ihrer Mutter, der von dem biblischen Ausdruck »Halleluja«, dem Lobpreis Gottes, abgeleitet war. Die christliche Religion war Swetlana also keineswegs fremd.

Im Mai 1962 fasste Stalins Tochter den entscheidenden Entschluss, sich russisch-orthodox taufen zu lassen. Die Repressionsmaschinerie war allerdings auch über die russisch-orthodoxe Kirche hinweggerollt: Es wurden Kirchen geschändet, liturgische Gegenstände weggeschleppt, Klöster, Sakristeien und Heimstätten der Erzpriester verwüstet. Und schon bei der kleinsten Verdächtigung schreckte man auch nicht vor der Ermordung von Priestern, Diakonen und Psalmensängern zurück.[610]

Swetlana hatte entschieden, dass sie mit Menschen, die nach dem christlichen Gauben lebten, verbunden sein wollte. Das war für sie ein Bedürfnis, das aus der Tiefe ihres Herzens kam. Freunde hatten ihr den Priester Nikolaj Golubtsow empfohlen. Sie traf ihn beim ersten Mal in der leeren Kirche, und er führte ein längeres Gespräch mit ihr.

Die Taufe selbst fand dann in aller Heimlichkeit in der Bolschoi-

Kathedrale des Donski-Klosters statt. Swetlana wurde allerdings nicht ins Taufregister eingetragen, denn Vater Nikolaj wusste zu genau, dass sowohl Swetlana als auch er gegen das Parteistatut verstießen, und er wollte weder sich noch das Kloster in Gefahr bringen. Die Moskauer geistlichen Behörden beobachteten Vater Nikolaj ohnedies stets mit Argwohn. Das zeigte sich später auch darin, dass man ihm seinen Wunsch, nach seinem Ableben bei der kleinen Kirche neben dem Kloster beerdigt zu werden, nicht erfüllte.

Die Taufe war für Swetlana ein Ereignis von großer symbolischer Bedeutung. Wichtig waren ihr allerdings nicht die Dogmen des Christentums oder der Ritus der russisch-orthodoxen Kirche, sondern vielmehr die Hoffnung auf das ewige Leben, das ewige Gut. Die Zeremonie der Taufe schließt eine Absage an das Böse ein, ein Sich-Lossagen von der Lüge. Swetlana war mittlerweile überzeugt, dass eine »höchste Vernunft« die Welt regiere und nicht der eitle Mensch. Der Geist der Wahrheit wurde für ihre Überzeugung nun wichtiger als alle materiellen Werte. Aus tiefstem Herzen bejahte sie das fünfte Gebot »Du sollst nicht töten«, das jedem Menschen sein Lebensrecht gewährt. Sie sah die Welt jetzt mit anderen Augen. Die letzten Reste des Marxismus-Leninismus, den man sie seit ihrer Kindheit gelehrt hatte, verschwanden aus ihrem Denken.

Nun war sie aufgenommen in die Gemeinschaft der Millionen Gläubigen auf Erden. Nach der Taufe schenkte Vater Nikolaj ihr ein kleines Gebetbuch und lehrte sie die einfachsten Gebete.

Diesen Priester konnte Swetlana nie vergessen. Vom ersten Kennenlernen bis zu dessen frühem Tod bewunderte sie jenen schlichten Mann, der sich für all seine Pfarrkinder Zeit nahm, sooft sie ihn brauchten. Nach seinem Tod betrat Swetlana dann nur noch einmal sein Gotteshaus, am Pfingstmontag im Juni 1963.

Unter dem starken Eindruck ihrer Taufe und durch die Hinwendung zum Christentum blieb es nicht aus, dass sie nun das Leben ihres Vaters mit anderen Augen betrachtete. Einen wichtigen Satz aus dem Gespräch mit dem Priester hatte sie sich gemerkt: »Urteile nicht über deinen Vater. Das Gericht des Höchsten hat sich an ihm vollzogen. Zu Lebzeiten war er zu hoch gestiegen, und jetzt ist von seinem Ruhm nichts mehr übrig geblieben. Der Herrgott schlichtet und korrigiert das Falsche; du darfst es nicht tun, du bist die Tochter...«[611]

Eines Tages las Swetlana den Satz: »Die Gott lieben, haben keine Religion, sondern Gott allein.«[612] Diesen Gedanken des persischen Mystikers Sufi verinnerlichte sie. Es tat ihr Leid, dass sie die von ihr gewählte russisch-orthodoxe Gemeinschaft wieder enttäuschen musste. Aber sie fühlte sich unfähig, eine einzige Religion über die anderen zu stellen, nur weil man in diese hineingeboren war. Sie wollte sich weiterhin auch mit anderen Religionen beschäftigen.

Am Ufer des Ganges im Jahr 1967 dachte sie über Gandhis Worte nach: »Ein Individuum kann der ganzen Macht eines Unrechtstaates trotzen, um seine Ehre, seine Religion, seine Seele zu retten und den Grundstein für den Niedergang des Reiches oder seiner Erneuerung zu legen.«[613] Swetlana erklärte mehrfach, dass vor allem Gandhi und andere indische Geistesgrößen ihr geholfen haben, sich von ihrer Vergangenheit zu lösen. Durch die Auseinandersetzung mit deren Denken schien ihr das Tor zur Welt plötzlich offen zu stehen. Sie konnte hinausgehen oder bleiben. Sie entschied sich zu gehen. Das empfand sie als die große Chance ihres Lebens. Sechzehn Jahre nach ihrem Besuch in Indien erinnerte sie sich immer noch gerne an dieses Land: Bhara-Mata, meine liebende, mich begleitende Mutter.[614]

Bei ihrer Ankunft in New York im April 1967 hatte Swetlana Allilujewa eine Pressekonferenz gegeben. Der Chefredakteur des »Osservatore Romano«, Raimondo Manzini, zog aus der damaligen Erklärung der Stalin-Tochter den Schluss: »Swetlana Stalina lehrt uns, dass die Bedürfnisse der menschlichen Seele unzerstörbar sind, wie auch immer die Bedingungen des Zusammenlebens oder des Zwanges sein mögen, unter denen eine Person leben muss.«[615]

Manzini, der zahlreiche wörtliche Zitate aus der Pressekonferenz anführte, würdigte dann die Hinwendung der Russin zur Religion, warnte jedoch davor, diese Wandlung als über die von Stalins Tochter selbst gezogenen Grenzen hinausgehend zu betrachten. »Aber«, so fragte er, »ist es nicht außerordentlich, dass aus dem intimsten Umkreis des unbeugsamsten und erbarmungslosesten aller Despoten der Ideologie des militanten atheistischen Materialismus das ihm am nächsten stehende, ihm blutsverwandte, von ihm vorgezogene Geschöpf seine Stirn unter dem Weihwasser gebeugt und sein Herz zu einem religiösen Gedanken erhoben hat – und dies trotz des fortbestehenden Albtraums einer unmenschlichen und Gott verfolgenden Gesellschaft? Ist es nicht viel sagend, dass diese Frau von sich selbst sagt: ›Die Wirklichkeit ist schal, weil man nicht leben kann, ohne Gott im Herzen zu haben‹?«[616]

Der Chefredakteur empfand die Rede von Stalins Tochter als sehr aufschlussreich. Nachdem der Staatsatheismus in der Sowjetunion schon ein halbes Jahrhundert daran arbeitete, jegliches religiöses Sinnen und Trachten auszulöschen, entdeckte die Seele des Menschen Gott von selbst.

In Princeton bereitete es Swetlana dann große Freude, oft mit dem alten russisch-orthodoxen Priester und Professor am Theologischen Seminar, Vater George Florovsky[617], und seiner gebeugten, kleinen Frau, Mutter Xenia Iwanowna, zusammenzutreffen. Vater George klärte Swetlana über die Situation der damaligen russischen Kirche auf. In den USA teilten sich die Russisch-Orthodoxen in zwei sich gegenseitig bekämpfende Lager auf – in eine russische Kirche im Exil, die für die Wiederherstellung der Monarchie im heiligen Russland betete, und in die fortschrittlichere amerikanische orthodoxe Kirche, die dem Moskauer Patriarchen unterstehen wollte, ohne die Wiederherstellung der Monarchie anzustreben. Dieser rein politische Aspekt spaltete die ganze russische Emigrantengemeinde.

In Princeton gab es keine russische Kirche, man musste sich zwischen der ukrainischen oder der griechischen im nahen Trenton, New Jersey, entscheiden. Swetlana bezeichnete sich selbst nicht als regelmäßige Kirchgängerin, sondern ging nur dorthin, wenn ihr danach war.

In den Vereinigten Staaten traf Swetlana zum ersten Mal mit Pfarrern der evangelischen Religionsgemeinschaften und deren oftmals eleganten Ehefrauen zusammen. Die Pfarrer sahen nicht aus wie Prediger oder bedrohliche Heilige. Diese »menschlichen« Pfarrer stellten für sie eine ganz neue Erfahrung dar, und sie fühlte sich in der protestantischen Gemeinschaft sehr wohl.

Doch ab 1978 spielte sie mit dem Gedanken, zum Katholizismus überzutreten. Der katholische Priester in Princeton wollte mit Swetlana allerdings nichts zu tun haben. Er hatte ihr geradezu ins Gesicht gelacht, als sie mit ihm darüber reden wollte. Und es sollte noch einige Jahre dauern, bis sie in England einen Geistlichen fand, der sie ernst nahm, von dem sie sich angenommen und verstanden fühlte.[618]

Nachdem Swetlana mit ihrer Tochter nach Cambridge gezogen war, besuchte sie die Kirche im King's College, die ihr sehr gefiel. Dort konnte man jeden Abend an einem Gottesdienst teilnehmen, bei dem oft ein Knabenchor sang.

Ein Bekannter namens Andschej, ein Maler, gab ihr die »Bekenntnisse« des heiligen Augustinus zur Erbauung zu lesen, wie auch Bücher von englischen katholischen Nonnen, die schrieben, wie sie selbst in schwierigen Situationen in ihrem Glauben Trost und Hilfe gefunden hatten.

Swetlana fand in England sehr viele gute Freunde, die durchweg Katholiken waren. Und das führte schließlich zu einem Schritt, der sie schon viele Jahre innerlich bewegt hatte. Am 13. Dezember 1982 konvertierte sie zur römisch-katholischen Kirche.

Swetlana definierte einmal ihr Verständnis von Glauben selbst. Sie war der Überzeugung, dass alle Religionen wahr seien. Die diversen Religionsgemeinschaften seien nur verschiedene Wege zu Gott, zu ein und demselben Gott. »Für mich ist Gott einfach die Macht des Lebens und der Gerechtigkeit, und wenn ich über Gott spreche, spreche ich einfach vom Glück, über das Leben und wie man auf dieser Erde glücklich leben kann. Ich glaube, die Menschheit sollte eins sein, nicht geteilt. Es sollte weniger Kampf geben. Die Menschen sollten gemeinsam für das Gute wirken. Das ist mein Glaube an Gott.«[619]

In die klösterliche Abgeschiedenheit

Lange Zeit schien die internationale Presse das Interesse an Stalins Tochter verloren zu haben, nachdem sie aus Georgien in die USA zurückgekehrt war und an einem neuen Buch arbeitete. Lediglich die »Washington Post« brachte 1987 einen Bericht, dass Lana Peters von

»geliehenem Geld« lebe, und später dann die Nachricht, dass sie wieder nach England gegangen sei.

Doch im Mai 1992 rauschte eine sensationelle Meldung durch den Blätterwald: »Lana Peters, einst bekannt als Swetlana Stalina, Tochter des Despoten Josef Stalin…lebt nun in einem Armenhospiz in London.«[620] Ein Zeitungsreporter, der die 66-jährige einsame Frau dort aufgespürt hatte, berichtete von einem Heim an der Ladbroke Grove, einer nicht sonderlich gepflegten Gegend im Westen von London. Ein Interview lehnte die verärgerte Swetlana strikt ab. Andere Hausbewohner verweigerten ebenfalls jeden Kommentar zu der Frau, die offensichtlich endlich ihre Ruhe haben wollte.

Das Heim galt als ein Zufluchtsort für alle, die nicht mehr weiterwussten, oft auch für einsame Menschen mit psychischen Problemen. Die Kosten für das kleine Zimmer ohne Nasszelle und die Verpflegung betrugen 132,60 Pfund pro Woche. Wie alle anderen Bewohner musste sich Stalins Tochter am Kochen, Saubermachen und Einkaufen beteiligen. Als sie um Aufnahme in das Heim bat, kannte der Direktor Swetlanas Identität nicht. Sie war für ihn eine Frau in Not, und damit stand ihr das Heim offen.

Dann wurde es wieder ruhig um die Stalin-Tochter, bis sie im Februar 1996 erneut ins Rampenlicht der Weltöffentlichkeit gestellt wurde, ausgelöst durch Padre Garbolino, einen Priester, einen gebürtigen Piemonteser mit amerikanischem Pass.

Der große Exklusivbericht der italienischen Zeitschrift »Chi«, dass Stalins Tochter in ein Kloster eingetreten sei, veranlasste alle angesehenen internationalen Tageszeitungen (von der »Times« in England bis zu »USA Today« in Amerika), dieses Thema aufzugreifen. Der »Corriere della Sera« vom 2. Februar 1996 erschien mit der Überschrift auf der Titelseite: »La figlia di Stalin si è fatta suora: è in convento in Italia«. Die »Times« brachte am 8. Februar 1996 unter der Rubrik European News die Schlagzeile »Stalin's daughter seeks sanctuary by taking the veil – Svetlana hopes to atone for sins of atheist father who slaughtered millions of Soviet citizens.« Swetlana hofft, für die Sünden ihres Vaters, der Millionen von Sowjetbürgern abgeschlachtet hat, büßen zu können.

IN DIE KLÖSTERLICHE ABGESCHIEDENHEIT

Swetlana lebe in einem Kloster, lautete auch eine dpa-Meldung, doch der Name des Klosters wurde nicht genannt. Einmal war von einem Kloster in Italien die Rede, das andere Mal von einem in England. Kurz darauf erschienen dann wieder Dementi. Selbst die bestens informierte russische Autorin Larissa Wassiljewa bestätigte zwar diese Meldungen, bezeichnete sie dann aber als Gerüchte.[621]

Das tatsächliche Geschehen kam erst ans Tageslicht, als sich der italienische Padre Giovanni Garbolino, ein italienischer Missionar des Istituto dell'Immacolata, entschloss, aus einigen geheim gehaltenen Briefen, die ihm Stalins Tochter geschrieben hatte, Veröffentlichungen zuzulassen, und zwar im italienischen Wochenblatt »Chi« im Februar und März 1996.[622]

»Meine briefliche Beziehung zur Tochter Josef Stalins besteht schon lange, nämlich seit 1966«, ließ sich der Padre vernehmen. »Ich durfte ihr Leben verfolgen seit dem Augenblick der größten Schwierigkeiten, also seit jener Zeit, als sie noch Atheistin war und verzweifelt nach dem Glauben suchte, seit jener Zeit, mithin fast 30 Jahren, als in ihr die Entscheidung reifte, sich einem Leben des Gebetes in den Mauern eines Klosters zu widmen. Ich habe diese Nachrichten bis heute verschwiegen, weil jene Swetlana mir in einem ihrer Briefe geschrieben hatte: ›Sage kein Wort darüber zu niemandem: Ich möchte die Geschichte des Saint Joseph Convents geheim halten, weil ich nicht will, dass neugierige Leute mich ausfindig machen.‹«

Der Padre, der mit dem italienischen Journalisten Alfonso Signorini in Rom sprach, rechtfertigte sich damit: »Wenn ich heute entschlossen bin, den Inhalt jener Briefe der Öffentlichkeit zu übergeben, geschieht das nur deshalb, weil ich weiß, dass es Swetlanas Zustimmung finden wird.«

Padre Garbolino zeigte dem Journalisten die etwa 100 Briefe, die Swetlana ihm im Laufe der Jahre geschrieben hatte; sie belegen die Geschichte einer leidenden Seele.

Doch am besten kann man aus Swetlanas Briefen selbst die Aufsehen erregende Entscheidung begreifen, die sie in einem Schreiben vom 6. Juli 1993 an Padre Garbolino erläuterte. Sie hatte damals gerade das Vornoviziat, das drei Monate dauern sollte, begonnen.

»Lieber Pater Garbolino, ich bin gerade erst aus dem Convent Saint Joseph (in der Nähe von Rugby) zurückgekommen, wo ich einen Monat zugebracht habe, um einige Rechnungen zu begleichen und meine Post zu holen. Dorthin werde ich zurückkehren, um weitere zwei Monate zu bleiben, um auf diese Weise die drei Monate der Probezeit zu erfüllen, mit dem Ziel, die Berechtigung zu bekommen für ein Jahr, nach dem ich dann schließlich eine Novizin werden kann. Das Noviziat wird drei Jahre dauern, erst dann kann ich die Gelübde ablegen. Zu meinem Orden, der vor zwölf Jahren von Schwester Catherine Mulligan gegründet wurde, gehören Frauen, die ihre Berufung erst in reiferem Alter erlebt haben. So sind hier die Ordensregeln. Der Orden ist noch ein ›Baby‹, was Erfahrungen betrifft. Der Heilige Vater hat unsere Statuten genehmigt und ist erfreut über die Initiative. Hier soll auch ein Kloster für alte Männer von 40 bis 60 Jahren und älter entstehen. Wir nennen uns CMMC – Congregation of Mary, Mother of the Church.

Der Konvent ist nicht in London, sondern im grünen, lieblichen County Warickshire in der Nähe der kleinen Stadt Rugby, dort, wo dieses komische Fußballspiel entdeckt wurde. Und ganz in der Nähe liegt der stille Ort Monks Kirby. Sie ließen mich freundlicherweise vor zwei Jahren hier einen Besuch machen. Nun haben sie mir erlaubt, einen Versuch zu starten (Vornoviziat drei Monate). Einige sind in ihren Fünfzigern, einige 70 und älter. Alle Frauen hier sind weit über 50 Jahre alt. Im Moment sind es nur zwölf Nonnen. Es geschieht hier alles im Sinne des Zweiten Vatikanischen Konzils, um Frauen besseren Zugang zum spirituellen Leben zu geben. Es sieht so aus, als habe ich das Richtige gefunden.«

Die Briefschreiberin zeigte aber auch die Schwierigkeiten auf, die ihr im Leben dieser religiösen Gemeinschaft Saint Joseph begegneten.

»Ich habe einige Schwierigkeiten, so nahe zusammen zu sein mit einer Gruppe von Frauen. Es gibt wenig Einsamkeit, eigentlich gar keine. Wir sind immer viel zusammen. Ich wünschte mir mehr Kontemplation, doch alle Schwestern sind sehr lieb zu mir, aber ich möchte lieber mehr Besinnung haben. Die Oberin sagte zu mir: ›Du wirst eine wunderschöne Zeit bei uns haben und in diesen vier Jahren viel lernen. Wenn du am Ende es dann nicht willst oder wir denken, dass Gott dich nicht gerufen hat, dann werden wir dich nicht ›fallen‹ lassen. Wir würden dir helfen, einen Platz zu finden für ältere römisch-katholische Frauen, wo du bleiben kannst.‹ Ich wäre dann 72 Jahre alt. Das scheint ein guter Plan zu sein. Aber das ist UNSER PLAN. Gott scheint mich zu rufen, die ganze Zeit näher bei ihm zu sein – wir haben Anbetung des hl. Sakraments TÄGLICH.«

Swetlana zeichnete in ihren Briefen ein detailliertes Bild vom Leben im Kloster, ohne das Aufbegehren oder die Skrupel zu verschweigen, die eine Frau erlebt, die in einem so hohen Alter sich von Gott berufen fühlte.

»Meine Tage hier im Konvent verliefen in sehr geordneter Weise: Schweigen, Gebet, einige Hausarbeit, Hilfe für die Mitschwestern im Garten und in der Küche – das macht mir sogar Spaß. Ich benötigte immer Disziplin, und es ging mir schlecht, wenn ich in meiner totalen ›Freiheit‹ keine Disziplin hatte. Alles in strenger Ordnung in Beachtung der Klosterregel. Ich bin sehr froh darüber: Ich war früher sehr oft krank gewesen, als ich in völliger Freiheit lebte. Am andern Tag, nach dem Empfang des heiligen Sakraments, dankte ich Gott dafür, dass ich in mir eine Stimme hörte, die mich veranlasste, alles aufzugeben und in den Konvent einzutreten. Dennoch gibt es da noch etwas, lieber Padre Garbolino, das mich an die Welt bindet. Es ist meine Tochter Olga: Dort drinnen ist es mir erlaubt, sie nur einmal im Jahr zu sehen. Der Gedanke, meine Tochter im Stich zu lassen, beherrscht mich: Vielleicht, Padre, ist meine Berufung gar keine echte.

Werden Sie am 3. Oktober nach England kommen, um sich mit mir zu treffen, sodass wir über alles hier reden können? Ich wäre dann schon wieder frei, meine drei Monate Probenoviziat wären schon vorüber …

Sie können mir schreiben unter der Adresse:
Schwester Rose McHale

St. Joseph Convent
Monks Kirby
Rugby, CV 23.0RA.«

Swetlana teilte dem Padre noch mit, dass er von London mit dem Zug nach Rugby reisen könne, aber kein Bus zum Konvent fahre. Er müsse sich mit dem Auto hinbringen lassen. Sie schrieb weiter an den Padre:

»Ich fühle manchmal – das ist es! Ich habe es gefunden – ganz einfach hier. Dann wiederum habe ich Zweifel – ich wünschte, es wäre ein wirklich alter Konvent, wo ich ein ständiger Gast sein könnte. Diese ganze Nähe gibt mir manchmal kein gutes Gefühl. Würden Sie ihnen schreiben? Sie wissen von Ihnen (Schwester Rose), denn sie hat meinen Aufsatz gelesen. (Gibt es ihn schon in Italienisch?) Er wurde veröffentlicht – gekürzt und bearbeitet – in Französisch in Brüssel, und die Franzosen mögen ihn.«

Der Padre erfuhr von Swetlana, dass sich die Oberin sehr ein Wort von ihm über eine Person wünschte, die er schon seit 1967 kannte. Es gebe außer ihm niemanden in Großbritannien, der sie seit so langer Zeit kenne. Die Schwester würde sich sehr freuen, wenn jemand all die unglaublichen Geschichten aus Swetlanas Leben bestätigen würde. Dann fuhr sie fort: »Wie schade, dass der arme Antonino Janner (jetzt Botschafter in Rom und beim Vatikan) nicht mehr lebt. Er war die erste Person (als der devote Katholik, der er war), die sah, dass mein Platz nicht im lauten Amerika, sondern in einem ruhigen Leben im Gebet sein wird. Er war es, der mir ein römisch-katholisches Leben zum ersten Mal überhaupt aufzeigte – in Fribourg in der Schweiz...«

Der acht Seiten lange Brief endete mit der Bitte, Schreiben an sie mit dem Vermerk »poste restante« zu versehen, da sie sehr viel Post bekäme und nicht alles über das Kloster laufen sollte. Ihr Wunsch an den Padre: »Ich möchte zum Ausdruck bringen, dass ich Ihrer Führung im Moment bedarf. Ich höre gerne wieder von Ihnen – Ihre Swetlana. ps. Gott schütze Sie. Es freut mich, dass Sie wieder in den Alltag zurückgekehrt sind. DEO GRATIAS.«

In einem späteren Brief, datiert vom 28. August 1993 aus dem Konvent Saint Joseph, sprach Swetlana erneut von ihrer Besorgnis:

»Hier im Konvent kennen mich alle und sind derart lieb zu mir, aber ich zweifle, ob es so bleiben wird. Mein Leben ist ganz in Gottes Hand. Er wird entscheiden…? Ich komme nicht davon los, an meine Kinder zu denken. Ich erhielt aus Russland einen Brief mit einem Foto meiner Tochter Jekaterina, die heute 43 Jahre alt ist. Sie scheint mir abgemagert und krank. Ich bin sehr in Sorge: Ich habe sie so noch nie gesehen. Übrigens passt ihre Arbeit als Vulkanologin bestimmt nicht zu einer Frau. Ich bete inständig für sie, sooft ich mich sammle, und begreife, dass meine Berufung völlig klar ist. Ich flehe immer wieder zum Herrn, mir zu helfen. Vor ein paar Tagen kam Padre F. G. und fragte mich, wie es mit meinem Noviziat vorangehe. Er versuchte mich zu trösten, ich fühlte mich schließlich frei. Er hat mich angelächelt und mich beglückwünscht…

Jetzt habe ich mein Noviziat begonnen, und die drei Monate der Probezeit sind beendet. Ich fühle mich wesentlich stärker vor Gott, aber nicht vor der Liebe, die ich in der Welt zurückgelassen habe. Helfen Sie mir, Padre Garbolino: Ich brauche Ihren Rat. Ich bin entschlossen, eine Schwester zu werden, und ich möchte es nicht bereuen.«

Keine Unterstützung von der Kirche Roms

Swetlana versicherte in einem ihrer seltenen Interviews einem englischen Journalisten, dass sie nun den Weg eines religiösen Lebens im Konvent Saint Joseph eingeschlagen habe. Doch bald sollte sich zeigen, dass ihr Wunsch nach Abgeschiedenheit nicht in Erfüllung gehen konnte. Sie schrieb im Sommer 1993 nochmals nach Italien, dass sie im Kloster zu wenig Ruhe fände, um schließlich zu formulieren: »Alle diese alten Frauen verbrachten ihre Tage am Telefon und telefonierten mit ihren Kindern oder Enkeln, weihten sie wirklich ihr Leben Christus? So nahm ich meinen Koffer und ging.« Sie gab aber auch zu, dass sie es nicht ertragen könne, ihre Tochter Olga nur so selten zu sehen.

Und der Trost des Glaubens, wollte der Padre von Swetlana wissen? »Ich hasse die Religion.« Dabei blieb die Tochter Stalins. »Davon habe ich nur allzu viel gehört. Ich bin nicht mehr eine ergebene Katholikin wie vor drei Jahren. Ich brauche die Kirche nicht, ebenso wenig einen Priester. Gott ist hier, an meiner Seite. Und ich kann gut allein sein.«

Wie ist diese Distanzierung von der Kirche zu erklären? Warum entschloss sich Swetlana, sich vom katholischen Glauben abzuwenden? »Die neuesten Beteuerungen Swetlanas betrüben mich«, sagte Padre Garbolino. »Die Tochter Stalins scheint zum Atheismus zurückgekehrt zu sein, in dem sie erzogen worden ist. Swetlana fühlt noch immer Gott an ihrer Seite, auch wenn sie jetzt erklärt, sie hasse die Religion. Möglicherweise ist sie enttäuscht, hat sie sich mehr Unterstützung erwartet vonseiten der Kirche Roms. Ich möchte ihr gerne begegnen und sie zu einer persönlichen Freundin machen. Ich werde Gott bitten, dass er ihr etwas Trost sende in ihre gegenwärtigen Einsamkeit.«

Seit Januar 1994 hörten Swetlana und der italienische Missionar nichts mehr voneinander. Swetlana hatte dem Padre als Letztes mitgeteilt, dass sie den Konvent Saint Joseph in Rugby in der Nähe von London verlassen habe, weil sie Unstimmigkeiten mit einigen Mitschwestern gehabt habe. »Seitdem habe ich sie aus den Augen verloren« sagte der Priester abschließend in der Zeitschrift »Chi«.

Die Oberin des Konvents, Schwester Rose McHale, versicherte, dass »Schwester Lana«, so nannte man Swetlana im Kloster, Saint Joseph im Februar 1994 verließ. »Aber sie ging nicht wegen Problemen mit Mitschwestern«, stellte die Nonne klar. »Es war ihr Traum, in einem alten Kloster zu leben, wo sie die Geschichte und die Tradition eines mittelalterlichen Konvents atmen könnte. Daher sagte sie mir, sie wolle sich mit meiner Erlaubnis in die Schweiz oder nach Italien in ein Kloster, dessen Steine nach Weihrauch riechen, zurückziehen.«

Im Herbst 1994, nachdem sie Großbritannien verlassen hatte, hielt sich »Schwester Lana« in einer kleinen Stadt in der französischen Schweiz als Gast bei einigen Freunden auf und besuchte wiederholt das dortige Kloster der Heimsuchung. Die Oberin dieses Klosters kann dies jedoch nicht bestätigen. Seit 1967 hatte sich Swetlana nicht mehr im Kloster aufgehalten. Sie hatte sich aber mehrmals an den Vatikan gewandt, um in ein Kloster in Italien aufgenommen zu werden. »Ich bin römisch-katholisch: Wer wie ich in dieser Religion lebt, dem ist das Land, in dem auch der Papst lebt, sein zweites Vaterland.« Sie fügte noch hinzu:

»... Sie wissen sehr gut, wie gern ich nach Italien gekommen wäre. Ich habe dafür die Hilfe beim Kardinal von Turin erbeten, und er hätte meine Bitte an den Vatikan weiterleiten können. Nur eine Bitte: Ich rechne mit Ihrer Diskretion. Ich möchte nicht die Neugierigen und Paparazzi um mich haben. Ich möchte, dass die Leute die Tochter Stalins vergessen, ich will nur mit Gott allein bleiben, nach einem solch mühevollen Leben.«

Am Ende des Sommers reiste sie angeblich nach Mittelitalien.

Die Frage, ob Swetlana tatsächlich eine Zeit lang in Italien lebte, hat Padre Garbolino nie eindeutig beantwortet. Er sagte lediglich: »Vielleicht findet man sie ja hier, doch sie lebt in völligem Inkognito. Sie zu veranlassen, aus dem Verborgenen herauszutreten, hieße, die Vergangenheit wieder zu beleben, die sie für immer vergessen will.« Und an anderer Stelle: »Ich habe bis zuletzt gehofft, Swetlana würde die Welt mit ihrer erbauenden religiösen Erfahrung konfrontieren. Später, als über die Berichte in ›Chi‹ die Nachricht von ihrem Noviziat den Lauf um die Welt angetreten hat, dachte ich, sie würde sich entschließen zu reden. Doch im Gegenteil, sie wählte das Schweigen.« Garbolino bestätigte, dass für Swetlana das Wort Freundschaft viel bedeutet habe, und berichtete von einer bis dahin unbekannten Episode aus ihrem Leben: »Wenn Swetlana heute noch lebt, so verdankt sie das einer ihrer Freundinnen. Sie sagte, dass sie nach dem Tod ihres Vaters, den sie immer noch ›jenen Menschen‹ nennt, in eine tiefe depressive Krise gefallen sei. Tatsächlich war sie ja in den Augen der öffentlichen Meinung die Lieblingstochter eines Diktators…Deswegen dachte sie für einen Augenblick an Selbstmord. ›Ich wollte auf eine Brücke gehen und mich in die Moskwa stürzen‹, erzählte sie mir. ›Ich war total verzweifelt. Doch in der Tram, mit meinem Abschiedsbrief im Handtäschchen, traf ich zufällig eine meiner früheren Schulkameradinnen, die voller Begeisterung mit mir über die Psalmen zu sprechen begann. Und diese Freundin hat mich gerettet. Sooft ich in dem Buch der Psalmen lese, schmecke ich eine wahre Freude für mein Leben, die allein der allmächtige Gott mir gewährt. Bis zu jenem Tag hatte ich nie daran gedacht, über Gott zu sprechen, ich war herangewachsen ohne Ihn. Es war, als ob ein unvorhergesehenes Licht in meine Augen und in mein Herz gefallen sei. Früher fühlte ich mich oft unglücklich und verzweifelt, bis dahin, dass ich versucht war, Selbstmord zu begehen. Dann aber begriff ich, dass das Leben ein Geschenk Gottes ist und niemand es wegnehmen darf, weder für sich selbst noch für irgendwelche anderen.‹«

Wenn Swetlanas religiöse Berufung in der Straßenbahn von Moskau aufkeimte, so entstand ihr Wunsch, in Italien Zuflucht zu finden, doch erst viel später; dann setzte sie allerdings alles daran, ihn Wirklichkeit werden zu lassen. Padre Garbolino erinnerte sich: »Swetlana ging so weit, dass sie auf mich ernstlich wütend wurde, als ich es nicht schnell schaffte, für sie eine Unterbringung in Italien zu besorgen.« Swetlana schrieb ihm klipp und klar: »Sie müssen mir helfen, mich in irgendeinem ruhigen Ort, wohin man sich zurückziehen kann, niederzulassen. Alle Ratschläge, die Sie mir bisher gegeben haben, sind nur Worte, nichts als Phrasen. Überhaupt nichts Konkretes. Ich brauche Ihre echte Hilfe!«

Als sie dies schrieb, befand sie sich nicht mehr in der Obhut ihres Konvents. Sie stand unter dem Druck der großen materiellen Not, in der sie nun lebte. »Ich bin ganz ohne Geld. Nur wenn jemand mich einlädt und das Billet für mich bezahlt, kann ich ein Flugzeug oder einen Zug benutzen. Sie, Padre Garbolino, glauben, dass ich mich aufführe wie ein Filmstar. Sie können sich überhaupt nicht vorstellen, in welchen Verhältnissen ich lebe und wie sehr ich von anderen abhängig bin. Nunmehr lebe ich ganz von der Barmherzigkeit.«

Ehe Alfonso Signorini am Ende des Interviews den Padre verließ, stellte er diesem noch die Frage, ob Swetlana Stalina immer noch wütend auf ihn sei, weil er ihr keine Zuflucht in Italien verschafft habe. Der Padre breitete die Arme aus und sagte, mit einem Lächeln, äußerst diplomatisch: »Wütend wird sie nicht mehr sein, aber wir respektieren ihr Schweigen.«

Swetlana lebte zu jenem Zeitpunkt in einem gottverlassenen Dorf an der Küste von Cornwall. Sie hatte die englische Staatsbürgerschaft angenommen und erhielt eine staatliche Unterstützung in Höhe von umgerechnet rund 200 Euro im Monat. Ein weiteres Drama in ihrem Leben war zu Ende, der gescheiterte Versuch, endlich Frieden zu finden in einem Kloster. Doch sie fand sich damit ab: »Gott ist mit mir, mehr brauche ich nicht«, hatte sie Padre Garbolino geschrieben.

»Wie schade, dass dieser Padre Swetlana allein gelassen hat«, bedauert sie der Stalin-Biograf Edward Radzinskij.[623]

23 Swetlana Allilujewa, die Weltbürgerin

Ich fühle mich als Weltbürgerin.*
Ich wollte ein kosmopolitisches Leben in Amerika oder in England führen.**

Nachdem Swetlana 1984 in Georgien war und sie bis zum Überdruss als Stalins Tochter traktiert wurde, kehrte sie in die USA zurück, allerdings nicht für lange Zeit, dann enfloh sie nach England.

Noch in Tbilisi hatte sie 1984 telefonischen Kontakt aufgenommen mit Robert Graves, einem früheren guten Bekannten in Spring Green in Wisconsin, wo sie vor 16 Jahren während ihrer Ehe mit Wesley Peters gelebt hatte, und wo Olga immer gerne gewesen war. Graves hatte ihr einmal angeboten, ihr dort ein kleines Haus bei einer alten Farm zu vermieten. Sie sagte, dass sie in die USA zurückkehre, und fragte ihn, ob sie dieses Haus für den Sommer bekommen könne. Graves zeigte sich überhaupt nicht überrascht. Er wollte nun dafür sorgen, dass sie jemand am Flughafen in Chicago abholte. Sie und Olga könnten den ganzen Sommer auf dieser Farm verbringen. Später könnten sie dann entscheiden, was sie in Zukunft machen wollten. Sie erklärte ihm, dass sie Amerika verlassen musste, um zu begreifen, welch »wundervolles Land« es sei.[624]

Nach dem Gespräch mit Robert Graves hatte sie keine Angst mehr vor der Rückkehr. Es überraschte sie, dass er sich solche Gedanken machte. »So einfach ist es also, wenn Menschen mit der Natur leben«, dachte sie. Graves war eben kein einfacher Farmer, eher ein Manager und dazu noch Landschaftsarchitekt. Sein Vater war noch ein echter Farmer gewesen, und seine 80-jährige, verwitwete Mutter war die Patronin der großen Familie. Alle waren große, breitschultrige Menschen, sehr freundlich und immer gut zu Wesley, zu seiner ersten Familie und dann zu Swetlana. Sein Rat war: »Kaufen Sie Land, kaufen Sie Land.« Und er gab immer gute Ratschläge.

Doch damals sah sich Swetlana noch nicht in der Lage, das alles anzunehmen. Daran erinnerte sie sich jetzt in ihrem Hotelzimmer in Moskau.

Von Moskau aus ging der Flug zunächst nach Zürich. Dort erwartete sie eine nette Überraschung. Sie traf einen Agenten der Swissair, der ihr beim Umsteigen nach Chicago half. Das war von Moskau aus arrangiert worden. Vor 20 Jahren war sie schon einmal hier gewesen, und so gingen ihr nun viele Erinnerungen durch den Kopf. »Ja, die Schweiz, das ist ein Wunderland!« Sie erzählte: »Mein Herz klopft, und ich denke und bete zu Gott, dass er mir hilft, diesen langen Flug zu überstehen, der noch acht Stunden dauern wird.«

Endlich saß sie im Flugzeug. Die Fluggesellschaft hatte ihr einen Platz gegeben, wo der Hund niemanden belästigen konnte. Dieser wurde immer aggressiver und bellte die schönen Stewardessen an. Swetlana aber wurde langsam ruhiger, und alle Ängste fielen von ihr ab. Es erfüllte sie ein Wohlgefühl wie schon lange nicht mehr.

Wie versprochen, wurde sie in Chicago abgeholt und zu dem Haus auf jener baufälligen Farm am Ende der Welt gebracht. Endlich konnte sie zur Ruhe kommen und durchatmen. Was hatte sie nicht alles erlebt während der letzten 18 Monate! Diese Reise nach Russland war unsinnig gewesen. Doch sie bereute nichts. Denn alles im Leben hat seinen eigenen Sinn und Wert. Es war ihr sehnlichster Wunsch gewesen, ihre Kinder wiederzusehen, alte Freunde zu treffen und das Land wieder zu sehen, aus dem sie stammte. Und Olga musste das kennen lernen, jene andere Seite ihrer Herkunft. Ohne diese 18 Monate wären das Leben von Olga und ihr eigenes nicht so reich geworden, reich an Erfahrung, und hätte ihnen ein Stück Wahrheit gefehlt.

Das Leben ging weiter. Swetlana genoss das Glück, die Schönheit des Frühlings in Wisconsin zu erleben. Aus England kam ein Brief von Olga, die sich freute, wieder unter ihren Klassenkameraden zu sein. Eineinhalb Jahre war sie weg gewesen, aber sie durfte wieder in ihre alte Klasse zurück.

Aus Zeitungsausschnitten, die Freunde ihr schickten, erfuhr Swetlana, wie es ihrer Tochter bei der Ankunft in London ergangen war. Als Olga in London ankam, war die Mutter ja noch in Moskau. Jetzt konnte Swetlana erleichtert darauf zurückblicken. Sie war sehr stolz auf ihre Tochter.

Olga hatte sich vor den Kameras der Fernsehkorrespondenten gut gehalten. In einer kleinen Rede »mit dem Verstand eines erwachsenen Menschen« sagte sie: »Das war ein sehr interessantes Erlebnis für mich. Ich bedauere keine einzige Minute. Nicht jeder Schüler kann drei verschiedene Länder kennen lernen, und nicht jeder Schüler kann drei Sprachen lernen.« Sie weinte bei der Umarmung durch den Direktor und die anderen Schüler, die alle auf einem Foto in der Zeitung zu sehen waren. Und sie fand sehr gute Worte für die Schule, in die sie nun zurückkehrte. Ihr Gesicht strahlte mit einem fotogenen Lächeln.

Nach Swetlanas Rückkehr nach Wisconsin suchte die Presse nach der Zurückgekehrten. Doch das kleine freundliche Spring Green mit seinen 1500 Einwohnern verriet sie nicht.

Swetlana gab nach ihrer Ankunft nur ein einziges Interview, und zwar einem früheren Moskau-Korrespondenten. Auf seine Frage, warum sie sich in Moskau so abfällig über die USA geäußert habe, antwortete sie, dass mit ihr ein »schmutziges Spiel« getrieben worden sei. Ihre positiven Aussagen über ihr amerikanisches Gastland seien völlig verdreht wiedergegeben worden. Zur politischen Lage meinte sie, dass Gorbatschow einen ernst zu nehmenden Friedenswillen habe, unsicher sei jedoch, was sein Beraterstab wolle. »Ist es da überraschend, dass ich in die USA zurückgekehrt bin?«[625]

Im Sommer kam Olga zu Besuch. Aber sie gab nur ein Interview für die kleine Zeitung »pressa evansvilla«, die 1911 von ihrem Großvater Frederik Romer Peters gegründet worden war. Der Name des Blättchens erinnerte an seinen Geburtsort Evansville in Indiana. Olga hatte versprochen, exklusiv für diese Zeitung etwas zu sagen.

Die Presseleute holten sie ab, und sie fuhren nach Evansville, wo sie alle anderen Verwandten väterlicherseits kennen lernen sollte. Die Zeitung brachte einen großen Artikel über Olga mit einem Foto.

Swetlana hatte dieser ganzen Aktion nur zugestimmt, weil sie aufzeigen wollte, dass ihre Tochter auch noch einen amerikanischen

Großvater hatte. Die Zeitung schrieb allerdings nichts über diesen Opa, sondern nur neben Olgas Foto stand in großen Buchstaben: STALINS ENKELIN. Das machte Mutter wie Tochter wütend.

In diesem ersten Sommer besuchte Swetlana viele ihrer Freunde, die nicht verstanden, warum sich Swetlana ausgerechnet ein solches Provinznest zum Leben ausgesucht hatte. Doch Swetlana war sehr gern dort und erstand bald ein kleines Jagdhaus.

Und trotz aller Beteuerungen, dass sie nun in Amerika leben wolle, blieb sie nicht lange dort. Irgendeine Unruhe schien sie immer weiter und weiter zu treiben. Um 1990 beschloss sie, völlig mittellos, nach England zu reisen, fand Aufnahme in einem Heim für Obdachlose und lebte von einer kleinen staatlichen Sozialrente. Vergeblich versuchte sie, ihren Wunsch nach einem klösterlichen Leben zu verwirklichen; sie zog für kurze Zeit nach Cornwall, schaffte dann aber wieder den Sprung in ein bürgerliches Leben in London. Als sie einmal von einem Reporter gefragt wurde, ob es ihr, wenn sie in Russland geblieben wäre, dort nicht besser ginge, da verneinte sie das entschieden. Sie sei glücklich und zufrieden in einer kleinen Wohnung mit Küche und Bad, die sogar größer sei als die ihrer Cousine Kira Politkowskaja in Moskau. Swetlana kleidete sich einfach, ging gerne in Antiquitätengeschäfte, um sich schöne Dinge anzuschauen, und hielt sich häufig in der städtischen Bücherei auf.

Im Jahr 1994 gelang es dem russischen Fernsehjournalisten Michail Leschtschinskij, Swetlana zu einer Filmdokumentation zu überreden: »Die Kreml-Prinzessin«. Das Filmteam bot ihr an, im Hotel zu wohnen, doch Swetlana lehnte dies ab. So wurde sie morgens zum Frühstück in ihrer Wohnung abgeholt und blieb den ganzen Tag mit den Fernsehleuten zusammen. Für ihre Mitwirkung nahm sie keinerlei Honorar an, freute sich aber über kleine Geschenke aus Russland: Wodka und Kaviar. Sie betonte immer wieder, dass sie völlig unabhängig bleiben wolle und deshalb an einem Honorar nicht interessiert sei. Das erstaunt, denn sie lebte im Übrigen von der monatlichen Zuwendung eines von ihr nicht namentlich genannten Gönners.

Der Film zeigt eine stille, in sich gekehrte Frau, die nachdenklich über ihr Leben spricht, ihre Wünsche und Hoffnungen: »Das Leben eines gewöhnlichen Menschen werde ich nie führen. Denn es steht sozusagen auf meiner Stirn geschrieben, alle wissen, wer ich bin, was ich bin. Und ich kann mich nicht, ich werde mich nie von meinen Eltern lossagen, verstehen Sie. Ich werde niemals behaupten, ich hätte keinerlei Beziehung zu ihnen. Das ist schon so eine Art Schicksal. Man muss sein Kreuz irgendwie tragen.«[626]

Michail Leschtschinskij informierte Swetlana, dass dieser Film in Russland gezeigt werde, und fragte sie, ob sie den Menschen in ihrem Vaterland etwas sagen wolle. Doch Swetlana richtete ihren Blick ins Weite, begann zu weinen und schwieg. Sehr eindrucksvoll sind die Worte ihres damals 56-jährigen Sohnes Josef, Arzt in Moskau, der heute keine Interviews mehr gibt, sondern freundlich auf diesen Film verweist. Darin habe er alles gesagt, was in ihm vorgehe: »Im Ganzen tut mir meine Mutter Leid, aber sie hat ihr Leben selbst kaputtgemacht.«

Mit 21 Jahren hatte sich Olga in England mit einem jungen Mann namens Evans aus Wales verheiratet. Ihr Studium hatte sie abgebrochen, und nun arbeitete sie als Mannequin, Fabrikarbeiterin und Hypothekenberaterin in England. Glücklich wurde sie nicht in ihrer Ehe. Schon zwei Jahre nach der Hochzeit erfolgte die Scheidung. Olga kehrte nach Wisconsin zurück, wo sie immer gerne gewesen war. Ihre Mutter blieb zurück in England.

In »Life« erschien im Januar 1996 der Artikel »All in the Family« von Robert Sullivan. Die Fotos von Gerard Rancinan zeigen mehrere Personen zusammen mit ihren berühmten Vorfahren. Bei manchen ist die Ähnlichkeit frappierend, bei anderen wiederum kaum zu bemerken. In diesem Reigen ist eine bildschöne junge Frau zu sehen: Chrese Evans – natürlich Olga, die Enkeltochter von Josef Stalin. Für Olga war der Weg zur Gelassenheit – und zurück nach Wisconsin, wo sie die Sommer ihrer Kindheit verbrachte – recht holprig. »Ich bin gerade 24«, sagte sie, »aber manchmal denke ich, ich lebe schon viel länger. Ich bin glücklich. Ich bin eine Künstlerin – eine Malerin und Bildhauerin – und verdiene zusätzlich Geld als Bedienung. Meine Mutter kommt in meinen Gemälden vor, und zwar das

Wesentliche von ihr. Sie ist jetzt 69 und lebt in London – wir telefonieren fast jeden Tag. Mein Großvater hat sie angebetet. Sie kann es kaum glauben, die Ähnlichkeit zwischen ihm und mir – die Wutanfälle, das Durchsetzungsvermögen, den starken Willen. Ich habe sogar seine zerdrückte Kartoffelnase. Es schmeichelt mir, auszusehen wie er. Mir gefällt mein Familienstammbaum …« Olga fügte belustigt hinzu: »Die Leute fallen aus allen Wolken, wenn sie in meinem Wohnzimmer überall Fotos von Stalin sehen.«[627]

Ende der neunziger Jahre verließ Swetlana England erneut und kehrte nach Amerika zurück. Ihr Kommentar:

»Ich passte nicht in die amerikanische Kultur, doch ich wollte selbst dorthin, somit hatte ich mit dieser Kultur zu leben und Englisch zu sprechen. Ich erzog meine Tochter in perfekter amerikanischer Manier, doch es gab viele Dinge, die mir nicht gefielen … Die Kategorisierung – wir sind die Besten, unser Weg ist der beste – impliziert, dass wir alle unseren Weg gehen müssen und so leben und diese Hamburger auf dem Barbecue im Garten grillen und dazu Kartoffelchips essen müssen. Was passiert, wenn ich das nicht mag? Und ich bin traurig, wenn die [amerikanische] billige Plastikkultur der Hamburger und von Coke von Ländern mit eigener schöner Kultur importiert wird. Da könnte ich heulen: Indien oder die arabische Welt, oder Afrika, oder sogar England mit seiner eigenen Tradition.« Sie setzte hinzu: »Ich wollte ein kosmopolitisches Leben in Amerika oder in England führen. Englisch sprechende Länder geben mir Neutralität.«[628]

Swetlanas Rückkehr war natürlich getragen von dem Wunsch, ihre Tochter wieder zu sehen. Aus dieser Zeit gibt es hübsche Fotos von Mutter und Tochter, die in getrennten Wohnungen in einem schönen großen Haus wohnten. Ihren Verwandten in Moskau schrieb Swetlana, dass sie nur noch den einen Wunsch habe, nie mehr von Olga getrennt leben zu müssen.

In unregelmäßigen Abständen telefonierte Swetlana mit ihrem Cousin Aleksander Burdonskij, einem Theaterregisseur, der den Eindruck gewann, dass sie ruhiger geworden und mit ihrem Leben ganz zufrieden sei. Aleksander Burdonskij bewundert seine Cousine dafür, dass sie es 1967 fertig gebracht hat, »die Tür hinter sich zuzuschlagen«.[629] Swetlana erzählt ihm bei ihren Anrufen aus Amerika immer voll Stolz von ihrer Tochter, und dabei gibt sie zu, dass sie völlig von ihr abhängig ist. Für Olga stellt dies eine schwere Hypothek dar. Brandoch Peters, ihr Stiefbruder, spricht mit großer Hochachtung von Olga. Er hält sie für eine sehr intelligente und künstlerisch begabte, äußerst liebenswürdige junge Frau.[630] Doch die Mutter nahm ihr jeden Freiraum. Die häusliche Idylle trog, und es kam zu einem irreparablen Zerwürfnis. Mutter und Tochter leben nun in verschiedenen Städten in den Vereinigten Staaten. Olga arbeitete als Buchhalterin. »Es ist sicher nicht übertrieben, wenn man das Zusammenleben von Mutter und Tochter als wahre Tragödie für Olga bezeichnet«, so Brandoch Peters.[631]

Swetlana hat schon viele Jahre keine Interviews mehr gegeben. Das bisher letzte fand 1998 in New York statt.

Das Interview mit der 72-jährigen Swetlana Allilujewa führte Artem Borowik, ein in Russland sehr bekannter Journalist, der bei einem Flugzeugabsturz im März 2000 ums Leben kam.[632] Gleich zu Beginn bat ihn Swetlana, sie nur mit dem Vornamen und unter keinen Umständen mit ihrem Familiennamen anzusprechen. Borowik empfand die alte Dame »als klug, energisch mit einem absolut wachen Geist. Je älter sie wird, desto deutlicher tritt die äußere Ähnlichkeit mit ihm (ihrem Vater) hervor ...«[633] Dieses Interview unterscheidet sich von allen anderen darin, dass der von Swetlana sonst stereotyp vorgetragene Satz, den sie wie einen Schutzschild vor sich hertrug, nicht mehr vorkommt: »Ich lebe im Schatten meines Vaters.«

Swetlana hat aus vollstem Herzen geliebt, war grenzenlos glücklich und grenzenlos unglücklich. Sie braucht kein Mitleid und keine Ausrede, dass sie Stalins Tochter ist.

Ohne Frage stellt ihr Leben an der Seite und im Schatten eines der schrecklichsten Despoten ein Stück Weltgeschichte dar. Es ist ihr ein Anliegen, viele Menschen mögen ihre vier Bücher lesen, um sie und die Zeit, in der sie lebte, besser verstehen zu können. Als eine aus dem Kreml Geflohene hatte sie schon 1967 in der indischen Botschaft in Delhi niedergeschrieben: »Ich glaube an die Kraft des Intellekts in der Welt, ganz gleich wo jemand lebt. Die Welt ist so klein, und das Menschengeschlecht ist ebenfalls klein im Universum. Anstatt Kampf und sinnlosem Blutvergießen sollten die Völker lieber zusammenarbeiten für ein menschlicheres Leben. Das ist etwas, was ich ernst meine. Es gibt dann keine Kapitalisten und keine Kommunisten mehr für mich – es gibt nur gute und böse Menschen, ehrliche und unehrliche; in welchem Land auch immer sie leben, die Menschen sind überall gleich.«

Artem Borowiks letzte Frage an seine Landsmännin: »Wie sehen Sie sich selbst heute nach einem Leben, das seit 30 Jahren außerhalb der Sowjetunion, außerhalb von Russland, abläuft?« Swetlanas umfassende Antwort lautete: »Ich sehe mich als Amerikanerin, meine ethnischen Wurzeln liegen mehr in Georgien als in Russland, als Schriftstellerin bin ich eine Russin.«

Jetzt ist es still geworden um Swetlana Allilujewa, Stalins Tochter. Sie hatte immer gehofft, dass der Rest ihres Lebens endlich die Stille sein möge.

Nachwort

»Das beste, was ich je in meinem Leben gemacht habe, war, die UDSSR verlassen zu haben« schrieb mir Lana Peters, geborene Swetlana Allilujewa-Stalina, im November 2004. Diesem Brief vorausgegangen, war mein Besuch bei ihr im Oktober 2004 im US-amerikanischen Bundesstaat Wisconsin. Erst nach jahrelangem Suchen erhielt ich einen Hinweis auf den genauen derzeitigen Aufenthalt dieser prominenten Zeitzeugin. Ihr Schicksal war es, in eine Familie und eine Zeit hineingeboren zu sein, die als die Ära eines der schlimmsten Despoten der neueren Geschichte Russlands gilt.

Doch Swetlana Stalina bzw. Allilujewa gelang es immerhin, aus dem Käfig auszubrechen und das eigene Leben in die Hand zu nehmen, wenn auch spät, mit Rückschlägen, Momenten der Verzweiflung, großer Unruhe, aber auch mit grenzenlosem Glück.

Ich traf also mit Lana Peters zusammen, einer kleinen Dame, deren Verstand hellwach ist, deren immer noch strahlend blaue Augen blitzten und die mich mit großer Herzlichkeit und Humor empfing. Ich durfte mit ihr drei wunderschöne Herbsttage verbringen, konnte sie fotografieren und zeitenweise auch filmen.

Aber das Wichtigste waren die stundenlangen Gespräche. Ich durfte Fragen stellen, die sie mir bereitwillig beantwortete. Nur einmal bekam Lana Peters einen schlimmen Wutanfall. Ich hatte ihrer Meinung nach zu oft nach ihrem Vater gefragt. Sie rief: »Fragen Sie mich nie mehr nach meinem Vater.« Ihr größter Wunsch ist heute, endlich als eigene Persönlichkeit anerkannt zu werden. Sie wird das Gefühl nicht los, dass sich eigentlich niemand für ihren Lebenslauf interessiert, wenn er nicht in Verbindung mit ihrem despotischen Vater zu sehen ist. Ich konnte ihr versichern, dass mein Buch ihr ganzes Leben aufzeigt, das allerdings mit ihrem Vater zu beginnen hat.

Es ist eine große Beruhigung für mich, dass meine Biografie über Swetlana Stalina nicht umgeschrieben werden muss, obwohl sich die Einstellung der Stalin-Tochter zu manchen Geschehnissen ihres Lebens verändert hat.

Den Selbstmord ihrer Mutter empfindet sie heute völlig anders, als sie dies in ihren Büchern beschrieben hatte. Bisher bedauerte sie ihre Mutter, mit dem Leben an der Seite ihres despotischen Vaters nicht zurechtgekommen zu sein. Sie nennt heute ihre Mutter selbstsüchtig und in ihren Depressionen gefangen, eine Närrin, die keinen Bezug zur Realität des Lebens hatte. Zudem sei sie als Opfer des »Russian Feminism« zu sehen. »Der Selbstmord war für alle schrecklich: für ihren Mann und ihre Kinder und er war eine Katastrophe für das ganze Land, wie man später sah.«

Drei Punkte gibt es, für die sie ihren Vater unendlich hasst: Er zerstörte die erste Liebe ihres Lebens, ihre Beziehung zu dem jüdischen Schriftsteller Aleksej Kapler. Für sie war er die erste Person, die ihr Zuneigung und Wärme gab. Und dass Stalin in seinem Judenhass Kapler zehn Jahre lang einsperren ließ, war auch für sie furchtbar.

Heute meint Swetlana, dass sie durch die von ihrem Vater vorgegebene Wahl des Studienfaches an der Universität einen Verlust für ihr ganzes Lebens erlitten habe. Sie wollte unbedingt Literatur studieren, der Vater bestand aber auf »Gesellschaftsgeschichte«. Geschichte interessierte sie jedoch nicht, sie schrieb lieber Gedichte. Eines davon wurde erst 1984 in einer russischen Zeitschrift veröffentlicht.

Sie kann ihrem Vater viel verzeihen, nicht aber die Tatsache, dass er Mitglieder seiner eigenen Familie einsperren und umbringen ließ. Ich hatte immer versucht herauszufinden, wieviel Swetlana von dem Leid in der eigenen Familie wusste. Heute sagt sie, dass alle in der Familie ihrer Mutter und der Familie von Stalins erster Frau im Bild gewesen seien. Dass sie tagelang weinte, weil wieder eine geliebte Tante plötzlich wie vom Erdboden verschwunden war, das habe ihren Vater nicht interessiert. Sein Morden sei fürchterlich gewesen.

Swetlana schätzte ganz besonders Nikita Chruschtschow, den ihre Mutter einst bei Stalin eingeführt hatte. Sie hasst Kossygin, der ihr das Leben mit ihrem indischen Lebensgefährten schwer gemacht hat. Schließlich half ihr bei ihrer erneuten Ausreise aus Moskau Michail Gorbatschow, der für sie ein großer Staatsmann war. In der heutigen Regierung sieht sie eine Fortsetzung der einstigen zaristischen Machtverhältnisse.

Es liegt Lana Peters sehr daran bekanntzugeben, dass sie nie um Asyl in den Vereinigten Staaten nachgesucht habe, sondern 1967 in Delhi lediglich die Möglichkeit sah, durch ihre Flucht in die amerikanische Botschaft nicht mehr nach Russland zurückkehren zu müssen. Sie wäre sehr gerne in Indien geblieben. Die Zurückweisung dieses Wunsches durch Nehrus Tochter bleibt ein Stachel in ihrem Herzen.

Völlig infam empfindet sie die Tatsache, dass in Zeitungsberichten 1967 über sie geschrieben wurde, der einzige Grund ihrer Flucht aus Moskau sei die Tatsache gewesen, dass sie in die Schweiz wollte, um sich dort an den angeblichen Geldkonten ihres Vaters zu bedienen, um dann das Leben einer Kapitalistin zu führen.

Bei ihrem Aufenthalt in der Schweiz hatte sie gehofft, nach Frankreich weiterreisen zu können, was sich als unmöglich erwies. Und als sie die Einreisegenehmigung, die sich später als Touristenvisum herausstellte, für die USA bekam, nahm Swetlana dieses vermeintlich sichere Angebot an. »Der Kommunismus stand mir bis zum Hals.« Nein, in die frühere Sowjetunion wolle sie nie mehr zurück. Sie wehrt sich bis heute als die »prominenteste Emigrantin der Nachkriegszeit« bezeichnet zu werden.

Den größten Fehler, den sie in Amerika gemacht habe, sei ihre Scheidung von ihrem amerikanischen Ehemann, dem Architekten und Nachfolger von Frank Lloyd Wright, William Wesley Peters gewesen, den einzigen Ehemann, den sie wirklich geliebt habe. Ihre schlimmste Widersacherin war die Witwe des berühmten Architekten Frank Lloyd Wright und zugleich Schwiegermutter des verwitweten Peters.

Der größte Verrat, der an ihr begangen wurde, geschah durch Pater

Garbolino in Rom, der jahrzehntelang ihr Beichtvater war. Er hatte ihre an ihn gerichteten Briefe an einen italienischen Zeitungsreporter gegeben und ausführlich über Swetlanas Suche nach Gott und nach einem Platz in einem Kloster in Rom berichtet. Bis heute ist sie nicht darüber hinweg gekommen, dass ein priesterliches Versprechen gebrochen wurde, und sie verließ die katholische Kirche für immer.

Das schlechte Gewissen, ihre halbwüchsigen Kinder in Russland zurückgelassen zu haben, gebe es heute nicht mehr. Beide Kinder hätten Väter, die sie nie geliebt habe, und deshalb stünden diese Kinder ihrem Herzen nicht mehr so nahe. Was Swetlana nicht gesagt hat über ihre Ehe mit Schdanow ist das, was dieser 2004 in seinem Buch »Ein Blick in die Vergangenheit« geschrieben hat: Stalin hat diese Trennung kommentiert: »Du bist ja so dumm, einmal in hundert Jahren ist Dir ein intelligenter Mensch begegnet und Du hast ihn nicht festgehalten.« Nach ihrer Trennung im Herbst 1952 sind sie Freunde geblieben. Er hat sie und die Kinder oft in ihrer Wohnung im Regierungshaus am Fluss besucht. Auf Swetlanas Wunsch hatte Schdanow ihren Sohn Jossif Morosow adoptiert. Jurij Schdanow schreibt auch, dass er ein Delegierter am XX. Parteitag war und damit die Rede über Stalins Gräueltaten gehört hat. Er war fassungslos, verließ den Parteitag und ging zu seiner geschiedenen Frau. Er wollte sie warnen, dass auf sie ein fürchterlicher Schlag zukommen werde. Doch erstens hatte sie Mikojan schon gewarnt, und was Schdanow bis heute nicht weiß, Chrustschow hatte sie die Rede vor dem Parteitag lesen lassen, wie Swetlana mir erzählte.

Olga, ihr »amerikanisches« Kind ist ihr Ein und Alles. Und diese Tochter hat die Mutter im vergangenen Jahr verlassen, um mit ihrem Lebensgefährten in ein weit entferntes Bundesland der USA zu ziehen.

Nach 39 Ortswechseln lebt Lana Peters als Sozialhilfeempfängerin ein bescheidenes, zurückgezogenes Leben in einem Seniorenheim im Bundesstaat Wisconsin.

Im August 2005
Dr. Martha Schad

Dank

Seit der Publikation ihres ersten Buches »Zwanzig Briefe an einen Freund« habe ich mit viel Interesse den Lebensweg von Swetlana Allilujewa, Stalins Tochter, verfolgt.

Beim Entstehen des Buches erfuhr ich Hilfe von vielen Personen und Institutionen. An erster Stelle gilt mein besonderer Dank der Osteuropa-Expertin der ZDF-Zeitgeschichte, Bärbel Schmidt-Šakić, die mit bewundernswertem Einfühlungsvermögen die Kontakte zu Swetlanas Familienangehörigen und allen anderen Gesprächspartnern in Russland vermittelte. Mit ihr gemeinsam führte ich in Moskau die Interviews und machte die dortige Foto-Recherche bei Stalins Enkelin Galotschka Dschugaschwili, Swetlanas Cousine Kira Politkowskaja, Lejla Sikmaschwili, dem Ehepaar Eleonora und Stepan Mikojan, dem Fernsehfilmemacher Michail B. Leshchinskij. Telefongespräche kamen zustande mit Jurij Schdanow, Swetlanas zweitem geschiedenen Ehemann, ihrem Sohn Josef und ihrem Cousin Aleksander Burdonskij. Für sehr interessante Gespräche habe ich dem Stalin-Biografen Edward Radzinskij und dem »Focus«-Korrespondenten Boris Reitschuster, Moskau, zu danken.

Für Gespräche und Recherchen danke ich in der Schweiz Isolde Morel und François D. Blancpain; in den USA und Kanada Rosa Shand, Brandoch Peters und Patrice Noé; in Italien meinem Agenten Roman Hocke und Alfonso Signorini. Mein Dank geht an die Verleger Fritz Molden und Elmar Faber sowie an Dr. Wladimir Otrogorski, Friedrich Hitzer und dem Evangelischen Pfarramt Affalterbach.

Ich danke dem Leitenden Lektor Helmut Feller für seine souveräne Betreuung, Heike Rosbach für das umsichtige Lektorat und dem Setzer Frank Köster von Dörlemann Satz für seine Geduld.

Vielen Dank sage ich den Damen und Herren der Universitätsbibliothek Augsburg, meiner russischen Freundin Tamara Stahlbaum sowie meinem Mann, der mir wieder mit Rat und Tat zur Seite stand.

Augsburg, 28. Februar 2004
Martha Schad

Anmerkungen

Kapitel 1

* Das erste Jahr, S. 131

1 Nikolaj Aleksandrowitsch Bulganin (1895–1975), arbeitete 1918–1922 für die Tscheka, 1931–1937 Vorsitzender des Moskauer Stadtsowjets, seit 1937 Vollmitglied des ZK, leitete ab 1938 die Staatsbank und wurde 1944 Mitglied im staatlichen Verteidigungskomitee, 1947 erhielt er den Rang eines Marschalls der Sowjetunion. Seit 1948 Mitglied des Politbüros der KPdSU, 1947–1949 und 1952–1955 Verteidigungsminister, 1955–1958 Ministerpräsident. Am 27. März 1958 erklärte er seinen Rücktritt. Als »Parteifeind« wurde er aller seine Ämter enthoben.

2 Georgij Maksimilianowitsch Malenkow (1902–1988), seit 1920 Mitglied der KPR (B), ab 1938 persönlicher Sekretär Stalins, seit 1939 Mitglied und Sekretär des ZK. Ab 1946 Mitglied des Politbüros und stellvertretender Ministerpräsident. Nach Stalins Tod 1953 Erster Sekretär des ZK und Ministerpräsident. Im selben Jahr noch von Chruschtschow von der Parteispitze verdrängt, 1955 als Regierungschef abgelöst, 1957 aller Ämter enthoben.

3 Nikita Sergejewitsch Chruschtschow (1894–1971); ursprünglich Schlosser, später Ingenieur; 1934–1966 Mitglied des ZK, 1939–1964 des Politbüros; bis 1941 Sekretär verschiedener KP-Ortsverbände; 1941–1945 politischer Kommissar an mehreren Frontabschnitten; nach Stalins Tod ab Herbst 1953 Erster Sekretär der KPdSU, leitete auf dem XX. Parteitag 1956 die Entstalinisierung ein; ab 1958 Ministerpräsident; 1964 des Amtes enthoben und zur »Unperson« erklärt.

4 Zwanzig Briefe, S. 24

5 Zwanzig Briefe, S. 25

6 Siehe dazu auch: Wassiljewa: Die Kreml-Kinder, S. 86 f.

7 Lawrentij Pawlowitsch Berija (1899–1953), ein Hochbauingenieur aus Georgien, war seit Jugendjahren mit Stalin befreundet; ab 1921 leitende Stellungen in der kaukasischen Geheimpolizei, 1931 Parteisekretär von Transkaukasien, 1934 Mitglied des ZK, 1938 Volkskommissar für Innere Angelegenheiten. Während des Krieges stellvertretender Ministerpräsident, nach dem Krieg Mitglied des Politbüros und mächtigster Mann neben Stalin, nach dessen Tod er

die Macht mit Malenkow und Chruschtschow teilte; im Juli 1953 gestürzt, im Dezember desselben Jahres hingerichtet.

8 Zwanzig Briefe, S. 22

9 Löwe: Stalin, S. 391

10 Wolkogonow: Stalin, S. 772

11 Wjatscheslaw Michajlowitsch Molotow (1890–1986), eigentlicher Name Skrjabin; Parteimitglied seit 1906, 1917 führend an der Oktoberrevolution und am Aufbau der UdSSR beteiligt; Mitglied des Revolutionären Militärkomitees von Petrograd. 1921–1930 Sekretär des ZK der KPdSU (B). 1930–1941 Vorsitzender des Rates der Volkskommissare, 1939–1949 und 1953–1956 Volkskommissar bzw. Minister für Auswärtige Angelegenheiten; schloss 1939 den Nichtangriffspakt mit Hitler. 1921–1956 Mitglied des ZK, 1926–1957 Mitglied des Politbüros. 1956 als Außenminister abgesetzt, 1957 sämtlicher Ämter enthoben.

12 Lasar Moissejewitsch Kaganowitsch (1893–1991), von Beruf Sattler, begleitete nach der Oktoberrevolution verschiedene Parteifunktionen, ein Mitorganisator der »Säuberungen« der dreißiger Jahre; seit 1944 Mitglied des ZK, während des Krieges Minister für Brennstoff- und Erdölindustrie; wurde 1957 zusammen mit Molotow aus dem ZK ausgeschlossen und aller seiner Ämter enthoben.

13 Stalins Hirn, das ähnlich sklerotisch deformiert ist wie das Lenins, wurde zum Präparieren entnommen.

14 Biagi: Svetlana. The Inside Story, S. 82

15 Siehe dazu: Payne: Stalin S. 626 ff.

16 Narodnyj Komissariat Wnutrennych Del – Volkskommissariat für Innere Angelegenheiten, 1934 geschaffen unter Einbeziehung der GPU, wurde es das Instrument des stalinistischen Terrors vor der Zeit der Großen Tschistka. 1941 wurde aus dem NKWD die politische Geheimpolizei als NKGB (=Narodnyj Komissariat Gossudarstwennoj Besopastnosti – Volkskommissariat für Staatssicherheit) herausgelöst und 1946 umbenannt in MGB (Ministerstwo Gossudarstwennoj Besopastnosti – Ministerium für Staatssicherheit). Das NKWD selbst wurde 1946 in das MWD (Ministerstwo Wnutrennich Del – Ministerium für Innere Angelegenheiten) umgewandelt. Das MGB ging 1954 in den KGB über.

17 Das erste Jahr, S. 375

18 Payne: Stalin, S. 656

19 Das erste Jahr, S. 375. Siehe dazu auch Richardson: The Long Shadow, S. 255

20 MGB – Ministerium für Staatssicherheit

21 Wolkogonow: Stalin, S. 769 f.

22 Das erste Jahr, S. 346

23 Zwanzig Briefe, S. 30

Kapitel 2

* Das erste Jahr, S. 132

24 Seine erste Frau Jekaterina Swanidse war 1907 gestorben. Siehe dazu das Kapitel Swetlana und ihre Brüder in diesem Buch.

25 Michail Iwanowitsch Kalinin (1875–1946), Bauernsohn, Mitglied der KP seit 1898, nahm an der Revolution von 1905 teil, wurde 1917 Redakteur der »Prawda«,

später Vorsitzender des Stadtsowjets von Petrograd. Seit 1919 Mitglied des ZK der KPdSU (B). Seit 1922 Vorsitzender des Zentralen Exekutivkomitees der UdSSR, seit 1926 Mitglied des Politbüros. 1919–1946 nominelles Staatsoberhaupt der UdSSR.

26 Iwan Timofejewitsch Fioletow (1884–1918), leitender Funktionär der KP von Baku; während des Bürgerkrieges erschossen.

27 Gori, georgische Kreisstadt zwischen Tbilisi und Batumi, am Fluss Kura gelegen.

28 Tbilisi (russ. Tiflis), Hauptstadt der Republik Georgien, bis 1991 SSR Georgien, seit 1993 Mitglied der GUS.

29 Baku (russ. Baku), Hauptstadt der Republik Aserbaidschan, bis 1991 Aserbeidschanische SSR, seit 1993 Mitglied der GUS.

29a Maria Margaretha Aichholz gehörte zu den ersten aus Wolfsölden (heute Kreis Backnang) ausgewanderten Deutschen und zählte zu den Gründerinnen des unweit von Tbilisi gelegenen Dorfes Elisabethenthal. Ihre Kinder waren Katharina Barbara und Jakob. Jakobs Tochter Magdalena wurde zur Stammmutter von Swetlana Stalin. Siehe dazu Taufregister Affalterbach.

30 Zwanzig Briefe an einen Freund, S. 74

31 Batumi, Hafenstadt am Schwarzen Meer

32 Wladimir Iljitsch Lenin (1870–1924); sein richtiger Name Uljanow; Rechtsanwalt in St. Petersburg, gründete die Sozialdemokratische Partei, wurde nach Sibirien verbannt, ging nach der

gescheiterten Revolution von 1905 ins Ausland und wurde 1917 vom deutschen Generalstab nach Russland eingeschleust.

33 St. Petersburg war 1712–1728 und 1792–1918 Hauptstadt des Russischen Reiches, wurde 1914 in Petrograd umbenannt, 1924 dann in Leningrad; heute hat es wieder seinen alten Namen Petersburg.

34 Grigorij Jewsejewitsch Sinowjew (Radomylskij) (1883–1936), seit 1901 Parteimitglied, Gründungsmitglied der Kommunistischen Internationale; nach der Oktoberrevolution Vorsitzender des Petrograder Sowjets; 1919–1926 Vorsitzender des Exekutivkomitees der Komintern; 1923–1926 Mitglied des Politbüros des ZK der KPdSU (B); 1926 schloss er sich Trotzkij an, wurde 1927 aus der Partei ausgeschlossen, bekannte 1928 seine »Fehler« und wurde wieder in die Partei aufgenommen; 1928–1935 Mitglied des Präsidiums des Zentralverbandes der Konsumgenossenschaften der UdSSR; 1935 verhaftet; 1936 erschossen.

35 Wassiljewa: Die Kreml-Frauen, S. 118 f.

36 Wassiljewa: Die Kreml-Frauen, S. 120

37 »Die Kreml-Prinzessin«, russische Fernsehdokumentation von Michail Leshchinskij. Die Interviews führte Ada Petrova 1994 in London. Übersetzung der Zitate aus dem Russischen von Bärbel Schmidt-Šakić im Oktober 2003.

38 Am 20. Dezember 1917 begannen in Brest-Litowsk die Friedensverhandlungen, nach ihrem Scheitern und einem Sonderfrieden mit

der Ukraine am 9. Februar 1918 nahmen die Verbündeten am 18. Februar 1918 den Vormarsch wieder auf, die Sowjets kapitulierten und unterzeichneten am 3. März 1918 in Brest-Litowsk den Friedensvertrag.

39 Zarizyn, benannt nach dem die umliegende Steppenlandschaft durchschneidenden Fluss Zariza; Gouvernementhauptstadt an der Wolga.

40 Tscheka – Kurzwort für Tschreswytschajnaja po Borbe Kontrrevoljuzie i Sabotschem – Allrussische außerordentliche Kommission zum Kampf gegen Konterrevolution und Sabotage, 1917–1922 die politische Polizei des bolschewistischen Russlands, trug unter F. E. Dscherschinskij als Instrument des »Roten Terrors« besonders zur Stabilisierung des politischen Systems der Bolschewiki bei. 1922 wurde die Tscheka in die GPU umgewandelt.

41 Awel Sofronowitsch Jenukidse, Altbolschewik und Freund Stalins und der Familie Allilujew, schien lange Jahre vor der Machtwillkür Stalins verschont zu sein. Doch schließlich wurde auch er »durch einen Tritt von Stalins Stiefel hinausgefeuert«. Er fiel in Ungnade, wurde aus der Partei ausgeschlossen und verlor den ungleichen Kampf mit Stalin. Im Dezember 1937 erschien eine kurze Ankündigung in der Presse, dass ein geheimes Militärtribunal Awel Jenukidse und weitere Angeklagte wegen Spionage und terroristischer Tätigkeit zum Tode verurteilt hatte; das Urteil sei bereits vollstreckt.

42 Stanislaw Franzewitsch (Onkel Stach), verheiratet mit Anna Sergejewna, geb. Allilujewa (Tante Anitschka)

43 D'Astier: Sur Staline, S. 95

44 Das erste Jahr

45 Siehe dazu: Bessymenski: Stalin und Hitler, S. 7 f.

46 Payne: Stalin, S. 262

47 Abkürzung für »Kommunistische Partei Russlands (Bolschewiki)«. Die im März 1918 so umbenannte Kommunistische Partei Russlands änderte 1925 ihren Namen in »Kommunistische Partei der Sowjetunion (Bolschewiki)«, KPdSU (B). Der Zusatz (B) wurde 1952 gestrichen.

48 Conquest: Stalin, S. 135 f.

49 Radzinskij: Stalin, S. 277

50 Andrej Andrejewitsch Andrejew (1895–1971), Parteimitglied seit 1914; 1922–1927 Vorsitzender des ZK der Eisenbahnergewerkschaft; 1927–1930 Sekretär des Nordkaukasischen Regionalkomitees der Partei. 1924–1925 Sekretär des ZK, 1926–1930 Kandidat des Politbüros.

51 Nikolaj Iwanowitsch Bucharin (1888–1938) einer der Führer des Oktoberaufstands in Moskau. Seit 1917 Mitglied des ZK, 1924 Mitglied des Politbüros, 1926 Vorsitzender der Komintern. Er unterstützte zunächst Stalins Kurs, wendete sich dann aber gegen dessen Zwangskollektivierungs- und Industrialisierungspläne. 1929 als »Rechtsabweichler« für einige Zeit aus der Partei ausgeschlossen; 1934 auf dem 1. Allunionskongress der Sowjetschriftsteller einer der umstrittenen Redner. 1937 verhaftet, 1938 im dritten Moskauer Schau-

prozess »als Kettenhund des Faschismus« zum Tode verurteilt. 1988 wurde er rehabilitiert.

52 Zwanzig Briefe an einen Freund, S. 44

53 Grigorij Konstantinowitsch Ordschonikidse (1886–1937), georgischer Altbolschewik, Parteimitglied seit 1903; 1922–1926 Erster Sekretär des Transkaukasischen und des Nordkaukasischen Regionalkomitees der Partei. 1926–1930 Vorsitzender des ZK, Volkskommissar für die Arbeiter- und Bauern-Inspektion, stellvertretender Vorsitzender des Rates der Volkskommissare und des Rates für Arbeit und Verteidigung; ab 1930 Vorsitzender des Obersten Volkswirtschaftsrates und Mitglied des Politbüros, seit 1932 Volkskommissar für die Schwerindustrie. Spielte eine Schlüsselrolle bei der Industrialisierung der Sowjetunion. Beging 1937 aus Verzweiflung über die Politik Stalins Selbstmord.

54 Lew Davidowitsch Trotzkij – Bronstein (1879–1940), zunächst menschewikischer, dann bolschewikischer Politiker. 1897 Gründung des Südrussischen Arbeiterbundes, 1898 Verhaftung, 1899 Verbannung nach Sibirien. 1902 Flucht ins Ausland, seit 1907 als Journalist in Wien, Prag, Zürich und in den USA. 1917 Rückkehr nach Russland und Anschluss an die Bolschewiki. Vorsitzender des Militärrevolutionären Komitees und neben Lenin Führer der Oktoberrevolution, im März 1918 Ernennung zum Volkskommissar für Äußeres. Gründung und Aufbau der Roten Armee im Bürgerkrieg. 1924, nach Lenins Tod, Kampf gegen Stalin um die Führung der Partei, 1925 aus der Regierung entlassen, 1928 Verbannung nach Kasachstan, 1929 Ausweisung aus Russland; in Mexiko, ermordet.

55 Lew Borissowitsch Kamenew (Rosenfeld, 1883–1936), Parteimitglied seit 1901 und Vertrauter Lenins; 1913/1914 »Prawda«-Redakteur; 1917–1927 Mitglied des ZK, opponierte 1917 zusammen mit Sinowjew gegen Lenins Aufstandsplan; 1918–1926 Vorsitzender des Moskauer Sowjets, ab 1922 stellvertretender Vorsitzender des Rates der Volkskommissare, Vorsitzender des Rates für Arbeit und Verteidigung; 1919–1925 Mitglied des Politbüros des ZK der Partei; nach Lenins Tod 1924 Bildung der »Troika« mit Stalin und Sinowjew gegen Trotzkij; später beteiligt an der Opposition zusammen mit Trotzkij und Sinowjew gegen Stalin; 1927 aus der Partei ausgeschlossen, danach mehrfach wieder aufgenommen und erneut ausgeschlossen; 1936 im ersten Moskauer Schauprozess zum Tode verurteilt.

56 Maria Anissimowna Swanidse, geb. Korona, Sängerin aus Tbilisi und Ehefrau von Aljoscha Swanidse, dem Bruder von Stalins erster Frau.

57 Stalin: Dein Sosso, S. 207f.

58 Nur in der kurzen Zeit, die Swetlana mit Schdanow verheiratet war und bei dessen Familie lebte, musste sie sich von ihrer Kinderfrau trennen. Die Schdanows nannten sie »ein unkultiviertes altes Weib«.

59 Siehe dazu: Zwanzig Briefe, S. 311–324, hier S. 312

60 Maksim Gorkij, ursprünglicher Name Aleksej Maksimowitsch Pjeschkow (1868–1936), russischer Erzähler und Dramatiker, persönlicher Freund von Lenin.

61 Subalowo, zwei Kilometer entfernt von Schukowka.

62 Anastas Iwanowitsch Mikojan (1895–1978), Parteimitglied seit 1915; 1924–1926 Sekretär des Nordkaukasischen Regionalkomitees der KP, ab 1926 Volkskommissar für Binnen- und Außenhandel, ab 1930 für Versorgung, 1934–1938 für Lebensmittel der UdSSR; 1923 bis 1976 ZK-Mitglied der KPdSU, 1926 Kandidat, 1935–1966 Mitglied des Politbüros

63 Sergej Mironowitsch Kirow (1886–1934). Mitglied der SDAPR (B) seit 1904; 1905–1907 Teilnehmer der ersten russischen Revolution, 1917 Teilnehmer des Oktoberaufstands in Petrograd; 1920 Leiter der sowjetischen Delegation für den Friedensschluss mit Polen; seit 1923 Mitglied des ZK, ab 1926 Sekretär der Leningrader Parteiorganisation, 1930 Mitglied des Politbüros, 1934 Sekretär des ZK, Mitglied des Präsidiums des ZEK.

64 Kulaken (Kulak – Faust), Bezeichnung für die russischen Mittel- und Großbauern, die nach der Agrarreform von 1906/07 nicht mehr in die Dorfgemeinschaft integriert waren und ihr Land mit familienfremden Arbeitskräften bewirtschafteten. Im Verlauf der Kollektivierungsmaßnahmen unter Stalin wurden die Kulaken seit 1927 als »Volksfeinde« und »Ausbeuter« von ihren Höfen vertrieben und bis 1932 als »volksfeindliche Klasse« liquidiert.

65 GULAG, Abkürzung für Glawnoje Uprawlenije Lagerej, 1930–1955 das Straflagersystem in der UdSSR. In ihm waren Millionen von Menschen inhaftiert, vor allem in der Zeit der Zwangskollektivierung (1930–1933), der Periode der »Großen Säuberung« (1935–1939) und der Zeit unmittelbar nach dem Zweiten Weltkrieg. Nach Stalins Tod (1953) wurde der GULAG offiziell aufgelöst.

66 Posener: Swetlana Allilujewa. Ein schwarzes Schaf, in: »Frankfurter Allgemeine Zeitung«, Magazin vom 27. II. 1998

67 Adolf Abramowitsch Joffe (1883–1927), seit 1902 Mitglied der SDAPR, Mitarbeiter bei Trotzkijs Zeitung »Prawda« in Wien; 1912 in Russland verhaftet und nach Sibirien verbannt. Durch die Februarrevolution befreit, stieß er mit den von Trotzkij geführten Meschrajonzy zu den Bolschewiki, im Oktober 1917 einer der Führer des Revolutionären Militärkomitees des Petrograder Sowjets. Beteiligt an den Friedensverhandlungen von Brest-Litowsk und Gegner des ausgehandelten Friedensvertrages; 1918 Botschafter in Berlin; Tod durch Selbstmord.

68 Payne: Stalin, S. 330

69 Brest-Litowsk war bis 1929 Gebietshauptstadt der weißrussischen SSR an der Grenze zu Polen. Hier wurde am 3. März 1918 der Friedensvertrag geschlossen. Die Stadt fiel 1921 an Polen, 1939 wieder an die Sowjetunion.

70 Aleksej Iwanowitsch Rykow (1881 bis 1938), seit 1905 einer der Führer der Bolschewiki, 1917 Volkskommissar für Inneres, seit 1922 Mit-

glied des Politbüros, 1924 Nachfolger Lenins als Vorsitzender des Rates der Volkskommissare; 1928 einer der Führer der Rechten Opposition gegen Stalin. 1930 Verlust aller Ämter und Ausschluss aus der Partei. Im März 1938 zum Tode verurteilt und erschossen.

71 Michail Pawlowitsch Tomskij (Jewrenow, 1880–1940), seit 1904 Mitglied der SDAPR (B); 1922–1929 Vorsitzender des Zentralrates der sowjetischen Gewerkschaften. 1932–1936 Leiter der Vereinigung der Staatsverlage. 1919 bis 1934 Mitglied des ZK der KPdSU (B), 1922–1930 Mitglied des Politbüros.

72 Zum Briefwechsel siehe Radzinskij: Stalin, S. 280 ff., und Stalin: Dein Sosso, S. 35 ff.

73 Stalin Dein Sosso, S. 36

74 Kowaljow war stellvertretender Leiter der Abteilung Parteileben in der Redaktion der »Prawda«. Am 1c. Juli 1929 wurde er Mitglied des Redaktionskollegiums der Zeitung, am 28. Juli 1929 Parteisekretär der Redaktion.

75 Nikolaj Nikolajewitsch Popow (1891–1939), Parteimitglied seit 1912, 1928 Sekretär des Moskauer Parteikomitees; ab 1930 Erster Sekretär des ZK der KP (B) der Ukraine; ab 1930 Kandidat des ZK der KPdSU (B), 1939 ein Opfer der Repressalien.

76 Jemeljan Michajlowitsch Jaroslawskij (1878–1943), Parteimitglied seit 1898, 1923–1934 der ZKK, ab 1923 Sekretär des Parteikollegiums der ZKK und Mitglied des Kollegiums des Volkskommissariats der Arbeiter- und Bauern-Inspektion.

77 Stalin: Dein Sosso, S. 40

78 Radzinskij: Stalin, S. 292

79 Garald Iwanowitsch Krumin (1894 bis 1943), Parteimitglied seit 1909; 1919–1928 Chefredakteur der Zeitung »Wirtschaftsleben«, ab 1928 Mitglied des Redaktionskollegiums der »Prawda«, 1930 Redakteur der »Iswestija«; 1943 ein Opfer der Repressalien.

80 Stalin: Dein Sosso, S. 41

81 Maria Iljinitschna Uljanowa (1886–1937), Parteimitglied seit 1898, Schwester Lenins. 1917–1929 Mitglied des Reaktionskollegiums und verantwortliche Redaktionssekretärin der »Prawda«, danach in der ZKK der KPdSU (B) tätig.

82 Abgedruckt in Stalin: Dein Sosso, S. 292 f. (APRF, Fond 45, Register 1, Archivakte 74, Blatt 18)

83 Pawel Sergejewitsch Allilujew (Onkel Pawluscha), verheiratet mit Jewgenija Aleksandrowna (Tante Schenja).

84 NKWD = Volkskommissariat für Innere Angelegenheiten. Stalin empfahl seiner Frau, die Briefe mit der Diplomatenpost an I. P. Towstucha (1889–1935) zu schicken, der von Januar bis Juli 1930 Leiter der Sicherheitsabteilung des ZK der KPdSU (B) war.

85 XVI. Parteitag, der vom 26. 6. bis 13. 7. 1930 stattfand.

86 Stalin: Dein Sosso, S. 45

87 Moskauer Zentrale für Fernwärmeversorgung

88 Stalin: Dein Sosso, S. 52

89 Stalin: Dein Sosso, S. 54

90 Es handelt sich hier um die Christus-Erlöser-Kathedrale. Auf der Tagung des Zentralen Exekutivkomitees der UdSSR am 13. Juli 1931 wurde der Beschluss gefasst: »Punkt 2. Für den Bau des Palasts der Sowjets wird die Christus-Er-

löser-Kathedrale in Moskau abgerissen und der Platz entsprechend erweitert.«

91 Stalin: Dein Sosso, S. 56
92 Stalin: Dein Sosso, S. 57 – Brief vom 21. 9. 1931
93 Zänker: Stalin, S. 170
94 K. W. Pauker, Stalins Leibwächter
95 GPU = Gossudarstwennoje Polititscheskoje Uprawlenije [staatliche politische Verwaltung], die politische Polizei der UdSSR mit weitreichenden Vollmachten, seit 1922 aus der Tscheka hervorgegangen; wurde 1934 dem Volkskommissariat für Inneres (NKWD) eingegliedert. Die Funktion der GPU wird heute vom KGB wahrgenommen.
96 Orlow, Kreml-Geheimnisse, S. 356. In den dreißiger Jahren war Alexander Orlow einer der ranghöchsten Beamten des NKWD. Er bekleidete das Amt eines Staatsanwalts am Obersten Gericht der Sowjetunion. Unmittelbar vor seinem Übergang in den Westen, im Jahr 1938, amtierte Orlow als Chef des Nachrichtendienstes der Sowjets bei der Republikanischen Regierung während des spanischen Bürgerkrieges. Im Jahr 1953 veröffentlichte er eine Artikelserie in »Life«, die später in Buchform »The Secret History of Stalin's Crimes« erschien. Der deutsche Titel Kreml-Geheimnisse ist keine adäquate Übersetzung.
97 Ehefrau von Aleksej Iljitsch Krawtschenko, einem Grafiker und Maler.
98 Wassiljewa: Die Kreml-Frauen, S. 135. Die Aussage stammt aus dem Jahr 1994.
99 Zwanzig Briefe, S. 148
100 Das erste Jahr, S. 132

Kapitel 3

* Radzinskij: Stalin, S. 286
101 Souvarine, Le Meurtre de Nadièjda Allilouieva, in: Le Contrat Social, revue historique des faits et des idées, Vol. XI, No. 3, Mai–Juin 1967, S. 133f.
102 KGB (Komitee für Staatssicherheit), der sowjetische Geheimdienst, 1954 aus dem seit 1946 bestehenden Ministerium für Staatssicherheit (russ. Abk. MGB) hervorgegangen.
103 Wassiljewa: Die Kreml-Frauen, S. 142
104 Stalin: Dein Sosso, S. 25f.
105 Iwan Andrejewitsch Krylow (1768–1844), russischer Fabeldichter. Zahlreiche Redewendungen von ihm werden bis heute gebraucht.
106 Wassiljewa: Die Kreml-Frauen, S. 137
107 Kliment Jewremowitsch Woroschilow (1881–1967), Parteimitglied seit 1903. 1925–1934 Volkskommissar für Heer und Flotte, Vorsitzender des Revolutionären Militärrates; 1921–1961 Mitglied des ZK, 1926–1960 Mitglied des Politbüros.
108 Aleksander Iljitsch Jegorow (1883–1939), bolschewistischer Militärführer. Vor der Oktoberrevolution Berufsoffizier in der zaristischen Armee. Im Bürgerkrieg Übertritt zur Roten Armee. Seit 1918 Parteimitglied. 1920 Oberbefehlshaber der Westfront im polnisch-sowjetischen Krieg. 1934 Kandidat des ZK, 1935 Marschall der Sowjetunion. 1937 stellvertretender Volkskommissar für Verteidigung. 1938 abgesetzt und verhaftet; kam im Gefängnis um.

109 Wassiljewa: Die Kreml-Frauen, S. 144

110 Landhaus in der Nähe von Moskau

111 Der Fernsehfilm hieß »Die Kreml-Prinzessin«; die Interviews führte Ada Petrova 1994 in England.

112 Bullock: Hitler und Stalin, S. 632f.

113 Siehe dazu Orlow: Kreml-Geheimnisse, S. 371ff.

114 Wassiljewa: Die Kreml-Frauen, S. 140

115 Nadjeschda Konstantinowna Krupskaja (1885–1938), Parteimitglied seit 1898. 1896 Verhaftung und für drei Jahre Verbannung nach Sibirien, wo sie Lenin heiratete. 1901 Emigration nach München, London und Genf. Ab 1920 Leiterin des Hauptkomitees Politische Bildung des Volkskommissariats für Bildung. Im Dezember 1922 Zusammenstoß mit Stalin. Stellungnahme gegen die Troika Stalin, Sinowjew, Kamenew, gegen Trotzkij und die »Erklärung der 46«. 1924 Scheitern ihres Versuchs, Lenins Brief an den Parteitag öffentlich verlesen zu lassen. 1927 Wahl ins ZK. Seit 1929 stellvertretende Volkskommissarin für das Volksbildungswesen.

116 Boris Leonidowitsch Pasternak (1890–1960), russischer Schriftsteller, studierte Philosophie in Moskau und Marburg, wandte sich aber dann ganz der Dichtung zu; vertrat einen poetischen Realismus. 1957/58 erschien sein Roman »Dr. Schiwago«, der wegen seiner nicht systemkonformen Auffassung und einer religiösen Aussage nicht in der Sowjetunion erscheinen durfte. Den ihm 1958 verliehenen Nobelpreis nahm er zunächst an, wies ihn dann jedoch unter politischem Druck zurück. Er wurde aus dem Schriftstellerverband ausgeschlossen und war bis zu seinem Tod in der UdSSR offiziell verfemt.

117 Otto Wilgeljm Kuusinen (1881–1964), Parteimitglied seit 1904. 1918 Mitbegründer der KP Finnlands. 1921 bis 1939 Mitglied und Sekretär des Exekutivkomitees der Kommunistischen Internationale.

118 Siehe dazu: Kuusinen, Der Gott stürzt seine Engel, S. 18ff. Aino Kuusinen war »es beschieden, engste Bekanntschaft mit den Schrecken von Stalins Säuberungsaktionen zu machen«. Mehr als ein Jahr verbrachte sie in Untersuchungshaft in den Gefängnissen Moskaus, dann folgten acht Jahre im berüchtigten Arbeitslager Workuta am nördlichen Polarkreis. Nach dem Krieg wurde sie von dort entlassen. Sie sah sich nun den unvermeidlichen Schwierigkeiten gegenüber, in denen sich alle ehemaligen politischen Gefangenen der Sowjetunion befanden. Es wurde ihr nicht gestattet, in Moskau zu wohnen. So zog sie in den Kaukasus, wurde dort erneut verhaftet, wieder in dieselben Moskauer Gefängnisse geworfen. Schließlich schickte man sie in das Arbeitslager von Potma, wo sie fünfeinhalb Jahre bleiben musste. Zwei Jahre nach Stalins Tod kam sie im Jahr 1955 frei.

119 Richard Sorge (1895–1944). Seit 1919 Mitglied der KPD, seit 1925 Mitglied der KPdSU (B). Im Zweiten Weltkrieg, als Korrespondent der »Frankfurter Zeitung« ge-

ANMERKUNGEN

tarnt, sowjetischer Agent in Tokio. Stalin glaubte seinem Bericht über einen unmittelbar bevorstehenden Überfall Hitlers auf die Sowjetunion nicht; 1941 wurde er von der japanischen Polizei verhaftet und am 7. November 1944 hingerichtet.

120 Kuusinen, Der Gott stürzt seine Engel, S. 123

121 In einem am 21. Dezember 1949 erschienenen Artikel in »Nowoje Russkoje Slowo« steht ebenfalls, dass die leitende Ärztin des Kreml-Spitals in den ersten Morgenstunden geweckt und in Stalins Wohnung gerufen wurde.

122 Siehe dazu: Payne: Stalin, S. 225

123 Chruschtschow erinnert sich, S. 296

124 Orlow, Kreml-Geheimnisse, S. 370; Radzinskij: Stalin, S. 286

125 Siehe dazu: Das erste Jahr, S. 321

126 Bucharina, Erinnerungen, S. 362

127 Alexander Barmine, sowjetischer Diplomat, später Emigrant, veröffentlichte 1938 seine Memoiren im Ausland.

128 Genrich Grigorjewitsch Jagoda (1891–1938). Er wurde im Ersten Weltkrieg Mitglied der SDAPR (B). Im Bürgerkrieg schloss er sich der Tscheka an. Seit 1924 stellvertretender Vorsitzender des Geheimdienstes der GPU. Seit 1929 verantwortlich für die Massendeportationen der Kulaken und andere Repressalien im Zusammenhang mit der Zwangskollektivierung. 1934 Leiter des NKWD. Er spielte eine entscheidende Rolle bei der Ermordung Kirows 1934. 1936 leitete er die erste Säuberungswelle, die zum ersten Moskauer Schauprozess führte. 1937 wurde er verhaftet und im dritten

Moskauer Schauprozess zum Tode verurteilt und erschossen.

129 Ebon: Die zwei Leben der Swetlana, S. 51 und 54 f.

130 Fernsehdokumentation »Die Kreml-Prinzessin«.

131 Eigentlich Dikran Koujoundijan – der Film hieß »A Woman of Affairs«, USA 1928, Regie Clarence Brown. Der Film wurde am 19. Januar 1929 in New York uraufgeführt – der deutsche Titel »Herrin der Liebe«.

132 Zwanzig Briefe, S. 170

133 Steve Holland, Clinton buys bread, visits Moscow's famous graves, Reuters, 20. 4. 1996

134 Da Grabschänder vor Jahren der Büste die Nase abgeschlagen haben, ist der Kopf mit einem durchsichtigen, schlagfesten Überbau geschützt.

Kapitel 4

*   Stalin: Dein Sosso, S. 25

**   Das erste Jahr, S. 137

135 Bullock: Hitler und Stalin, S. 497

136 Siehe dazu: Stalin: Sosso, S. 63 ff. Wenn nicht anders angegeben, stammen die folgenden Briefe aus dieser Edition.

137 In der so genannten Stalin-Datscha – einem von 78 Sanatorien in Sotschi – begrüßt den Gast das Porträt des schnauzbärtigen Despoten an der Rezeption. Stalin ließ sich seinen Ferien- und Ruhesitz 1937 erbauen, auf dem Höhepunkt des kommunistischen Terrors. Es handelt sich um eine klassizistische, um einen zentralen Hof gruppierte Anlage in einem bewaldeten Hügelgebiet. Das vermeint-

liche Refugium ist vom Kapitalismus nicht verschont geblieben. Geschäftsleute und Touristen mit morbidem Geschmack können dort für etwa 350 Euro in dem mit Holz ausgekleideten Arbeitszimmer des Despoten nächtigen. Das Nebenzimmer soll einst Stalins Tochter Swetlana gehört haben. Siehe dazu: »Neue Zürcher Zeitung« vom 23. 6. 2001

138 Abkürzung für Jekaterina
139 Siehe dazu: Stalin: Dein Sosso, S. 214 ff.
140 Radzinskij: Stalin, S. 303
141 Siehe dazu Löwe: Stalin, S. 251 ff.
142 Zwanzig Briefe, S. 217
143 Stalin: Dein Sosso, S. 29
144 Marfa bzw. Martha, die spätere Ehefrau von Sergo Berija – eine Enkelin von Maksim Gorkij.
145 Zwanzig Briefe, S. 217
146 Tucker, Stalin in Power, S. 538 f.
147 Bertram D. Wolfe, zitiert bei Koenen: Utopie der Säuberungen, S. 252
148 The Faraway Music, S. 168. Siehe dazu allgemein: Bertram D. Wolfe: Lenin, Trotzki, Stalin. Drei, die eine Revolution machten.
149 Siehe dazu ausführlich: Medwedew: Die Wahrheit ist unsere Stärke, S. 571 ff.
150 Ebon: Die zwei Leben der Swetlana, S. 70. Dieses Vorkommnis hat Wanda Bronska-Pampuch, eine gute Bekannte Swetlanas, in Moskau aufgeschrieben. Sie hat 1969 für die »Süddeutsche Zeitung« Interviews mit Swetlana in Princeton, USA, geführt.
151 Wassiljewa: Die Kreml-Kinder, S. 115

152 Maser: Der Wortbruch. Hitler, Stalin und der Zweite Weltkrieg, S. 376
153 Siehe dazu auch Schmidt: Die Außenpolitik des Dritten Reiches 1933–1939
154 Georgij Michajlowitsch Dimitroff (1882–1949). Der bulgarische Kommunist war 1933 Hauptangeklagter im Leipziger Reichstagsbrand-Prozess und wurde freigesprochen. 1946 war er der Begründer der Volksrepublik Bulgarien.
155 Fest: Hitler, S. 888
156 Lew S. Mechlis (1889–1953), stellvertretender Kommissar für Verteidigung, ranghöchster Polit-Kommissar der Roten Armee.
157 Dmitrij Pawlow (1897–1941), General der Roten Armee
158 Richardson: The Long Shadow, S. 170
159 Kujbyschew, bis 1935 Samara, Gebietshauptstadt an der Mündung der Samara in die Wolga.
160 Moynahan: Das Jahrhundert Russlands, S. 181
161 Zwanzig Briefe an einen Freund, S. 244
162 Zwanzig Briefe, S. 244
163 Voslensky: Kurzer Schritt zum langen Abschied, in: »Die Zeit«, Nr. 46, 9. 11. 1984, S. 7
164 Konferenz von Teheran (28. 11. bis 1. 12. 1943), die erste gemeinsame Konferenz von F. D. Roosevelt, W. Churchill und Stalin. Auf ihr wurde die von Stalin geforderte und im Oktober von den westlichen Alliierten zugesicherte Errichtung einer zweiten Front in Europa durch Landung alliierter Truppen in der Normandie und in Südfrankreich, die im Frühjahr

1944 erfolgen sollte, mit der gleich-
zeitigen sowjetischen Offensive
koordiniert.

165 Zwanzig Briefe, S. 275
166 Werth: Ein Staat gegen sein Volk,
S. 51–288, in: Das Schwarzbuch des
Kommunismus, hier S. 269
167 Borschtschakowski: Orden für
einen Mord, S. 86. Siehe auch:
Das erste Jahr, S. 141
168 Zwanzig Briefe, S. 281
169 Chruschtschow erinnert sich,
S. 293
170 Chruschtschow erinnert sich,
S. 294
171 Chruschtschow erinnert sich,
S. 294
172 Zwanzig Briefe, S. 221

Kapitel 5

* Biagi: Svetlana. The Inside Story,
S. 24
** Zwanzig Briefe, S. 252
173 Edward Radzinskij ist nach Tschechow Russlands meistgespielter
Dramatiker. Er schrieb den Weltbestseller »Der letzte Zar« und ist
außerdem eine bekannte Persönlichkeit im Fernsehen.
174 Radzinskij: Stalin, S. 492
175 Zwanzig Briefe, S. 245
176 Zwanzig Briefe, S. 249
177 Biagi: Svetlana, The Inside Story,
S. 20
178 Archibald Cronin (1896–1981),
Arzt, zuletzt als freier Schriftsteller in den USA und der Schweiz.
»Hatter's Castle« (dt. »James Bro-
die, der Hutmacher und sein
Schloss«, auch unter dem Titel
»Der Tyrann«) erschien 1931.
179 Biagi: Svetlana, The Inside Story,
S. 20

180 Biagi: Svetlana. The Inside Story,
S. 24
181 Richard Aldington (1892–1962),
englischer Schriftsteller, schrieb
rückhaltlose und zornige Analysen
des Kriegsgeschehens.
182 Berija, S.: Beria, My Father, S. 150
183 Berija, S.: Beria, My Father, S. 150
184 Berija, S.: Beria, My Father, S. 151
185 Berija, S.: Beria, My Father, S. 151
186 Zwanzig Briefe, S. 253
187 Wassiljewa: Die Kreml-Kinder,
S. 118
188 Zwanzig Briefe, S. 257
189 Zwanzig Briefe, S. 257
190 Zwanzig Briefe, S. 257
191 Gespräch mit Edward Radzinskij
am 20. 10. 2003 in Moskau
192 Gespräch mit Edward Radzinskij
am 20. 10. 2003 in Moskau
193 Biagi: Svetlana, The Inside Story,
S. 27
194 Wolkogonow: Stalin S. 233
195 Workuta, Stadt in der Republik
Komi westlich des Polarural; ab
1931 in Verbindung mit dem Koh-
lebergbau von Zwangsarbeitern erbaut; hier befand sich bis Mitte der
fünfziger Jahre eines der berüch-
tigsten sowjetischen Zwangsarbeitslager.
196 Radzinskij: Stalin, S. 580
197 Richtiger Name Tatjana Nikolajewna Sosjura
198 Wassiljewa: Die Kreml-Kinder,
S. 137
199 Biagi: Svetlana. The Inside Story,
S. 36
200 Wassiljewa: Die Kreml-Kinder,
S. 138
201 Wassiljewa: Die Kreml-Kinder,
S. 130
202 Gespräch mit Edward Radzinskij
am 20. 10. 2003 in Moskau

Kapitel 6

* Biagi: Svetlana. The Inside Story,
   S. 121
203 Das erste Jahr, S. 140; Koenen: Die
   Utopie der Säuberung, S. 371,
   Löwe: Stalin, S. 384
204 Das erste Jahr, S. 140 f.
205 Stalin: Dein Sosso, S. 133 f.
206 Stalin: Dein Sosso, S. 140
207 Zwanzig Briefe, S. 104 f.
208 Chruschtschow erinnert sich,
   S. 297
209 Wanda Bronska-Pampuch: Ich
   bin eine richtige Kapitalistin
   geworden, in: »Süddeutsche
   Zeitung«, Nr. 187, 6. 8. 1969,
   S. 3
210 Zwanzig Briefe, S. 269
211 Andrej Aleksandrowitsch Schdanow (1896–1948), während des
   Ersten Weltkrieges Eintritt in die
   SDAPR (B); 1934 nach der Ermordung Kirows zum Parteichef Leningrads ernannt. 1934–1948 Sekretär des ZK, gleichzeitig ab
   1934–1944 Sekretär des Gebiets-
   und Stadtkomitees Leningrad der
   KPdSU (B); ab 1939 Mitglied des
   Politbüros; war maßgeblich an den
   Massenrepressalien zwischen 1930
   und 1940 beteiligt. Enger Vertrauter Stalins und Begründer des
   Konzepts des Sozialistischen Realismus.
212 Stalin: Dein Sosso, S. 140
213 Kunzewo liegt an der Bahnstrecke
   Moskau–Smolensk, 11 km westlich
   von Moskau.
214 Chruschtschow erinnert sich,
   S. 298
215 Telefoninterview der Autorin
   mit Jurij Schdanow von
   Moskau nach Rostow am 20. 10.
   2003

216 Koenen: Utopie der Säuberungen,
   S. 12
217 Biagi: Svetlana. The Inside Story,
   S. 118
218 Sebag Montefiore: Stalin, S. 282
219 Zwanzig Briefe, S. 279
220 Stites, Richard: The Women's Liberation Movement in Russia,
   S. 486
221 Zänker: Stalin, S. 192
222 Borschom, Kurort, rund 120 km
   westlich von Tbilisi, an einer der
   schönsten Stellen im Herzen des
   Kaukasus gelegen.
223 Gespräch der Autorin mit Eleonora Mikojan am 20. 10. 2003 in
   Moskau
224 Stalin: Dein Sosso, S. 143 f.
225 Der akademische Grad, den man
   nach Absolvierung eines Studiums
   und Verteidigung einer Dissertation erwirbt. Dies entspricht etwa
   der Promotion. Das an russischen
   Hochschulen sehr schwer zu er-
   werbende Doktorat setzt größere
   selbstständige wissenschaftliche
   Leistungen voraus.
226 Survivors' Tales, in: »Guardian
   Unlimited«, 5. 3. 2003
227 Zwanzig Briefe, S. 106
228 Blischnjaja (die Nahe); gemeint
   ist Stalins Datscha in Kunzewo,
   zum Unterschied zu den anderen,
   weit entfernten Landhäusern.
229 Biagi: Svetlana. The Inside Story,
   S. 118
230 Gespräch mit Eleonora Mikojan
   am 20. 10. 2003 in Moskau
231 Biagi: Svetlana. The Inside Story,
   S. 116
232 Siehe dazu: »Der Spiegel«,
   Nr. 37/1967, S. 2 f.
233 Das erste Jahr, S. 337

Kapitel 7

* Berija: Beria, My Father, S. 153
234 Zwanzig Briefe, S. 38
235 Zwanzig Briefe, S. 38.
236 Im Jahr 1999 erschien das Buch
   »Berija mon père« in französischer
   Sprache und 2001 die englische
   Übersetzung mit dem Titel »Beria,
   My Father. Inside Stalin's Kremlin«, aus dem hier zitiert wird.
237 Berija, S.: Beria, My Father, S. 4 f.
238 Berija, S.: Beria, My Father, S. 133
239 Berija, S.: Beria, My Father, S. 150
240 Das erste Jahr, S. 331
241 Swerdlowsk, Gebietshauptstadt in
   Russland am Ostabfall des Mittleren Ural, hieß bis 1924 und dann
   wieder ab 1991 Jekaterinburg, Ural-
   Zweigstelle der Akademie der
   Wissenschaften. Zentrum des
   Schwermaschinenbaus. Ausgangs-
   station der Transsibirischen Eisen-
   bahn. Hier wurde 1918 Zar Nikolaus II. mit seiner Familie
   erschossen.
242 Spitfire, britisches Jagdflugzeug.
   1331 Spitfire-Flugzeuge wurden an
   die Sowjetunion geliefert.
243 Berija, S.: Beria, My Father,
   S. 152
244 Wassiljewa: Die Kreml-Kinder,
   S. 116
245 Berija, S.: Beria, My Father, S. 152
246 Berija, S.: Beria, My Father, S. 152
247 Berija, S.: Beria, My Father, S. 153
248 Berija, S.: Beria, My Father, S. 14
249 Menschewiki (»Minderheitler«),
   die gemäßigte Richtung der ehemaligen russischen Sozialdemo-
   kratie, die 1903 auf dem II. Parteitag der RSDRP gegenüber den
   Leninisten (Bolschewiki) bei den
   Wahlen zum ZK und zur Beset-
   zung der Redaktion der Parteizei-

tung in der Minderheit blieben.
Sie lehnten die bolschewistische
Machtergreifung ab. Nach dem
Verbot 1921 arbeiteten die Menschewiki im Untergrund oder gingen ins Exil.
250 Berija, S.: Beria, My Father, S. 245
251 Berija, S.: Beria, My Father, S. 191
252 Wassiljewa: Die Kreml-Kinder,
   S. 110
253 Berija, S.: Beria, My Father, S. 92 f.
254 Wassiljewa: Die Kreml-Kinder,
   S. 166
255 Wassiljewa: Die Kreml-Kinder,
   S. 166
256 Wassiljewa: Die Kreml-Kinder,
   S. 115
257 Wassiljewa: Die Kreml-Kinder,
   S. 114
258 Berija, S.: Beria, My Father, S. 245
259 Berija, S.: Beria, My Father, S. 250
260 Berija, S.: Beria, My Father, S. 153
261 Leonid Iljitsch Breschnew
   (1906–1982), Diplomingenieur, seit
   1931 Mitglied der KPdSU. Seit 1952
   Mitglied des ZK sowie 1950–1952,
   1956–1960 und 1963 bis 1964 Sekre-
   tär des ZK. 1957 wurde er Mitglied des Präsidiums, 1966
   des Politbüros. 1960 bis 1964 stand
   er als Vorsitzender des Präsidiums
   des Obersten Sowjets zum ersten
   Mal an der Spitze des Staates.
   1964 beteiligte er sich am Sturz
   Chruschtschows und übernahm
   dessen Nachfolge als Erster Sekretär (seit 1966 als Generalsekretär)
   der KPdSU. 1977 übernahm er neben der Parteiführung als Vorsitzender des Obersten Sowjets zum
   zweiten Mal das Amt des Staats-
   oberhauptes.
262 Das erste Jahr, S. 364
263 Wassiljewa: Die Kreml-Kinder,
   S. 172 f.

Kapitel 8

* Richardson: The Long Shadow, S. 186

264 Stalin: Dein Sosso, S. 260

265 Ebon: Die zwei Leben der Swetlana, S. 48

266 Radzinskij: Stalin, S. 294

267 Radzinskij: Stalin, S. 294

268 Richardson: The Long Shadow, S. 154

269 Richardson: The Long Shadow, S. 157

270 Radzinskij: Stalin, S. 525

271 Das erste Jahr, S. 149

272 Richardson: The Long Shadow, S. 186

273 Richardson: The Long Shadow, S. 207

274 Charkow, bedeutendstes Wirtschaftszentrum der Ukraine.

275 Medwedew: Die Wahrheit ist unsere Stärke, S. 272

276 Stalin: Dein Sosso, S. 179 f.

277 Stalin: Dein Sosso, S. 180

278 Almaty, bis 1921 Wernyj, Hauptstadt der Kasachischen SSR am Nordhang des Transili-Alatau, kultureller und wirtschaftlicher Mittelpunkt Kasachstans.

279 Carrière d'Ecausse: Stalin, S. 157

280 Beide Bücher wurden 1968 von David Tutaev in einem Buch zusammengefasst. Das Buch von Sergej Allilujew endet 1907, und viele Begebenheiten wurden auch von Anna kommentiert: »The Alliluyev Memoirs. Recollections of Svetlana Stalin's Maternal Aunt Anna Alliluyeva and her Grandfather Sergei Alliluyev«, New York 1968

281 Berija, S.: Beria, My Father, S. 21

282 Conquest: Stalin, S. 107

283 Conquest: Stalin, S. 107

284 Wassiljewa: Die Kreml-Frauen, S. 150

285 Tutaev (Hg.): The Alliluyev Memoirs, S. 212

286 Conquest: Stalin, S. 91

287 Pjotr Nikolajewitsch Fedossejew (geb. 1908), sowjetischer Philosoph

288 Zwanzig Briefe, S. 97

289 Zwanzig Briefe, S. 98

290 Zwanzig Briefe, S. 83

291 Das erste Jahr, S. 137

292 Siehe dazu Stalin: Dein Sosso, S. 308

293 Stalin: Dein Sosso, S. 228

294 Stalin: Dein Sosso, S. 230

295 Wolkogonow: Stalin, S. 235

296 Courtois: Warum?, in: Das Schwarzbuch des Kommunismus, S. 793–828, hier S. 824

Kapitel 9

* Das erste Jahr, S. 183

297 Fishman, Hutton: Das Privatleben des Josef Stalin, München 1967; Windgassen: Im Bund mit der Macht. Die Frauen der Diktatoren, Frankfurt/New York 2002.

298 Windgassen: Im Bund mit der Macht, S. 19

299 Amis: Koba, the Dread, S. 131; Siehe dazu auch Wolkogonow: Stalin, S. 27

300 Zwanzig Briefe, S. 19

301 Stalin: Dein Sosso, S. 35

302 Siehe dazu auch Amis: Koba, the Dread, S. 164 f.

303 Radzinskij: Stalin, S. 336

304 Gespräch der Autorin mit Galja am 20. 10. 2003 in Moskau

305 Gespräch der Autorin mit Galja am 20. 10. 2003 in Moskau

306 Richardson: The Long Shadow, S. 168

307 Biagi: Svetlana. The Inside Story,
S. 47f.
308 Gespräch der Autorin mit Galja
am 20. 10. 2003 in Moskau
309 Ebon: Die zwei Leben der Swetlana, S. 80
310 Radzinskij: Stalin, S. 478
311 Zwanzig Briefe, S. 232
312 Zwanzig Briefe, S. 232
313 Richardson: The Long Shadow,
S. 169
314 Zwanzig Briefe, S. 230
315 Moskau 2003
316 Zu Wassilij Stalin siehe allgemein
Wolkogonow: Stalin, S. 229ff; auch
Bullock: Hitler und Stalin, S. 497f.
317 Stalin: Dein Sosso, S. 49
318 Stalin: Dein Sosso, S. 63
319 Richardson: The Long Shadow,
S. 174
320 Bullock: Hitler und Stalin, S. 497
321 Stalin: Dein Sosso, S. 64
322 Wassiljewa: Die Kreml-Kinder,
S. 73
323 Richardson: The Long Shadow,
S. 174
324 Semjon K. Timoschenko (1895 bis
1970), Marschall der Sowjetunion,
1940/1941 Volkskommissar für Verteidigung.
325 Schwimmchampion, Trainerin im
Zentralen Haus der Roten Armee.
326 Biagi: Svetlana. The Inside Story,
S. 20
327 Fernsehfilm »Die Kreml-Prinzessin«
328 Siehe auch Medwedew: Die
Wahrheit ist unsere Stärke,
S. 519
329 Stalin: Dein Sosso, S. 159
330 Stalin: Dein Sosso, S. 164
331 Stalin: Dein Sosso, S. 197
332 Zwanzig Briefe, S. 302
333 Stalin: Dein Sosso, S. 200
334 Das erste Jahr, S. 321

Kapitel 10

*   Das erste Jahr, S. 163
**   Anna Achmatowa in ihrem »Re-
quiem«
335 Akmeisten kommt von »akme«,
griech. »Höhepunkt«, »Spitze«. Zu
den Gründungsmitgliedern gehörten Sergej Gorodezkij, Ossip Mandelstam, Michail Losinskij, Wladimir Narbut, Nikolaj Gumiljow,
Anna Achmatowa u. a. Die Akmeisten waren eine Gruppe junger
russischer Lyriker, die in Reaktion
auf den Symbolismus entstand. Sie
forderten, besonders in ihrer Zeitschrift »Apollon« (1907–1917), eine
weltzugewandte, harmonisch klare,
die Plastizität des Bildes und Wortes betonende Poesie.
336 Wladimir Wladimirowitsch Majakowskij (1893–1930)
337 Sergej Aleksandrowitsch Jessenin
(1885–1925), Lyriker. Aus altgläubi-
ger bäuerlicher Familie, gehörte
zunächst den Symbolisten, dann
den Imaginisten an.
338 Zwanzig Briefe, S. 244; Wassiljewa: Die Kreml-Kinder, S. 118. Da
die russische Schriftstellerin Wassiljewa aus dem russischen Text
des Swetlana-Buches zitiert,
stimmt die deutsche Übersetzung
nicht völlig mit der deutschen
Übersetzung von Zwanzig Briefe
an einen Freund überein. Bei Wassiljewa steht: »Oh, was für eine
herrliche Anthologie das war! –
Ich bewahrte sie lange zu Hause
auf und las sie oft, in guten und in
schlechten Zeiten!«
339 Nikolaj Stepanowitsch Gumiljow
(1886–1921), 1910–1918 verheiratet
mit Anna Achmatowa. Mitbegründer, Theoretiker und einer der

bedeutendsten Dichter der Akmeisten; leitete von 1910–1917 die Zeitschrift »Apollon«. Wegen des Verdachts der Teilnahme an konterrevolutionären Aktivitäten erschossen.

340 Wladislaw Felizianowitsch Chodassewitsch (1886–1939), Lyriker und Literaturkritiker; emigrierte 1922 über Berlin nach Paris.

341 Sergej Mitrofanowitsch Gorodezkij (1884–1967), Lyriker; anfänglich Symbolist, dann Mitbegründer der Akmeisten.

342 Sie war in erster Ehe mit Gumiljow, der 1921 erschossen wurde, verheiratet, dann mit dem Assyriologen Schilejko und schließlich mit Nikolaj Nikolajewitsch Punin (1888–1953).

343 Koenen: Utopie der Säuberung, S. 252

344 Siehe dazu: Moshe Lewin, Stalin in the Mirror of the Others, S. 131

345 Michail Michajlowitsch Soschtschenko (1895–1958), Schriftsteller, schilderte in humoristisch-satirischen, oft ins Groteske sich steigernden Skizzen Menschen im sowjetischen Alltag. Sein Spott auf das im Sowjetsystem fortlebende Spießertum und die neue Bürokratie machten ihn zu einem der beliebtesten Satiriker der Sowjetliteratur. 1946 wurde er aus dem Schriftstellerverband ausgeschlossen, nach 1953 rehabilitiert.

346 Das erste Jahr, S. 368

347 Bullock: Hitler und Stalin, S. 1186

348 Bullock: Hitler und Stalin, S. 1186; Biagi: Svetlana. The Inside Story, S. 119

349 Pasternak/Freudenberg. Briefwechsel 1910–1954, S. 333

350 Shand: Wheel of Fire, S. 95

351 Siehe dazu Dalos, György: Der Gast aus der Zukunft. Anna Achmatowa und Sir Isaiah Berlin. Eine Liebesgeschichte, 1997

352 Shand: Wheel of Fire, S. 95

353 Jakowlew: Die Abgründe meines Jahrhunderts, S. 221

354 Allilujewa: To Boris Leonidovich Pasternak, in: »The Atlantic Monthly«, Boston, Mass., 6. Juni 1967, S. 133–140, hier S. 133

355 Siehe zu Hayward mehr in Kapitel 18

356 Siehe dazu: Ebon: Die zwei Leben der Swetlana, S. 127f.

357 »The Atlantic Monthly«, S. 134; Ebon: Die zwei Leben der Swetlana, S. 128

358 Allilujewa: To Boris Leonidovich Pasternak, S. 135

359 Siehe dazu: Nicolas Werth: Ein Staat gegen sein Volk, S. 285, in: Das Schwarzbuch des Kommunismus

360 Andrej Donatowitsch Sinjawskij (1925–1997), Schriftsteller. Er griff unter dem Pseudonym Abram Terz die offizielle sowjetische Literaturdoktrin an, veröffentlichte im westlichen Ausland systemkritische groteske Werke, wurde deshalb 1965 verhaftet und 1966 zu sieben Jahren Zwangsarbeit verurteilt. 1971 entlassen, emigrierte er nach Frankreich und lehrte russische Literatur an der Sorbonne. 1991 wurde er rehabilitiert.

361 Julij Markowitsch Daniel (geb. 1925), Schriftsteller; schrieb grotesk-satirische kritische Erzählungen, die in ihrer Absurdität den Prinzipien des Sozialistischen Realismus widersprechen. Wegen ihrer Veröffentlichung im westlichen Ausland wurde er 1966 zu

fünf Jahren Arbeitslager verurteilt.
Nach seiner Entlassung 1970
durfte er nicht nach Moskau
zurückkehren.

362 Nikolaj Wassiljewitsch Gogol
(1808–1852). Wichtig für die Entwicklung der russischen Literatur
wurde Gogols Mitleidsethik, die
soziologisch, formalistisch, religiös
und psychoanalytisch gedeutet
wurde. Seine bedeutendste Komö-
die (»Der Revisor«) steigert die
Charaktere der Personen ins Groteske. Er fühlte sich als bloßer
Zeitkritiker missverstanden und
ging 1836 ins Ausland, wo er bis
1848 blieb.

363 Allilujewa: To Boris Leonidovich
Pasternak, in: »The Atlantic
Monthly«, Nr. 219, 6. 6. 1967,
S. 136

364 Siehe dazu: Das erste Jahr,
S. 284

365 Ebon: Die zwei Leben, S. 127

366 Michail Aleksandrowitsch Scholo-
chow (1905–1984), russischer
Schriftsteller. 1932 Mitglied der
K P, seit 1936 Abgeordneter des
Obersten Sowjets. 1965 erhielt er
den Nobelpreis für Literatur.

367 Ebon: Die zwei Leben. S. 130

368 Biagi: Svetlana. The Inside Story,
S. 141

369 Biagi: Svetlana. The Inside Story,
S. 141

370 Andrej Andrejewitsch Wosnessenskij (geb. 1933). Er gilt neben
Jewtuschenko als einer der führenden russ. Lyriker der Gegenwart.

371 Jewgenij Aleksandrowitsch Jewtuschenko (geb. 1933), Lyriker. Anfangs politisch engagiert und ak-
tualitätsbezogen, für eine breite
Öffentlichkeit bestimmt. Indivi-

dualismus und Auflehnung gegen
Parteidogmen führten zeitweilig
zu Spannungen mit der offiziellen
Kritik. Aufsehen erregten v. a. die
Dichtungen »Babij Jar« gegen den
Antisemitismus und »Nasledniki
Stalina« gegen ein Wiederaufleben
des Stalinismus.

372 Aleksander Nikolajewitsch Radischtschew (1749–1802), Dichter
und Philosoph, seit 1793 Freimau-
rer; bringt in seiner »Reise von Petersburg nach Moskau« eine krasse
Darstellung gesellschaftlicher
Missstände wie Leibeigenschaft
oder Rekrutenaushebung. Verurteilung zum Tod, die dann aber
zu lebenslänglicher Verbannung
nach Sibirien umgewandelt wurde.
1796 begnadigt und 1801 von Zar
Aleksander 1. in die Kommission
zur Vorbereitung neuer Gesetze
berufen, beging er Selbstmord, als
ihm wegen seiner Reformvor-
schläge erneute Verbannung
drohte.

373 Teilnehmer des Aufstandes 1825
nach dem Tod Aleksanders 1. in
St. Petersburg. Ziel war, die Auto-
kratie zu stürzen und soziale
Gerechtigkeit herzustellen; der
Aufstand wurde von Nikolaus 1.
rasch niedergeschlagen; fünf der
Verschwörer wurden hingerichtet,
die anderen nach Sibirien verbracht, die Überlebenden 1856
begnadigt.

374 Pseudonym für Michail Jewgrafowitsch Saltykow-Schtschedrin
(1826–1889), humoristisch-satiri-
scher Sozialkritiker.

375 Allilujewa: To Boris Leonidovich
Pasternak, S. 136

376 Allilujewa. To Boris Leonidovich
Pasternak, S. 136

Kapitel 11

* Das erste Jahr, S. 129

377 Das erste Jahr, S. 167

378 Chruschtschow erinnert sich, S. 327

379 Siehe dazu Laza M. Pistrak: The Grand Tactician: Khrushchev's Rise to Power

380 Jakowlew: Die Abgründe meines Jahrhunderts, S. 302

381 Koenen: Die Utopie der Säuberung, S. 386

382 Koenen: Die Utopie der Säuberung, S. 385

383 Koenen: Die Utopie der Säuberung, S. 385

384 Siehe dazu Medwedew: Die Wahrheit ist unsere Stärke, New York 1971, S. 330 f.

385 Medwedew: Die Wahrheit ist unsere Stärke, S. 220

386 Zwanzig Briefe, S. 101

387 Richardson: The Long Shadow, S. 158

388 Zwanzig Briefe, S. 311

389 Siehe dazu: Werth: Ein Staat gegen sein Volk, in: Schwarzbuch des Kommunismus, S. 51–288, hier S. 279

390 Zwanzig Briefe, S. 311

391 Stark, Meinhard, Frauen im Gulag, in: Hedeler (Hg.): Stalinscher Terror 1934–41, S. 259–279, hier S. 265

392 Payne

393 Stassowa, Jelena Dmitrijewa (1873–1966). 1917 Mitglied des russischen Büros des ZK der SDAPR (B). Teilnahme am Oktoberaufstand. Seit 1918 Mitglied des ZK der KPR (B). 1935 Delegierte der KPdSU (B) auf dem 7. Weltkongress der Komintern.

394 Jakowlew: Die Abgründe meines Jahrhunderts, S. 275

395 Jeschow, Nikolaj Iwanowitsch (1895–1939). Im Bürgerkrieg Kommissar der Roten Armee. 1934 Mitglied des ZK, 1935 Mitglied der Sicherheitskommission Stalins. Führte 1936–1938 große »Säuberungen« durch (»Jeschotschina«). 1938 Absetzung als NKWD-Chef, 1939 Verhaftung.

396 Koenen: Der Unbesiegte, in: »Frankfurter Allgemeine Zeitung« vom 21. 12. 1999, S. 54

397 Stalin: Dein Sosso, S. 53

398 Lih u. a. Stalin: Briefe an Molotow, S. 255 ff.

399 Wassiljewa: Die Kreml-Frauen, S. 237

400 Zwanzig Briefe an einen Freund, S. 340; Morosow, Der Georgier, S. 72

401 Radzinskij: Stalin, S. 533

402 Radzinskij: Stalin S. 533

403 Werth: Ein Staat gegen sein Volk, in: Das Schwarzbuch des Kommunismus, S. 51–288, hier S. 271

404 Koenen: Utopie der Säuberung, S. 370

405 Siehe dazu: Morosow: Der Georgier, S. 294

406 Bortschakowski, Orden für einen Mord

407 Richardson: The Long Shadow, S. 213 f.

408 Bullock: Hitler und Stalin, S. 1234

409 Wassiljewa: Die Kreml-Frauen, S. 262

410 Wassiljewa: Die Kreml-Frauen, S. 262

411 Chuev, Molotow Remembers, S. 323

412 Gespräch der Autorin mit Edward Radzinskij am 21. 10. 2003 in Moskau.

413 Bucharina, Erinnerungen, S. 361 f.

414 Bucharina, Erinnerungen, S. 362

415 Moshe Lewin, Stalin in the Mirror of the Others, S. 124

416 Anna Michajlowna Larina Bucharina, geb. Kosarew.

417 Bucharina, Nun bin ich schon weit über zwanzig, S. 406

418 Bucharina, Nun bin ich schon weit über zwanzig, S. 25

419 Fernsehfilm »Die Kreml-Prinzessin«

420 Das erste Jahr, S. 183

421 Wassiljewa: Die Kreml-Frauen, S. 334

422 Wassiljewa: Die Kreml-Frauen, S. 334

423 Siehe dazu: Stalin: Dein Sosso, S. 200 ff.

424 Das erste Jahr, S. 129

425 Biagi: Svetlana. The Inside Story, S. 87

426 Zwanzig Briefe, S. 324

427 Das erste Jahr, S. 153

428 Posner, Belastet. Meine Eltern im Dritten Reich, Augsburg 1997, S. 10

429 Biagi: Svetlana. The Inside Story, S. 145

430 Aleksej Nikolajewitsch Kossygin (1904–1980), Textilingenieur. Seit 1927 Mitglied der KPdSU, stieg mithilfe A. A. Schdanows in den Führungskreis der Partei auf. Seit 1939 Mitglied des ZK, 1940–1946 stellvertretender Vorsitzender im Rat der Volkskommissare und 1943–1946 Regierungschef der Russ. SFSR. 1946–1960 stellvertretender Ministerpräsident, 1948 Mitglied des Politbüros, aus dem er jedoch 1952 wieder ausscheiden musste. 1960–1964 gehörte er als erster stellvertretender Ministerpräsident der Regierung an. Nach dem Sturz Chruschtschows bildete er, seit 1960 wieder Mitglied des Politbüros, als Ministerpräsident

zusammen mit Generalsekretär Leonid Breschnew die Führungsspitze der UdSSR.

431 Michail Andrejewitsch Suslow (1902–1982). Seit 1921 Parteimitglied. Anhänger Stalins. 1941 Mitglied, ab 1947 zugleich Sekretär des ZK. 1949–1950 Chefredakteur der »Prawda«. 1955 erneut Mitglied des ZK. Führender Ideologe der KPdSU.

Kapitel 12

* Das erste Jahr, S. 20

432 Das erste Jahr, S. 405

433 Das erste Jahr, S. 22

434 Das erste Jahr, S. 23

435 Biagi: Svetlana. The Inside Story, S. 110 f.

436 Radhakrishnan, Sarvepalli (1888–1975), indischer Philosoph und Politiker. Lehrte Philosophie an den Universitäten Mysore und Kalkutta. 1936–1952 Professor für östliche Religionen in Oxford. 1946–1950 Leiter der indischen Delegation bei der UNESCO. 1949–1952 indischer Botschafter in Moskau. 1952–1962 Vizepräsident, 1962–1967 Präsident der Indischen Union. Erhielt 1961 den Friedenspreis des Deutschen Buchhandels.

437 Das erste Jahr, S. 32

438 Chruschtschow erinnert sich, S. 298 f.

439 Chruschtschow erinnert sich, S. 299

440 Wassiljewa: Die Kreml-Kinder, S. 124

441 Wassiljewa: Die Kreml-Kinder, S. 124

442 Stalin: Dein Sosso, S. 202

443 Der Beschluss des Politbüros des ZK wurde ohne Protokollierung

gefasst. Den Entwurf hat K. U. Tschernenko, 1966 Leiter der Abteilung Allgemeines der ZU der KPdSU, erarbeitet und beglaubigt.

444 Stalin: Dein Sosso, S. 203

Kapitel 13

*   Stalin: Dein Sasso, S. 202

445 Biagi: Svetlana. The Inside Story, S. 114

446 Andrej Andrejewitsch Gromyko (1909–1989). Seit 1939 im diplomatischer Dienst. 1943–1946 Botschafter in den USA. Seit 1946 stellvertretender Außenminister. 1952/53 Botschafter in Großbritannien. Seit 1956 Mitglied des ZK. 1957–1985 Außenminister. Seit 1973 Mitglied des Politbüros. Seit 1985 Vorsitzender des Präsidiums des Obersten Sowjets.

447 Das erste Jahr, S. 14

448 Siehe dazu Voslensky: Kurzer Schritt zum langen Abschied, in: »Die Zeit«, Nr. 46, 9. 11. 1984, S. 7

449 Das erste Jahr, S. 65

450 Indira Priyadarshini Gandhi (1917–1984). Seit 1938 Mitglied des INC (Indian National Congress), 1946–64 politische Beraterin ihres Vaters J. Nehru, 1964–1966 Minister für Information und Rundfunk, 1967–1977 und 1978 sowie seit 1980 Abgeordnete in der Lok Sabha, dem indischen Parlament. 1966 wurde Indira Gandhi Premierminister. Außenpolitisch vertrat sie die Politik der Blockfreiheit, legte dabei aber einen deutlichen Akzent auf die Wahrung guter Beziehungen zur UdSSR. 1984 fiel sie einem Attentat zum Opfer.

451 Das erste Jahr, S. 67

452 Das erste Jahr, S. 67
453 Das erste Jahr, S. 77
454 Das erste Jahr, S. 77
455 Das erste Jahr, S. 78
456 Das erste Jahr, S. 168

Kapitel 14

*   Chruschtschow erinnert sich, S. 299

** »Süddeutsche Zeitung« vom 7. 8. 1969

457 Das erste Jahr, S. 185f.

458 Anemona Hartcollis: Defection Brings Back Memories of Svetlana, in: »Newsday«, 23. Dezember 1993, S. 7

459 Aleksander Fjodorowitsch Kerenskij (1818–1970), seit 1917 Mitglied der Partei der Sozialrevolutionäre und stellvertretender Vorsitzender des Petrograder Sowjets. Justizminister in der ersten Provisorischen Regierung. Im Mai 1917 Kriegsminister, Juli 1917 Ministerpräsident. Setzte sich für eine Offensive der russischen Armee gegen Deutschland und Österreich-Ungarn ein. 1918 Flucht ins Ausland. 1940 Emigration in die USA.

460 Chruschtschow erinnert sich, S. 299

461 Victor Nekrassow, Autor des Buches »In den Schützengräben von Stalingrad«.

462 Chruschtschow erinnert sich, S. 299

Kapitel 15

*   Ebon: Die zwei Leben, S. 110

463 Das erste Jahr, S. 129

464 Ebon: Die zwei Leben der Swetlana, S. 109

465 Ebon: Die zwei Leben der Swetlana, S. 110

466 Allilujewa: To Boris Leonidovich Pasternak, in: »The Atlantic Monthly«, Nr. 219, 6. 6. 1967, S. 133–140, hier S. 134. Swetlana hatte damals »Doktor Schiwago« gelesen und zitiert nun Parallelen zu ihrer Tochter.

467 Ebon: Die zwei Leben der Swetlana, S. 110

468 Ebon: Die zwei Leben der Swetlana, S. 112

469 Ebon: Die zwei Leben der Swetlana, S. 206

470 Janner, Antonino, Schweizer Botschafter

471 Das erste Jahr, S. 281

472 Biagi: Svetlana. The Inside Story, S. 139

473 Ebon: Die zwei Leben der Swetlana, S. 112

474 Biagi: Svetlana. The Inside Story, S. 38

Kapitel 16

* »Neue Zürcher Zeitung«, 7. 3. 1967
475 The Faraway Music, S. 141
476 The Faraway Music, S. 147
477 Siehe dazu: The Faraway Music, S. 140–148

Kapitel 17

* »Neue Zürcher Zeitung«, 25. 4. 1967
478 Ebon: Die zwei Leben der Swetlana, S. 32
479 Biagi: Svetlana. The Inside Story, S. 126
480 Biagi: Svetlana. The Inside Story, S. 126

481 »Washington Post« vom 12. 3. 1967, S. 1

482 Voslensky: Kurzer Schritt zum langen Abschied, in: »Die Zeit«, Nr. 46, 9. 11. 1984, S. 7

483 Ebon: Die zwei Leben der Swetlana, S. 142

484 Das erste Jahr, S. 204

485 Ebon: Die zwei Leben der Swetlana, S. 35 ff.

486 Ebon: Die zwei Leben der Swetlana, S. 38 f.

487 Das 1653 in Fribourg gegründete Kloster gehört zum Orden de la Visitation et Sainte-Marie, der 1610 in Annecy gegründet worden ist.

488 Emmanuel d'Astier (1900–1969) spielte eine bedeutende Rolle in der französischen Widerstandsbewegung (Résistance) im Zweiten Weltkrieg, ebenso seine Brüder François und Henri d'Astier. Emmanuel d'Astier galt als liberaler, pro-kommunistischer Pazifist und Friedenskämpfer. Er gehörte zur Untergrundgruppe Libération-Sud, gründete 1941 die Zeitschrift »Libération« und später »L'Événement«. Er schrieb u. a. die Bücher »Sept fois sept jours« (1961) und »Les dieux et les hommes 1943–1944« (1952).

489 Siehe dazu D'Astier: Mes journées avec Svetlana Staline, in: »L'événement« Nr. 16, S. 22–32, hier S. 23

490 Krassin, Leonid Borosowitsch, (1870–1926), von Beruf Ingenieur, 1921–1924 sowie 1925–1926 sowjetischer Botschafter in London und 1924–1925 in Paris. Überwachte den Bau des Lenin-Mausoleums.

491 Es gibt einen Brief von Nadjeschda Allilujewa aus dem Jahr 1918, in dem sie sich nach den

»Krassins« erkundigte: »Die sind anscheinend zu fein geworden, um auf unsere Briefe zu antworten.« In: Zwanzig Briefe an einen Freund, S. 141

492 Sie war die Tochter des Generals François d'Astier, die mit ihrem Bruder 1942 in die Schweiz gebracht worden war, da sie in Frankreich wegen ihrer Mitarbeit in der französischen Widerstandsbewegung sehr gefährdet waren. In Fribourg kümmerte sich Bertrande um französische Flüchtlinge.

493 D'Astier: Mes journées avec Svetlana Staline, s. 27

494 D'Astier: Mes journées avec Svetlana Staline, S. 31; »Mme. Blancpain avait reçu à deux reprises Svetlana Staline.« In: »La Liberté« vom 24. 4. 1967

495 Gespräch mit Isolde Morel am 12. 8. 2003 in Fribourg

496 Ebon: Die zwei Leben der Swetlana, S. 121

497 Zwanzig Briefe, Vorwort

498 Richardson: The Long Shadow, S. 260

499 The Faraway Music, New Delhi 1984

500 David Dean Rusk (geb. 1909), 1950–1952 Leiter der Fernostabteilung im Außenministerium, 1961–1969 Außenminister unter den Präsidenten Kennedy und Johnson. Trat zum Ende seiner Amtszeit für eine Entspannung gegenüber der UdSSR ein.

501 George Frost Kennan (geb. 1904), amerikanischer Historiker und Diplomat. Seit 1926 im diplomatischen Dienst, vor allem in ost- und mitteleuropäischen Staaten. 1944–1946 war er in Russland tätig. In dieser Zeit entwarf er wesent-

liche Elemente der Politik des Containment, worauf er 1947 mit der Leitung der Planungsabteilung des Außenministeriums betraut wurde. 1949 trat er zurück und wirkte seitdem als Dozent in Princeton. 1952 war Kennan Botschafter in Moskau, 1961–1964 in Belgrad. 1976 wurde er Mitglied des Ordens Pour le Mérite für Wissenschaft und Künste; 1982 erhielt er den Friedenspreis des Deutschen Buchhandels.

502 Ebon: Die zwei Leben der Swetlana, S. 172

503 The Faraway Music, S. 13

504 The Faraway Music, S. 13

505 The Faraway Music, S. 13 f.

506 Richardson: The Long Shadow, S. 267

507 Gespräch mit Fritz Molden am 21. 12. 2003

508 Siehe dazu »Der Spiegel«, Nr. 37 vom 11. 9. 1967

Kapitel 18

* »Die Zeit«, Nr. 43, vom 24. 10. 1969

** »Süddeutsche Zeitung«, Nr. 187, 6. 8. 1969

509 »La Liberté«, Fribourg, vom 24. April 1967

510 Biagio, Svetlana. The Inside Story, S. 131

511 Priscilla Johnson-MacMillan

512 Aleksander Nikolajewitsch Ostrowskij (1823–1886); das Malij-Theater (Kleine Theater) ist das älteste Dramentheater Russlands. 1756 gegründet, nannten die Moskauer es »zweite Universität«, weil sich hier das kulturelle Leben abspielte. Auch heute zeigt das

Theater noch hauptsächlich die Stücke der großen russischen Literaten: Puschkin, Tschechow, Turgenjew, Tolstoj und Ostrowskij.

513 Jerome David Salinger (geb. 1919), bekannt durch »Der Fänger im Roggen«, 1951.

514 Jack London, eigentlich John Griffith London (1876–1916), 1903 »Der Ruf der Wildnis«; 1904 »Der Seewolf«; autobiografische Romane.

515 Sinclair Lewis (1885–1931) hat 1930 den Nobelpreis für Literatur bekommen. Bekannt waren seine Romane »Babbitt«, »Main Street« und »Elmer Gantry«. Seine damalige Frau, die Amerikanerin Dorothy Thompson, wurde die bekannteste Journalistin ihrer Zeit nach einem 1931 mit Adolf Hitler geführten Interview in Berlin. Siehe dazu Schad, Frauen gegen Hitler, S. 54 ff.

516 Ebon: Die zwei Leben, S. 163 f.

517 »Das russische Volk kommt in ihrem Buch nicht vor.« Olga Kerenskaja sieht Stalin anders als Swetlana, in: »Frankfurter Allgemeine Zeitung« vom 6. 11. 1967

518 »Das russische Volk kommt in ihrem Buch nicht vor.« In: »Frankfurter Allgemeine Zeitung« vom 6. 11. 1967

519 Edward Calvin Kendall (1886 bis 1972), Biochemiker, 1914–1951 Leiter der Mayo-Klinik in Rochester (Minnesota), 1936 stellte er das Cortison aus der Nebennierenrinde rein dar. Für seine Arbeiten über die Hormone der Nebennieren erhielt er 1950 zusammen mit Philip S. Hench und Tadeusz Reichstein den Nobelpreis für Medizin.

520 Margot Einstein, geboren 1899 als Margot Löwenthal in Hechingen,

war die Adoptivtochter von Albert Einstein; sie starb 1986.

521 Conquest: Stalin, S. 274

522 Louis Fisher (1896–1970) studierte Pädagogik. 1917 kämpfte er in der Jüdischen Legion in Palästina, danach war er Korrespondent der »New York Evening Post« in Europa; ab 1923 in Moskau. Im Spanischen Bürgerkrieg kämpfte er in der Internationalen Brigade. Außer seiner Autobiografie schrieb er über Mahatma Gandhi (1950), Stalin (1964) und Lenin (1964). Bis zu seinem Tod 1970 lehrte er an der Universität Princeton.

523 Wanda Bronska-Pampuch: Ich bin eine richtige Kapitalistin geworden, in: »Süddeutsche Zeitung«, Nr. 187, 6. 8. 1969; dies., Ich wollte nicht mehr Staatseigentum sein, in: »Süddeutsche Zeitung«, Nr. 188, 7. 8. 1969, S. 3

524 Ebon: Die zwei Leben, S. 120

525 Lyndon B. Johnson (1908–1973), 1949–1961 Senator von Texas, 1961–1963 Vizepräsident; er folgte nach der Ermordung J. F. Kennedys diesem als Präsident der USA, verzichtete dann aber auf eine weitere Präsidentschaftskandidatur.

526 Ebon: Die zwei Leben der Swetlana, S. 112 f.

527 The Faraway Music, S. 35

528 »Süddeutsche Zeitung« am 15. 5. 1967

529 Siehe dazu »Frankfurter Allgemeine Zeitung« vom 3. 6. 1967: »Moskau diskreditiert Swetlana Allilujewa«.

530 Leonid Kogan (1924–1984), russischer Geiger.

531 Mstislaw Rostropowitsch (geb. 1927 in Bakı), russischer Cellist.

532 Antonin Dvořák (1841–1904), tschechischer Komponist.

533 Wladimir Davidowitsch Ashkenazy (geb. 1937 in Gorkij), isländischer Pianist russischer Herkunft.

534 Swjatoslaw Teofilowitsch Richter (geb. 1915 in Schitomir), ukrainischer Pianist.

535 Siehe dazu The Faraway Music, S. 28

536 Siehe dazu Newman: Oswald and the CIA, S. 61–67

537 Siehe dazu Collier und Horowitz: The Kennedys. An American Drama, New York 1984, S. 404. Sie wird beschrieben als Harvard-Forscherin, die ihn öfter besuchte, ihm Bücher brachte und die Kennedy oft anrief. In ihrem eigenen Buch »Marina and Lee«, S 4f. geht Johnson näher auf ihre Beziehung zu »Jack« ein, dessen Ehefrau sie allerdings nie erwähnt.

538 Siehe dazu Whitmey, Priscilla and Lee: Before and After the Assassination, Part One and Part Two in: The Third Decade und The Fourth Decade Magazines, 1999.

539 »New Yorker Review« vom 9. 12. 1967, S. 43; Book Review Digest, Ausgabe 1968

540 Francois Bondy, Swetlanas Heimkehr, in: »Weltwoche«, Agenda, 1969

541 Ebon: Die zwei Leben, S. 135

542 The Faraway Music, S. 11

543 Arthur Meier Schlesinger jr. (geb. 1917), Historiker, 1961–63 Berater von Präsident J. F. Kennedy, bis März 1964 von Präsident L. B. Johnson. Seit 1966 Professor an der City University of New York.

544 Er hieß eigentlich Vitali Jewgenjewitsch Lui.

545 Whitmey, Priscilla Johnson McMillan and the FBI.

546 Der Geist des Terrors ist geblieben. Edward Crankshaw über die Memoiren der Swetlana Allilujewa. Originaltext in »The Observer«, die deutsche Übersetzung in »Der Spiegel« vom 11. 9. 1967, S. 39

547 Siehe dazu Zwerenz, Gerhard: Der Kreml als Gartenlaube, in: »Die Zeit« vom 13. 10. 1967

548 Zwanzig Briefe an einen Freund, S. 19

549 Zwerenz, Der Kreml als Gartenlaube, in: »Die Zeit« vom 13. 10. 1967, S. 3

550 Zwerenz, Der Kreml als Gartenlaube, in: »Die Zeit« vom 13. 10. 1967 S. 3

551 The Faraway Music, S. 48

552 Chruschtschow erinnert sich, S. 300

553 The Faraway Music, S. 46

554 Aleksander Iwanowitsch Herzen (1812–1870), russischer Schriftsteller und Publizist.

555 Pjotr Aleksejewitsch Fürst Kropotkin (1842–1921), bedeutender Vertreter des kommunistischen Anarchismus.

556 The Faraway Music, S. 4

Kapitel 19

* The Faraway Music, S. 62

557 Frank Lloyd Wright (1869–1959), Schüler von Louis Henry Sullivan. In mehr als 300 privaten und öffentlichen Bauten realisierte Wright seine Grundidee von organischer Architektur.

558 Georg Iwanowitsch Gurdjieff gründete 1922 in Fontainebleau bei Paris das »Institut zur harmonischen Entwicklung des Men-

schen«. Seine Lehren haben deutliche Wurzeln bei Sufis und Derwischen. Als sein Hauptwerk gilt »Beelzebub's Tale to his Grandson«.

559 The Faraway Music, S. 58

560 The Faraway Music, S. 60

561 The Faraway Music, S. 62

562 The Faraway Music, S. 62

563 Nachrichtendienst der WELT, Phoenix (Arizona) 8. April 1967: Swetlana: Es ist wie ein Wunder – ich fühle mich wie siebzehn.

564 Susan Lampert Smith: Grandson Who Knew Wright Well Wants to Set the Record Straight, in: »Wisconsin State Journal«, Local/Wisconsin vom 14. 12. 2003

565 The Faraway Music, S. 67

566 The Faraway Music, S. 67

567 The Faraway Music, S. 92

568 Siehe dazu Blake: The Saga of Stalin's »Little Sparrow«. Svetlana's tormented journey from East to West and back again, in: »Time Magazin« vom 28. 1. 1985 und »The Times« vom 28. 1. 1985

569 Uwe Siemon-Netto, Swetlana; »Ich kam vom Regen in die Traufe«, in: »Stern«, Nr. 12. vom 12. 3. 1972. Siehe auch »Time« vom 6. 3. 1972; »Desillusion in the Desert«, in: »Newsweek«, 6. 3. 1972, S. 33 ff.

Kapitel 20

* Nachweis: The Faraway Music, S. 109

570 The Faraway Music, S. 15

571 Siehe dazu Shand: The Wheel of Fire, in: »South-West Review«, Vol. 87, Nr. 1, 2002, S. 90–105

572 Krishnamurti, Jiddu (1897–1986), indischer Brahmane und Philo-

soph. Die Theosophin Annie Besant, die ihn als neuen Weltenlehrer verkündete, gründete 1910 für ihn den »Orden des Sterns im Osten«, den er 1929 auflöste. Er predigte einen Seelenfrieden, der durch intuitive Erfassung der Harmonie von All und Ich erreicht werden könne. Er verfasste zahlreiche Schriften und unterhielt seit den 1970-er Jahren Niederlassungen seiner philosophischen Schule in Kalifornien, England und Indien.

573 Shand: Wheel of Fire, S. 98

574 Nikita Michalkow drehte den Film »Oblomow« nach dem gleichnamigen Roman von Iwan A. Gontscharow.

575 Shand: Wheel of Fire, S. 100

576 Muggeridge, Malcolm (1903–1990), als Autor und Journalist, tätig in Funk und Fernsehen. Studierte in Cambridge, ging als Lehrer nach Indien, kam 1927 zurück nach England und heiratete Katherine Dobbs; gemeinsam gingen sie als Lehrer nach Ägypten. 1932–1933 war er Korrespondent für den »Manchester Guardian« in Moskau. Im Krieg diente er im Geheimdienst. 1953–1957 Herausgeber der Zeitschrift »Punch«.

577 Muggeridge: My Life in Pictures, S. 99

578 Muggeridge: My Life in Pictures, S. 99

579 Jurij Wladomirowitsch Andropow (1914–1984), ursprünglich Techniker, 1954–1957 Botschafter in Ungarn, seit 1961 Mitglied des ZK der KPdSU, seit 1973 des Politbüros. 1962–1967 Sekretär des ZK. 1967–1982 leitete er den KGB und erhielt 1976 den Rang eines Ar-

meegenerals. 1982 war er erneut
Sekretär des ZK. Nach dem Tod
Breschnews wählte ihn das ZK im
November 1982 zum Generalsekretär der KPdSU; von Juni 1983 bis zu
seinem Tod war er zugleich Vorsitzender des Präsidiums des Obersten Sowjets und damit Staatsoberhaupt.
580 Blake, Personalities, the Saga of
Stalin's »Little Sparrow«, in:
»Time Magazine« vom 28. 1. 1985
581 Muggeridge: My Life in Pictures,
S. 99

Kapitel 21

*   »Frankfurter Allgemeine Zeitung«
vom 17. 11. 1984
**   Leopold Labedz, Sowjetologe und
Freund von Swetlana
582 Ich folge hier dem vierten Buch
Swetlanas, dem »Buch für Enkelinnen«, das nur auf Russisch publiziert wurde.
583 Adam. Jetzt bin ich von einem tiefen Schuldgefühl befreit. Swetlanas Allilujewas Bußgang, in:
»Frankfurter Allgemeine Zeitung«, Nr. 261, 17. 11. 1984, S. 3
584 Konstantin Ustinowitsch Tschernenko (1911–1985), ab 1931 Mitglied
der KPdSU, stieg in enger Verbindung mit L. I. Breschnew im Par-
teiapparat auf, wurde 1971 Vollmitglied im ZK, 1978 des Politbüros;
ab Februar 1984 Generalsekretär
der KPdSU, ab April 1984 auch
Vorsitzender des Präsidiums des
Obersten Sowjets und damit
Staatsoberhaupt.
585 »Süddeutsche Zeitung«, 17. 11. 1984
586 Zum Text dieser Pressekonferenz
siehe Engelbrecht, Stalins Tochter

Swetlana beklagt 17 verlorene
Jahre. »Ich war in der freien Welt
keinen Tag frei«, in: »Bonner Ge-
neralanzeiger« vom 17. 11. 1984, S. 3
und in: »Stuttgarter Zeitung« vom
17. 11. 1984, Nr. 268, S. 3
587 Michael Voslensky: Kurzer Schritt
zum langen Abschied. Swetlanas
Weg und mögliche Motive ihrer
Abkehr vom Westen, in: »Die
Zeit«, Nr. 46, 9. November 1984 S. 7
588 Siehe dazu Wassiljewa: Die
Kreml-Kinder, S. 128
589 Richardson: The Long Shadow,
S. 127
590 Im Gespräch mit der Autorin am
24. 10. 2003
591 Sachalin, größte russische Insel
zwischen Ochotskischem und Ja-
panischem Meer, seit 1945 ganz in
russischem Besitz
592 Gespräch mit Galja Dschugaschwili am 21. 10. 2003 in Moskau
593 Richardson: The Long Shadow,
S. 127
594 Richardson: The Long Shadow,
S. 261
595 Richardson: The Long Shadow,
S. 262
596 The Faraway Music, S. 60
597 Richardson: The Long Shadow,
S. 268
598 Hier sei Lejla Sikmaschwili ge-
dankt für die Überlassung des
Büchleins: Die Geschichte von Josef Stalin-Soselo, hg. v. Internationalen Wissenschaftlichen Zentrum zum Studium des
Phänomens Josef Stalin, 1999. Die
Gedichte sind auf Georgisch, Russisch, Englisch und Deutsch abgedruckt.
599 Gespräche mit Kira Politkowskaja
und Lejla Sikmaschwili am
18. 10. 2003 in Moskau

ANMERKUNGEN

600 Siehe dazu Jens Hartmann: Stalins Enkel, in: »Die Welt« vom 5. 3. 2003, S. 10

601 Michail Sergejewitsch Gorbatschow (geb. 1931), studierte Jura, trat 1952 der KPdSU bei, stieg in der Region von Stawropol innerhalb der Partei auf und wurde 1971 Mitglied des ZK, 1978 Sekretär des ZK und 1980 Mitglied des Politbüros. Mit der Wahl Gorbatschows zum Generalsekretär des ZK vollzog sich im März 1985 ein Generationswechsel an der Spitze der Partei. 1988–1992 Vorsitzender des Präsidiums des Obersten Sowjet. Setzte ein Reformprogramm ins Werk, das unter dem Schlagwort »Perestroika« bekannt wurde.

602 Eduard Amwrossijewitsch Schewardnadse (geb. 1928), seit 1948 Mitglied der KPdSU, stieg innerhalb der georgischen KP-Organisation auf. 1965–1972 Innenminister der Georgischen SSR, 1972–1985 dort Erster Sekretär der KP. 1976 wurde er Vollmitglied des ZK der KPdSU, 1985 auch des Politbüros. Als Außenminister (Juli 1985–Dezember 1990) setzte er die Impulse der von Generalsekretär Gorbatschow eingeleiteten Reformpolitik (»Perestroika«) außenpolitisch um, besonders in der Entspannungs- und Abrüstungspolitik. Mit einer dramatischen Warnung vor einer Rückkehr der UdSSR zur Diktatur trat er im Dezember 1990 als Außenminister zurück. Nach dem gescheiterten Putsch gegen Gorbatschow im August 1991 war er bis Dezember 1991 erneut Außenminister. Im März 1992 wurde er Vorsitzender des neu gebildeten georgischen Staatsrates. Im November 2003 trat er als georgisches Staatsoberhaupt zurück.

603 Gespräch mit Eleonora Mikojan am 20. 10. 2003 in Moskau

604 Siehe dazu Blake: The Saga of Stalin's »Little Sparrow«. Svetlana's tormented journey from East to West and back again, in: »Time Magazine« vom 28. 1. 1985, und »Svetlana – embraced by Stalin's ghost«, in: »The Times« vom 28. 1. 1985

605 Jegor Kusmitsch Ligatschow (geb. 1920), seit 1944 Mitglied der KPdSU, ab 1976 Vollmitglied des ZK, ab 1985 auch des Politbüros. In seiner Zuständigkeit für Parteikader und Parteiorganisation im Politbüro wurde er 1988 von Medwedew abgelöst, nachdem sich zwischen ihm und Generalsekretär Michail Gorbatschow Differenzen über den Kurs von Partei und Staat gezeigt hatten. Ligatschow entwickelte sich immer mehr zu einem Kritiker der von Gorbatschow betriebenen Politik der »Perestroika«.

606 Tschechow, Anton Pawlowitsch (1860–1904), Arzt, Schriftsteller.

607 Stanislawskij, Konstantin Sergejewitsch (1863–1938), Schauspieler und Regisseur, Mitbegründer und Direktor des Moskauer Künstlertheaters.

608 Gespräche am 9. und 10. 10. 2003 in Moskau

Kapitel 22

* Brief Swetlanas an Padre Garbolino

** Edward Radzinskij im Oktober 2003 in Moskau

609 Das erste Jahr, S. 186; The Faraway Music, S. 178

610 Siehe dazu Jakowlew: Die Abgründe meines Jahrhunderts,
S. 185
611 Das erste Jahr, S. 160
612 The Faraway Music, S. 165
613 The Faraway Music, S. 165
614 The Faraway Music, S. 166
615 »Osservatore Romano« über Swetlana Stalin, in: »La Liberté«, Fribourg 1. 5. 1967
616 »Osservatore Romano« über Swetlana Stalin, in: »La Liberté«,
1. 5. 1967
617 Florovsky, George (1893–1973), or-
thodoxer Theologe. 1922–1925 Professor für Rechtsphilosophie in
Prag. 1926–1948 Professor für Pat-
ristik, dann Dogmatik in Paris,
New York, Cambridge (Mass.)
und Princeton (N.J.). War maßgeblich beteiligt an der ökumeni-
schen Bewegung und erstrebte
eine Erneuerung der Orthodoxie
aus dem Geist der Kirchenväter.
618 The Faraway Music, S. 29
619 The Faraway Music, S. 29
620 Ginia Bellafante: People: Dark
Times, in: »Time« vom 10. 5. 1992,
S. 91; Emily Mitchel: People:
For Svetlana the restless days of
wandering the world, in: »Time
International« vom 10. 5. 1992,
S. 63
621 Wassiljewa: Die Kreml-Kinder,
S. 128
622 Alfonso Signorini: Svetlana Stalin.
In convento per espiare le colpe di
mio padre vom 9. 2. 1996, S. 52–56;
Voglio pregare in un convento ita-
liano vom 16. 2. 1996, S. 68–71; Vi
prego, lasciatemi sola con Dio vom
23. 2. 1996, S. 72–74; Il nuovo
dramma di Svetlana vom 1. 3. 1996,
S. 86–88, in: CHI, Roma, No. 5, 6,
7 und 8

623 Gespräch der Autorin mit Edward
Radzinskij am 20. 10. 2003 in
Moskau

Kapitel 23

* Richardson: The Long Shadow,
S. 268
** Richardson: The Long Shadow,
S. 268
624 WORLD: Soviet Union an endless
Odyssee. Stalin's daughter moves
again, in: »Time« vom 28. 4. 1986,
S. 43 ff.
625 Birgitta Mogge, Schafft uns Häuser, keinen Krieg, in: »Rheinischer
Merkur, Christ und Welt«, Nr. 23,
31. 5. 1986, S. 23
626 Russische Fernsehdokumentation
»Die Kreml-Prinzessin«
627 »Life«, Januar 1996
628 Richardson: The Long Shadow,
S. 268
629 Telefongespräch mit Aleksander
Burdonskij in Moskau am 20. 10.
2003
630 Telefongespräche mit Brandoch
Peters im Januar 2004
631 Brandoch Peters verfasst derzeit
eine Biografie über seinen Vater
Wesley William Peters, Swetlanas
vierten Ehemann.
632 Artem Borowik kam im März
2000 bei einem Flugzeugabsturz
über Moskau ums Leben. Siehe
dazu Serhiy Solodky u. a.: Air
Crash in Moscow: Accident or
Terrorism? In: »The Day – Ukrai-
nian Daily Newspaper« vom
14. März 2000, N. 8
633 Teile dieses Interviews sind veröffentlicht in einem Mitteilungsblatt
der Holding »Top Secret«, No. 6,
1998: »Einfach Swetlana«.

Literaturverzeichnis

Allilujewa, Swetlana: Zwanzig Briefe an einen Freund. Zürich, Wien 1968.

Allilujewa, Swetlana: Das erste Jahr. Wien, München, Zürich 1969.

Alliluyeva, Svetlana: The Faraway Music. Delhi 1984.

Alliluyeva, Svetlana: The Book for Granddaughters. New York 1991.

Alliluyeva, Svetlana: To Boris Leonidovich Pasternak. Reflections on Dr. Zhivago. In: The Atlantic Monthly. Boston 1976.

Amis, Martin: Koba, the Dread. Laughter and the Twenty Million. London 2002.

Baberowski, Jörg: Der rote Terror. Die Geschichte des Stalinismus. München 2003.

Barmine, Alexander: Einer der entkam. Wien 1948.

Baschanow, Boris: Ich war Stalins Sekretär. Frankfurt 1977.

Beria, Sergo: Beria, My Father. Inside Stalin's Kremlin. London 2001.

Besymenski, Lew: Stalin und Hitler. Das Pokerspiel der Diktatoren. Berlin 2002.

Biagi, Enzo: Svetlana: The Inside Story. London 1967.

Blake, Patricia/Hayward, Max: Dissonant Voices in Soviet Literature. Westport, Connecticut, 1962.

Blake, Patricia/Hayward, Max: Writers in Russia 1917–1978. New York 1984.

Borschtschakowski, Alexander: Orden für einen Mord. Die Judenverfolgung unter Stalin. Berlin 1997.

Buber-Neumann, Margarete: Als Gefangene bei Stalin und Hitler. Eine Welt im Dunkel. Berlin 1997.

Bucharina, Anna Larina: Nun
bin ich schon weit über zwanzig. Erinnerungen. Göttingen 1989.

Bukharin, Anna Larina: Keyword Hit This I Cannot Forget. 1998.

Bullock, Alan: Hitler und Stalin. Parallele Leben. München 1991.

Bychowski, Gust: Diktatoren. Beiträge zu einer psychoanalytischen
und Geschichtsdeutung. Caesar, Hitler, Stalin. München 1965.

Carrière d'Encausse, Hélène: Stalin – Order through Terror. London, New York 1981.

Chuev, Felix Ivanovich: Molotows Remembers, Berlin 1973.

Cohen, Stephen F.: Bukharin and the Bolshevik Revolution. A Political Biography 1888–1938. New York 1973.

Collier, Peter/Horowitz, David: The Kennedys: An American
Drama. New York 1984.

Conquest, Robert: Stalin. Der totale Wille zur Macht. Berlin 1993.

Courtois, Stéphane u. a.: Das Schwarzbuch des Kommunismus. Unterdrückung, Verbrechen, Terror. München 2000.

D'Astier, Emmanuel: Sur Staline. Paris 1963.

D'Astier, Emmanuel: Mes journées avec Svetlana Staline. In: L'événement, 1967.

Dalos, György: Der Gast aus der Zukunft. Anna Achmatowa und Sir
Isaiah Berlin. Eine Liebesgeschichte. Frankfurt 1997.

Denisow, Vassilij N. (Hg.): Stalin, Joseph, Dein Sosso. Briefe, Dokumente und Fotos aus dem Umkreis der Familie. Mit 42 Fotos,
aus dem Russischen von Barbara und Lothar Lehnhardt. Berlin
1994.

Deutscher, Isaac: Stalin. A Political Biography. New York 1967.

Dobrowolski, I. W. (Hg.): Das Schwarzbuch GULAG. Die sowjetischen Konzentrationslager. Graz, Stuttgart 2002.

Dschugaschwili-Stalina, Galina: Die Enkelin des Führers. Großvater, Vater, Mama und andere. Moskau 2003.

Dunham, Vera S.: In Stalin's Time. Middleclass Values in Soviet
Fiction. Introduction by Jerry F. Hough. Cambridge 1976.

E(h)rerburg, Ilya: Russia at War. London 1944. Würzburg 1953.

Ebon, Martin: Die zwei Leben der Swetlana. Wien, Frankfurt,
Zürich 1968.

Efron, Ariadna: Briefe an Pasternak. Aus der Verbannung 1948–1957, mit 12 Briefen von Boris Pasternak. Frankfurt 1986.

Fest, Joachim C.: Hitler. Berlin 1973.

Figes, Orlando: Nataschas Tanz. Eine Kulturgeschichte Russlands. Berlin 2003.

Fisher, Louis: Gandhi und Stalin. London 1948.

Fisher, Louis: The Life and Death of Stalin. New York 1953.

Fisher, Louis: Wiedersehen mit Moskau. Frankfurt 1957.

Fitzpatrick, Sheila/Slezkine, Yuri: In the Shadow of Revolution. Life Stories of Russian Women. Princeton, New Jersey, 2000.

Follath, Erich: Die letzten Diktatoren. Hamburg 1991.

Fraedrich, Käthe: Im Gulag der Frauen. München 2001.

Genovese, Eugene D.: Stalin's Letters to Molotov 1925–1936. In: The New Republic 1995.

Gorodetsky, Gabriel: Die große Täuschung. Hitler, Stalin und das Unternehmen Barbarossa. Berlin 2001.

Großman, Wassili: Diesen Krieg kann keiner gewinnen. Chronik eines angekündigten Friedens. München 2003.

Haigis, Peter/Hummel, Gert: Schwäbische Spuren im Kaukasus. Auswanderer-Schicksale. Metzingen 2002.

Hedeler, Wladislaw (Hg.): Stalinscher Terror. Eine Bilanz. Duisburg 2003.

Heresch, Elisabeth: Geheimakte Parvus. München 2000.

Honchalovsky, Andrei/Lipkov, Alexander: The Inner Circle. An Inside View of Soviet Life under Stalin, edited by Jamaey Gambrell. New York 1991.

Jakowlew, Alexander: Die Abgründe meines Jahrhunderts. Eine Autobiografie. Leipzig 2003.

Johnson-McMillan, Priscilla: Marina and Lee. New York 1977.

Kershaw, Ian/Moshe Lewin (Hg.). Stalinism and Nazism. Dictatorship in Comparison. Cambridge 1977.

Köbberling, Anna: Das Klischee der Sowjetfrau. Stereotyp und Selbstverständnis Moskauer Frauen zwischen Stalinära und Perestroika. Frankfurt, New York 1997.

Köbberling, Anna: Zwischen Liquidation und Wiedergeburt.

Frauenbewegung in Russland von 1917 bis heute. Frankfurt 1993.

Koenen, Gerd: Utopie der Säuberung. Was war der Kommunismus? Berlin o. J.

Kölm, Lothar (Hg.): Kremlchefs. Politisch-biographische Skizzen von Lenin bis Gorbatschow. Berlin 1991.

KPD/ML (Hg.): Die Wahrheit über J. W. Stalin. Dortmund 1979.

Kuusinen, Aino: Der Gott stürzt seine Engel. Wien, München 1972.

Lewin, Moshe: Stalin In the Mirror of the Other. In: Kershaw and Lewin (Hg.), Stalinism and Nazism, S. 107–134.

Lewytzkyj, Borys/Müller, Kurt: Sowjetische Kurzbiographien. Hannover 1964.

Lih, Lars T./Naumow, Oleg/Chlewnjuk Oleg (Hg.): Stalin. Briefe an Molotow 1925–1936. Mit einer Einführung von Robert C. Tucker. Berlin 1996.

Löwe, Heinz-Dietrich: Stalin. Der entfesselte Revolutionär. Band 1 und 2. Göttingen 2002.

Mandelstam, Nadjeschda: Generation ohne Tränen. Erinnerungen. Frankfurt 1975.

Maser: Der Wortbruch. Hitler, Stalin und der Zweite Weltkrieg. München 1994.

McNeal, Robert H.: Bride of the Revolution. Krupskaya and Lenin. Ann Arbor 1972.

Medwedew, Roy A.: Die Wahrheit ist unsere Stärke. Geschichte und Folgen des Stalinismus, hg.
von Davis Joravsky und Georges Haupt. Frankfurt 1973.

Mierau, Fritz: Revolution und Lyrik. Berlin 1973.

Molotow, Vjaceslav M.: Der Kampf für einen demokratischen Frieden. Reden auf der Pariser Friedenskonferenz 1946. Berlin 1947.

Montefiore, Simon Sebag: My Affair With Stalin. London 1997.

Montefiore, Simon Sebag: Stalin. The Court of the Red Tsar, London 2003.

Morozow, Michael: Der Georgier. Stalins Weg und Herrschaft. München 1980.

Moynahan, Brian: Das Jahrhundert Russlands. München 1994.

Muggeridge, Malcolm: My Life in Pictures. London 1987.

Nemayer, Anton: Diktatoren im Spiegel der Medizin. Napoleon, Hitler, Stalin. New York 1995.

Newman, John: Oswald and the CIA. New York 1994.

Orlow, Alexander: Kreml-Geheimnisse. Würzburg 1953.

Orlow, Jurij: Ein russisches Leben. Ulm 1992.

Owens, Rochelle: I Am the Babe of Joseph Stalin's Daughter (Poems 1961–1971), New York 1972.

Pasternak, Boris/Freudenberg, Olga: Briefwechsel 1910–1954. Frankfurt 1986.

Payne, Robert: Stalin: Macht und Tyrannei. München 1978.

Pipes, Richard: Die Macht der Bolschewiki. Berlin 1992.

Posner, Gerald L.: Belastet. Meine Eltern im Dritten Reich, Augsburg 1997.

Radzinsky, Edvard: Stalin. London 1996.

Reed, John: Zehn Tage, die die Welt erschütterten, Reinbek 1967.

Reissner, Ilma: Goldenes Vlies und Weinrebenkranz. Würzburg 1998.

Richardson, Rosamond: The Long Shadow. Inside Stalin's Family. London 1994.

Robins, Natalie S.: Alien Ink. The FBI's War on Freedom of Expression. New York 1992.

Samsonowa, Barbara: Stalin's Tochter. Moskau 1998.

Schad, Martha: Frauen gegen Hitler, München 2001.

Schmidt, Rainer F.: Die Außenpolitik des Dritten Reiches 1933–1939. Stuttgart 2002.

Shand, Rosa: Wheel of Fire. In: South-West-Review. Dallas, Texas, 2002.

Siwik, Hans/Wassiljewa, Larissa: Frauen in Moskau. Dortmund 1991.

Souvarine, Boris: Le Meurtre de Nadièjda Allilouieva. In: Le Contrat Social, revue historique des faits et des idées, Vol. XI, No. 3, Mai-Juin 1967, S. 133f.

Souvarine, Boris: Stalin, Anmerkungen zur Geschichte des Bolschewismus. München 1980.

Stalin, J. W.: Dein Sosso. Briefe, Dokumente und Tagebuchnotizen aus dem Umkreis der Familie. Berlin 1994.

Stalin, Joseph: (Soselo) Gedichte, hg. von dem Wissenschaftlichen
   Zentrum für das Studium des Phänomens Joseph Stalin. Moskau
   1999.
Stark, Meinhard: Frauen im Gulag, In: Hedeler, W. (Hg.): Stalin-
   scher Terror 1934–41. Duisburg 2003.
Stites, Richard: The Women's Liberation Movement in Russia.
   Feminism, Nihilism and Bolshevism 1860–1930. Princeton 1978.
Stumpp, Karl: Die Auswanderung aus Deutschland nach Rußland.
   Stuttgart 1991.
Swanidse, Budu: Im engsten Kreis. Der unbekannte Stalin dargestellt
   von seinem Neffen. Stuttgart 1953.
Talbott, Strobe (Hg.): Chruschtschow erinnert sich. Eingeleitet
   und kommentiert von Edvard Crankshaw. Reinbek bei Hamburg
   1971.
Trifinov, Juri, House of Embankment, Evanston 1999.
Trotzki, Leo: Stalin. Eine Biographie. Essen 2001.
Tucker, Robert C.: Stalin as Revolutionary. A Study in History. New
   York 1973.
Tucker, Robert C. (Hg.): Stalinism. Essays in Historical Interpreta-
   tion. New York 1977.
Tucker, Robert C.: Stalin in Power. The Revolution from Above
   1928–1941. New York 1990.
Tutaev, David (Hg.): The Alliluyev Memoirs. Recollections of Svet-
   lana Stalin's Maternal Aunt Anna Alliluyeva and Her Grand-
   father Sergei Alliluyev. New
   York 1968.
Ulam, Adam B.: Stalin – Koloss der Macht. Esslingen 1977.
Vandenberg, Philipp: Die heimlichen Herrscher. Die Mächtigen und
   ihre Ärzte. Von Marc Aurel bis Papst Pius. München 1991.
Voslensky, Michael S.: Sterbliche Götter. Die Lehrmeister der No-
   menklatura. Erlangen, Bonn, Wien 1989.
Waldenfels, Ernst von: Der Spion, der aus Deutschland kam. Berlin
   2002.
Wassiljewa, Larissa: Poesiealbum 47. Berlin 1971.
Wassiljewa, Larissa: Die Kreml-Frauen. Zürich 1994.

Wassiljewa, Larissa: Kremlin's Wifes. London 1994.

Wassiljewa, Larissa: Die Kreml-Kinder. Lebensschicksale im Schatten der Macht. Zürich 1997.

Wauer, Hans/Falkenhagen, Hans-Jürgen: Bucharin, Nikolai. Revisionist, Renegat, Verräter. Berlin 2001.

Whitmey, Peter R.: Priscilla Johnson-McMillan and the CIA. New York 1999.

Windgassen, Antje: Im Bund mit der Macht. Die Frauen der Diktatoren. Frankfurt 2002.

Wolf, Markus: Freunde sterben nicht. Autobiographische Geschichten. Berlin o. J.

Wolfe, Bertram D.: Three Who Made a Revolution. A Biographical History. New York 1948.

Wolkogonow, Dmitri: Stalin. Triumph und Tragödie. Ein politisches Porträt. Düsseldorf 1989.

Zänker, Heiko: Stalin – Tod oder Sozialismus. Norderstedt 2002.

Zentner, Christian (Hg.): Der Zweite Weltkrieg. Ein Lexikon. Wien 1998.

Bildnachweis

Archiv für Kunst und Geschichte (AKG), Berlin: 18
Associated Press, Frankfurt: 7
Astier, Christophe d', Paris/Foto: Claude Blancpain: 23
Corbis, Düsseldorf: 1
Faber, Elmar, Leipzig: 4, 13, 14, 15
Keystone Pressedienst, Hamburg: 3
Privat: 9, 10, 30, 32
Schad, Martha, Augsburg: 12, 19, 20, 31, 32a
Schmidt-Šakić, Bärbel, Mainz: 33, 34
Süddeutscher Verlag, München: 2, 8, 22, 24, 25, 29
Unbekannt: 5, 6, 11, 16, 17, 21, 26, 27, 28

Nicht in allen Fällen ist es trotz sorgfältiger Recherche gelungen,
Bildrechteinhaber ausfindig zu machen. Sollten irgendwelche Bild-
rechte nachweislich verletzt sein, bitten wir die Bildrechteinhaber,
sich mit dem Verlag in Verbindung zu setzen.

Register

Die Schreibweise der russischen Namen folgt in der Regel der deutschen Standardtranskription. Abweichungen hiervon ergeben sich insbesondere bei Texten aus zitierten Quellen.

Abakumow, Wiktor Semjonowitsch 176

Achmatowa, Anna Andrejewna 160 f., 163–166

Adschubej, Aleksej Iwanowitsch 71, 190 f.

Aichholz, Magdalena 17

Aichholz, Maria Margaretha 17

Aldington, Richard 86

Alja (Schulfreundin Swetlanas) 214

Allilujew, Aleksander Pawlowitsch (Cousin Swetlanas) 46, 126

Allilujew, Fjodor Sergejewitsch (Großcousin Swetlanas) 125, 137

Allilujew, Pawel Sergejewitsch (Swetlanas Onkel Pawluscha) 16, 32, 43, 46, 54, 125–130, 357

Allilujew, Sergej Pawlowitsch (Cousin Swetlanas) 126 f., 262, 351, 360

Allilujew, Sergej Jakowljewitsch (Großvater Swetlanas) 16–19, 27, 74 f., 127, 132 f., 137 f.

Allilujew, Wladimir (Cousin Swetlanas) 360

Allilujewa, Anna Sergejewna (Anitschka, Tante Swetlanas) 20 f., 41, 47, 125, 131–136

Allilujewa, Jewgenija Aleksandrowna (Swetlanas Tante Schenja) 127–130, 135, 262

Allilujewa, Nadjeschda, (Nadja, Stalins 2. Ehefrau, Mutter Swetlanas) 16–58, 107, 125 ff., 131, 134, 137 ff., 144 f., 152 f., 179 f., 184, 186, 196, 300

Allilujewa, Olga Jewgenijewna (geb. Fedorenko, Großmutter Swetlanas) 17 f., 21, 27, 74 f., 125, 127, 133 f., 137 f.

Allilujewa, Swetlana Jossifowna *passim*

Allilujewa, Swetlana (angeheiratete Cousine) 360

Andrejew, Andrej Andrejewitsch (Ehemann Dora Chasans) 23, 179

Andropow, Jurij Wladimirowitsch 334, 344

Andschej (Maler) 376

Ashkenazy, Wladimir Davidowitsch 284, 337 f.

Astaire, Fred 86

Bach, Johann Sebastian 194, 284

Bahri (Rechtsanwalt) 223

Baker Eddy, Mary 324

Bam, Nina 132

Barmine, Aleksander 53

Baschanow, Boris Giorgijewitsch
23
Benediktow, Iwan Aleksandrowitsch
211, 216, 221, 225ff., 229f., 292
Berdjajew, Nikolaj Aleksandrowitsch 322
Bergman, Ingrid 242
Berija, Lawrentij Pawlowitsch 9, 15,
26, 68, 72, 81, 87f., 90f., 93, 102,
109, 114f., 117, 119, 122ff., 127ff.,
131f., 136, 142, 148f., 157, 174ff., 178,
183, 189, 288
Berija, Nina Teimurazowna (geb. Ge-
getschkori, Ehefrau L. Berijas)
87f., 115–124, 159
Berija, Sergo Lawrentijewitsch 87f.,
114–124, 133, 159, 205, 242
Berlin, Isaiah 165, 322
Berta (Freundin Swetlanas) 192, 210,
214, 232, 237
Besançon, Alain 288
Biagi, Enzo 85f., 95, 148, 172, 202,
238ff., 242, 251
Bitow, Oleg 344ff.
Black, Fay 332
Blake, Patricia 367
Blancpain, Bertrande s. D'Astier de la
Vigerie, Bertrande
Blancpain, Claude 258f.
Boccherini, Luigi 284
Borel, Armand 278
Borel, Gaby 278
Borowik, Artem 291, 393f.
Borschtschakowski, Alexander 183
Bowles, Chester 226f., 244
Breschnew, Leonid Iljitsch 124, 141,
203, 208, 210f., 351
Briggs, Ruth 276, 329
Bronska-Pampuch, Wanda 279f.
Bucharin, Nikolaj Iwanowitsch 23,
28f., 46, 53, 58, 75, 185ff.
Bucharin, Jurij 186
Bucharina, Anna Michajlowna (geb.
Larina 1. Ehefrau Bucharins) 53,
179, 185–189

Bucharina, Esfirija Issajewna (geb.
Gurwitsch; 2. Ehefrau Bucharins)
23, 185
Bucharina, Swetlana 185
Buckley, William F. 333
Bulgakowa, Jelena Sergejewna 191
Bulganin, Nikolaj Aleksandrowitsch
7, 9f., 82, 102, 194
Burdonskaja, Natascha Aleksan-
drowna (1. Ehefrau Wassilij
Stalins) 155
Burdonskij, Alexander 391
Bytschkowa, Aleksandra Andrejewna
(Babusja, Swetlanas Kinderfrau)
26f., 105, 195f.
Canfield, Cass 275
Canfield, Jane 275
Carson, J. 328
Chagla, M. C. 255f.
Chamberlain, Neville 72
Chaplin, Charlie 102, 256f.
Chasan, Dora Moissejewna (Ehefrau
Andrejews) 23, 48
Chavchavadze, Paul 294
Chodassewitsch, Wladislaw Felitsia-
nowitsch 160
Chopin, Frédéric 331
Chruschtschow, Nikita Sergejewitsch
7, 11, 13, 43, 51, 56, 64, 81f., 95, 101,
104, 107, 131, 136, 151, 155, 158f., 166,
174f., 184, 189f., 197, 199, 203f.,
206f., 227, 229f., 259, 272, 287,
291ff., 351
Chruschtschowa, Rada Nikititschna
(Ehefrau A. Adschubejs) 190f.
Churchill, Winston 77f., 291
Clinton, Bill 56
Coming Berliner, Dorothy 278
Crankshaw, Edward 291
Cronin, Archibald 85
D'Astier de la Vigerie, Bertrande
258f.
D'Astier de la Vigerie, Emmanuel
257–260
D'Astier de la Vigerie, Ljuba 258f.

Dalí, Salvador 323
Dange, Scripat Amned 204
Daniel, Julij Markowitsch 168, 170 ff.
Debussy, Claude 331
Denman, Donald 333, 339
Denman, Jessie 339
Dhawan (Richter) 222
Dimitroff, Georgij 72
Disney, Walt 86, 194
Djaparadize, David A. 284 f.
Dostojewskaja, Anna 323
Dostojewskij, Fjodor Michajlowitsch 26, 322
Drunina, Julija Wladimirowna 95 f.
Dschaipal, Rikhi 236, 252 f.
Dschonrid s. Swanidse, Jurij
Dschugaschwili, Galina Jakowlewna (Galja, Gulja, Galotschka, Tochter Jakow Stalins) 11, 75 f., 111 f., 146 ff., 151, 353, 371
Dschugaschwili, Jakow Jossifowitsch (Bruder Swetlanas) 34, 65, 75, 107, 115, 142–151
Dschugaschwili, Jekaterina Georgijewna (Stalins Mutter, Großmutter Swetlanas) 17, 25, 40, 61, 65
Dschugaschwili, Jossif Wissarionowitsch s. Stalin
Dubček, Alexander 350
Dvořák, Antonin 284
Ebon, Martin 143, 167, 173
Ehrenburg, Ilja 163
Einstein, Albert 278
Einstein, Margot 278
Engels, Friedrich 25, 78
Evans, Chrese s. Peters, Olga
F. G. (Padre) 384
Fakir, Sara Lasarewna 187
Fedossejew, Pjotr Nikolajewitsch 135
Findley, Paul 252
Fioletow, Iwan Timofejewitsch 16
Fisher, Louis 278 f.
Flegon (Verleger) 290
Florentina (Nonne) 254

Florovsky, George 375
Florovsky, Xenia Iwanowna 375
Fotijewa, Lidija Aleksandrowna 23, 178
Friede, Eleanor 274
Galja (Schulfreundin Swetlanas) 69
Gandhi, Indira 217 f., 222
Gandhi, Mahatma 199, 228, 374
Garbo, Greta 55, 87
Garbolino, Giovanni 377–386
Gegetschkori, Sergej Aleksejewitsch s. Berija, Sergo
Georg (Großfürst) 294
Gilbert, John 87
Ginsburg, Jewgenija Solomonowna 177
Göring, Hermann 149
Goethe, Johann Wolfgang von 160
Gogol, Nikolaj Wassiljewitsch 56, 169, 173
Golubtsow, Nikolaj 372 f.
Gorbatschow, Michail Sergejewitsch 189, 359 ff., 364, 366 f., 389
Gorkij, Aleksej Maksimowitsch 26, 30, 120, 121 f., 124, 160
Gorodetskij, Sergej Mitrofanowitsch 160
Granin, Daniel 282
Graves, Robert 397
Greenbaum, Edward Samuel 264–267, 276, 285
Gromyko, Andrej Andrejewitsch 56, 215, 289, 344
Gross, Miriam 336
Gumiljow, Nikolaj Stepanowitsch 160 f.
Gumiljow, Lew 161
Gupalo, Nina Matwejewna 71, 191
Gurdjieff, Georg Iwanowitsch 300
Gurwitsch, Esfirija s. Bucharina
Gutterman, Steve 151
Haleb, Murad 208, 214
Haleb, Schuschu 214
Halsman, Philip 323
Händel, Georg Friedrich 194, 284

Hayakawa, Margredant 309f., 312, 323, 326, 338f., 366
Hayakawa, Sem J. 309, 312, 323, 363
Haydn, Joseph 194, 284
Hayward, Max 167, 285
Helena (Kaiserin) 313
Hemingway, Ernest 86, 270
Herzen, Aleksander Iwanowitsch 295
Himmler, Heinrich 149
Hitler, Adolf 72f., 75, 151, 184
Höpke, Thomas 223
Huey, George 227
Hurst, Randolph jun. 264
Istomina, Valentina Wassiljewna 10
Iwan der Schreckliche 56
Jagoda, Genrich Grigorjewitsch 53
Jakowlew Alexander Sergejewitsch 166, 175, 179
Jameson, Donald 287
Janner, Adriana 253
Janner, Antonio 237, 250, 252f., 265, 381
Janner, Marco 253
Jaroslawskij, Jemeljan Michajlowitsch 31
Jasnopolskaja, Anna Aleksejewna 78
Jefimow, Boris Jefimowitsch 153
Jefron, Sergej (Ehemann Marina Zwetajewas) 162
Jegorow, Aleksander 44
Jenukidse, Awel Sofronowitsch 20, 35f., 45ff.
Jeschow, Nikolaj Iwanowitsch 176, 179
Jessenin, Sergej Aleksandrowitsch 160
Jewtuschenko, Jewgenij Aleksandrowitsch 172f.
Joffe, Adolf Abramowitsch 28f.
Johnson, Lyndon B. 281
Johnson, Stewart 270, 272ff., 287
Johnson-McMillan, Priscilla 264, 270, 274, 286ff., 290
Jovanovich (Verleger) 268
Kaganowitsch, Lasar Moissejewitsch 9, 72, 81f., 93
Kaganowitsch, Maria Markowna 23, 48

Kaganowitsch, Michail Moissejewitsch 67
Kalinin, Michail Iwanowitsch 16, 62, 135, 178f.
Kalinina, Jekaterina Iwanowna (geb. Lorberg) 178f.
Kamenew, Lew Borissowitsch 24, 29, 38, 142
Kamó, Semjon Arschakowitsch 137
Kapler, Aleksej Jakowlewitsch 84–96, 97, 123, 155, 160, 198, 242
Karanowitsch 113
Kasakow, Matwej Fjodorowitsch 21
Kassirowa, Jewgenija 215ff., 219, 221
Katharina II. von Russland 104
Kaul, Triloki Nath (Dickie) 208, 216f., 222, 262, 296
Kaul (Ehefrau des Obigen) 216
Kaul, Priti 215f.
Kendall, Edward C. 278
Kennan, Annalisa 278
Kennan, Christopher 274
Kennan, George Frost 67, 263–266, 274, 277f., 281, 285, 289, 306
Kennan, Joan 274
Kennedy, Caroline 193
Kennedy, Jacqueline 193
Kennedy, John Fitzgerald 286, 289
Kennedy, John-John 193
Kerenskaja, Olga 275
Kerenskij, Aleksander Fjodorowitsch 229, 275f.
Kerk, Roger 227
Kierkegaard, Sören 322
Kirilenko, A. P. 211
Kirow, Sergej Mironowitsch 28, 63f., 67, 157, 188
Klimow, Michail Nikititsch 74, 79, 89
Kobelew (Architekt) 113
Kobulow, Bogdan 157
Koenen, Gerd 105, 175
Kogan, Leonid 284
Konstantin der Große (Kaiser) 313

Kornejtschuk, Aleksander Jewdoki-
mowitsch 87
Kossygin, Aleksej Nikolajewitsch 101,
190f., 197, 203, 206ff., 210f., 218,
231, 281f.
Kowaljow, Sergej Adamowitsch 31f.
Krassin, Leonid Borissowitsch 258
Krassina, Ljuba s. D'Astier de la
Vigerie, Ljuba
Krawtschenko, Galina Sergejewna 38
Krishnamurti, Jiddu 327
Kropotkin, Pjotr Aleksandrowitsch
295
Kruglow, Sergej Nikolajewitsch 156
Krumin, Garald Iwanowitsch 31f.
Krupskaja, Nadjeschda Konstanti-
nowna (Ehefrau Lenins) 12, 48f.,
122
Krylow, Iwan Andrejewitsch 42
Kuusinen, Aino 49f., 111
Kuusinen, Otto Wilgeljm 49
Labedz, Leopold 340
Ladynina, Marina Aleksejewna 191
Lahri, Somnat 201
Larina, Anna s. Bucharina, Anna
Lasurkina, Dora Abramowna 12f.
Lebedew, Aleksej Sacharowitsch 42
Lebedewa, Jekaterina 42
Lehmann-Haupt, Christopher 295
Lenin, Wladimir Iljitsch 10, 12f., 18f.,
22ff., 25, 28, 42, 45, 48, 67, 78, 90,
122, 135, 177f., 185, 275, 279, 346
Leonhard, Walter 291
Leschtschinskij, Michail 390f.
Lewis, John 190
Lewis, Sinclair 271
Lewin, Moshe 163
Ligatschow, Jegor Kusmitsch 368
Lincoln, Abraham 300
Liz (Babysitterin) 310
Lohia, Raman Nohara 222, 255f.
London, Jack 271
Lomow (Familie) 27
Lopuchina, Eudoxia Feodorowna 56
Louis, Victor 290

Louise Raphaela (Nonne) 257
Lurje, Frida 282
Maeterlinck, Maurice 87
Majakowskij, Wladimir Wladimiro-
witsch 160
Malenkow, Georgij Maksimiliano-
witsch 7, 72, 75, 92, 102, 132, 156,
190
Mancini, Henry 309
Mandelstam, Ossip Emiljewitsch 161
Manker (Pastor) 304
Manzini, Raimondo 374f.
Marguerite Marie (Nonne) 257, 260
Maritain, Jacques 325
Marx, Karl 25, 78
Masselink, Gene 312
Maxin, Doris 180
McHale, Rose 380f., 383
McMillan, George 287
Mechlis, Lew Sacharowitsch 73
Medwedew, Grigorij 176
Meir, Golda 180f., 183f.
Melnik-Sokolinskaja (Sekretärin) 182
Meltzer-Dschugaschwili, Julija
Isaakowna (3. Ehefrau Jakow
Dschugaschwilis) 145–149
Merkulow, Wselowod Nikolaje-
witsch 88, 176
Michalkow, Nikita 322, 331, 349
Michoels, Solomon Michajlowitsch
80f., 181, 183
Mikojan, Anastas Iwanowitsch 28, 72,
82, 139, 151, 203f., 207, 262, 363
Mikojan, Aschden 48
Mikojan, Eleonora Petrowna (Ella,
Ehefrau S. Mikojans) 107, 112, 363
Mikojan, Stepan Anastasowitsch 107
Molden, Fritz 268, 292, 294
Molotow, Wjatscheslaw Michajlo-
witsch 9, 23f., 28, 31, 43f., 55f.,
67f., 72f., 92f., 106, 119, 122, 155, 157,
179–185, 346
Molotowa, Swetlana Wjatschesla-
wowna (Tochter Molotows) 106,
180

Moos, Ludwig von 250
Moravia, Alberto 239
Morosow, Grigorij I. (Moros, erster Ehemann Swetlanas) 97–101, 215, 233, 239, 343f., 351f., 354, 360
Morosow, Ilja 352
Morosow, Jossif Grigorjewitsch (Osja, Josef Sohn Swetlanas) 10ff., 27, 41, 92, 98ff., 103, 105, 110, 112, 165, 168, 172, 191, 193ff., 202, 204, 209, 212f., 226, 231–235, 237–240, 270, 304, 334ff., 343ff., 352f., 363, 365f., 292, 391
Morosowa, Elena (Lenotschka) 205, 209f., 212f., 226, 233, 238f., 335, 352f.
Morosowa, Ludmila 335, 343, 352f., 363
Muggeridge, Malcolm 333f., 337
Muggeridge, Kitty 333f., 337
Mulligan, Catherine 379
Murawjow, Aleksander Iwanowitsch 42, 153
Muromzewa, Dr. 50f.
N., Dr. 51
N., Herr 360ff., 364, 367f.
Nakaschidse, Aleksandra Nikolajewna 68, 77
Nambudripad, Devi S. 199f.
Nannen, Henri 270
Natalija Konstantinowna (Erzieherin) 33, 38f., 42
Nehru, Jawaharlal 199, 222
Nekrassow, Viktor 230
Nikolaus II. (Zar) 294
Nowikow, Aleksander Aleksandrowitsch 156
Nussberg, Maria 159
Olga (Königin v. Griechenland) 313
Ordschonikidse, Grigorij Konstantinowitsch 24, 64, 67
Ordschonikidse, Sinaida Gawrilowna 24, 45, 48
Orlow, Alexander Michajlowitsch 36, 47, 127

Ostrowskij, Aleksander Nikolajewitsch 270
Oswald, Lee Harvey 286f.
Oswald Porter, Marina 287
Pahlavi, Ashraf 305
Pamela (Babysitter von Swetlanas Tochter Olga) 310, 314, 318
Parker 91
Pasternak, Boris Leontjewitsch 49, 151f., 164–169, 173, 246, 255, 285
Pauker, Karl Wiktorowitsch 35, 37, 47, 52, 60, 153
Paul VI. (Papst) 173
Paulus, Friedrich 149, 151
Pawlow, Dmitrij 73
Pawlow, Wladimir Nikolajewitsch 207
Payne, Robert 198
Peschkowa, Daria 120
Peschkowa, Marfa Maksimowna 66, 71, 76, 88f., 120ff., 124, 160, 205f.
Peter I. der Große von Russland 56
Peters, Brandoch 308, 310, 312, 316, 393
Peters, Clara Margredant 298
Peters, Daniel 312
Peters, Frederik Romer 298, 389
Peters, Lana (amerikanischer Name Swetlana Allilujewas)
Peters, Olga Margredant (auch Chrese Evans Peters, Tochter Swetlanas) 166, 244, 249, 304, 310, 312f., 317–345, 350ff., 354–367, 369f., 380, 383, 387–393
Peters, Swetlana (1. Ehefrau v. Wes Peters) 299, 302, 312
Peters, Wesley William (4. Ehemann Swetlanas) 294–319, 339, 341, 369
Pimen, Metropolit von Krutizj und Kolomna 241
Pipes, Richard 229
Pissemskij, Aleksej Aleksandrowitsch 56
Politkowskaja, Kira Pawlowa (Cousine Swetlanas) 46, 118, 126f., 129f., 136, 355, 357f., 390

REGISTER
443

Popow, Nikolaj Nikolajewitsch 31
Postyschewa, Tatjana 48
Pratolini, Vasco 239
Prokofjew, Sergej Sergejewitsch 163
Punin, Nikolaj 161
Puschkin, Aleksander Sergejewitsch
187
Radhakrishnan, Sarvapalli 204
Radischtschew, Aleksander Nikolaje-
witsch 173
Radtschenkow, Iwan Iwanowitsch 19
Radtschenkowa, Alissa Iwanowna 19
Radzinskij, Edward Stanislawowitsch
84, 90, 93, 96, 181, 185, 371, 386
Rancinan, Gerard 391
Randall, Deirdre 279
Rayle, Robert f. 227 f., 244–250, 255,
329
Rayle, Mrs 247
Redens, Stanislaw Franzewitsch
(Onkel Swetlanas) 20, 47, 131 ff.,
141
Reed, John 111
Reston, James 251
Richardson, Rosamond 150, 153, 268
Richter, Swjatoslaw Teofilowitsch 284
Rimskij-Korsakow, Nikolaj Andreje-
witsch 284
Rogers, Ginger 86
Romanowa, Nina 294
Roosevelt, Franklin Delano 263
Rosow, Wiktor 282
Rosellini, Roberto 242
Rosenberg, Alfred 149
Rostropowitsch, Mstislaw Leopoldo-
witsch 284
Rotstein, Andrew 190
Roy, Manabendra N. 198
Rudina, Wiktorija Aleksandrowna 188
Rumjanzew (Oberst) 88
Rusk, Dean 263
Rykow, Aleksej Iwanowitsch 29
Saad, Hosin Ben 148
Saad, Seim Ben 148
Sacharow, M. D. 226

Salesskaja, Tonja 192, 226
Salinger, Jerome David 271
Schdanow, Andrej Aleksandrowitsch
14, 74, 102 f., 163 f., 171, 288
Schdanow, Jurij Andrejewitsch
(2. Ehemann Swetlanas) 74,
102–111, 168, 205, 238 f., 353, 356 f.
Schdanowa, Anjuta 356 f.
Schdanowa, Jekaterina Jurjewna
(Katja, Tochter Swetlanas) 27,
106, 109 f., 191–195, 203, 205, 207,
210, 213, 226, 231–235, 237–241, 333,
335, 345, 355 f., 382
Schdanowa, Sinaida Aleksandrowna
105
Scheljepin, A. N. 211
Schemtschuschina, Polina Semjo-
nowna (Ehefrau Molotows) 23,
44 f., 48, 54, 119, 177, 179–182, 184 f.
Scheremetjew (Fürst) 166
Schewardnadse, Edward Amrossije-
witsch 359
Schiller, Friedrich 160
Schlesinger, Arthur 289
Schmocker, Sylvia 253
Scholochow, Michail Aleksandro-
witsch 171 f.
Schostakowitsch, Dmitrij Dmitrije-
witsch 89, 163
Schtschedrin, Michail Jewgrafowitsch
(Saltykow-Schtschedrin) 173
Schtscherbitzkij, Wladimir Wladimi-
rowitsch 346
Schwartz, Alan U. 261, 269, 273, 277
Schwartz, Paola 273
Semitschastnij, Wladimir Efimo-
witsch 159, 211, 229
Sernczy, Josef von 264
Shand, Cantey 322
Shand, Kristin 331
Shand, Philip 320, 322, 328, 330 f.
Shand, Rosa 164 ff., 320 ff., 328, 330 ff.,
340 f.
Shapiro, Henry 91, 112, 236
Shoumatoff, Elizabeth 298

Signorini, Alfonso 378, 386
Sikmaschwili, Lejla 357f., 371
Singh, Ashok 273
Singh, Brajesh 192, 198–224, 239f.,
  255f., 259
Singh, Dadu 218, 220
Singh, Dinesh 198, 204, 211, 215–219,
  222, 225, 236, 253, 255
Singh, Naggu 215, 217, 220
Singh, Prakashvati 218
Singh, Rampal 219
Singh, Reba 217
Singh, Suresh 208, 216, 219f., 232, 273
Sinha, Terakeshwari 256
Sinjawskaja, Maya 169f.
Sinjawskij, Andrej Donatowitsch
  168–172, 344
Sinowjew, Grigorij Jewsejewitsch 18,
  24, 29
Slatogorowa, Tassja 94
Slawutzkij, M. M. 68
Slugkij, Michail 91
Smirnow, Nikolaj Iwanowitsch 216f.,
  221
Solowjow, Wladimir Sergejewitsch 56
Sorge, Richard 50
Soschtschenko, Michail Michajlo-
  witsch 163f.
Spivak, Larry 294f.
Staehelin, Wilhelm 261, 267
Stalin, Josef Wissarionowitsch Dschu-
  gaschwili 7–83, 86f., 89–92,
  96–102, 104–111, 114–122, 125–147,
  149–157, 161ff., 169, 171–186, 188,
  191, 196, 200, 207f., 213, 215, 222f.,
  226f., 229, 232, 239, 241f., 245,
  250f., 254, 256, 261, 263, 266, 268,
  271, 275, 278, 280f., 284, 287, 289,
  291f., 304, 326, 334, 344, 346, 349,
  353, 355, 372, 376ff., 383f., 387, 390f.
Stalin, Wassilij Jossifowitsch (Swetlanas Bruder) 9, 11, 21, 27, 33f., 38,
  40, 42, 45ff., 52, 58, 62, 65f., 68, 70,
  74, 76, 84, 86, 89, 103, 109, 115f., 118,
  131f., 137, 142, 151–159, 240, 324, 336

Stalina, Galina (geb. Burdonskaja,
  Ehefrau von Stalins Sohn
  Wassilij) 74, 155
Stalina, Jekaterina (Ninel) s. J. Timo-
  schenko
Stalina, Kapitolina Wassiljewa 155, 158
Stalina, Nadjeschda Wassiljewna
  (Enkelin Stalins) 240
Stalina, Suscia 240
Stanislawskij, Konstantin Sergeje-
  witsch 369
Stassowa, Jelena Dmitrijewa 178
Stepanow, Timur 371
Subalowo (Familie) 27f.
Sullivan, Robert 391
Suslow, Michail Andrejewitsch 197,
  203, 208, 218, 229, 231
Surow (2. Sekretär der sowjetischen
  Botschaft in Delhi) 217, 221
Swanidse, Aleksander Semjonowitsch,
  (Aljoscha, Bruder von Stalins 1.
  Ehefrau) 47, 111, 139ff., 144, 147,
  240
Swandise, Anatolij 139
Swanidse, Iwan Aleksandrowitsch
  (Dschoni, Dschonik, Dschonrid;
  3. Ehemann Swetlanas) 111f., 139f.
Swanidse, Jekaterina Semjonowna
  (Kato, 1. Ehefrau Stalins) 138,
  142ff., 374
Swanidse, Maria Anissimowna
  (geb. Korona, Swetlanas Tante
  Marusja) 25, 58f., 63, 125, 138
  bis 141, 145f.
Swanidse, Maria Semjonowna 140
Tamara (Freundin Swetlanas) 210
Tchinwoleli, Christopher 142
Teplin, Frank 278
Teplin, Patty 278
Tereschkowa, Valentina 215
Tess, Tatjana (Tatjana Nikolewna
  Sossjura) 93, 113, 197, 240f.
Thompson (US-Botschafter) 252
Thoreau, Henry David 296
Timaschuk, Lidija Fedossejewna 15f.

Timoschenko, Jekaterina 155
Timoschenko, Semjon Konstantino-
  witsch 72, 155
Tokarskaja, Valentina 93 f.
Tolstoj, Lew Nikolajewitsch 193, 276,
  295
Tolstoja, Aleksandra Lwowna 276
Tomskij, Michail Pawlowitsch 29, 113
Towstucha, Iwan P. 32
Trotzkij, Lew Davidowitsch 24, 29,
  97
Tschaikowskij, Pjotr Iljitsch 87
Tschechow, Anton Pawlowitsch 56,
  160, 322, 369
Tschernenko, Konstantin U. 211, 346,
  359
Tscherwrjakow 20
Tschuew, Felix 44, 185
Tschujkow, Wassilij I. 72
Tucker, Robert 76, 278
Uljanowa, Maria Iljitschna 32, 56
Urken, Mrs 328
Vivaldi, Antonio 194
Voslensky, Michael 98 f., 215, 252, 349 f.
Walther, Gebhard von 252
Wasslilij III. von Russland 56
Wassiljewa, Larissa 96, 124, 134, 205,
  350, 378
Weil, Simone 322
Weisbrod, B. S. 45
Wera (Schulfreundin Swetlanas) 214
Wilson, Edmund 287, 294 f., 322
Winogradow, Wladimir Nikititsch 14

Wlassik, Nikolaj Sidorowitsch 51, 58,
  65, 85, 88, 90, 103, 153
Wlodsimskij 157
Wolfe, Bertram D. 67
Wolkogonow, Dmitrij Antonowitsch 9
Woods, John 340
Woronow, Nikolaj Nikolajewitsch 211
Woroschilowa, Jekaterina Davidowna
  50, 195
Woroschilow, Kliment Jefremo-
  witsch 43 ff., 53, 82, 128, 157 f., 177,
  195 f.
Wosnessenskij, Andrej Andreje-
  witsch 172 f., 282
Wosnessenskaja Elena s. Morosowa,
  Elena
Wright, Frances Lloyd 326 f.
Wright, Frank Lloyd 297 f., 300, 307,
  312 f., 326
Wright, Iovanna 297, 299 f.
Wright, John Lloyd 326
Wright, Olgivanna 297–303, 306 f.,
  309, 311–314, 317, 326, 370
Wyschinskij, Andrej Januarje-
  witsch 183
Yakovos, Eminenz 312
Z., Dr. 314
Zalher, Hans 251
Zedong, Mao 105
Zwerenz, Gerhard 291 f.
Zwetajewa, Adriana 162
Zwetajewa, Marina Iwanowa 261 f.,
  264 f.

Ein dramatisches Leben. Eine bewegende Autobiografie.

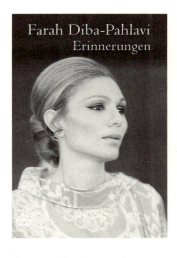

Farah Diba-Pahlavi
ERINNERUNGEN
464 Seiten
mit 16 Seiten Tafelteil
ISBN 3-404-61575-1

Ihre prunkvolle Hochzeit 1959 mit dem Shah von Persien war eine Märchenhochzeit. Doch ihr Leben war reich an Wendungen und Schicksalsschlägen. Sie wurde zur ersten Kaiserin des Iran gekrönt, und sie verlor ihre Heimat durch die islamistische Revolution. Sie setzte sich für die Befreiung der Frau aus mittelalterlichen Traditionen ein, und sie erfuhr die Niedertracht falscher Freunde im Exil. Weitere schwere Erfahrungen zeichneten ihr Leben. Aber Farah Diba-Pahlavi fand immer wieder Kraft – für sich selbst und für andere.

Bastei Lübbe Taschenbuch

Ein persönliches Denkmal der Freundschaft

Sir Charles Bell
DER GROSSE DREIZEHNTE
Das unbekannte Leben des
XIII. Dalai Lama von Tibet
Aus dem Englischen von
Thorsten Alms
Biografie
576 Seiten mit Abb.
ISBN 3-404-61578-6

Als Charles Bell 1910 dem XIII. Dalai Lama zum erstenmal begegnete, war er sogleich von dessen Mut und Energie begeistert. Mit Entschiedenheit und großer Umsicht setzte dieser Dalai Lama Reformen durch, die Tibet im 20. Jahrhundert ankommen ließen. Bells Porträt ist eine spannende Lektüre voller Geschichte und Geschichten, Fakten und Figuren, Anekdoten und Begebenheiten. Der Autor lässt keinen Aspekt des tibetischen Lebens, der Religion und der Politik aus, in deren Zentrum immer der Dalai Lama steht. Ein lebendiges und authentisches Bild dieses so mächtigen wie bescheidenen Mannes, der unerschöpflich und unnachgiebig für das Wohl Tibets arbeitete.

Bastei Lübbe Taschenbuch